중국 근대의 역사
아편전쟁에서 5·4운동까지

从鸦片战争到五四运动 (简本)
胡绳 著
First published in Chinese in 1981.
Copyright ⓒ 2014 by East China Normal University Press Ltd.
Korean translation edition ⓒ 2025 by YEMOONSEOWON
This Korean translation edition is published by arrangement with East China Normal University Press Ltd.

이 책의 한국어판 판권은
East China Normal University Press와 독점 계약한 예문서원에 있습니다.
저작권법에 의해 한국 내에서 보호를 받는 저작물이므로
무단 전재와 무단 복제를 금합니다.

중국학총서 5

중국 근대의 역사
아편전쟁에서 5·4운동까지

지은이　胡繩
옮긴이　임해순·홍은
펴낸이　오정혜
펴낸곳　예문서원

편집　유미희
인쇄 및 제책　주) 상지사 P&B

초판 1쇄　2025년 11월 19일

출판등록　1993년 1월 7일(제2023-000015호)
주소　서울시 동대문구 왕산로 239, 101동 935호(청량리동)
전화　925-5914 | 팩스　929-2285
전자우편　yemoonsw@empas.com

ISBN　978-89-7646-500-9　93910
YEMOONSEOWON 101-935, 239 Wangsan-ro, Dongdaemun-Gu, Seoul, KOREA 02489
Tel) 02-925-5914 | Fax) 02-929-2285

값 50,000원

중국학총서 5

중국 근대의 역사

아편전쟁에서 5·4운동까지

胡繩 지음
임해순·홍은 옮김

예문서원

원본 재판 서문

본인은 1995년 11~12월 사이에 『중국 근대의 역사 ─ 아편전쟁에서 5·4운동까지』(원제: 『從鴉片戰爭到五四運動』)를 몸조리하는 동안에 읽었는데, 해당 책은 1980년 초 초고를 완성하여 1981년에 출판된 것이었다. 이 책이 출간된 뒤 본인이 완독한 것은 이번이 처음이다.

『중국 근대의 역사 ─ 아편전쟁에서 5·4운동까지』는 글자수가 약 70만 자에 이른다. 이 책은 1981년 6월 인민출판사人民出版社에서 출판된 후 상해인민출판사上海人民出版社에서 글자 크기를 늘려 재출판했으며, 이후 홍기출판사紅旗出版社에서 요약본을 출판했다. 이 세 판본 모두는 여러 차례 다시 출간되어 내가 파악한 바에 따르면 지금까지 총 출판 부수가 300여만 부에 달한다.

여러 차례 재인쇄하는 과정에서 일부 문구가 수정되었는데, 이 중에는 비교적 중요한 수정도 있었다. 개별 단어를 수정하여 다시 인쇄하여도 새로운 판본이라 명명하지 않는다는 중국 출판사의 규정에 따라 지금까지 출판된 책들은 모두 초판본으로 간주하며, 다만 몇 번째 인쇄본인지만 구분했다. 이번 통독 과정에서 수정이 필요한 부분이 많아 나는 인민출판사에 수정본의 출판을 요청했고, 상해인민출판사와 홍기출판사에서 해당 수정을 마칠 때까지 이 책을 대형 활자본과 요약본으로 출판하지 않도록 요청했다.

이번 수정에서 수정한 부분은 많았으나 큰 틀을 수정한 것은 아니었다. 그 이유는 첫째, 이 책의 기본 논점과 전반적인 체계를 수정할 필요가 없었기 때문이다.

둘째, 설사 책을 저술할 때 활용했던 자료를 어떻게 취사선택할지와 내용상 상세함과 간략함의 정도에 따라 책의 형태가 달라졌다 하더라도 1981년 이전에 쓴 판본을 1995년에 새 판본으로 바꿀 필요가 없었기 때문이다.

이번에 수정한 예를 들면 다음과 같다.

첫째, 서론 제2장 1절 5단에 "필리핀에 있는 스페인 사람들은 명나라를 도와 임봉林鳳 등의 중국 해적을 협공했다"라고 했다. 나는 한 간행물에서 화교의 역사에 관심을 가진 저자의 글을 본 적이 있는데, 그는 임봉이 중국과 필리핀 사람들 사이에서 우호관계를 맺도록 기여한 사람이므로 임봉을 해적이라고 지칭하는 것은 잘못되었다고 지적했다. 나는 본문에서 명나라 정부가 자국의 해적을 소탕하기 위해 외국의 침략 세력을 끌어들인 부분을 설명하려 한 것이다. 내가 임봉의 행적에 대해 전혀 알지 못한 것이 정말 부끄러웠다. 최근에 나는 1994년도에 출판된 『조산백과전서潮汕百科全書』를 읽게 되었는데, 그중에 임봉의 간략한 전기도 있었다. 나는 이 전기를 통해 명나라 때의 해상 영웅에 대한 많은 정보를 얻었다.

『조산백과전서』에 따르면, 임봉은 요평현饒平縣(광동성 潮州에 속한 지역)에서 태어나 19세에 '해상녹림海上綠林'인 태노옹泰老翁의 군대에 들어간 뒤 그의 뒤를 이었는데, 그는 팽호澎湖를 근거지로 삼아 해상무역을 개척했고, 최전성기에 그의 군대는 300여 척의 군함과 4만여 명의 대원을 보유했다. 그는 1567년(隆慶 원년)에 광동 혜래현惠來縣의 선천항漊泉港을 점령했다. 이어 1573년(萬曆) 원년부터 2년까지 그의 군대는 광동廣東, 복건福建, 대만臺灣 연안의 일부 지역에 진출했다. 명나라는 대군을 일으켜 그를 토벌하고자 했으므로 그는 1574년 11월에 62척의 전함과 대부분이 농민과 장인인 병사 2천 명, 선원 2천 명 그리고 부녀자와 아이들 1천5백 명 등 총 5천5백 명을 거느리고 대량의 기물과 씨앗 등도 챙겨서 루손섬으로 진격했으며, 아울러 필리핀인들의 스페인 침략자들을 함께 공격하자는 요청도 받아들였다. 그의 부대는 마닐라 지역을 공격해 승리를 거두었고 필리핀 주재 스페인 총지휘관을 사살했다. 이어 2차 공세에 패배하면서 군대를 철수하여 팡가시난(Pangasinan)주의 링가옌(Lingayen)만으로 북상했다. 그는 이곳에다 주거와 성, 보탑 등을 두루 갖춘 도성을 세우고 왕을 자칭했으며, 현지 주민들에게 중국의 농업 경작 기술과 수공예를 전수했다. 이곳의 주민들은 임봉을 환영하여 식량, 목재 및 기타 필수품을 제공했다. 1575년(만력 3) 3월, 스페인 식민주의자들은 병력을 강화한 뒤 임봉을 포위하고 공격했다. 명나라는 이를 틈타 필리핀에 사람을 파견하여 필리핀 주재 스페인 총독과 밀담을 나눈 뒤 연합해 임봉을 포위 공격하였다. 그는 4개월 동안 고전하였고 식량과 장비까지 부족했다. 마침내 그는 8월 4일 밤 40여 척의 전함을 이끌고 포위를 뚫고 대만에 도착했다. 다시 그는 조주(潮州) 부근의 해상으로 복귀했고 전함도 150여 척으로 증강하여 세력을 회복했다. 이후 내부 분열이 일어나 그는 조주를 떠났는데 그 뒤의 행방은 알 수 없다. 이 기록에 따라 나는 원래의 문구를 "필리핀에서 스페인인들은 명과 협력하여 임봉(林鳳)의 부대를 포위 공격했다. 당시 임봉은 명이 해적으로 간주한 인물로 필리핀인들을 도와 스페인 식민주의자들과 전투를 벌이고 있었다"라고 수정했다.

둘째, 본 책 제1부 제6장 1절의 원래 제목이 '중국과 외국이 합심하여 도적을 섬멸하다'(中外同心滅賊)였으나 지금은 '친구로 바뀐 강도'로 수정했다. '중외동심멸적 中外同心滅賊'이란 1861년(咸豊 11) 5월 총리아문(總理衙門)이 올린 상주문(上奏文)에서 유래된 말이다. 이 상주문에서 영·프군이 연합한 후 '우리'의 회유로 영국·프랑스가 '우리'와 화친하고, '우리'에게 접근하려 하므로, 이참에 "와신상담(臥薪嘗膽)하여 중외 中外가 같은 마음으로 적을 격퇴하는 데 뜻을 모아야 한다"고 주장했다. 그런데 어떤 친구가 나에게 여기에서 말하는 '중외'는 조정과 지방, 즉 중앙과 외성을 말하는 것으로 중국과 외국을 가리키는 것이 아니라고 했다. 나는 이 의견을 살펴보니 그의 해석이 옳다고 생각했다. 함풍 말기에 청 정부가 외국의 지원을 활용해 태평천국을 섬멸하려 했던 것은 사실이지만, 위 상주문에서 말한 '중외'는 중국과 외국으로 해석하기 어렵다. 이 중외는 영국과 프랑스가 '우리'와 화친하고 있을 때 장강 하류 지역에서 대군을 통솔한 중국번(曾國藩) 등과 긴밀하게 협력하여 태평천국을 멸망시켜야 한다는 뜻이다. 한편, 상술한 상주문을 올리고 3개월 후인 1862년(同治 원년) 1월 13일(양력 2월 11일)에 청 조정은 영·프 양국이 이번 상해에서 비적을 토벌하는 일을 도와주었으므로 "특히 이들이 진심으로 우리와 화친하여 우방의 도리를 다한 것"[1]이라며 "중외가 화친하고 같은 마음으로 협력했음을 기리고자"[2] 지방 관리들에게 영・프가 (비적) 토벌을 도와준 상황을 수시로 보고하도록 요구하는 조서를 내렸다. 여기에서의 '중외'는 논란의 여지가 없이 중국과 외국을 지칭한다. 이 조서는 제1부 제6장 2절에서 인용되었기 때문에 제6장 1절의 제목을 바꾸었고, 1861년(함풍 11) 총리아문의 상주문 중에 쓰인 '중국과 외국이 합심하여'(中外同心)라는 말을 이 절에서는 더 이상 인용하지 않았다.

셋째, 제2부 제4장 4절의 끝에 곽숭도(郭嵩燾)와 증기택(曾紀澤)의 두 구절을 인용하여 논평하면서 "제국주의의 세계 통치 질서에 마음으로부터 승복했고", "제국주의의 수요에 맞는 최초의 매판외교가"라고 표현했는데, 지금은 이를 일부 수정했다. 이 부분은 곽씨와 증씨 두 사람에 대한 전반적인 평가가 아니기 때문이다. 세계를 안다는 것은 물론 아는 것이 아예 없는 것보다는 낫지만, 어느 정도 알고 나면 바로 세계를 지배하는 제국주의의 질서(이런 질서 하에서 중국은 피해를 입은 반식민지 국가이다.)에 대해 굴복할 수밖에 없는가라는 물음이 따라오게 된다. 당시 중국인들은 주변 세계와 중국이 이러한 세계 질서에서 어떤 위상을 가졌는지에 대해 알기 어려웠다. 아울러 당시 중국인들은 기존의 현실을 인정하고, 과감히 구태의연한 현실을 벗어나 새로운 국면으로 바꾸는 것도 어려웠다. 중국인들 중에 선진적 인물들을 포함한 수많은 사람들이 여러 세대에 걸쳐 노력해 변화를 이루어 냈다. 이를 위해 제국주의 침략자들이 중국 인민들에게 주입하려는 침략 사상에 저항하는 과정을 거치지 않을 수 없었다. 이에 대한 부분은 수정을 거쳐 보다 정확하게 표현했다.

이번에 대부분의 수정 부분은 수년 간 독자들과 친구들의 조언이나 신문과 잡지 등에서 아이디어를 얻었다. 지난 10년 동안 중국 학계는 중국 근대사 사료의

---

1) 尤其眞心和好, 克盡友邦之誼.
2) 以彰中外和好, 同心協助之意.

수집・정리, 중국 근대사 연구 중 발견된 문제를 해결하기 위한 노력 부분에서 많은 학술적 성과가 있었다. 다만 나는 이와 관련된 모든 자료들을 읽기 어려웠다. 만일 내가 이 자료들을 되도록 많이 읽었다면 수정 부분이 늘었을 것이다.

이번에 이 책을 통독하고 수정하는 과정에서 몇 가지의 문제를 발견했는데 이는 다음과 같다.

첫째, 계급과 계급투쟁에 관한 문제이다. 나는 계급분석의 관점과 방법을 이 책에서 활용했다. 이러한 관점과 방법을 채택한 것은 마르크스주의를 반드시 준수해야 하기 때문이 아니라, 마르크스주의 계급분석의 관점과 방법을 통해야만 내가 다루고 있는 역사적 문제를 명확하게 분석할 수 있었기 때문이다. 이 책은 중국의 반식민지・반봉건 시대의 전반기인 1840년부터 1919년까지의 정치사를 다루고 있다. 중국은 2천여 년 동안 정체된 봉건사회를 거친 후 이 시기에 사회와 정치 등의 방면에서 전례 없는 격동과 변화가 일어났다. 이러한 변화를 근본적이고 총체적으로 살펴보면, 기존 계급은 쇠락했지만 사라지지 않았고 새로운 계급은 출현했지만 주류가 되지 못한 상태였다. 따라서 이 시기 중국 사회는 구시대의 계급투쟁이 해결되지 않은 상태에서 새로운 시대의 계급투쟁도 일어나는 모습이 나타났다.

여기에 외국 제국주의 세력의 침략으로 중국 내의 계급 사이의 갈등과 투쟁은 복잡한 양상이 되었다. 당시 제국주의와 중국의 갈등은 민족 갈등이자 계급 갈등이었다. 중국 사회에서 계급에 따라 외국 침략자에 대한 태도가 달랐는데, 그 태도도 일정하지 않았다. 이 부분을 명확히 짚지 않으면 역사적 현상을 묘사하는 데 그치게 된다. 그러므로 내가 단순히 정치사가 아니라 통사通史를 다룬다 해도 이와 같은 마르크스주의의 관점과 방법을 채택할 수밖에 없다. 물론 모든 사회 현상을 계급적 부분으로만 분석해서는 안 되며, 모든 사회적 모순을 다 적대적인 계급 사이, 혹은 서로 다른 계급 사이의 모순이라는 식으로 주장해서도 안 된다. 이처럼 마르크스주의적 계급분석의 관점을 단순화하고 공식화하는 것은 바람직하지 않다.

중국 근대사에서 여러 차례 혁명이 일어났는데, 이러한 혁명은 대다수 무장투쟁의 형식, 즉 계급투쟁 내 최고 등급의 형식을 취한 경우가 많았다. 여기에서 혁명이란 기존의 지배계급을 없애고 기존의 사회정치제도를 바꾸는 행위를 지칭한다. 나는 이 책에서 몇 차례의 혁명에 대해 논술하였는데, 이에 대해 지나치게 폄하했거나 혹은 지나치게 과대평가했다는 평가를 받았다. 이 몇 차례의 혁명에 대해 옛날부터 서로 다른 견해가 있어 왔다. 이 가운데 신해혁명에 대한 논란은 상대적으로 적었지만, 그래도 학자들 사이에서 여전히 상당한 이견이 있었다. 내가 더 높은 역사적 단계에서 신해혁명의 약점과 신해혁명 과정 중에 많은 역사적 성과가 없었던 원인을 지적한 것은 이를 폄하하거나 역사적 위치와 의의를 비판하고자 함이 아니었다. 신해혁명을 근본적으로 부정하는 견해는 그 유래가 깊은데, 학계에서는 이러한 견해가 강유위와 양계초에서 비롯되었다고 보고 있다. 이들은 신해혁명 이전부터 혁명을 반대했으며, 그 이후 당시 사회와 국가의 혼란상을 통해 혁명을 비판하고 혁명과의 결별을 선언했다. 이에 대한 나의 관점은 혁명 과정에서 심각한 결점이나 미숙한 점 혹은 부작용이 있었다 하더라도 계급투쟁이 발전하는 과정에서 발생한 혁명이라면 사회적, 역사적 진보를 추구한 행위라고 본다.

혹자는 개량이 혁명보다 더 좋은 방법이므로 혁명을 추앙해서는 안 된다고 생각한다. 그런데 역사적으로 사회와 정치 발전 과정에서 개량주의를 적용하기 힘든 수준에 이를 때 혁명이 발생했다. 혁명과 개량에 대하여 구체적인 역사적 조건을 살펴보지 않고 양자에 대한 추상적인 가치 평가를 해서는 안 된다. 이 책에서 개량과 개량주의는 사회적 진보를 추구하는 절차와 방법을 이른다. 이 책의 서술 범위에서 볼 때 혁명 세력과 기존 세력 사이의 갈등 속에서 개량주의는 이 시기에 진보적 발전을 추구했다는 의의를 가지며 혁명으로 가는 선구적 역할을 했지만 동시에 혁명을 부정하는 역할도 했다. 이렇듯 중국 근대사에서 개량주의는 양면성을 나타냈다. 혁명의 조짐이 일어나거나 이미 시작되었음에도 개량주의의 입장을 고수할 경우 그 투쟁의 칼날은 기존의 세력이 아닌 혁명을 지향하는 방향으로 가게 된다. 이에 따라 기존의 세력은 개량주의를 활용해 혁명을 반대했다.

사회주의 시기에 이르러 사회적, 역사적 조건에 근본적인 변화가 발생했다.

이 시기의 계급, 계급투쟁, 혁명에 대한 이해는 현실을 바탕으로 한 근본적 변화가 필요하다. 사회주의 초급 단계에서 계급 모순은 존재는 하나 주요 모순에 해당되지 않는다. 이 단계에서는 사회적 갈등의 내용이 바뀌었고, 이를 해결하는 방법도 달라졌다. 우리가 개혁·개방으로 경제를 살리는 것도 하나의 혁명이라고 말하는 것처럼 이 혁명도 구시대와는 다른 함의를 포함하고 있다. 구시대의 계급 갈등, 계급투쟁, 혁명의 경험은 지금 우리에게 의미가 있긴 하지만, 이러한 역사적 경험을 반복하자는 의미는 아니다. 계급투쟁을 사회주의 시대 각종 사회정치 문제를 처리하는 일의 중심에 두는 것은 잘못된 방식임이 증명되었다. 우리는 사회주의 초급 단계의 사회 모습을 통해 사회의 각 계급과 계층들의 상황, 이들과 옛 사회 사이의 차이점을 이해하고, 어떻게 예전 사회와 다른 방식으로 계급 갈등과 기타 사회 갈등 문제를 해결할지를 고려해야 한다.

둘째, 대외 개방의 문제이다. 1978년 말 11기 3차 중국공산당중앙위원회전체회의中國共産黨中央委員會全體會議 이후 중국은 대외개방정책을 실시하였고, 또한 점점 개방의 범위를 확대했다. 이에 따라 중국과 세계 각국의 경제, 기술, 문화 방면의 교류가 크게 증가했다. 우리는 사회주의 건설을 위해 외국 및 해외 자금, 외국 시장과 자원을 활용하는 경험을 얻었다. 비록 이러한 경험은 교류의 초보 단계이지만 중국 역사에서 새로운 경험이 되었다.

왜 이를 새로운 경험이라고 지칭하는가? 이는 고대의 중·외 무역과 문화 교류를 제외하면 중국은 항상 관문을 닫은 상태로 국가를 보호했거나 아편전쟁 이후 100여 년 동안 반식민지 국가 상태로 세계에 문호를 개방했기 때문이다. 이 100여 년 동안 외국 자본이 중국으로 유입되었지만, 이 자본은 본래 대다수 중국에서 착취하여 나온 것이다. 따라서 이 자본금은 유입될수록 중국에 대한 착취와 억압이 늘어나는 효과를 냈으며, 민족 경제의 발전을 저해했다. 당시 중국은 무역량이 적었고, 기본적으로 농산물과 광물 등 주로 1차 산업의 물품을 수출하고 기계로 제작한 2차 산업의 제품을 수입했다. 이러한 방식의 개방은 중국을 가난하고 낙후하게 만들었다. 당시 중국은 제국주의 국가들에 의해 강제로 나라의 문을 열었다. 그러나 그 어떤 저항 없이 문호를 열었지만 실질적으로 대외 교류의 정도는 제한적이었다. 이런 상황에서 그 누구도 외국의 자본이나 시장 및 자원을 활용해 중국 경제를 발전시키자는 주장을 할 수 없었다.

항일전쟁이 끝나기 직전 즉 1944년 무렵 사람들은 종전 후의 중국을 구상하고 있었다. 나는 국민당에서 편찬한 어느 지역의 간행물에서 한 편의 글을 본 적이 있는데, 그 글은 대략적으로 세계 각국은 중국을 부강하게 만들어야 중국과의 무역과 기타 경제 교류를 크게 증대시킬 수 있으며, 이는 각국의 무역에 매우 유리하다는 내용이었다. 이 글 속의 내용을 보면, 중일전쟁 전 미국과 유럽 각국 사이의 무역수지와 중국과 이들 사이의 무역수지를 비교했을 때 후자 쪽의 수지가 훨씬 적었다. 해당 글을 쓴 이는 이런 자료들을 근거로 그의 논점을 분명히 했다. 비록 여러 해가 지나 나는 잡지의 명칭과 저자의 이름은 잊었지만, 그가 제기한 위의 논점을 여전히 기억하고 있을 정도로 그 글은 나에게 깊은 인상을 주었다.

당시 나는 이런 논점은 설득력이 있다고 생각했다. 그렇지만 이런 논리로 중국의 진정한 독립을 인정하도록 제국주의 국가들을 설득하고, 제국주의 국가들이 중국의 부강을 도와줄 수 있을 것이라고 생각하지는 않았다. 제국주의는 중국을 대외적으로 개방하고자 했으나 중국을 압박하여 후진하고 빈곤한 상태로 유지시켜 왔다. 그러므로 이러한 개방은 실제로 수준 낮은 개방이거나 개방성이 없는 개방이다. 이 모순은 제국주의 국제질서 속에서는 해결될 수 없다. 중국 인민이 온전히 자신의 힘으로 민족의 독립을 쟁취하고 중국 경제를 발전시킬 때 비로소 이 모순을 해결할 수 있다.

중국이 최근 10여 년간 독립국가로서 대외개방정책을 펴온 것은 완전히 새로운 경험인 만큼 지난 시대의 개방 경험을 근거로는 이 새로운 현상을 설명할 수 없다. 물론 반식민지 시대의 역사적 현상을 새 시대의 경험을 근거로 재해석하여 그 시대가 무조건 후진적이라고 생각해서는 안 된다. 본 저서와 나의 다른 저서인 『제국주의와 중국정치』에서 근대 역사 속 대외 개방의 문제에 대해 논의하고 있는데, 이 속에서 논의한 대외 개방은 1978년 이후 대외 개방의 상황과 비교할 수 없다.

셋째, 현대화를 근거로 중국 근대사를 서술하고 설명할 수 있느냐의 문제이다.
나의 책은 11기 3차 중국공산당 중앙위원회 전체회의가 열린 지 1여 년 후에 출간되었다. 이때까지 나는 문화대혁명과 그 이전 시기의 계급과 계급투쟁을 연관 짓는 주장을 부정했다. 중국 근대사를 현대화를 근거로 서술하려는 주장도 이러한 의견과 연관이 있다.

위와 같은 주장이 있었음에도 현대화를 근거로 한 중국 근대사와 관련된 서적은 아직 출판되지 않았다. 그러나 나는 이러한 주장이 가능하다고 생각한다. 1840년 아편전쟁 이후 여러 세대에 걸쳐 중국인들이 현대화를 위해 어떠한 노력과 과정 및 어려움을 겪었는지, 그리고 이견과 논쟁이 있었는지는 중국 근대사에서 중요한 주제이다. 이러한 주제들을 중심에 두고 중국 근대사를 서술하는 것은 의미가 있으며 아무런 문제가 없다. 그렇지만 이에 대해 계급 분석의 관점과 방법을 활용하지 않으면 중국 근대사 내 현대화와 관련된 많은 복잡한 문제를 해석하거나 해결하기가 어렵다.

중국 근대사에서 근대화는 산업화와 이와 동반되는 경제, 정치, 문화 등 여러 방면에서 일어난 변화를 이른다. 19세기 후반부터 20세기 초반까지의 중국에서 근대화는 곧 자본주의화이다. 이때까지만 해도 사회주의 문제는 아직 의제에 오르지 않았다. 중국의 자본주의화는 중국 내 다양한 사회적 구성 내부의 대립이나 투쟁과 관련된 문제이다. 한편 이때 중국은 이미 외국 제국주의 열강의 세력이 침투하고 있었으므로 단순히 국내의 문제로만 국한시킬 수 없다. 이러한 점에서 볼 때 어느 정도 중국의 현대화를 촉진한 것은 제국주의이다. 이처럼 제국주의가 어느 정도 중국의 현대화를 촉진했다고 말한 것은 제국주의가 세계 여러 곳에서 낙후된 사회제도를 가진 민족과 국가들을 열강인 자신들의 모습처럼 개조하려 했기 때문이다. 그렇지만 그 실질은 제국주의 국가들이 그곳의 민족이나 국가들을 자신의 국가와 똑같이 만들려는 의도보다는 자신들의 식민 통치에 유리하게 만들려는 의도를 가지고 자본주의화한 것이다.

제2차 세계대전 이후 민족의 독립을 이룬 옛 식민지 국가들에서 이러한 부분이 잘 증명된다. 이들은 장기간 식민 지배를 경험했는데 어떤 나라는 3~400년 동안 식민 지배를 받기도 했다. 식민 통치 시기에 제국주의라는 주인이 식민지와 그 인민의 운명을 좌우했다. 제국주의라는 주인의 이익을 위해 민족의 진보를 저해하는 각종 구 자본주의 사회의 관계가 의도적으로 유지되었다. 자본주의는 이곳에서 발전했지만, 제한된 범위 즉 식민지 주인과 극소수의 현지인들만 혜택을 받았다. 그래서 독립 이후 이 국가들은 예외 없이 빈곤하고 낙후했다. 자본주의가 퍼진 곳에서 원주민이 소멸된 사례도 많다. 중국이 수십 년 동안 식민지였다면 현대화됐을 것이라는 일각의 의견은 무지한 망언일 뿐이다.

아편전쟁을 거쳐 외국 자본주의 세력이 중국에 들어온 뒤에 봉건사회를 그대로 유지하려는 것은 사실상 불가능했다. 제국주의의 압력으로 중국 지배 세력의 폐쇄성과 일체의 현상 유지를 허용하지 않았다. 제국주의의 압력은 새로운 길을 추구하려는 중국 인민을 자극했다. 이런 상황 속에서, 중국 근대사의 현대화 문제에서 두 가지 경향이 나타났다. 첫 번째 경향은 제국주의가 허용하는 범위 내의 현대화인데, 이는 봉건주의의 사회경제제도와 그 정치 및 이데올로기의 상부 구조를 근본적으로 바꾸지 않은 채 매우 제한적 범위에서 자본주의를 실현하는 변동을 이른다. 또 다른 경향은 제국주의가 허용하는 범위를 벗어나 민족의 자주와 독립을 통해 완전한 현대화를 실현하는 것이다. 중국 근대사에서 이 두 경향은 분명하게 드러나지만 때로는 구분이 어려운 경우도 있다. 이 책에서 1890년대 양무파 관료와 개량파 자본가들을 분명하게 구분했다. 당시의 양무파 관료는 전자의 경향을 대표하는 집단이고, 개량파 자본가들은 두 번째 경향을 주장한 선구자이다.

중국 근대사에서 대외 개방은 식민지 내 반(半)식민지적 개방과 독립적·자주적 개방을 구분해야 한다. 마찬가지로 현대화에 관해서도 제국주의가 허용하는 범위 내의 현대화와 독립적이고 자주적인 현대화를 구별해야 한다. 나는 이 두 경향의 차이를 분석하고 현대화와 관련된 다른 문제들을 분명하게 분석하려면 마르크스주의의 계급 관점과 계급 분석을 활용해야 한다고 생각한다.

나는 상술한 문제에 대해 본 책에서 충분하지는 않지만 어느 정도 논술했다. 그리고 나는 최근 몇 년 동안에 다른 글에서 다시 이 문제를 다루었는데, 이 가운데 관련이 깊은 단락을 발췌하여 이 서문 뒤에 덧붙이니 참고하기 바란다.

호승胡繩
1995년 12월 말

1. 아편전쟁 150주년을 기념하여(1990년 6월 3일)

아편전쟁 이전에 중국은 중국 이외의 세계와 거의 단절되어 있었다. 이번 전쟁으로 이런 단절이 깨지면서 중국과 세계는 점점 더 밀접한 관계를 갖게 되었다. 이러한 연결고리로 인해 중국인들은 시야를 넓히게 되었고, 중국인들의 투쟁은 전 세계의 진보적인 사람들의 동정과 지지를 얻었다. 근대 중국 사회에서 새로운 사회경제적 형태, 새로운 계급의 역량, 새로운 사상이 출현한 것은 중국이 개방적인 사회로 나아가는 것과 관련이 있다. 그러나 그 100년 동안의 중국은 반식민지 국가, 즉 반독립 국가로서 세계와 관계를 맺었다. 근본적으로 말하면 이러한 외부와의 개방은 제국주의 국가의 침략과 약탈을 받는 형태로 진행되었다. 물론 세계적으로 근대에 오면 모든 민족의 발전 상황상 세계와의 단절은 불가능했다. 그러나 그 개방 형태가 종속국의 지위, 반식민지의 지위, 식민지의 지위, 아니면 독립국의 지위로 세계와 연결되느냐에 따라 한 민족과 국가의 운명이 걸린 큰 문제였다.

제국주의자들은 흔히 의화단을 예로 들어 근대 중국의 반제국주의 투쟁을 배타적이라고 매도했다. 1899년에 홍기한 의화단운동은 제국주의 침략에 대한 저항투쟁이었지만 선진계급[3]의 지도가 없었으므로 배타적인 성격을 띠었다. 그러나 의화단운동 이후 중국인들은 외국에 대해 배타적으로 대응하는 것이 활로가 아니라는 것을 깨닫게 되었다. 중국 인민이 제국주의의 침략과 억압에 대항하여 제국주의의 대리 통치를 거부한 것은 세계와 배타적이기 위한 것이 아니라 저항을 통해 하나의 독립된 국가로서 중국이 세계와 연결되고, 주체성을 상실한 채 외국의 지배를 받는 위치에 처하지 않을 수 있기 때문이었다. 1949년 중국 혁명의 승리와 신중국의 건설이 전국 각 민족, 각 계층의 열렬한 지지를 받을 수 있었던 것은 중국 공산당의 지도 아래 중국 사람들은 자신의 운명을 결정할 수 있고, 또한 공산당의 지도 아래 신중국은 100년여의 어려움을 벗어나 한때 상실한 국가의 주권을 모두 회복하여 스스로 세계 각국과 나란히 설 수 있었기 때문이다.

사회주의 중국이 시행한 대외 개방은 아편전쟁 이후 100년간의 개방과는 성격이 완전히 다르다. 현재 중국은 독립적이고 완전한 주권을 가진 사회주의 국가로서 평화와 공존의 5개 원칙에 따라 세계 모든 국가와 평등하게 교류하고 있다. 중국은 개방 정책을 확고하게 시행하고 중국과 세계 각국과의 사이에서 모든 교류를 발전시켜 나갈 것이다. 중국은 세계의 평화와 발전을 위해 자신의 책임을 다할 수 있으며, 중국이 외부 세계와 교류하는 것은 중국의 진보와 발전에 이롭다고 확신한다. 중국은 여러 세대에 걸친 투쟁을 통해 쟁취한 국가의 독립과 주권을 소중하게 여긴다. 위대한 중국 사람들은 지난날 있었던 외부의 압력에 굴하지 않고, 앞으로도 어떠한 외부의 압력에도 굴복하지 않을 것이다.

2. 근대 중국과 세계에 관한 몇 가지 문제(1990년 8월 31일)

근대 중국은 세계의 모든 제국주의 국가들로부터 침탈을 당했다. 일부 강대국들은 중국에서 세력권을 나누기도 했고, 어떤 강대국은 중국을 독차지하고자 했다.

---

[3] 선진계급이란 마르크스주의에서 사용하는 용어로, 이는 사회의 혁명을 이끌며 역사의 발전을 촉진하는 계급이라는 뜻이다.

근대 중국의 역사는 침탈과 억압의 역사이다. 이러한 역사는 1840년부터 109년 동안 지속됐다. 근대 이전에 일시적으로 중국은 외부와 거의 단절되어 있었다. 당시 세계는 중국을 몰랐고, 중국도 세계를 모르고 있었다. 근대에 중국은 세계와 점점 더 밀접한 관계를 맺었고, 다방면에서 개방이 이루어졌지만, 그 개방의 실제 모습은 정상적인 개방과는 거리가 멀었다. 제국주의 국가들은 중국의 개방을 통해 무력으로 중국을 침략했고, 경제적으로 손실을 입혔으며, 정치적으로 지배하고자 했다. 이에 중국은 침탈당하는 위치에 있었다.

외부의 침략과 억압으로 인해 중국인들은 저항할 수밖에 없었다. 중국은 유구한 문화적 전통과 통일국가로서의 역사를 가진 나라다. 그래서 자본주의적 제국주의 열강의 침탈은 처음부터 중국인들의 저항에 직면했다. 근대 중국 사회에서 새로운 계급, 즉 유산자 계급과 무산자 계급이 등장한 이후 외국 제국주의자들과 중국 내 조력자 및 그 수하들에 대한 저항은 점점 더 강해졌다. 제국주의 열강은 일찍이 중국을 국지적으로 식민지화시켰고, 또한 독립국가로서의 완전한 주권을 상실하게 하여 반독립적인 즉 반식민지 국가로 만들었다. 근대 중국이 완전히 식민지로 전락하지 않은 것은 주로 중국인들의 저항이 있었기 때문이다. 이러한 저항은 발전하여 결국 중국이 반식민지와 식민지의 운명에서 벗어나 민족의 독립을 쟁취하고 모든 국가 주권을 회복하는 과정에 기여되었다. 따라서 중국 근대사는 또한 외국 자본주의와 제국주의의 침탈에 저항한 역사이기도 하다.

제국주의의 침탈은 근대 중국의 빈곤과 경제적 낙후를 초래했다. 여기서 특히 지적해야 할 점은 제국주의 열강들이 중국 경제의 명맥과 정치를 통제했으므로, 중국 봉건사회는 내부에 존재한 자본주의적 생산 관계의 맹아가 제대로 자라나지 못했기 때문에 자본주의 사회로 진입하지 못했다는 점이다. 아울러 서양 자본주의의 유입은 중국 봉건사회의 자연경제의 기반을 파괴하였다. 비록 서양의 자본주의가 상품경제와 자본주의적 요소의 발전을 촉진시켰지만, 19세기 중반 이후에 출현한 중국의 민족자본은 당시 경제 여건상 크게 발전하기 어려웠다. 이러한 민족자본들은 온갖 특권을 가진 외국의 자본에 밀려났을 뿐만 아니라 중국 사회에서 여전히 지배적인 전자본주의前資本主義 시기4) 착취가 횡행하게 한 제도에 대해 저항할 역량이 아직 없었다. 근대 시기 중 앞 70년은 청 왕조의 통치 아래에 있었는데 제국주의자들은 길들이기 위한 도구로서 청 왕조를 활용했다. 이들은 청이 멸망한 후에 지주계급과 매판(買辦)[5] 관료의 경제적 이익을 대표하는 군벌관료 세력을 지지했다. 따라서 제국주의의 보호 아래 봉건적 토지 관계, 고리대금업의 자본과 모든 전자본주의 시기의 착취를 횡행하게 하는 제도와 그 상부 구조는 존속할 수 있었다. 그리고 제국주의는 이러한 자본과 제도로 중국 국민을 통치하고 착취하는 도구로 활용했다. 이와 같이 제국주의의 침탈은 중국의 독자적인 공업화와 민주화의 발전을 가로막았으며, 중국을 반식민지화 시키면서 동시에 반봉건적으로 나아가게 했다.

근대 중국은 근대화된 중국이 아니고, 상품경제와 교육이 발달하고 공업화와 민주화가 진행된 나라도 아니었다. 근대 중국의 앞에는 어떻게 제국주의의 지배와 억압에서 벗어나 독립국가가 될 것인가와 어떻게 중국을 근대화할 것인가 라는 두 가지 문제가 놓여 있었다. 이 두 문제는 분명히 밀접하게 관련되어 있다. 당시 중국은 타국보다 뒤처졌기 때문에 침탈당했고, 침탈당했기 때문에 더욱 뒤처지게 되는 악순환의 상황이었다.

근대화 문제에 있어 선결문제를 해결함으로써 이를 돌파구로 삼아 이런 악순환의 고리를 풀었으면 어떠했을까? 반식민지·반봉건의 성격을 띤 중국에서 공업을 통한 구국, 교육을 통한 구국, 합법적 경로를 통해 민주화와 근대화를 이루려는 주장들은 모두 성공할 수 없었다. 공업과 교육을 진흥시키기 위해 노력한 사람들이 일정 정도 성과를 거두기는 했지만, 중국의 근대화라는 목표를 달성하지 못했고, 중국의 독립과 자강을 이루지 못했다. 게다가 기존의 정치와 사회질서를 유지한 채 민주화를 추진하는 노력은 소용이 없었다. 제국주의자와 중국 내 이들에게 편승한

---

4) 전자본주의란 자본주의 성격의 생산 방식이 출현했지만 이 생산 방식이 사회에서 주류의 위치에 있지 않는 시기를 가리킨다.
5) 본래 매판은 명나라 시기 조정의 필수품을 민간으로부터 조달, 납품하는 어용상인을 가리켰다. 아편전쟁 전후로 국가 간 무역에서 외국 선박이나 회사에 대한 업무를 맡는 상인들을 지칭한다. 남경조약 이후 매판들은 직접 계약을 맺을 수 있는 권리를 얻게 되었다. 이들은 정부의 관료들이나 제국주의자들과 밀착하여 자국 이익에 위배되는 행위도 했다.

사람들의 강한 저항으로 이러한 목표들을 실현하기 어려웠다.

먼저 가장 어려운 일은 민족을 독립시키는 문제였다. 당시 낙후된 사회적 토대 위에서 중국이 지배적 위치에 있는 제국주의 세력을 이기기 어려웠다. 그러나 민족의 독립을 실현해야 당시 중국이 안고 있는 악순환을 끊을 수 있었다. 이는 수많은 이전 역사의 사례에서 증명됐다. 다시 말해, 민족의 해방과 국가의 독립을 먼저 이루어야 근대화를 위한 정치, 경제, 문화의 근대화를 논할 수 있다.

중국 침략에 대한 제국주의 열강들 사이의 이해관계 모순과 중국 내 제국주의에 편승한 사람들 사이의 이해관계 모순은 낙후된 중국이 해방과 독립을 쟁취할 때 활용할 수 있는 조건이다. 그러나 근본적인 문제는 제국주의의 침탈을 반대하는 중국(인)들의 역량을 동원하고 단결시키는 것이다. 중국 공산당의 지도하에 중국인들은 장기간의 어려운 투쟁을 거쳐 마침내 역사적 임무를 완수하여 중국이 제국주의의 간섭에서 벗어나고 중국의 근대화와 현대화를 위한 길을 닦았다.

근대 중국은 과연 세계에 개방된 나라였는가? 이것은 아마도 문젯거리가 되지 않는 문제이다. 반식민지화된 중국에서는 외국의 군사적 침략을 받지 않았을 때조차 외국인들이 중국 영토에서 불평등조약을 근거로 갖가지 특권을 누리고 있었고, 중국 대문의 열쇠도 외국인의 손에 있었다.(외국인들이 세관을 장악한 상황을 이른다.) 외국인은 중국에서 자유롭게 은행과 상사와 공장을 건설하고, 열강들의 군함과 상선은 자유롭게 중국의 연해와 내륙을 항해하며, 열강들의 군대도 중국의 영토에 주둔했다. 이때 중국 정부는 대외 정책을 결정할 때와 심지어 중대한 국내 정책을 결정할 때에도 제국주의 열강들의 눈치를 살펴야 했으니, 이런 상황에서 무엇인들 개방하지 않았겠는가?

1900년경 미국은 중국의 문호개방 정책을 제안했다. 그러나 이미 열강의 대포에 의해 중국이 개방된 상태였기 때문에 이는 문호를 개방하라는 것이 아니었다. 이는 이익 균점의 원칙에 따라 열강들이 중국 내 세력권을 나누는 일을 이르는 것으로, 어느 특정 나라의 세력권에 속하는 지역을 다른 나라에도 개방시키려는 것이다.

근대 중국은 이미 정치적, 경제적으로 열강들의 지배하에 있음에도 열강들은 중국의 상황에 늘 불만스러워했다. 그 불만족에는 크게 두 가지 측면이 있다.

하나는 정치적인 면이다. 열강들에게 편승하여 중국의 통치를 위해 활용되는 사람들은 저항적인 중국인들로부터 자신의 이익을 지킬 만큼 강하지 않았다. 그래서 이들은 중국인들의 저항을 무력화시키지 못했다. 오히려 이들은 중국인들의 힘에 밀리고 있다고 느꼈다. 이는 제국주의가 자초한 모순이다. 제국주의가 키운 집단은 중국인과 민족의 이익에 반하는 세력이기 때문에 비록 합법적인 정권하에서 막강한 군사력을 보유한다 해도 사람들의 신망을 얻을 수 없었고, 제국주의에 유리하고 안정된 내부 질서를 유지할 수 없었다.

다른 하나는 경제적인 측면이다. 이 측면에서 볼 때, 제국주의자들은 근대 중국을 무력으로 개방시킬 때 기대한 것과 달리 중국이 거대한 상품시장과 투자시장, 원자재 공급처가 될 수 없다는 점을 불만스러워했다. 중일전쟁이 본격화되기 1년 전인 1936년 중국의 수출입 무역 총액은 16억 원(당시 환율로 5억 달러 미만)으로 1910년경에 비해 겨우 30% 미만으로밖에 증가하지 못한 미미한 수치였다. 중국의 수입품은 아편전쟁 이후 70년간 아편의 비중이 가장 컸다. 신중국 건국 이전까지 외국으로부터 중국이 수입한 주요 품목은 석유, 설탕, 면직물 등 저렴한 물품이었다. 중국의 수출품도 주로 생사生絲, 돼지털, 학사鶴砂, 동유桐油와 같은 전통적인 수출 상품일 뿐이었다. 제국주의 열강의 중국 투자액은 비교적 컸다. 경제사학자들은 제국주의의 중국 투자액이 20세기 초에 15억 달러에서 항일전쟁 직전에 43억 달러로 증가한 것으로 추정하고 있다. 당시 제국주의의 투자는 주로 상업에서 약탈적 성격을 띠었다. 당시 열강들은 제국주의적 특권에 의해 최대한의 이익을 얻을 수 있었다. 그리고 이러한 투자는 자본수출이 없는 투자였다. 거액의 투자금 대부분이 중국의 배상금에서 유입된 자본이며, 불법으로 점유한 토지(上海와 같은 도시에서 당시 외국인 자본의 주요 기반은 부동산이었다.), 중국에서 아편 무역을 통해 얻은 폭리, 외국은행에 있는 중국인의 예금 등이었기 때문이다. 곧 막대한 자본의 대부분은 중국을 침탈하여 얻은 자본이며, 해외에서 유입된 자본은 거의 없었다. 그때만 해도 중국 내 광물 자원은 미처 개발되지 않은 상태였다.

왜 근대 중국은 열강에 의해 문호를 열었음에도 거대한 시장이 되지 못했을까? 이는 당시 중국이 가난하고 낙후했기 때문이다. 가난하고 낙후된 중국은 잉여생산물이 적고 외국 제품을 대량으로 수입할 여력도 없었다. 제국주의의 경제 침탈은 일부 농촌에 큰 영향을 미쳤지만, 대다수의 농촌은 여전히 자연경제와 반자연경제의 상태이었으므로, 당시 중국 내 상품경제가 형성된 곳은 거의 없었다. 따라서 근대 중국에서 인구 분포가 큰 많은 지역이 사실상 대외적으로 개방되지 않은 것과 마찬가지였다. 해안 도시들은 이미 개방되었지만 1930년대의 상해를 '모험가의 낙원'이라고 부를 정도로 당시 해안의 도시들은 외국의 불량배, 사기꾼, 밀수업자들이 횡재를 할 수 있는 환경이었으므로 정상적인 교역은 위축되었다.

근대 중국에서 상인과 도시민이 참여하여 외국 상품을 배척하는 운동이 여러 차례 일어났다. 이러한 운동은 침략자에 대한 중국인들의 정당한 비판과 경제적 개방이 중국 사회와 중국인에게 초래한 재앙을 반영하여 일어났다. 제국주의는 근대 중국의 빈곤과 낙후를 초래했다. 제국주의는 한편으로는 중국의 문호를 열어 개방하도록 강요했지만, 다른 한편으로는 중국의 경제를 침탈하여 중국의 빈곤과 낙후를 야기했으므로 당시 중국은 온전히 개방했다고 보기 어려웠다. 이는 제국주의가 자승자박한 것으로 해결하기 어려운 모순이었다.

1930~40년대 중국 언론의 일각에서는 부강한 중국이 세계 각국과 큰 규모의 무역과 경제 관계를 맺을 수 있으므로, 열강들은 중국이 부강해지도록 돕는 방법을 생각해야 한다고 주장했다. 여기에서 앞부분의 관점은 옳지만 열강들이 중국의 부강을 돕기 바라는 뒤의 주장은 망상에 지나지 않는다. 중국인이 자력으로 민족의 독립을 쟁취하고 나라의 주권을 회복해야만 자신의 경제를 발전시킬 수 있으며, 중국이 독립적이고 자주적인 국가로서 정상적인, 즉 평등적이고 호혜적인 대외 개방을 할 수 있도록 발전시킬 수 있다.

3. 중국의 개혁·개방(1991년 11월 13일)

근대 중국은 서구 열강들의 무력으로 강제로 개방되었다. 1840년대 이후 중국은 여러 차례 외국의 군사 침략을 받아 각종 불평등조약을 맺었다. 그 당시 외국인들은 중국 영토 내에서 갖가지 특권을 누리고 있었는데, 특히 이들에게 치외법권을 적용했으며, 외국인들이 중국의 세관을 통제했다. 따라서 외국인들은 자유롭게 중국에 은행, 상점, 공장 등을 개설하고, 자국의 법규에 따라 학교와 교회를 설립했으며 열강의 군대도 중국 영토 내에 주둔했다. 청 정부부터 그 이후 중화민국의 역대 정부에 이르기까지 기본적으로 외국 제국주의에 의존하여 권력을 유지했으므로, 이들의 대내외 주요 정책은 제국주의 열강의 의견을 반영했고, 열강들도 이러한 통치 세력을 지지하여 중국에서의 특수한 권리와 이익을 보장받았다. 그러므로 당시의 중국은 완전히 개방된 상태였다. 다만 이러한 개방은 독립국으로서 가져야 할 주권을 상실한 대가로 이루어졌다. 다시 말하면 당시의 중국은 독립국가가 아니라 반식민지 형태로 세계와 교류하고 개방했다. 이러한 개방이 중국의 경제·문화 발전에 일정 부분 도움이 되었으나 총체적으로 볼 때 중국인들은 민족적 재앙을 겪어야 했다.

당시 중국은 대외적으로 문호를 개방했지만, 실상은 경제·문화적으로 개방을 하지 못했다. 이는 그 어떤 물리적인 봉쇄로 인한 것이 아니라 중국이 빈곤했기 때문이다. 그 당시 중국의 국제수지는 양호하지 않았다. 빈곤한 중국에서 수출할 수 있는 제품이 얼마나 되겠는가? 대다수의 사람들, 그들 중에서도 주로 농민들은 빈곤하였으므로 중국 내 시장의 수요가 얼마나 컸겠는가? 당시의 중국인들은 생활고로 인해 국외로 망명한 사람을 제외하고는 해외로 출국할 수 있는 사람이 거의 없었다. 이러한 실정을 통해 중국은 사실상 개방되지 못한 상태였다고 볼 수 있다. 외국의 침략으로 중국은 불평등한 조건에서 개방해야 했고, 동시에 이러한 침략은 중국의 빈곤과 후진성의 원인이 되었으며, 이 빈곤과 후진성은 중국을 사실상 미개방 상태로 만들었다고 할 수 있다.

이러한 지난 시대의 경험으로 인해 중국인들은 중국의 대외 개방 그 자체를 반대하지 말아야 하며, 정상적인 대외 개방을 할 수 있는 조건을 마련하기 위해 외국 제국주의의 지배와 침탈이라는 반식민지 상태가 아닌 독립국가 형태를 갖춘 뒤 평등하게 세계 각국과 교류할 수 있어야 한다는 결론을 얻었다.

신중국은 건국 초기부터 영토 주권에 대한 상호 존중과 평등, 호혜주의를 바탕으로 세계 각국과 외교 관계를 수립하고, 정상적인 무역과 기타 국제적 경제 관계를 맺고자 했다. 그러나 당시 미국 정부는 중화인민공화국을 인정하지 않는 정책을 폈다. 미국은 6·25전쟁(1950~1953)을 통해 중국을 무력으로 위협하고, 대만 문제를 통해 중국의 내정을 간섭했다. 이와 더불어 중국에 대하여 금수 조치를 하고, 유엔에서 중국이 합법적 지위를 회복하는 것을 방해하여 신중국을 국제사회에서 배제하려 했다. 미국 정부의 이런 정책은 다른 많은 나라에 영향을 미쳤다. 이런 상황에서 중국은 자본주의를 채택한 선진국을 포함한 모든 나라들과 정상적인 관계를 맺으려는 목표를 실현하기 어려웠고, 전면적인 개방 정책을 실행할 수 없었다.

중국은 개방 정책을 실행할 필요성이 있다. 그러나 그 필요성 위에 국가의 독립과 주권을 수호해야 한다는 더 중요한 원칙이 있다. 역사적으로 민족적 재난에 시달려 온 중국인은 독립과 자주를 지키는 원칙을 중시하고 국가적 존엄을 지키고자 한다. 만약 신중국의 정권이 국가의 독립과 완전한 주권이라는 원칙을 버리고 세계와 교류한다면 이전의 근대 중국의 역대 통치자들과 마찬가지로 인민들의 버림을 받게 될 것이다.

독립의 원칙을 개방보다 더 중시한다고 해도 이 두 가치는 대립적 관계가 아니다. 정상적인 상황에서는 이 둘의 원칙이 일치한다. 국가의 독립과 완전한 주권을 전제로 하지 않은 개방은 중국을 착취당하는 위치에 놓이게 만들었다. 이로 인해 정상적인 대외 개방이 불가능할 수밖에 없었던 부분이 중국 근대사를 통해 증명되었다. 아울러 세계 수많은 나라의 사례를 살펴보면, 완전한 주권을 가진 독립국가와 자국의 경제가 발전된 나라만이 정상적인 대외 개방을 할 수 있다는 사실을 알 수 있다.

1971년 10월 유엔에서 중화인민공화국의 국제적인 지위는 회복되었다. 1972년 9월에 중·일 간에, 그리고 1979년 1월에 중·미 간에 수교를 했다. 서유럽 국가 중 프랑스와 북유럽 국가들이 이미 1950~60년대에 중국과 수교한 것을 제외하고, 1970년대에 중국은 추가로 이탈리아와 벨기에, 영국, 네덜란드, 독일, 스페인 등의 나라들과 수교했고, 유럽공동체와도 공식적인 외교 관계를 맺었다. 중국과 제3세계의 많은 국가 간의 우호 관계는 1970년대 이후 더욱 발전되었다. 이에 따라 중국은 전면적인 개방정책을 제안하고 실행할 수 있게 되었다.

1984년 「경제체제 개혁에 관한 중국공산당 중앙위원회의 결정」에서 "자본주의를 채택한 선진국을 포함한 세계 각국의 현대 사회에서 발생되는 법칙을 모두 반영한 선진 경영과 관리 방법을 받아들이고 참고해야 한다"고 주장했다. 1986년 중국공산당 중앙위원회의 또 다른 결의문에서는 "반드시 큰 결심과 큰 노력으로 자본주의를 채택한 선진국을 포함한 현재 세계 각국의 선진 과학 기술, 보편적 적용성을 갖춘 경제와 행정에 대한 경영 사례와 기타 유익한 문화를 배우고, 이를 실천하여 검증하고 발전시켜야 한다"라고 주장했다. 이런 주장은 1956년에 외국을 따라 배울 것을 권장한 모택동毛澤東의 방침과 일치한다.

1978년 이후 10여 년 동안 중국은 개혁 정책을 시행하면서 동시에 대외 개방의 범위를 확대했다. 중국 정부는 광동성, 복건성의 4개 항구와 해남도를 '대외개방경제특구'로 설정하고 아울러 남북 연해의 14개의 항구도시를 개방도시로 지정했다. 그리고 장강長江 삼각주, 주강珠江 삼각주 및 복건의 하문廈門, 천주泉州 및 장주漳州 삼각주 지역을 '연안경제개발지역'으로 지정했다. 이에 따라 경제특구, 연해 개방도시, 연해 경제개발구, 내륙이라는 다층적인 대외 개방 방식을 설정했다. 현재 상해 포동浦東 개발구를 건설하고 있는데, 이 또한 대외 개방의 중요한 과정이다. 960만 평방킬로미터의 중국 영토 내 연해와 내륙, 도시와 농촌까지 모든 지역에서 대외 개방에 참여했다. 대외 무역 방면에서 수출입액이 해마다 증가하고 있다. 외국 자본과 외국의 선진기술의 도입도 다양한 형태로 신속하게 추진되고 있다. 대외 경제와 기술, 문화 교류의 규모는 갈수록 커지고 있으며, 세계 각국으로 떠나는 유학생의 수가 나날이 증가하고 있다. 이렇듯 중국의 도시와 농촌의 경제발전은 대외 개방의 확대를 가능하게 했고, 대외 개방은 또 중국의 경제발전을 촉진했음을 알 수 있다.

현대 세계에서 세계와 단절한 채 고립되어 발전할 수 있는 나라는 없다. 그러나 이런 일반적인 이유로 중국이 개방 정책을 펴고 있다는 이유를 설명하기에는 부족하다. 중국은 세계에서 인구가 많은 나라이다. 따라서 외국에 의존하여 자력갱생하지 않고 스스로의 힘을 발휘하지 않는다면 발전할 수 없다. 그리고 대외 개방을 통해 자체 발전의 능력을 높일 수 있다. 중국은 낙후된 경제토대 위에 사회주의를 건립했으므로, 사회주의를 확고히 하기 위해서 반드시 현대 과학기술을 활용한 경제발전과 사회화를 통한 대량생산을 해야 한다. 따라서 사회주의 국가인 중국은 사회주의 건설 중 인류 문명의 모든 유익한 성과를 잘 흡수하는 것이 특히 중요하다. 이는 중국 사회주의 건설의 과정에서 처음부터 외국을 따라 배워야 한다고 한 이유이자 대외개방정책을 펴야 하는 이유이다.

중국의 대외 개방은 평등과 호혜의 원칙에 따라 진행되어야 한다. 이는 상호 대외무역과 외자 유치 시 이득을 취하는 것으로 중국과 상대방 국가 모두에게 이익이 되는 것이다. 불평등한 조건으로 중국의 주권을 훼손시키는 개방을 강요하는 시대는 이미 지나갔다. 그러므로 중국의 대외 개방을 주장하기 위해 새로운 불평등 조건으로 중국의 독립과 주권을 훼손시키고자 한다면 이는 불가한 일이다. 아울러 중국을 고립시켜 대외개방정책을 펴지 못하게 하는 것도 불가한 일이다. 이상은 중국의 대외개방정책이 왜 유지되어야 하는지를 보여 주는 대목이다.

원본 서문

이 책은 중국이 반식민지半植民地·반봉건半封建의 시대가 되기 이전, 즉 무산계급이 주도한 신민주주의 혁명이 시작되기 이전의 역사를 다루었다. 오랜 세월 동안 사람들은 이 시기의 역사를 주로 중국 근대사라고 불러왔다. 그러나 어떤 이는 일찍이 1840년 아편전쟁부터 1949년 중화인민공화국 수립 이전까지의 110년의 역사를 중국 근대사로 규정하고, 중국의 민주혁명이 성공하여 반식민지·반봉건사회에서 벗어나 사회주의 시대로 진입한 역사를 중국 현대사로 규정하자고 제안한 바 있다. 중화인민공화국이 건국된 지 30년이 넘은 현시점에서 살펴보면, 사회적 성격에 따라 중국의 근대사와 현대사를 구분하는 것이 더 적절할 것 같다. 이 책의 서명을 『중국 근대사』라고 하지 않은 것은 기준 없이 규정하는 것을 지양하기 위한 것이며, 이 책이 중국 근대사 중에서 앞 전기 부분만을 서술하고 있기 때문이다.

소련의 일부 중국사 연구자들은 중국 근대사의 출발점을 17세기 중엽 청나라 건국 때까지 늘려 잡고 있다. 이는 서양사의 시대 구분 방식을 중국사에 무리하게 적용한 것이며, 한편으로 중국 근대사의 문제를 중국 내의 민족모순에 국한시켜 분석하려는 의도가 있다. 이러한 시대 구분 방식은 중국사에 적용하기에 비과학적인 것으로, 중국 역사학계에서는 지양하는 방식이다.

나는 1973년 9월부터 이 책을 쓰기 시작했다. 그러나 훨씬 이전부터 쓸 계획은 가지고 있었다. 그럼 여기에서 내가 중국 근대사를 공부하고 연구하게 된 경위를 밝히고자 한다.

지금으로부터 40년 전인 1940년은 아편전쟁 발발 100주년이 되는 해이다. 당시 나는 아편전쟁에 관한 논문을 중경重慶에서 발간하는 『이론과 현실』(理論與現實)이란 잡지에 발표한 적이 있다. 이 논문은 내가 22살 때 쓴 중국 근대사에 관한 첫 습작이었다. 이후 1946~48년 사이, 즉 중국의 반식민지·반봉건 시대가 혁명으로 종말을 고할 무렵 현실적 연구의 필요성 때문에 이 방면의 연구를 재개했다. 당시 국민당 통치하의 상해 어느 신문에 기고하기 위해 여러 편의 글을 썼는데 대부분이 현실의 정치 문제와 관련된 것이었다. 그런데 점차 이런 주제의 글을 발표하기가 어려워졌다. 그래서 나는 중국 근대사를 소재로 정치적 색채를 우회적으로 밝히는 방식의 글쓰기를 시도해 보았다. 이렇게 하여 몇몇 단편의 글이 잡지 등에 실렸으며, 1947년에는 『제국주의와 중국 정치』(帝國主義與中國政治)라는 책을 냈다. 전국이 해방된 후 이 책을 대폭적으로 수정해 보려는 생각을 가지고 있었지만 약간의 수정과 보완을 거쳐 몇 차례 재판하였다.

1953년 내가 중국공산당 중앙고급당교中央高級黨校에서 강의하면서 4만여 자에 달하는 『중국근대사제강中國近代史提綱』(여기에서 '근대'는 1840~1919년이다.)을 저술했다. 이 저술은 정식으로 출판되지 않았지만, 당시와 1960년, 1962년에 학교에서 인쇄해 강의 교재로 사용되었으며 학교 밖에도 배포되었다. 그러나 이 책은 개략적인 제강에 불과했고 결함도 적지 않았다. 이 제강을 쓴 후 나는 차츰 이 시기의 역사에 대해 나름의 관점을 가지게 되었는데, 일단 나의 관점을 설명하기 위해 「중국 근대사의 시기 구분 문제」(中國近代史的分期問題)라는 글을 썼다. 이 글은 학계에서 시대 구분의 문제를 놓고 한바탕 논쟁을 벌이는 계기가 되었다.

시대 구분에 관해 이 글은 세 차례의 혁명 고조기라는 개념을 제시하려고 했다. 제1차 혁명 고조기는 1851~1864년의 태평천국 시기를 말한다. 제2차 혁명 고조기는 갑오 청일전쟁 후의 몇 년인데, 이 시기에 1898년의 무술유신운동과 1900년의 의화단운동이 일어났다. 제3차 혁명 고조기는 1905년 동맹회 결성부터 1911~1912년 신해혁명 시기까지이다. 당시 나는 "역사 발전의 상황에 근거하여 볼 때, 세 차례 혁명 고조기는 계급 세력의 배치와 관계가 서로 다른데, 이것은 바로 중국 근대 시기 사회경제 구조의 발전 과정에서 상이한 단계가 집중적으로 반영되었기 때문"이라는 주장을 폈다.

이에 나는 이런 관점을 바탕으로 한 권의 책을 써야겠다는 생각을 갖게 되었다. 이후 여러 해 동안 자료를 수집하면서 준비 작업을 하는 가운데 개별 단락에 대해서 원고도 썼지만 끝내 한 권의 책으로 완성하지 못했다. 1966년 이후에는 특수한 생활 여건을 맞게 됨에 따라 상당한 '여유'를 가졌지만 모든 자료와 동떨어져 있어야 했다. 그때에도 이미 오래전부터 의도했던 이 책을 쓰면 어떨까 하는 '엉뚱한 생각'이 문득 들어 일부 제강까지는 쓰기도 했지만 특수한 생활 여건 때문에 책을 쓰는 작업은 결국 공상에 그치고 말았다.

1973년이 되어서야 비로소 자료를 접하고 집필할 수 있게 되었다. 하지만 또 차일피일하며 6년 남짓을 보내고서야 책의 집필을 마쳤다. 이렇게 된 데에는 외부적 이유를 제외한다면 나 자신을 다잡지 못한 탓이라고밖에 할 수 없다.

세 차례 혁명 고조기에 대해 역사학계의 일부 연구자들은 받아들였지만 이의를 제기한 연구자들도 있었는데, 주로 2차 혁명 고조기에 대해 문제를 제기한 것 같다. 나는 20여 년 전에 쓴 글에서 "제2차 혁명운동의 고조기를 1899~1900년의 의화단운동에만 국한시킨다면 불완전하다", "농민혁명은 당시 중국 사회의 주요한 혁명 역량이었고, 자본주의 사상도 당시 중국 사회의 진보적 이상이었다. 이 둘은 제2차 혁명 고조기에 모두 존재했지만 서로 전혀 관련이 없었다. 자본주의 이상을 추구한 개량주의 운동은 단명한 '무술유신'으로 표출되었고, 농민대중이 주체가 된 자발적인 (반제국주의) 투쟁은 처참하게 패배한 의화단운동에서 왜곡되게 드러났다"고 했다. 당시 어떤 평자들은 이런 관점이 "의화단운동의 반제국주의 투쟁의 혁명적 의미를 과소평가했다"고 주장했다. 그런데 최근 학계에서는 의화단운동이 혁명의 고조라고 보기에 부족하다는 또 다른 견해가 등장해 엇갈리고 있다. 나는 의화단운동의 반제국주의 투쟁의 의미를 충분히 평가한다고 하더라도 이 운동이 가지고 있는 심각한 약점을 동시에 보아야 하며, 또 당시의 역사적 여건상 의화단운동이 건전한 반제국주의 투쟁으로 발전할 수 없었다고 해서 의화단운동의 역사적 위상을 말살시켜서도 안 된다고 생각한다. 의화단운동은 전통적인 농민 투쟁 형식의 연속이었지만, 타격의 예봉을 직접 제국주의 침략 세력에 겨누었을 뿐만 아니라 의화단운동 시기에 이미 자산계급 성향의 정치 세력도 존재했다. 무술유신과 의화단운동을 포함한 제2차 혁명 고조기는 중국 근대사에서 중요한 고리이다.

세 차례 혁명 고조기의 관점에서 보면, 양무운동에 대한 평가의 문제도 제기된다. 이 문제에 대해 근래 학계에서는 다양한 견해가 제시되고 있다. 본 책은 '양무운동 – 무술유신 – 신해혁명'을 중심축으로 이 시기 역사의 진보적 흐름을 논할 이유가 없다고 본다.

1906년 12월 동맹회의 기관지인 『민보』 창간 1주년 기념 축하 모임이 열렸다. 장병린章炳麟(章太炎)은 이 축하연의 연설에서 "이전의 혁명은 속칭 강도들의 결의(强盜結義)요, 지금의 혁명은 속칭 수재들의 반란(秀才造反)"이라고 말했다. 장병린의 연설 취지는 '수재반란'의 불철저성을 꼬집은 것인데, 여기에서 그의 총명한 표현을 채용해도 무방하겠다. 태평천국 시절에는 '수재반란'이 아니라 '강도결의'였고, 무술유신과 의화단운동 시기도 여전히 '강도결의'였지만 '수재'들이 거의 '반란'에 다가갔으면서도 '강도결의'에 말려드는 것을 원하지 않았다. 동맹회 시기에 이르면 '수재반란'이 중심을 이루었을 뿐만 아니라 '수재'가 '강도'의 힘을 이용하려 했다. 세 차례 혁명 고조기의 형세가 달랐지만, 발동 세력만 놓고 말하면 기본적으로 이와 같다. '강도'와 '수재'라는 용어 속에 어느 정도 계급적 의미가 포함된 것은 물론이다.

20여 년 전, 나는 1840~1919년의 역사를 7개의 시기로 나눌 것을 제안했다. 그러나 각 혁명 고조기와 그 이전의 준비 시기를 합치면 4개 시기가 된다. 이 4개 시기는 다음과 같다.

첫째, 아편전쟁에서 태평천국의 실패까지(1840~1864). 본 책의 제1부가 바로 이 시기에 해당된다. 학계에서는 이 시기의 하한선을 1864년이 아니라 1873년에 두어야 한다는 견해도 있으나, 1864년 천경의 함락은 결국 태평천국운동 실패의 명백한 징표이며, 이후의 몇 년 동안은 태평군의 잔여 세력과 염군의 활동 및 기타 농민봉기가 있었지만, 그것은 제1차 혁명 고조의 여파일 뿐 역사적 렌즈의 초점은 이미 점차 다른 방면으로 옮겨 갔다.

둘째, 태평천국 실패 이후부터 의화단운동까지(1864~1901). 본 책의 제2부와 제3부가 이 시기에 해당된다. 이 시기의 하한선을 두고 학계에서 역시 1901년이 아니라 1905년이 되어야 한다는 견해가 엇갈리고 있다. 그러나 나는 1901년 이후의 몇 년은 이미 1905년부터 일어나기 시작한 자산계급과 소자산계급이 주도한 혁명운동의 준비기('수재'가 반란을 시작)였다고 생각한다.

1864년부터 1894년 또는 1895년까지를 독립적 시기로 하고, 그 이후부터 1911년까지를 하나의 시기로 나누어야 한다는 주장도 있다. 나는 좀 더 세분하면 1864~1895년을 한 시기로 분류할 수 있지만, 제2차 혁명 고조기와 연관시켜 본다면 이 시기는 준비기이고, 무술유신과 의화단운동은 모두 이전 30년 동안의 사회정치적 발전의 결과라고 본다. 그리고 이 시기의 하한선을 1911년으로 획정한다면 제2차 혁명 고조기와 제3차 혁명 고조기를 합쳐 놓는 것이 되므로 적절하지 않다고 생각한다. 요컨대 1901년이 시기 획정의 중요한 표지이며, 이해가 공교롭게도 20세기의 시작이기 때문이 아니라 그 이전과 그 이후 사회정치적 세력의 배치가 확연히 달라졌기 때문이다.

셋째, 의화단운동 실패 이후부터 신해혁명까지(1901~1912). 본 책의 제4부가 이 시기에 해당된다. 본 책은 신해혁명에서 1913년까지를 이른바 '2차 혁명'의 실패가 선고되고 혁명이 종결되었다는 관점도, 또한 이 시기가 1919년까지 연장된다는 관점도 수용하지 않았다. 1912년 원세개袁世凱가 정권을 장악했을 때 신해혁명의 고조기는 이미 끝났기 때문이다.

넷째, 신해혁명 실패 이후부터 5·4운동까지(1912~1919). 본 책의 제5부가 이 시기에 해당된다. 이 시기는 구민주주의 혁명에서 신민주주의 혁명으로 넘어가는 시기이기 때문에 제3차 혁명 고조기와 하나로 합치는 것은 적절하지 않다.

이상이 이 책의 기본 구성이다.

나는 원래 일반 독자들이 지루하지 않게 읽을 수 있는 책으로 쓰려고 했지만 이 목적을 잘 달성하지 못했다. 서술하는 과정에서 저자의 관점이 들어가지 않을 수는 없지만, 가능한 한 학계의 기존 연구 성과를 받아들이려고 노력했다. 저자의 능력 한계와 부족한 견문 때문에 학계의 기존 연구 성과는 물론이고 최근의 새로운 성과 가운데 반드시 반영해야 할 것을 반영하지 못한 것이 많을 것이다.

저자가 동학의 저서로부터 받은 영감과 자양분에 대해, 그리고 저술 과정에서 동학들로부터 받은 도움에 대해 이 자리를 빌려 감사의 뜻을 밝힌다.

호승 胡繩
1980년 2월

역자 서문

　　이 책의 저자 호승胡繩(1918~2000)은 중국 강소성江蘇省 소주蘇州 출신이다. 그의 본명은 항지적項志逖이고, 필명은 포인蒲韌과 복인卜人, 이념청李念靑, 심우곡沈友谷 등이다. 그는 중국의 저명한 중국 근대사 방면의 사학자이자 마르크스주의 이론가로, 중국공산당 중앙당사연구실 주임, 중국사회과학원 원장, 중국역사학회 회장, 중국인민정치협상회의 제7차·제8차 전국위원회 부주석 및 중국인민대표대회 상무위원 등을 지냈다. 또한 그는 1930년대 초반부터 에스페란토어를 공부하여 『월드』지 편집인, 에스페란토친우회 부회장 등을 역임했다. 그의 대표적인 저술로 『중국 근대의 역사 — 아편전쟁에서 5·4운동까지』, 『중국공산당 70년』(편집장), 『2천 년 동안』, 『제국주의와 중국정치』 등이 있으며, 『호승전서』가 간행되었다.

　　이 가운데 옮긴이가 번역, 출판하게 된 『중국 근대의 역사 — 아편전쟁에서 5·4운동까지』는 그의 대표작이라 할 수 있다. 이 책의 원본은 중국어로 약 70만 자 정도이며, 여러 판본으로 총 300여만 부가 출판되었는데, 본 번역의 저본은 2014년 화동사범대학 출판사에서 간행한 판본이다. 이 책은 1840년 아편전쟁에서부터 1919년 5·4운동까지의 중국 근대사를 태평천국과 의화단, 신해혁명의 세 차례 혁명을 중심에 놓고 중국 인민들의 반봉건·반제국주의 운동과 투쟁을 체계적으로 서술했다. 특히 이 책은 각 운동의 실패 원인과 중국의 활로, 개방과 자강의 방안 등 중국 근대사에서 곤혹스러우면서도 중대한 문제를 분석하고 총결함으로써 중국 근대사 연구의 명저로 자리매김했다.

저자는 이 책에서 양무운동-무술변법-신해혁명을 축으로 한 기존의 중국 근대사 이해에 동의하지 않고 태평천국-의화단-신해혁명을 축으로 중국 근대사를 서술했다. 저자는 태평천국과 의화단, 신해혁명 때 전국 각지에서 대규모 농민들의 대중투쟁이 있었는데 바로 이 농민이 주체가 된 인민들의 투쟁이야말로 중국의 민족·민주혁명을 절정까지 끌어올렸고 국내외의 적들에게 심각한 타격을 주었다고 주장했다. 따라서 그는 당시 상층 지배계급에 의해 전개된 무술변법에 대해 "역사의 진정한 주역은 사실 강유위를 비롯한 유신파나 서태후 또는 광서제가 아닌 수천만의 착취당하고 억압된, 생존을 위해 투쟁한 가난한 노동인민들, 그중에서도 주로 농민대중이었다"고 보았다. 이것은 마르크스주의 계급 분석의 관점과 방법에 따른 것으로 이 책의 중요한 특징이자 학술적 가치가 있는 점이다.

옮긴이는 화동사범대학華東師範大學출판부의 의뢰를 받아 중국학계에서 저명한 호승의 대표 저서를 한국에 소개할 수 있는 영광스러운 기회를 갖게 되었다. 본 저술의 번역을 맡겨 준 화동사범대학출판부의 국제부 하해함夏海涵 주임께 진심으로 감사드린다.

이 책이 한글로 번역, 출판되기까지는 많은 사람들의 도움이 있었다. 먼저 이 책을 공동으로 번역하고 교열과 윤문까지 흔쾌히 맡아 준 한국 경북대학교 아세아연구소 학술연구교수이자 한국만주학회 섭외이사인 홍은洪闇 박사에게 감사드리며, 늘 후배를 아낌없이 도와주고 밀어주시는 중국 연변대학延邊大學 반창화潘暢和 교수님께도 감사드린다. 그리고 출판을 맡아주신 한국 예문서원의 오정혜 사장님과 편집의 노고를 다하신 여러분들께도 두 손 모아 감사드린다.

2023년 11월
옮긴이를 대표하여 임해순林海順

차례_

　　원본 재판 서문　5
　　원본 서문　26
　　역자 서문　32

서론　41

　　제1장 1840년 이전의 중국　43
　　　1. 경제적 기초　43
　　　2. 전제주의 정권　47
　　　3. 농민혁명　52

　　제2장 1840년 이전 중국과 자본주의 각국의 관계　55
　　　1. 16, 17세기 외국 침략자들의 난국　55
　　　2. 18세기 중국의 방비 강화와 통제　57
　　　3. 영국과 동인도회사　62

제1부 아편전쟁과 태평천국 농민혁명　65

　　제1장 아편전쟁　67
　　　1. 아편 금지의 문제　67
　　　2. 임칙서의 아편금지령과 침략자 영국　71
　　　3. 전쟁과 '무마'　74
　　　4. 패전의 원인　80
　　　5. 삼원리 전투　84
　　　6. 남경조약, 망하조약, 황포조약　89

　　제2장 아편전쟁 이후　93
　　　1. 광주성 투쟁　93
　　　2. 5개 항구의 통상과 매판계급의 등장　99
　　　3. 조계 — 나라 안의 나라　104
　　　4. 깊이 고인 물에서의 첫 격랑　108

　　제3장 태평천국의 흥기　113
　　　1. 농민혁명 중의 계급과 계층　113
　　　2. 금전촌 봉기　118

3. 남경 진군　123
   4. 북벌北伐과 서정西征　127
   5. 천조전무제도　132
   6. 천경성 내부의 대변란　139

제4장 제2차 아편전쟁　143
   1. 태평천국 초기 외국 침략자들의 태도　143
   2. 상해와 광주에서의 위선적 중립　146
   3. 조약 개정의 문제　149
   4. 영·프 연합군의 광주 점령과 천진 침공　153
   5. 제2차 아편전쟁과 러시아　159
   6. 천진조약에서 북경조약까지　163
   7. 봉건 통치자의 진정한 적　171

제5장 1856~1861년의 태평천국　173
   1. 장강 중하류의 쟁탈전　173
   2. 염군과 태평천국군의 합작　178
   3. 홍인간과 그의 『자정신편』　182
   4. 태평천국 치하의 소주와 항주 지역　185
   5. 다른 깃발을 내세운 반란들　188
   6. 종교적 미혹과 현실적 투쟁　193

제6장 국내외 반혁명 세력의 대연합과 태평천국의 패망　199
   1. 친구로 바뀐 강도　199
   2. 상해 주변의 전쟁과 이른바 '상승군'의 등장　204
   3. 상군에서 회군으로　208
   4. 태평천국에 대한 지식분자들의 태도　216
   5. 태평천국 내부의 위기　222
   6. 천경 함락　226

제2부 반식민지·반봉건 통치 질서의 형성　233

제1장 농민대혁명이 실패한 후　235
   1. 사회경제의 심각한 파괴　235
   2. 소수민족 대중 봉기의 실패　240

3. 외국 자본주의 경제 수탈의 강화　245
   4. 봉건 통치자와 외국 침략자의 결탁　251

제2장 봉건 통치자들의 '양무운동'　259
   1. 양무운동의 발생　259
   2. 관영 군수산업　262
   3. 관독 민영기업　266
   4. 후당창과 철갑선　274
   5. 양무운동에 대한 이견　278
   6. 양무운동에 대한 또 다른 이견　282
   7. 중국 무산계급의 탄생　287

제3장 반침략 대중운동의 발흥　291
   1. 1860년대의 반침략 대중운동　291
   2. 교안에 대한 양무파의 태도와 천진교안　299
   3. 1870~90년대 초까지의 반침략 대중투쟁　304

제4장 제국주의의 중국 변경 침략과 반식민지 외교　309
   1. 러시아의 서북 변경 침략　309
   2. 영국의 서부 변경 침략　314
   3. 좌종당의 서정과 이리조약　318
   4. 반식민지적 외교　324

제5장 청불전쟁과 청일전쟁　333
   1. 청불전쟁 1단계: 전쟁 발발 전　333
   2. 청불전쟁 2단계: 개전에서 정전까지　338
   3. 청일전쟁 1단계: 강요된 응전　341
   4. 청일전쟁 2단계: 강화와 반대 여론　349
   5. 청일전쟁 3단계: 대만 수호 투쟁　354

제3부 무술유신과 의화단운동　359

제1장 청일전쟁 이후 제국주의 열강들의 중국 약탈　361
   1. 러시아와 요동반도　361
   2. 정치적 예속을 강요한 차관　366

3. 철도에 대한 강탈 369
   4. 분할 위기의 중국 374
   5. 이이제이 379

제2장 제2차 혁명 고조기 이전의 국내 계급 상황 387
   1. 제국주의의 세리로 전락한 청 정부 387
   2. 폭풍우의 전주곡 392
   3. 민족자본주의의 초보적 발전 396
   4. 민족자산계급의 상층과 하층 401

제3장 자산계급의 개량주의적 변법유신운동 409
   1. 변법유신운동과 그 지도자 강유위 409
   2. 변법유신파의 선전과 조직 활동 414
   3. 변법유신파와 양무파 사이의 논쟁 420
   4. 변법유신파의 서양 학습 425
   5. 속류진화론과 정치상의 개량주의 430

제4장 백일유신과 실패 435
   1. 유신파의 집권 435
   2. 백일유신 시기의 광서제 440
   3. 권력투쟁 448
   4. 정변의 승자와 패자 455
   5. 등장하지 않은 배역 461

제5장 의화단의 흥기 465
   1. 권회에서 의화단으로 465
   2. 의화단의 북경과 천진 진입 471
   3. 서태후의 '선전포고' 475
   4. 의화단의 북경 점령? 481
   5. 반침략전쟁의 전선 485

제6장 8국 연합군과 의화단의 실패 489
   1. 8국 연합군의 북경 점령 489
   2. '동남 지역 상호 보호'와 이홍장의 강화 492
   3. 날강도 무리들 496

4. 제국주의 열강들의 '문호개방' 정책과 신축조약　506
　　5. 의화단의 역사적 공적과 자산계급의 의화단에 대한 태도　512

제4부 자산계급이 주도한 신해혁명　519

　제1장 제3차 혁명 고조의 배태　521
　　1. 러일전쟁과 제국주의의 중국 경제침략　521
　　2. 서태후의 '변법'　526
　　3. 손문의 초기 활동　532
　　4. 자산계급 애국운동　538
　　5. 지식계의 혁명 사조　545
　　6. 지식계에 등장한 혁명 조직　551

　제2장 동맹회 초기　557
　　1. 동맹회의 성립과 그 강령　557
　　2. 청 조정의 입헌 준비와 자산계급 입헌파　565
　　3. 혁명파와 입헌파 사이의 논쟁　570
　　4. 1906년 호남·강서 접경 지역의 봉기　575
　　5. 1907년~1908년 손문이 이끈 6차의 무장봉기　579
　　6. 1907년~1908년 광복회의 봉기　582
　　7. 개별적 암살 활동　585

　제3장 신해혁명의 전야　589
　　1. 청 왕조의 통치 근간을 뒤흔든 농민대중의 자발적 투쟁　589
　　2. 자의국과 자정원 그리고 원세개　595
　　3. 제국주의 열강들의 이른바 '기회균등'과 '이익균점'　601
　　4. 철도부설권 확보를 위한 애국운동　608
　　5. 동맹회의 내부적 분열과 두 차례 광주봉기의 실패　615
　　6. 일지회에서 문학사까지　620

　제4장 무창봉기와 무창정권　625
　　1. 혁명적 병사들이 하룻밤 사이에 거둔 승리　625
　　2. 신정권의 수립과 그 변천　628
　　3. 반혁명 세력의 중심인물 원세개　634
　　4. 반혁명 세력의 손에 넘어간 무창정권　641

제5장 혁명의 조류에 휩싸인 각 성의 풍운　647
　1. 단명으로 끝난 자산계급 혁명파의 정권　647
　2. 정권을 수호해 내지 못한 자산계급 입헌파　654
　3. 혁명의 탈을 쓴 군벌과 정치 낭인들　660
　4. 새 도독으로 변신한 옛 순무　664
　5. '혁명 불허'　667
　6. 교전과 강화　671

제6장 손문을 수반으로 한 남경 정부　679
　1. 손문의 임시 대총통 취임　679
　2. 남북 강화회의와 원세개의 음모　683
　3. 남경 정부의 유약한 태도　688
　4. 청 왕조의 멸망과 남경 정부의 해산　694
　5. 산산이 부서진 제국주의에 대한 환상　698

제5부 신민주주의 혁명으로의 이행　703

제1장 원세개의 반동 통치와 반원세개 투쟁　705
　1. 1913년 국민당의 반원세개 운동의 실패　705
　2. 원세개의 독재와 매국 행위　711
　3. 손문의 중화혁명당　715
　4. 양계초, 친원세개에서 반원세개로　718
　5. 원세개의 몰락　721

제2장 5·4운동　725
　1. 북양군벌의 파벌 투쟁과 남방의 '호법운동'　725
　2. 민족산업의 일시적 호황　731
　3. 5·4신문화운동　733
　4. 5·4대중애국운동　737

서론

봉건 전제주의 정권은 가진 모든 행정적 강제 수단과 문화적 이념 수단을 이용하여 개체 소농업과 가내수공업이 결합된 경제 기초를 유지하고, 이러한 경제 기초를 흔들 수 있는 그 어떠한 새로운 요소도 강력히 단속하고 압살하였다. 왜냐하면 자신들을 부양하는 봉건적 상부구조를 유지하기 위해서는 이러한 경제 기초가 흔들려서는 안 되었기 때문이다. 농민에 대한 가혹한 착취로 많은 농가들이 더 이상 남자는 밭 갈고 여자는 베 짜는 '남경여직男耕女織'의 생활을 유지할 수 없게 되어 봉건 통치의 위기를 초래했지만, 봉건 전제주의 정권은 계속해서 모든 수단을 동원하여 기존의 사회질서를 유지하려고 했다. 그러므로 봉건 전제주의 정권의 질곡을 타파하지 않고서는 중국 사회의 진보가 불가능했다.

제1장 1840년 이전의 중국

1. 경제적 기초

1840년(道光 20)에서 1842년까지 영국이 중국을 침략한 중·영 아편전쟁 이후 봉건적인 중국에 중대한 변화가 일어났다. 외국의 자본주의적 제국주의의 침략과 압박 아래 중국은 반식민지·반봉건 사회가 되었다. 그 이전 중국은 2천3, 4백 년 동안 봉건시대에 처해 있었다.

7세기부터 13세기까지 당唐과 송宋 왕조를 거치면서 중국의 경제와 문화의 발전 수준은 당시 세계에서 선두였다. 그러나 16, 17, 18세기, 다시 말해 명明(1368~1644) 왕조 후기와 청淸(1644~1911) 왕조 전기 무렵에, 서양의 여러 나라들은 앞서거니 뒤서거니 봉건사회에서 자본주의 사회로 발전했지만, 중국 사회는 여전히 봉건사회에 머물러 있었다. 중국이 낙후했던 것이다.

중국 봉건시대의 사회경제는 개인 소농업과 가내 소규모 수공업이 긴밀하게 결합된 것이 기본 특징이다. 이런 사회에서는 "자급자족의 자연경제가 지배적이다. 농민은 자신이 필요로 하는 농산물을 생산할 뿐만 아니라 자신이 필요로 하는 대부분의 수공업 제품을 생산하였다. 지주와 귀족은 농민들로부터 착취한 임대료를 교환보다는 주로 자신이 소비했다. 당시 교환의 발전이 있긴 했지만 전체 경제에서 결정적 역할을 하지 못했다."[1]

봉건전제 왕조는 오래전부터 전국 지주계급의 총대표자인 동시에 그 자신도 전국 최대의 지주였다. 명 왕조는 황실 직속의 토지를 황장皇莊이라 불렀는데,

---

1) 毛澤東, 『中國革命和中國共產黨』.

1489년(弘治 2) 경기京畿 지역 내 황장의 면적이 128만여 무畝였고, 이후 계속 확대되어 1522년(嘉靖 원년)에는 2천만 무 이상에 달했다. 청 왕조 때는 내무부가 직접 관장한 장전莊田이 있었는데, 명의 황장과 같은 성격의 것이었다. 1796년에서 1820년 사이 가경嘉慶 연간에 내무부 장전은 모두 4백만 무였다. 만주족 귀족들도 각기 다른 크기의 전장을 소유하고 있었는데, 이 팔기종실八旗宗室의 장전이 가경 연간에 130만 무나 되었다.

명나라와 청나라의 경작지는 관전官田과 민전民田으로 나뉜다. 황실 귀족에게 직접 속하는 관전 외에도 여러 가지 명목의 관전이 있었다. 민전은 자유롭게 매매할 수 있었다. 명나라 초에는 자작농과 소지주의 수가 비교적 많았다. 『명사明史』에 따르면 1393년(洪武 26) 공식 통계로 전국의 경작지는 8억 5천만 무였는데 1502년(弘治 15)에는 4억 2천2백만 무에 불과하여 110년 동안에 경작지 통계는 절반으로 줄었다. 1578년(萬曆 6)부터 3년에 걸쳐 전국의 경작지를 조사한 결과 7억 1백만 무로 홍무 연간보다 여전히 1억 5천만 무가 적은 것으로 확인되었다. 이는 많은 민전이 관전으로 넘어가고 또 관료와 호신 및 대지주들의 손에 넘어갔기 때문이다. 정부가 경작지 면적을 조사한 이유는 과세의 근거로 삼기 위한 것이므로 관전이나 대지주의 경작지는 정확히 조사할 수가 없었다.

토지가 집중될수록 농민들이 받는 착취는 갈수록 심해졌다. 수많은 자작농과 반자작농, 심지어 일부 소지주들도 토지를 상실하여 농노와 소작인이 되었으며, 많은 농민들이 농촌에서 살아갈 수가 없어 유랑민이 되었다. 명 말기에 10여 년 동안 이어진 농민대봉기가 바로 이런 배경에서 일어난 것이다. 청 왕조가 들어선 뒤에도 명이 겪었던 과정을 그대로 반복했다. 청 초기인 강희康熙 연간(1662~1722)에는 관전을 제외한 민전의 소유권이 비교적 분산되어 있었으나 권세 있는 호족들의 토지겸병 추세가 빠르게 증가했다. 건륭제乾隆帝(1736~1795)의 총애를 받았던 화신和珅이 차지한 토지가 80여만 무에 달했는데, 이는 물론 두드러진 사례이지만 각 지방에 수천, 수만 무의 경작지를 가진 호족과 지주가 적지 않았다.

토지를 전혀 소유하지 못했거나 아주 적게 소유한 농민들은 황제, 귀족, 관료 및 기타 지주들의 땅을 소작하였다. 명과 청의 농민들이 지조地租를 바칠 때, 대부분 '분조제分租制'에 따라 수확량의 절반 또는 60%에서 최대 70~80%까지 바쳤다. 그리고 '정조제定租制'도 있었는데, 지조가 분조제보다 약간 적기는 했지만 아무리 큰 천재지변을 당해도 정해진 지조를 바쳐야 했다. 지주계급들은 또 고리대금을 통해 농민을 착취하기도 했는데 때로는 이 부담이 조세보다 더 컸다. 여기에다 농민들은 국가와 지주를 위해 노역을 할 의무가 있었다.

    1581년(萬曆 9) 명은 조세제도를 개혁하여 이전에 있던 토지세, 공납, 부역, 인두세 등을 모두 토지세에 포함시켜 일원화하고 경지면적에 따라 은으로 징수한 '일조편법一條鞭法'을 시행하였다. 이 개혁은 사실상 철저하게 시행되지 않았을 뿐만 아니라 가난한 농민들에게 혜택도 돌아가지 않았다. 왜냐하면 지주가 국가에 납부해야 할 전부田賦를 여전히 소작인에게 부담시켰기 때문이다. 권세 있는 대지주는 전부 부담을 줄이거나 회피하는 방법으로 그 부담을 중소지주와 자작농에게 떠넘겼다.(飛洒) 천계天啓·숭정崇禎 연간(1621~1644), 즉 명나라 마지막 20여 년 동안은 또 여러 가지 명목으로 전부 이외의 것을 '추가부과'(加派)했다.

    청 왕조는 처음부터 명 만력제 때 제정된 정액제로 징수하고, 명조 말기의 각종 '추가부과'를 폐지하며, 일조편법을 채택하여 국가에 대한 무상 노동인 부역을 면제한다고 선포했다. 이러한 시책은 농업경제를 회복시키는 역할을 했지만 주로 지주, 특히 대지주에게 유리했다. 대지주가 중소지주나 자작농에게 자신의 부담을 떠넘기는 상황은 건륭제 이후 점차 또 성행하기 시작했다. 형식적으로는 농민들의 국가 부역을 폐지하고 국가에서 돈을 내고 사람을 고용하는 방식으로 바뀌었지만, 강제적으로 가난한 농민들을 고용하고 사실상 제대로 된 보수를 주지 않았기 때문에 여전히 무상 노동의 성격을 띠고 있었다. 수많은 가난한 농민들은 지주와 지주계급을 대변하는 국가와의 관계에서 무거운 압박을 받는 농노의 위치에 놓여 있었다.

    국가가 규정한 세금 외에도 각지의 관리와 호족 지주들은 또 각종 명목으로 세금을 징수하였는데 결국 그 부담은 다 농민들에게 더해졌다. 수많은 소농 가정은 한 해 내내 열심히 일해도 기껏해야 최소한의 생활을 유지할 수 있었으며, 자신이 경작하고 있는 작은 토지에서 단순 재생산을 반복했을 뿐이다. 청 가경 연간(1796~1820)에 조사한 전국 경작지의 면적은 민전과 관전을 포함하여 총 8억 8백여만 무로 명 왕조의 초기보다 적었다. 이 수치가 물론 완전히 믿을 수 있는 것은 아니지만 명·청 두 시기 모두 농업경제가 총체적으로 쇠퇴하고 있었음을 말해준다. 명말·청초 전란으로 인한 파괴를 겪은 후 농업생산이 점차 회복되기는 했지만 끝내 명 왕조의 수준을 넘어서지 못했다.

　명 후기에는 상업의 발달이 이전의 왕조를 능가하여 번영한 도시가 많이 생겼다. 상업과 수공업이 이런 도시들에 집중되었는데 청 중엽에 이런 도시경제가 다시 발전하기 시작했다. 모택동毛澤東은 "중국 봉건사회 내 상품경제의 발전은 자본주의의 싹을 틔우고 있었기에 외국 자본주의의 영향이 없었더라도 중국은 자본주의 사회로 서서히 발전했을 것이다"2)라고 지적했다. 당시 도시경제에서 이러한 자본주의의 싹을 볼 수 있었는데, 하지만 그것은 어디까지나 '움트기 시작한 것'에 불과하고 봉건경제의 억압 속에서 아직은 한참 어린 새싹이었을 뿐이다.

　명과 청 왕조 때 직조 공업, 도자기 공업, 화폐제조 공업, 선박 및 군화 제조 공업 등의 분야에 상당히 규모가 큰 관영 공장제 수공업이 있었다. 그러나 그 생산은 시장에 공급하기 위한 것이 아니라 오로지 봉건국가의 수요와 황실, 귀족의 사치를 위한 것이었다. 관영 수공업 공장과 수공업 내부의 생산관계는 봉건적이어서 노동자는 신체의 자유가 완전히, 또는 부분적으로 제한되었다. 이런 관영제적 공장제 수공업은 직접 자본주의로 발전할 수 없었다. 당시의 상업은 기본적으로 봉건적 생산관계에 의존하는 밀수 상업이었는데, 이런 상업도 직접 자본주의로 발전하는 것은 불가능했다.

　민영 수공업도 자본주의 맹아의 성격을 띠고 있었다. 당시의 역사적 조건 아래에서 민간 수공업 공장은 봉건제도에 크게 의존하였고, 그 내부의 노동자에

---

2) 『中國革命和中國共產黨』.

대한 고용 관계는 정도의 차이가 있지만 여전히 노예 노동의 성격을 띠고 있었다. 외진 지역의 광산채굴업의 경우 대부분 지방의 호족들이 투자하여 경영하였는데, 그곳의 노동자들은 고용의 형식을 취하고 있었지만 사실상 봉건적이고 야만적인 강제노동이 실행되고 있었다. 상품경제가 비교적 발달한 지역에서는 일부 업종의 민영 수공업 공장에 자본주의적 성격이 비교적 강했다. 철기제조업, 면포 염색업, 제유업, 정미업, 제지업, 제당업 등의 경우 대규모의 공방과 수공업 공장이 발달했다. 생산 자재는 공방과 공장의 주인이 소유하고 고용된 근로자에게는 기한에 따라 임금을 지급했다. 여러 분야에서 상업자본이 수공업 공장에 투자되거나 혹은 도매상의 형식으로 농민의 소규모 수공업을 직접 지배하는 상황도 나타났는데, 이는 자본주의적 요소의 초기 태동이라고 할 수 있다. 봉건적 생산관계의 속박 아래에서 이러한 초기 태동 상태의 자본주의적 요소가 무럭무럭 자라나기는 매우 어려웠다.

도시의 소규모 수공업자와 육체 노동자의 대부분은 파산한 농민에서 신분을 바꾼 사람들이었다. 소규모 수공업자는 각종 봉건적 착취와 억압을 견디지 않으면 안 되었고, 봉건적 도제 관계와 길드(동업조합)제도에 의존하여 자신의 생존을 유지했다. 이들 중 소규모 사업주의 지위에서 수공업 공장주로 올라서는 사람은 아주 드물었다. 수공업 공장의 노동자가 현대적 의미의 무산자가 되기에는 아직 거리가 멀었다.

요컨대 1840년대 이전 300~400년 동안 중국의 사회경제는 여전히 봉건적 단계에 있었고 자본주의적 요소의 싹은 수적으로 매우 희소했을 뿐만 아니라 매우 건전하지 못했다. 당시 사회의 주요 모순은 아직도 농민계급과 지주계급 사이의 모순이었다.

2. 전제주의 정권

명明의 통치자들은 중국 봉건주의 역사상 유례없는 중앙집권적 정책을 실행했다. 이 정권은 지주계급의 이익을 대변하며 농민대중을 억압하고 착취하는 것을 과업으로 삼는 전제정권이었다.

　농민영웅 이자성李自成을 지도자로 한 농민대혁명이 1644년 북경에서 명 왕조를 무너뜨렸다. 중국 동북지방에 거주하고 있던 소수민족인 만주족滿洲族의 군대가 이 틈을 타 산해관山海關을 넘어 진입했다. 그들은 명의 많은 한족 장군과 관리들의 협력을 얻어 농민혁명을 잔혹하게 진압하고, 반란을 일으킨 농민들에 의해 흐트러진 봉건적 통치 질서를 다시 회복했다. 새로운 왕조인 청淸도 고도로 중앙집권화된 봉건적 전제주의 정권으로서 명 왕조의 전통을 그대로 계승했다. 청의 황제는 만주족이고, 청의 통치하에서 만주족은 일부 특권을 누렸다. 그러나 청은 여전히 전국의 봉건 지주계급의 이익을 대변한 정권이었다.

　만주족이 입관할 때의 총병력은 20만 명 정도밖에 되지 않았으며, 그 가운데 만주족 출신 병력은 13만 명이었다. 이같이 적은 힘으로 짧은 기간에 전 중국을 정복할 수 있었던 것은 만주 귀족 통치자들이 처음부터 한족 지주계급과 연합하여 농민혁명 세력을 탄압하는 정책을 성공시켰기 때문이다. 한족 출신의 지주계급 중 일부가 남쪽에서 명 왕조의 후예를 받들어 청의 통치에 저항했는데, 이러한 저항은 1660년(順治 17)에 이르러 거의 무너졌다.

　명의 유신遺臣인 정성공鄭成功은 명나라 말기부터 대만을 강점하고 있던 네덜란드인을 몰아내고 그곳에 명 왕조를 받드는 정권을 세웠다. 1662년(康熙 원년)에 정성공이 죽자 그의 후예들이 대만을 차지하고 있었지만 이미 대륙에 진출할 힘이 없었다. 청은 남방의 명 잔존세력을 소탕하는 전쟁에서 이미 귀순한 명의 장군들이 가지고 있던 무력에 주로 의존했다. 대만을 점령하고 있던 정성공 후예들의 정권도 결국 1683년(강희 22) 청에 의해 멸망됐다. 이와 거의 같은 시기에 청은 또 운남雲南을 근거지로 저항하고 있던 오삼계吳三桂의 세력을 소멸시켰다. 오삼계는 본래 명나라 장군으로 청에 투항한 뒤 왕으로 봉해졌는데, 1673년(강희 12)에 군사를 일으켜 청에 반기를 들었다. 오삼계와 대만의 정씨 일가를 정복하는 전쟁에서 청은 주로 만주족이 아닌 한족 지주계급의 군대인 녹영綠營을 동원했다.

　청의 통치자들은 한족 지주계급의 문화와 정치적 통치 방식을 이어받았다.

그들은 한족 대지주와 결합해 국가 권력을 장악하고 봉건적 사회질서를 유지하여 한족 지주계급의 지지를 받았다.

청의 정치제도는 기본적으로 명의 것을 그대로 따랐다. 명과 청의 중앙기관에는 모두 이부吏部(문관의 선임을 주관)·호부戶部(재정을 주관)·예부禮部(전례를 주관)·병부兵部(군정을 주관)·형부刑部(형법을 주관)·공부工部(전국의 각종 건설공사를 주관)의 6부가 설치되었고, 각부의 정·부 장관은 상서尙書와 시랑侍郞이라 불렀다. 청은 각 부의 상서와 시랑에 2명을 두되 만주족과 한족을 각각 1명씩 임명했다. 상서와 시랑 모두 황제 직속으로, 황제에게 직접 상주할 수 있었다. 명은 황제 직속으로 내각을 설치했는데, 내각에 입각하여 일을 처리하는 사람을 대학사라 불렀으며, 흔히 상서가 겸임했다. 청의 내각은 내각대학사 만주족·한족 각 2명과 협판대학사 만주족·한족 각 1명으로 구성되었다. 다만 옹정제雍正帝 이전에는 만주족 귀족으로만 구성된 의정왕대신議政王大臣회의를 두어 황제에게 군사정책을 상의해 상주하도록 했다. 옹정제 때부터 군기처軍機處를 따로 설치하여 대학사와 상서, 시랑 몇 명을 군기대신으로 선임함으로써 군기처가 사실상 내각의 지위를 대신하게 되었다. 청의 중앙기관으로는 또 도찰원都察院과 대리시大理寺, 이번원理藩院, 한림원翰林院 등이 있었는데, 이 기관들은 모두 황제의 직속 기관이었다.

청의 지방 행정구역과 관제도 대체로 명과 같았다. 북경의 기보畿輔 지역에 순천부順天府(장관은 府尹이라 칭함)를 설치한 것 외에도 18개의 행성行省과 몇몇 특별행정구를 두었다. 18개 행성은 직예直隷, 산동山東, 산서山西, 하남河南, 안휘安徽, 강서江西, 강소江蘇, 호북湖北, 호남湖南, 광동廣東, 광서廣西, 절강浙江, 복건福建, 섬서陝西, 감숙甘肅, 사천四川, 운남雲南, 귀주貴州이다. 그 밖에 동북 3성, 즉 성경盛京(奉天)과 길림吉林, 흑룡강黑龍江은 만주족의 '발상지'라는 이유로 특별구를 설치했다가 광서光緖 연간에 일반 행성으로 바꾸었다. 신강新疆은 원래 '번부藩部'였는데 광서 연간에 행성으로 바뀌었다. 광서 연간에 복건성에 속했던 대만을 하나의 행성으로 바꾸기도 했다. 내몽고와 외몽고, 서장西藏(티베트), 청해靑海는 모두 '번부'였다.

18개 행성의 장관은 총독總督과 순무巡撫였는데, 어떤 성(산서·하남·산동)은 순무만 있고 총독이 없었으며, 또 어떤 성(직예·사천)은 총독만 있고 순무가 없었다. 나머지 성은 각 성마다 순무가 있고, 2~3개 성을 겸하는 총독(광동과 광서의 兩廣 총독, 호남과 호북의 湖廣 총독, 복건과 절강의 閩浙 총독, 운남과 귀주의 雲貴 총독, 섬서와 감숙의 陝甘 총독, 강소·안휘·강서의 兩江 총독)도 있었다. 총독의 지위는 순무보다 높았지만, 총독이 2~3개의 성을 관할할 경우 그 성의 순무는 총독에 종속되지 않고 총독과 순무 두 사람이 공동으로 황제의 직속이 되었다. 만주족 출신의 팔기군八旗軍이 주둔한 일부 성에는 만주족 장군을 임명했는데, 총독이나 순무와 동등한 지위였다. 각 성에는 또 포정사布政使와 안찰사按察使, 제독학정提督學政, 독량도督糧道, 염법도鹽法道, 하공도河工道 등의 관직도 설치했다. 성 아래의 행정구역은 일반적으로 도道, 부府, 현縣의 3등급을 두었다. 성급의 주요 관리와 성급 이하 각급 지방 장관, 나아가 현급 관리까지 모두 중앙에서 직접 임명했다. 이런 제도는 모두 중앙집권의 필요에 부응한 것이다.

관리는 지주계급에서 선발되었다. 만주족과 몽고족 귀족의 자제들과 특별한 공훈으로 작위를 받은 한족 대관료의 자제들이 관직에 오를 수 있는 특권을 가졌고, 이 밖에는 일반적으로 봉건 통치의 필요에 맞는 관료를 과거시험을 통해 선발했다.

청이 입관할 때의 군대인 '팔기八旗'는 주로 만주족으로 구성되었으나 몽고족과 한족도 있었다. 전국이 통일된 후, 팔기는 수도인 북경과 그 부근의 성 및 여러 요충지에도 주둔했다. 1812년(嘉慶 17) 전국의 만주족과 몽고족, 한족의 팔기군 수는 모두 50만 명이었다. 팔기 외에 '녹영綠營'이 있었는데, 모두 한족으로 구성된 군대였으며, 녹색의 깃발을 사용했기 때문에 녹영이라 불렸다. 녹영은 전국 각 성에 주둔하면서 각 성의 총독과 순무의 지휘를 받았으며, 군대를 동원할 때는 중앙이 직접 통제했다. 전국의 녹영병은 약 66만 명에 이르렀다. 팔기군은 세습되었으며, 녹영병도 기본적으로 종신 직업병이었다. 봉건 통치자들은 이런 완전히 사회와 단절된 군대를 통해 인민들을 통제했다.

황실과 황제를 정점으로 하는 모든 관료 기구와 군대를 부양하기 위해 봉건 정권은 막대한 국가 재정을 투입했는데, 이는 결국 수많은 소농들의 피땀에서 나온 것이다. 이 봉건국가는 또한 각급 관원들이 각종 교묘한 수단과 힘으로 인민들을 착취하는 것을 내버려두었다. 이를테면 각급 지방 관원들이 세금을 징수하여 국가에 바칠 때 법정 액수 외에 관원들 개인 호주머니에 들어갈 것을 추가로 받았는데, 이것을 명·청 시기에 '화모火耗'라고 불렀다. 청의 지방 관리들은 1냥의 정해진 세금 외에 1분分(1%)을 더 거두어 착복하는 것을 당연하다고 여겼는데, 실제로는 당시의 화모가 보통 1전錢(10%) 이상이었고 심지어 4~5전(40~50%)까지도 되었다. 그래서 민간에서는 "청렴한 지부知府라도 3년만 하면 은화 10만을 모은다"라는 말이 떠돌았다. 봉건 관료제도 사회에서 진정 청렴한 관리는 극히 드물었다.

황하와 기타 재난이 발생하기 쉬운 하천을 관리하기 위해 청은 하도총독河道總督을 특별히 임명했는데, 그 품계가 2, 3개 성을 관리하는 총독과 같은 등급이었다. 이 밖에도 다른 많은 치수 담당 관리들이 있었다. 국가가 지출한 치수 관련 재정은 적지 않았지만 그 효과는 미미했다. 치수공사는 관리들이 횡재할 수 있는 좋은 기회였다.

청의 공식 통계에 따르면, 1803년(가경 8) 전국 인구의 수가 3억이었는데 1835년(도광 15)이 되면 4억에 달했다. 전체 인구의 90여 %가 봉건적 착취 아래의 농민과 농민에서 신분을 바꾼 수공업자와 운송노동자 및 기타 빈민이었다. 북경의 조정을 중심으로 전국에 흩어져 있는 관료 기구와 군대로 구성된 방대한 국가기관의 유일한 임무는 봉건적 토지 관계와 착취제도를 수호하여 전체 인구의 몇 %를 차지하는 귀족과 지주, 향신들의 특권적 지위를 보장하고 90여 %의 인민대중을 억압하여 이러한 사회질서에 복종하게 하는 것이었다. 청 왕조는 문화적 전제주의도 엄격히 시행했다. 그들은 전통적인 봉건적 종법제의 관념에다가 우매한 종교적 미신을 결합하여 인민들의 마음을 속박하고 수많은 백성을 우롱하였는데 이 또한 이러한 목적을 달성하기 위함이었다.

명 후기에는 민간의 상업과 광업에 대해 과중한 세금을 부과하였는데, 이것은 막 자라나기 시작한 자본주의의 태동을 억제하는 역할을 했다. 청도 유사한 정책을 시행하였다. 청은 관료 기구를 통해 소금산업과 수출입 무역 등 일부 대규모 상업을 독점하였으며, 내륙 수로에도 세관을 설치하여 운송 및 판매 상품에 무거운 세금을 부과했다. 이 모든 정책은 자유로운 상품경제의 발전에 불리했다.

요약하자면 봉건 전제주의 정권은 가진 모든 행정적 강제 수단과 문화적 이념 수단을 이용하여 개체 소농업과 가내수공업이 결합된 경제 기초를 유지하고, 이러한 경제 기초를 흔들 수 있는 그 어떠한 새로운 요소도 강력히 단속하고 압살하였다. 왜냐하면 자신들을 부양하는 봉건적 상부구조를 유지하기 위해서는 이러한 경제 기초가 흔들려서는 안 되었기 때문이다. 농민에 대한 가혹한 착취로 많은 농가들이 더 이상 남자는 밭 갈고 여자는 베 짜는 '남경여직男耕女織'의 생활을 유지할 수 없게 되어 봉건 통치의 위기를 초래했지만, 봉건 전제주의 정권은 계속해서 모든 수단을 동원하여 기존의 사회질서를 유지하려고 했다. 그러므로 봉건 전제주의 정권의 질곡을 타파하지 않고서는 중국 사회의 진보가 불가능했다.

3. 농민혁명

명 말기에 조세 수입이 날로 감소하자 전제 왕조는 상업세와 광물세의 징수를 증가시킴으로써 각지의 상인들과 도시빈민들의 저항을 불러일으켰다. 특히 1597년(만력 25) 이후 10여 년 동안 조정에서 파견한 환관들이 각지로 가서 가혹한 세금 징수를 했다. 이에 호북의 형주荊州와 무창武昌, 산동의 임청臨淸, 강소의 소주蘇州, 광동의 조양潮陽, 강서의 경덕진景德鎭과 같은 많은 도시에서 모두 격렬한 민란이 일어났다. 이러한 민란 속에서 초기 자본주의의 태동과 함께 나타난 도시 시민과 봉건 통치자들 사이에 모순이 발생했다.

당시 지식계에서는 결사結社의 풍조가 성행했다. 조정에서 낮은 벼슬을 했거나 아직 벼슬을 하지 않은 지주계급 지식분자들이 강학의 이름으로 단체를 결성하여, 조정의 정책을 풍자하고 인물을 평론하며 부정부패한 집권 세력을 비판하고 언론 개방과 폐정 개혁을 주장했다. 1594년(만력 22) 이부吏部 낭중郎中 고헌성顧憲成은 조정을 장악한 환관 세력들로부터 배척을 당해 고향인 강소의 무석無錫으로 돌아와 의기투합한 일부 지식분자들과 동림서원東林書院에서 강학하였다. 이로부터 이 사람들을 동림당東林黨이라 불렀고, 권력을 잡은 환관이나 환관에게 빌붙은 관료들을 엄당閹黨이라고 불렀다. 양당의 갈등과 투쟁은 명이 남방에서 마지막으로 멸망할 때까지 계속되었다. 이런 투쟁은 기본적으로 지주계급 내부의 투쟁이었지만 동림당에 의해 형성된 사회여론은 도시 시민의 정서를 대변하기도 했다. 천계天啓(1621~1627) 연간 봉건 통치자들이 강학과 결사의 자유를 억압하여 동림당의 일부 활동가들이 체포되고 살해되었을 때 소주나 상주常州와 같은 수공업과 상업이 보다 발달한 도시에서는 대중적인 항의운동이 일어났다.

당시 도시 시민들은 근대 자산계급과 무산자계급의 전신이라고 할 수 있지만, 하나의 계급으로 형성되기에는 아직 먼 상태였다. 그러므로 명의 통치 아래에서 일어난 갈등의 대폭발은 이전 왕조들에서와 마찬가지로 단순한 농민봉기와 농민전쟁으로 표출되었다.

명·청 교체기의 사상계에서 전통적 봉건세력의 입장에서 보면 이단적인 사상이 출현하였다. 황종희黃宗羲(1610~1695), 고염무顧炎武(1613~1682), 왕부지王夫之(1619~1692), 당견唐甄(1630~1704)과 같은 뛰어난 사상가들은 민주주의와 개인주의 색채의 관점을 제시하여 봉건적 토지제도와 전제 군주제도에 대한 회의와 봉건 도덕관념에 대한 부정적인 태도를 드러냈다. 그들의 사상체계는 전반적으로 말하면 여전히 봉건주의의 낡은 틀을 벗어나지 못했지만, 그들은 이러한 낡은 틀의 한계 속에서도 어떤 새로운 사회관계에 대한 어렴풋한 동경을 드러냈다. 이것이 어떠한 새로운 사회관계여야 하고, 또 어떤 세력이 이러한 새로운 사회관계를 실현시킬 수 있는지에 대해 그들은 잘 이해하지 못했다. 그들은 비록 봉건적 착취 아래 비참하게 살아가고 있는 농민들에 대해 동정을 표시했지만, 농민혁명에 대해서는 단호하게 반대했다.

청 왕조가 등장하고 나서 40년이 지나면, 앞서 언급한 바와 같이 지주계급에서는 더 이상 이 정권에 대한 조직적인 저항이 다시 발생하지 않았으며, 감히 저항에 나선 것은 농민대중뿐이었다.

건륭제乾隆帝 치하의 60년(1736~1795)은 경제 상황만 본다면 청 왕조의 극성기였다. 그러나 곧이어 1796년(가경 원년)에 백련교白蓮敎가 중심이 된 농민대봉기가 일어났다. 이 봉기는 호북성 서부 장강長江 이북 지역에서 시작되어 사천성과 하남성 인근 일대로 번졌다. 관군의 진격으로 봉기군은 사천성에 진입하였고 농민대중의 폭넓은 호응을 얻으며 성 전체를 뒤흔들었다. 섬서성과 감숙성 등도 봉기의 열기에 휘말렸다. 이 봉기는 시작부터 완전히 진압되기까지 9년이 걸렸다.

백련교의 봉기는 전통적인 종교미신의 외피 아래 일어난 단순한 농민전쟁으로 통일된 조직을 가지고 있지 못했다. 호북과 사천 지역에서 일어난 봉기의 지도자가 달랐던 까닭에 그들은 각자 활동하면서 때로는 흩어지고 때로는 뭉치기를 반복했다. 한쪽이 관군에 의해 소멸되면 다른 한쪽이 또 다른 곳에서 발전해 나갔다. 청은 농민봉기를 진압하기 위해 동원할 수 있는 거의 모든 군대를 동원했고, 2억 냥의 군비를 썼으며, 관군이 반란군 가운데 수십만 명을 죽였다. 당시 청의 관군은 팔기뿐만 아니라 녹영도 이미 대단히 부패하여 전투력이 매우 떨어졌다. 각 지방의 지주와 호족 및 향신들이 조직한 무장, 즉 '향용鄕勇'이 당시 농민전쟁을 진압하는 데 큰 몫을 했다.

이 백련교의 봉기는 실패했지만 청의 통치 기반을 크게 뒤흔들어 놓았다. 이 봉기는 봉건 통치의 '극성기'라는 겉모습 속에 격렬한 계급투쟁이 매복되어 있었음을 보여 줄 뿐만 아니라 농민들에게 기생하던 청 왕조의 강대한 겉모습 뒤쪽에 숨겨진 허약함을 잘 드러냈다.

제2장 1840년 이전 중국과 자본주의 각국의 관계

1. 16, 17세기 외국 침략자들의 난국

이미 16세기에 서구 자본주의의 개막과 함께 유럽의 해적과 같은 식민지 개척자와 상인, 모험가들이 중국으로 건너왔다.

포르투갈인과 스페인인은 16세기 해상의 패자霸者였다. 명나라 1514~1516년(正德 9~11) 사이에 포르투갈의 배가 광동廣東 연안에 도착하기 시작했다. 이듬해인 1517년 무장한 포르투갈 선박 8척이 주강珠江 입구에 난입해 포격 시위를 벌였다. 1년 후 시망 안드라드를 비롯한 포르투갈인들은 주강 하구의 둔문屯門에 요새를 쌓고 거점으로 삼았다. 명 정부는 이들을 추방하기로 결정하고 1521년(정덕 16)에 군대를 보내 둔문을 포위하고 시망 안드라드 일당을 쫓아냈다.

연이어 포르투갈인이 또 복건福建과 절강浙江 해안에 가서 똑같은 해적질을 벌였다. 1546년(가정 25)에 명의 관군이 영파寧波에서 현지 인민들의 협조를 받아 한 차례 이들을 토벌했는데, 서양인의 기록에 따르면 당시 이 전투에서 포르투갈인 500명이 죽었다. 마침내 1548년에는 절강의 쌍서항雙嶼港에 거점을 마련해 있던 포르투갈인들을 소탕하였고, 이듬해 먼바다를 건너온 이 해적들은 복건에서도 큰 타격을 입었다.

이리하여 포르투갈인들은 세계 다른 지역에서처럼 무력에 기대어 제멋대로 하던 행세를 중국에서는 할 수 없게 되었다. 결국 이들은 뇌물이란 방법을 동원하였고, 마침내 1561년(가정 40) 무렵 명의 지방 관청은 마카오澳門를 그들의 거류지로 승인했다.

1571년(隆慶 5)에는 스페인인들이 필리핀을 점령했다. 필리핀에서 스페인인들은 명과 협력하여 임봉林鳳의 부대를 포위 공격했다. 당시 임봉은 명이 해적으로 간주한 인물로 필리핀인들을 도와 스페인 식민주의자들과 전투를 벌이고 있었다. 이것이 중국과 스페인의 첫 만남이었으며, 이후 스페인은 복건 연해의 항구에서만 통상을 할 수 있었다.

    17세기 중엽 동북 변경에서 중국과 러시아 사이에 분쟁이 일어났다. 당시 러시아는 차르 체제의 침략적인 봉건제국이었다. 16세기 말 러시아는 시베리아 서부 지역의 여러 민족을 무력으로 정복하였고, 17세기에 들어와 수많은 무장 탐험대와 상인들이 러시아 정부의 지시에 따라 계속 동쪽으로 전진해 왔다. 이들은 예니세이강 동쪽에서 오호츠크해 연안에 이르는 넓은 지역에 흩어져 사는 여러 유목 민족으로부터 모피와 기타의 부를 강탈하였으며, 그들의 자녀들을 노예로 삼고 반항하면 무자비하게 살육했다.

    1640년대 만주족 군대가 입관入關할 무렵 러시아 정복자들이 흑룡강黑龍江 지역을 침범했다. 이들은 이곳에서 청군의 저지를 받았지만, 러시아 정부는 흑룡강 유역을 병탄하려는 시도를 포기하지 않았다. 이들은 흑룡강 상류 실카강 북안의 네르친스크(尼布楚)성을 점령하는 한편, 흑룡강 북안 강이 구부러지는 지점에 전초기지인 알바진(雅克薩)을 건설하고 하류 쪽으로 계속 진출하려는 음모를 꾸몄다.

    1685년(강희 24)과 1686년, 청 정부가 두 차례 출병하여 알바진을 포위 공격하였다. 1689년(강희 28) 청·러 양측이 대표를 파견해 네르친스크에서 회담을 갖고 '네르친스크조약'을 체결했다. 이 조약에 따르면, 청·러 양국은 고르비차(格爾必齊)강과 실카강, 아르군(額爾古納)강, 외흥안령外興安嶺에서 동쪽으로 오호츠크해까지를 이 지역 경계로 하여 남쪽은 중국 영토이고 북쪽은 러시아 영토로 획정했다. 조약에 따라 알바진 기지는 철거되었다. 이에 따라 이 지역에 대한 러시아의 침략 야심은 일시적으로 저지되었다.

    1689년 네르친스크조약 이후 청과 러시아는 100여 년 동안 대체적으로 정상적인 무역 관계를 유지했고, 18세기에는 러시아가 북경에 사절을 보내는 일도 잦았다.

1805년(가경 10)에는 러시아의 원양 선대가 마카오에 도착했는데, 청 정부는 양국 간 북방의 육로 무역이 이미 있다는 이유를 들어 바다 항구에서의 통상을 거부했다.

17세기에 이르러 해양의 패권은 포르투갈과 스페인에서 네덜란드와 영국으로 넘어갔다.

네덜란드는 17세기의 전형적인 자본주의 국가였다. 1601년(만력 29)에 네덜란드 배가 처음으로 광주에 도착했다. 그 이후 네덜란드인들은 두 차례에 걸쳐 팽호澎湖 열도를 점령하고 하문廈門 연안의 여러 곳을 침공했다. 그들은 100년 전의 포르투갈 인들과 마찬가지로 요새를 쌓은 뒤 어선을 약탈하고, 중국인들을 포로로 잡아 요새를 쌓으라고 명령했으며, 포로로 잡힌 중국인을 자바섬으로 싣고 가 노예로 삼았다. 1624년(천계 4) 명의 관군이 팽호 열도를 탈환했다.

이어 네덜란드인이 대만을 점령했다. 1661년(順治 18)에 중국의 민족 영웅 정성공 鄭成功이 대만에서 네덜란드인을 쫓아내면서 네덜란드 식민주의자들의 중국에 대한 야망은 좌절되었다. 그런데 이후 20년 동안 청 정부는 대만과 복건 연안을 점거하고 있던 정성공의 잔존 세력을 소탕하기 위해 심지어 네덜란드인들에게 수차례 출병 도움을 요청했고, 그 대가로 통상권을 주었다.

1635년(崇禎 8) 처음 중국에 도착한 영국의 동인도회사 선박은 포르투갈인이 고용한 것이었다. 1637년(숭정 10) 영국인 존 웨델(John Weddell)이 이끄는 함대(모두 4척)가 주강 입구에 진입해 호문虎門 포대와 포격전을 벌였다. 포대는 파괴됐고 영국 전함도 손상을 입고 퇴각했다. 당시 영국은 동방에서 주로 인도를 경영했고 또 중국의 해안 항구에서는 먼저 온 포르투갈인들이 견제했기 때문에 17세기 말까지 매년 많지 않은 영국 선박이 주로 광동 지역 항구에서 무역에 종사했다.

2. 18세기 중국의 방비 강화와 통제

이상의 사실에서 볼 수 있듯 16, 17세기에 중국의 항구를 찾아온 서양인들은 평화로운 무역을 원하는 상인이 아니었다. 그들은 서구 자본주의의 원시축적 시기에 부를 약탈하기 위해 세계 각지로 다니면서 식민사업을 벌였던 모험가들이다. 손에는 기독교『성경』을 쥐고 있었지만, 그들의 행동은 다름 아닌 해적이었다. 마르크스는『자본론』에서 기독교를 전문적으로 연구한 호이트(W. Howitt)의 말을 다음과 같이 인용했다. "이른바 기독교도라는 인간들이 세계 각지에서 노역에 동원하기 위해 모든 민족에게 행한 야만적이고도 잔혹한 폭력은 세계 역사상 그 어느 시대, 그 어떤 야만적이고 포악하며 파렴치한 인종과도 비교할 수 없을 정도였다." 16, 17세기에 포르투갈인과 스페인인, 네덜란드인, 영국인, 프랑스인이 아메리카 인디언과 아프리카의 흑인, 인도인, 인도네시아인, 필리핀인 등을 무수히 피투성이로 만들었던 사실이 이를 뒷받침한다.

주중 공사를 지냈던 미국 작가 홀컴(Hon Chester Holcombe)은 그가 1910년에 쓴 『중국과 극동』이라는 책에서 16, 17세기에 중국에 온 서양인들의 행태를 개괄적으로 묘사하면서 다음과 같이 말했다.

> 이른바 평화로운 교역의 개척자들이 저지른 짓을 보면 우호적인 문명인이라기보다는 해적 행위라고 할 수밖에 없다. 그들은 제국(중국을 지칭)에 의해 거부당한 것이 마땅할 뿐만 아니라 중국 당국이 소탕하려 한 것이 당연한 조처였다. 그들은 중국 남부 해안을 끊임없이 괴롭혔고, 도시를 약탈하고 파괴했으며, 수많은 곳에서 무고한 남녀와 아이들을 죽인 뒤 '평화롭게' 돛을 올려 떠나갔다. 그렇지 않으면 또 육지로 올라가 중국인들에게 그들을 위해 요새를 짓도록 강요하고, 매우 거칠고 야수와 같은 방식으로 부녀자들을 잡아갔으며, 현지인들의 모든 재물을 강탈함으로써 사람의 도리와 문명의 모든 규범을 짓밟았다.

19세기 이전 중국인들은 서구 자본주의 국가들이 세계 곳곳에서 했던 짓을 알지 못했다. 서양에서 온 이 '손님'들은 처음 중국에 도착해 한 행동을 통해 자신을 소개했고, 이를 본 중국인들은 당연하다고 판단한 조처들을 취하지 않으면 안 되었다. 중국은 봉건시대부터 이미 외국과 평화적인 무역을 한 유구한 역사를 가지고 있었고, 외국에서 온 상인들이나 기타 인사들을 손님으로 접대했을 뿐 민족적 편견을 갖고 있지 않았는데, 16세기 이후부터 중국인들은 이 새로 찾아온 '불청객'들에 대해 엄격한 방비와 통제를 하지 않을 수 없었다. 이것은 어쩔 수 없는 자위적 조치였다.

미국의 외교관이자 작가인 포스터(John Watson Foster)는 1904년에 쓴 그의 『극동에서의 미국의 외교정책』이란 책에서 다음과 같이 기술했다.

> 16세기에…… 중국의 통치자들은 필리핀과 자바, 그리고 다른 섬들을 무력으로 점령하고 또 인도와 말레이반도에서 근거지를 마련한 포르투갈인과 네덜란드인, 스페인인들의 침략 기세를 간과하지 않았다. 중국이 자신의 항구에서 이들 민족 및 영국인들과 접촉한 초기의 경험은 만행과 살육으로 가득 찼다. 이에 중국 당국은 17세기에 광주 이외의 모든 항구를 폐쇄하는 엄중한 조처를 취하기에 이르렀을 뿐만 아니라 광주에서도 대외 교류를 매우 까다로운 조건을 두어 행해지도록 했다.

광주는 일찍이 송나라 때부터 중국과 외국 간의 교역이 이루어져 외국(주로 아랍) 선박의 정박을 허락한 항구였다. 그런데 16세기 중엽에 이르러 명 정부는 외국 선박이 광주에 들어오는 것을 금지하고 포르투갈인이 전백電白과 상천도上川島, 마카오 등 성도省都인 광주로부터 비교적 멀리 떨어진 곳에서만 무역할 수 있도록 했는데, 이는 앞에서 말한 포르투갈인의 만행과 분명히 관련이 있다. 1637년(숭정 10) 상술한 바와 같이 영국 선박이 호문 포대를 포격하는 사건이 발생하자 명 정부는 외국 선박이 주강 하구 안으로 진입하는 것을 금지하는 명령을 내렸다. 청 정부도 초기에 이 금지령을 계속 이어 갔다. 이 기간에 중국 정부는 마카오만을 외국 선박이 정박할 수 있게 하고 외국 상인들의 일시적 거주만 허용했다.

1685년(강희 24)에 이르러 청 정부는 해금海禁정책을 해제하고 광주와 장주漳州, 영파寧波, 운대산雲臺山(지금의 連雲港 부근) 네 곳을 통상항으로 지정했다. 이때 청 정부가 이러한 조처를 취한 것은 내부 통치 질서가 안정되었다고 판단한 때문이기도 하고, 한편으로는 서양에서 온 모험가들이 이때는 이미 무역상의 신분으로서 법규를 지키도록 만들지 않을 수 없었기 때문이다. 당시 중국 정부는 당신들이 규칙을 지켜야 이곳에서 장사를 할 수 있다는 입장을 가졌다. 이것은 앞서 언급한 동북 육로의 변경에서도 마찬가지였다.

동남 연해 지역의 대외무역 방면에서 청 정부가 많은 엄격한 법규를 정한 것은 분명하다. 1685년에 지정된 4개의 통상항 중 광주가 가장 중요했다. 이후 1759년(건륭 24)에 청 정부는 통상항을 광주 한 곳으로만 축소했다. 17세기 말부터 19세기 초까지 광주항의 통상 법규는 대체로 다음과 같았다. 곧 외국 상선은 황포黃埔까지 들어와 정박할 수 있지만, 외국 병선은 항구 안으로 들어올 수 없다. 상선 중 함포를 적재한 선박은 황포에 들어오기 전에 반드시 그것을 내려놓아야 하고 교역이 끝나고 돌아갈 때 다시 돌려준다. 외국 상인은 광주에 도착한 후 거래할 때 지방 관리로부터 공식 허가를 받은 상인을 통해야 한다.(이 상인들을 '洋行'이라고 불렀으며, 독점권을 가진 조직을 '公行'이라고 불렀다.) 외국 상인들은 광주에 체류할 때 양행 상인이 감독 책임을 가지며, 광주에서 겨울을 날 수 없다.(따라서 외국 상인들은 매년 5, 6월에 입항하고 9, 10월에 출항해야 했다.) 외국 상인들은 광주에 체류할 때 양행이 지은 '이관夷館'에서만 거주할 수 있고, 외국인이 중국인을 고용하거나 중국인이 외국인에게 자본을 대여하는 것을 엄격히 금지한다. 외국 상인들은 광주에 체류하는 동안 '이관'을 떠날 수 없고, 매월 정해진 날과 정해진 곳만 출입할 수 있다. 외국인은 부녀자를 데리고 광주 시내에 들어올 수 없으며, 중국의 관리와 향신처럼 가마를 탈 수 없다.

18세기 외국 상인에 대한 이러한 제한 법규는 지금까지 서양의 일부 자산계급 역사학자들의 비웃음과 공격의 대상이었다. 그들은 이를 통해 당시의 중국이 '야만적' 국가이고, '불평등'한 태도로 외국인을 대하였음을 증명하려고 했고, 심지어 뒷날 중국에 대한 서양의 침략전쟁을 합리화하려고까지 했다. 그러나 어떤 주권 국가이든 당연히 대외무역에서 어떤 제도를 시행할 것인지를 규정할 권리가 있고,

이러한 규정은 그러한 권리를 벗어나지 않았다. 물론 '외국인 부녀자'의 광주 시내 통행금지 등 일부 부차적인 법규는 중국 봉건 통치자들의 낙후된 선입견을 반영한 것이기는 하다. 그렇지만 서구 식민주의자들이 모험가와 해적의 신분으로 그들이 이를 수 있는 세계의 모든 지역과 국가에서 거리낌 없이 제멋대로 행동하고 있는 상황에서 이러한 법규들의 주요한 부분은 당시 중국이 취할 수 있는 필요한 자위적 조치였다.

18세기 청 정부의 이런 통상제도를 후진적 쇄국정책으로만 보고 그것의 민족 자위적 역할을 인정하지 않는 것은 잘못이다. 문제는 국내에서 낙후된 봉건적 생산관계를 수호하는 것을 임무로 하는 반동적 통치자들이 대외적 자위 정책을 제대로 관철해 나가지 못했고, 더욱이 이러한 자위 정책을 자국의 사회경제적 진보와 결합시킬 수 없었다는 점이다.

청 통치자들이 대외무역을 완전히 없애려 하지 않았던 것은 조정과 관계 관리들이 대외무역에서 큰 이익을 얻을 수 있었기 때문이다. 부패하고 탐욕을 일삼으며, 근본적으로 자국민과 적대적인 봉건 통치자들은 외국의 침략자들을 효과적으로 상대할 수 없었다. 포르투갈인은 뇌물을 주고 마카오를 거류지로 삼았고, 명의 통치자들은 필리핀의 스페인인들과 힘을 합쳐 자국의 해적들을 토벌했으며, 청의 통치자들은 대만의 정성공 세력을 없애기 위해 네덜란드 병력까지 빌리려 했던 것은 이미 앞에서 본 바와 같다. 여기에서 17, 18세기 스페인 식민지 개척자들은 필리핀에서, 네덜란드 식민지 개척자들은 자바섬 등지에서 그곳에서 살고 있는 중국인을 대량 학살했지만, 명과 청 정부는 이를 묵살했다는 점도 덧붙여야 한다.

위에서 말한 것과 같은 통상항구의 법규에 대해서도 외국 상인은 종종 관리들에게 뇌물을 주거나 일부 중국 상인을 매수하는 방법으로 무너뜨렸다. 예를 들어 영국의 동인도회사는 1770년(건륭 35)에 중국 상인들과 자유롭게 거래할 수 있도록 양광 총독 이시요李侍堯에게 은 10만 냥을 뇌물로 주었다. 이에 이시요는 양행 독점 조직인 '공행公行'을 해산시켰다.(건륭 45년에 다시 회복) 다른 몇몇 법규는 문서상에만 존재했다. 예를 들어 상선에 실린 함포를 내리는 법규는 지켜지지 않았고,

'이관'에 몰래 무기를 들여오는 행위는 다반사였다.

이러한 방비와 통제가 일시적으로 자위적 역할을 했기 때문에 청의 통치자들은 외국 상인들이 모두 보잘것없는 오랑캐 소국에서 왔고 자기들은 세계 모든 나라들보다 높은 '천조天朝'라고 자처했다. 따라서 그들은 서양의 국가들이 어떤 나라인지를 제대로 알려고 들지 않았다. 이런 상황은 물론 봉건 통치자들의 후진성을 잘 드러내 준다.

3. 영국과 동인도회사

18세기에서 19세기에 걸쳐 영국은 서구 자본주의의 선두가 되었다. 18세기 중반 산업혁명을 거치면서 영국은 강력한 자본주의 공업국가로 급부상했고, 영국의 대자산계급은 열광적으로 그들의 식민지 확대를 원했다. 식민지 개척 경쟁에서 영국은 점차 노쇠한 스페인과 포르투갈을 앞질렀고 네덜란드, 그리고 그와 동시에 자본주의를 급속히 발전시킨 프랑스를 능가했다. 따라서 각국의 대중국 무역에서 영국이 1위를 차지하기 시작했다. 1764년(건륭 29) 중국이 서유럽 각국에서 수입한 상품 총액 중 영국이 63%인 120만 냥을, 서유럽이 중국에서 수입한 상품 총액 중 영국이 47%인 170만 냥을 각각 차지했다.

영국의 동인도회사는 1767년 음모와 무력을 통해 2, 3천만 명의 인구를 가진 인도에서 가장 부유한 방글라데시 지역을 점령했다. 동인도회사는 1833년(도광 13) 이전까지 줄곧 영국의 대중국 무역을 독점했다.

프랑스는 1689년(강희 28)부터 중국에 상선을 보내기 시작했다. 이어 18세기 초에 오스트리아와 벨기에, 프로이센, 덴마크, 스웨덴도 중국과 통상을 하기 시작했다. 영국이 미국의 독립을 승인한 이듬해인 1784년(건륭 49)부터 미국도 중국과 통상을 시작, 19세기 초에 이르면 미국의 대중국 무역액은 이미 영국에 이어 2위를 차지했다. 하지만 그 절대 금액으로 보면 영국보다 훨씬 적었다.

1792년(건륭 57) 영국은 매카트니(George Macartney)를 특사로 파견하여 북경 방문을 요구했는데, 당시 사절단의 모든 비용을 동인도회사가 부담했다. 매카트니는 영국 국왕의 친서를 휴대하고 있었지만 사실상 동인도회사의 대표였다. 그는 북경에 도착해 건륭제乾隆帝를 만났지만 그의 요구는 모두 거절되었다. 당시 그가 요구한 내용은 영파寧波와 주산舟山, 천진天津 등의 항구 개방, 영국 외교관의 북경 주재, 주산 부근의 작은 섬과 광주 부근의 토지를 영국인 거류지로 지정해 줄 것 등이었다. 1816년(가경 21) 영국은 다시 애머스트(William Amherst)를 단장으로 하는 사절단을 북경에 파견하여 같은 요구를 되풀이하였으나 거절되었다.

동인도회사로 대표되는 영국 자산계급은 중국 정부가 정한 법규에 따라 정상적인 무역을 하는 데 만족하지 않았다. 중국 봉건경제의 강한 자급자족적 성격으로 인해 중국과의 무역은 매우 느리게 발전했고, 외국 상품은 중국에서 시장을 개척하기 어려웠다. 당시 중국의 대외무역액은 항상 수출액이 수입액보다 많았다.

영국은 앞장서서 온갖 방법을 동원해 중국 정부가 정한 법규들을 무너뜨렸다. 1808년(가경 13) 유럽에서 영국과 프랑스 사이에 '반도전쟁'이 일어나자 영국의 인도 총독은 프랑스군의 마카오 침공을 막는다는 구실로 함대를 파견하여 마카오 부근에 상륙하는 한편 군함이 황포까지 들어왔다. 청 정부는 무력으로 대응할 것을 광동의 관리들에게 명령했다. 영국 측이 아직 중국과 전쟁을 치를 준비가 되어 있지 않았기 때문에 사태가 확대되지는 않았지만, 동인도회사는 이미 무력으로 중국에 대한 야심을 실현할 생각을 가지고 있었다.

1789년(건륭 54) 프랑스 자산계급 혁명이 일어나기 이전, 미국을 제외한 남북아메리카(서인도제도 포함) 전체와 인도, 인도네시아의 대부분, 아프리카의 서안과 남안, 오세아니아의 일부가 모두 이미 서양 자본주의 국가의 식민지로 전락했다. 영국은 1816년(가경 21)에 인도 전체를 지배했고, 1824년(도광 4)에는 싱가포르와 미얀마 일부 지역을 점령했다. 1833년(도광 13)에 동인도회사의 중국 무역 독점권이 취소되었다. 이것은 영국 자본가들이 중국에 대해 널리 '관심'을 갖게 되었음을 말해 준다.

한편으로는 내부 위기가 갈수록 심각해지고 있는 봉건 중국과 다른 한편으로는 이미 300여 년의 식민지 '사업'의 경험을 가진 서양 자본주의 국가가 부딪히는 상황에서, 중국은 근대의 역사를 향해 나아가고 있었다.

제1부
아편전쟁과 태평천국 농민혁명

아편전쟁 이전의 중국 봉건사회는 마치 그 속 깊은 곳에 거대한 변화를 잉태하고 있는 물웅덩이와 같았는데, 여기에 아편전쟁이라는 큰 돌이 던져지자 강력한 연쇄반응을 일으키면서 마침내 웅덩이 속 물 전체가 격랑을 일으키는 상황이 되었다. 봉건 통치 계급은 이미 심각한 부패에 빠져 있어 직면한 역사적 변화에 민첩하게 대응할 능력이 없었다. 다만 그들 중 일부가 모호하게나마 남경조약의 체결로 일이 끝나는 것이 아니라 오히려 봉건적 통치체제 전체를 뒤흔들 예측할 수 없는 사건이 시작되고 있음을 어렴풋이 감지하고 있었다.

제1장

아편전쟁

1. 아편 금지의 문제

　1840년(道光 20)에서 1842년에 걸쳐 일어난 아편전쟁은 봉건 중국이 반식민지半植民地·반봉건半封建 사회로 접어드는 전환점이었다.

　아편전쟁이 일어나기 전 70년 동안 영국인들이 중심이 된 외국 상인들은 해마다 중국에 대한 아편의 판매량을 늘려갔다. 동인도회사는 1773년(乾隆 38) 인도에서 아편 전매제도를 시행했는데, 당시 이미 매년 1천 상자(한 상자는 100근 혹은 120근) 분량의 아편이 중국으로 수입되었다. 19세기 초 가경嘉慶 연간(1796~1820)에는 해마다 4천 상자씩 증가해 아편전쟁이 일어나기 수년 전 무렵이 되자 4만 상자(당시 가격은 품질에 따라 상자당 은화 4백~8백 원)가량의 아편이 수입되었다.

　영국 상인들이 아편전쟁 전 정상적인 무역을 통해 중국에 수출한 주요 물품은 모직물과 인도에서 생산된 면화였으며, 중국으로부터 수입한 물품은 차와 견사였다. 중국 경제의 자급자족적 구조와 중국 정부의 대외무역 통제정책 때문에 영국은 중국에 자국 상품을 팔 시장을 확보하지 못해 무역 역차가 일어났다. 영국 상인들이 중국에 면방직품을 팔려고 노력해 보았지만 판로가 너무 좁아 무역 역차의 상황을 바꿀 수 없었다.

이런 상황에서 영국 상인들은 아편이 가장 이익이 되는 물품이라는 것을 알게 되었다. 곧 아편은 원래 가격에 비해 판매 가격의 차이가 상당히 클 뿐만 아니라 아편을 흡연하여 한번 습관이 되면 계속해서 피우지 않을 수 없고 갈수록 그 양이 늘어나며, 중국과 같이 인구가 많은 나라에서 아편 흡연이 유행하게 되면 넓은 아편시장이 형성될 수 있다는 것을 알게 되었다. 이 때문에 중국 정부의 아편무역 금지령에도 불구하고 그들은 높은 이윤을 노리고 대규모의 불법적 아편 밀매에 매달렸다. 이것은 중국과의 무역 역차를 뒤바꿀 수 있는 중요한 수단이기도 했다.

영국의 관변 자료를 보면, 1837년 7월부터 1838년 6월까지 1년 동안 중국이 영국(인도 포함)으로부터 수입한 총액이 560만 파운드인데, 그 가운데 아편이 60% 정도인 340만 파운드를 차지했다. 같은 기간 중국의 영국에 대한 총수출액은 310만 파운드로, 중국이 250만 파운드 수입 초과를 했다. 아편을 제외한 정상적 무역으로 보면, 영국의 대중국 총수출액이 총수입액보다 90만 파운드 적었다.

이 무렵 미국 상인들도 튀르키예로부터 아편을 구매해 중국에 수출했다. 그 양이 영국 다음이었다. 1817년의 경우 중국이 수입한 아편의 총량 4천5백 상자 가운데 미국이 1천9백 상자를 차지했다. 중국이 가정嘉靖 원년인 1796년부터 여러 차례 아편수입 금지령을 내렸지만 별다른 효과가 없었다. 도광 연간 초 아편의 밀수입 양은 도리어 늘어났다.

당시 중국의 최대 통상항구는 광주였다. 영국과 미국 상인들이 아편 상자를 실어 내릴 때 사용하는 소형 운반선이 광주 부근의 황포黃浦로부터 주강珠江 하구 밖 한적한 바다까지 운반했다. 외국의 아편 상인이 중국 상인과 거래할 때는 중국 상인의 밀수선이 외국인의 소형 운반선에 접근하여 아편을 옮겨 실었다. 밀수선은 무장을 갖춘 채 무리지어 자유롭게 세관을 피해 아편을 광동과 복건, 절강 등 기타 연해 지역으로 실어 날랐다. 각급 관원들은 이를 묵인하고 중국 상인이나 외국 밀매상으로부터 많은 뇌물을 받았으며, 일부 관원들은 직접 밀수 활동을 벌이기도 했다. 심지어 양광兩廣 총독은 관용 선박을 밀수업자에게 제공해 주기까지 했다. 이처럼 수많은 지방 관리들과 그들의 배후에 있는 중앙 관료들이 직간접적으로 아편 밀수를 통해 이득을 취했다.

청 정부가 점차 아편의 대량 유입이 가져온 문제점을 인식하기 시작했는데, 그것은 바로 은의 유출 때문이었다. 일찍이 도광 초부터 은의 가격은 올라가고 돈의 가치는 떨어지는 현상이 나타나기 시작했다. 도광 원년(1821)에 은 1냥의 가격이 1천 문文 정도였는데, 도광 16년에서 18년 사이 1천3백 문에서 1천6백 문 사이가 되었다. 당시 시중에서는 밀수입한 아편을 은으로 교환해 갔기 때문에 내륙 지역에 은이 귀해졌다는 이야기들이 떠돌았다. 각급의 지방 관리들은 이러한 현상을 민감하게 받아들였다. 그들이 세금을 징수할 때는 백성들로부터 돈을 받은 뒤 상부에 보고할 때는 은으로 환산해야 했기 때문이다. 은이 유출되어 귀해진 반면 돈의 가치는 떨어져 사회 경제와 국가 재정에 불리한 영향을 주었기 때문에 아편금지령은 더욱 절박한 문제가 되었다.

조정에서 거의 해마다 아편의 수입과 판매 금지령을 내렸다. 그랬지만 효과가 없었으며, 이미 부패한 관료 기구는 이 문제를 해결할 수 없었다. 오히려 엄격하게 금지할수록 아편 판매의 이득은 더욱 커졌고, 이에 따라 각급의 관리들은 더 많은 뇌물을 받을 수 있었다. 이 때문에 일부 관리들은 '변통 처리'를 주장했다. 그 대표적인 인물이 태상시太常寺 소경小卿 허내제許乃濟였다. 그는 1836년(도광 16)에 올린 상주문에서 "오랑캐 상인들이 파는 아편을 약재로 분류하여 과세하자"고 주장했다. 이것은 아편 무역을 합법화하여 관리들이 밀수업자에게 받던 뇌물을 국가의 세금 수입으로 돌리자는 뜻이었다. 그는 아편을 즐기는 무리가 모두 '놀고먹는 하잘 것 없는 무리'이므로, '문무 관원과 선비들의 가족, 병사'를 제외한 일반 백성들은 마음대로 피우게 하자고 주장했다. 또 그는 은의 해외 유출을 해결하는 방법으로 아편무역을 합법화한 후 "물품을 물품으로 교환하는 것만 허용하고 은을 사용하여 사고파는 일은 금지하는" 안을 내놓았다.

이러한 금지령 완화책은 양광 총독 등연정鄧延禎 등 광주 현지의 일부 고급 관료들로부터 즉각적인 지지를 받았지만, 다른 대부분의 관료들은 반대했다. 어사 원옥린袁玉麟은 정령에 예외가 없어야 하며, 일반 백성들에게 금지령을 풀어 주면 관원이나 선비 및 병사들에게 아편 흡연을 금지할 방법이 없다고 반박했다. 그는 또 "물품을 물품으로 교환하는 것만 허용하는" 것도 아편과 교환해 수출할 상품이 그렇게 많지 않으므로 통할 수 있는 방법이 아니라고 주장했다.

1838년(도광 18) 윤4월 홍려시鴻臚寺 경卿 황작자黃爵滋는 상주문을 올려 통상항에서 아편 수입을 금지하는 것만으로는 효과가 없으며, 근본적인 해결 방법은 아편 흡연 자체를 금지하는 것이라고 주장했다. 이어 그는 아편 흡연자들에게 1년의 기한을 주어 이를 끊도록 하고, 기한이 지난 후에도 금지령을 어기는 자는 사형에 처하자고 주장했다. 황제는 그의 상주문을 각 성의 관원들에게 보내 의견을 구했다. 그의 주장을 가장 강력하게 지지한 인물이 호광湖廣 총독 임칙서林則徐였다. 임칙서가 제시한 6개 항목의 구체적 정책은 현지에서 철저하게 시행되어 좋은 효과를 보았으며 폭넓은 여론의 지지도 받았다. 황작자와 임칙서는 아편이 흡연자에게 해로울 뿐만 아니라 재화를 해외로 흘러 나가게 하며, 이것이 더해지면 나라가 약해지고 재화가 마를 위험이 있으므로 반드시 엄중한 문제로 다루어야 한다는 생각을 가지고 있었다. 도광제가 그들의 말에 귀를 기울이자 다시 반대 의견을 내놓는 관료가 없었다.

당시 아편 흡연이 널리 퍼져 있어서 각급 관원과 군대 내부의 장교와 사병들 사이에도 아편에 중독되는 사람이 나날이 늘어났다. 이에 따라 황작자의 주장을 많은 관료들이 찬성하지 않았고, 황제도 이 안을 받아들이지 않았다. 그렇지만 금지령의 완화를 계속 주장하는 사람은 없었다. 이를 주장한 허내제는 직급 강등의 처분을 받았으며, 이를 지지했던 양광 총독 등연정도 아편 판매를 금지하는 것이 옳다는 의견을 표시했다. 수석 군기대신 목창아穆彰阿 등 아편 밀수를 통해 이득을 보고 있던 조정의 일부 관료들도 표면적으로는 "국체國體를 손상시킨다"는 명분에 동의하며 아편의 공식적인 매매에 반대했지만, 뒤로는 아편금지 정책을 방해하면서 아편 밀매가 지속되기를 원했다.

마침내 황제는 아편 금지를 결심하고, 1838년(도광 18) 12월 31일(음력 11월 15일) 임칙서를 광주로 보내 이 문제를 해결할 흠차대신欽差大臣에 임명했다.

2. 임칙서의 아편금지령과 침략자 영국

임칙서林則徐(1785~1850)는 복건성 복주福州(이전 侯官) 출신으로 아편의 엄금을 주장한 대표적 인물이며, 아편전쟁 시기 청의 관료 가운데 저항파의 수장이었다. 그는 1811년 진사시에 합격하여 관직 생활을 시작한 후 절강과 강소, 섬서, 호북, 하남 등에서 지방관을 지냈으며, 특히 하남에서는 제방공사를 감독한 경험이 있었기 때문에 현실의 상황과 민간의 고통에 대해 비교적 이해가 깊은 인물이었다. 그는 일찍부터 황작자(1793~1853)와 공자진龔自珍(1792~1841), 위원魏源(1794~1857) 등과 함께 경세학을 주장했다. 이들은 부패하고 어두운 현실의 정치에 불만을 품고 개혁을 요구한 지주계급 출신 지식인이었다.

임칙서는 1839년(도광 19) 3월(음력 정월 하순) 광주에 도착하여 곧장 강력한 아편 금지 정책을 시행했다. 원래 아편 금지를 찬성하지 않았던 양광 총독 등연정도 분위기에 눌려 금지파의 중심적 인물로 변신했다. 임칙서는 도착 즉시 외국 상인들과 결탁한 아편 밀매상들을 체포했다. 이뿐만 아니라 보름 정도 지나 외국 상인들에게도 부두에 정박한 소형 운반선에 실린 아편을 모두 내놓도록 통지하고, 오랫동안 아편 밀수에 종사한 악명 높은 영국 상인들을 체포하라는 명령을 내렸다.(뒷날 이들의 재입국을 허가하지 않는 강제출국 조처로 바뀌었다.)

임칙서의 강경한 조처로 2백여 명의 영국 상인들이 결국 그해 3, 4월 사이에 18,753상자의 아편을 내놓았다. 그런데 영국 정부가 광주에 파견한 상무감독관 엘리엇(Charles Elliot)은 영국 상인들에게 아편을 중국 관청에 직접 내놓지 말도록 설득하고서 자신이 이를 받아 영국 정부의 상무감독관 명의로 중국 정부에 내놓았다. 그가 이런 방식을 선택한 이유는 아편의 수출입을 양국 정부 사이의 문제로 삼으려는 의도 때문이었다. 이런 방식은 영국 정부가 불법적 아편 밀수를 공개적으로 지지한다는 사실을 인정하는 행위와 다름이 없었다. 광주에 머물고 있던 미국 상인들도 어쩔 수 없이 1,540상자의 아편을 엘리엇을 통해 내놓았다.

영국과 미국 상인들이 내놓은 아편은 2만여 상자, 약 230만 근이었다. 임칙서는 군중들이 지켜보는 가운데 호문에서 전량을 불태워 폐기했다. 이 광경을 지켜본 일부 외국 상인들은 폐기작업이 철저하게 시행되는 것을 보고 매우 놀랐으며, 그의 이러한 아편 몰수와 폐기 조처는 관례로 볼 때 매우 돌출적인 행동이었다.

또한 임칙서는 외국 상인들에게 "이후에는 영원히 아편을 가져오지 않을 것이며, 만약 가져오다가 발각되는 경우 물품은 모두 관에서 몰수하고 사람은 법에 따라 기꺼이 처벌을 받겠다"는 서약서를 제출하라고 요구했다. 이에 엘리엇은 영국 상인들에게 임칙서가 요구한 서약서의 제출을 거부하라고 지시한 후 그들을 데리고 4월 12일 광주를 떠났다. 광주를 떠난 상인들은 마카오에 머물다가 구룡반도九龍半島 첨사취尖沙嘴 부근에 정박하고 있던 배로 옮겨 갔다. 그리고 엘리엇은 영국 상인들에게 황포에 진입하여 무역하는 것을 일절 금지하도록 명령을 내리는 한편, 본국 정부에 보고서를 보내 군대를 파견해 무력 해결을 준비하도록 요청했다.

임칙서의 아편 폐기 이후로 중국과 영국 사이 무역이 단절되었는데, 그 책임은 엘리엇이 져야지 임칙서가 질 일이 아니었다. 임칙서는 광주항을 폐쇄하지 않았다. 오히려 그는 정상적인 무역은 이전과 같이 이루어져야 한다고 판단했다. 어느 국가의 선박이든 아편을 적재하지 않고 앞으로도 그렇게 하지 않겠다는 서약을 하는 선박은 모두 입항을 허락했다. 4월 12일 이후로 6개월 동안 45척의 미국 상선과 기타 국가의 상선 17척이 서약을 한 뒤 입항했다. 그러나 영국 상선은 엘리엇의 명령 때문에 계속 해상에 정박하였다.

5월 27일, 첨사취에서 영국 해군이 중국인 한 사람을 살해하는 사건이 일어났다. 임칙서가 범인의 인도를 요구했으나 엘리엇은 거절했다. 당시 엘리엇은 2척의 군함을 지휘하고 있었는데, 7월 27일 엘리엇이 군함을 몰고 와 구룡산 자락을 포격하자 이곳의 중국 군함과 포대가 반격했다. 이런 상황에서도 임칙서는 영국이 살인범을 인도하고 영국 상선이 아편을 판매하지 않겠다고 서약만 하면 광주항은 이전처럼 영국인에게 개방할 것이라고 밝혔다. 또한 그는 대표를 보내 마카오에서 엘리엇과 담판하는 것에도 동의했으나, 엘리엇은 담판 기회를 이용해 시간만 끌면서 본국의 군대가 도착하기를 기다렸다. 결국 담판은 결렬되고 말았다.

9월 인도에서 온 영국 상선 2척이 엘리엇의 금지 명령에도 불구하고 임칙서가 정한 규정에 따라 입항 허가를 요청했다. 이를 못마땅하게 생각한 엘리엇은 호문 포대虎門炮臺 앞바다인 천비양穿鼻洋에서 입항하는 영국 상선을 저지하는 한편, 수사제독水師提督 관천배關天培가 지휘하는 중국 군함과 전투를 벌였다. 이후 10일 동안 영국 군함은 첨사취 북쪽의 작은 산인 관용關涌을 6차례나 연이어 침범했다. 임칙서와 등연정이 미리 군사적 대비를 해 두었기 때문에 이를 모두 격퇴시켰다. 이어 이들은 전투 경과를 상부에 보고하면서 비록 이기기는 했지만 영국인들에 대해 "잘못을 반성해 되풀이하지 않게 하기 위한 것"이라고 설명했다. 당시 임칙서는 영국 정부가 군대 파견을 준비하고 있다는 사실을 알지 못했다. 그는 아편 금지의 원칙을 지키면서도 어느 정도 타협적 정책을 내놓았다. 그러나 북경의 황제는 갈수록 판단력이 흐려져 "임칙서 등은 형세를 감안하여 영국과 무역을 금지시키고 영국의 선박을 모두 쫓아내기만 하면 될 뿐 굳이 좋은 말로 서약을 받을 필요는 없다"는 지시를 내렸다.

조정의 뜻을 거스를 수 없었던 임칙서는 1839년 12월 6일(음력 11월 1일)부터 영국과 무역을 정지한다고 선포하였으며, 1840년 1월 5일(음력 1839년 12월 1일) 한발 더 나아가 영국 선박의 입항을 금지한다는 명령을 내렸다. 하지만 이후에도 임칙서와 엘리엇 사이에는 여러 차례 서신 왕래가 있는 등 담판이 완전히 결렬되지는 않았다. 그러나 영국 정부가 파견한 침략군이 광동 앞바다에 나타나면서 상황이 완전히 바뀌었다.

1840년 2월(도광 20년 1월) 영국 정부는 이른바 '동방원정군'을 중국에 파견한다는 결정을 발표했다. 영국 정부가 전쟁을 일으킨 데는 아편 무역을 보호하는 것 말고 더 중요한 원인이 있었다. 당시 영국 자산계급 가운데 중국과 전쟁을 열렬히 부추긴 두 부류가 있다. 한 부류는 아편 밀수업자들로 임칙서에게 쫓겨난 자딘(William Jardine)과 매시선(James Matheson)과 같은 인물이 여기에 속했다. 이 두 사람은 중국 연해에서 아편 밀수로 큰돈을 벌어 귀국한 후 얼마 되지 않아 하원의원이 되었으며, 매시선은 작위까지 받았다. 다른 한 부류는 중국 무역과 관련이 있는 공업과 상업, 해운업, 금융업 분야의 자본가들이다. 이들은 영국에서 생산된 공업제품을 중국에 내다 팔기 위해 힘을 쏟았다. 당시 영국은 이미 자본주의적 과잉생산의 위기를 맞고 있어서 세계 곳곳에 새로운 시장을 찾고 있었다. 중국과 같은 대국은 그들에게 놓칠 수 없는 시장이었다. 그들은 중국의 대외무역 통제정책이 중국에서 영국 상품이 팔리지 않는 장애요인이라고 판단했다. 이에 따라 그들은 무력을 동원해서라도 장애요인을 제거해야 한다고 주장했다. 이로 볼 때, 임칙서가 아편무역을 금지하지 않았더라도 영국의 자산계급은 다른 구실로 전쟁을 일으켰을 것임을 단언할 수 있다.

영국이 1840년에 전쟁을 일으킨 직접적인 이유는 추악한 아편 밀수의 보호와 유지였다. 영국은 무력을 동원해 중국의 자기방어를 위한 일체의 조처를 포기하도록 했고, 중국을 외국 자본주의 상품의 자유로운 시장으로 개방하려고 했다. 따라서 이 전쟁은 영국의 입장에서 보아도 전혀 정의롭지 못한 침략전쟁이었다.

3. 전쟁과 '무마'

당시 도광제道光帝는 아편 금지의 문제에서도 그랬지만 전쟁의 문제에서도 일관된 방침이 없었다. 그는 한때 분명한 결심을 보이기도 했지만 정작 곤경에 처하면 그의 결심은 물거품처럼 사라졌다. 외국에서 들여온 아편을 전국 각지에 파는 과정에서 각급 관원들은 뇌물을 챙길 수 있었고, 또한 많은 관원들이 바로 아편 애호가였음이 분명한 사실이었지만, 황제는 이를 제대로 알고 있지 못했다. 그리고 황제와 관원들은 외국의 실상에 대해 아무런 이해가 없었으며, 약간의 위협만 주면 아편 밀수를 막을 수 있다고 생각했다. 이 때문에 그들은 아편 금지의 문제와 아편과 관련된 은의 해외 유출의 문제를 해결할 수 있는 가장 간편한 방법은 외국의 아편 상인들을 단속하는 것이라고 믿었을 뿐, 내부의 부패와 투쟁할 생각은 하지 않았다. 도광제가 아편 금지를 결심하고서 임칙서를 광동으로 파견한 동기도 바로 이런 것이었다.

이들 가운데 임칙서는 비교적 머리가 깬 인물이다. 그도 흠차대신으로 임명되기 전에는 중국 밖의 세계에 대해 전혀 알지 못했다. 그는 광주에 도착한 이후 외국의 정세 파악을 매우 중시해 서양 국가들의 상황과 동태에 주의를 기울였다. 그는 마카오에서 발행되는 신문과 잡지의 기사를 번역하는 전문 조직을 만드는 한편 서양의 자료를 모아 『사주지四洲誌』의 초고를 편찬하는 등 서양 여러 국가들의 역사와 영토 및 정치 상황을 이해하려고 노력했다. 그의 이해가 제한적이긴 했지만, 그는 점차 서양 국가를 진지하게 대해야 한다는 사실을 깨닫게 되었다.

임칙서는 광동의 방비를 강화하는 데 힘을 쏟았다. 1839년 12월 초 양광 총독에 임명된 그는 호문 앞바다에 말뚝을 박아 쇠사슬로 연결하고, 서양 대포를 구입하여 포대를 설치했으며, 주강 하구 양안에 방어시설을 강화했다. 그는 수사제독 관천배에게 명령을 내려 수군과 육군의 훈련을 강화했다. 연해 지역 백성들의 영국 침략자들에 대한 적개심을 확인한 그는 어민과 배 위에서 생활하는 단호蛋戶들을 모아 군사훈련도 시켰다. 그리고 그는 "적을 깊이 유인하여 공격하고, 적이 강할 때는 지칠 때를 기다린다"(以守爲戰, 以逸待勞)는 전략도 짜 놓았다.

영국은 희망봉함대 제독 조지 엘리엇(George Elliot)에게 동방원정군을 지휘하도록 하는 한편, 그와 동생인 찰스 엘리엇 상무감독관을 중국과 교섭할 전권대표로 임명했다. 1840년(도광 20) 6월 영국 함대는 광동 앞바다에 도착하여 광주 봉쇄를 선포하고, 모든 선박의 광주 입항을 금지했다. 임칙서는 호문으로 옮겨 수군을 검열하고 백성을 동원하는 포고문을 발표하여 전쟁을 준비했다. 이에 엘리엇 형제는 광주에서 시간을 지체하지 말라는 영국 정부의 훈령에 따라 주력 함대를 북상시켰다. 6월 초 영국군은 하문夏門 앞바다에서 민절閩浙 총독 등연정 휘하의 수군과 충돌했다. 영국군은 복건성福建省 이북의 방비가 허술한 틈을 타 절강성浙江省 연해 지역을 공격하며 주산舟山 앞바다를 거쳐 상륙한 후 정해현定海縣의 현성縣城을 점령했다. 그리고 영국군 일부만 이곳을 지키고 나머지는 계속 북상해 7월 16일 천진天津의 백하白河 하구에 도착했다.

조정에서는 절강에서 적을 물리쳐 정해를 되찾겠다고 큰소리를 쳤지만, 정작 영국 군함이 수도 근처를 압박하자 부드러운 말로 적을 남쪽으로 물러가도록 권유할 생각만 했다. 당시 그들의 표현을 그대로 옮기면, 이것을 '무마撫摩의 방책'이라고 했다. 그런데 '무마'라고 말한 것은 사실상 굴복과 투항의 다른 이름일 뿐이었다.

직예直隸 총독 기선琦善은 백하 하구에서 손님을 맞이하듯 영국 군함을 받아들였다. 엘리엇 형제는 영국의 외무장관 파머스턴이 중국 재상에게 보낸 각서를 기선에게 건네주며 황제에게 전달하라고 요구했다. 이 각서는 매우 거칠고 무례하게도 폐기한 아편을 시가대로 보상해 주고, 하나 또는 몇 개의 섬을 할양해 주며, 영국 군대의 출병 비용을 전부 중국이 부담해야 한다는 요구를 담고 있었다.

도광제는 이 요구를 기선에게 거절하라는 훈령을 내렸다. 그러나 황제의 훈령 속에 "임칙서 등이 아편을 금지시킬 때 공명정대하게 처리하지 못한 점이 있고, 사람들에게 속아 조처가 타당하지 못했다"는 구절이 포함되어 있었다. 이것은 모든 책임을 임칙서에게 덮어씌워 그를 처벌함으로써 침략자들을 무마해 보려는 생각을 드러낸 표현이었다. 영국이 자신들의 요구를 완전히 관철시키지는 못했지만, 황제의 훈령은 아편금지 정책의 실패를 선언한 것이나 다름이 없었다. 광동에서는 아편을 금지한 임칙서 등의 관원이 오히려 죄인이 되었다. 황제와 기선 등 대신들은 영국 함대를 방어할 능력이 전혀 없다는 사실을 알게 되자 임칙서가 공연히 일을 크게 만들었다고 비난했다.

기선은 백하 하구에 머물면서 조지 엘리엇과 여러 차례 서신 교환을 했으며, 찰스 엘리엇과도 두 번 회담을 가졌다. 그들은 불태운 아편 배상을 포함한 무리한 요구를 포기하지 않았다. 기선은 임칙서를 처벌하겠다는 약속 말고는 모호한 답만 내놓으면서 광동으로 돌아가기만 한다면 모든 문제를 협상할 수 있다고 대답했다. 이에 마침내 영국 함대는 8월 20일 백하 항구를 떠나 남쪽으로 돌아갔다.

영국 함대는 다시 절강 앞바다에 도착하였다. 그들은 이미 기선에게 요구사항을 들어주지 않으면 점령한 정해현 현성을 포기하지 않겠다는 의사를 표시한 적이 있었다. 절강으로 파견된 흠차대신 이리포(伊里布)가 전쟁 준비를 전혀 하지 않고서 그들에게 강화를 요구하자, 그들은 이 요구를 받아들여 휴전을 선포하고 소수 병력만 남겨둔 채 광동으로 향했다.

'무마'의 분위기가 높아지고, 황제가 이미 임칙서에 대해 불신을 드러내자 애초 아편 금지를 반대했던 관료들이 임칙서를 위시한 아편 금지와 저항을 주장한 이들에게 중상과 음해를 시작했다. 9월 도광제가 임칙서와 등연정을 "나라를 그르치고 백성을 병들게 했다"는 죄명으로 파면하고, 기선을 후임 양광 총독으로 파견했다. 기선은 광주에서 찰스 엘리엇과 담판만 할 뿐 전쟁 준비는 하지 않았다. 당시 조지 엘리엇은 병으로 귀국한 상황이었다. 기선은 시간을 끌면 상대가 지쳐 요구사항을 완화할 것으로 기대했다. 하지만 찰스 엘리엇은 다시 무력을 사용하기로 결정하였고, 1840년 12월 영국군은 기습 공격을 통해 호문 밖에 있는 사각(沙角)과 대각(大角) 두 포대를 점령했다. 수사제독 관천배가 이끄는 수비군이 용감하게 대항하여 영국군에서도 적지 않은 사상자가 나왔다. 그러나 기선이 곧장 강화를 요청하면서 찰스 엘리엇이 요구한 대로 홍콩을 할양하고 아편값을 배상하는 천비초약(穿鼻草約)을 제 맘대로 체결했다. 곧이어 영국군이 홍콩을 점령했다.

도광제는 영국이 영토 할양과 배상을 고집한다는 사실을 안 뒤 갑자기 방침을 바꾸고서 전쟁을 주장했다. 그는 천진 항구에 들어온 영국 함대가 쉽게 물러나 남쪽으로 돌아가자 그들의 힘이 대단하지 않다고 판단했다. 그리고 그는 '무마'를 받아들였으니 다시는 영토 할양이나 배상을 요구하지 않을 것으로 생각했다. 영토 할양은 특히 '천조(天朝)'의 체면을 깎아내리는 일이었다. 마침내 그는 1841년 1월 27일(음력 1월 5일) 광동과 절강에서 영국 군대를 "호되게 공격하여 깨끗이 쓸어

없애겠다"는 결심을 밝힌 조서를 내렸다. 이어 한 달 뒤 그는 기선을 파면하고 그의 재산을 몰수하라는 명령을 내렸다.

찰스 엘리엇은 천비초약에서 정한 배상금을 받지도 못했는데 청이 군대를 동원한다는 소식마저 듣자 선제공격을 시작했다. 2월 상순 영국 군대는 호문포대를 공격했다. 기선의 투항정책으로 말미암아 많은 관병들이 이미 전투의지를 잃은 상태였기 때문에 영국군은 쉽게 호문의 10여 포대와 1천여 문의 포를 차지했다. 수사제독 관천배가 직접 포대에 올라 전투를 지휘했지만 전사했다.

병력이 부족했던 영국군은 2월 초에 절강 정해현에 남겨 두었던 부대를 모두 철수시켰다. 그러자 그곳에 주둔하고 있던 흠차대신 이리포는 정해를 '수복'했다고 조정에 보고를 올렸다. 그렇지만 도광제는 이때 이리포가 여태껏 적과 전투를 벌이지 않고 있었다는 사실을 알게 되었으며, 곧장 그를 파면시켰다.

도광제는 당시 진심으로 전쟁을 벌일 결심을 하고 있었다. 그는 호북과 사천, 귀주, 하남, 광서, 강서의 군대를 광주로 이동시키라는 명령을 내렸으며, 자신의 조카인 혁산奕山을 정국장군靖國將軍에, 상서 융문隆文과 호남 제독 양방楊芳을 참찬대신參贊人臣에 임명하여 함께 광동에서 작전을 책임지도록 했다.

4월 초 혁산은 적절한 부대 배치도 하지 않은 채 전투를 벌여 전투가 시작된 지 7일 만에 광주성 밖의 모든 포대를 잃고 1만 8천 명의 군대가 궤멸했다. 혁산의 주재 아래 새로운 정전협정이 맺어졌는데, 그 주요한 내용은 혁산과 중국 군대가 6일 이내에 광주성에서 물러나고, 7일 이내에 600만 냥의 배상금을 지급한다는 것이었다. 혁산은 서둘러 배상금을 지불했고, 영국군은 4월 19일 호문에서 물러났다.

도광제는 혁산의 투항을 승인했으며, 그의 결전의 결심은 아편 금지의 결심과 마찬가지로 한 차례 좌절을 겪자 재빨리 식어 버렸다. 영국군이 호문에서 물러났고 절강에서도 정해를 반환했으니 체면은 살린 셈이었다. 패전한 혁산 등은 아무런 처벌도 받지 않았다. 도리어 임칙서와 등연정에게 신강성新疆省 이리伊犁로 유배형이 내려졌다. 6월 초 황제는 광동과 연해 지역 각 성의 방비를 강화하기 위해 다른 성에서 동원했던 병력들을 모두 복귀시키라는 명령을 내렸다.

그러나 영국군은 전쟁이 끝났다고 생각하지 않았다. 영국 정부는 찰스 엘리엇이 대고항大沽港까지 진출했다가 철수하고, 또 광동에서 천비초약을 체결한 것을 보고서 그가 원래의 계획을 철저히 수행할 능력이 없다고 판단했다. 이에 영국 정부는 그를 소환한 뒤 인도에서 영국군을 지휘하던 포팅거(Sir Henry Pottinger)를 후임 전권대사로 파견하는 한편 사령관을 교체하고 병력을 증강시켰다.

포팅거는 1841년 8월 초(음력 6월 중순) 광주에 도착하자마자 군대를 북상시킨 뒤 중국 조정에 지난해 백하 하구에서 제출한 요구사항을 전부 관철시키겠다고 통지했다. 이후 꼬박 1년 동안 영국군은 복건과 절강, 강소를 연달아 공격했다. 청은 서둘러 군대를 배치했지만 청군은 어느 곳에서도 확고한 의지와 능력을 보여 주지 못했다.

영국군은 7월에 하문을 1차례 점령하였고, 8월에 다시 정해를 공격하고 진해鎭海와 영파寧波를 점령했다. 절강의 수비군은 저항했으나 패전했다. 절강에 파견된 흠차대신 유겸裕謙이 진해에서 패전해 자결하자, 절강 순무巡撫 유운가劉韻珂는 군사적 저항이 소용없다고 판단하여 강화를 시도했다. 이에 도광제는 다른 조카인 혁경奕經을 양위장군揚威將軍에 임명한 뒤 절강으로 파견해 군사작전을 지휘하도록 했다. 1842년 1월 말, 혁경은 1만 3천의 병력으로 영파와 진해를 공격했으나 패전해 물러났다. 영국군은 1천2백여 명의 병력으로 추격하였고, 혁경의 대군은 모조리 흩어졌다. 그 결과 양위장군은 '위엄을 떨치기는'(揚威) 커녕 유운가의 입장만 강화시켜 주었다.

당시 영국군은 강화할 생각이 전혀 없었으며, 3월 하순 영파를 버려두고 병력을 절강 이북으로 옮겨 더욱 치명적으로 공격할 지점을 찾았다. 영국 함대는 사포乍浦를 한 차례 점령한 후, 4월 말에는 강소성의 장강長江 하구에 도착했다. 5월 8일 영국군이 오송吳淞과 보산寶山을 점령하자 강남 제독 진화성陳化成이 군사를 이끌고 가 저항하다 장렬하게 전사했다. 양강兩江 총독 우감牛鑑은 전투하는 것을 두려워해 아무런 저항도 하지 않고 상해上海를 포기했다. 영국군은 장강에 진입하겠다고 위협하는 한편 더 북쪽으로 진격할 태세를 갖추었다.

도광제는 양위장군 혁경에게 기대를 걸었지만 이 기대마저 무산되자 다시 강화하는 쪽으로 방침을 바꾸었다. 그는 전임 성경장군盛京將軍 기영耆英을 흠차대신에 임명하여 절강으로 파견하고, 무마정책에 뛰어나다고 알려져 영국의 호감을 얻은 이리포를 기용했다. 기영과 이리포가 받은 임무는 가능한 한 덜 강경한 조건으로 강화를 맺는 것이었다.

전쟁의 중심 지역이 장강 하구로 옮겨질 무렵, 기영과 이리포가 강소에 도착한 뒤 강화를 위해 곧장 영국군과 접촉했지만 거절당했다. 그들은 보다 유리한 상황에서 강화 조건을 내놓을 생각이었다. 영국군은 상해에서 물러나 오송에서 서쪽으로 장강을 거슬러 올라갔다. 5월 28일 영국 함대가 장강에 진입하고, 4일 후 장강에서 가장 중요한 관문인 강음江陰 포대를 지났다. 6월 14일 진강鎭江이 함락되고, 7월 1일 영국 군함은 이미 남경南京의 하관下關에 정박했다. 남경으로 황급히 달려온 흠차대신 기영과 이리포, 그리고 양강 총독 우감은 포팅거가 내놓은 강화 조건을 하나도 남김없이 그대로 받아들여, 1842년 8월 29일(음력 7월 24일) 치욕스런 조약이 체결되었다. 이것이 바로 근대 중국에 강요된 첫 번째 불평등조약인 남경조약南京條約이다.

4. 패전의 원인

여기에서 먼저 아편전쟁 교전 쌍방의 역량을 대비해 보기로 한다. 영국군이 무기의 성능 측면에서 우위에 있었음은 분명하다. 그렇지만 영국군은 다른 점에서 매우 불리한 입장에 서 있었다는 사실 또한 분명하다. 아편전쟁이 시작될 당시 영국 '원정군'은 함포가 탑재된 16척의 범선과 4척의 기선(윤선), 몇몇 수송선을 가지고 있었고, 해군과 육군 전체가 약 5천 명이었다. 전쟁 후기에는 병력을 증대시켜 무장한 범선 25척, 기선 14척에 함포 700여 문을 탑재하였으며, 포병을 제외한 보병이 1만여 명이었다. 일부 병력이 홍콩과 하문, 정해, 진해 등에 남았기 때문에 남경까지 진군한 병력은 7천여 명에 불과했다. 당시의 교통 여건상 영국 본토에서 중국까지 항해하는 데 최소한 4개월이 걸렸으며, 인도에서 중국까지는 적어도 한 달이 걸렸다. 소수의 병력으로 이렇게 먼 대국을 침입하는 것은 애초 해적과도 같은 모험적인 약탈 행위였다.

그들은 비록 기나긴 중국 해안선에서 임의로 어느 한 곳을 선택하여 공격할 수 있었지만 감히 오랫동안 점령하지 못했고, 병력을 분산시키거나 너무 깊이 들어가지도 못했다. 그들은 고작 기습으로 이긴 뒤 협박하는 수밖에 없었다. 그래서 그들은 대고항에 도착해 상륙한 뒤 내륙 깊이 들어가지 않고 다시 광동으로 돌아갔으며, 하문과 영파, 사포 등을 점령했다가도 곧 포기했다. 마지막 장강에 진입한 후에도 어느 한 곳 점령하지 않은 채 남경성 아래에서 위협을 통해 목적을 달성한 뒤 곧장 물러났다. 이것은 모두 병력이 한정되어 전선을 길게 펼쳐놓을 수도 없고, 전쟁을 오랫동안 끌 수도 없었기 때문이다.

전쟁의 주도권을 쥔 중국의 통치자들은 자국의 수많은 인민들과 첨예하게 대립하는 위치에 서 있었다. 그들은 자기 땅에서 전쟁을 치르는 유리한 조건을 활용하기는커녕, 오히려 그들이 취한 조처는 이러한 유리한 조건을 버리는 행위였다. 그들은 먼 곳에서 쳐들어온 적들이 처한 불리한 조건을 이용하여 갈수록 더 큰 곤경에 빠뜨리지 못했을 뿐만 아니라 오히려 불리했던 조건들을 유리하게 만들어 주었다.

그렇다면 중국의 장군과 총독 및 순무들은 그들의 패전 원인을 어떻게 분석했을까? 그들은 무기의 성능을 지나치게 과장해 말하였을 뿐만 아니라 이 밖에도 여러 이유들을 둘러댔다. 이를테면, 양위장군 혁경은 주보에서 이렇게 말했다. 우리 측 병사들은 전투의지가 확고하지 않은 반면 모험적 침략을 감행한 적들은 오히려 확고한 전투의지를 가지고 있었으며, 외부 침략자들은 우리 측의 허점을 잘 알고 있었지만 자국의 땅에서 싸운 우리 군대는 오히려 적보다도 산세와 육로에 장님처럼 익숙하지 못했다 등등. 이런 기괴한 현상은 적에 대해 겁에 질린 장군들의 헛된 변명이며, 이런 기괴한 현상이 일어난 원인이 무엇인지조차 알지 못하는 바로 그들의 무능함을 인정하는 분석일 따름이다.

병사들의 전투의지가 확고하지 않은 것은 분명히 심각한 문제이다. 봉건 통치자들은 본래 인민들을 탄압하기 위해 군대를 육성했기 때문에 그런 군대는 손에 아무런 무기도 쥐지 않은 인민들 앞에서만 용맹을 떨칠 뿐이었다. 더욱이 아편전쟁이 일어났을 당시 청의 군대는 이미 부패가 극에 달했다. 녹영병綠營兵은 일반적으로 훈련이 부족했고 군율도 지키지 않아 천 리 먼 길을 이동하는 과정에서 가는 곳마다 주민들을 몹시 괴롭혔다. 한편 통치자들은 전쟁 내내 확고한 방침을 갖지 못했다. 황제로부터 장군, 총독, 순무에 이르기까지 강화와 전쟁 사이에서 오락가락했다. 전쟁을 결정했으면서도 작전계획이 없었고, 조금만 꺾이면 곧장 강화를 요청했으며, 강화가 이루어지지 않으면 빈말로만 전쟁을 외쳐 댔다. 상황이 이렇다 보니 강한 군심과 민심에 대해 말을 꺼낼 여지가 전혀 없다.

통치자들은 침략자들을 몰아내겠다는 확고한 결심이 없었고, 침략자들과 맞서 전쟁을 하는 중에 군대는 여전히 인민들을 괴롭혔으므로 인민들의 지지를 받지 못한 것은 당연하다. 이처럼 인민들의 지지를 받지 못하는 군대가 외국 침략자들보다 산세와 육로에 익숙하지 못한 것은 조금도 이상한 일이 아니다. 침략자들에게 매수된 매국노는 주민들 중에 극소수에 지나지 않았다. 통치자들은 관리와 병사, 병사와 인민 간의 갈등을 해결할 방법을 가지지 못한 채 매국노의 숫자와 역할을 극도로 과장했던 것이다. 어떤 관리는 심지어 "적을 막기보다 백성을 막는 것이 더 힘들었다"고 말하기도 했다.

침략자들은 여러 해 동안 연해 지역에서 활동하면서 여러 경로를 통해 일부 매국노들을 매수했는데, 전시에 이 매국노들은 그들의 유용한 조수 노릇을 했다. 하지만 봉건 통치자들은 이 매국노들을 내심으로 미워하지 않았을 뿐만 아니라 도리어 무마정책을 실행할 때는 그들이 유용한 자산이 되었다. 한 예를 들면, 포붕鮑鵬은 본래 광주에서 유명한 영국인 아편 판매업자의 앞잡이 노릇을 하였는데, 양광 총독 기선이 광주로 가서 임칙서의 역할을 대신할 때 그를 불러 8품의 관직을 주었으며, 영국과 교섭할 때마다 그도 빠지지 않고 참석했다. 사실 어찌 8품직의 포봉만 매국노라고 할 수 있겠는가! 기선은 물론이고 기영, 이리포 등은 오로지 적의 힘이 강대함만을 나발 불고 비굴하게 강화하는 것을 서슴지 않았으니 이들 대신이야말로 진정한 의미에서의 매국노가 아니겠는가! 바로 이처럼 화려한 관복을 차려입은 매국노들이 외부의 침략자들에 대항할 국가의 능력을 손상시켰고, 전쟁 중에 패배주의와 투항주의를 몸소 실행했다. 그들이 끼친 해악은 적군을 위해 길을 안내하고 정보를 탐지해 준 정도의 조무래기 매국노들과 비교할 바가 아니다.

통치자들은 농민봉기군과 싸울 때는 확고한 결심을 보였다. 예를 들면, 백련교도들이 봉기했을 때 전투에서 패배한 상황이더라도, 그리고 전투가 오래 걸리는 상황이더라도 끝까지 싸웠다. 이것은 네가 죽어야 내가 살 수 있는 계급 모순 때문이었다. 그러나 그들이 아편전쟁처럼 외부 침략자들과 싸울 때는 그토록 쉽게 흔들리고 조그마한 좌절도 견뎌 내지 못했는데, 이것 또한 그들의 계급적 입장 때문이었다. 봉건 통치자들의 입장에서 볼 때, 외적으로 전쟁에서 단번에 승리할 수 있으면 내부의 통치를 강화할 수 있기 때문에 당연히 좋은 일일 것이며, 패전하더라도 작은 좌절에 지나지 않았다. 장기간 전쟁을 끌게 되면 이미 존재하고 있는 내부의 위기가 더욱 커질 수 있었기 때문에, 이것이야말로 그들로서는 어떻게든 피해야 할 일이었다.

통치자들은 민족을 지켜 내는 전쟁에서 광범위한 인민들의 역량을 동원하지 못하고 제한된 군사력에만 의존했기 때문에 긴 해안선 곳곳에 병력을 분산시켜 요새를 지킬 수밖에 없었다. 이 때문에 어느 한 곳만 무너져도 당황하여 어쩔 줄 몰랐고 잇따른 패배로 물러나는 길밖에 없었다. 그 결과 원래는 적군의 숫자가 적고 아군이 많은 형세였지만, 실제 전투에 있어서는 적군이 많고 아군이 적은 형세로 뒤바뀌고 말았다. 장기전은 침략자들에게 매우 불리한 것이어서 속전속결을 바랐는데, 오히려 부패한 통치자들이 침략자들보다 더 전쟁이 길어질까 두려워했다. 또 그들은 적들에게 승리를 거둘 때마다 상응하는 대가를 치르게 하거나 승리의 전망이 보이지 않도록 적들을 곤경에 빠뜨리는 것이 아니라, 오히려 침략자들이 쉽게 승리를 거두고 또 공갈의 수단이 효력이 있음을 알게 해 줌으로써 그들의 위세만 크게 높여 주었다.

아편전쟁 중 일부 주전파 장군과 총독, 순무들이 쉽게 주화파로 돌아섰다. 황제 역시 강경한 주전파처럼 보였다가도 거듭 흔들렸고 끝내 굴욕적인 화약을 받아들였다. 이들이 주전론을 펼 때는 한 차례의 전쟁으로 이길 수 있다고 판단했고, 이것이 통하지 않게 되자 곧장 투항주의로 돌아섰다. 임칙서는 일관된 주전론자였지만, 그는 책임 구역인 광동 지역만 방어할 수밖에 없었다. 이처럼 봉건 관료 집단에서 임칙서와 같은 훌륭한 인물도 나왔지만, 그는 그 집단에서 배척과 공격만 받았다. 통치 세력 전체가 이미 적의 해적 행위에 겁을 먹고 전쟁보다 강화하고 투항하는 것이 훨씬 유리하다고 판단하고 있는 상황이었기 때문에 임칙서가 파면되고 처벌을 받는 것은 불가피한 일이었다.

남경조약을 체결한 기영과 이리포, 우감 등은 황제에게 "신 등이 엎드려 아뢰건대 오랑캐들이 요구한 각 조목은 비록 끝없는 욕심을 부린 것이지만 그 뜻이 부두를 얻어 무역통상을 하려는 데 그친 것일 뿐 아직 별다른 계책을 품고 있는 것은 아니라고 생각합니다"라고 보고했다. 그들이 말한 '별다른 계책'은 왕조의 전복을 의미했다. 그들은 반란을 일으킨 농민 세력과 타협하지 않으면서, 그렇게도 싫어했던 '서양놈'(洋鬼子)과는 결국 타협한 것일까? 이것은 봉건 통치자들이 볼 때, 전자는 '별다른 계책'을 공공연히 가지고 있었지만 후자는 '별다른 계책'을 가지고 있지 않았기 때문이다.

5. 삼원리 전투

영국은 중국을 상대로 전쟁을 일으켰을 때 소수의 '원정군'으로 수억 명의 중국인과 대적하는 것이 위험한 일이라는 생각을 하지 않을 수 없었다. 그러나 겉으로는 강해 보이나 속은 텅 빈 중국 정부와 이러한 정부에 대한 중국 인민들의 적대감은 그들이 이용할 만한 고리였다. 영국이 처음 광동에 도착했을 때 중국어로 된 성명서에서 "이번 원정은 평화로운 주민에게는 악의가 없다. 원정은 전적으로 임칙서의 영국인에 대한 학대에서 비롯되었기 때문에 대군이 공격할 대상은 오직 정부 관원과 군관, 그리고 병사들뿐임을 보장한다"고 말했다. 중국의 통치자들은 이 성명서를 보고 큰 충격과 함께 분노를 느꼈다. 기영과 이리포는 상해 일대의 상황을 보고하는 상주문에서 "(영국군은) 거짓된 성명서를 통해 중국 인민과는 전쟁할 생각이 전혀 없고 서로 화목하며 통상의 길을 넓히기를 매우 바랐지만, 청 정부와 군대가 이를 받아주지 않았다고 하였습니다. 이런 비열하고 음흉한 수법이 특히 분통이 터지게 합니다"라고 말했다.

 그러나 현실은 침략자들의 예상과 반대로 전개되었다. 가는 곳마다 봉건 통치자를 적대시하는 수많은 중국 인민들을 자기편으로 끌어들일 수 있다고 여겼던 그들의 생각은 허사가 되고 말았다. 여러 지역의 중국인들은 서양 침략자들을 처음 접하게 되었는데, 이 무장한 낯선 사람들이 무슨 이유로 달려왔고, 이 전쟁이 왜 일어나게 되었는지 전혀 알지 못했으나, 직접 경험을 통해 차츰 그 진상을 알아갔다. 영국군이 연해 지역의 많은 지역과 도시에서 약탈과 방화와 부녀자 강간 등 해적의 본색을 드러내자, 중국 인민들의 강렬한 분노를 불러일으켰고, 그들은 자발적으로 일어나 외국 침략자와 맞서며 영웅적인 투쟁을 전개했다. 예를 들면, 복건성 하문 근교의 향민들은 구식 화승총 등의 무기로 영국군과 치열한 전투를 벌여 적군 다수를 살상했다. 그리고 절강성 영파, 진해, 정해 등의 지역에서는 침략자에 대항하는 '흑수당黑水黨'이 만들어져 여러 차례 영국군을 공격했고, 강소성 태창太倉 등의 지역에서는 농민들이 매복해 있다가 영국군을 사살했으며, 정강靖江의 인민들은 구식 화승총으로 영국 군함의 화약고를 공격하여 불바다로 만들었다. 대만성 대남臺南과 대북臺北, 기륭基隆 등의 지역에서도 영국군의 침범을 여러 차례 물리쳤다.

 이 가운데서도 특히 광동성 광주의 삼원리三元里 인민들이 영국군에 대항해 벌인 투쟁은 빛났다. 청의 군대가 저항할 능력이 없다고 판단했던 영국군은 1841년 5월 30일(도광 21년 음력 4월 10일) 광주성 북쪽 약 5리 정도 떨어진 곳에 위치한 삼원리에서 예상치 못한 적을 만나 특별난 전쟁을 치렀다. 당시 광주 지역을 통할한 혁산이 이미 저항을 포기하고 영국군과 강화를 논의하고 있었으며, 광주성 부근까지 진출한 영국군이 약탈과 강간을 자행하고 있었다. 이날 사방의 포대를 점령한 영국군은 자기들이 수천 명에 달하는 적들과 대치하고 있다는 사실을 뒤늦게 알아채게 되었다. 한 영국군 장교는 당시의 상황을 다음과 같이 기록했다. "30일 오전 많은 무리의 적들이 군영 뒤쪽에 모여들었다.…… 그들은 1마일 이상의 지역에 흩어져 있었는데 약 5천 명 정도였다.…… 2시간이 안 되어 적은 7천 명 이상으로 늘어났고, 수많은 깃발을 들고 있었으며, 화승총 몇 자루도 보였다." 이들은 중국 군병이 아닌 일반 백성이었고, 주로 농민들이었다. 인근 103개 마을에서 수많은 사람들이 몰려들었는데, 그들은 간단한 무기로 적과 육박전을 벌였다. 침략자들은 몇 곳으로 분리된 채 군중들에 의해 포위되었기 때문에 탈출하기 어려웠다. 비마저 심하게 내려 그들을 더욱 곤경으로 밀어 넣었다. 다음 날 영국군의 요청을 받은 혁산이 광주 지부知府 여보순余保純을 파견해 군중의 지도자를 설득함에 따라 영국군은 비로소 속속 철수할 수 있었다.

삼원리는 중국 근대사에서 거대한 물결로 발전한 인민들의 반제국주의 투쟁의 시작점이 되었다. 삼원리 전투는 중국 근대사에서 오직 광범위한 일반 인민들만이 외국의 자본주의와 제국주의 침략에 맞설 역량을 갖추고 있었음을 보여 준 첫 사례였다. 하지만 통치자들은 이러한 사실을 알지 못했을 뿐만 아니라 그들의 역량을 동원할 수도 없었다. 그들은 침략자들에게 맞서면서 인민들의 능동적 저항 의지를 이용한 것이 아니라, 그들의 표현을 따르면 '인민들로부터 돈을 빌리는'(借資於民) 방식으로 인민들을 이용한 것이다.

통치자들의 '인민들로부터 돈을 빌리는' 방식은 '모용募勇'과 '단련團練' 두 가지가 있었다. '모용'은 정부가 재정을 지출해 장정을 고용한 뒤 정규군을 보조하도록 하는 것이다. 예를 들면, 임칙서가 광주에서 어민이나 단호 및 해변 주민들 가운데서

5, 6천 명을 모집하였으며, 양위장군 혁경은 절강 지역에서 각 성의 정규군 1만 1천여 명을 동원한 이외에도 '향용鄕勇' 2만 2천 명을 모집했다. 절강 순무 유운가도 사포 일대에서 '유민遊民' 가운데 '용맹한 자'들을 모집했다. 그들이 모집한 '용맹한 자'는 일반적으로 유민인데, 유민은 늘 소란을 피워 질서를 어지럽혔기 때문에 통치자들이 가장 신경 쓰는 집단이었다. 통치자들은 소란을 막을 목적으로 그들을 조직해 훈련시키기 시작했다. 이것은 진정으로 그들의 역량을 신뢰하거나 동원하기 위한 것이 아니라 일시적으로 그들의 역량을 이용하려 한 임시방편에 지나지 않았다. 임칙서가 진지하고도 흔들림 없이 외부의 침략자들에게 저항했던 것은 중국 인민들의 이익과 부합되는 것이며, 또한 다른 봉건 관료들보다 뛰어난 점이다. 그랬기 때문에 그가 실시한 모용은 나름 긍정적인 성과를 낼 수 있었다.

'단련'은 향촌의 지주와 향신鄕紳들이 스스로 조직한 무장집단을 가리킨다. 단련은 백련교의 반란을 진압할 때 큰 역할을 하였는데, 이들은 인민이 무장한 것이 아닐 뿐만 아니라 오히려 반란을 일으킨 농민들과 맞서 무장한 것이다. 그러나 아편전쟁은 백련교 진압과 사정이 전혀 다른 것이었다. 농민 반란을 진압하는 전투에서 각 향촌의 지주와 향신은 농민과 양립할 수 없는 위치에 있었다. 지주계급의 이익을 집중적으로 대변하는 봉건 정부는 농민 반란군과 전투를 벌이겠다는 결심을 흔들림 없이 견지했으며, 관병이 불리한 상황에 놓였을 때는 지주와 향신들이 무장집단을 조직하여 전력을 다해 그들을 도왔다. 그러나 아편전쟁 중 조정이 강화와 전쟁 사이에서 항상 흔들리고 있었기 때문에 각지의 지주와 향신들도 당연히 관망하는 태도를 취했다. 따라서 아편전쟁 중 연해의 여러 성에서 지주와 향신들에게 자체적으로 모용과 단련을 조직하라고 지시했지만 제대로 조직되지 않았고, 그나마 조직되었어도 별다른 역할을 하지 못했다.

광주 지역을 보면, 남해와 번우, 순덕 일대의 지주와 향신들이 아편전쟁 중 이전부터 있던 그들의 조직인 '사학社學'과 단련을 통해 영국과의 전쟁에 참가했는데, 이것은 임칙서의 침략군에 대한 단호한 태도와 연관이 있다. 삼원리 전투에 참가한 사람은 농민 이외에도 현지 견직공과 채석공이 거의 1만 명 가까이 되어 단련의 숫자를 훨씬 뛰어넘었다. 사학을 주도한 일부 지주와 향신들이 이 전투에 참가했고, 대중들 사이에서 지도적 역할을 하기도 했다. 지위가 낮은 향촌의 지주와 향신들은 대중의 자발적인 반침략 투쟁의 물결이 높아지는 가운데 침략자의 만행에 맞서 투쟁의 적극성을 보여 주기도 했지만, 그들의 기본적인 태도는 지방 관원의 방침을 뒤따르는 것이었다. 삼원리 전투 이후 혁산은 자신의 투항주의적 행위를 감추기 위해 황제에게 올린 보고서에서 "그들 가운데 공이 있는 자"들에게 상을 내릴 것을 요청했으며, 이로 인해 사학을 이끈 지주와 향신 가운데 몇몇이 관직을 얻었다. 하지만 이 투쟁에 참가했던 노동자와 농민 출신의 영웅들은 "그 이름이 정식 기록에 보이지 않은" 채 다만 현지 인민들의 입으로만 전해졌다. 한 조사에 따르면, 삼원리 전투에 참가했던 일부 농민과 노동자들은 "살아서 벼슬을 하지 않아야 죽어서 지옥에 가지 않는다"면서 관청에 포상을 요청하지 않았으며, 뒷날 1850년대의 농민봉기군에 참가했다.

　삼원리 전투는 중국 인민이 장기간에 걸쳐 벌인 대규모 반제국주의 투쟁의 첫 싹이었다. 이것은 기본적으로 농민과 대중의 자발적 투쟁이며, 지주계급이 내부에서 지도적 역할을 한 투쟁이었다. 당시 투항주의에 반대했던 일부 인물들은 광주에서 온 관원들이 포위를 풀게 하지 않았더라면 삼원리 전투는 큰 승리를 거둘 수 있었을 것이며, 심지어 전쟁 전체에 결정적 작용을 했을 것이라고 주장했다. 이러한 견해는 실제적 상황과 부합하지 않는다. 중국 인민의 반제국주의 투쟁이 역사의 결정적인 힘으로 발전되려면 아직도 많은 곡절과 긴 여정을 걸어야만 했다. 물론 삼원리 전투의 역사적 의미를 부정하는 시각은 더욱 잘못된 것이다. 1930년대의 국민당은 외국 침략자들에 대해 투항주의로 일관하며 혁명적 인민을 억압했기 때문에 삼원리 투쟁을 찬양하는 그 어떤 역사기록에 대해서도 극도의 반감을 드러냈다. 그들이 1840년대 초 삼원리 전투를 폄훼한 것은 1930년대 중국 인민의 반제국주의 투쟁 역량을 부정하기 위한 것으로, 이것은 오히려 역사발전 과정에서 삼원리 전투가 가지는 위상을 잘 증명해 줄 따름이다.

6. 남경조약, 망하조약, 황포조약

1842년 8월(도광 22년 7월) 남경조약이 체결된 이후에도 영국의 요구에 따라 중국과 영국은 광주와 홍콩에서 협상을 계속하여, 1843년 7월(도광 23년 6월)에 '오구통상장정五口通商章程 부해관세칙附海關稅則'을, 10월에 '오구통상五口通商 부점선후조관附粘先後條款'을 체결했다. 이 모두를 일명 '호문조약虎門條約'이라고도 하며, '오구통상장정'을 '호문조약'의 한 부분으로 보기도 한다. 이 두 조약의 내용은 대부분 개항장 무역에 관한 구체적인 규정들이다. 규정의 내용은 원래 주권 국가인 중국이 스스로 결정해야 하는 것이지만 모두가 침략자들의 이익에 따라 작성되었다. 이 두 조약은 남경조약에 없던 중요한 내용을 포함하고 있다. 이 세 불평등조약의 주요 내용은 다음과 같다.

1. 광주, 복주, 하문, 영파, 상해 5개 항구를 개방하여 통상항으로 정한다.
2. 영국의 전쟁 비용 배상, 아편값 배상, 광주 양행의 상인들이 영국 상인에게 진 빚, 은화 총 1천2백만 냥을 상환한다.
3. 홍콩을 할양한다. 남경조약에서 "영국 상선이 먼 해로를 항해하는 중 파손되어 수리해야 할 일이 흔하게 있으므로 연해의 한 곳을 주어 배를 고치고 그 일을 하는 데 필요한 물자를 보관하게 하는 것이 마땅하기에…… 홍콩섬 한 곳을 할양해 주는 것을 비준한다"고 규정하였다.
4. 관세 협정. 남경조약에서, 통상항에서는 "수입과 수출 화물에 대해 세금과 수수료를 마땅히 내야 하며, 서로 공정하게 협의하여 규례를 정한다"고 규정하였다. 다음 해에 '통상장정'을 체결할 때 각종 수출입 관세율을 협의하여 정했다. 이로부터 관세 부과를 중국이 자주적으로 할 수 없는 국면이 시작되었다.
5. 이전 광주에서 시행했던 행상제도行商制度, 곧 중국 정부가 지정한 상인만 수출입 무역을 할 수 있는 제도를 폐지하고, 영국은 자기 필요에 따라 자유무역정책을 시행하도록 중국에 강요했다.

6. 남경조약의 관련 규정에 따라 청 황제는 영국을 도운 모든 매국노의 죄를 일절 묻지 않도록 전국에 일제히 훈령을 내려야 한다. 이로 말미암아 사실상 침략자가 매수하거나 고용한 간첩들을 보호할 수 있는 상황이 만들어졌다.
7. 오구통상장정에 향후 통상항에서 발생하는 영국인의 범죄는 중국이 처리할 수 없다고 규정했다. 이로 말미암아 외국인이 중국에서 중국 법률의 통제를 받지 않는 이른바 '영사재판권'이란 제도가 생겨났다.
8. 오구통상장정에 향후 각 통상항에 영국의 '관선' 1척이 정박할 수 있도록 규정했다. 이로 말미암아 외국의 군함이 중국의 영해, 나아가 내륙의 하천에까지 자유롭게 진입할 수 있는 상황을 열어 놓았다.
9. 남경조약에 영국인이 가족과 함께 5개 통상항에 거주할 수 있다고 규정했다. 호문조약에서는 여기에 더해 "중국 지방관은 영국의 총무관과 함께 각 지역의 백성들 사정을 살펴 어느 지역과 어떤 주택 및 토지를 영국인에게 임대할 것인지 협의하여 결정해야 한다"고 규정했다. 영국인과 기타 외국인은 이 조문을 이용해 통상항에 거주 지역을 구획함으로써 '조계지租界地'라는 제도가 생겨났다.
10. 호문조약에 "장차 청 황제가 새로운 은전을 각 나라에 베풀 때 영국인도 함께 동일한 은전을 누린다"는 규정을 정했다. 이 조문에 따라 영국은 '최혜국 대우'(일방적인 최혜국 대우)를 받게 되었다. 뒷날 다른 침략국들도 전례에 따라 이 특권을 받아냈다. 곧 한 국가가 중국으로부터 어떤 특혜를 빼앗아 내면 나머지 국가도 '합법적으로' '함께 누리게' 되었다.

남경조약이 체결되었다는 소식을 접한 미국 대통령 테일러(Zachary Taylor)는 곧바로 쿠싱(Caleb Cushing)을 특사로 파견했다. 쿠싱은 오랫동안 중국에서 아편 밀수업을 해 온 존 쿠싱(John Cushing)의 동생이었다. 1844년 2월(도광 24년 1월) 포함 3척을 끌고 마카오에 도착한 쿠싱은 영국의 경험을 모방하여 포함으로 위협하며 통상을 요구했다. 청 정부는 흠차대신 기영을 광주로 보내 쿠싱과 담판하였고, 미국도 중국에서 영국과 같은 모든 특권을 누릴 수 있도록 승인했다. 기영과 쿠싱이

1844년 7월에 마카오 인근의 망하촌望夏村에서 조약을 체결했기 때문에 망하조약望夏條約이라고 부른다.

망하조약은 영토 할양과 배상을 제외하고는 영국과 체결한 조약의 내용 중 대부분을 포함하고 있을 뿐만 아니라 일부 항목은 영국과 체결한 조약보다 더 구체적이고 더 심하게 중국의 주권을 침해하는 내용을 담고 있었다. 예를 들어, 망하조약은 관세협정과 관련하여 "중국이 향후 관세 규칙을 변경할 경우 반드시 미국 영사 등 관원과 협의하여 결정해야 한다"라고 더욱 명확히 밝혔다. 영사재판권과 관련해서도 망하조약은 모든 민사·형사 사건을 포함하고, 지역적으로도 통상항에만 국한되지 않는다고 규정했다. 또 망하조약은 "미국의…… 병선이 중국의 각 항구를 돌며 무역 순찰을 한다"라고 규정하였는데, 이 역시 영국과 조약한 내용보다 더 확대된 것이었다. 그리고 망하조약에서도 "중국이 향후…… 여러 나라에 달리 유리한 조건을 승낙할 경우 미국 국민도 같은 이익을 누린다"는 조항을 영국의 예와 똑같이 두었다.

망하조약이 체결된 직후인 1844년 8월 프랑스 특사 라그르네(Lagrene)도 군함 7척과 증기선 1척을 이끌고 마카오에 와 기영과의 회담을 요구했다. 마침내 10월 24일(음력 9월 13일) 쌍방은 황포에 정박한 프랑스 군함 위에서 조약을 체결했는데, 이를 황포조약이라 부른다. 청 정부는 당시 이미 어느 나라이든 동일하게 대한다는 '일시동인一視同仁'을 표방하며, 어떤 나라로부터도 미움을 사지 않으려는 입장을 가졌다. 그럼에도 프랑스와 협상 중에 난항을 겪은 것은 천주교에 대한 '금지령 해제'(弛禁)를 요구했기 때문이다.

천주교는 명나라 때 중국에 전래되어 일부 지역에서 약간의 신자들을 확보했다. 청나라는 옹정雍正 연간에 천주교를 금지하는 명령을 내렸다. 서양 자본주의 국가들이 세계 곳곳에서 식민지 경영을 벌일 때 늘 선교사가 앞장섰고, 기독교의 『성경』은 군함 못지않게 유용한 무기로 사용되었다. 아편전쟁이 일어났을 때도 중국의 연해 지역에서 서양 선교사들이 끊임없이 활동했다. 그렇지만 중국 관료들은 일관되게 '오랑캐의 종교'를 믿고 따르는 것을 불법으로 간주하여 서양 국가들이 이를 못마땅하게 생각했다. 프랑스는 중국과의 무역량이 워낙 적었기 때문에 이렇게 선교 문제를 들고나온 것이다. 황포조약에는 특별히 "만약 중국인이 프랑스 예배당과 프랑스인의 묘지를 훼손할 경우 지방관은 규정에 따라 이를 엄벌한다"라고 규정했다. 이는 중국 정부가 프랑스인의 중국 내 천주교 포교 활동을 보호하겠다는 뜻을 분명하게 밝힌 것이다. 그렇지만 프랑스는 이 조항만으로 만족하지 않았다. 라그르네는 황제가 천주교 금령 해제의 명령을 공식적으로 내릴 것을 요구했다. 청 정부는 프랑스의 무력 위협에 굴복하여, 1846년 2월 황제가 "천주교는 사람들에게 선한 일을 권하여 여타 사교邪敎와 분명히 다르기 때문에 금령 해제를 명령한다"는 조칙을 내렸다.

아편전쟁을 통해 중국은 서양의 주요 자본주의 강국인 영국과 미국, 프랑스 세 나라의 강요에 의해 불평등조약의 굴레를 뒤집어쓰기 시작했다. 그들은 오래된 나라인 중국을 노예 상태로 만들기 위해 무력으로 중국의 문호를 열었고, 중국을 반식민지의 상태로 전락시킨 각종 악랄한 제도가 위에서 기술한 여러 조약들을 통해 기초를 마련하게 되었다. 아편전쟁과 뒤이어 맺어진 여러 조약들은 외국 자본주의 침략자들에 저항하지 못한 봉건 통치자들의 무능함을 충분히 드러냈으며, 또한 전쟁 전 그들이 자신을 보호하기 위해 설치해 둔 여러 방비책도 모두 무너졌다. 이때부터 중국 사회는 역사상 유례없는 일련의 변화 과정을 겪지 않을 수 없게 되었다.

제2장
아편전쟁 이후

1. 광주성 투쟁

　광주는 아편전쟁 때 영국의 침략을 받은 전초기지이며 삼원리 투쟁이 일어나기도 했다. 이 때문에 아편전쟁 후 몇 년 동안 인민들 사이에 축적된 침략에 반대하는 정서로 말미암아 영국을 반대하는 투쟁이 연이어 일어났다. 이러한 투쟁을 통해 우리는 전쟁을 거치면서 안팎의 계급 관계가 변화하고 발전하는 추세를 엿볼 수 있다.

　남경조약이 체결된 뒤 3개월이 지난 1842년 12월(도광 22년 11월) 초 군중들이 '오랑캐의 집'(夷樓)을 포위하고 불태우는 사건이 발생했다. '오랑캐의 집'은 광주 성문 밖 외국 상인들의 거주지로 지정된 지역이다. 이 사건은 해안에 상륙한 영국 해군의 한 무리가 만행을 저지르자 분노한 군중이 자발적으로 모여들어 빚어졌다. 이 사건이 일어나기 며칠 전 성안의 명륜당明倫堂(이곳은 당시 지식인의 활동 중심지이다.)에 「전체 광동의 의사와 의민에게 보내는 공개 격문」(全粤義士義民公檄)이 나붙었다. 격문은 영국 침략자와 강화하는 것이 믿을 수 없으므로 '단련團練을 조직해 자위自衛를 도모하라'는 황제의 칙어를 받들어 반영 투쟁에 나서자고 호소했다. 몇몇 지식인과 향신이 격문을 작성하고 인쇄해 뿌리자 1천여 명의 군중이 명륜당에 모여들어 이 사건을 논의했다. 이 격문은 영국을 반대하는 대중들의 정서를 촉발하는 데 매우 큰 역할을 했다.

이 격문은 아편전쟁 중 황제가 내린 칙어를 근거로 작성되었다. 양광 총독 기공祁頃과 광동 순무巡撫 양보상梁寶常은 바로 "군중을 모아 소란을 피우는" 행위를 금지하고 강화의 국면을 파괴하는 폭동을 엄중히 처벌한다는 포고문을 명륜당에다 내다 붙였다. '오랑캐의 집' 방화사건이 일어난 후 그들은 주동자로 지목된 10명을 처형하였으며, 뒤이어 황제의 재가를 받아 명륜당 격문을 작성하고 배포한 한낱 감생監生에 지나지 않는 전강錢江 등 여러 명을 엄벌했다.

아편전쟁 전에는 영국인들이 광주성 외곽의 일정 지역에만 거주할 수 있었다. 그런데 전쟁 후 영국이 광주성 안에 거주할 수 있도록 해 달라는 요구를 내놓으면서, 이것은 남경조약에서 보장한 권리라고 주장했다. 남경조약의 내용을 보면 광주를 통상항으로만 규정하고 있을 뿐 위의 내용에 대한 명문 규정은 없었다. 영국은 줄곧 이 요구를 고집했고, 또 이 문제를 매우 중요한 문제로 여겼다. 이 요구가 관철되어 광주성 안에 들어가 살 수 있느냐 하는 문제는 사실상 그들이 중국에서 하고 싶은 대로 할 수 있느냐 하는 문제의 징표였다. 그렇다면 그들의 요구를 관철하는 데 장애가 된 투쟁의 형세를 좀 살펴볼 필요가 있다.

1843년 7월(도광 23년 6월) 광주에 주재하고 있던 흠차대신 기영耆英(이듬해 양광총독으로 부임)은 이미 영국인의 요구에 동의를 표시했다. 그런데 광주 지역 항영 군중 조직인 승평공소昇平公所의 책임자인 하유서何有書를 비롯한 향신들은 기영에게 영국인들의 광주 성내 거주를 허락하지 말 것을 요구하면서, 만약 성내 거주를 허락하게 되면 흉악무도한 자들이 소란을 일으켜 오히려 외국인들의 불만을 살 가능성이 높다는 내용의 청원서를 올렸다. 이에 기영은 영국인에게 보낸 답서에서 본래 영국인의 성내 진출을 허락하려 했는데 지금 80여 명의 향신들이 자신을 찾아와 반대의 뜻을 밝히고 있고, 그들에게 경고를 하고 청원을 받아들이지는 않았지만 여러 날 동안 돌아본 결과 우려하는 민심이 아직 해소되지 않았으므로 좀 더

때를 기다려야 할 것 같으며, 그동안 관원들이 민심을 안정시키겠다는 변명들을 늘어놓았다. 이에 따라 영국 측에서도 성내 진입을 잠시 멈추는 데 동의했다.

기영과 향신들의 우려에 영국인들이 동의한 것은 근거가 없지 않았다. 1846년 1월(도광 25년 12월) 광주 성내에서 실제로 심각한 소동이 일어났다. 당시 기영은 인민들에게 서양인의 성내 진입을 반대하지 말라는 포고문을 거리에다 붙였다. 포고문이 붙자마자 곧바로 찢어졌고 항의가 빗발쳤다. 군중들은 항의 벽보를 통해 영국 침략자에 대한 적개심은 물론 침략자에게 굴복한 관원들에 대한 분노도 드러냈다. 이에 그들은 관아를 포위한 후 불을 질렀으며, 지부知府 유심劉尋은 황급히 달아나 겨우 화를 면했다.

광주 성내에서 이렇게 소동이 일어난 이후 영국인들은 즉각적인 성내 진입을 고집하지 않았다. 영국 공사 겸 홍콩 총독이자 주둔군 사령관인 데이비스(Sir John Francis Davis)는 기영과 협의한 뒤 영국인들에게 "광주 지방 당국이 인민을 통제할 수 있을 때까지 연기할 것에 동의한다"는 통고문을 보냈다. 이에 대해 영국 외무상 애버딘(George Gordon Aberdeen)은 매우 적절한 조처라고 평가하면서 다음과 같이 말했다. "광주성 개방 문제와 관련하여 기영의 지위를 손상시킬 수 있는 어떠한 일도 모두 신중하게 고려해야 한다. 광동 사람들이 모든 외국인들에 대해 바다처럼 깊은 원한을 품고 있기 때문에 그들에게 기영이 강압에 못 이겨 순종하는 듯한 자세를 보이게 된다면 그의 입장이 매우 곤란해지기 때문이다."

1846년 9월 영국 해군 2명이 광주성 밖에서 구타를 당했고, 이듬해 2월에는 또 몇 명의 영국인이 광주 부근의 불산진佛山鎭에서 군중들로부터 돌팔매질을 당하는 사건이 발생했다. 이 사건을 빌미로 데이비스는 영국 정부의 동의 아래 광주에 대한 공격을 감행했다. 1천여 명의 병력을 태운 영국 군함이 호문을 기습하여 3월 한 달 동안 모든 포대를 점령하고 광주성 외곽 상관商館 지역에 진입했다. 기영은 데이비스와 교섭 끝에 영국인을 '괴롭힌' 범인을 찾아내 처벌할 것을 약속하였으며, 2년 후에는 영국 관리와 인민이 자유롭게 성내 진출을 할 수 있도록 허락하겠다고 약속했다. 이에 따라 영국군은 하구 밖으로 철수했다. 성내 진입 문제를 중요하게 생각한 영국인들이 오히려 계속 기다리는 자세를 취한 것은 기영을 대표로 하는 지방의 관리들이 외국인을 적대시하는 하층 인민들을 통제하기 위해 실제로 노력하고 있다는 믿음을 가지고 있었으며, 따라서 기영에게 즉각적인 광주성 개방을 압박함으로써 그의 지위를 약화시키는 것이 좋지 않다는 계산을 했기 때문이다. 여기에서 우리는 중국 근대사에서 처음으로 외국 침략자가 중국의 봉건 통치자들을 보호해 줌으로써 그들을 통해 중국 인민들을 다루려고 한 사례를 목격하게 된다.

중국의 봉건 통치자들은 외국 침략자에게 수치스럽게 굴복하고 투항한 이상 국내에서 제대로 된 통치를 할 수 없었다. 중국 근대사에서 이 법칙은 광주성 입성 문제에서 이미 분명하게 드러났다. 기영은 인민들에게 외국인의 성내 진입 문제는 사소한 일에 불과하며 또다시 굴복하는 것이 아니라고 납득시키는 데 실패했다. 그는 한편으로 외국인의 성내 진입 요구를 거절하지 못했고, 그렇다고 해서 자신이 말한 대로 "인민을 눌러 오랑캐를 따르자니" 자신이 인민들의 공격 목표가 될까 두려웠다.

앞에서 말한 하유서와 같은 지방의 향신들은 외국인의 성내 진입 문제에서 특별한 역할을 했다. 그들은 외국 침략자들에 대해 온건한 반대파였다. 그들은 하층 인민의 격렬한 반대가 없이는 온건한 반대파의 지위도 유지될 수 없다는 것을 잘 알고 있었기 때문에 때로는 드넓은 인민의 반대 정서를 대표한 인물로 드러나기도 했다. 그렇지만 그들은 어디까지나 봉건 통치 정권의 기둥이었기 때문에 기영은 향신들을 통해 대중의 정서를 누그러뜨리고 불온한 대중을 단속하는 것이 봉건 통치에 유리하다고 생각했다.

영국이 남경조약을 부적符籍처럼 삼아 승리의 결실을 욕심껏 부리자 향촌의 향신들도 자신의 이익이 침해받고 있다는 사실을 느꼈다. 1847년(도광 27) 7월 영국인들이 광주성 하남河南의 주강珠江 하구 남쪽 해안 일대의 토지를 임대하려 하자, 중국 관청은 이에 동의하고 토지 소유자들에게 임대가격을 협상하라는 지시를 내렸다. 토지 소유자들은 그 지시를 받아들이면 본거지를 떠나야 했기 때문에 이를 거절했지만, 영국인들이 직접 나서서 토지를 측량하고 깃대를 꽂아 경계를 표시하는 등 강제로 점령할 태세를 보였다. 상황이 이렇게 되자 현지 주민은 물론 상층 향신들의 강한 반발을 불러일으켰다.

당시 향신들이 반감을 표시한 방식은 영국 영사에게 서신을 보내 '이치로 따지는' 것이었다. 그들은 영국인들에게 만약 하남의 땅을 강제로 점령한다면 하층 인민들의 소요를 피할 수 없을 것이며, "백성들의 분노가 일어나 마음을 합치면" 우리로서도 이를 무마할 수 없을 뿐만 아니라 당신들도 누를 수 없을 것이라고 말했다. 향신들은 하층 인민들의 폭력을 들어 상대를 위협하면서 자신은 온건한 태도를 유지한 것이다. 당시 광주성의 상인들도 「영국 상인들에게 알리는 큰 방책」(告諭英商人略)이라는 문건을 배포했는데, 역시 하층 인민들의 반감을 내세워 경계하는 한편 다음과 같이 설득했다.

> 중국의 군자는 오로지 예의를 중시하고 횡포를 아주 얕보므로 의리를 조금이라도 아는 자는 모두 자신의 분수를 지키지만, 그 가운데에는 본분을 다하지 못하는 불량한 사람들도 있기 때문에 이들이 기회만 있으면 일을 만들어 말썽을 일으키는 것을 피할 수 없다. 이후 영국 상인들은 군자를 자처하고자 한다면 자중자애할 것이며, 절대로 삼삼오오 무리를 지어 이곳저곳 쓸데없이 돌아다니다가 유민遊民들로부터 해를 당하는 일이 없기를 바란다.

여기에서 말한 '유민'은 하층 인민이며, '중국의 군자'는 향신과 부유한 상인을 뜻한다. 이들과 달리 하층 인민들 사이에 쌓인 분노는 당시의 구체적인 조건에서 자발적이고 개별적인 행동으로 표출될 수밖에 없었다. 광주에서 외국인들이 '삼삼오오 무리를 지어 이곳저곳 쓸데없이 돌아다니다가', 위 상인들이 말한 것처럼 '유민들로부터 해를 당하는' 일이 잦았다. 이런 행동이 외국 침략자들에게 물론 치명적인 타격을 주지는 못했지만, 영국인들은 이 때문에 몇 년 동안 광주 성내에 진입하려는 시도를 실현할 수 없었다.

1848년(도광 28) 기영이 광동을 떠나고 광동 순무인 서광진(徐廣縉)이 양광 총독으로 임명되었다. 영국은 예정한 2년의 기한에 따라 1849년 4월(도광 29년 3월)에 성내에 진입할 '권리'를 요구했다. 이 소식이 전해지자 다시금 광주성 군중들의 반영 감정이 들끓어 올랐다. 서광진은 대중을 설득할 수도 없고 억압할 수도 없는 곤란한 처지에 빠졌다. 이때 향신 출신 허상광(許祥光) 등이 주동해 주민들에게 자위 조직을 만들자고 제안했다. 이 제안은 서광진의 동의와 허락을 받았는데, 관청이 믿을 수 있는 향신과 부상들을 내세우면 대중을 관리할 수 있을 것으로 생각했기 때문이다. 그러함에도 서광진과 광동 순무 섭명침(葉名琛) 등은 외국인의 성내 진입을 허용하면 불량배들이 "기회를 틈타 선동하여" 수습할 수 없는 사태가 일어날 것이라고 판단했다. 그들은 외환도 물론 우려했지만 내환이 더 걱정이었고, 조처가 조금이라도 적절하지 않으면 대중이 흩어질 위험이 있다고 생각했다. 당시 도광제는 외국인의 성내 진입을 한 번쯤 허용하는 것은 무방하다는 지침을 내렸지만, 서광진 등은 심사숙고 끝에 그렇게 할 수 없다고 판단했다. 그들은 이번에도 "민심이 따르지 않고 대중들의 분노를 막기 어렵다"(民情未洽, 衆怒難犯)는 이유를 대면서 영국의 요구를 완곡하게 거절하는 방식을 취했다.

이 때문에 영국인들은 또 한 번 성내 진입을 포기했다. 서광진 등은 문제가 이처럼 쉽게 해결될 줄은 예상하지 못했다. 그들이 이 내용을 보고하자 도광제는 "크게 기뻐하면서" 서광진 등 관원과 허상광 등의 향신들에게 후한 상을 내렸다. 그들은 이와 같이 인민들의 위세를 이용하여 '관민일심(官民一心)'의 국면을 조성하였을 뿐만 아니라 영국의 무리한 요구도 물리칠 수 있었다. 그들은 쉽게 얻은 '승리'에 도취되어 전쟁의 진정한 교훈을 깨닫지 못했다. 그들은 침략자에 맞서 제대로 '관민일심'을 이루어 내지 못했기 때문에 민족적 자위를 실현할 수 없었다는 사실을 잊고 있었다. 침략자들은 인민들과의 직접적인 충돌을 잠시 피하는 한편 중국 정부에 대해서는 위협적인 경고를 보내며 향후 더 큰 규모의 작업을 준비했다.

2. 5개 항구의 통상과 매판계급의 등장

아편전쟁 이후 5개의 항구가 정식으로 통상항으로 개방되었고, 불평등조약은 외국 상인들에게 많은 유리한 조건을 마련해 주었다. 전쟁 후 몇 년 동안 중국의 대외무역 상황은 다음과 같다.

무엇보다도 먼저 아편은 여전히 밀수상을 통해 중국으로 들어왔다. 1842년(도광 22) 3만 3천 상자의 아편이 중국으로 수입되었는데, 1850년(도광 30)에는 5만 3천 상자로 증가하였으며, 판매 가격은 약 3천만 냥 이상이었다. 1858년(咸豊 8) 청 정부는 마침내 아편무역을 합법적으로 인정했는데, 이해에 수입된 아편의 양이 7만 8천 상자에 이르렀다. 이 10여 년 동안 외국 상인들은 중국과의 정상적인 무역에서 생긴 적자를 아편 수출로 메웠다.

아편전쟁 이후에도 외국 상인들이 중국에서 수입한 주요 상품은 차와 견사이다. 중국의 수출액은 매우 빠른 속도로 증가했다. 차의 수출량은 1843년 광주항 한 곳에서만 약 1천3백만 근이며, 1855년 상해항과 광주항, 복주항 세 곳에서 8천4백만 근이었다. 12년 동안 5배가량 늘어났다. 견사의 수출은 1843년 2천 다발에 못 미쳤는데, 1855년에는 5만 6천 다발 이상이 되어 12년 동안 26배나 늘어났다.

외국 자산계급은 중국의 농산물을 값싸게 사들이는 한편 중국을 그들의 공산품 시장으로 만들려고 했다. 그러나 중국 시장의 개척은 그렇게 빨리 이루어지지 않았다. 아편전쟁 이전인 1836년 영국이 중국에 수출한 총액은 아편을 제외하면 130만 파운드였다. 아편전쟁 후인 1843년부터 1855년까지 13년 동안 몇 해만 200만 파운드를 넘었을 뿐 나머지 해는 모두 150만 파운드 정도였으며, 어떤 해는 130만 파운드에도 못 미쳤다. 가장 높았던 해인 1855년의 250만 파운드는 당시 가격으로 은화 1천1백만 냥 정도 된다. 그런데 당시 중국에 수입된 아편의 가격은 은화 3천만 냥 이상이었다. 이로 볼 때 아편이 무역에서 차지한 비중을 충분히 짐작할 수 있다.

외국 자산계급은 원래 중국 정부의 '완고한' 봉쇄정책만 깨뜨리면 중국을 광대한 공산품 시장으로 만들 수 있다고 생각했다. 그러나 그들은 소규모 농업과 가내수공업이 긴밀하게 결합된 중국의 경제 구조가 외국 자본주의 공산품에 대해 이토록 완강한 저항력을 갖고 있을 줄 예상하지 못했다. 탐욕스러운 서구 자산계급은 이러한 상황이 달갑지 않았다. 그들은 제1차 아편전쟁의 과실을 맛보던 중에도 이미 획득한 우월적 지위를 활용하여 새로운 충격을 주려고 준비하고 있었다. 마침내 태평천국 농민대혁명 기간 동안에 제2차 아편전쟁(1856~1860)이 발생했다. 이에 대해서는 뒤에 가서 살펴보기로 한다.

외국 자본주의가 중국의 사회경제를 해체하고 파괴하는 과정은 상당히 오랜 시간에 걸쳐 진행되었다. 남경조약이 체결된 후 초기에는 후기와 달리 아직 많은 항구가 개항되지 않았기 때문에 5개 항 통상 시기라 부를 수 있겠다. 이 시기 중국의 수출입액은 이후 시기와 비교할 때 아주 적었지만, 통상항에 가까운 연해 지역에서는 전통의 사회경제적 생활이 이미 심각한 영향을 받기 시작했다.

차와 견사 및 기타 농산품의 수출이 증가함에 따라 생산 지역 농민들의 수출용 작물 재배 확대를 자극했다. 차와 견사 및 기타 수출 상품의 생산자는 여전히 개체적 소농민이었다. 이들은 채집한 찻잎을 가까운 향촌의 수집상에게 판매했고, 수집상은 다시 이를 통상항까지 운반하여 팔거나 현지의 상인들에게 팔면 다시 외국 상인들이 이를 매입했다. 견사와 기타 상품도 이와 같았다. 이리하여 소규모 생산에 종사한 중국 농민들은 그들이 전혀 알지 못하는 국제시장에 편입되었다. 그들은 현지의 소규모 수집상에서 중국인 대상을 거쳐 외국 상인에 이르기까지 여러 단계의 착취를 감당하지 않을 수 없게 되었다. 런던과 뉴욕의 차와 견사 시장 가격이 농촌 현지의 보잘것없는 가격을 지배하고 농민들의 운명까지 지배했다.

기계로 생산된 외국 공산품이 수입되면서 그 낮은 가격은 농민의 가내수공업과 도시의 소규모 수공업을 질식시켰다. 가장 크게 타격을 받은 부분은 몇몇 지역의 수공업적 방직업이었다. 1846년 사회경제적 문제에 관심이 깊었던 포세신包世臣은 송강松江과 태창太倉 일대의 상황을 언급하면서 "송강과 태창 지역은 면포를 짜는 것으로 살아왔는데…… 근래에는 서양의 면포가 대세를 이루어 그 가격이 베틀로 짠 면포의 3분의 1밖에 되지 않는다. 우리 마을에서 전문적으로 방직업을 하는 사람의 말을 들어보면 근래에 들어 베를 짤 실이 없어졌으며, 송강과 태창의 면포시장도 절반으로 줄었다고 한다"고 했다.

그렇지만 5개 항 통상 시기는 외국의 공장제 면포가 아직 곳곳 소농의 베틀을 모두 몰아낼 정도는 아니었다. 이에 당시 어느 영국 상인은 "민간 면포가 실의 굵기 여하를 떠나 원료함량이 매우 높고 생산원가가 낮아 외래 수입품과 치열한 경쟁에서 충분히 이길 수 있다"고 개탄했다. 그런데 이것은 어떠한 경쟁이었던가? 이것은 중국의 소농들이 자신의 생활수준을 가능한 한 낮추면서 경쟁에서 살아남기 위해 몸부림친 것이다. 이것은 거의 맨손으로 대포를 앞세우고 불평등조약을 방패로 삼은 영국 랭카스터의 증기기관 공장과 '경쟁'한 것이다. 가정현嘉定縣의 상황을 묘사한 한 기록에 따르면, "이전에는 다섯 식구의 집안에서 하루에 베 1필을 짜 100문을 벌었는데, 서양의 면포가 들어온 이후로 국산 면포의 값이 날로 떨어져 소득을 따지면 이전의 절반밖에 되지 않는다"고 했다. 이러한 상황은 중국 농민의 소규모 수공업이 외국 자본주의 상품의 압력 아래에서 목숨을 부지하기가 얼마나 어려웠는지를 잘 보여 준다.

아편전쟁 이전에 이미 중국 도시와 농촌의 상품경제가 어느 정도 발전하고 있어서 소규모 농업과 가내수공업이 긴밀하게 결합된 자급자족적 자연경제가 변화하기 시작했기 때문에 중국의 사회경제에 자본주의 맹아적 요소가 나타나기 시작했다. 외국 자본주의의 침입이 이러한 변화를 가속시켰지만, 그 결과는 중국을 독자적인 자본주의의 길로 나아가게 한 것이 아니라 식민지로 몰고 갔다. 5개 항 통상시기에 우리는 이러한 현상을 볼 수 있는데, 그것은 곧 매판자산계급의 등장이다. 모택동毛澤東은 다음과 같이 말했다.

> 제국주의 열강들이 중국의 통상항에서 벽지에 이르기까지 제국주의에 봉사하는 매판계급과 상업 사채계급의 착취망을 만들어 수많은 중국 농민과 기타

인민대중을 착취하는 도구로 삼았다.

이러한 매판계급은 현대 민족자산계급보다 먼저 생겨났는데, 이는 그들이 바로 아편전쟁 이후 5개 항 통상의 직접적인 산물이었기 때문이다.

'매판'이라고 불리는 사람들은 이미 아편전쟁 이전에 등장했다. 당시 유일한 통상항인 광주에서 외국 상인들을 위해 통역을 맡거나 보조하는 사람을 '통사通事'와 '매판買辦'이라고 불렀다. 그러나 통사와 매판은 관례에 따라 중국인 '행상行商'이 선발하고 보증해야 했으며 행상의 통제를 받았기 때문에 외국 상인이 자유롭게 고용할 수 없었다. 결국 행상은 중국 관청이 공식적으로 지정한 대외무역 독점 상인이었다. 일부 행상은 다년간 대외무역을 통해 거부가 되었지만 정부의 엄격한 통제를 받았다. 당국에서 적합하다고 인정되지 않는 경우 그들은 언제든지 대외무역의 특권을 박탈당할 수 있었기 때문에 조정과 지방의 관리들은 종종 여러 가지 명목으로 그들에게 거액의 돈을 갈취했다. 그러므로 행상은 외국 상인들과 모종의 이해관계를 공유하고 있었지만 궁극적으로는 외국 상인이 그들을 자신들의 도구로 이용할 수 없었다.

그런데 어떤 행상은 때로 현금이 부족하여 외국 상인에게 빚을 졌고, 동인도회사와 기타 외국 상인들도 그들에게 기꺼이 돈을 빌려주었다. 이것은 이자 수입을 얻기 위한 것일 뿐만 아니라 이러한 대출 관계를 이용하여 행상들을 자기편에 붙게 하는 수단이었다. 중국 관청은 이런 금전 대차를 불법 행위로 간주하여 행상을 엄벌했다. 행상은 오랫동안 안으로는 관청의 압력과 착취에 시달리고 밖으로는 외국 상인들에 의해 막대한 이윤을 착취 당하여, 파산하는 자가 속출했다. 따라서 아편전쟁 이전의 행상은 이후 외국 상인에게 완전히 의존하는 매판과 그 지위가 달랐다.

당시 외국 상인들은 특별 허가를 받은 상인 이외의 다른 상인들과도 몰래 접촉하여 무역 활동을 했다. 아편 밀수는 대부분 행상과 정식적인 거래를 거치지 않았다. 중국 정부는 이처럼 불법적으로 대외무역에 관여한 중국인을 엄격하게 제재했다. 1839년 강남도江南道 감찰어사監察御史 낙병장駱秉章은 상주문에서 "자기가 출자하여 외국인과 교역"하고 "외국인과 결탁하여 불법으로 밀매"하는 사람들이 있다고 보고했다. 이런 사람들이 훗날 매판계급의 전신이라고 할 수 있다. 그러나 당시 이들과 외국 상인의 관계는 불법이었다.

아편전쟁과 남경조약은 새로운 상황을 조성하였다. 조약에 외국 상인은 중국 항구에서 어떤 중국인과도 교역할 수 있다는 내용이 명시되어 있을 뿐만 아니라 아편전쟁 중 외국 상인들에게 부역한 매국노들에 대해 무죄를 선포했다. 침략자들은 이 조항을 철저하게 이용했다. 1844년 말 하문에서 중국 관청이 아편전쟁 기간에 영국인에게 식료품을 판 중국인 2명을 체포했다. 영국 영사 올콕(Rutherford Alcock)이 이에 즉각 항의하자 두 사람은 한 달 만에 석방되었다. 사실상 아편전쟁 이후 중국 관리는 정치적으로 외국인과 내통한 범죄를 거의 처벌하지 않았으며, 상업적으로 외국인에게 협력하는 것은 완전히 합법적인 행위가 되었다.

5개 항의 통상 이후로 매판들은 외국 상인들에게 고용되어 그들을 대신해 매매 업무를 처리했으며, 점차 그 역할이 확대되었다. 일본인이 19세기 말 중국의 상업 상황에 대해 남긴 기록을 보면, 처음에는 매판이 외국 상인을 대신하여 거래를 관리해 주고 일정한 임금을 받는 데 그쳤지만, 뒤로 가면 자기 이름으로 점포를 차려 외국 상인이 원하는 업무를 도맡아 처리해 주었으며, 외국 상인은 "사고 팔 일이 있으면 모두 매판에게 위탁하고, 매판은 그의 뜻을 충실히 실행하며 상인과 직접 교섭했다." 이러한 상인은 형식적으로는 독립적이었지만 실제로는 완전히 외국 자본에 의존했다. 외국 상인들은 농촌 각지에 흩어져 있는 농산품을 수집할 때는 물론이고 수입한 상품을 판매할 때, 특히 5개 통상항 이외의 지역에 판매할 때는 중국 상인의 중개가 없이 불가능했다.

'매판'의 의미도 실생활의 발전에 따라 확장되었다. 많은 상인들이 통상항에 있는 외국 회사에 공급하기 위해 각지의 생산자와 소상인들로부터 농산품을 구매했으며, 또 외국 상품을 통상항이 아닌 지역으로 운송, 판매하는 일도 맡았다. 이들이 '매판'이라는 명의를 사용하지는 않았지만 경제적으로 외국 상인들에 의존성이 매우 컸기 때문에 사실상 매판이었다. 중국 근대사에서 매우 반동적 역할을 수행한 매판계급은 이렇게 생겨났다.

3. 조계 ― 나라 안의 나라

아편전쟁 이후 개방된 통상항 가운데 가장 중요한 곳은 상해였다. 그 중요성은 광주를 빠르게 앞질렀다. 상해는 반식민지·반봉건 중국에서 특수한 위치를 차지했다. 상해는 자본주의-제국주의가 중국을 침략하는 가장 큰 교두보이자 중국의 무산계급과 인민대중이 국외 반동파와 장기간 투쟁을 벌이는 과정에서 가장 치열한 소용돌이가 일어난 곳이다. 이곳은 통상항으로 지정되자마자 대외무역에서 우월한 조건을 드러냈기 때문에 중국을 침략한 자본주의 국가들로부터 특별한 중시를 받았다.

상해는 지리적으로 차와 견사의 생산지와 가까울 뿐만 아니라 인근 지역도 상품경제가 비교적 발달한 곳이었다. 상해는 통상항으로 지정된 직후부터 무역수출이 매우 빠르게 성장하기 시작했다. 전국의 수출액에서 상해가 차지하는 비중이 1846년(도광 26)에 7분의 1이었는데, 1851년(咸豊 원년)에는 3분의 1로 증가하였으며, 이후 몇 년 사이에 이미 2분의 1 이상에 이르렀다.

반식민지·반봉건 중국의 여러 도시에 '조계租界'라는 것이 생겨났다. 그곳의 통치권은 완전히 외국인에게 속하여, 외국인은 그곳에 법원과 경찰, 감옥, 행정 관리 기관과 조세 기관을 설립했다. 조계는 자본주의-제국주의가 중국을 무력으로 위협하고 정치적·경제적 침략을 실행하는 기지가 되어 마치 사람 몸에 있는 암덩어리와 같은 역할을 했다. 대부분의 조계는 제2차 세계대전 때까지 존속했다.

상해의 조계는 아편전쟁 직후에 생겼다. 영국과 미국, 프랑스 자산계급의 대표적 인물들이 완전히 사기치듯 청 왕조의 봉건 관료들로부터 상해에 조계를 건설할 수 있는 권리를 얻어 냈다. 그 방법은 교활한 속임수와 공개적인 강탈이 혼합된 전형적인 사례이다.

영국 영사 벨푸어가 상해에 도착한 것은 1843년(도광 23)이다. 그는 상해 도원道員 궁모구宮慕久와 교섭하여 상해 현성 밖 황포강변의 황무지 130무를 임차하고 그곳에다 영국 영사관을 세웠다. 그런 다음 그는 도원을 설득하여 일대의 땅을 1846년까지 1,080무로 늘리고, 이 지역 내에서 영국인이 중국인 토지 소유자로부터 사적인 계약을 통해 토지를 임대할 수 있는 규정을 받아냈다. 여기까지는 그래도 규정에 근거한 것이라고 할 수 있다. 통상항에서 영국인은 정해진 지역 내에 중국인으로부터 건물을 임차하거나 토지를 임차해 건물을 지을 수 있다는 조항이 호문조약에 포함되어 있었기 때문이다.

1845년(도광 25) 상해의 영국 영사는 상해 도원으로부터 「상해조지장정上海租地章程」의 서명을 받아냈다. 이 장정은 총 23조(1848년에 1조항 추가)로 얼핏 보아서는 사무적인 규정에 지나지 않았고 임대 토지에 대한 중국의 주권도 인정되었다. 그러나 영국인은 이 장정을 교묘하게 상해 조계의 제도적 초석으로 만들었다. 몇 가지 사례를 열거하면 아래와 같다.

첫째, 한 조항에서 외국 상인은 토지를 임차해 건물을 지은 후 임차를 중단하거나 임차권을 타인에게 양도할 수 있지만, "토지 소유자는 임의로 임대를 중지할 수 없다"고 규정했다. 이렇게 하여 일종의 영구 임차제도가 생겨났다.

둘째, 또 다른 조항에서 "토지와 건물을 임차한 외국 상인은 함께 의논해 교량 건설과 도로 청소, 가로등과 소화전 설치, 나무 심기, 도로 수리, 배수로 공사, 야경꾼 고용을 해야 하며, 영사관은 각 임차인의 요청에 따라 회의를 소집하여 함께 논의한 뒤 위 각 항목의 사업 경비를 분담해야 한다"고 규정했다. 당시 청의 관리들은 영국인들이 돈을 들여 다리를 놓고 도로를 닦는다면 나쁠 게 없다고 여긴 것이 분명하지만 그들이 이곳에 중국의 주권이 미치지 않는 독립된 왕국 건설을 위해 '합법적' 근거를 만들려고 한다는 것을 미처 생각하지 못했다.

셋째, 장정의 조항 중 한 곳에 "타국 상인은 영국 상인이 임차한 양징빈洋涇浜

지역 내에서 토지를 임차하여 건물을 짓거나 주택을 임차하여 거주 혹은 물건을 보관할 경우 먼저 영국 영사관에 신청하여 허락을 받음으로써 오해를 피해야 한다"고 규정했다. 당시 청나라 관리들은 영국인과 타국인 사이의 분쟁을 자신들이 관여하지 않고 외국인들끼리 해결하는 것이 더 편하다고 생각했겠지만, 사실은 '영국 상인이 임차한 양징빈 지역' 내에서 영국 영사관이 최고의 권력을 가지고 있다는 것을 인정한 것이나 다름없었다.

당시 상해의 외국 상인들 수는 매우 적었다. 그 수가 1844년(도광 24) 영사를 포함해 25명이었던 것이 1850년에 148명으로 늘었다. 「상해조지장정」이 체결된 이후 영국 영사는 임차지 안의 외국 상인을 매년 불러 회의를 소집했다. 처음에는 3인밖에 되지 않는 '도로부두위원회'를 구성하여 주민들로부터 세금을 징수해 도로와 부두 업무를 관리하였는데, 사실상 이것은 행정기구의 원형이었다.

미국인은 원래 영국인 조계에 거주했는데, 1848년 미국인 목사 분(William Jones Boone, 文惠廉)이 상해 도원에게 영국 조계지 북쪽에 있는 홍구虹口 지역에다 교회를 짓겠다며 이 일대를 미국의 조계로 획정해 줄 것을 요청하자 상해 도원은 즉시 이를 받아들였다. 홍구 지역의 미국 조계는 1863년 마지막으로 거의 8천 무 가까이 확대되었다. 1849년 상해 관원은 다시 프랑스의 요청에 따라 영국 조계지 남쪽 지역을 프랑스 조계로 내주었는데, 처음에는 5백여 무였던 것이 1863년에는 1천2백여 무로 확대되었다. 1863년(同治 2) 미국 조계가 영국 조계에 합병되면서 이른바 '공동조계'가 생겨났다. 이 공동조계는 1930년대에 이르면 8만 무 이상으로 확장되었다. 이는 최초 영국 영사가 상해 도원에게 임차한 130무의 면적보다 600배 이상 확장된 셈이다. 프랑스 조계도 마지막에는 2만여 무로 늘어났다.

공동조계의 전신인 영국 조계는 1854년(함풍 4) '공무국公務局'으로 번역할 수 있는 기관을 설립했는데, 이는 사실상 조계지의 정부였다. 공무국 아래에 경무警務와 세무, 재무, 학무를 관장하는 기구가 있었고, 별도로 법원도 있었다. 외국인이 무엇을 근거로 중국 영토 안에 자신들의 정부를 세울 수 있었을까? 그 근거는 바로 1845년에 제정된 「상해조지장정」이다. 외국인은 공동조계 내에 '외국인납세회'라는 것을 설립하고 '이사회'도 만들어 회장을 선출했다. 회장이 바로 공무국의 수장이다. 상해에 거주하는 외국인으로서 최소 은화 500냥 이상의 부동산을 소유하고 있고, 매년 은화 10냥 이상을 납세한 사람은 납세회의 회원이 될 수 있었으며, 매년 납세액이 은화 50냥 이상인 사람은 납세회의 이사가 될 수 있었다. 여기에서 말하는 세금은 중국 정부에 납부하는 것이 아니라 공무국에서 징수하는 것이다. '공공公共'은 원래 '국제'를 의미한 것이기 때문에 상해의 조계는 상해에 거주하는 각국 대상인들의 '민주공화국'이었다. 말할 것도 없이 그들의 배후는 여러 침략국이었다.

    1845년에 제정된 「상해조지장정」에는 조계 내에 중국인이 거주할 수 없도록 되어 있었다. 당시 중국 관원과 영국 영사는 중국인과 외국인이 뒤섞여 살지 못하도록 하면 분쟁을 피할 수 있다고 생각했다. 그런데 1854년 장정을 개정하면서 외국 영사와 대상인들이 중국인의 조계 내 거주를 결정했다. 대상인들로만 '공화국'을 형성할 수 없었기 때문이다. 이후 조계지에는 외국인보다 중국인이 훨씬 많이 거주했다. 1920년(중화민국 9년) 공동조계에는 외국인 납세회와 따로 중국인 납세회가 설립되었는데, 회원의 자격이 최소한 은화 500냥 이상의 부동산을 소유한 자라야 한다는 조건을 그대로 적용했다. 그들은 이른바 '고등중국인'이었고 주로 매판자본가였다. 그들 중 몇 명이 이사로 선출되어 그 '국제적 민주공화국' 통치기관에 참여했다.

    원래 조계의 시작은 침략자들이 강도와 같은 방법을 동원해 만든 상해의 외국 상인만 거주할 수 있는 집단 거류지였으나 결과는 국제 대상인과 그들에게 기생한 극소수의 중국 대상인의 공화국이 되었다. 이 공화국은 중국 국토 내의 독립 왕국이었을 뿐만 아니라 장기간 반식민지·반봉건 중국의 경제적 명줄을 장악하고 중국 인민의 피땀을 빨아들여 자신을 살찌운 국제적 대상인들의 진정한 천국이었다.

4. 깊이 고인 물에서의 첫 격랑

　　아편전쟁 이전의 중국 봉건사회는 마치 그 속 깊은 곳에 거대한 변화를 잉태하고 있는 물웅덩이와 같았는데, 여기에 아편전쟁이라는 큰 돌이 던져지자 강력한 연쇄반응을 일으키면서 마침내 웅덩이 속 물 전체가 격랑을 일으키는 상황이 되었다. 봉건 통치 계급은 이미 심각한 부패에 빠져 있어 직면한 역사적 변화에 민첩하게 대응할 능력이 없었다. 다만 그들 중 일부가 모호하게나마 남경조약의 체결로 일이 끝나는 것이 아니라 오히려 봉건적 통치체제 전체를 뒤흔들 예측할 수 없는 사건이 시작되고 있음을 어렴풋이 감지하고 있었다. 봉건 관료와 지주계급 지식인 중 일부가 아편전쟁의 충격을 받은 이후 서양에서 온 낯선 인종에게 제대로 대응하려면 그들에 대해 정확히 파악해야 한다는 인식을 가져 세계 각국에 관한 새로운 지식을 찾기 시작했다.

　　이러한 작업을 맨 처음 시작한 인물이 임칙서林則徐였다. 그는 1839년에서 1840년 사이 양광 총독으로 있을 때 사람을 찾아 일부 외국 서적과 잡지들을 번역하게 하였으며, 이 자료들을 이용하여 『사주지四洲志』를 편찬하는 한편 이 자료들을 친구인 위원魏源에게도 보내 주었다. 위원은 자료 수집을 계속하여 1842년(도광 22) 『해국도지海國圖志』 50권을 편찬하였으며, 그 뒤에도 수정과 보완을 거듭하여 1852년(함풍 2) 마침내 100권의 대작을 완성했다. 비슷한 시기에 복건福建의 서계여徐繼畬도 그가 수집한 외국의 지도와 여러 서적을 바탕으로 5년간의 노력 끝에 1849년(도광 29) 『영환지략瀛環志略』 10권을 출판하였다. 위원과 서계여의 위 두 저서는 중국에서 세계 각국, 특히 서양 각국의 역사와 지리 상황을 체계적으로 소개한 가장 이른 시기의 저술이다.

　　아편전쟁 이전 중국은 유럽 여러 나라들과 짧지 않은 시간 동안 통상을 했음에도 불구하고 유럽의 국가들이 어디에 위치하고 있고 어떤 나라인지를 알지 못했으며 심지어 황당하고도 터무니없는 이해까지 갖고 있었다. 이런 상황에서 위원과 서계여의 저서는 처음으로 비교적 실제와 부합하는 이해를 제공했다. 이 새로운 저서는 지구상의 대륙과 해양, 각국의 위치와 지리를 대체적으로 정확하게 서술하고 대략적으로나마 각국의 역사도 서술했다. 그리고 분명치 않고 오해의 소지가 적지 않지만 유럽 각국의 당시 정치와 경제 제도도 알리고자 했다. 서계여는 그의 저서에서 다음과 같이 기술하고 있다.

> (영국의) 도성에는 공회소公會所(의회)가 있는데 두 곳으로 나뉘어 하나는 작방爵房(상원)이고 다른 하나는 향신방鄕紳房(하원)이다. 작방에는 작위를 가진 귀족과 예수교 성직자들이 있고, 향신방에는 서민의 추천으로 선발된 재능과 학식을 갖춘 사람들이 있다. 나라에 큰일이 생기면 왕은 재상에게 알리며, 재상은 작방에 알려 함께 어울러 의논하고 법령을 참고하여 가부를 결정한 후 다시 향신방에 넘기는데 반드시 향신들의 승낙을 받아야 시행할 수 있다.

이것은 자산계급의 의회민주주의 제도의 모습을 좀 모호하게 보여 주는 설명이다. 영국에 대해 서계여는 "사대양에 이 나라의 배가 닿지 않은 곳이 없고, 땅과 사람이 있는 곳이면 어디에서나 업신여기고 그 알맹이를 빼앗을 생각을 한다"고 설명했다. 이것은 자본주의의 식민지 확장 속성을 잘 서술하고 있다. 이 저서에서 유럽의 배가 견고하고 함포의 성능이 뛰어남을 극찬했지만 그러한 기술이 어디에서 나오게 되었는지에 대해서는 알지 못했다. 따라서 그는 사회와 경제 제도를 들어 원인을 설명하지 못하고, 유럽의 '견고한 배와 뛰어난 함포'를 유럽인들의 '성정性情'과 '사고방식'(運思) 상의 어떤 특별한 능력 탓으로 돌릴 수밖에 없었다.

『해국도지』의 저자 위원은 세계의 형세를 이해하는 것이 무엇보다도 중요하다고 주장했다. 그는 "바깥 오랑캐를 이기려면 반드시 바깥 오랑캐의 상황을 먼저 알아야 하고, 바깥 오랑캐의 상황을 알려면 번역을 담당할 관서를 세워 오랑캐의 책을 번역해야 한다"고 말했다. 그는 또한 중국 근대사에서 '서양을 배우자'는 구호를 맨 처음 외친 인물 중 한 명이기도 하다. 그의 표현을 빌리면, "오랑캐의 장점을 배워 오랑캐를 이기자"(師夷長技以制夷)라고 주장했다. 그가 배우려고 한 것은 주로 '견고한 군함과 뛰어난 함포'(船堅炮利)이다. 그는 "외국의 뛰어난 기술에는 세 가지가 있는데, 첫째는 군함이요, 둘째는 화기요, 셋째는 군대 훈련방식"이라고 말했다. 이에 따라 그는 광주에 관영 조선소와 화기국火器局을 한 곳씩 세우고, 기타 지역에서는 "연해의 상인과 백성들이 이를 모방해 자발적으로 조선소와 화기국을 세워 선박을 만들게 하며 직접 사용하거나 판매하는 것에 관여하지 말아야 한다"고 주장했다. 그는 관영 조선소와 무기공장 하나씩만 있으면 중국의 해안 방어의 문제를 해결할 수 있다고 보았고, 한 번만 호소하면 각지의 상인과 백성들이 조선소를 세워 민영 선박과 기계를 만들 것이라고 생각했다. 이것은 한낱 서생의 공상에 지나지 않았으며, 그의 주장은 당시의 조건으로 큰 호응을 얻지 못했다.

봉건 통치계급이라는 하나의 집단으로 보면, 그들은 아편전쟁의 자극으로 크게 놀라기만 했을 뿐 거기에서 진지한 교훈을 얻지 못했으며 자본주의 침략에 진지하게 대응하지도 못했다. 따라서 전쟁이 끝난 후 그들 사이에서 안일을 바라는 자세가 지배적이었다. 이런 자세는 앞에서 언급한 기영 등이 남경조약을 체결할 때 "이 외국인들은 비록 탐욕스럽기는 하지만, 그 뜻이 항구를 구해 무역통상을 하려고 한 것에 지나지 않을 뿐 아직 숨겨진 다른 뜻을 가지고 있지는 않다"고 말한 것에 잘 드러나 있다. 그 뒤에도 비슷한 주장을 펴는 사람들이 적지 않았다. 그들은 외국 침략자들이 단지 '통상'을 원할 뿐이지 역사상 중원을 침공한 변경의 소수민족들처럼 약탈을 하고 땅을 점령해 심지어 황제까지 되려고 하는 생각은 없다고 판단하여 통상의 문제만 잘 해결하면 큰 혼란 없이 통제할 수 있다고 생각했다. 이에 양광 총독 서광진은 "외국인을 다스리는 방법은 기미를 벗어나지 않는다"(馭夷之道, 不外羈縻)고 말했다.

1849년 서광진이 영국인의 광주성 진입을 포기하게 만든 일을 대단한 성공인 것처럼 평가받았다. 조정과 광주의 관리들은 모두 이 성공이 구슬리고 달래는 이전의 방법이 여전히 통하는 증거라고 생각했다. 그러므로 외국인을 상대하는 것도 그리 대단한 문제가 아닌 것처럼 보였다. 그 결과 모두가 이전처럼 국내의 문제에 매달렸다.

아편전쟁을 거치면서 국내의 계급 모순, 주로 지주와 농민 간의 계급 모순이 더욱 첨예해졌다. 아편전쟁은 외국 침략자 앞에 무력한 봉건 전제 정부의 무능함과 겉으로는 강해 보이나 속은 텅 빈 모습을 그대로 드러냈다. 전쟁 중에는 국가의 군사비 지출이 증가했고, 전쟁 후에는 거액의 배상금을 지불해야 했으니, 그 부담은 최종적으로 모두 백성들에게 돌아갔다.

1841년(도광 21)부터 3년 연속 황하가 범람하여 하남과 산동, 안휘의 많은 지역이 물에 잠기고 사망자가 100만 명을 헤아렸다. 이어 1846년부터 1850년 사이 황하와 장강 유역의 여러 성에서 심각한 수해와 가뭄 피해를 입었다. 특히 1849년에는 호북과 안휘, 강소, 절강 지역에서 100년 만의 최대 수해가 발생했다. 그리고 1848년에 광동과 광서에는 큰 가뭄이 들었다. 이것은 말 그대로 '천재'이기는 하지만 대부분 부패한 봉건 관료기구의 수리정책 실패에 그 원인이 있었다.

통치자들 스스로도 인정했듯이 봉건 관료기구는 인민들에게 어떤 이로운 일도 할 수 없었다. 양광 총독 기영은 1843년 황제에게 올린 비밀 보고서에서 현재 지방 관리들은 "백성들의 일을 돌보지 않고 고통을 묻지 않으면서 걸핏하면 그들을 괴롭히니 민심이 떠나고 있습니다. 내부를 안정시키지 못하는데 어찌 외적을 물리칠 수 있겠습니까?"라고 말했다. 그리고 그는 "관청과 백성, 백성과 군인이 이미 서로 원수와도 같다"고 했다. 그는 이런 현상이 모두 나쁜 관리들 때문에 생긴 일이며, 정말 '좋은' 관리는 찾기 힘들다는 것을 인정했다. 이것은 사실상 부패한 봉건적 전제 통치하의 첨예한 계급모순이었으며, 이러한 모순은 봉건 통치자 스스로 해결할 수 없는 것이었다.

피압박 농민대중은 이러한 모순을 해결하기 위해 마침내 일어섰다. 아편전쟁 이후 몇 년 동안 전국의 수많은 지역에서 농민들이 무리지어 징세를 거부하거나 무기를 들고 관리들을 상해하는 등 다양한 형태의 저항이 이곳저곳에서 일어났으며, 온갖 이름의 비밀결사가 농민과 노동자들 사이에서 성행했다. 특히 광동과 광서,

호남 일대에서는 1847년 이후로 작은 규모의 농민 무장봉기가 여러 차례 발생했다. 그리고 순수하게 경제적 이유 때문에 생겨난 도적떼들이 도처에 널려 있었다. 위대한 태평천국의 농민혁명이 바로 이러한 혁명적 정세 속에서 배태되고 일어났다.

제3장

태평천국의 흥기

1. 농민혁명 중의 계급과 계층

　　오랜 중국 봉건시대의 역사에서 반복된 농민혁명은 자산계급이나 무산계급이 이끌지 않았다. 당시에는 아직 자산계급이나 무산계급이 없었다. 반식민지半植民地·반봉건半封建 시대로 접어든 후 20세기 초엽에 이르러 새롭게 등장한 자산계급을 대표로 하는 세력이 비로소 농민의 역량에 주목하기 시작했지만, 그들은 혁명 과정 중 농민을 지도할 능력이 없었다. 무산계급이 독립적인 정치 세력으로 농민을 동원하고 지도한 것은 더 늦은 뒤의 일이다. 중국 역사에서 오직 무산계급만이 농민혁명의 열정을 최대한 끌어올릴 수 있었고, 무산계급의 지도 아래에서만 농민혁명이 진정한 승리를 거둘 수 있었음을 역사는 증명했다. 아편전쟁 이후 오랜 기간 동안 중국 농민들의 혁명투쟁은 여전히 과거 봉건시대와 마찬가지로 그보다 앞선 계급의 지도를 받지 못했다.

　　가혹한 봉건적 착취를 받고 있던 농민들은 봉건사회 내부의 거대한 혁명역량이었으며, 그들 중에서도 가장 혁명성이 강했던 계층은 빈농이었다. 그러나 빈농들만으로는 아직 폭넓은 농민혁명의 대오를 형성할 수 없었다. 사실 봉건시대 때 일어난 모든 대규모 농민혁명은 봉건 통치자가 농민에 대한 착취와 억압을 지속적으로 강화하여 중농, 그중에서도 비교적 열악한 중농들이 예전처럼 살 수 없다고 느꼈을 때 비로소 폭발하였다. 봉건사회에서 지식은 지주계급에 의해 독점되었다. 가장 가난했던 빈농은 최소한의 교육조차 받을 기회가 없었다. 중농은 빈농에 비해 어느 정도 지식을 갖출 수 있어서 자신이 사는 마을과 지역을 벗어나 바깥 세상에 대한 견문을 가지고 있었다. 그러므로 빈농은 흔히 가난한 중농과 연합하여 농민혁명을 일으켰고, 역사상 이들이 여러 차례 중국 전역에 혁명의 불길을 퍼트렸다.

도시와 농촌의 소규모 수공업자와 소상인 및 수로와 육로 운송 노동자들의 생활수준은 빈농이나 중농과 별 차이가 없었다. 그들은 원래 빈농 출신이었기에 농민혁명에서 기본 대오를 형성할 수 있었다. 봉건시대, 특히 봉건 통치자가 가혹한 착취로 하층 인민들을 매우 불안정하게 만들었을 때 많은 유민流民이 발생했다. 이들은 어느 정도 고정적이고 정상적인 직업을 갖지 못한 채 생존을 위해 각지를 떠돌아다니면서 매우 빈곤한 생활을 영위했다. 그들 대부분은 원래 빈농 출신이었으나 떠돌이 생활을 통해 그들은 특수한 사회적 성격을 갖게 되었다. 반식민지·반봉건 시대에 이르러 이러한 유민이 대량으로 늘어났다.

유민은 때로 반동 세력에 매수되어 봉건 통치자가 고용한 용병과 향신이 조직한 무장집단의 원천이 되었다. 그러나 반동 세력이 이들을 완전히 흡수하는 것은 불가능했다. 유민들은 생존 방도를 찾기 위해 자발적으로 조직을 만들어 기존 사회질서에 대해 원한을 드러냈으나, 그들의 행동은 경제적 요구에 국한될 뿐 원대한 정치적 목적이 결여되어 간혹 도적이나 강도가 되었다. 따라서 그들은 적절한 조건이 주어지면 쉽게 반동 세력의 회유에 포섭되어 '귀순'했다. 하지만 혁명의 분위기가 고조되기 시작하면 그들은 혁명의 적극적인 참여자가 되었고, 심지어는 용감한 선봉이 될 수도 있었다. 이들은 대부분 빈농 출신이어서 혁명적인 농민들과 공통의 언어를 쉽게 찾을 수 있었다. 이들은 또 한 뼘 땅덩어리에 묶여 순박하게 살아가는 빈농과 비교하면 사회 경험이 풍부하고 식견이 넓으며 임기응변과 기민함도 갖췄기 때문에 농민혁명 대열에서 큰 역할을 할 수 있었으며, 때로는 혁명의 지도자가 되기도 했다. 그들의 참여로 농민혁명의 기세가 크게 높아졌다. 동시에 그들은 간혹 비조직성과 비규율성, 약탈주의와 파괴주의 등 나쁜 요소들을 농민혁명 속에 끌어들여 혁명을 오염시키거나 결국 실패하게 만드는 경우도 많았다.

장기간에 걸친 봉건시대의 왕조들은 일찍이 여러 차례 농민혁명의 폭풍우를 만나 전복되었다. 농민혁명은 봉건 통치에 심각한 타격을 주었지만, 농민계급은 새로운 생산력을 갖추지 못했고 새로운 생산관계를 구축하지도 못했다. 봉건적 경제제도와 정치제도를 없애고 새로운 제도들을 그들은 만들어 낼 수 없었다. 혁명을 일으킨 농민들은 이념적으로도 봉건 통치계급의 독소에서 벗어날 수 없었다.

혁명의 분위기가 조성되면 일부 정치적으로 실의에 빠진 지주계급과 이 계급 출신 지식인들이 농민혁명의 대열에 합류하여 활로를 찾았다. 그들은 지주계급의 풍부한 정치투쟁 경험과 정치사상을 혁명에 끌어들였다. 그들 가운데 일부는 혁명 과정에서 중요한 전략가가 되거나 심지어 지도자가 되기도 했다. 그들은 농민혁명의 대오에 발을 들여놓은 이상 어느 정도까지는 농민의 뜻을 따르지 않을 수 없었지만, 한편으로는 지주계급의 본능에 따라 농민의 역량을 이용한 경우가 많았다. 농민계급은 철저하고도 독립적인 세계관을 가지고 있지 못했기 때문에 혁명 속에 끼어든 지주계급의 나쁜 영향을 완전히 배제한다는 것은 거의 불가능에 가까웠다. 농민혁명의 승리가 눈앞에 다가올 때면 지주계급에서 분화되어 나온 세력이 갈수록 더 많이 혁명대열에 참가해 농민혁명을 변질시켰다. 농민혁명은 마침내 낡은 봉건 왕조를 무너뜨리고 승리했지만, 승리의 열매는 지주계급이 이런저런 방법으로 빼앗아 갔다. 새로 일어난 왕조는 여전히 지주계급의 정권이 되었고, 농민은 여전히 봉건적 압박 아래 놓이게 되었다.

요약하면, 무산계급과 자산계급이 아직 등장하지 않은 시대 상황 아래의 농민혁명은 빈농과 중농, 유민 그리고 일부 지주계급이 주요 활동 세력이었다. 봉건시대에 일어난 비교적 규모가 큰 농민혁명은 모두 이러한 몇몇 계급과 계층이 주도했다. 이들의 각 역량이 상호 영향을 주고 배척하는 가운데 혁명의 주도권을 장악하려는 투쟁이 언제나 농민혁명의 특색이 되었다.

1850년대의 태평천국 농민대혁명은 빈농과 빈곤한 중농이 주도권을 쥔 혁명이었다. 그들은 유민의 파괴적 성향을 제어하는 투쟁을 적절하게 전개하면서 주도권을 확립하고 유지했다. 이 혁명에 물론 지주계급도 참여했지만 그 수가 매우 적어 혁명 초기에는 혁명의 전개 방향에 영향을 끼칠 만한 역량을 형성하지 못했다.

광서의 검강黔江과 욱강郁江이 합류하는 계평현桂平縣과 심강潯江 북안의 평남현平南縣 등의 산악 지역은 태평천국의 요람이었다. 태평천국의 창립자들이 이 지역에서 새로운 종교를 만들어 활동하기 시작하고 미래의 원대한 운동을 준비하고 있을 때, 광서성과 인근의 호남성, 광동성 각지에서 수많은 농민 반란의 불길이 타올랐다. 태평천국의 군대도 초기에는 그 농민 반란군 가운데 하나에 불과했다.

태평천국 혁명이 일어나기 전인 1847년(도광 27)에서 1850년(도광 30) 사이 문헌에 기록된 광서 지역의 농민봉기가 20~30회 된다. 이들은 일반적으로 대승당大勝堂, 득승당得勝堂, 합의당合義堂, 취의당聚義堂 등 '당堂'이라는 명칭을 가지고 있었는데 이 명칭은 천지회天地會를 나타내는 것이었다. 천지회라는 비밀 조직은 청나라 초 강희康熙 연간(1661~1722)에 생겨났다. 천지회는 스스로 '홍문洪門'이라고 불렀고, 어떤 지역에서는 '삼점회三点會' 또는 '삼합회三合會'로 불리기도 했다.

천지회는 '산당山堂'이라 불리는 조직을 기본 단위로 하고 있다. 각 산당에는 '대가大哥'(큰형님)라 불리는 독자적인 우두머리가 있었고, 피로써 맹세하고 가입서를 불태우는 형식을 통해 의형제 관계를 맺음으로써 조직의 일원이 되었다. 천지회에 참가한다는 것은 곧 어느 한 산당에 참가하는 것과 같다. 여러 지역에서 어느 정도 지도력과 호소력이 있으면 스스로 우두머리가 되어 산당을 만들 수 있었으며, 이들은 구전으로 내려온 은어와 암호를 갖고 있어서 다른 산당에 속한 사람을 만나면 서로 인사하고 협조해야 할 의무를 가졌다. 이 비밀 조직의 기본 구성원과 지도자는 주로 강호에 떠도는 유민이었다. 이들은 자신들의 생활 조건으로 말미암아 일종의 정치·경제투쟁을 벌일 상호부조 단체가 각별히 필요했다. 이들은 이 조직을 통해 생활 조건을 쟁취하고 관청의 압박에 저항하여 봉건 통치자의 입장에서 보자면 불법적인 행위를 이어 갔다. 계급투쟁의 상황이 격화되었을 때도 이들은 이 조직을 통해 봉건 통치자들에게 대항하며 무력으로 반란을 일으켰다. 이 때문에 청 조정은 천지회를 엄격하게 금지해 왔다.

천지회 내부에서 전해 내려온 본 조직의 기록에 따르면, '반청복명反淸復明' 곧 청 왕조를 무너뜨리고 명 왕조를 회복하는 것이 그 종지였다. 이 구호는 청나라 초 명의 잔존세력이 남쪽 연해 지역에서 최후 투쟁을 벌이던 시기에 내건 후 후대에까지 전해진 것이다. 천지회가 이 구호를 사용한 것은 청의 통치를 반대하는 것처럼 보이지만 사실은 한족의 봉건 왕조를 다시 세우려는 것에 불과했다. 이는 그들이 광범위한 농민대중을 충분히 동원할 수 있는 참된 정치적 구호가 없었음을 잘 보여 준다.

천지회의 조직 형태도 큰 약점을 지니고 있었다. 각 산당은 서로 독립적이어서 예속 관계가 없었다. 힘이 센 '대가'가 때로 다른 산당을 복속시키는 경우가 있었지만 쉽게 이합집산을 거듭하였기 때문에 하나로 통일된 큰 세력을 이룰 수 없었다. 이 때문에 천지회는 반청의 기치를 공개적으로 내세우지 못하고 일부 지역에서만 관리를 살해하고 창고를 약탈하면서 그곳을 자신들의 세력범위로 삼았다. 이처럼 천지회는 원대한 정치적 목표와 통일된 조직을 갖추지 못했기 때문에 종종 개별적 행동을 하는 성향이 강했고, 상황이 불리해지면 봉건 통치자에게 자신을 팔아 버리는 배신행위를 자주 드러냈다. 또 어떤 지역에서는 악질 토호들이 천지회에 침투하여 산당의 우두머리가 됨으로써 이 조직이 가지는 정치적 면모를 흐린 적도 있었다. 이처럼 천지회는 유민이라는 계층의 부정적 요소를 그대로 반영하고 있었다. 광서와 그 부근 지역에서 태평천국이 봉기했을 때 천지회도 많은 봉기를 일으켰지만 곧 소멸한 원인은 바로 이러한 약점 때문이었다.

천지회가 광서 지역 여러 곳에서 봉기한 것은 객관적으로 보면 적의 세력을 분산시키는 작용을 했기 때문에 태평천국의 봉기를 엄호한 측면이 없지 않다. 천지회와 비교할 때 태평천국은 새롭게 일어난 세력이며, 초기의 위세는 천지회와 비할 바가 못 되었다. 태평천국 혁명은 이전의 자발적인 농민혁명과 다름이 없었지만 비교적 명확한 투쟁 강령과 엄밀하고도 통일된 조직을 갖추고 있어서 모든 면에서 천지회가 도달할 수 없었던 수준에 이르렀다. 태평천국 혁명도 결국 실패하고 말았지만 좁은 지역에서 일어나 전국적인 거대 세력으로 발전하여 무산계급이 생겨나기 이전 시기의 중국 역사에서 가장 위대한 농민혁명이 되었다.

2. 금전촌 봉기

태평천국의 혁명을 맨 처음 이끈 사람은 홍수전洪秀全(1814~1864)과 풍운산馮雲山 (1822~1852)으로, 이들은 모두 광동 화현花縣 출신이다. 홍수전은 광주성에서 북쪽으로 약 100리 떨어진 관록포官祿㘵란 곳에서 태어났다. 그의 집안은 대대로 농민으로 소규모의 자가 경작지를 가지고 있었으며, 아버지와 두 형이 농사일로 생계를 유지하고 있었다. 막내아들인 그는 7세 때부터 서당에 들어가 공부했지만, 16세 때 가난으로 학업을 중단하고 집안의 농사일에 나섰다. 그는 18세 때부터 10여 년 동안 본 마을과 이웃 마을에서 서당의 훈장을 하였으며, 이 기간 동안 광주에 가 여러 차례 수재시秀才試에 응시했으나 낙방했다. 훈장을 지내는 동안 그는 새로운 종교를 건립하기 시작했다. 풍운산은 홍수전의 초기 동지 중 한 사람인데, 그 역시 시골 서당의 훈장이었다. 태평천국이 편찬한 공식 문건에 "집안이 넉넉했다"고 기록한 것을 보면, 그는 홍수전과 마찬가지로 중농 가정 출신의 청년이었던 것 같다. 아편전쟁과 그 이후의 광주는 중국의 대외 관계와 내부의 사회관계가 격동을 겪은 중심지였다. 광주 부근에서 태어난 이 두 청년이 태평천국 혁명의 창시자가 된 것은 우연이 아니었다.

태평천국의 문헌과 홍수전의 친족 동생인 홍인간洪仁玕이 남긴 기록에 따르면, 홍수전은 일찍이 신기한 행적을 보였다. 그는 1836년(도광 16) 광주에 시험을 보러 갔다가 우연히 길거리에서 모르는 사람으로부터 양아발梁阿發이 편찬한 기독교 선교 소책자 『권세양언勸世良言』을 얻었다. 그는 이 책을 집에 가지고 와서 대충 읽어 보았다. 이듬해 그는 다시 광주에 응시하러 갔다가 또 낙방하고 집에 돌아와 크게 앓았다. 전하는 말에 따르면, 그는 병중에 천사들의 인도로 천당으로 올라갔는데, 그곳에서 한 엄숙한 노인이 그에게 마귀가 세상 사람들을 미혹하는 모습을 보여 준 뒤 보검 한 자루를 주면서 마귀를 하나씩 모두 지옥으로 몰아넣으라고 명령했으며, 또 그에게 어느 한 청년이 마귀를 물리치는 일을 도와줄 것이라고 말했다고 한다. 1843년(도광 23)에 그는 광주에서 얻어왔던 그 소책자를 다시 읽어 보고서 책 속에 기록된 내용이 앓던 중 '승천'했을 때 본 상황과 서로 부합되는 면이 매우 많음을 느꼈다. 이로부터 그는 천상에서 만난 인물이 책에서 말한 상제上帝 곧 하느님과 그의 아들 예수이고, 그 자신은 하느님의 둘째 아들이며 하느님이 그에게 거룩한 사명을 부여했다고 여겼다.

 홍수전의 이른바 '승천'이란 병중의 환각에 지나지 않는다. 기독교가 어떤 종교인지 전혀 알지 못했던 그는 『권세양언』을 자기만을 위하여 준비한 '천서天書'로 보았으며, 특히 책 속에서 말한 하느님은 '유일하며 참된 신'(獨一眞神)이기 때문에 그 외의 모든 우상을 다 폐기하는 것이 자신의 사명이란 확신을 갖게 되었다. 그는 하느님이 자신에게 이 새로운 종교를 전파하는 사명을 계시해 주었다고 생각하여, 이때부터 여러 차례 과거시험에 실패하여 분통이 터졌던 그는 과거시험을 통해 출로를 찾겠다는 생각을 포기했다. 그는 광주와 고향 일대에서 보고 들은 것을 통해 이 사회가 부패하고 암흑과 같으며 불공정한 현상으로 가득 차 있음을 통감했고, 자신이 찾은 새로운 종교가 이 사회를 치료할 '복음福音' 곧 복된 가르침이라고 생각했다.

 홍수전이 고향에서 하나님 신앙을 처음으로 전파했을 때는 추종자가 아주 적었다. 그와 풍운산은 그들의 새로운 신앙에 따라 공자의 위패를 없앴다. 이러한 대담한 행동은 고향 사람들의 반대에 부딪혀 그들은 훈장 자리를 잃게 되었다. 두 사람은 1844년 4월(도광 24년 2월) 함께 고향 땅을 떠나 광서성 여러 지역을 떠돌다 귀현貴縣의 어느 산골에 머물렀는데, 몇 개월 후 이곳에서 100여 명의 농민을 신도로 받아들였다. 홍수전은 그해 10월 광동 화현으로 돌아왔고, 풍운산은 귀현 인근 계평현桂平縣의 자형산紫荊山 지역으로 갔다.

풍운산은 황량하고 외진 자형산 산악 지역에서 쇠똥을 줍고 머슴살이를 하다가 점차 산골마을로 내려가 마침내 한 부유한 집안의 서당 훈장이 되었다. 그는 이곳에서 힘들게 선전과 조직 활동을 이어갔다. 1845년에서 1847년까지 2년 남짓 동안 그는 산간 지역의 주민들, 주로 빈농들 가운데에서 3천여 명의 '배상제회拜上帝會' 신도들을 모았다. 태평천국의 중요한 지도자들 중 많은 사람들이 이 시기 풍운산이 모은 사람들이다. 홍수전과 풍운산이 벌인 활동 중에서도 풍운산이 자형산 지역에서 어렵고 힘들게 벌인 이 활동이 그들의 종교적 전교가 혁명투쟁으로 발전하는데 중요한 열쇠가 되었다.

홍수전은 고향으로 돌아온 후 『원도구세가原道救世歌』와 『원도성세훈原道醒世訓』 등을 저술했다. 홍수전의 이 저술들은 대부분 도덕적이고 종교적인 설교였지만 이미 그 이상의 내용을 담고 있었다. 그는 농민들의 순박한 도덕관념을 발휘시켜 강력한 투쟁 의지를 고취시키고자 했다. 그는 저술에서 "사신邪神을 숭배하지 말고 반드시 바른 사람이 되어야 한다"고 했다. 그는 또 고난을 겪고 있는 농민들에게 투쟁해야 할 가치가 있는 아름다운 미래의 전망을 종교적 방식으로 다음과 같이 묘사했다. "세상의 모든 남자는 다 형제요, 세상의 모든 여자는 다 자매이다." "천도天道는 혼란이 극에 이르면 안정이 오고, 어둠이 극에 달하면 밝음이 오는 것이다. 이 밤이 물러가면 해가 뜨니…… 천하가 일가一家를 이루어 태평을 함께 누리자." 1847년 8월(도광 27년 7월) 홍수전도 자형산으로 가 풍운산과 합류했으며, 그는 이 새로운 종교의 교주이자 지도자로 추대되었다.

당시 중국 사회의 계급투쟁 형세로 볼 때 농민혁명이 일어날 수 있는 객관적 조건이 성숙되었다. 그러나 천지회와 같은 구호나 조직으로는 농민혁명을 촉발시키기에 부족했다. 당시 정세는 이미 새로운 조직과 구호 및 깃발을 요구했다. 홍수전이 서양 자산계급이 가져온 기독교를 접한 것이 우연한 사건이었지만 필연적인 역사가 이 우연한 사건을 통해 실현되었다. 기독교가 홍수전을 사로잡아 중국의 혁명적 농민들에게 영향을 준 것이 아니라 홍수전이 중국 농민혁명의 필요에 따라 기독교의 일부 형식을 이용했던 것이다.

배상제회의 조직은 다음과 같은 몇 가지 특색을 가지고 있었다. 첫째, 이 종교는 하느님(상제)만이 참된 신이고, 지금까지 숭배했던 다른 모든 대상은 마귀이며, 모든 사람은 하느님의 자녀로서 평등하다고 선언했다. 이런 사상은 농민대중을 정신적으로 크게 해방시켰다. 공자나 보살, 염라대왕, 용왕 등 봉건사회에서의 모든 정신적 권위자들은 지주계급 권력의 상징이며 봉건 질서를 수호하는 정신적 세력이었다. 지금 이 모든 것이 마귀인 이상 농민들이 하느님의 편에 서서 마귀의 편에 서 있는 사람들과 싸우지 않을 이유가 무엇이 있겠는가? 모든 사람이 다 평등한 권리를 가진 하느님의 자녀라고 한다면 농민들이 봉건적 계급제도를 분쇄하기 위해 일어서지 말아야 할 이유가 무엇이 있겠는가? 둘째, 이 종교가 가지고 있는 일신론一神論사상은 분산된 생활에 익숙한 농민들을 통일된 조직으로 묶어내는 역할을 했다. 셋째, 이 종교는 간음이나 살인, 탐욕, 도박, 아편 흡연, 음주를 절대 금지하는 엄격한 도덕적 생활을 요구했는데, 이런 요구를 가장 잘 받아들여 조직화에 나선 대중은 주로 빈농이었고, 이들이 또한 전체 운동에서 핵심적 역량이 되었다.

배상제회의 활동은 먼저 향촌의 지주계급들로부터 적대감과 박해를 불러일으켰다. 지주 세력과의 투쟁 과정에서 배상제회의 세력은 급속하게 발전하여, 1849~1850년경에 이르면 이미 1만여 명의 회원들이 광서의 계평, 귀현, 평남, 무선武宣, 상주象州, 박백博白, 육천陸川 등의 현에 분포되었으며, 가장 먼 곳은 광동의 고주高州와 신의信宜 일대까지 퍼져 나갔다. 광서 각지의 천지회 조직이 들고 일어나 무력 봉기를 벌이는 상황에서 배상제회도 무력 봉기를 일으키기로 결정했다. 그들은 군대 편성과 무기 제조 등 만반의 준비를 마친 후, 1851년 1월 11일(도광 30년 12월 10일) 금전촌金田村에서 정식으로 국호를 태평천국太平天國이라 선포하고 봉건 통치 세력에 맞서 무력으로 투쟁할 것을 공표했다.

태평천국의 무장봉기에 참가한 대중은 주로 각 지역의 빈농과 소작농이었다. 자형산의 '숯 굽는 사람들'이 이 봉기에 가장 먼저 참가한 핵심 세력이었는데,

그들은 토지를 전혀 소유하지 못했거나 아주 적게 소유한 빈농이었다. 맨 처음 참가한 사람들 가운데에는 귀현 용산龍山 산간 지역의 광산 노동자와 계평의 부두 짐꾼들도 있었는데, 그들 역시 파산한 농민들이거나 일부는 외지를 떠돌아다니다 온 사람들이었다. 빈농 이외에 경제적 지위가 지주이거나 부농에 속하는 사람도 일부 있었는데, 이들은 관직에 진출한 지 얼마 되지 않아 지위가 높지 않았거나 아예 관직 진출을 하지 못한 경우, 혹은 여러 가지 이유로 사회적 지위가 낮아 권력을 가진 지주 출신 향신들로부터 멸시와 따돌림을 당하였기 때문에 농민혁명의 대열에 합류했다.

홍수전은 봉기 후 천왕天王이라 불렸고 최고 지도자가 되었다. 그 아래에 동왕東王 양수청楊秀淸, 서왕西王 소조귀蕭朝貴, 남왕南王 풍운산馮雲山, 북왕北王 위창휘韋昌輝, 익왕翼王 석달개石達開가 있어 최고 지휘부가 되었다. 이들 가운데 계급별로 보면, 양수청과 소조귀가 빈농이고 위창휘와 석달개는 지주 집안 출신이다. 여기에서 주목할 점은 양수청의 위상이다. 「봉왕조서封王詔書」에 "이상으로 봉한 각 왕은 모두 동왕의 통제를 받는다"고 명시되어 있다. 금전 봉기 10개월 후 동왕은 전군의 지휘권을 장악하였다.

양수청(1820년경~1856)은 광서 계평현 자형산 산간 마을에서 자랐고, 10살이 되기 전에 부모를 잃고 화전을 일구고 숯 굽는 일로 생계를 이어 갔으며 글자를 알지 못했다. 소조귀와 함께 '숯 굽는 사람들'의 두목이었는데, 봉기에 참가한 후 홍수전을 중심으로 한 지도집단에 곧장 흡수됐다. 금전촌 봉기 이전에 양수청은 여러 차례 하느님이 내려와 자신의 몸을 빌려 말을 전했다고 한 적이 있어 '천부天父'(하느님)의 대변인을 맡았다. 소조귀도 같은 방식으로 '천형天兄'(예수)의 대변인이 됐다. 양수청이 전군의 지휘권을 장악한 시기에 태평천국이 신속하게 큰 승리를 거둔 것은 빈농 출신인 그가 비범한 조직력과 지도력을 지녔음을 잘 보여 준다. 천왕을 제외한 다섯 왕 가운데 동왕 다음으로 높은 지위는 서왕 소조귀와 남왕 풍운산이었는데, 두 사람 모두 봉기 1년 안에 전사했다. 태평천국군이 남경에 진입한 뒤에도 양수청은 늘 군사와 정치 전반에 걸쳐 홍수전의 주요 조력자였다.

홍수전을 비롯한 핵심 지도부의 구성은 빈농과 빈곤한 중농이 태평천국운동의 중심에 서 있었다는 사실을 반영하고 있다.

3. 남경 진군

태평천국의 군대는 금전촌 봉기 이후 2년 동안 거듭된 고전을 겪은 끝에 광서성에서 호남성으로 진격하여 호남성 전체를 장악한 뒤, 1853년 1월(함풍 2년 12월) 장강 중류의 중심 도시인 무창武昌을 점령했다. 이어 군대는 무창으로부터 장강을 따라 동진하여 1853년 3월(함풍 3년 2월) 남경을 함락했다. 장강 하류의 이 고도古都는 태평천국의 수도로 선포되었고, 천경天京으로 이름이 고쳐졌다.

이 2년여 동안의 진군은 대체로 성공적이었지만 여러 차례 심각한 위기를 겪었다. 금전촌 봉기 이전에 청 조정은 이미 광서성의 관리와 군대가 현지 곳곳에서 일어나는 반란의 불길을 잡을 능력이 없다는 것을 알아차리고 다른 성의 군대를 그곳으로 이동시키는 한편 전투를 잘하기로 이름난 호남 제독 향영向榮을 광서 제독으로, 또 전 양강 총독 이성원李星沅을 흠차대신으로 임명하여 광서의 군무를 주관하도록 했다. 관청은 처음에 '당비堂匪'와 '회비會匪'라 부르던 천지회의 봉기군만을 주목했는데 금전촌 봉기가 일어난 후 바로 이 봉기군이 그들의 가장 위험한 적이라는 것을 간파했다. 이성원은 본 성과 다른 성에서 파견된 군대 약 1만 명을 모아 향영을 지휘관으로 삼아 태평천국군에 맞섰다.

금전촌은 자형산 남쪽 기슭에 자리 잡고 있었다. 태평천국군은 봉기 후 계림으로 진군할 계획이었으나 향영의 군대가 여러 방면에서 공격해 와 성공하지 못했다. 자형산 산간 일대는 좁은 지역이어서 신생 태평천국군은 고투 끝에 8개월 만에 마침내 동북쪽으로 포위망을 뚫고 사왕思旺 등을 거쳐 몽강濛江 상류의 산성인 영안永安에 이르렀다. 태평천국은 봉기하면서부터 왕을 칭하고 국호를 선포하며 기세를 올렸지만, 이 때문에 너무 일찍 통치자들의 주목을 받았다. 당시 태평천국의 지도자들은 군사 경험이 없었기 때문에 적의 병력이 집중되기 전에 신속하게 이동하고 적의 약점을 노려 집중된 역량으로 일부를 섬멸해야 했는데 그렇게 하질 못했다. 이로 말미암아 그들은 하마터면 적들에게 요람에서 목이 졸려 죽을 뻔했다. 이 8개월 동안의 전투를 겪으면서 그들은 기동작전의 초보적인 경험을 쌓기 시작했다.

영안성을 점령한 태평천국군은 성을 굳게 지키는 데 전념했기 때문에 더 큰 병력의 포위망에 갇혔다. 그들은 반년 후에야 포위망을 뚫고 북상할 기회를 찾았다. 그들은 계림성을 포위해 공격했지만 성공하지 못하자 곧장 호남성으로 진군했다. 전주全州를 지날 때 풍운산이 적의 포탄을 맞아 전사했다. 전주성 북쪽 상강湘江의 사의도蓑衣渡에서 태평천국군은 적의 습격을 받아 심한 타격을 입었다. 이들은 군대를 정비하고 보충하기 위해 호남성의 도주道州와 강화江華, 영명永明 일대에서 두 달 동안 머뭇거렸다. 당시 농민부대가 처음으로 성 경계를 넘자 고향에 대한 향수를 버리지 못해 일부 사람들은 광서로 되돌아갈 것을 요구했다. 양수청이 중심이 된 지휘부는 광서 방면에서 뒤쫓아 오는 적군을 뒤에 떨쳐 두고 계속 전진한다는 전술을 굳게 견지했는데, 이는 당시 상황에서 유일하고도 옳은 방침이었다. 이리하여 그들은 동쪽으로 침주郴州, 북쪽으로 장사長沙를 공격했다. 장사를 포위 공격한 지 한 달이 넘도록 성공하지 못하고 선두부대 지휘관인 서왕 소조귀가 전사했다. 이에 장사 포위를 푼 뒤 그들은 서쪽으로 영향寧鄕을 거쳐 익양益陽에 도착했다. 그들은 이곳 동정호洞庭湖에서 수천 척의 민간 선박을 획득하였기 때문에 동정호를 건넌 뒤 악주岳州(현 岳陽)를 점령할 수 있었다. 청 정부가 각지에서 동원한 대규모 병력이 아직 장사와 익양 일대에 모여들고 있을 때 태평천국군은 이미 악주를 떠나 재빠르게 한양漢陽과 무창武昌으로 진군해 점령했다. 그들은 무창에 한 달도 채 머물지 않고 장강을 따라 동쪽으로 내려가 20여 일 만에 구강九江과 안경安慶, 무호蕪湖를 차례로 점령하고 곧바로 남경南京으로 향했다.

태평천국군의 지휘자와 각급 지휘관 및 전사들의 대다수는 여태껏 전투 경험이 없었지만 실전을 통해 전쟁을 배워 갔다. 청 정부는 이들보다 몇 배나 되는 군대를 동원하여 포위와 추격 작전을 벌였다. 정부군을 통솔하던 위풍당당한 흠차대신과 총독, 순무, 장군들은 얼마 전까지만 해도 고향을 벗어나서는 이름조차 알려지지 못했던 미천한 농민들의 전진을 막지 못하고 하나같이 패배했다.

금전촌 봉기 때 태평천국군의 수는 약 2만 명이었고, 그중에 전투력을 갖춘 병력은 절반인 1만 명을 넘지 못했다. 그 후 병력이 점차 확대되어 영안을 점령했을 때 전체 수가 4~5만 명에 달했으며, 전투력을 갖춘 사람이 약 2만 명이었다. 사의도 전투에서 심한 타격을 받고 호남성에 진입했을 때는 그 수가 1만 명이 채 안 되었으나 호남성과 호북성에서 점차 10배 이상으로 확충되었으며, 무한에서 동쪽으로 진군할 때는 이미 50만 대군이라 불렸다.

태평천국군이 가는 곳마다 수많은 빈곤하거나 땅을 잃은 농민들, 이미 유민이 되어 떠도는 무리들, 버리기에 아까운 '항산恒産'이라고는 하나 가진 게 없는 노동자들, 예를 들어 호남의 침현郴縣과 귀양 일대 산간 지역의 광부들, 상강湘江의 뱃사공, 수상생활자, 부두의 짐꾼, 도시의 수많은 대장장이와 목기 장인, 소상인, 가마꾼 등이 태평천국군의 대열에 몰려들었다. 이미 '산속으로 숨어 도적이 된' 가난한 사람들도 무리지어 이 군대에 가담했는데, 이들 대부분은 천지회 조직에 속했던 사람들이다.

천지회 조직과 관계를 어떻게 설정할 것인가 하는 문제는, 계급 관계에서 보면 곳곳에 떠도는 유민을 어떻게 대할 것이냐 하는 문제와 같았다. 광서와 호남, 호북 지역에는 천지회 조직이 매우 많았다. 천지회의 참여를 거부한다면 태평천국군은 자신의 대오를 넓힐 수 없고, 유민들의 나쁜 습성이 그대로 스며들게 내버려둔다면 이 군대는 조직과 기율을 유지할 수 없음은 물론 엄정한 정치적 면모도 유지할 수 없는 상황이었다. 이것이 태평천국군이 직면한 중요한 문제였다.

일찍이 금전촌 봉기 때 많은 천지회 조직원들이 참가했는데, 그중에서도 가령 나대강羅大綱과 같은 인물은 남경으로 진군할 때 이미 태평천국군의 중요한 장수가 되었다. 그러나 장교張釗와 전방田芳 등과 같은 인물은 딴마음을 품고 기회를 엿보기도 했다. 그들은 원래 나대강과 한 무리였고 모두 심강潯江을 누빈 '수상 비적'(艇匪)의 우두머리들이었다. 태평천국군 측은 이들과 연합을 제의했지만, 나대강 이외의 인물들은 한편으로 배상제회의 엄격한 규율을 두려워했고, 다른 한편으로는 청 조정이 이때 그들에게 귀순 공작을 벌였기 때문에 결국 위 두 사람은 태평천국군에 참가하지 않고 정부군 편에 섰다. 그리고 그들과 접촉했던 일부 배상제회 인물들도 그들의 영향으로 동요했다. 예를 들면 광서 무이현의 천지회 우두머리인 진아계陳亞癸는 일찍이 태평천국군과 협력할 것을 표명했으나, 실제로는 여전히 대중과 동떨어진 비적 노릇을 계속하다 일찌감치 적에게 섬멸당했다. 또 횡주橫州에서 무리를 모아 강도짓으로 이름을 날리다 욱강郁江 연안의 거물로 성장한 장가상張嘉祥은 후에 정부군의 귀순 제안을 받아들여 향영向榮의 휘하에서 크게 활약했다.

이러한 초기의 경험은 태평천국의 지도자들에게 경각심을 불러일으켰다. 태평천국은 자신의 대열에 참가하는 모든 사람들에게 반드시 배상제회의 신자가 되어 신앙을 가지고 조직의 규율에 복종할 것을 요구했다. 이것은 농민혁명을 무너뜨릴 수 있는 나쁜 습성에 휘둘리지 않으면서 자신의 대오를 지속적으로 확장하기 위해 그들이 취할 수 있는 최선의 방법이었다.

종교적 미신은 봉건시대의 농민들에게 있어서 정신적으로 무거운 짐이었다. 무산계급이 혁명을 이끌기 이전 농민들이 해방을 위해 투쟁하면서 이 부담을 완전히 벗어나기 어려웠다. 그들은 반란을 일으킨 목적과 방향을 밝히고 그 반란의 정당성을 논증할 수 있는 과학적인 정치언어를 가질 수 없었기 때문에 흔히 종교언어에 의존할 수밖에 없었다. 태평천국의 영웅들은 농민들을 위한 상제를 만들어 봉건 지배계급이 인민을 우롱하는 데 사용하는 일체의 마귀들에 대항했으며, 이 상제의 이름으로 대중의 혁명의식을 자극하고 조직했다. 그들은 반란을 일으킨 목적이 일시적으로 잘 먹고 잘 살기 위한 것이 아니라 모든 곤궁한 인민의 원대한 복리를 보장하는 신성한 것이며, 만주족 황제를 몰아내는 데 그치지 않고 상제의 뜻에 부합하는 천국을 건설하는 것이라고 선포했다. 이것은 천지회의 구호보다 훨씬 더 깊은 내용을 담고 있었기 때문에 억압받는 농민대중을 진정으로 격동시킬 수 있었다. 이처럼 선진계급의 지도를 받지 못한 농민대중들은 종교적 미신에서 그들의 혁명적 언어와 사상적 무기를 찾을 수밖에 없었는데, 이것은 당연히 큰 약점일 수밖에 없었다. 여기에서 우리는 다음과 같은 두 가지를 지적할 수 있다.

첫째, 태평천국은 종교의 힘에 의지해 자기 대열 내부의 통일성을 유지하였지만, 그들 이외의 여러 농민혁명 세력의 입장에서 보면 그들의 종교는 편협된 종파주의로 비쳤다. 태평천국군이 북상하자 광동과 광서에서는 곳곳에서 농민봉기가 연달아 일어났는데 천지회가 조직하고 지도한 것이 대부분이었다. 그 가운데 어떤 봉기는 기세가 결코 약하지 않았지만 이전 농민혁명이 걸었던 길을 따랐기 때문에 각자 제멋대로 행동하다가 얼마 가지 않아 적에게 섬멸당하곤 했다. 태평천국군이 사람을 보내 그들과 연대를 도모했지만 그들을 지도하고 향상시키는 데 도움을 줄 수 없었으며, 따라서 그들이 자생자멸하는 것을 지켜볼 수밖에 없었다.

둘째, 태평천국 내부의 경우, 종교적 무기만으로는 결국 유민의 습관과 농민 대열에 참가한 지주계급 분자들의 의식을 제대로 개조할 수 없었다. 남경을 공략한 후 혁명의 형세는 이전과 분명히 달라졌다. '천경天京'이 이미 세워졌으니 '천국天國'이 바로 눈앞에 다가온 듯했다. 천하를 차지하기 위한 전투 과정에서 태평천국군은 농민혁명을 파괴할 수도 있는 유민과 기타 세력들을 성공적으로 통제했고, 온갖 좌절을 경험하면서 자신들의 역량을 입증했다. 그런데 이제는 승리가 그들을 시험하게 되었다. 남경을 손안에 넣은 것이 전국적 승리와 거리가 멀었으며, 그들에게 더 심각한 문제를 던져 주었다.

4. 북벌北伐과 서정西征

모택동은 유격전쟁에서의 근거지 구축 문제를 논하면서 "역사상 수많은 떠돌이 비적匪賊 방식의 농민전쟁이 있었지만 성공하지 못했다"[1]고 지적했다. 봉건시대 농민전쟁의 역사적 조건이 이런 떠돌이 비적 방식을 낳았다. 특히 유민들 사이에서 이러한 방식은 깊은 뿌리를 가지고 있었다. 태평천국의 대열 내부에 많은 유민적 요소가 있었는데, 이러한 역사적 조건이 떠돌이 비적 방식의 전쟁 전통에서 벗어날 수 없게 했고, 또한 근거지 구축의 문제도 제대로 해결할 수 없게 했다.

자형산 지역은 태평천국군의 발원지이지만 근거지가 되지 못했다. 태평천국군은 광서에서 출발하여 근거지가 없는 전쟁을 벌였고, 점령한 시골과 도시를 모두 곧장 포기했다. 그들의 진군은 봉건 통치 세력을 크게 뒤흔들었지만, 천경에 진주한 이후 전국적으로 총동원한 적의 포위공격에 직면하지 않을 수 없었다.

이때 태평천국은 2만 명가량의 군대를 파견해 계속 북상했다. 이 부대는 1853년 5월(함풍 3년 4월)에 양주揚州를 출발하여 빠르게 안휘安徽와 하남河南을 통과한 뒤 정주鄭州 서쪽 지역에서 황하를 건너 산서山西로 우회하여 8월 하순에 직예성直隷省에 진입했다. 이 부대는 천경과 연락이 완전히 두절되어 전혀 소식도 통하지 않았다. 당시 홍수전과 양수청이 이 부대에게 준 방침은 적이 남경을 중심으로 집중된 틈을 타 곧바로 청 왕조의 수도를 공격하는 것이었다. 그들은 남경을 점령한 경험을 바탕으로 적은 규모의 고립된 부대만으로도 북경을 점령할 수 있을 것이라고 생각했음이 분명했다. 그렇지만 이런 소규모의 부대는 기동작전을 펼치면서 부패하고 무능한 봉건 통치계급의 군대를 지치게 만들 수는 있었지만, 대규모 병력으로 굳게 지키고 있는 큰 성을 공략하기는 어려웠다. 결국 이 부대는 직예성에 진입한 후 보정保定 방향에서 북경을 정면으로 공격하는 것이 불가능하다는 것을 알고 동쪽으로 꺾어 천진성天津城 근처에 이르렀다. 이곳이 이 용감한 부대가 도착한 최북단 지역이다. 이 부대가 장강에서 여기까지 오는 데 반년이 채 걸리지 않았다. 하지만 이 부대는 여기에서 적의 극렬한 저항에 부딪혔고 혹독한 겨울 날씨도 어려움을 가중시켜 1854년 2월(함풍 4년 정월) 남쪽으로 철수하지 않으면 안 되었다.

이 부대의 지휘관은 임봉상林鳳祥과 이개방李開芳, 길문원吉文元이었다. 이들은

---

1) 모택동, 『모택동선집』 제2권(인민출판사, 1991년판), 418쪽.

모두 광서의 빈농 가정 출신으로 금전 봉기 때부터 태평천국군에 참여했다. 이들은 이 진군을 지휘하는 동안 매우 용감하고 완강하며 끝까지 굽히지 않고 싸웠다. 이들이 지휘한 부대는 2년 동안 6개 성省을 누비고 수천 리를 행군하며 청 왕조 통치의 심장부를 뒤흔들었다. 그러나 그들이 수행한 군사전략은 실패를 면하기 어려웠다. 북벌군은 점령한 곳에서 대중의 참여와 봉기를 이끌어 내지 못했고, 천진 부근에서 저지당하여 후퇴하는 상황에서 병사들의 사기가 떨어지는 것을 막지 못하여 후퇴한 이후로 기동작전의 능력을 잃었다. 부성阜城으로 후퇴하여 포위되었을 때 길문원이 전사했다. 임봉상과 이개방이 부성의 포위망을 뚫은 후 각각 부대를 나누어 직예성의 연진連鎭과 산동성의 고당高唐(후에 荏平 馮官屯으로 철수)을 사수했지만 포위되어 10개월과 1년 만에 끝내 전멸되었다. 태평천국은 천경으로부터 몇 차례 구원군을 북상시켰지만 모두 성공하지 못했다.

태평천국이 천경을 도읍으로 정한 후 천경 이외에 거점을 확보한 곳은 진강鎭江과 양주揚州 등 몇 개에 지나지 않았다. 남경성 밖 효릉위孝陵衛와 자금산紫金山 일대에 청의 대규모 부대가 주둔하고 있었는데 이를 '강남대영江南大營'이라 불렀으며, 장강 북안 지역에도 '강북대영江北大營'이라는 청의 부대가 양주성 밖을 중심으로 주둔하고 있었다. 이처럼 천경은 적의 포위 속에 있었다. 이런 상황에서 그들이 북벌에 동원할 수 있는 병력은 예비부대밖에 없었다. 이들의 주력부대는 강남대영과 강북대영을 상대하는 것 외에도 남경 서쪽인 장강 상류 지역으로 진군했다. 장강 상류 지역을 쟁탈하는 것은 천경을 지키기 위해 반드시 필요했던 것이다.

1853년 5월(함풍 3년 4월) 태평천국군은 북벌부대를 출동시키는 동시에 서정西征도 함께 시작했다. 이번에는 도시를 빼앗고 땅을 점령하는 근거지 확보를 위한 전투였다. 먼저 태평천국군은 이해에 안휘성의 안경安慶과 여주廬州(지금의 合肥) 등지를 점령했으며, 강서성에서는 청나라 군대와 치열한 전투 끝에 남창南昌을 점령한 뒤 포위망을 뚫고 북상하여 8월에 구강九江을 점령했다. 다음 해 태평천국군은 다시 호북성에 진입하여 무창을 재차 점령하는 한편 서쪽으로 더 진군하여 형문荊門과 의창宜昌을 한때 점령했다. 이는 태평천국군이 장강을 따라 도달한 가장 서쪽 지역이다. 같은 해 그들은 호남성에도 진입했는데 이곳에서 가장 강력한 적군인 증국번曾國藩(1811~1872)의 상군湘軍과 마주쳤다. 상군은 정항靖港 전투에서 패배한 후 전열을 재정비하여, 이해 하반기에 청나라 부대와 함께 반격에 나서 호남성의 악주岳州와 호북성의 무창을 탈환하는 한편 태평천국군이 점령하고 있던 구강을 포위 공격했다. 호남성과 호북성에서 밀려난 태평천국군은 주요 병력을 집중시켜 상군과 대적해 12월에는 호구湖口와 구강 부근에서 상군에게 큰 타격을 주었다. 이리하여 그들은 1855년 2월 중순에 세 번째로 무창을 점령했다. 이 무렵 태평천국군은 광동성 방면에서 북상해 온 일부 천지회의 봉기 세력과 협력하여 강서성의 대부분 지역을 점령했다. 증국번의 상군 주력부대는 강서성 동북의 한 구석 지역만 겨우 지켜냈다. 1856년 5월 태평천국군은 향영이 통솔하는 강남대영을 다시 격파했다. 이때 태평천국군은 서쪽의 무한으로부터 동쪽의 진강까지 장강 천 리를 장악하게 되었다. 북벌군은 완전히 패배했지만, 장강 중하류에서 태평천국군은 이처럼 전성기를 누렸다.

여기에서 태평천국군이 맞닥뜨린 가장 흉악한 적인 증국번의 상군에 대해 살펴보기로 한다. 청의 정규군인 '녹영綠營'은 이전 대내적으로 백련교白蓮敎 전쟁과 대외적으로 아편전쟁에서 이미 부패와 무능을 드러냈다. 태평천국이 처음 봉기를 시작했을 때, 청은 전국 녹영의 주력 군대를 동원하여 태평천국군을 추격하였지만 아무런 전과가 없었다. 녹영군으로 구성된 강남대영과 강북대영은 남경 부근을 수년 동안 지켰으나 태평천국군이 드나드는 것을 그저 지켜보기만 했다. 이에 봉건 통치자들은 녹영군을 믿고서 태평천국군을 이길 수 없다는 사실을 알게 되었다. 이때 증국번이 나와 혁명에 맞서는 상군을 새롭게 조직했으며, 태평천국 토벌전쟁 과정에서 그는 점차 중심인물로 부상하였다.

증국번은 부농의 지주 출신으로, 1838년(도광 18) 진사시에 합격하여 10여 년 동안 경관京官을 지내면서 예부시랑 겸 병부시랑에까지 올랐다. 1852년(함풍 2) 그는 모친상을 당해 고향인 호남성 상향湘鄉의 집으로 돌아와 머무르고 있었는데, 조정은 그에게 고향에서 '단련團練'을 조직하라는 명령을 내렸다. 이때부터 그의 태평천국에 대적하는 작업이 시작되었다. 단련은 이때까지 각 지방에 흩어져 있던 지주들의 무장 조직일 뿐이었다. 이러한 지주들의 분산된 무장 조직은 태평천국군과 같은 대규모의 강력한 농민 무장 조직에 맞서는 데는 무용지물이었다. 그런데 증국번은 이제까지 단련의 낡은 방식을 버리고 녹영에 필적하는 정규군을 구성했다.

증국번 상군의 중추는 봉건 전통사상을 견지하면서도 관직에 나간 적이 없는 독서인讀書人으로 대부분 중소지주와 부농 출신의 지식분자였다. 그는 동향同鄕과 사제師弟 등의 관계를 이용하여 이들을 모집했다. 그는 산간벽지의 '농부 기질을 지닌 자'를 모집하여 부대를 조직하자고 주장했다. 그가 산간벽지를 택한 것은 외부 세계에서 일어난 혁명의 영향을 받지 않았다는 점 때문이며, '농부 기질을 지닌 자'를 마음에 들어 한 것은 사상적 낙후성을 이용하고자 한 것이다. 상군은 대부분 지방의 군대와 치안을 담당하는 관리들이 직접 자신의 고향에서 모집하였기 때문에 깊은 봉건적 예속 관계에 묶여 있었다. 병사들은 녹영보다 약간 높은 대우를 받았으며, 모집할 때 신원보증서를 받고 주소와 가족의 성명, 지문을 모두 등록하게 해 탈영과 반란을 방지하는 데 쉽도록 했다. 이러한 규정에서 볼 수 있듯이 증국번은 확실히 깊은 계책을 가지고 새로운 반혁명 무장 조직을 구성했다.

태평천국전쟁 시기의 봉건 통치 세력은 물론 매우 부패했지만, 2천여 년 동안 중국을 통치한 역사를 통해 풍부한 정치적 경험을 쌓은 지주계급은 결코 손 놓고 죽음을 기다리지만은 않았다. 태평천국이 중국 대륙의 절반을 휩쓸고, 예비부대만으로 수도 일대를 위협할 때 청 정부는 확실히 위급한 상황에 빠졌다. 하지만 이런 때일수록 마치 죽음을 앞둔 생명체처럼 그 내부에 남아 있는 모든 생명력을 동원하기 시작했다. 상군을 조직한 증국번과 강충원江忠源, 나택남羅澤南, 호림익胡林翼 등이 바로 이 위급한 순간을 맞아 동원된 세력이었다. 그들은 대부분 높은 관직을 지낸 명문 가문 출신이 아니었다. 그들은 거인과 진사시에 합격하여 '신사紳士'의 면모를 유지하고 있었기 때문에 오랫동안 고위 관직에 있었던 관료들보다 대중들을 잘 파악하고 있었고 부잣집 자제들보다 훨씬 유능했다. 또한 그들은 세상 물정에 비교적 익숙했기 때문에 소지주와 부농들이 가진 신분 상승의 열망을 반혁명 작업에 잘 이용할 줄 알았다. 청 정부는 이들을 통해 농민혁명의 대폭풍 앞에서 중소지주와 부농, 지식인들을 결집시켰고, 이들의 영향을 받은 낙후된 대중을 이용하여 난관을 헤쳐 나갈 수 있었다.

증국번은 장사(長沙)에서 단련을 조직할 때부터 이미 많은 사람을 죽였기 때문에 '증체두(曾剃頭)'라는 별명을 얻었다. 그는 당시 "지난 삼사십 년 동안 죽였어야 했는데 죽이지 않은 자들이 산골짜기에 가득 차서 마침내 오늘날 도적의 재앙을 만들었다"고 말했다. 그는 본분을 지키지 않는 백성들을 너무 적게, 그리고 너무 늦게 죽였다고 생각했다. 이들 '신사'들은 자신들의 모든 행위가 다 봉건주의를 수호하기 위한 것이라는 충분한 '이론적' 근거를 가지고 있다고 여겼기 때문에 반란을 일으킨 농민을 학살할 때 아주 악랄했다. 증국번의 표현을 빌리자면 "신사들이 사람을 죽이게 된 것은 당시 형세가 그렇게 만들었기 때문이다."

1854년(함풍 4) 상군이 호남성과 호북성에서 태평천국군을 반격했는데, 이것이 태평천국이 봉기한 이후 청군이 거둔 최초의 승리다운 승리였다. 이후 상군은 다시 태평천국군의 반격을 받아 수세에 몰렸지만, 청 정부는 상군의 전력이 녹영군을 능가한다는 사실을 인정하지 않을 수 없었다. 태평천국전쟁 후기로 갈수록 상군은 청의 유일한 주력부대가 되었다.

5. 천조전무제도

농민혁명의 이상은 궁극적으로 무엇이었는가? 봉건적 착취로부터 해방을 쟁취한 농민들은 도대체 어떤 사회를 건설하려고 했는가? 2천여 년 동안 이어져 온 봉건시대의 모든 농민혁명은 모두 이 문제를 제기했고, 또한 이 문제에 대해 답하려고 시도했다. 태평천국의 영웅들은 이 문제에 대해 농민계급이 보다 선진적인 계급의 영도를 받지 못하는 역사적 상황에서 내놓을 수 있는 가장 완벽한 대답을 내놓았다. 그들은 "세상 사람이 다 형제"이고, "마귀를 쓸어버리고 천하를 태평하게 하자"와 같은 대책 없이 크고도 모호한 언어에 머무르지 않고, 농민들의 이상사회를 만들기 위한 구체적인 계획을 제시했다. 이것이 바로 태평천국이 남경에 도읍을 정한 후 정식 문건으로 선포한 「천조전무제도天朝田畝制度」였다.

태평천국은 처음부터 완벽한 군사 조직을 만들었다. 5명을 하나의 '오伍'로 편성하고 그 가운데 1명을 '오장伍長'으로 삼았다. 그리고 5명의 오장 위에 1명의 '양사마兩司馬'를 두고 4명의 양사마 위에 1명의 '졸장卒長'을 두었으며, 5명의 졸장 위에 1명의 '여수旅帥'를, 5명의 여수 위에 1명의 '사수師帥'를, 5명의 '사수' 위에 1명의 '군수軍帥'를 두었다. 1명의 군수는 총 13,155인을 관할하였으며, 그 위로 '정군사正軍師'가 '총제總制'와 '감군監軍'을 파견하여 각 군수를 지휘했다. 이러한 군사편제는 산만한 농민 대오를 엄격한 규율을 가진 통일된 전투 집단으로 만들었다. 처음 봉기할 때 태평천국군에 참가한 사람들은 대부분 온 가족이 함께 참가했다. 그들은 조금이라도 전답과 재산이 있으면 모두 팔아 '성고聖庫'에 맡겼다. 부자들도 참가할 때는 모두 이 조건을 받아들여야 했다. 작전에서 노획한 모든 재물은 반드시 공적 기관에 바쳐야 했으며, 사사로이 취하고 숨겨 두는 것을 절대 금지했다. 전군에 대체로 균등한 배급제를 실시했는데, 이 제도는 상당히 오랫동안 유지되었다. 군대의 전투력을 유지하는 데 중요한 역할을 한 이러한 군사 조직의 경험은 「천조전무제도」라는 문건의 바탕이 되었다.

이 문건은 토지제도뿐만 아니라 사회조직 전반에 대해 제시했다. 토지제도가 제목에 채택된 것은 토지가 누구의 소유이며 어떻게 분배되는지 농민들이 혁명에서 가장 관심을 가졌던 사항이었기 때문이다. 한편으로 이 문제는 봉건적 사회제도를 무너뜨리는 데 있어서 가장 중심적인 사항이기도 했다.

「천조전무제도」가 제시한 원칙은 토지의 균등 분배였다. 그 구체적인 방법은 토지를 가구별 가족 수에 따라 균등하게 분배하는 것인데, 사람 수가 많으면 많이 분배하고 적으면 적게 분배하는 방식이었다. 15세 이하 자녀는 성인의 절반을 분배했다. 문건은 토지를 산출량에 따라 상의 상등급에서 하의 하등급까지 모두

9등급으로 나누도록 규정했는데, 이는 분배의 내용적 균등성을 확보하기 위해서였다. 이러한 토지 분배 방식의 전제는 지주의 토지 소유권을 박탈하고 지주가 소유한 모든 토지를 몰수하는 것이었다. 이 문건에서는 "하늘에 계신 상제께서 내린 큰 복을 세상 모든 사람들이 함께 누려야 하니, 땅이 있으면 함께 갈고, 밥이 있으면 함께 먹고, 옷이 있으면 함께 입고, 돈이 있으면 함께 써 고르지 않은 곳이 어디에도 없으며 추위와 배고픈 자가 없어야 한다"고 했다. 이 농민혁명의 강령은 이처럼 대담하게 지주계급의 소유권을 부정하고, 토지는 '세상 모든 사람들'의 공유라고 주장했다.

「천조전무제도」는 나아가 이상사회의 구조를 그렸는데, 이것은 태평천국군에서 이미 효과적으로 시행하고 있던 조직체계를 사회 전체로 확대해 옮겨 놓은 것이다. 군수 1명이 13,155호를 관할하고, 군수 아래에 단계적으로 사수와 여수 등을 두었으며, 기층에는 25호(5개의 오)마다 1명의 양사마를 두었다. 문건에서는 "무릇 수확할 때면 양사마가 오장을 감독하고, 25호의 모든 가족이 다음 해 햇곡이 나올 때까지 충분히 먹을 수 있는 양을 제외하고 나머지는 국고에 귀속한다"고 했다. 국고는 각 25호마다 하나씩 설치하고, 양사마는 국고 수입을 한 등급 높은 군 조직에 바치되 "돈과 곡물의 양을 장부에 기록해" 두기만 했다. "모든 혼례와 미월彌月 경사는 국고에서 지급하되 제한을 두어 한 푼도 더 쓸 수 없다. 집안에 혼례와 미월 경사가 있으면 현금 1천과 곡식 1백 근을 지급하며 온 나라에 똑같이 적용한다." "홀아비와 과부, 자식이 없는 자와 부모가 없는 자"는 "모두 국고로 부양한다." "25호 가운데 도공과 철공, 목공, 석공 등의 장인은 모두 오장·오졸로 임명하고 농한기에 업무를 처리한다." 이처럼 양사마가 관할하는 25호가 이상적인 공유제 사회의 기본적 경제단위가 되었다.

양사마를 우두머리로 하는 25호가 공유제의 경제단위인 동시에 문화교육과 무장자위, 사법행정의 기능을 수행하는 단위이기도 했다. 25호당 '예배당' 한 곳을 세워 양사마가 그곳에서 성경을 읽고 가르쳤다. 민간의 소송은 양사마가 처리했고, 해결이 되지 않으면 한 등급 위 군수에서부터 천왕에게까지 단계별로 상고할 수 있었다. 양사마는 또한 매년 한 차례 소속된 각 가정에서 인재를 뽑아 상부에 추천할 책임이 있고, 상급 기관은 단계별 심사를 거쳐 관직에 임명하도록 천왕에게 건의했다. 이미 관직에 있는 자에 대해서도 이 문건은 승진과 강등의 제도를 자세히 규정했다. 즉 각급 '수령'이 매년 한 차례 그들의 '훌륭한 행적'과 '잘못된 행적'의 유무를 심사하여 단계별로 보고하고, 최종적으로 천왕이 '특별 승진'이나 '강등과 좌천'을 결정했다.

    이것이 바로 「천조전무제도」가 그려 놓은 이상사회와 이상국가의 밑그림이었다. 이 그림이 매우 거칠기는 하지만 그 윤곽은 매우 분명했다. 이 그림 속에는 현실과 이상, 철저한 투쟁과 비현실적 공상이 뒤섞여 있다. 여기에는 혁명의 불길로 타오르는 대담한 상상이 있기도 하지만 소생산자의 좁은 현실주의도 잘 드러나 있으며, 또한 역사적 선견지명이 번쩍이면서도 구시대의 무거운 그림자가 드리워져 있다.

    이것은 봉건적 착취제도를 청산한 다음 어떠한 착취제도도 용납하지 않는 공유사회의 건설을 선포한 가난한 농민들의 반봉건적 혁명 강령이었다. 여기에는 봉건적 지주 토지 소유제와 타협할 여지가 전혀 없을 뿐만 아니라 농민들의 소토지 소유자로서의 사유욕과도 결별하려는 의지를 어느 정도 담고 있었다. 태평천국군에 가담한 소농들은 이미 자신들이 소유한 소규모의 토지를 포기했으며, 전쟁의 불길은 그들로 하여금 소토지 사유의 울타리를 뚫고 미래의 이상적인 사회를 창조적으로 구상하게 했고, 자신의 손으로 이러한 천국을 건설할 수 있다고 생각하게 했다. 그러나 그들은 결국 소규모 생산자의 경험만 가지고 있었을 뿐이다. 그들이 꿈꾸었던 천국은 2천여 년 동안 소농들이 소농업과 가내수공업을 결합한 삶에 익숙하고 폐쇄된 협소한 농촌의 자급자족적 경제였을 뿐이다. 봉건적 착취제도 아래에서는 그들이 이런 고된 생활을 해도 안정된 생활을 보장받지 못했는데 이제 그들이 꿈꾸는 천국은 모든 사람들에게 이런 생활을 약속하려고 했다. 그들이 상상한 이상적인 사회는 대단히 아름다운 듯했지만 현실은 매우 암담했다. 이런 평균주의로는 결코 이상적인 천국을 만들 수 없고, 오히려 빈궁한 세계가 지속될 수밖에 없다는 것을 그들은 생각지 못했다.

참혹한 전쟁 속에서 농민들은 꿈과도 같은 '도화원桃花源'의 환상을 갖지 않았다. 그들은 국가도 군대도 정부도 필요 없는 세상을 기대하는 어리석은 망상에 젖지 않았다. 그들은 천왕을 필두로 한 통일되고 집중된 나라를 만들고, 또한 농민들이 상상할 수 있는 방법으로 이 나라에 민주적 색채를 입히려고 했다. 그렇지만 그들은 소농업과 가내수공업을 결합한 분산된 소생산을 토대로 하여서는 봉건적 전제주의 정권을 낳는 외에 다른 것이 생겨날 수 없다는 것을 물론 생각지 못했다.

소농들이 그린 이 이상국가의 그림에는 도시도, 상업도, 독립된 수공업도 없다. 이런 것들은 농민의 자급자족적 사회에서는 존재할 여지가 없다. 실제로 태평천국군은 남경에 입성한 뒤 한때 원래의 도시를 해체하고 상업을 없애려 들기도 했다. 이들은 천경성 안의 모든 관료와 대지주의 주택, 소속 재산을 모두 몰수하는 한편 각종 상점의 물자도 사실상 전부 몰수했다. 모든 물자는 한데 모아 분류, 저장되어 군대, 즉 국가 소유의 재산이 되었다. 주민들은 모두 남녀로 나뉘어 태평천국군의 군사 조직에 편입되었다. 수공업자들은 군대 소속의 '제장영諸匠營'과 '백공아百工衙'에 편입되었다. 따라서 도시 전체가 사실상 하나의 큰 병영으로 변했다. 이들은 "모든 물자는 다 천부天父께서 주신 것이니 돈으로 살 필요가 없다"고 선언함에 따라 상업은 저절로 폐지되었다.

이런 정책은 농민들이 생각해 낼 수 있는 도시에 대한 가장 '혁명적인' 정책이었다. 중국 봉건사회에서 도시는 농촌을 착취하고, 도시에는 지주, 상인, 고리대금업자가 도사리고 있었다. 반란을 일으킨 농민들은 그들이 채택할 수 있는 방법으로 도시에 보복을 실행한 것이다. 태평천국의 영웅들은 단순히 도시를 몽땅 빼앗고 태울 것이 아니라 질서 있게 자신들의 사회제도에 편입시켜야 한다고 생각했다. 그런 점에서 태평천국은 단순한 떠돌이 비적주의보다는 앞섰지만, 사실상 이는 현실 사회를 후퇴시킨 것이며, 이러한 철저한 자급자족의 주장은 낮은 단계의 상품경제사회보다도 후퇴한 것이었다.

당시 중국의 일부 지역, 특히 태평천국군이 점령한 장강 중하류 지역에는 상품경제가 상당히 발달하여 상업을 없앤다는 것은 불가능했다. 얼마 지나지 않아 태평천국군은 천경성 밖의 각종 상점 설립을 특별히 허용하고, 판매되는 화물을 '성고聖庫'에서 지급했다. 이것은 일종의 공영 상점이라고 할 수 있다. 하지만 성고가 끊임없이 물품을 공급할 수가 없었기에 이런 공영 상점은 오래가지 못했다. 그들은 강제적인 방법으로 도시의 상업을 없앨 수 있었지만, 농촌의 시장교역은 어떻게 해도 없앨 수 없었다. 군사적 상황이 다소 안정되기만 하면 농촌의 시장교역은 저절로 회복되었다. 후기로 오면서 태평천국군은 강남 지역에서 초기의 상업정책을 유지할 수가 없어서 도시에서도 시장을 개방할 수밖에 없었다. 법령을 준수하는 조건 아래 자유교역을 허용한 것이다. 「천조전무제도」는 상품경제라는 '마귀'를 인정하지 않았지만, 태평천국의 영웅들은 실생활에서 그 존재를 부인할 수 없었다는 사실이 드러났다. 태평천국의 도시 정책이 치명적인 약점을 지니고 있었고, 그들은 사회 전체를 착취제도가 폐지된 자급자족적 농촌으로 구성하였지만 실현 불가능한 공상에 불과하다는 것이 아주 명백해졌다. 「천조전무제도」에서 제시한 사회제도는 사실상 제대로 시행된 적이 없었고 시행될 수도 없었다.

남경에 진입하기 이전 유동 작전 중에도 전무제도를 실시했다고 말할 수 없다. 청나라의 공식 기록에 따르면, 당시 태평천국군은 이르는 곳마다 "부자는 돈과 양식을 바치고 가난한 사람은 힘을 바치라"는 포고문을 붙였다. 남경에 진입하고 다시 강서와 호남 일대를 장악했을 때 농촌 문제의 해법을 더 이상 해결하지 않을 수 없었다. 그들은 농촌에서 「천조전무제도」의 규정에 따라 군수, 사수, 여수, 졸장, 양사마, 오장 등의 관직을 두었다. 어떤 곳에서는 "천하 농민의 미곡과 상인의 자본은 모두 천부의 소유이니 모두 성고에 귀속시켜야 하고, 매년 어른은 한 섬, 아이는 다섯 말을 주어 식량으로 한다"[2]라는 포고를 내붙였다. 이 역시 「천조전무제도」의 정신에 따른 것이다. 그러나 정말 이렇게 한다면 농민과 소상인의 모든 소유권을 박탈하고 국가가 전체 인구를 부양할 책임을 져야 하는데, 이는 불가능한

---

2) 張德堅, 「賊情彙纂」, 『太平天國資料』 제3책, 272~275쪽.

일이었다. 그들은 실제로 이렇게 한 적도 없다.

그들은 다만 농민들 각자가 땅을 경작하고 매년 일정액의 식량을 국가에 바치도록 했다. 태평천국군이 서정에 나설 때 천왕은 동왕과 북왕, 익왕이 함께 건의한 "곡식과 세금을 옛날처럼 모두 국가에 납부하도록 하는" 정책을 받아들였다. 이를 보면, 태평천국은 경제·정치적으로 농촌의 지주계급을 타격하여 농민들이 지주에게 소작료를 바치는 것이 아니라 직접 국가에 세금을 내도록 한 것임을 알 수 있다. 다시 말하자면 「천조전무제도」의 혁명적 측면이 어느 정도 실시된 셈이다. 토지를 절대적으로 균등 분배하고, 최저생계비를 제외한 모든 잉여 식량과 재산을 국고에 귀속시키겠다는 발상은 실행되지 않았을 뿐만 아니라 실행도 불가능했다.

여기에서 태평천국이 점령한 농촌에서 지주의 통치권과 봉건적 토지소유제에 대한 타격의 정도가 대단히 불균형적이었고 심지어 많은 곳에서는 매우 철저하지 못했던 점을 지적할 필요가 있다. 어떤 지방은 형식적으로는 향관鄕官제도를 설립했지만 실제로는 지방 농촌에 대한 지주의 지배적 지위를 없애지 못했다. 이른바 향관(즉 양사마, 졸장)이란 모두 그 지역 주민 중에서 선발된 것이다. 지주 세력이 심각한 타격을 입은 곳에 세워진 향촌 정권은 물론 혁명적 성격을 많이 가졌지만 적지 않은 곳에서 향관을 맡은 인물은 옛 지주나 지주의 앞잡이와 같은 인물인 경우가 많았다. 이런 향관으로는 당연히 진정한 혁명질서를 세울 수 없었던 것이다.

위의 상황은 태평천국이 농촌과 도시를 성공적으로 관리하지 못했음을 보여준다. 하지만 충분히 이해가 간다. 단순한 농민혁명은 한차례의 폭풍우와도 같이 봉건적 통치 질서에 심각한 손상을 줄 수는 있지만 낡은 질서를 대체할 수 있는 새로운 제도의 수립을 보장할 수는 없다. 태평천국의 지도자들이 「천조전무제도」에서 제시한 방안은 물론 통하지 않는다는 것이 증명되었고 그들이 한 실험도 결국 실패했지만, 그들의 경험은 중국 혁명 중의 이러한 복잡한 문제가 내포하고 있는 각종 모순을 더욱 선명하게 드러내 주었다. 이런 점에서 태평천국은 역사적으로 중대한 기여를 했다고 볼 수 있다.

6. 천경성 내부의 대변란

　태평천국군이 남경으로 진군하는 과정에서 구사회를 마치 한 차례 체로 거르듯 낡은 요소는 걸러지고 새로운 요소만 함께 따라왔다. 그러나 태평천국군이 남경과 같은 대도시를 점령하고 장강 하류를 따라 뻗어 나가면서 비교적 안정적으로 특정 지역을 차지하게 되자, 도망친 일부 지주계급을 제외한 나머지 사회 성분을 자신의 대열에 받아들이지 않을 수 없었기 때문에, 그 내부 성분이 매우 복잡해졌다. 도시에는 더 많은 유민들이 흘러들어 왔고, 도시의 많은 지주들과 지주계급 지식인, 상인, 수공업자들은 갈 길이 없어 태평천국군에 순종할 수밖에 없었다. 그리고 농촌의 기층 정권에도 많은 지주계급이 섞여 들었으며, 패배하여 뿔뿔이 흩어졌던 관군의 많은 병사들도 태평천국군에 흡수되었다.

　이러한 상황에서 혁명대오의 사상건설과 조직건설을 강화하기 위한 일련의 조치와 다양한 계급과 계층에 대한 정책이 절실했다. 하지만 태평천국의 지도자들은 이런 일련의 정책과 조치를 제시할 수 없었다. 그들의 종교는 그들을 도울 수 없었다. 「천조전무제도」와 같은 큰 공상적 요소를 가진 강령은 아무런 도움이 되지 못했다.

　천경을 도읍으로 정한 뒤 태평천국의 지도자들은 승리 앞에서 정신을 차리지 못하고 오히려 자만심을 키웠다. 봉건 지주계급의 부패한 사상이 갈수록 혁명대열의 내부로 침식해 왔다. 그들은 봉건 지배계급의 겉치레와 풍조를 모방하여 천경에서 왕궁 건축 등 토목공사를 크게 벌리면서 호화롭고 사치스러운 생활을 하기 시작했다. 청나라 정부의 기록에 따르면, 천왕 홍수전이 조회에 임할 때 양수청과 위창휘, 석달개 등 몇몇 왕만이 출입할 수 있었고, 다른 관리들은 모두 대문 안에 늘어서서 의식에 따라 무릎을 꿇고 '만세'를 외쳤다. 천왕은 일반 관리나 장군들은 말할 것도 없고 여러 왕과의 관계도 더 이상 형제 관계가 아니라 군신상하의 관계였다. 왕마다 천 명 이상의 부하와 시중드는 사람이 있을 정도로 봉건적 등급제도는 극도로 번거로운 지경에까지 이르렀다. 관리들이 출입할 때는 모두 가마를 탔는데, 가마꾼이 천왕은 64명, 동왕은 48명, 양사마까지도 4명이었다. 고위 관리가 탄 가마가 지나가면 하급 관리와 병사는 모두 길을 피하거나 길가에 무릎을 꿇어야 했으며, 그렇게 하지 않으면 처벌을 받았다. 이러한 상황은 태평천국의 지도자들이 도시에 진입한 이후 대중과 동고동락하던 자세를 버리고 이미 대중으로부터 심각하게 이탈했음을 보여 준다.

태평천국군이 서정을 나갔을 때 이미 초기에 집행했던 정책들이 사실상 더 이상 지켜지지 않았다. 1856년(함풍 6) 광동에서 강서 지역에 진입한 천지회 부대는 본래의 조직을 그대로 유지한 채 자신들의 기치를 내걸고 태평천국군과 함께 싸웠다. 이것은 태평천국군의 기세를 더 높였지만, 이 천지회 부대는 심각한 유민 습성을 지니고 있어서 매우 나쁜 영향을 끼쳤다. 이런 사례에서 볼 수 있듯 태평천국군은 자신의 엄격한 조직과 기율로 유민 세력을 융합시킬 능력을 상실했다.

태평천국군이 처음 봉기했을 때, 지주와 부농들은 자신들의 재산을 버리고 반란을 일으킨 농민들과 함께 천하를 평정하러 나섰다. 태평천국군은 이런 조건 아래에서만 그들을 받아들였다. 그런데 상황이 변하여 이제는 더 이상 이렇게 할 수 없었다. 안휘와 강서, 호북 등 각 지역의 많은 부유한 신사들과 지주들은 태평천국군의 임명을 받아 각급 향관을 맡음으로써 사실상 농촌에서 자신들의 지배적 지위를 그대로 유지했다.

태평천국의 적들은 전쟁터에서 태평천국군을 이길 수 없을 때, 그 내부의 배반자들을 이용하는 전통적인 방법을 생각하지 않을 수 없었다. 예를 들어 강녕부학江寧府學의 늠생廩生 장계경張繼庚은 천경에 귀순한 척하고서 몰래 도당들과 연락하고 강남대영의 향영向榮에게 비밀리에 정보를 제공하다가 1854년(함풍 4)에 적발되었다. 이 경우는 그나마 낮은 수준의 내부 파괴공작이었다. 갈수록 많은 계급의 이질적 분자들이 태평천국군에 끼어들어 다양한 방법으로 농민 대열을 흩트렸다.

이런 가운데 천경성 안에서는 1856년(함풍 6) 9월부터 11월(음력 8월~10월) 사이에 큰 변란이 일어났다. 갈등은 홍수전과 양수청 사이에서 먼저 벌어졌다. 양수청은 사실상 군정軍政의 대권을 쥐고 있었을 뿐만 아니라 '천부天父'의 대변인이라는 특권을 내려놓지 않고 있었다. '천부'가 자신에게 임했다고 말할 때면, 홍수전조차도 관례에 따라 무릎을 꿇고 그의 명령을 들어야 했다. 홍수전과 양수청 사이의 갈등을 이용하여 강서 전방에 나가 있던 위창휘가 기회를 틈타 3천 명의 병력을 이끌고 천경으로 급히 달려와 한밤중에 동왕부東王府로 쳐들어간 뒤 양수청을 죽였다. 이날이 바로 1856년 9월 2일(음력 8월 4일)이었다. 이후 두 달 동안 위창휘는 천경에서 공포통치를 시행하여 동왕의 부하와 백성 2만여 명을 죽였다.

위창휘韋昌輝(1823~1856)는 광서성 계평현 금전촌의 부유한 가정 출신으로 전당포업을 겸업하는 지주였다. 그는 비록 돈을 내어 감생이란 자격을 얻었지만, 여전히 현지 관료와 토호들의 억압을 받았다. 이런 상황에서 그는 풍운산에 설득 당해 전 가족을 이끌고 봉기에 참가했다. 천경에 도읍을 정한 후 그는 양수청에게 겉으로는 공손한 척하며 아첨했지만 속으로는 불만을 품고 있었다. 믿을 만한 기록에 따르면, 그는 홍수전의 사주를 받아 양수청을 죽였다고 한다. 하지만 그가 어떻게 홍수전의 이름을 빌려 양수청을 죽이고 대학살극을 벌이게 되었는지에 대한 정확한 역사적 기록은 없다.

대학살이 한창 진행되고 있을 때 익왕 석달개가 무창 전선에서 천경으로 돌아와 위창휘의 이런 행동을 저지하려고 했다. 그러자 위창휘는 또 석달개를 죽이려 했다. 이에 석달개는 황급히 천경을 탈출한 뒤 안휘에서 병력을 조직하여 천경을 공격할 준비를 했다. 이때 홍수전은 이미 천경 성내의 상황을 장악한 채 이틀간의 교전 끝에 위창휘의 세력을 신속하게 진압하였고, 단지 200여 명 정도의 사상자를 내며 상황은 진정되었다.

석달개(1831~1863)는 비록 젊지만 서정에서 중요한 지휘관 중 한 명이었고, 전쟁터에서 그의 용맹과 지혜는 적들을 두려움에 떨게 했다. 그가 강서와 안휘의 일부 지역을 관할했을 때 지주와 신사들을 양수청보다 부드럽게 상대했다. 이는 양수청의 불만을 샀고, 그 또한 양수청의 권한 남용에 대해 불만을 가졌다. 그리고 그는 홍수전과 양수청의 조잡한 종교적 신앙에 그다지 동조하지 않았다. 위창휘가 죽자 석달개는 천경으로 돌아와 주요한 지위를 맡았으나 홍수전의 신임을 얻지 못했다. 마침내 그는 이듬해인 1857년 6월 천경을 빠져나와 소속 부대를 이끌고 태평천국과 결별한 채 독자적으로 행동했다. 이때 그가 많은 정예 병력을 데리고 떠나 버렸기 때문에 태평천국의 군사력은 위창휘의 학살극 이후 또 한 차례 크게 약화되었다.

농민봉기의 지도적 인물들이 개인적 원한과 권력 다툼으로 서로를 시기하고 심지어 무력 충돌을 벌이는 일은 역사에서 흔히 볼 수 있다. 그러나 위창휘가 천경성 내에서 대학살극을 벌인 것은 농민봉기군 지도자들 사이의 무력 충돌을 훨씬 벗어났다. 그는 자신의 행동을 통해 이미 농민혁명의 적이 되었음을 드러냈다.

이 큰 변란이 일어났을 때, 태평천국은 청 왕조의 통치를 종식시킨다는 목표에 아직 근접하지 못한 상태였지만, 그 지도자들은 이미 초야에서 일어난 영웅에서 그들이 말한 '작은 천국'의 주인이 되어 있었다. 홍수전과 양수청이 이미 거둔 승리에 도취되어 권력다툼을 시작한 것은 편협한 소생산자적 관념의 표현이자 지주계급의 의식에 물든 결과였다. 따라서 그들은 자신들 내부에서 지주계급 세력이 대두하는 것을 막을 수 없었을 뿐만 아니라 오히려 그 기회를 만들어 주었다.

이러한 천경 성내의 대변란은 태평천국이 비약적으로 발전하는 상황에서 내리막길로 접어드는 전기가 되었다. 주요 간부의 손실과 군사력의 약화는 그 직접적인 결과였지만, 더욱 심각한 것은 정치·사상적 위기의 강화였다. 이전에는 누구나 다 형제로서 힘을 합쳐 마귀를 물리치고 인간 천국을 세우자는 호소에 똘똘 뭉쳐 싸웠는데, 이런 호소는 태평천국 지도부의 분열과 상호 간 살육으로 빛을 잃어갔다. 이전 태평천국의 혁명적 정치와 사상은 종교적 언어로 표현되었지만, 천경성 대변란을 거치면서 이런 종교적 언어도 그 매력을 상실하지 않을 수 없었다.

그러나 금전촌 봉기와 남경 진입으로 높아진 혁명의 기세가 천경성 대변란으로 완전히 꺾인 것은 아니었으며, 위창휘의 파괴적 활동은 실패로 끝났다. 농민혁명의 주도 세력은, 비록 약점이 갈수록 더 심각하게 드러나긴 했지만 당시 정변을 이겨냈다. 이 때문에 태평천국은 이후 총체적인 쇠락 과정에서도 일부 승리를 거둘 수 있었고 8년이란 시간을 버텨 낼 수 있었다.

제4장
제2차 아편전쟁

1. 태평천국 초기 외국 침략자들의 태도

태평천국의 혁명은 아편전쟁과 5개 항구 통상항 지정 이후, 곧 외국 자본주의 세력이 이미 중국에 침입한 이후에 일어났다. 이것은 이전의 농민전쟁에서는 있은 적이 없었던 역사적 조건이다. 태평천국은 결국 외국 자본주의 침략자와 중국 봉건 통치자들의 합세에 의해 압살되었다. 그러나 외국 침략자들이 처음부터 태평천국을 적대적으로 보지는 않았으며, 태평천국 전쟁 중에 외국 침략자들과 청나라 사이에는 전쟁이 벌어지기도 했다. 이를 역사상 제2차 아편전쟁이라고 부른다. 당시 외국 군대는 청 왕조의 수도에까지 쳐들어가 크나큰 타격을 주었는데, 양자의 협력 관계는 오히려 후자가 이런 타격을 받는 과정에서 이루어졌다.

태평천국이 초기에 승리했을 때 청나라의 몇몇 지방 관리들은 이미 부끄럽게도 외국 침략자들에게 도움을 청했다. 소송蘇松 태도太道 오건창吳健彰이 양강兩江 총독서리 양문정楊文定을 대신하여 상해에서 미국과 영국 및 프랑스에게 해군을 장강에 파견하여 태평천국군을 격퇴하는 청군을 도와달라고 요청했다. 이때가 1853년(함풍 3) 태평천국군이 남경을 점령하기 며칠 전이었다. 오건창은 원래 광주에서 동순양행

同順洋行을 경영한 상인이자, 상해에서 미국 자본의 아편 판매 업체인 기창행旗昌行과 동업한 대표적인 매판 관료였다.

미국은 1853년에 모종의 관계를 통해 태평천국군을 추격했던 청군 향영向榮 총사령관에게 군사적으로 지원할 뜻을 밝힌 바 있다. 그러나 이때는 청 정부가 외국에 도움을 청할 필요가 없다고 생각했고, 영국과 프랑스, 미국도 청 정부가 명확한 태도를 보이지 않는 이상 즉각 행동으로 입장을 밝히기를 꺼렸다. 그들은 태평천국군의 놀라운 승리로 인해 초래한 복잡한 상황을 지켜본 뒤에야 어떤 정책이 자기들에게 가장 유리할 것인가를 결정해야 했다. 그래서 그들은 중국 내전에 대해 당분간 '중립'을 취하는 것이 비교적 현명한 방법이라고 여겼다.

영·미·프 3국 공사는 1853년과 1854년 상해에서 천경을 방문해 태평천국군 지도자들과 직접 접촉했다. 그들은 갑자기 생겨난 정권의 속내를 들여다보는 동시에 청 정부에 대한 일종의 메시지를 전하고자 했던 것이다. 그리고 그들은 이러한 행동을 통해 청 정부를 협박하는 자본으로 삼았다.

1853년에 영국 공사 본햄(Samuel George Bonham)이 제일 먼저 천경을 방문했는데 3월에 북왕北王 위창휘韋昌輝와 익왕翼王 석달개石達開를 만났다. 이어 그해 11월에는 프랑스 공사 부르불롱(Alphonse de Bourboulon)이 천경에 와 연왕燕王 진일강陳日綱을 만났다. 미국 공사 매클레인(Robert Milligan McLane)은 1854년 5월에 천경에 도착했지만 천경의 관원들이 동왕東王 양수청楊秀淸에게 '알현'의 예를 갖추라고 요구하자 이를 거절하고 타고 왔던 군함을 몰아 무호蕪湖까지 거슬러 올라간 뒤 상해로 돌아갔다. 이들 외국 공사들은 모두 자신들의 군함을 타고 장강으로 진입했다. 당시 청 정부는 외국 선박이 장강을 자유롭게 항행하는 것을 막지 못했음은 물론 태평천국 정부도 외국 선박이 장강을 항행할 권리가 없다는 것을 알지 못했다.

태평천국의 지도자들 가운데 홍수전과 당시 진강鎭江을 수비하고 있던 나대강羅大綱과 오여효吳如孝와 같은 몇몇 장군들을 제외하고는 그 누구도 외국인과 접촉한 적이 없었다. 물론 그들은 국제 정세에 대한 지식이 대단히 부족했고, 봉건 통치자들이 남겨 놓은 '만방래조萬邦來朝'와 같은 전통적 관념의 영향도 피할 수 없었다.

그런데 그들은 이 외국인들이 자신들과 같은 종교를 믿고 같은 '하나님'을 모시며 공통의 종교적 언어를 가지고 있다고 생각하여 순진하게도 '서양 형제'(洋兄弟)라고 불렀다. 전체적으로 보면, 태평천국군의 지도자들은 이들 외국 사절을 만났을 때, 그 태도가 비굴하지도 않았고 오만하지도 않았는데, 이것은 농민혁명가의 본색을 보여 준 것이었다. 이들 외국 사절들이 당장 확인하고자 했던 문제는 태평천국이 남경조약 등 일련의 불평등조약을 인정하는지 여부였는데 만족스러운 답을 얻지 못했다.

당시 일부 외국 선교사들은 하나님을 믿는 태평천국이 승리하는 것이 서양 각국에 매우 유리할 것으로 생각하여 본국 정부에 엄정한 중립을 지킬 것을 권고했다. 그들이 태평천국군을 우호적으로 생각한 것은 중국에 기독교가 전파되면 서방 국가에 크게 이로움이 될 것이며, 1840년의 침략전쟁으로 중국에서 얻은 그들의 지위가 더욱 공고해지고 발전될 것이라고 생각했기 때문이다. 그러나 이들 선교사의 건의는 본국 정부에 의해 받아들여지지 않았다.

반면 중국에 파견된 공사들은 직접 돌아본 뒤 선교사들과 다른 결론을 내렸다. 공사들은 반란을 일으킨 중국 농민들의 하나님과 자본주의 침략자들이 신봉하는 하나님이 동일한 존재가 아니라고 판단했다. 당연하지만 이것은 정치와 계급투쟁의 문제였지 종교의 문제가 아니었다. 미국 공사 매클레인은 보고서에서 다음과 같이 적었다.

> 그들(태평군)은 거의 모두가 내륙 지역에서 온 무식하고 사상이 없는 군중들로 구성되어 있다.…… 그들은 내륙 지역의 도적 무리 출신이다.…… 그들은 문명 세계가 중시할 만한 가치가 없다. 그리고 그들은 애써 빼앗은 도시 이외의 지역에 정부기구를 조직할 수 없을 것 같다. 이들이 도시들을 장악한 것은 고도의 선동에 넘어간 수많은 군중들의 동원을 통해 이루어졌으며, 재산을 가진 자들에 대한 골수에 사무친 증오에서 비롯되었다.[1]

---

1) 卿汝楫, 『美國侵華史』 제1권(삼련서점, 1952년판), 111쪽.

위 미국 공사로 대표되는 자본주의 침략자들은 태평천국 혁명 초기부터 중국에서 손잡아야 할 세력은 '재산을 가진 자'들로, 아무리 우매하고 낙후했더라도 함께할 자는 이들밖에 없다는 것을 분명히 인식하고 있었다. 그들은 또 태평천국으로 대표되는 가난한 노동대중이야말로 중국에서 그들의 진정한 적이라는 사실을 똑똑히 알고 있었다.

청 정부는 이미 아편전쟁을 통해 협박을 견뎌 내지 못하는 정부임이 증명되었고, 그 결과가 남경조약을 위시한 일련의 조약들이었다. 침략자들은 이 조약들에 대해 점점 더 불만을 가졌지만, 청이 멸망하면 기득권도 상실될 수 있기 때문에 이런 상황이 달갑지 않았다. 1854년(함풍 4) 영국과 미국, 프랑스 모두가 1842~1844년에 체결된 조약의 개정을 요구했는데, 그 핵심은 기득권의 확대였음이 말할 필요도 없다. 그들은 청 정부가 태평천국 혁명으로 심각한 내부 위기에 빠진 상황을 이용해 더 큰 협박을 시도하려고 했다. 따라서 그들은 청 정부를 포기하지 않을 것을 결정함과 동시에 선뜻 돕겠다고 나서지도 않는 '중립'을 표방하면서, 한편으로는 태평천국군을 지원할 수도 있다는 태도까지 취했다. 그들이 이렇게 나온 것은 청 정부에 "후한 값을 내지 않으면 장사를 할 수 없다"고 말한 것이나 다름이 없었다.

2. 상해와 광주에서의 위선적 중립

영국·미국·프랑스의 이른바 '중립'의 위선성은 1853년과 1854년에 이미 상해와 광주에서 충분히 드러났다. 상해 일대에는 천지회 계통에 속하는 소도회小刀會라는 대중 비밀 조직이 있었다. 그들은 1853년 9월 초에 봉기를 일으켜 상해 현성縣城을 점령하고 거기에다 정부 조직을 세웠는데, 그 우두머리인 유려천劉麗川은 '대명국통리정교초토대원수大明國統理政敎招討大元帥'라고 자칭했다. 소도회는 봉기 후 상해,

가정嘉定 등 6개 현을 점령했다. 그들은 비록 태평천국군과 연락을 취했지만 쌍방은 합작에 이르지 못했으며, 태평천국군은 당시 아직 남경의 동쪽 지역으로 진출할 여력이 없었다. 소도회는 소주蘇州에서 시도한 봉기가 실패한 후, 이미 점령한 상해를 제외한 몇 개의 현을 차례로 청군에게 빼앗기고, 9월 말에 이르러서는 상해 현성을 홀로 지키는 형세가 되었다. 그럼에도 청의 관군은 15개월이나 상해 현성을 포위해 공격했지만, 결국 외국 무력의 도움을 받아 1855년 2월(함풍 4년 말)에서야 소도회의 반란을 진압했다.

외국 조계가 상해 현성과 바로 인접해 있었기 때문에 상해 현성을 포위 공격한 청의 관군은 조계의 외곽에서 작전을 펼 수밖에 없었다. 1854년 4월 몇몇 청의 관군이 조계 지역에 진입하자 영국과 미국은 연합하여 함포로 청군을 공격해 조계 밖 멀리 몰아냈다. 이를 영국과 미국 역사서에서 영국군이 남경로에서 니성교泥城橋 쪽으로 진격했기 때문에 '니성전투'라고 부른다. 이 전투로 청과 영국, 미국의 관계가 악화된 것이 아니라 오히려 긴밀해지기 시작했다. 이 전투의 결과 침략국은 조계의 면적을 더욱 확대하고 조계의 독립적 지위를 인정받았을 뿐만 아니라 상해의 중국 세관에 대한 관할권도 얻어 냈다.

매판 관료인 소송 태도 오건창은 이때 또 한 번 큰 역할을 했다. 소도회가 봉기해 상해 현성을 점령했을 때, 그는 성안에서 포로로 잡혔다. 당시 상해에 와 있던 미국 공사 마샬(Humphrey Marshall)과 미국 선교사 예이츠(Matthew Tyson Yates)가 직접 성안으로 들어가 그의 탈출을 도왔다. 이때부터 오건창은 조계 안에서 청의 관리 신분으로 활동했다. 니성전투가 있은 후 황제는 상해의 관리들에게 '서양 오랑캐'들이 '상해의 역적'들과 결탁할 것을 우려하여 "회유와 타협을 통해" 서양인에 대응하라는 방침을 내렸다. 이에 따라 오건창은 청 정부를 대표하여 영국과 미국, 프랑스에 사과와 함께 배상금을 지급하고 '조계의 불가침'을 보증해 주었다.

소도회 봉기 후, 청 정부가 상해 조계에 설치한 세관은 곧바로 군중들에 의해 파괴되었다. 원래 상해 세관의 감독을 겸임했던 오건창이 세관을 재건하려 하자 영국과 미국 등이 방해하고 나섰다. 각국 영사들은 청 정부가 이곳에 세관을 새로

세우려면 어느 정도 세관을 지킬 병력이 있어야 하는데, 만약 이를 위해 청의 병력이 진입하면 조계의 '중립'이 파괴될 수 있다는 괴상망측한 주장을 들고나왔다. 결국 상해 세관의 재건은 무산되었다. 이 문제는 결국 니성전투가 끝난 후에야 비로소 해결되었다. 오건창과 영·미·프 3국 영사는 1854년(함풍 4) 6월 외국인을 상해 세무사稅務司로 초빙하는 협정을 맺었다. 이 협정에 따라 영국과 미국, 프랑스인 각 1명으로 구성된 상해 관세관리위원회가 설치됐다. 이리하여 중국 세관을 외국인이 관리하는 식민지제도가 생겨났고, 이 제도는 몇 년 후 상해에서 전국으로 확대되었다.

1854년(함풍 4) 6월 미국 공사 매클레인이 참가한 가운데 상해 주재 영국·미국·프랑스 3국 영사는 소도회 봉기군을 상해 현성에서 강제로 몰아내는 조치를 취하기로 합의했다. 그들은 청군과 협력하여 조계와 상해 현성 사이의 교통을 완전히 차단하여 성안의 봉기군이 밖으로부터 어떠한 지원도 받지 못하게 했다. 그리고 프랑스 조계가 상해 현성과 가장 인접해 있었기 때문에 프랑스군이 직접 봉기군에 맞서 싸우기로 결정해 프랑스 해병대가 청군과 협력하여 상해 현성을 공략했다. 소도회 지도자 유려천을 비롯한 많은 전사들이 성안에서 전사했다. 포위망을 뚫고 성 밖으로 나간 일부는 다른 지역에서 봉기에 참가했으며, 조계 안으로 도망친 일부 봉기자들은 조계 당국에 의해 청군에 '인도'되었다. 청 정부는 프랑스의 도움에 보답하기 위해 십육포十六鋪 일대의 황포강 연안 구역을 프랑스 조계로 획정해 주었다. 그러나 프랑스는 소도회 봉기자들과 충돌이 일어나 자신들이 나섰을 뿐 애초 청의 관군을 도울 의도는 전혀 없었으며, 그들의 기본 입장은 여전히 '중립'이라고 위선을 떨었다.

1854년 광동 지역 천지회에서도 잇달아 봉기가 일어났다. 광동성 거의 대부분 지역이 천지회의 당 조직에 점령되었다. 광주 부근 여러 도시와 농촌의 봉기군은 광주를 포위했다. 10월 곤경에 빠진 양광 총독 섭명침葉名琛은 영국 공사 보우링(John Bowring, 홍콩 총독을 겸함)에게 서한을 보내 영국 해군이 청의 관군을 도와 광주 진입을 시도하고 있는 '반역도당'을 함께 막자고 요청했다. 보우링은 이 요청을 받아들일 수 없다고 밝히면서 영국은 광동에서 발생한 내전에 엄정 중립을 지킬 것이라고 공식 성명을 발표했다. 그러나 영국은 광주성이 반란군의 손에 넘어가는 것을 결코 원치 않았다. 그들은 중립을 표방했지만 실제로는 광주에 개입했다. 영국인 린들리(Augustus Frederick Lindley)는 『태평천국혁명친력기』(Ti Ping Tien Kwoh: The History of the Ti-Ping Revolution)에서 "1854년 보우링 경은 영국 해군을 동원하여 악명 높은 양광 총독 섭명침과 연합해 공동으로 광동을 유린했다. 광주는 청 정부가 광동성에서 유일하게 점거한 지역인데, 청 정부는 영국의 힘으로 이 도시를 지켜냈다"[2]고 기술하고 있다.

1854년 상해 소도회 봉기와 광주 천지회 봉기 과정에서 영국과 미국 등이 말한 '중립'은 위선적인 것이 분명했지만, 당시 역사적 조건은 그들이 '중립'의 위장을 공개적으로 버리고 청 정부 측에 서기 전에 먼저 청 정부에 대해 한바탕 본때를 보여 줄 필요가 있었다. 이것이 바로 제2차 아편전쟁이다. 비록 이런 상황이 얼핏 보기에 이상한 듯하지만, 위에서 살펴본 대로 중국과 외국 세력이 상해에서 니성전투를 치르면서 공동으로 소도회 봉기를 진압했듯이 니성전투는 일부 지역에서 일어난 미미한 사건에 지나지 않지만 사실상 제2차 아편전쟁의 예고편이었다.

3. 조약 개정의 문제

1854년(함풍 4) 영국과 미국, 프랑스는 그들의 기득권을 확대하기 위해 청 정부에 조약 개정을 요구했다. 그들 자신의 논법에 따르면, 이 조약 개정의 요구는 '합법적' 권리였다.

1844년(도광 24)에 체결된 중·미 망하조약望夏條約에 "화약和約이 맺어지면 양국은 각자 이를 준수해야 하고 쉽게 변경할 수 없다. 각 항구마다 상황이 달라

---

2) 王維周 역, 『태평천국혁명친력기』, 131쪽.

무역 및 해상 활동에서 약간의 변통이 있을 수 있으므로, 12년 후에 양국이 사람을 파견하여 공평하게 처리하도록 한다"3)고 규정하고 있다. 같은 해 체결된 중·프 황포조약黃埔條約에도 유사한 규정이 있다. 이러한 규정에 근거해 1856년(함풍 6) 미국과 프랑스는 그들의 필요에 따라 조약 개정을 요구했다. 영국과 청이 맺은 조약에는 이러한 규정마저 없었지만, 영국도 '최혜국 대우'란 말을 근거로 1842년에 맺은 남경조약이 만 12년이 지나자 조약 개정을 요구했다.

당시 영국 정부가 중국 주재 공사에게 내린 훈령을 보면, 조약 개정에서 달성해야 할 목표의 내용은 다음과 같다. 첫째, 중국 내륙 전 지역과 연해 각 성에 광범위하게 진입할 수 있는 권리를 쟁취할 것. 최소한 장강을 자유롭게 항행할 권리와 남경에 이르기까지의 장강 연안 각 성과 절강성 연해의 대도시에 진입할 수 있는 권리의 쟁취. 둘째, 아편 무역의 합법화. 셋째, 외국으로부터 수입한 상품과 외국으로 수출하기 위해 구매한 상품에 대한 내국세 철폐.4) 미국과 프랑스 정부도 각각 중국 주재 공사에게 영국의 요구를 지지하고 이를 관철할 수 있도록 협력하라고 지시했다. 그런데 영국 정부는 주중 공사에게 보낸 훈령에서 이런 요구를 제시할 때 서둘러 관철할 필요가 없으며, 중국 국내 정세의 추이를 잘 지켜보라고 했다.

1854년(함풍 4) 5월 영국과 미국 모두 주중 공사를 바꿨다. 새로운 공사 보우링과 매클레인이 부임해 오자 양광 총독 섭명침은 조정에 이들 공사의 임무가 조약 개정이라고 상주했다. 함풍제는 "이들 서양인들의 의도가 그렇더라도 내색하지 말고 의연하게 대처하라"5)고 지시했다. 당시 청의 체제는 양광 총독이 모든 '외국인 대상 사무'(夷務)를 담당하는 흠차대신이다. 외국의 상황을 전혀 모르고 있던 섭명침에게 '내색하지 말고 의연하게 대처하라'는 지시는 이들 외국 공사의 접견 요청을 일체 거절하라는 지시와 다름이 없었다. 영·미·프 3국 공사가 공동으로 접견

---

3) 영국 외상이 1854년 2월 13일에 주중 공사 보우링에게 보낸 서신. Morse, 『중화제국대외관계사』 제1권, 부록 16, 765쪽.
4) Morse, 『중화제국대외관계사』 제1권, 76쪽.
5) 『함풍이무』 제8권, 4쪽.

요청을 하자 섭명침은 지주知州와 지현知縣 각 한 사람을 보내 "엽 총독은 변통에 관한 일을 처리하라는 어명을 아직 접하지 못했다"6)고 전했다. 여기에서 말한 '변통에 관한 일'이란 조약 개정을 가리킨다. 이에 3국 공사는 대상을 바꿔 상해로 가 양강 총독 이량怡良과 강소 순무 허내교許乃釗(하반기는 吉爾杭阿)를 만났다. 그리고 그들은 광주와 상해에서 문제가 해결되지 않으면 직접 천진으로 가겠다는 뜻을 밝혔다.

길이항아는 황제에게 조약 개정 요구를 들어주는 것도 무방할 것 같다고 건의했다. 이 무렵 3국 공사는 이미 잇따라 태평천국의 천경을 방문했다. 이들 중 특히 미국 공사는 청 정부에 조약상의 권리를 확대해 주면 군사적 도움을 줄 수 있다는 뜻을 밝혔다. 이 때문에 길이항아가 조약 개정의 요구를 전면적으로 받아들이고 외국의 도움을 받자는 주장을 폈던 것이다. 그러나 조정은 길이항아의 주장을 받아들이지 않았다. 청 정부는 이때도 여전히 '서양 오랑캐'(外夷)와 태평천국군이 '결탁'할지 모른다고 의심하고 있었다.7) 그래서 서양의 분노를 불러일으키고 싶지는 않았지만, 길이항아의 건의는 받아들일 게 못 된다고 판단했다.

1854년 8월 영국과 미국 공사가 군함을 타고 천진의 대고항大沽港 입구에 도착했다. 프랑스 공사는 동행하지 않고 비서만 보냈다. 이들은 황제와 대학사를 만나 요구사항을 제출하기 위해 북상했음을 밝혔다. 이에 청 정부는 급히 관리를 파견해 대고항 밖에서 이들을 막자 영국 공사 보우링은 서면으로 18개 조항의 요구사항을 제시했고, 미국 공사 매클레인도 11개 조항의 요구사항을 제시했는데, 주요 내용은 위에서 언급한 영국 정부의 훈령과 같았다. 한마디로 말해 서양 침략국의 이익을 위해 중국을 전면적으로 개방하라는 것이었다. 청 정부는 이러한 요구사항을 보고 "모든 조항이 황당하기 짝이 없지만", '중국 백성과 서양인이 서로 다투는' 문제에 대한 '공정한 처리'의 요구와 상해 외국 상인들의 체납세액 감면의 요구, 광동의

---

6) 『함풍이무』 제9권, 2쪽.
7) 『함풍이무』 제9권, 5쪽.

차세茶稅 감면의 요구 이 세 가지는 고려할 수 있는데, 이것도 광동으로 돌아가 그곳에서 구체적으로 논의할 수 있다는 회답을 내놓았다.[8]

영국과 미국 공사는 이번 북상에서 비록 어떠한 만족스러운 결과를 얻지 못했지만 천진과 북경으로 가겠다고 고집하지 않고 조용히 상해와 광동으로 돌아갔다. 그런데 청 정부는 이들의 철수를 별다른 방법이 없다는 증거로만 여겼을 뿐 그들이 중국의 국내 정세를 좀 더 관망하려 했던 것임을 알지 못했다. 당시 영국과 프랑스는 러시아와 벌인 크림전쟁이 끝나지 않은 상황이어서 극동에서 대규모 군사작전이 불가능했기 때문에 중국에서는 궁지에 몰리지 않도록 강경한 태도를 당분간 피했던 것이다.

1856년 6월 영·미·프 3국 공사는 광주에서 양광 총독 섭명침에게 조약 개정의 문제를 다시 제기했다. 이들 3국 공사 중 신임 미국 공사 파커(Peter Parker)가 가장 적극적으로 움직였다. 파커는 원래 선교사였는데 수년간 중국에서 활동한 뒤 외교관이 된 인물이다. 그는 미국 대통령의 친서를 가지고 중국으로 온 뒤 군함을 앞세워 청 정부에 조약 개정을 요구하자고 강력히 주장했다. 그러나 당시 미국 정부는 극동에 많은 병력을 투입할 능력이 없었다. 파커는 먼저 광주에서 섭명침과 교섭했지만 성과가 없자 복주로 가서 민절閩浙 총독을 통해 대통령의 친서를 전하려 했으나 역시 거절당했다. 그는 다시 상해로 가 청 정부와 전면적인 개정 협상을 진행할 계획을 세웠다. 그는 상해의 관리들에게 "지금 영·프·미 3국이 연합해 청 정부를 동정하고 지원한다는 것을 반란군(태평군을 지칭)들이 알도록 해야만 한다"고 하였다. 그러나 "대황제께서 서방 국가들의 우의 표시를 거부한다면 앞으로의 전개 상황은 예측하기 어렵다. 또 태평천국의 왕이 앞으로 외국 공사들에게 조약을 맺자고 제의하고 각국 공사들이 이를 받아들이면 대황제가 우리를 원망해서는 안 될 것이다"[9]라고 말했다.

---

8) 『함풍이무』 제9권, 40쪽.
9) 경여집, 『미국침화사』 제1권, 160쪽.

상해에서 말로 협박했지만 목적을 달성하지 못한 파커는 병력을 갖고 있지 않았기 때문에 광동으로 돌아갈 수밖에 없었다. 영국과 프랑스는 파커의 활동을 지지했지만, 1854년에 북상했던 경험에 비추어 볼 때 무력을 사용하지 않으면 효과가 없다고 판단하여 그들은 파커와 함께 행동하지 않았다. 영국 공사 보우링은 당시 정부에 "나의 의견은 여전히 독자적인 행동을 하는 것이며, 강력한 병력의 도움이 없이는 중국으로부터 어떠한 중요한 양보도 얻어 낼 가망이 없다"10)고 보고했다. 영국과 프랑스는 1856년 러시아와 크림전쟁이 끝나자 극동으로 병력을 보낼 수 있게 되었다. 파커가 상해에서 광주로 돌아갔을 무렵 영국은 마침내 움직이기 시작했다.

4. 영·프 연합군의 광주 점령과 천진 침공

1856년(함풍 6) 10월 영국은 사소한 핑계로 불시에 광주에 대한 공격을 감행했다. 중국 관리와 병사들이 해적을 체포하기 위해 '애로우(Arrow)호'라는 쾌속정을 수색해 중국인 선원 12명을 체포했다. 이 쾌속정의 주인은 중국 사람이었는데 밀수의 편의를 위해 영국인을 선장으로 채용해 홍콩 정부에 등록했으며, 사건 당시는 등록 기간이 이미 만료된 상태였다. 영국 측은 중국이 영국 선박에서 사람을 체포할 권리가 없으며, 또한 이 선박에 영국 국기가 게양돼 있던 것을 중국 병사들이 떼어 냈다고 주장했다. 이와 같은 구실로 전쟁을 일으켰기 때문에 서양의 역사책에서는 '애로우호 전쟁'이라고 부른다. 양광 총독 섭명침은 이 사건에 대해 타협적인 자세로 체포된 선원들을 모두 영국인에게 넘겨주고, 당시 배에는 영국 국기가 걸려 있지 않았다고 해명했다. 사실 이런 의심스런 배에서 영국 국기 하나를 뜯어낸들 또 무슨 대수이겠는가!

---

10) Morse, 『중화제국대외관계사』 제1권, 787쪽.

영국이 전쟁을 일으킨 근거가 너무 취약했기 때문에 당시 영국 의회는 이번 일로 중국과 전쟁을 벌여야 하는지를 두고 격렬한 논쟁을 벌였다. 하원은 파머스턴(Palmerston) 내각의 중국 정책에 대한 불신임안을 통과시켰다. 이에 맞서 파머스턴은 의회를 해산하고 새로운 선거를 통해 다수당의 지위를 확보했다. 사실 파머스턴은 중국과 새로운 전쟁을 벌일 생각을 오래전부터 갖고 있었다. 마르크스(K. Marx)는 파머스턴 정부에 대해 "전쟁은 파머스턴 독재의 목숨이 걸린 조건이 되어 버렸고", "그는 선교사와 아편 밀수업자 중간에 서서", "거룩한 주교들과 사악한 아편 밀수업자들과 함께 걸었으며", "이 밖에 또 큰 규모의 차 수입상들이 있지만 이들은 대부분 직접 혹은 간접으로 아편 무역에 종사하고 있었기 때문에 중국과 맺은 현행 조약을 취소하는 데 열심이다"[11]라고 논평했다. 여기에서 분명하게 알 수 있는 것은 애로호 사건 때문에 이번 전쟁이 일어난 것이 아니라, 파머스턴 정부가 중국과 전쟁을 일으킬 필요가 있었기 때문에 이 애로호 사건이 발생했다는 사실이다.

주중 영국 공사 보우링은 애로호 사건을 구실로 섭명침에게 최후통첩을 보내고 이어 군함 3척을 주강 하구로 진입시켜 포대 몇 개를 점령하고 광주성을 포격했다. 섭명침은 여태껏 전쟁을 제대로 대비한 적이 없었지만, 광주의 민간 무력과 일부 병사들이 저항에 나섰다. 한편 영국 측도 광주를 점령할 병력이 충분하지 않아 침략군은 한동안 소란을 피우고는 철수했다. 황제는 '승리했다'는 섭명침의 보고를 받고 영국군이 다시 보복하지 않을까 크게 염려했다. 청 정부는 침략자와 애써 타협하려고 했는데, 바로 이 점이 제2차 아편전쟁의 특징이다. 1857년(함풍 7) 초 영국이 파견한 새로운 대표가 지금 오는 중이라는 말을 들은 황제는 "이번에 파견되어 오는 인물이 그래도 도리에 맞는 말을 한다면 마땅히 도리에 맞게 응대해야 하며 더 이상 구실을 만들어 만화하려 하게 해서는 안 된다"[12]고 지시를 내렸다. 그러나 당시 영국 파머스턴 정부는 이미 국내에서 여론 조성을 끝마쳤고, 새로

---

11) 『마르크스·엥겔스전집』 제12권(인민출판사, 1962년판), 155·161~162쪽.
12) 『함풍이무』 제15권, 10쪽.

파견된 전권특사 엘긴(Elgin)은 군대를 이끌고 오고 있었으며, 그의 소임은 무력으로 청 정부가 저들의 요구를 받아들이게 하는 것이었다.

이때 프랑스의 황제인 나폴레옹 3세도 중국과의 전쟁에 참가를 결정했다. 프랑스가 내세운 참전 명분은 프랑스인 선교사 살해 사건이었다. 프랑스는 1856년 1월 프랑스인 선교사 마른(馬神甫)이 광서성 서림현(西林縣)에서 선교 활동을 하던 중 지방관들에게 살해당했다고 주장했다. 그러나 서림현의 지현(知縣)은 이런 사건이 발생했다는 것을 부인했다. 청 당국도 프랑스 측에 조약에 따르면 외국 선교사는 5개 통상항구 이외의 지역에서는 활동할 권리가 없음을 지적했다.

이른바 '마른 사건'이 발생한 후 1년 반이 지나 프랑스는 이것을 전쟁의 핑계로 삼아 전권특사 그로(Jean Baptiste Louis Gros)를 파견해 원정대를 이끌고 영국군과 함께 행동했다. 영국과 프랑스 정부는 또 미국에 협력을 요청했지만, 미국 정부는 참전하지 않기로 결정하는 대신 장물의 공동 분배를 위해 다른 역할을 맡았다. 영국이 앞장선 이번 전쟁은 충분히 모든 준비를 끝낸 상황이었지만, 1857년(함풍 7) 하반기에 인도에서 일어난 민족 봉기 때문에 엘긴이 지휘해 중국에 온 부대가 급히 인도로 이동하여 중국에서의 전쟁은 잠시 지연되었다.

1857년 10월 섭명침은 영국의 엘긴과 프랑스의 그로의 부임 각서를 받았는데, 그 내용 속에 무력 사용의 의지를 분명하게 드러냈고 또한 기한을 정해 회답할 것을 요구했다. 그러나 섭명침은 황제에게 그가 이미 답신 각서에서 '영국 오랑캐'(英夷)와 '프랑스 오랑캐'(法夷)의 요구를 물리쳤을 뿐만 아니라 이번 기회에 그들이 지금까지 요구한 것들을 "모두 물리쳐 한 번의 수고로움으로 영원히 편안하게 지낼 수 있는 조치를 취했다"고 과장된 보고를 올렸다. 이에 대해 황제는 12월 27일 내린 유시에서 "섭명침이 오랑캐들의 수법이 이미 다했음을 꿰뚫어 보고 기회를 기다려 회답해 대세가 대체로 안정되었다"고 기뻐하면서 그의 노고를 치하했다. 그러나 황제의 유시가 발송되기도 전에 광주의 국면은 급변하고 있었다.

12월 16일(음력 11월 1일) 영국과 프랑스 군함이 주강 하구로 진입했으며, 12월 28일 포격을 시작해 이틀 뒤 광주가 점령됐다. 광주에 있던 청의 고위 관료들이 모두 적의 포로가 되었다. 섭명침은 영국 군함으로 끌려간 후 인도로 압송되었으며, 1859년 인도의 콜카타에서 사망했다. 패전 당시 섭명침의 행동을 풍자하는 '6불六不', 즉 싸우지도 않고(不戰), 강화하지도 않고(不和), 지키지도 않고(不守), 죽지도 않고(不死), 항복하지도 않고(不降), 도망치지도 않았다(不走)는 말이 널리 유행했다. 섭명침은 공개적으로 적에게 항복하지는 않았지만, 실질적으로는 투항주의와 다를 바 없었다. 다만 그는 늘 허장성세로 자신의 투항주의를 분장했을 뿐이다.

광주를 점령하는 것만이 침략자들의 목적은 아니었다. 영국의 엘긴과 프랑스의 그로는 곧장 함대를 이끌고 북상하여, 먼저 상해에서 각서를 전달해 격식을 차린 후 곧바로 대고항大沽港으로 향했다. 미국 공사 리드(William B. Reed)뿐만 아니라 러시아 공사 푸탸틴도 동행했다. 푸탸틴은 1857년 음력 9월 홍콩에 도착하여 영국·프랑스·미국과 같이 행동하기로 결정하고 함께 북상했다. 영국과 프랑스는 이미 청과 전쟁 중이었고, 미국과 러시아는 청의 우방인 척했지만 그들 사이의 협력 관계는 분명했다. 1858년(함풍 8) 음력 3월 이들 적과 '우방'이 모두 대고항 밖에 도착했다.

황제는 직예 총독 담정양譚廷襄 등을 대고항에 파견해 먼저 러시아와 미국 측과 접촉하였다. 이 두 측은 교전 당사국이 아님을 나타내기 위해 영국과 프랑스 공사보다 먼저 도착했던 것이다. 뒤에 도착한 영국과 프랑스 공사는 담정양이 전권대신이 아니라는 이유로 그와의 담판을 거부했다. 이들 4국 공사들은 각각 강도와 천사로 가장해 청 정부를 회유와 협박을 병행했다. 청은 이들이 서로 결탁하고 있다는 사실을 알고 있었지만, 러시아와 미국이 중간에서 화해를 주선해 주도록 구슬렸다. 청 정부의 속셈은 세금을 감면해 주고, "부득이할 경우 복건성과 광동성 지역 한 곳을 통상항으로 개방"해 줄 생각이었다.[13] 그러나 이 정도의 양보는 4국의 요구와 거리가 멀었다. 침략자들은 이미 대외 전쟁을 두려워하는 청 정부의 약점을 꿰뚫어 보고 당연히 이것으로 끝내려 하지 않았던 것이다.

---

13) 『함풍이무』 제21권, 39쪽.

1858년 5월 20일(음력 4월 8일) 영국과 프랑스는 갑자기 대고 포대를 포격하기 시작했다. 청의 장수들은 황급히 도망쳤고, 영국과 프랑스 군대가 신속하게 천진에 접근했으며, '중재인' 러시아와 미국도 그들을 따라왔다. 당시 조정의 관리들 가운데 일부는 전쟁을 주장하는 자가 없지 않았지만, 대부분은 울분과 헛된 말만 쏟아 냈을 뿐이었고, 일부는 지방 향신鄕紳들이 단련團練을 조직하면 적을 물리칠 수 있다고 주장했다. 이런 가운데 병부 좌시랑 왕무음王茂蔭이 비교적 특이한 견해를 제시했다. 그는 황제에게 올린 상주문에서 북경에 방어 진지를 설치해야 하며, "싸워 이기면 물론 좋지만 싸워 이기지 못해도 성 밖으로 물러나 방어할 수 있다"14)고 했다. 그러나 당시 청 정부는 쉽게 이길 수 있다는 보장이 없는 한 결코 저항하려 들지 않았다. 수도를 버리고 장기적 저항을 한다는 것은 그들로서는 상상할 수도 없는 일이었다. 5년 전 태평천국군이 북경과 천진 가까이 쳐들어왔을 때는 봉건 통치자들이 그토록 확고한 결심으로 완강하게 저항했는데, 이번에는 천진에 침입한 외국 침략자들에 대해 오로지 강화할 생각만 했다.

황제는 즉시 대학사 계량桂良과 이부 상서 화사납花沙納을 천진에 파견하였으며, 제1차 아편전쟁 때 투항주의로 악명이 높았던 기영耆英도 기용해 함께 화의에 참여하도록 했다. 담판 과정에서 청 측은 하나하나 양보하다가 결국 영·프·미·러 4개국의 요구를 모두 받아들여 조약을 체결했다.

중·영과 중·불 천진조약天津條約은 각각 1858년(함풍 8) 6월 26일(음력 5월 16일)과 27일(음력 17일)에 체결되었다. 그 주요 내용은 다음과 같다. 영국과 프랑스 공사가 북경에 주재한다. 통상항구의 수를 늘린다. 외국인이 내지에 들어가 내왕하면서 자유롭게 통상과 선교를 할 수 있다. 관세 규정을 개정한다. 외국 상선이 장강을 항행할 수 있다. 중국은 영국과 프랑스에 각각 은 400만 냥과 200만 냥을 배상한다 등이다. 러시아와 미국은 '중재자'라는 명분을 내세우면서 회유와 압박을 통해 중·영과 중·프 조약이 체결되기 이전인 6월 13일과 18일에 벌써 청 정부와 중·러,

---

14) 『함풍이무』 제23권, 24쪽.

중·미 천진조약을 체결했다. 러시아와 미국은 배상금을 제외하고 영국과 프랑스가 천진조약에서 얻은 모든 권리를 얻었다.

이 조약의 체결을 주관한 계량과 화사납은 조약이 체결된 후 황제에게 올린 상주문에서 국내의 '민변民變'을 크게 강조하며 "나라 안의 도적무리를 아직 소탕하지 못한 상황에서 외환을 다시 맞게 되어 군대를 동원하기 어렵고 군량도 마련하기 쉽지 않기" 때문에 절대로 전쟁을 치를 수 없다고 밝혔다. 또 상주문에서 외국 침략자들을 믿을 만한 것 같다면서 "섭명침을 해칠 엄두를 내지 못하는 것을 보면 천조의 의지를 두려워하고 있음을 알 수 있고, 광동을 돌려주려고 하는 것을 보면…… 땅을 차지하려는 마음이 없음을 알 수 있으며", "이번에 온 서양 오랑캐들이 성은에 감동하고 있으므로 이제부터 관대하게 대하고 성의와 신의를 보여주면 영원히 우호적인 관계를 유지할 수 있으며 국가의 병력을 아낄 수 있는데, 이 또한 견제의 한 방법"이라고 적었다. 이러한 견해는 일부 봉건 관료들의 서양 침략자들에 대한 '새로운' 인식을 잘 나타내 주는 것으로, 이것은 봉건 관료들의 정치적 매판화에 사상적 기초를 닦아 놓았다.

영국과 프랑스가 점령한 광주성에서는 일부 청의 관리들이 직접적이고도 공개적으로 외국 침략자들을 위해 부역하는 사례가 나타났다. 영국과 프랑스 침략군이 1857년 11월에 광주를 점령하고 양광 총독 섭명침을 체포하자 광주에 있던 청의 다른 관리들, 곧 광주 장군 목극덕납穆克德納과 광동 순무 백귀栢貴 등도 모두 포로가 되었다. 침략자들은 백귀와 목극덕납의 원래 직위를 회복시키기로 결정하고 다음과 같이 공표했다. 광주성은 연합군의 무력 통제 아래 있지만 정부는 백귀가 관리한다. 영국인 2명과 프랑스인 1명으로 구성된 위원회가 순무의 관아에 주둔하면서 통제한다. 순무가 공표하는 모든 포고는 반드시 이 위원회의 추가 서명이 있어야 유효하다. 이에 따라 백귀가 이끄는 괴뢰정권이 광동에 세워졌다. 뒤이어 청 정부도 백귀가 적들의 괴뢰가 되었다는 것을 알고 있었지만, 그에 대해 어떠한 비난도 하지 않은 채 그를 광동 순무로 인정했다. 광주성은 3년 남짓 침략군의 통치 아래에 있었고, 백귀는 이 시기에 병사했다. 청 정부는 이어 노숭광勞崇光을 광동 순무로 임명했는데,

1859년 7월 그가 광주에 부임한 뒤에도 여전히 침략군의 통제위원회와 공동으로 업무를 처리해 괴뢰정권의 장면이 계속 이어졌다.

제1차 아편전쟁에서는 침략군이 정해定海와 같은 소도시만 점령했을 뿐이고, 그곳에서 그들이 직접 행정장관을 맡았다. 제2차 아편전쟁 때는 침략자들이 광주성에 괴뢰정권을 세웠고, 이 정권이 청의 중앙정부와 연결을 유지했다. 이것은 중국의 반식민지화 과정에서 제국주의가 중국을 통치하는 새로운 방식의 시작이 되었다.

5. 제2차 아편전쟁과 러시아

중국과 영국 사이 아편전쟁이 일어난 지 10년 후인 1850년(도광 30) 러시아는 청 정부에 신강新疆 지역에 위치한 이리伊犁와 타르바가타이, 카슈가르 세 곳을 교역할 수 있도록 개방해 줄 것을 요구했다. 그 이전 100여 년 동안 중국과 러시아 사이의 통상은 캬흐타를 거치는 몽골 국경에서만 이루어졌다. 청 정부는 카슈가르를 제외한 나머지 두 곳을 개방하는 데 동의했다. 1853년(함풍 3) 러시아는 다시 러시아 선박이 상해 등 연해 항구에서 교역할 수 있게 해 달라고 요구했지만 일축 당했다. 그러나 이 무렵 러시아는 주로 흑룡강 유역에 야심을 품고 있었다. 1689년(강희 28) 네르친스크조약으로 좌절된 이 러시아의 야심이 1850년대에 들어와 다시 커지기 시작했다.

1847년(도광 27) 러시아 황제는 무라비요프를 동시베리아 총독으로 임명하여 그에게 흑룡강 유역 확장의 임무를 맡겼다. 1850년 무라비요프는 흑룡강 어귀의 묘가廟街(지금의 니콜라예프스크)를 무단으로 점거한 뒤 러시아 국기를 내걸고 병사를 주둔시켰으며, 바이칼호 동쪽 지역으로 코사크 부대를 추가로 배치했다. 그는 "아무르강(흑룡강) 점령을 실현하는 유일한 방법"은 "우리의 겁 많은 이웃 나라(중국을 지칭)에 무력을 휘두르는 것"이라고 공언했다.[15]

크림전쟁이 진행 중이던 1854년(함풍 4) 5~6월 사이에 무라비요프는 캄차카반도 쪽으로 침략해 오는 영국과 프랑스 함대를 막기 위해 군대의 최단거리 이동로를 찾는다는 구실을 내세워 직접 상당히 큰 규모의 함대를 이끌고 쉴카강에서 흑룡강으로 진입한 뒤 동쪽 바다로 항해했다. 당시 그는 중국 영토에 대한 노골적인 침범을 감추기 위해 청 정부에 "본 대신이 동해의 항구로 나가면서 비록 중국 땅인 흑룡강 수로를 이용했지만 군사와 관계된 일체의 용품은 스스로 준비했다.…… 이번 중국 경내를 통과한 항해는 좋은 이웃의 덕을 톡톡히 보았다"[16]고 설명했다. 청 정부는 흑룡강에 배치된 병력이 약해 러시아의 항해를 막을 수 없었지만, 러시아 측에 "내륙의 수로에 외국 선박이 마음대로 왕래하는 것을 그냥 놔둘 수 없으니 다시는 흑룡강을 항해해서는 안 된다"고 답변했다. 양측의 교신 내용을 볼 때, 당시 러시아와 청은 모두 흑룡강이 중국 내륙의 하천이라는 인식을 분명하게 가지고 있었음을 알 수 있다. 이것은 네르친스크조약에 따라 중·러 국경선이 외흥안령外興安嶺 일대에 있었기 때문이다.

이로부터 1년밖에 지나지 않은 1855년 4~5월 사이에 무라비요프는 다시 같은 구실을 내세워 흑룡강을 두 번째로 항해했는데 사실상 이것은 무력시위였다. 이어 8월에 중국과 러시아는 송화강松花江 하구에서 국경선 획정 회의를 열었다. 담판이 시작되자 러시아 측은 흑룡강을 "양국 사이의 가장 확실한 천연 경계"로 삼아야 한다는 매우 무리한 선언을 하면서 흑룡강 좌안 전 지역과 연해주 전 지역이 러시아 영토라는 주장을 했다. 중국 대표는 이런 무리한 요구를 거절했고, 협상은 성과 없이 끝났다.

1856년(함풍 6) 크림전쟁이 끝나자 러시아는 흑룡강에서 세 번째 무력시위를 공공연히 벌였다. 흑룡강과 길림吉林 지역의 지방관들은 러시아 군함이 수시로 왕래할 뿐만 아니라 강안에 상륙하여 곳곳에 병영을 짓고 군량을 비축하며 군대를

---

15) 『무라비요프 아무르스키 백작』 제1권(러시아어 판은 1891년 모스크바에서 출판; 중국어 번역판, 상무인서관, 1973), 298쪽.
16) 『함풍이무』 제8권, 25~26쪽.

주둔시키고 있다고 보고했다. 이에 대해 황제는 "가벼이 전쟁의 빌미를 제공하지 말며, 통제도 소홀히 하지 말라"는 내용 없는 명령만 내렸다.[17] 이 무렵 영국은 광주에서 이 문제에 대해 손을 대기 시작했다. 이에 맞서 러시아는 푸탸틴을 특사로 파견하면서 청 당국에 "귀국은 내지가 불안정하고 외적이 광주를 침범"하고 있기에 특사를 북경으로 파견하여 "양국 교섭에 관한 일체의 사무를 처리하고자 한다"고 알려왔다.[18] 당시 러시아는 중국의 가장 가까운 친구인 것처럼 행세했지만, 청 당국은 푸탸틴의 북경 방문을 거절했다.

상황이 이렇게 되자 앞서 말한 대로 푸탸틴은 홍콩으로 가 영국·프랑스·미국의 대표들과 협력하는 한편, 무라비요프는 흑룡강 지역에서 이른바 '식민 정책'을 서슴지 않고 진행하여 흑룡강 좌안 전체를 사실상 군사적으로 점령했다. 그는 1858년 이후부터 "흑룡강 좌안에 거주하는 주민은 모두 우리나라(즉 러시아)의 관할 범위에 속한다"고 선포했다.[19] 심지어 그는 "우리가 어쩔 수 없이 중국인을 상대로 무력을 사용하게 된다면, 아무르강(흑룡강)은 우리의 주요 작전 구역이 될 것이며, 아이훈(璦琿)에 상륙하여 몇 갈래 평탄한 대로를 따라 인가가 밀집된 지역을 지난 뒤 남만주와 북경을 향하게 될 것"이라고 말했다.[20]

푸탸틴이 홍콩에서 3국과 합작하기 전에 먼저 천진 해구(海口)에서 활동했다. 당시 그가 국경 문제에 대해 모호한 언급을 하자 청 당국은 국경 문제가 이미 네르친스크조약에서 명확히 해결됐고, 다만 오특하(烏特河) 유역은 캬흐타조약에서 양국의 공유로 규정했으므로 현지에서 만나 국경을 정할 수 있을 것으로 보았다. 그래서 청 당국은 푸탸틴에게 흑룡강으로 가서 중국이 지명한 관원을 만나 이 문제를 해결하라고 통보했다. 푸탸틴은 일단 귀국해 지시를 받아야 한다고 밝혔다. 이때 청 정부는 해란포(海蘭泡)(지금의 러시아령 블라고베셴스크)를 포함한 흑룡강 좌안은

---

17) 『함풍이무』 제13권, 21쪽.
18) 『함풍이무』 제15권, 8쪽.
19) 『무라비요프 아무르스키 백작』 제1권, 514쪽.
20) 전게서, 502쪽.

모두 중국령이고, 이는 네르친스크조약에 부합한다는 입장을 분명하게 밝혔다. 그런데 푸탸틴은 귀국하지 않고 홍콩으로 건너가 영국·프랑스·미국 3국 공사를 만난 후 함께 상해로 향했다. 그는 상해의 중국 관리에게 보낸 자문咨文에서 영국·프랑스·미국 3국의 요구를 지지했을 뿐만 아니라 중·러 국경 문제를 거론하면서 "양국의 경계를 흑룡강으로 삼아야지 홍안령으로 하면 안 된다"[21]고 공공연히 떠들었다. 청은 이 주장을 반박하면서 흑룡강 장군 혁산奕山에게 "만약 이 오랑캐(푸탸틴을 가리킴)가 흑룡강으로 돌아가 혁산을 찾아오면 이치에 따라 거절하고, 이전에 논의한 대로 오특하 지방으로 함께 가 경계를 정하라"고 지시했다.[22] 당시 청은 러시아가 무라비요프에게 국경 경계 획정의 임무를 맡긴 것을 알고 있었기 때문에 또 혁산에게 이 방침에 따라 무라비요프를 "자세히 타일러 이 오랑캐가 함부로 중국 땅을 점령하지 못하도록 하라"고 지시했다.[23]

마침내 1858년(함풍 8) 4월에 청의 흑룡강 장군 혁산과 러시아의 동시베리아 총독 무라비요프 사이에 아이훈 협상이 벌어졌다. 첫날 협상에서 무라비요프는 미리 준비한 조약 초안을 내놓았는데 그 핵심은 흑룡강을 양국의 국경으로 삼아야 한다는 무리하고도 교만스런 요구였다. 혁산은 처음에는 이 조약을 받아들일 수 없다고 했지만, 협상 5일째가 되자 완전히 굴복하고 말았다. 6일째 되는 날, 혁산과 무라비요프는 조약을 체결했는데 그것이 바로 아이훈조약이다. 혁산은 황제에게 올린 보고서에서 협상 기간 중 "밤이면 멀리 바라보이는 오랑캐의 함선들이 환하게 불을 밝히고 총포 소리가 끊이지 않았으며…… 일부러 전쟁을 거는 판국"일 뿐만 아니라 "형세가 이처럼 매우 어려운 상황이어서 변통하여 처리하고 문자로 적어 주지 않으면 반드시 오랑캐의 두목을 격분시키고 전쟁의 빌미를 만들어 주어 상황을 무마하기 어려울 것 같기 때문에" 타협하여 "발등의 불"을 끌 수밖에 없었다고 말했다.[24]

---

21) 『함풍이무』 제18권, 33쪽.
22) 『함풍이무』 제20권, 1쪽.
23) 『함풍이무』 제20권, 2쪽.

아이훈조약의 조문은 매우 짧지만, 이 짧은 조문이 중국에 가져다 준 영토의 손실은 매우 놀라웠다. 이 조약에 따르면, 외흥안령 이남 흑룡강 이북 60여만 제곱킬로미터의 광대한 지역이 러시아 영토로 귀속되었고, 우수리강 동쪽에서 바다에 이르기까지 약 40만 제곱킬로미터의 지역이 중·러 양국의 '공동 관리' 지역이 되었으며, 흑룡강과 우수리강은 러시아가 자유롭게 항행할 수 있는 수로가 됐다. 중·러 공동 관리 지역은 불과 2년 만에 중·러 북경조약에서 러시아의 영토로 전환되었다.

아이훈조약 체결 보름 후, 러시아는 천진에서 중재자의 자격으로 청과 중·러 천진조약을 체결했다. 그러나 제2차 아편전쟁은 이때까지 끝나지 않은 상태였으며, 얼마 후 영·프 연합군이 다시 북경을 침공했다. 이때 러시아도 연합군과 함께 들어와 청 정부와 북경조약을 체결했다. 러시아가 천진조약과 북경조약에서 얻은 혜택을 굳이 말하지 않더라도 아이훈조약에서만 당시 엥겔스가 지적한 대로 "프랑스와 독일 두 나라 면적의 영토와 도나우강만큼 긴 강 하나를 중국으로부터 빼앗았다."[25] 제2차 아편전쟁 때 서로 다른 모습으로 나타나 중국을 침략한 강도들 가운데에서 러시아가 사실상 장물을 가장 많이 챙긴 강도였다.

6. 천진조약에서 북경조약까지

태평천국 혁명운동 시기에 일어난 제2차 아편전쟁으로 청의 봉건적 통치자들이 안고 있던 모순들이 다음과 같이 분명하게 드러났다. 곧 청 왕조는 외국의 침략자들에게는 감히 저항하지 못하고 그 압력에 굴복할 수밖에 없었으면서도, 자국민들에게는 여전히 '외국 오랑캐'의 지배를 받을 만큼 무력하지 않고 이를 얼마든지 물리쳐

---

24) 『함풍이무』 제25권, 13~15쪽.
25) 『마르크스·엥겔스전집』 제12권(인민출판사, 1962년판), 662쪽.

국가의 '존엄'을 지켜 낼 능력이 있음을 보여 주려고 애썼다. 1858년(함풍 8) 천진조약에서 1860년(함풍 10) 북경조약까지의 상황 전개는 이런 모순이 일관되어 있었기 때문에 함풍제로 대표되는 중앙 정권이 내놓은 정책과 명령은 일관성이 없고 확고하지 못하였으며 종종 서로 모순되어 결국 침략자들의 의도대로 휘둘릴 수밖에 없었다.

천진조약이 체결되자마자 상해에서 영국과 세칙을 개정하는 회의가 열렸다. 함풍제는 이때 문득 자신이 비준한 조약 가운데 "외국 사절의 북경 주재, 내륙 하천에서의 통상, 내지 여행, 전비 배상과 광동 반환 등 이 네 가지 조항이 중국에 큰 해가 된다"는 사실을 비로소 알아차린 듯 무력의 위협 아래 맺은 치욕스런 조약들을 협상 자리를 마련해 적을 설득하라는 명령을 내렸다.[26] 심지어 그는 관세 면제를 조건으로 위 4개 조항을 개정하자는 황당한 주장을 내놓았다. 회의에 참석한 대신들은 당연히 '외국 오랑캐들'도 면세를 원하겠지만, 이를 받아들인 뒤에 또 조약에 따라 이전에 얻어 낸 일체의 특권을 여전히 주장할 것으로 판단했는데, 이것은 근거가 없지 않았다. 비록 황제가 그들에게 그들 자신의 명의로 상대에게 '효유曉諭'하라고 재촉했지만, 대신들은 영국 측에 이런 황당한 주장을 제기하지도 않았고, 문제의 4개 항을 개정하자는 요구도 할 수 없었다. 그들은 조약 개정을 완곡하게 제의했다가 상대로부터 단호히 거절당하자 그들이 할 수 있는 일이라고는 이 사실을 황제에게 보고하는 것밖에 없었다. 상해에서 회의가 열렸다가 닫히기를 반년 동안이나 이어지자 황제는 마침내 하는 수 없이 물러섰다.

당시 황제는 외국의 사절들이 수도에 장기간 주둔하는 것만은 막아야 한다는 생각뿐이었다. 그는 외국 사절들이 수도에 장기간 주재하는 것은 조정이 이미 "외국 오랑캐의 감시 감독을 받고 있다"는 것을 공개적으로 선포하는 것과 다름없다고 생각했다. 천진조약에 따르면 1년 후에 정식으로 비준서를 교환하게 되어 있었다. 함풍제는 수도에서 비준서 교환을 원하지 않았는데, 이것은 이 굴욕적인 조약이

---

26) 『함풍이무』 제31권, 31쪽.

황제 자신의 책임에 따른 것이 아님을 보여 얼마간의 '체면'을 세우기 싶었기 때문이다. 회의에 참석한 대신들은 영국 측에 사절들의 주재 위치와 비준서의 교환 지점을 수도 이외의 곳으로 옮기도록 설득했지만 상대는 한 치도 물러서지 않았다. 침략자들은 봉건 통치자와 그 최고 대표자들에게 '체면'을 세워 줄 수도 있었지만, 청이 완전히 굴복한다는 확약을 받은 후에야 그렇게 할 작정이었다. 따라서 천진조약에 대해 청의 태도가 바뀐 듯했기 때문에 그들은 무력 위협을 한층 더 강화할 준비를 했을 뿐이다.

1859년(함풍 9) 6월 약속한 비준서 개정 시기가 다가오자 영·프·미 3국 공사는 통지도 없이 대고항 밖에 나타났다. 그들은 모두 군함을 이끌고 왔으며, 특히 영국 해군 제독 호프(Sir James Hope)가 이끌고 온 함대는 상당히 큰 규모였다. 청은 3국 공사의 접견은 받아들였지만, 병력을 거느리지 말고 대고항 약간 북쪽에 있는 북당구(北塘口)에 상륙하여 천진으로 올 것을 통고했다.27) 그러나 영국과 프랑스는 이 통고에 아랑곳하지 않고 중국에서 저들이 원하는 대로 갈 권리가 있다는 입장이었다. 6월 25일(음력 5월 25일) 마침내 영국과 프랑스 군함이 무단으로 대고항에 입항하고 포대를 향해 포격하는 한편 해병대 상륙을 강행했다. 그들은 중국 포대가 그들에게 맹렬하고 효과적인 반격을 가할 것이라고 예상하지 못했다. 당시 대고항의 방어를 담당한 장군이 승격림비(僧格林沁)였다. 포격전은 하루 낮밤 동안 계속되었고, 그들은 심각한 손실을 입었다. 영국 측은 4척의 군함이 침몰했고 나머지 몇 척도 작전 능력을 잃었다. 그리고 상륙부대의 절반 이상이 사상했고, 해군 제독 호프도 부상을 입었다. 영국군과 프랑스군은 이처럼 심각한 손실을 입고서 현장에 있던 3척의 미국 군함의 도움을 받아 간신히 대고항을 빠져 나갔다.

영국과 프랑스는 뜻밖의 패배에 당혹해하며 만회하려고 애썼지만 국제 정세의 영향으로 1860년 초가 되어서야 대규모 연합군을 구성하여 다시 전쟁을 선포했다. 이때도 영국과 프랑스는 엘긴과 그로를 특명공사로 임명했다.

---

27) 『함풍이무』 제38권, 17쪽.

대고항 포격전은 청 당국이 보기에도 뜻밖의 일이었다. 이번 포격전이 침략자들에 대한 청 황제와 조정의 정책에 어떠한 변화가 있었음을 보여 주는 것은 아니었다. 포격전 5일 후 황제는 "오랑캐를 몰아내는 방법은 전투와 선무의 방법을 병행해야 한다.…… 이번 승리의 기회를 틈타 선무의 방책을 강구하여 우리가 설정한 범위에서 벗어나지 않도록 하는 것이 합당할 것이다"라고 유시했다. '선무의 방책을 강구하여 우리가 설정한 범위에서 벗어나지 않도록 하는 것'이란 사실은 그들에게 여전히 북경으로 와 비준서를 교환할 것을 요구한 것이다. 미국 공사는 이 요구를 받아들였다. 청 당국은 북경에서 미국과 비준서 교환 절차를 마친 뒤 미국 공사에게 영국과 프랑스도 북경으로 와 비준서 교환을 바란다고 전해 줄 것을 부탁했다.[28] 신임 러시아 공사 이그나티예프(N. P. Ignatiev)도 북경에 도착했다. 1859년(함풍 9) 11월 영국과 프랑스 해군이 곧 상해에 도착한다는 소식을 듣고, 황제는 상해의 지방 관리에게 그들이 강화를 논의하기 위해 온 것인지 물어보라고 지시했다. 조정에서 비록 해안 방위를 강화하여 전투 준비를 하라고 명령했지만 실제로는 무력으로 맞설 결심은 없었다.

1860년(함풍 10) 초 양강 총독 하계청何桂淸(이 사람은 일찍이 상해 지역 매판자본가의 정치적 대표 인물이 되었다.)은 황제의 지시에 따라 중국 상인들에게 영국 상인과 접촉하여 영국 공사가 어떤 조건이면 강화할 수 있을 것인지를 탐문하도록 했다. 그러나 영국과 프랑스 공사는 대고항 포대 행위에 대한 '사과', 천진조약의 완전 이행, 추가 배상 등을 포함하여 4가지 조건을 '즉각적이고 무조건 수용'할 것을 요구했다. 이번 강화 협상의 시도는 무산되었다. 이에 함풍제는 갑자기 강경한 자세를 보였다. 1860년 4월 21일(음력 윤3월 1일) 황제는 "만약 그들이 군사를 이끌고 온다면 그들과 결전할 수밖에 없다"고 유시했다.[29] 그러나 한 달도 안 돼 영국과 프랑스의 북상 협박이 아직 실행되지 않았음에도 황제의 태도가 다시 바뀌었다. 그는 북쪽에서

---

28) 『함풍이무』 제40권, 5쪽.
29) 『함풍이무』 제50권, 1쪽.

전쟁을 벌이면 승리해도 대단히 위험하므로 "북상하지 말도록 반복해서 무마하라"는 지시를 내렸다.30) '반복해서 무마하라'는 말은 곧 적들과 완화된 조건으로 강화를 맺도록 요구한 것이다. 이 임무를 이번에도 하계청에게 맡겼다.

그러나 침략자들은 여전히 '무마'를 받아들이지 않았다. 4월에 영국과 프랑스의 일부 군대가 각각 절강의 정해定海와 산동의 연대烟臺에 상륙했다. 5월 초에는 하계청이 '반복해서 무마'를 시도하면서 오히려 영국과 프랑스 측에 출병하여 함께 태평천국군을 공격하자고 요청했다. 당시 태평천국군은 곳곳에서 승리를 거두며 동진하여 소주蘇州를 점령한 상황이었다. 하계청은 황제에게 영국과 프랑스의 요구를 받아들여야 그들의 군대가 북상할 위험이 사라질 뿐만 아니라 그들의 군대를 동원해 태평천국군의 토벌을 도울 수 있다고 보고했다. 황제는 이 주장을 받아들이지 않고 하계청을 파면한 뒤 설환薛煥을 후임으로 임명하였다. 하지만 설환도 하계청과 완전히 같은 부류의 인물이었다.

5월 하순 영국과 프랑스 군대가 이미 산동에 진입했고, 엘긴과 그로 두 공사도 상해에 도착한 후 곧바로 북상을 시작했다. 설환은 황제에게 올린 보고에서 자신의 수년간 '오랑캐 관련 사무' 처리 경험을 볼 때 "오랑캐를 다스리는 방법은 모두 그 성정에 맞게 길들이는 데 있다"31)고 했다. 적군이 이미 나라의 대문을 쳐들어오는 상황이므로 오직 저항의 결의를 보여야 할 때인데, 황제는 오히려 설환의 주장에 동조하면서 "오랑캐의 두목들이 병선을 함께 모아…… 대고항까지 진입한 뒤 중국이 어떻게 대처하는지를 살펴보고 전쟁할 것인지 강화할 것인지를 결정하려고 한다.…… 그들이 강화에 뜻을 두고 있다는 소문이 아직까지는 근거가 없지 않다"는 그의 보고를 어이없게도 믿었다. 강화를 원하는 측은 자신이 아니라 무장하여 국경을 침범한 적이라는 말이다!

황제의 이런 방침은 사실상 문을 열어 도둑을 맞아들이는 상황과 다름이 없었다.

---

30) 『함풍이무』 제50권, 33쪽.
31) 『함풍이무』 제53권, 43쪽.

영국과 프랑스 군대는 아무 방비도 없는 북당항에 느긋이 상륙하여 대고항 포대를 습격하고 쉽게 점령했다. 승격림비의 부대는 백기를 달고 통주通州(지금 북경의 通縣)로 철수했다. 결국 천진은 적에게 점령당했는데, 사실상 청의 지방 관원들이 무방비 상태로 적을 맞아들인 셈이다.

    황제는 대학사 계량桂良을 천진에 파견하여 직예 총독 항복恒福과 함께 흠차대신으로 삼아 이해 1월 상대가 상해에서 제시한 4개 항 요구를 모두 받아들이는 조건으로 강화를 맺도록 했다. 그러나 적들은 배상금을 늘리고 천진까지 통상항으로 개방하는 등 요구 수준을 높였다. 계량 등은 상대방의 요구를 받아들이는 것 이외에는 다른 방법이 없으며, 이미 영국과 프랑스에 동의각서를 보냈다고 황제에게 보고했다. 그들이 감히 이렇게 할 수 있었던 것은 전쟁을 피하고 강화를 구걸하는 함풍제의 방침이 있었기 때문임이 명백하지만, 함풍제는 또 갑자기 변덕을 부리며 계량 등을 겁이 많아 쓸모없는 인물이라고 질책했다. 황제는 입만 열면 지금은 오랑캐들을 '잠시 달래고 있을' 뿐이지 반드시 한차례 '결전'을 치를 준비를 해야 한다고 했다.32)

    1860년 9월 9일(음력 7월 24일), 영국과 프랑스 침략군은 천진에서 통주 방면으로 진격했다. 그러나 황제는 '결전'은 벌이지 않은 채 황급히 직급이 더 높은 이친왕怡親王 재원載垣과 상서尙書 목음穆蔭을 흠차대신으로 임명해 적과 강화를 협상하고 통주에 진입하지 않도록 설득하라고 지시했다. 황제는 이미 '현금 요구'와 적군의 '북경 입성'을 제외한 어떤 요구이든 받아들인다는 결정을 내린 상태였다. 그러나 침략자들은 한 치도 양보하려 들지 않았다. 그래서 이번에는 황제가 정말 결전을 벌일 결심을 한 것 같았다. 황제는 조서에서 "방자한 오랑캐가 감히 군대를 이끌고 통주까지 쳐들어왔으니…… 이제 군사를 통솔하는 대신이 전국의 군사들을 동원하여 결전에 나서라"라고 유시하여 마치 선전포고를 하는 것처럼 보였다. 황제는 통주 일대에서 방어진을 치고 있던 승격림비의 부대에 희망을 거는 한편, 터무니없

---

  32) 『함풍이무』 제60권, 26·30쪽.

게도 통주에 파견된 영국과 프랑스의 협상 대표 파크스(Sir Harry Smith Parkes)를 그들의 '주모자'로 보고 구금한 일을 크나큰 승리를 거둔 것처럼 생각했다. 전쟁 중에 집행된 혼란스런 정책 때문에 청의 군대는 사실상 이미 투지를 잃은 상태였다.

1860년 9월 21일(음력 8월 7일) 영국과 프랑스 군대가 통주 서쪽의 팔리교八里橋 일대를 공격하기 시작했으며, 승격림비의 부대는 거의 전군이 궤멸했다. 이렇게 되자 북경의 성문은 침략자들 앞에 활짝 열리게 되었다. 함풍제는 팔리교의 패전 소식을 들은 후 즉시 북경을 탈출하여 열하熱河의 행궁으로 피신했으며, 그의 동생 공친왕恭親王 혁흔奕訢을 북경에 남겨 강화 문제를 지휘할 흠차대신에 임명했다.

영·프 연합군은 북경성 밖에 이르러 먼저 서북쪽 교외에 있는 원명원圓明園으로 몰려가 그곳에 있던 금은보화와 가져갈 수 있는 귀중한 문화재들을 모조리 약탈한 후 10월 18일(음력 9월 5일) 원명원에 불을 질렀다. 청 왕조가 100여 년 동안 중국 인민의 피와 땀의 결정체를 집중시키고, 중국과 서양의 건축 기술을 종합하며 고금의 예술품을 모아 이룩한 이 웅장한 궁전과 정원이 며칠 후 완전히 폐허로 변했다.

일부 관료들은 북경성 밖에서 적과 전투를 벌이자고 주장했으며, 열하로 피신한 함풍제도 "병력을 널리 모아서 일전一戰을 벌여 승리할 수 있도록 만전을 기하라"고 지시했다. 하지만 이 시점에서 누가 감히 '일전을 벌여 승리'를 장담할 수 있겠는가? 유일한 출로는 강화를 요청하는 것뿐이었다. 성안에 남아 있던 일부 대신들이 자발적으로 안정문安定門을 열어 연합군의 입성을 도왔다. 원래 성 밖에 주둔하고 있던 공친왕 혁흔도 함풍제의 명령에 따라 성안으로 들어가 상대방의 모든 요구를 한마디도 거절하지 못하고 받아들였다. 함풍제는 "이미 입성했으니 반박하려 들면 반드시 결렬되고 말 터이니 대세를 보전하기 위해 뜻을 굽히고 참고 견딜 수밖에 없다"[33)]고 지시했다.

결국 공친왕 혁흔은 1860년(함풍 10) 10월 영국·프랑스와 북경조약을 체결했다.

---

33) 『함풍이무』 제66권, 14쪽.

이어서 러시아와도 추가 조약을 체결했다. 이를 중·러 북경조약이라고 부른다. 제2차 아편전쟁에서 청 정부가 강압에 의해 체결한 일련의 불평등조약의 주요 내용은 다음과 같다.

1. 북경조약은 천진조약에서 규정한 영국과 프랑스에 대한 '배상금'을 각각 800만 냥으로 늘리는 이외에도 영국에 50만 냥, 프랑스에 20만 냥의 '위로금'을 추가했다.
2. 러시아는 흑룡강 이북과 우수리강 이동의 도합 100만 평방킬로미터도 넘는 광대한 영토를 빼앗았을 뿐만 아니라 또한 일방적인 최혜국 대우도 확보했다.
3. 아편전쟁으로 개방된 5개 통상항 외에도 연해 지역의 천진, 우장牛莊(뒤에 營口로 변경), 등주登州(뒤에 煙臺로 변경), 대남臺南, 담수淡水, 조주潮州, 경주瓊州의 7개 항과 장강 연안의 진강鎭江, 남경南京, 구강九江, 한구漢口의 4개 항이 개방되었다. 신강新疆의 카슈가르도 러시아에 개방되었다.
4. 군함을 포함한 외국 선박이 연해 지역의 모든 통상항뿐만 아니라 장강 일대를 자유롭게 항행할 수 있게 되었으며, 외국인이 내륙에서 자유롭게 여행하거나 통상할 수 있게 되었다.
5. 외국 교회는 중국 각지에서 자유롭게 활동할 수 있는 권리를 갖게 되었다. 통역을 담당했던 프랑스 선교사는 북경조약의 조문에 제멋대로 "프랑스 선교사는 각 성에서 토지를 매입하거나 임차하여 자유롭게 건물을 지을 수 있다"는 조항을 추가하기도 했다.[34]
6. 영사재판권이 상세하게 규정되었다. 중국은 중국에서 형사사건을 저지른 외국인을 심판할 권한이 없을 뿐만 아니라 중국인과 외국인 사이의 민사사건도 모두 "중국 지방관과 (외국) 영사관이 함께 심리하여 처리"하도록 규정되었다.[35]
7. 수출입 물품의 세율은 차, 비단, 아편을 제외하고 일률적으로 총액의 5%를

---

34) 『중외구약장회편』, 147쪽.
35) 전게서, 98쪽(중영 천진조약 제17조).

원칙으로 규정하고, 내륙으로 들어오는 외국 상품은 2.5%의 세율로 각종 내국세를 대체했다. 그리고 중·영 통상보완조약에 "관세 업무를 돕도록 총리대신은 영국인을 초빙할 수 있다"[36]는 조항을 두었는데, 이후 이 조항은 외국인이 중국의 세관을 관리하는 '합법적' 근거처럼 되었다.

8. 아편이 합법적인 수입품이 되었다.
9. 조약에 중국인 노동자들이 영국과 프랑스의 속령 또는 해외로 나가 일할 수 있도록 규정했다. 당시 외국 침략자들은 이미 동남 연안에서 중국인 노동자들을 납치하여 대량으로 해외에 내다 팔고 있었는데, 이 조항으로 말미암아 이런 행위가 '합법적'으로 보장되었다.
10. 외국이 파견한 공사는 정복자와 같은 자세로 중국의 수도에 주재하게 되었다.

조약 중의 이러한 규정과 기타 여러 가지 규정 때문에 중국은 반식민지의 늪 속으로 더욱 깊이 빠져들었다. 제2차 아편전쟁의 후과는 이들 조약의 조문으로만 나타난 것이 아니다. 이 전쟁을 거치면서 외국 침략자와 중국 봉건 통치자들이 연합하여 중국 인민의 혁명을 탄압하는 상황이 형성되어 중국의 봉건 통치자는 서구 열강의 하수인이자 도구가 되기 시작했다.

7. 봉건 통치자의 진정한 적

여기에서 제2차 아편전쟁 중의 '단련(團練)'에 대해 한번 짚어 보고자 한다. 우리는 제1차 아편전쟁에서 이미 보았듯이 봉건 통치자들은 외국 침략자를 상대할 때 종종 "백성들의 힘을 빌려야 한다"고 말했다. 제2차 아편전쟁에서도 1860년(함풍 10) 7월 27일 선전포고와 비슷한 황제의 조서에 수도 인근의 각 주와 현에서 '향군(鄕軍)'과 '단련'을 조직하라고 호소했다.[37] 그러나 봉건 통치자들이 단련을 조직하라고

---

36) 전게서, 118쪽(중영 천진조약 제10조).

호소한 것은 결코 그들이 인민의 역량에 대한 신뢰를 나타낸 것이 아니었고, 진정으로 인민의 역량을 동원하여 외국의 침략자들에 맞서겠다는 것도 결코 아니었으며, 또한 진정으로 인민의 역량을 동원할 수 있는 방법도 아니었다.

영국과 프랑스 연합군이 천진과 대고항에 침입했을 때, 수도권 일대에서 단련을 조직하라는 청 당국의 호소가 효력을 발휘하지 않았다고 말할 수는 없다. 그러나 조정에서 파견된 대원들이 향신과 부유한 상인들을 독려하여 조직하기 시작한 단련은 침략군의 공격을 막거나 적을 추격하는 데 도움을 주는 역할을 할 수 없었다. 향신들이 열심히 단련을 조직한 이유는 이를 빌미로 돈을 걷거나 관직에 진출하는 수단으로 삼기 위해서였다. 그들이 약간의 무력을 필요로 했던 이유도 전쟁으로 어지러운 상황에서 자신의 재산을 지키기 위해서였다. 청 당국은 정규군이 적만 만나면 줄줄이 궤멸하여 끊임없이 적에게 강화를 구걸해야 하는 상황에서 향신들이 이끄는 단련이 적을 막아 줄 것이라는 환상을 가졌지만, 이 환상은 깨어질 수밖에 없었다. 하층 인민들이 품고 있던 분노는 조직과 지도자가 없는 상황에서 기껏해야 침략군에 대한 개별적인 파괴행위로 드러났을 따름이다. 관원과 향신들이 조직한 단련은 하층 인민의 적극성을 동원하기는커녕 오히려 억제하는 역할만 했다.

이 문제를 아주 잘 설명할 수 있는 사례가 광동성의 경우이다. 광동성의 사례를 보면, 봉건 지주계급은 결국 완전히 타락하여 외국 침략자들의 압력 앞에서 오로지 인민대중의 애국 투쟁을 억압하는 역할밖에 하지 못했다. 외국 침략자들이 아무리 괴롭히고 멸시해도 그들과 타협하고 심지어 그들에게 의지하여 자신의 생존을 도모하려 했다. 제2차 아편전쟁에서 청의 봉건 통치자들은 외국 침략자들을 시종일관 진정한 적으로 여기지 않았다. 그들의 마음속의 진정한 적은 다름 아닌 혁명적 인민인 태평천국이었다.

---

37) 『함풍이무』 제61권, 3쪽.

제5장
1856~1861년의 태평천국

1. 장강 중하류의 쟁탈전

1856년(함풍 6) 천경성 안에서 큰 변란이 일어났을 때, 태평천국군은 서쪽으로 무한武漢 동쪽으로 진강鎭江에 이르는 장강 연선을 통제하여 호북湖北, 강서江西, 안휘安徽 3성에서 모두 우위를 점하고 있었다. 그러나 바로 이때 태평천국군은 사실상 이미 전략적 공격에서 전략적 방어로 전환했다. 위창휘韋昌輝가 천경에서 벌인 학살로 태평천국군의 중추가 큰 피해를 입었고, 석달개石達開의 분열로 또 일부 병력을 잃은 후 천경 서쪽의 전쟁터에서는 점차 태평천국군에 불리한 형세가 전개되었다.

먼저 호북이 그러했다. 호림익胡林翼이 호북 순무로 부임한 후 상군湘軍은 무창武昌을 공격했다. 원래 석달개가 외곽에서 성안의 태평천국군과 협력하여 호림익을 협공했는데 천경 변란이 있은 후 성 밖의 지원군을 철수시켜 성안의 태평천국군은 더 이상 지킬 힘이 없었다. 1856년 11월 하순에 포위망을 뚫고 나온 후 태평천국군은 다시 무창에 들어가지 않았다. 이어 상군은 10만 병력을 강서성 전장에 투입시켜 1856년과 1857년에 걸쳐 수많은 성을 차례로 함락시켰다. 거의 1년 반 동안 상군에 포위된 구강九江은 1858년 4월에 드디어 함락되었다. 태평천국군의 명장 임계용林啓容 휘하 1만 7천 명 전원이 시가전에서 모두 전사했다. 이해 8월 태평천국군이 강서에서 장악하고 있었던 마지막 도시 길안吉安도 태평천국군과 천지회天地會 간의 알력 끝에 적에게 점령당했다.

안휘에서의 태평천국군의 상황은 아주 좋았다. 1856년 하반기 태평천국군은 회남淮南 지역의 적지 않은 도시들을 청군에 빼앗겼지만, 당시 안휘성 북쪽에서 활동하고 있던 염군捻軍이라 불리는 부대와 결합하여 1857년과 1858년 사이 비교적 활발한 전투를 벌인 결과 안휘성 북쪽 전장에서 우위를 점했을 뿐만 아니라 서쪽으로 하남과 호북의 변경까지 진출했다.

태평천국의 일부 유명 도시들이 잇따라 함락된 상황에서 천경이 다시 포위되었다. 청은 이미 죽은 향영向榮의 뒤를 이어 흠차대신 화춘和春에게 강남대영을 통솔하게 하고 다시 천경으로 진격하면서 흠차대신 덕흥아德興阿가 통솔하는 강북대영과 협력하여 태평천국의 심장을 억누르려 했다. 1858년 6, 7월 사이에 태평천국군의 장수들은 안경安慶 동북의 종양진樅陽鎭에서 회의를 열어 새롭게 군사를 배치하고, 진옥성陳玉成과 이수성李秀成이 연합하여 천경을 포위망에서 구출하기로 결정하였다. 그래서 진옥성의 통솔하에 태평천국군은 회남의 노주廬州(合肥)와 기타 일부 도시를 다시 점령했다. 진옥성은 또 저주滁州의 오의烏衣에서 염군, 그리고 이수성의 부대와 합류하여, 8월에 승리의 여세를 몰아 포구浦口로 내려가 천경을 감시하던 강북대영을 습격해 전군을 궤멸시켰다. 태평천국군의 선봉 부대는 동으로 양주揚州에 이르렀다.

이때 강서에 있던 상군은 회남의 태평천국군 주력이 이미 강소성 북쪽으로 동진한 것으로 판단해 기회를 틈타 안휘를 공격했다. 그들은 안경 외곽의 여러 도시들을 연달아 점령하고, 주력은 소호巢湖 주변의 삼하三河로 진격했다. 1858년 10월 진옥성은 강소성 북부에 주둔하고 있던 태평천국군 주력을 이끌고 신속하게 서쪽으로 회군했으며, 이수성의 원군과 기타 방면의 병력은 삼하를 지키던 수비군과 협력하여 삼하를 침공한 상군을 포위해 막대한 손실을 입혔다. 태평천국군의 삼하

대승으로 전장의 주요 적수였던 상군은 1년이 더 지나서야 비로소 점차 기력을 회복했다. 이 기간을 이용해 태평천국군은 천경을 포위하고 있던 강남대영과 대적할 수 있었다.

태평천국군이 강북대영을 격파한 후 청의 강북 군사업무는 강남대영을 주관하던 흠차대신 화춘이 맡았다. 태평천국군의 주력이 삼로로 출격하는 틈을 타 청군은 다시 천경 부근에서 활약하기 시작했다. 진옥성과 이수성의 주력부대가 강북으로 돌아와 1859년 10월 육합六合과 강포江浦 등을 수복하자 천경의 상황이 좀 개선되었다. 그러나 강남대영을 완전히 분쇄하지 않고서는 천경의 상황을 근본적으로 바꿀 수 없었다. 강남대영의 부대가 비록 매우 부패했지만, 어쨌든 10여만 명을 보유하고 있었고, 또 그 가운데 일부는 이전에 광서 지역에서 도적 두목을 하다가 청의 초무를 받아들여 귀순한 장국량張國梁이 통솔하던 부대여서 비교적 강한 전투력을 가지고 있었다. 강남대영을 분쇄하기 위해 태평천국군의 지도자들은 매우 현명한 전략을 세웠다.

1860년 2월 이수성은 상당히 강한 병력을 이끌고 안휘 남부에서 절강浙江으로 진입하여 항주杭州를 기습했다. 강남대영은 어쩔 수 없이 일부 병력을 나누어 항주 방면에 증원했다. 절강에 들어간 태평천국군은 적의 병력을 분산시키려는 목적이 달성된 것을 보고 즉시 항주에서 철수하여 신속하게 안휘 남쪽을 돌아 계획대로 진옥성의 각 방면 부대와 합류해 천경을 포위한 강남대영을 반대로 포위했다. 이해 윤3월 상반기에 벌어진 이 대규모 전투 결과 강남대영 전군이 붕괴하고, 장국량은 단양丹陽으로 도주하다가 전사했으며 화춘은 자결했다.

당시 태평천국군 사령관이었던 진옥성과 이수성은 태평천국 후기의 걸출한 장수였다. 진옥성(1837~1862)은 광서성 계평현桂平縣의 빈농 집안 출신이다. 금전봉기 당시 그는 겨우 열네 살이었고, 봉기군에 참여하여 병사가 되었다. 천경에 도읍을 정한 후, 진옥성은 서정하는 군대와 함께 무창을 공격할 때 500명의 선봉대를 이끌고 성을 공격해 점령했다. 몇 년 동안 계속된 전쟁을 통해 단련된 이 빈농 출신의 아이가 태평천국군의 주요 장군으로 성장하였다. 1858년 진옥성은 전군前軍

총사령관에 임명되었고, 이듬해 영왕英王에 봉해졌다.

이수성(1823~1864)은 광서성 등현藤縣의 빈농 집안 출신이다. 태평천국군이 영안로永安路에 진출하면서 등현을 지날 때 혁명에 참가했다. 기지가 넘치고 용감한 작전으로 평범한 병사로부터 청년 고급장교로 진급했다. 석달개가 분열되어 나간 후, 그와 진옥성은 태평천국의 위급한 상황에서 함께 군사적인 중책을 맡고 안휘성 북방의 전장에서 함께 싸웠다. 1858년 그는 후군後軍 총사령관에 임명되었고, 이듬해 충왕忠王에 봉해졌다. 증국번曾國藩과 호림익 등 반혁명 우두머리들은 진옥성과 이수성을 전장에서 무서운 적수로 여겼다.

강남대영을 분쇄한 뒤 태평천국군 앞에 놓인 문제는 다음 단계의 국면을 어떻게 타개할 것인가 하는 것이었다. 당시 태평천국군이 점령한 지역은 천경 일대의 크지 않은 지역을 제외하면 오직 안휘성 대부분뿐이었다. 천경 이동의 중요한 거점인 진강은 이미 적에게 빼앗겼다. 태평천국군의 지휘자들은 동진하여 먼저 부유한 강남 지역을 탈취하기로 결정했다.

동진 임무를 맡은 지휘관은 이수성이었다. 그는 1860년 4월 부대를 거느리고 상주常州와 무석無錫, 소주蘇州를 연달아 점령했고, 빠르게 태호太湖 동쪽 지역을 점령해 6월 초에는 이미 상해에 접근했다. 동시에 진옥성이 이끈 부대는 태호太湖 서쪽 지역을 점령하고 또 그곳으로부터 절강으로 들어가 항주를 위협했다. 태호 유역은 청 정부가 조량漕糧을 징수하는 중요한 기지로서 이 지역을 점령하는 것은 청에 대한 심각한 타격이었다. 그러나 태평천국군이 많은 병력을 이 방면에 사용했기 때문에 청군이 남경 상류에서 반격을 준비할 수 있는 기회를 가지게 되었다.

삼하전투의 패배에서 서서히 기력을 회복한 상군은 1859년 하반기부터 길을 나누어 점차 안휘를 공격하기 시작했다. 증국번은 안경을 점령하면 한 걸음씩 남경을 향해 진격할 수 있다고 생각했다. 1860년 5월 증국번은 직접 상군의 주력 8만 명을 이끌고 안경을 포위했다.

이때 태평천국군은 두 갈래로 나누어 적의 후방인 무한을 기습하여 안경을 구출할 계획을 세워 두고 있었다. 북로는 진옥성이 통솔하여 안휘 북부에서 호북으로 들어가고, 남로는 이수성이 통솔하여 안휘 남부에서 강서를 거쳐 호북으로 들어가기로 했다. 이 계획에 따라 진옥성의 군대는 1861년 2월 초 호북의 영산英山에 이르러 황주黃州를 점령하고 무창武昌을 압박했다. 상군의 후방이 비어 있어서 무한을 방어할 능력이 없었기 때문에 이것은 대단히 총명한 전략이었다.

이때 중국 주재 영국 해군사령관 호프와 광주 주재 영사 파크스(Sir Harry Smith Parkes)가 함대를 이끌고 한구漢口에 도착했다. 파크스는 특별히 황주로 달려가 진옥성을 만나 영국의 이익을 해치지 않도록 무한을 침공하지 말 것을 '권고'했다. 이때 파크스는 의도적으로 구강 방면에서는 이수성의 부대가 진입했다는 소식을 듣지 못했다고 알려 주었다. 이런 상황에서 진옥성은 무창을 눈앞에 두고 군대를 황주黃州 북쪽으로 돌려 마성麻城과 황안黃安 일대를 공격했다. 이 때문에 중국번과 호림익은 안심하게 되었다. 안경의 포위가 여전함을 본 진옥성은 호북 방면으로 전장을 확장하려던 계획을 고집할 수 없어 3월에 주력을 이끌고 안경을 구출하기 위해 돌아왔다.

소주·상주 일대에 있던 이수성은 원래 서정을 원하지 않았고 동남 지역의 새로운 근거지를 지키자고 주장하였으나, 홍수전의 독촉과 명령을 받고 무한으로 돌려 안경을 구하려고 했다. 그는 주력을 강남에 남겨 지키게 하고 자신은 일부 병력을 이끌고 안휘 남부에 이르러 다른 부대와 합세한 뒤 중국번의 지휘부가 있는 기문祁門을 공격했지만 공략하지 못하자 바로 상군의 후방인 강서 경내로 이동했다. 그는 일부 병력을 강서에 남겨 두고 자신은 강서에서 호북으로 들어가 1861년 5월 무한 가까운 곳까지 진입했다. 그러나 그는 진옥성의 군대가 이미 안휘로 돌아갔고 또한 태평천국군이 강서 동북부에서 곤경에 처했다는 소식을 듣고 호북에서 신속히 철수했다. 다시 강서로 돌아온 그는 남겨 두었던 부대와 함께 동진하여 절강으로 진입해 항주를 점령했다.

이수성과 진옥성은 안경 구원 문제를 놓고 논쟁을 벌였다. 이수성이 이에 대해 소극적이었던 이유는 강남 지역을 지키려는 욕심 때문이었다. 물론 당시 안경을 쟁탈하기 위해 모든 힘을 집중하여 상군과 결전을 벌이는 것은 옳지 않았지만, 천경 서쪽 지역을 제쳐 두고 소주와 항주 지역만 지키려는 것도 분명 잘못이었다.

중국번이 거의 모든 병력을 모아 안경 포위에 최후의 승부를 건 것은 천경을 공격하기 전 단계로 태평천국군을 모두 이곳으로 유인하기 위해서였다. 그런데 태평천국군이 이와는 달리 적의 빈 후방으로 진입해 종횡무진 활동하자 상군은 병력을 분산시켜야 했고 수동적인 위치에 놓이게 되었다. 이 전략은 매우 현명했지만, 태평천국군이 이 정확한 전략을 자각적으로 실행한 것이 아니었기 때문에 그것을 계속 견지할 생각이 없는 전략이었다. 그들은 손에 쥔 자그마한 떡을 놓기 아쉬워했다. 이수성은 강남을 유지하는 것에 만족했고, 진옥성은 전력을 다해 안경이라는 도시 하나를 쟁탈하려고 했다.

1861년 3월부터 진옥성은 온 힘을 다해 안경을 포위하고 있던 상군을 공격했다. 안경 쟁탈전은 5개월 동안이나 계속되었다. 진옥성의 부하들은 용맹하게 싸웠지만, 마침내 8월 초 안경성은 적에게 넘어갔고 진옥성은 남은 군사를 이끌고 철수할 수밖에 없었다. 이 전투에서 용맹하게 전사한 태평천국군이 적어도 2만여 명에 달한다. 안경이 함락된 후 천경 이서 지역은 거의 적의 천하가 되었고, 소주와 항주 지역에서만 태평천국군이 일시적으로 우세를 유지했다.

2. 염군과 태평천국군의 합작

하남과 안휘의 회북淮北 지역 농촌에는 일찍이 가경嘉慶 연간 '염당捻黨'이라고 불리는 비밀 조직이 번성했다. 현지 농촌에서는 신을 맞아들이는 의식을 치를 때 종이를 꼬아 기름을 묻힌 뒤 불태웠기 때문에 '염당捻黨'이란 이름이 붙여진 것이다. 청 당국은 일찍부터 염당을 금지했지만 흩어져 소규모 활동만 했기 때문에 크게 문제 삼지 않았다.

1853년(함풍 3) 태평천국군이 장강 유역에 이르고, 특히 그 북상 원정군이 회북 지역을 가로질러 가면서 이 지역의 농민 투쟁이 활발하게 전개되었는데 안타깝게도 북벌하던 태평천국군은 진군하는 도중에 현지에서 농민을 조직하고 동원하지 않았기 때문에 회북 지역의 농민 투쟁은 이후 몇 년 동안 태평천국군과 아무런 관련이 없었다.

1855년 6월 개봉開封 동쪽 동와상銅瓦廂에서 황하가 범람하면서 황하 하류의 물길이 북류하여 대청하로 들어가 버림으로써 산동山東 서남쪽과 안휘성 북부, 강소성 북부의 많은 지역이 심각한 피해를 입었다. 따라서 가난한 농민과 떠돌이 유민들은 더더욱 갈 곳이 없게 되었다. 이때 염당은 점차로 작은 무리가 합쳐 큰 무리를 이루면서 그 기세가 날로 커졌다. 장낙행張洛行은 안휘성 북부 지역의 염당 우두머리가 되어 '대한맹주大漢盟主'라 자칭했고, 그를 수령으로 인정한 여러 부대의 수가 수십만 명에 이르렀다. 안휘성 북부 지역 이외에도 강소성 북부, 산동성 남부, 하남성 동부 등을 포함한 회하淮河 이북의 광대한 지역에서도 군웅이 할거하였다. 이들의 역량이 커지자 활동 지역의 범위도 점점 더 넓어졌다.

염군은 다음과 같은 몇 가지 특징을 가지고 있었다. 첫째, 그 기세가 비록 컸지만 각 무리가 독립되어 하나로 통솔되지 않았다. 장락행이 비록 안휘성 북부 지역에서 군림하기는 했지만 그를 수령으로 인정한 각 부대에 대해 통일된 지도력을 행사할 수 없었다. 둘째, 항상 적과 정면으로 부딪쳐 싸우기를 피하고 늘 유격작전을 펼쳤기 때문에 적이 포착하기 어려웠다. 염군은 기병이 중심이었기 때문에 특히 기동성이 뛰어났다. 셋째, 염군은 태평천국군과 같은 농민혁명의 강령을 가지고 있지 않았고, 청 왕조를 무너뜨리겠다는 목표도 뚜렷하게 제시하지 않았다. 넷째, 지도자들의 성분이 복잡하다. 일부 염군 지도자들은 물론 농민혁명의 영웅답게 태평천국군이 패배한 후에도 여전히 적과 끝까지 싸웠지만 어떤 지도자들은 사실 '난세'의 기회를 틈타는 인물이었고 심지어 어떤 이들은 원래부터 지방의 악질 토호였다. 태평천국군이 회하 유역에 도착했을 때, 청 조정은 회하 이북 일대에서 해 오던 대로 향신鄕紳들에게 단련을 조직할 것을 호소했다. 그러나 여기에 향신들은 기꺼이 나서기를 꺼렸는데, 악질 토호들이 적극적으로 나섰다. 이들 가운데 일부는 단련 세력을 장악하여 자신의 가업을 지키는 데 이용했을 뿐만 아니라 어떠한 정치적 야망을 성취하는 데 활용했다. 이해관계에 따라 그들은 오늘은 염군과 맞서 싸우다가 내일은 염군과 손을 잡을 수도 있었다. 그들은 농민 대열에서 자신의 야심을 이루지 못할 것으로 생각되자 돌아서서 청에 충성을 바쳤다.[1] 아래에서 언급할 묘패림苗沛霖의 경우가 바로 단련을 창설해 입신했다가 변절을 거듭한 대표적인 인물이다.

    1857년 태평천국군은 안휘 전선에서 염군의 장락행, 공득수龔得樹와 협력하기 시작했다. 염군은 안휘 남부에서 태평천국군의 일부 전투에 참가했고 태평천국군도 염군의 협력으로 안휘성 북부와 하남성 동부 지역을 편리하게 드나들 수 있었다. 이때 태평천국군은 부왕扶王 진득재陳得才와 준왕遵王 뇌문광賴文光이 지휘하는 부대를 보내 하남을 거쳐 섬서陝西로 진입하여 서북 전선을 개척하려 했다. 태평천국군과 염군의 협력은 청에게 큰 위협이 되었다. 그런데 태평천국군이 안휘에서 염군 및 기타 지역 세력과 협력하는 과정에서 큰 손실을 입었다는 점을 지적하지 않을 수 없다.

    첫 번째 사례가 이소수李昭壽의 투항이다. 이소수는 원래 호북과 안휘 접경지역 염군의 하급 우두머리였는데, 호북 영산에서 청에 투항했다가 다시 영산의 청 관리를 죽이고 태평천국군에 투항해 이수성의 부장이 되었다. 이소수는 태평천국군에 가담했지만 그의 부하들은 아편을 피우고 재물을 약탈하여 자신의 소유로 삼았다. 이런 행태를 알게 된 진옥성은 격노해 그를 참수하겠다고 했지만, 이수성은 그를 매우 신임했다. 1858년 8월 태평천국군이 강북대영을 무너뜨린 뒤 이수성은 이소수의 부대를 저주 등의 수비대로 내보냈는데 도착하자마자 청의 흠차대신 승보勝保에게 투항했을 뿐만 아니라 그의 동지인 설지원薛之元에게도 투항을 권유했다. 그들의 투항으로 천경이 포위되는 상황이 되었고 서쪽에 나가 있던 태평천국군

---

[1] 같은 류의 사례는 『山東軍興紀略』의 「團匪」 각 장에 숱하게 등장한다. 중국사학회 편, 『중국근대사자료총간: 염군』(이후 『연군자료』라 약칭한다.), 제4책 416쪽 이하를 참고.

은 동쪽으로 되돌아올 수밖에 없었다.

두 번째 큰 손실은 묘패림에게서 생겼다. 묘패림은 원래 안휘 봉대鳳臺의 수재였는데 고향에서 단련을 조직하고 산채山寨를 건립하여 염군과 몇 차례 전투를 치렀다. 이에 청은 그에게 사천四川 천북도川北道의 벼슬을 내리고 안휘성의 단련을 지휘하도록 했다. 1859년 그는 부대를 이끌고 원갑삼袁甲三 휘하에 들어가 봉양鳳陽에서 장락행의 염군을 공격했다. 그는 이 전투에서 큰 공을 세웠다고 생각했지만 더 높은 관직이 내리지 않자 불만을 품고 있었다. 1860년 영국과 프랑스 군대가 북경에 입성하여 황제가 열하熱河로 도피했다는 소식을 듣고 곧장 그는 '반란'을 일으켰다. 그는 청의 안휘 순무 옹동서翁同書의 주둔지인 수주壽州를 포위 공격하는 한편, 염군의 장락행에게 사자를 보내고 남경에도 사자를 보내 태평천국에 귀순하겠다는 뜻을 밝혔다. 장락행이 그를 받아들이자 이때부터 그는 염군에 합류했으며, 태평천국도 그를 조금도 의심하지 않고 곧바로 '주왕奏王'으로 봉했다.

1861년(함풍 11) 9월 하순 묘패림은 수주성을 함락시켰다. 이때 청의 새 황제인 동치제同治帝가 즉위하여 이미 북경으로 돌아와 있었고, 태평천국군은 안경 전투에서 패배했다. 이렇게 상황이 전개되자 그는 양다리 걸치는 방법을 강구하기로 마음먹었다. 청의 흠차대신 승보勝保가 1862년(동치 원년) 정초 안휘에 도착해 군대를 지휘하자 그는 즉시 승보에게 연락해 비밀리에 투항했다. 이해 3월 장락행의 염군이 태평천국군과 함께 영주潁州(阜陽)를 포위 공격할 때, 그는 장락행의 부대를 배후에서 기습 공격해 전군을 궤멸시켰다.[2] 같은 때에 진옥성은 회남의 노주(합비)에서 적의 포위 공격을 당하여 4월에 포위망을 뚫고 북상하던 중 묘패림의 주둔 지역을 지나게 되었다. 묘패림은 진옥성의 수주성 입성을 환영한다고 속여 진옥성과 그의 수행원들을 아주 쉽게 포로로 잡아 청 당국에 바쳤다. 빈농 출신의 청년 영웅 진옥성은 이렇게 변절을 일삼는 반혁명 분자의 손에 희생되었다. 그러나 묘패림도

---

[2] 장락행은 전군이 궤멸한 후 아들과 함께 宿州의 염군 우두머리 李英家의 부대를 찾아갔으나 이때 이영가는 적에게 투항한 뒤라서 장락행을 붙잡아 관에 넘겼다.

청 당국의 충분한 신임을 얻지 못했다. 얼마 후, 그는 또 군사를 동원해 '반란'을 일으켰는데, 이번에는 청이 큰 힘 들이지 않고 그와 그의 부대를 소멸시켰다.

3. 홍인간과 그의 『자정신편』

석달개石達開는 1857년(함풍 7) 5월 천경을 떠나 태평천국을 벗어나서 독자적으로 움직이며 안휘에서 부대를 이끌고 강서로 들어갔으며, 뒤이어 절강과 복건, 호남 3성을 전전하며 전투를 벌였다. 적은 큰 병력으로 그를 상대하지 않았지만 그는 끝내 국면을 타개하지 못했다. 그의 분열적 행동이 부하들을 납득시키지 못했기 때문이다. 그를 따르던 일부 부대들이 잇따라 이탈해 태평천국으로 돌아갔다. 1859년 7월, 그가 군대를 이끌고 광서에 들어가 그곳에서 2년 넘게 머무는 동안 그를 떠나 강서의 태평천국군으로 돌아간 병력이 무려 20여만 명에 달했다. 그의 부하들 가운데 광서에서 청에 투항하는 사례까지 있었다. 석달개는 광서에 있을 때 의기소침하여 "산림에 은거하고 싶었지만" "도처에 현상금을 걸어 놓아 숨을 곳이 없어" 활동을 계속할 수밖에 없다고 토로하기도 했다.3) 그는 이처럼 암울한 심정을 안고 1861년 다시 수만 명의 무리를 모아 광서를 떠나 호남을 거쳐 호북 서부에 이른 뒤 사천에 진입할 계획을 세웠다. 청군의 저지로 장강을 건너지 못한 그는 쫓겨 서쪽 귀주貴州를 거쳐 운남雲南으로 갔으며, 결국 운남의 소통昭通에 도착했다. 그곳에서 그는 금사강金沙江을 건넌 뒤 대도하大渡河를 서둘러 건너 사천四川의 한복판으로 진입하려 했다. 1863년(동치 2) 4월, 그의 주력 부대가 대도하 강변의 자타지紫他地(지금의 安順場)에서 적의 포위망에 갇혀 곤경에 빠졌다. 이에 석달개는 사천 총독 낙병장駱秉章에게 항복을 요청하는 편지를 보내고 순순히 체포되었다.

---

3) 「石達開自述」, 『태평천국자료』 제2책, 781쪽 참조. 광서에서 석달개와 갈라 선 吉慶元 등이 천왕에게 보낸 보고에도 같은 이야기가 나온다. "익왕은 고향으로 돌아가 곧바로 산림으로 돌아갔다는 말이 있습니다." 『근대사자료』 1955년 제3기, 7쪽 참조.

그는 자신만 희생하면 전군의 생명을 보전할 수 있을 것으로 생각했지만, 그와 함께 무기를 내려놓은 200여 명의 부하 장수들과 2천여 명의 병사가 처형되었고, 그도 성도成都로 압송되어 처형되었다.

석달개가 천경을 떠난 뒤 천왕 홍수전은 몽득은蒙得恩을 당시 최고 관직이었던 정장솔正掌率로 기용했다. 젊고 뛰어난 장수 진옥성은 우정장률又正掌率에, 이수성은 부장률副掌率에 임명됐다. 진옥성과 이수성 두 사람은 늘 전선을 누비고 다녔지만 몽득은은 천경에 남아 홍수전의 국사 처리의 주요 조력자로 활약했다. 몽득은은 금전 봉기 이전부터 배상제회拜上帝會에 참가했으나, 군사나 정치 방면의 활동에서 별다른 능력을 보여 주지 못했다.

이러던 중 1859년 3월 홍인간洪仁玕(1822~1864)이 천경을 찾아오자 홍수전은 그를 몹시 반겼다. 보름 후 홍인간은 간왕干王에 봉해져 천왕의 지휘 아래 조정의 업무를 총괄하는 임무를 맡았다. 어느 날 갑자기 천경에 찾아온 홍인간은 어떤 사람인가? 홍인간은 천왕 홍수전洪秀全의 족제族弟로, 배상제회 최초 신도 중 한 사람이다. 그가 "어린 시절부터 책을 읽었다"고 말한 것을 보면, 홍수전과 마찬가지로 농민 중의 소지식분자였다고 하겠다. 금전 봉기 때 그는 광동의 고향에 있었다. 봉기가 일어난 후, 홍수전 고향의 친족과 관련자들은 모두 관청에 체포됐다. 홍인간은 광서에 갔지만 봉기한 군대를 따라잡지 못했다. 1852년 그는 홍수전이 광동으로 파견한 인물과 함께 소규모 봉기를 일으켰으나 성공하지 못했다. 그는 청 관헌에게 체포되었지만 다행히도 탈출하여 홍콩으로 도망쳤다. 태평천국이 남경에 도읍을 정한 후, 홍인간은 상해에 갔으나 천경에 갈 방법이 없어서 다시 홍콩으로 돌아갈 수밖에 없었다. 그는 홍콩에서 외국인 선교사들을 만났고 중국어를 가르치며 생계를 꾸렸다. 그러는 가운데 외국인들로부터 새로운 지식도 배웠다. 1859년 그는 상인으로 가장하여 광동에서 강서와 호북으로 간 후 청 관할 지역을 거쳐 마침내 천경에 도착했다.

이렇게 다른 곳에서 갓 찾아온 사람이 곧장 국가의 고위직에 올랐다. 1860년(함풍 10) 태평천국군이 항주를 급습하여 적의 강남대영 병력을 분산시킨 후 바로 회군하여 강남대영을 격파한 영명한 작전계획은 바로 홍인간이 내놓은 것이다. 이 전투로 천경의 형세가 크게 개선되자, 소주·항주·상해에 출병할 것을 주장한 것도 홍인간이었다. 그는 당시 동진에서 승리한 뒤 곧바로 장강 상류를 점령하고 군사를 분산해 호북과 강서를 점령할 생각이었다. 그는 태평천국에서 천경이 무너질 때까지 중임을 맡았다.

홍인간은 간왕에 봉해진 지 얼마 되지 않아 『자정신편資政新編』이라는 책을 써서 천왕 홍수전의 재가를 받아 공포하였다. 그는 이 책에서 그가 알고 있는 대로 서구 자본주의 국가들의 상황을 서술하면서, 이 국가들을 "기예가 정교하고 국법이 넓고 깊다"고 보았다. 그는 외국과 통상하고, 내정을 간섭하지 않는 조건 하에서 외국인을 널리 받아들여 기술을 배우자고 주장하였다. 그는 또 산업 발전, 광산 개발, 교통 발전, 은행 설립, 지폐 발행, 우체국, 신문사, 병원 설립 등을 주장했다. 그는 개인 투자를 허용하고 발명을 장려해야 한다고 주장했다. 그가 구상한 새로운 국가엔 부자와 가난한 사람, 심지어 백만장자도 있다. 그는 은행과 우체국, 신문사를 모두 '부민富民'이 만들게 하자고 했다. 그는 또 부자들은 가난한 사람들을 구제해야 하지만 단순히 베푸는 방법이 아니라 "일을 시키고 그만한 가치를 주는 것이 바람직하다"고 말했다. 그러므로 그의 주장은 사실 중국 전통을 따르지 말고 서양으로부터 배워 새로운 국가, 즉 자본주의 제도를 시행하는 사회를 만들어야 한다는 것이다.

홍인간은 태평천국의 혁명 사업을 발전시키기 위해 자본주의적 색채가 짙은 강령을 내세웠는데, 이는 자발적인 농민운동으로서는 제시할 수 없었던 것이다. 그러나 그는 그가 원했던 이런 개혁을 봉건적 착취제도의 소멸과 연결시키지 못했다. 앞에서 보았듯이 「천조전무제도天朝田畝制度」의 저자는 상공업과 도시 경제를 그들이 원하는 이상사회에 받아들일 수 없었음을 보았다. 그런데 홍인간의 『자정신편』에는 정반대로 농촌에 대한 언급이 거의 없다. 농촌과 관련된 언급은 아주 간단하게 '향관鄕官'을 임명하고 '향병鄕兵'을 임명한다는 단 두 가지뿐이었다. 그는 '공의를 지닌 자'가 '향관'을 맡게 하여 '향촌 백성들의 일상사와 길흉 등에 관한 일을 관리하게 하고, 향병은 그의 지시를 따르도록 하며', 향병의 임무는 공중위생과 사회치안을 유지하는 것이라고 제시했다. 「천조전무제도」의 핵심인 토지 균등분배의 문제는 『자정신편』에서 한 글자도 언급하지 않았다.

당시 중국에서 자본주의 상공업의 발전을 제창한 것은 진보적인 의의가 있었다. 그러나 자본주의 상공업의 자유로운 발전은 봉건주의 정권을 무너뜨리지 않고 그 정권의 기반이 되는 봉건적 토지 관계를 소멸시키지 않고서는 불가능하다. 그리고 중국 자본주의가 독자적으로 발전하려면 외국 자본주의의 침략과 억압에 어떻게 대처할 것인가 하는 문제도 해결해야 한다. 「천조전무제도」의 저자는 봉건적 착취제도를 없애는 것이 자본주의 발전을 위한 길이라는 것을 알지 못하였고, 오히려 이를 통해 곧장 평균주의의 새로운 사회로 진입할 수 있다고 생각했다. 그런데 『자정신편』의 저자 홍인간은 또 자본주의 상공업이 자유롭게 발전하는 새로운 사회를 구상하면서도 「천조전무제도」를 완전히 제쳐 두었다. 홍인간은 이 책을 저술하면서 농민혁명의 현실적 투쟁 목표에 대해 전혀 언급하지 않았다. 그는 홍수전의 혁명 사업에 충성을 다했지만, 수년간 진행된 농민 투쟁에는 참가하지 않았다. 그는 서구에서 성장하기 시작한 자본주의의 겉모습만 배웠지, 그가 뛰어든 농민혁명과 자본주의 발전 과정의 관계를 진정으로 이해하지 못했다.

4. 태평천국 치하의 소주와 항주 지역

1860년과 1861년 태평천국군이 강소 남부 및 인접한 절강 북부 지역에 진입하자 이 지역은 한바탕 혁명의 폭풍 세례를 받았다. 농촌의 빈농과 도시의 빈민들은 자발적으로 열렬하게 혁명에 호응하였다. 소주와 항주 지역도 태평천국군이 진주한 다른 지역과 마찬가지로 격렬하게 요동쳤다.

소주와 항주 지역은 상품경제가 매우 발달한 부유한 곳이다. 이 지역의 청군이 붕괴된 이후 한동안 태평천국의 후방이 되었다. 현지의 모든 반동 세력들은 전력을 다해 군사적 방법 이외의 모든 수단을 통해 파괴 활동을 벌였다. 이곳은 태평천국군이 점령했던 다른 어떤 지역보다 그들을 타락시키고 손상시킬 요소가 많았다.

태평천국과 태평천국군은 이러한 외래적 부패와 파괴 요소를 잘 극복해 내지 못했다. 우리는 이미 태평천국이 사회 전체와 혁명 대열에 참가한 다양한 계급과 계층에 대한 체계적인 혁명정책을 가지고 있지 못한 것을 보았는데, 이런 약점이 태평천국 전기에 이미 드러났으며, 후기 홍인간의 『자정신편』에서도 보완되지 못했다. 1860년 상주常州와 소주에 진군하면서부터 이 지역의 주요 지도자인 이수성은 "풍요로운 소주와 항주 지역"을 차지하자 곧 "베개를 높이 베고 근심걱정을 잊어버린" 심리상태에 젖었다. 그는 눈앞의 총을 든 적만 보았지, 내부로 파고드는 적에 대해서는 경각심이 부족했다.

태평천국군이 강남대영의 위세를 꺾은 틈을 타 신속하게 동으로 진군하자 상당수의 강남대영 관리들이 남은 병력을 이끌고 투항했다. 예를 들어 소주성을 점령할 때 이문병李文炳, 하신의何信義, 주오周五 등이 성문을 열고 태평천국군을 맞았는데, 이들은 원래 강남대영에서 후보候補 도원道員이나 후보 지부知府 등의 관직을 가진 인물들로 곧장 태평천국군에서도 관직을 받았다. 청의 지방 관리들도 적지 않게 태평천국군에 귀순했는데 그들도 바로 태평천국군의 현지 관리로 변신했다.

소주·항주 일대에는 지주계급이 태평천국군에 항거하기 위해 조직한 단련 외에도 수로가 발달한 지역 특성을 이용해 수상 무장 세력인 '창비槍匪'가 적지 않았다. 이들은 태평천국군 치하에서 사회질서를 어지럽히고 태평천국군과 적대했는데, 이들의 우두머리 혹은 그 배후의 조종자가 바로 현지의 악질적인 대지주와 토호들이었다. 지주가 조직한 단련은 대부분 일찍이 흩어졌지만, 창비는 태평천국군이 쉽게 소멸시키기 어려운 세력이었다. 태평천국군은 지주들의 단련과 창비들을 회유해 내부에 편제하는 정책을 폈는데, 그들은 형식적으로는 태평천국군에 귀속되었지만 실제로는 여전히 원래의 입장과 활동을 유지했다.

이수성이 민정을 관리하도록 상숙常熟에 파견했던 전계인錢桂仁의 행적은 농민혁명 대열에 섞여 있던 지주계급들이 이수성의 신임을 이용해 어떻게 방자하게 활동했는지를 잘 보여 준다. 태평천국군은 소주와 항주 일대에서 한 곳을 얻은 후에 여전히 전통에 따라 각급 향관을 두었지만, 웅만전이나 전계인과 같은 사람들이 지방 민정을 관리하는 상황에서 향관은 필연적으로 지주 신사와 그들의 앞잡이로 채워질 수밖에 없었다. 이때 향관의 주요 임무는 급료를 마련하는 것이었다. 태평천국군의 전통에는 원래 지주와 부호들이 재산을 내놓을 것을 강요하는 이른바 '진공進貢'이 있었는데, 이제는 향관들이 '진공'의 명의를 이용해 모든 주민들에게 그 부담을 안겼다. 일부 지역 태평천국군은 지주들의 소작료 징수를 허락했을 뿐만 아니라 소작료 독촉을 위해 기구를 만드는 것도 인정하고, 심지어 소작인들이 소작료 납부를 저항할 때 소작인들의 편에 서는 것이 아니라 오히려 지주들의 소작료 수취권을 보호했다. 소주의 웅만전은 전례대로 소작인은 지주에게 소작료를 내고, 지주는 태평천국군에 지세와 인두세를 납부할 것을 선포했다. 그리고 또 지주가 도망갈 경우 소작인이 대신 세금을 납부하고 지주가 돌아오면 "납부한 세액에 따라 정산하라"는 규정을 만들었다. 웅만전의 후임자인 황모黃某라는 자는 1862년(동치 원년)의 포고문에서 웅만전의 규정을 거듭 천명하면서 어떤 지주들이 지세를 받지 못하는 것은 "소작인들이 강한 자를 두려워하고 약한 자를 업신여기기 때문이니, 이 또한 향관들이 단속을 제대로 하지 못한 탓"이라고 했다.

    상업은 완전히 자유방임의 정책을 채택했다. 전쟁 상황 아래 원래 번성했던 강남 도시들의 인구가 감소하고 시장이 침체되었지만, 농촌 읍邑 지역의 상업은 더 번성했다. 여기에서 주목할 만한 것은 태평천국군 관리들이 상인들과 공동으로 상업을 경영하고 심지어 고리대금 착취까지 했다는 자료들이 있다. 예를 들어, 가흥성嘉興城 남쪽 복진濮鎭의 한 상인은 태평천국군과 합작해 견직품 상점을 운영했는데, 태평천국군이 자본을 내고 상인이 경영했다. 가흥 남쪽 왕점王店에서도 한 향관이 태평천국군과 함께 전당포를 경영했다. 자료에는 정확히 나와 있지 않지만, 출자하여 상인과 합작한 자는 태평천국군의 현지 우두머리였던 것으로 보인다. 이런 사례들은 농민혁명 대오가 소박하고 단순했던 원래의 상태를 더 이상 유지하기 어려웠음을 잘 보여 준다.

5. 다른 깃발을 내세운 반란들

태평천국은 전국 각지의 착취당하고 억압받는 노동인민들을 격동시켰다. 태평천국군이 이르지 않았거나 그냥 지나가기만 했던 많은 지역에서 태평천국 이외의 깃발을 든 대중들이 반란을 일으켰는데, 그들 중 일부는 태평천국과 관계가 있는 경우도 있고 아닌 경우도 있다. 지역별로 비교적 중요한 민중반란을 살펴보면 다음과 같다.

1) 상해의 소도회

1853년(함풍 3) 8월 앞에서(제1부 제4장 2절) 서술했듯이 상해에서 소도회小刀會가 봉기를 일으켰다. 상해의 소도회는 천지회 계통의 조직으로 그 구성원은 주로 도시빈민이다. 그들은 현지의 농촌과 별로 연계하지 않았고, 시종 도시를 사수하는 방법을 취했다. 태평천국이 그들에게 적극적인 지원을 하지 않은 것은 태평천국군이 아직 천경으로부터 동진할 계획이 없었기 때문이기도 하지만, 소도회의 주장과 구호가 태평천국과 달랐기 때문이다. 소도회는 대중들 사이에 옛날의 동업 조직 관념이 대단히 강하여 복건방福建幇과 광동방廣東幇으로 대립하고 있었다. 이 때문에 내부적 단결을 잘 이룰 수 없었고, 그것이 또한 실패의 원인이기도 했다.

2) 광서·광동·호남의 천지회

태평군이 광서를 떠난 후 처음 몇 년 동안, 즉 1851년부터 1855년 사이에 광서의 천지회天地會(三合會)는 여전히 성내 각지에서 여러 갈래로 나누어 활동했다.

광서 동북부에는 주홍영朱洪英, 호유록胡有祿을 비롯한 천지회 봉기군이 있었는데, 1854년(함풍 4) 한때 공성恭城과 관양灌陽을 점령하여 '승평천국昇平天國'이라는 국호를 내세우고 '태평천덕太平天德'이라는 연호를 사용했다.

광동성에서는 천지회가 1854년에 반란을 일으켰다. 이해 5월과 6월 사이에 광동성 수도인 광주성 주변의 동완東莞, 화현花縣, 삼수三水, 불산佛山 등을 모두 천지회 봉기 군중들이 점령했거나 포위했다. 6월 하순부터 여러 봉기 세력들이 협력하여 성을 공격했는데 광주가 반년 넘게 포위 공격을 당했다. 이 기간 동안 성의 거의 모든 주州와 부府에서 회당會黨 봉기가 있었고, 그들은 많은 도시를 점령하고 광주와 각 지역 사이의 교통을 차단했다. 양광 총독 섭명침은 서양인들의 무력 지원을 받아 광주성을 지킬 수 있었다. 그는 1855년 광주를 포위 공격하던 봉기군을 점차 퇴각시키고 각지 지주들을 무장시켜 천지회로부터 많은 성읍을 수복했다.

이에 광동의 천지회 봉기군 일부는 북쪽 호남 방향으로, 일부는 서쪽 광서 방향으로 들어갔다. 광서에 도착한 봉기군은 광주 인근의 불산진佛山鎭에서부터 봉기를 시작한 진개陳開와 이문무李文茂가 이끄는 세력이었다. 진개는 뱃사공 출신이고, 이문무는 원래 강호를 떠돌던 광대였다. 그들은 원래 광서성 심강潯江에서 활동하던 삼합회 우두머리 양배우梁培友와 협력하여 부대를 이끌고 오주梧州에서 청군의 요격을 뚫고 강을 거슬러 올라가 1855년 8월에 심주潯州를 점령하였다. 그들은 '대성국大成國'을 건립하고, 연호를 '홍덕洪德'이라 하였으며, 심주부潯州府 수도인 계평桂平을 '수경秀京'으로 개명하여 그들의 수도로 정했다. 그들은 군대를 나누어 수십 개의 부府, 주州, 현縣의 도시들을 점령하여 광서성의 대부분 지역에 그 세력을 뻗쳤다.

광서성 각지의 천지회 두목들은 대성국과 연락하거나 기회를 틈타 자신의 세력을 키웠다. 예컨대 성내 서남부의 태평부太平府에는 장족壯族인 오릉운吳陵雲이 주도한 봉기군이 있었는데, 그는 1861년(함풍 11) 초 부성府城을 점령하고 국호를 '연릉延陵'이라 하고 연릉왕이라고 자칭했다. 상군湘軍 일부가 1857년 장익례蔣益澧의 지휘 아래 광서로 들어갔다. 진개와 이문무, 양배우 등은 대성국을 세웠지만 산당山堂의 구태를 벗어나지 못한 채 통일적인 지휘 체계를 확보하지 못했기 때문에 전투력이 강한 상군을 막아내지 못했다. 이문무와 양배우는 잇따라 전사했다. 1861년 7월 장익례의 상군이 심주를 공략하자 진개는 수경에서 물러났지만 포로로 붙잡혀 처형되었다. 1863년(동치 2) 연릉왕 오릉운도 패전하여 피살되었다.

1855년 5월에 광동에서 호남성으로 들어간 천지회 봉기 부대는 그 수가 매우 많았는데, 그중 비교적 강한 세력은 동완에서 봉기를 일으킨 하록何祿이었다. 이 무렵 광서에서 승평천국을 세운 주홍영朱洪英과 호유록胡有祿도 호남에 진출했다. 호남 남부 각지의 천지회 우두머리들이 잇달아 기병하여 호응했다. 호남 남부에 있던 이들 천지회 세력은 북쪽으로 진격했지만 대부분 상군의 저지를 받아 패퇴했다. 광동에서 온 일부 천지회 세력만이 강서로 들어가 태평천국군과 합류했다.

3) 복건의 쌍도회와 홍전회

복건성 남부의 쌍도회雙刀會와 홍전회紅錢會라 불리는 회당은 천지회 계통의 조직이었다. 1853년(함풍 3) 4월 황득미黃得美가 두목인 쌍도회가 봉기를 일으켜 하문夏門을 점령했고, 임준林俊이 두목인 홍전회도 동시에 봉기했다. 쌍도회의 봉기는 곧 실패하여 하문은 정부군에 의해 탈환되고, 쌍도회의 나머지 사람들은 바다로 퇴각하여 1858년까지 투쟁을 이어갔다. 홍전회는 복건 중부의 산악 지역에서 관군 및 지주 무장 세력들과 수년간 전투를 벌였으나 국면을 타개하지 못했다. 1858년 그들은 북상하여 복건 북부를 지나고 있던 석달개의 부대에 합류하려고 했으나 중도에 지주계급의 단련에 의해 격파되었다.

4) 회하 이북의 염군과 산동의 백련교 계통의 봉기군

회하淮河 이북에서는 본 장의 2절에서 이미 언급했듯이 염군捻軍이 하남, 안휘,

산동 지역에서 활동했으며 태평천국군과 협력 관계를 맺고 있었다.

산동 민간 비밀결사 중 백련교는 오랜 전통을 가지고 있었다. 1861년 2월 산동성 서북의 백련교가 봉기를 일으켜 10여 개의 현성을 빠르게 점령했다. 그러나 그들 내부에는 통일된 조직이 없었고, 두 주요 지도자인 장선계張善繼와 양태楊泰는 각자 황제를 자칭했다. 청은 즉시 우세한 병력으로 이들의 봉기를 진압했고, 두 황제는 모두 실패하여 피살되었다. 봉기군의 잔여 세력들은 흩어져 활동했다. 백련교 봉기군과 연계가 있는 송경시宋景詩가 이끈 흑기군黑旗軍이 비교적 강한 세력이었다. 그는 작전에 실패하자 청 관부의 초무를 받아들여 귀순했으나, 1863년(동치 2)에 다시 반란을 일으켜 산동 서부 지역에서 관군의 강력한 적이 되었다. 나중에 그는 염군에 합류했다.

5) 귀주, 운남, 사천 각 민족의 민중 봉기

1855년 귀주의 가난하고 억압받던 묘족苗族들이 봉기를 일으켰다. 그들의 가장 유명한 지도자는 장수미張秀眉이다. 그들은 초라한 무기로 생존을 위한 민중 투쟁을 벌이다가 정부군에 의해 소탕당하기는 했지만, 그 세력은 빠르게 확대되었다. 묘족 봉기에 가난한 한족들도 호응하여 '교군敎軍'과 '호군號軍'을 조직했다. 1863년 석달개의 부대가 대도하 강변에서 전멸한 후 일부 잔여 부대들이 귀주로 후퇴하여 현지에서 봉기한 민중들과 결합했다.

같은 시기 귀주의 이웃인 운남에서도 이족彛族과 회족回族 등의 소수민족이 봉기했다. 운남성 남서부 난창강瀾滄江 동쪽 애뢰산哀牢山 지역은 당시 주민의 대다수가 이족이었다. 1856년 이곳에서 이족의 빈농 영웅 이문학李文學을 두목으로 한 봉기가 일어났는데, 봉기군은 처음에 5천여 명에 불과했으나 점차 애뢰산의 3만여 평방킬로미터의 지역으로 확대되었다.

운남성의 회족回族은 한족과 잡거했다. 일찍이 도광 연간에 이미 한족과 회족들 사이에 무력 충돌이 일어나 서로 살상하는 사건이 자주 발생했다. 이러한 사건

중 일부는 회족의 상층부들이 종교적 신념을 이용하여 편협한 민족 심리를 선동했기 때문이며, 더 많은 경우는 한족의 악질적 토호와 인물들이 도발하여 일어난 것이다. 하지만 지방 관리들은 모두 악당 편에 섰다. 이에 따라 회족들 사이에 쌓였던 분노가 태평천국 혁명 시기에 폭발하여 상당히 규모가 큰 봉기로 발전하였다.

당시 운남 각지에서 봉기한 회족은 통일된 지휘체계를 갖추지 못하였고, 그 지도자들의 성분과 동기도 매우 복잡했다. 곤명昆明 이남의 임안臨安(즉 지금의 建水) 일대 회족의 주요 지도자는 지주계급 출신인 마여룡馬如龍이다. 그는 1857년 다른 회족 부대와 연합하여 성을 포위 공격해 거의 점령할 뻔했다. 훗날 그는 청에 투항하여 운남 총독에 임명되었고, 회족과 한족의 민족 봉기를 진압하는 유용한 도구가 되었다. 그와 함께 투항한 회족의 장교掌敎 마복초馬復初는 한때 운남 총독 서리를 맡기도 했다.

곤명 서쪽에서 봉기한 회족 부대는 1858년 대리大理를 점령하고 두문수杜文秀를 지도자로 추대했다. 두문수는 대대로 장사를 하던 집안 출신으로, 본인은 공부를 하였으나 가세가 기울어 보따리상이 되었다. 그는 태평천국의 지도를 인정하고, 편협한 민족의식을 반대했다. 따라서 그는 자신의 부대에 한족과 기타 소수민족도 받아들였다.

귀주의 묘족 봉기와 운남의 애뢰산 봉기, 두문수의 봉기는 태평천국이 패배한 후에도 몇 년 동안 계속되었다. 그들의 결말에 대해서는 나중에 설명하기로 한다.

1859년 운남성 동북부 지역에서 남대순藍大順과 이영화李永和 등이 동맹을 맺고 100여 명의 작은 부대를 이끌고 봉기하여 사천성 경내로 들어갔다. 이 부대는 가장 낮은 수준의 약탈전을 벌였다. 가장 번성할 때는 30만의 병력을 갖추었으나 군사를 분산시켜 사방에서 출몰했고 뚜렷한 정치 강령과 원대한 정치적 목표도 없었다. 그들은 1861년 8월 사천성 북부의 면주綿州(지금의 綿陽)에서 낙병장의 상군에게 패하고, 1862년에는 사천성 서부 단릉丹稜과 청신靑神 일대에서 포위되어 전군이 궤멸했다. 이들의 잔여 병력 일부가 남대순 등의 지휘 아래 포위망을 뚫고 북상하다가 섬서陝西에 진출한 태평천국 부왕扶王 진득재陳得才의 부대에 합류했다.

위에서 살펴본 여러 상황이 말해 주듯 태평천국의 영향을 받아 전국적으로 혁명의 물결이 일어났다. 그러나 태평천국은 천지회, 백련교 등 구식 조직을 바탕으로 봉기한 분산된 세력과 일부 소수민족의 민중 봉기 세력을 통일적으로 지도하고 결합해 낼 능력이 없었다.

6. 종교적 미혹과 현실적 투쟁

제2차 아편전쟁에서 외국 침략자들이 수도 깊숙이 침투했음에도 청 조정은 장강 유역의 농민혁명을 진압하기 위한 군사행동을 조금도 늦추지 않았고, 이 방면의 병력을 조금도 줄이지 않았다. 이뿐만 아니라 제2차 아편전쟁에서는 영국과 프랑스 연합군이 북방에서 청의 수도를 공격하고 있을 때, 남방에서는 청 왕조의 관청이 영국과 프랑스에게 도움을 요청하고 태평천국군을 상대로 공동작전을 펼치는 기이한 상황이 벌어졌다.

이러한 기이한 상황은 1860년(함풍 10) 태평천국군이 강남대영을 격파한 뒤 동쪽으로 상주와 소주를 거쳐 상해를 압박할 무렵에 일어났다. 당시 강소성 남부의 경제와 정치 중심지는 소주였다. 매판 상인과 관계가 비교적 많았던 소주의 지주와 향신들은 청의 관군이 파죽지세로 몰아치는 태평천국군에 저항할 힘이 없음을 보고 서양의 군대를 이용하자는 주장을 지방 당국에 내놓았다. 강소 순무 서유임徐有王(이 사람은 소주가 태평천국군에 점령당했을 때 죽었다.)은 즉시 강소 포정사布政司 설환薛煥과 소송蘇松 태도太道 오후吳煦, 소주부蘇州府 지부知府 오운吳雲을 상해로 보내 영국과 프랑스 영사들에게 구원병을 요청했다. 그러나 이들이 막 상해에 도착했을 때, 태평천국군은 이미 소주를 함락한 뒤였다. 당시 상해의 조계는 그 일대에서 도망쳐 온 지주와 향신, 자산계급들의 피난처가 되었다. 이들은 청의 지방관들과 함께 각종 통로를 통해 외국인들에게 출병해 반란을 일으킨 농민들을 진압해 줄 것을 요청했다. 양강 총독 하계청何桂淸도 상해로 도피하여 영국·프랑스·미국의 공사와 직접 이 문제를 협의했다. 이때 하계청은 조정에다 빨리 영국과 프랑스의 모든 요구를 받아들여 강화를 맺고 "도적들을 대신 토벌해 주는" 이득을 얻자고 제안했다.[4)]

하계청은 이 제안 때문에 황제의 질책을 받고 파직되었지만, 상해의 관리들과 향신, 매판 상인들은 여전히 영국과 프랑스의 상인들과 협력했다. 이때 환전소인 태기은호泰記銀號를 개설한 매판자본가 양방楊坊은 사명공소四明公所(매판자본가들 위주로 만든 조직)의 의장이었고 일찍이 돈으로 후보 도원道員의 관직을 산 적도 있었는데, 그가 바로 청 관청과 외국인 사이의 중요한 연락책이었다. 영국과 프랑스는 이때 주요 병력을 북방의 대고항大沽港과 천진에 집중시켜 놓고 있었다. 따라서 그들은 정치적으로나 군사적으로 상해 방면에서 공개적으로 청을 대신해 큰 책임을 떠안을 생각도 없었고 그렇게 할 수도 없었다. 그러나 그들은 상해 조계가 외국 상인들의 이익이 걸린 곳이므로 이를 지키기 위해서는 병력을 동원하겠다는 입장을 밝혔다. 조계가 상해성 밖에 있었으므로, 중국 지방관은 또 양방을 통해 영국과 프랑스가 상해 현성의 방어도 함께 맡아 줄 것을 요청하고 이에 필요한 경비는 양방이 부담하겠다고 제안했다.

영국 공사 브루스(Frederick Bruce)와 프랑스 공사 부르불롱(Alphonse de Bourboulon)은 상해 현성을 '방위'하기 위해 공동으로 1천2백 명의 병력을 차출해 청군의 상해 현성 수호를 돕고, 조계에서는 각자 방위를 맡기로 했다. 상해에 있는 청의 관리들과 향신, 매판자본가들은 외국인이 무력으로 조계를 방어할 권리를 가지고 있음을 인정했을 뿐만 아니라 상해 전체를 외국인의 무력 보호 아래에 두었다. 하지만 이때에도 영국과 프랑스 공사는 상해에서 중국 내전에 대해 '중립적' 태도를 취한다고 밝혔다.

향신과 관원들은 상해를 지키는 것만으로는 안심할 수 없었다. 이런 와중에

---

4) 『함풍이무』 제52권, 7쪽.

와드(Frederick Townsend Ward)라는 건달 같은 미국인이 미국 상인의 소개로 양방을 만나게 되었다. 와드는 자신이 서양인 군대를 모집해 훈련과 지휘를 맡고, 중국 측에서는 군자금을 공급하되 장병들에게 높은 급료를 주는 것 외에 성을 함락할 때마다 거액의 상금을 줄 것을 제안했다. 양방과 그의 후견인 소송 태도 오후는 이 제안을 기꺼이 받아들였다. 이에 와드는 곧장 중국에서 횡재를 꿈꾸는 외국인 수병과 건달, 탈영병 200여 명을 모아 부대를 만들었다. 이 와드 부대는 봉건 관료와 매판자본가의 용병이라고 할 수 있는데, 대외적으로는 양방이 이 용병부대의 고용주였다.

　양창대洋槍隊라 불리던 이 용병부대는 송강부松江府를 공격하고 있던 태평천국군을 저지하려다가 크게 패해 상해로 후퇴했다. 이수성의 부하들은 1860년 5월 중순에 송강을 점령하고, 그 선봉 부대는 상해성에 접근했다. 5월 말 와드의 양창대가 다시 명령을 받고 출발하여 청의 일부 부대와 협력해 태평천국군으로부터 송강성을 되찾았다. 와드의 부하들은 약속한 상금을 받았을 뿐만 아니라 송강성을 마음대로 약탈했다. 와드 부대는 이 일로 널리 알려져 일확천금을 꿈꾸는 서양인들을 더 많이 끌어들일 수 있었다. 그는 즉시 청포青浦를 공격하라는 고용주가 부여한 두 번째 임무를 수행했으나 대패했다. 양창대는 3분의 1의 사상자를 내고 송강으로 후퇴했고, 얼마 지나지 않아 태평천국군이 송강도 탈환했다. 와드는 청포 전투에서 부상을 당하여 치료를 받기 위해 상해를 떠나 프랑스로 갔다.

　이수성이 지휘한 태평천국군이 송강과 청포를 점령하자 상해는 이미 거의 그의 수중에 들어온 것과 다름이 없었다. 그는 군대를 거느리고 신속히 상해성 부근으로 들어가 성 서남쪽 구리九里에서 청군을 대파했다. 현성 주변에 도착했을 때, 그는 뜻밖에도 성을 지키고 있는 부대가 청군이 아니라 영국과 프랑스 군대임을 발견했다. 성안의 수비군은 황포강에 정박해 있던 외국 군함과 합세하여 태평천국군을 향해 맹렬히 포격했다. 7월 2일부터 4일까지 3일간의 전투에서 태평천국군은 막대한 손실을 입고서도 성안으로 진입하지 못했다. 결국 이수성은 7월 5일(양력 8월 21일) 전군을 이끌고 철수했다. 영국과 프랑스가 상해에서 청군을 도와 태평천국군을 격퇴한 날이 마침 그들이 북방에서 청의 대고 포대를 점령한 바로 그날이었다.

이수성은 상해에서 왜 이토록 빨리 철수했을까? 군사적으로는 당시 청군이 가흥嘉興을 맹공하여 가흥을 지키던 태평천국군이 위급한 상황이었다. 그러나 이들 청군은 강남대영의 패잔 부대로서 힘이 그다지 강하지 않아 이수성이 상해에서 회군하여 곧바로 쳐부수었다. 따라서 이것은 상해 공격을 포기해야 하는 이유가 될 수 없다. 사실 이수성은 영국과 프랑스군이 지키고 있는 상해에서 전력투구하지 않았다. 당시 이수성이 보유하고 있던 군사력으로 공격을 감행했더라면 상해 공략이 결코 불가능한 일은 아니었다. 그가 이렇게 소극적 작전을 벌인 주된 이유는 태평천국이 외국 침략자에 대한 정확한 인식이 부족했기 때문이다.

이수성이 상해로 진군하기 2년 전인 1858년 겨울, 천진조약이 이미 체결된 후 영국군의 지휘자 엘긴은 함대를 이끌고 장강으로 들어와 한구漢口까지 이르렀다. 그의 목적은 장강 연안의 상업항구를 시찰하여 외국에 개방하기에 가장 적합한 통상항을 찾아보기 위한 것이었다. 강을 따라 올라오면서 태평천국이 점령한 지역을 지날 때는 상륙하지 않고 태평천국군의 천경 포대를 향해 야만적인 포격을 가했다. 천왕 홍수전은 사람을 시켜 무호에서 엘긴에게 조서를 전했다. 이 조서에 그는 자신의 종교 관념을 밝히는 내용을 가득 담았다. 그는 하느님이 자신의 아버지이고 예수가 자신의 형이기 때문에 "사악한 신을 쓸어버리고" '천국'을 세울 수 있었다고 주장했다. 그리고 조서 속에서 상대를 '서양 변방의 형제'(西洋番弟)라고 불렀다.[5] 이 문건은 홍수전이 여전히 서양인과 자신은 같은 신을 신봉하고 있기 때문에 형제처럼 지낼 수 있다고 생각하고 있었음을 보여 준다. 그는 종교의 미혹에 빠져 현실의 국제 관계에 대해 전혀 모르고 있었다.

1859년 천경에 도착한 홍인간洪仁玕도 홍콩에서 여러 해 살았지만, 주로 외국 선교사들과 접촉했기 때문에 그의 집권은 태평천국군의 현실적 국제 관계에 대한

---

5) 원문 전문은 북경대학 문과연구소와 북경도서관 편의 『태평천국사료』(개명서점, 1950년판), 93~98쪽을 참고한다.

이해를 높이는 데 도움이 되지 않았다. 이수성이 상해로 진격하기에 앞서 홍인간은 상해의 영·프·미 영사들에게 편지를 보냈고, 또 자신도 소주로 가서 상해에 체류하고 있던 영국 선교사 몇 명을 소주로 초청해 만났다. 그는 자신의 영향력을 이용하여 외국인들이 상해에서 태평천국군의 진격에 관여하지 않도록 하고자 했다. 그러나 그는 잘못 생각했다. 소주에 초청된 영국 선교사 존(Griffith John, 楊篤新)은 그가 간왕을 만난 일을 다음과 같이 기록했다. "간왕은 감정이 격앙되어 있었다. 나중에 알고 보니 그가 상해의 각국 영사관에 보낸 편지를 영사들이 뜯어보지 않았다는 말을 들은 데다가 또 영국·프랑스 군대가 상해 현성을 수비하고 있었기 때문이다. 그는 전자는 자기 개인에 대한 모욕이고, 후자는 교전 상대 사이에서 외국인이 취해야 할 중립의 원칙을 직접적으로 위반한 것이라고 생각했다."

그러나 홍인간과 이수성은 외국인들이 정말로 현성을 포함한 상해 전체를 무력으로 방어할 것이라고는 믿지 않았다. 이수성의 군대가 상해 교외에 접근했을 때에도 그는 각국 공사에게 공문을 보내 부하들에게 외국인을 해치지 말 것을 엄명했으며, 외국인들은 황색 깃발을 내걸어 표시할 것을 요구하는 한편, 그가 상해에 도착하면 각국 공사들과 회담할 것이라고 통지했다.

이수성은 상해에서 큰 전투를 치를 준비를 하지 않았다. 그가 상해성까지 이끌고 간 부대는 3천 명에 불과했다. 그는 이 지역의 청군은 이미 약화되었고, 외국인은 실제로 무력을 행사하지 않을 것이며, 상해성 안에는 내응하기로 미리 약속한 광동인(아마도 소도회의 잔당)들이 있어서 칼에 피를 묻히지 않고도 상해로 들어갈 수 있을 것으로 생각했다. 그런데 약속했던 내응 세력이 뜻밖에도 영·프 군대에 의해 모두 진압되었고, 그가 상대해야 할 적은 와드와 같은 용병이 아니라 영국과 프랑스의 정규군이었다. 상해성 근처에서 벌어진 3일간의 전투를 보면, 이수성은 이러한 적과 전쟁을 벌일 결심을 하지 않았던 것 같다.

이수성은 철수하면서 영국·미국·포르투갈 영사들에게 서신을 보내 "내가 상해를 취할 의도가 있었더라면 손쉽게 취할 수 있었겠지만, 같은 종교를 믿는 형제의 정을 생각할 때 분쟁이 생기면 오히려 관병(官兵)들의 조롱을 받을까 두렵다.……

너희들 중 이런 정을 생각하는 사람이 있어 이전의 잘못을 뉘우치고 우리들과 화해롭게 지낸다면 좋지 않겠느냐?"라고 했다.

서양 자산계급이 기독교를 중국에 전파한 것은 본래 중국 인민의 정신을 마비시키기 위해서였다. 태평천국은 그것을 뒤집어 농민혁명을 일으키는 데 이용한 점에서 일부 긍정적인 역할을 했다. 그렇지만 결론적으로 말하자면 기독교는 다른 종교적 미신과 마찬가지로 인민의 각성을 높이는 데 심각한 방해물이었다. 태평천국이 이제까지 농민전쟁들이 마주한 적 없었던 국제 관계에 직면했을 때, 그들이 신봉했던 이른바 '하느님 신앙'은 결국 현실의 투쟁 목표를 미혹시켜 그릇된 길로 빠지게 했다.

태평천국군이 상해에서 철수한 지 두 달 만에 각국의 침략자들은 청과 북경조약을 체결했다. 이때부터 기독교를 믿는다고 자처하는 자들도 공·맹의 도를 받든다고 자처하는 자들과 마찬가지로 태평천국을 자신들의 철천지원수라고 공개적으로 선포했다. 혁명적 농민들은 현실투쟁을 통해 종교적 현혹과 망상을 걷어 낼 수밖에 없었고, 이제부터 태평천국은 연합한 모든 국내외의 적들과 맞서 힘든 투쟁을 벌여 나가야 했다.

제6장
국내외 반혁명 세력의 대연합과 태평천국의 패망

1. 친구로 바뀐 강도

제2차 아편전쟁에서 황제의 행궁인 원명원圓明園이 불타 버렸고, 북경 성문이 무력으로 뚫렸으며, 굴욕적인 조약이 체결되었다. 하지만 놀랍게도 청 왕조의 집권 세력들 사이에서 이 침략자들은 사실 예의가 바르고 신의를 잘 지키니 친구가 될 만하다는 견해가 나왔다.

봉건 집권파들 가운데 이와 같은 시각은 제1차 아편전쟁 당시 기영耆英 등이 제기한 '서양 오랑캐'(外夷)에 대한 견해(제1부 제2장 제4절 참조)에서 한 걸음 더 나아간 것이다. 당시 외국 침략자들과 담판을 벌여 북경조약을 체결했던 공친왕恭親王 혁흔奕訢이 그러한 견해를 대변했다. 함풍제의 이복동생인 그는 이때 담판을 벌인 경험으로 '양무洋務'의 전문가로 변신했고, 얼마 후 출범한 '총리각국사무아문總理各國事務衙門'(관습적으로 총리아문으로 간칭)의 책임자가 되었다. 열하熱河의 행궁行宮에서 내려보낸 황제의 조서에 강화가 체결되었어도 같은 일이 반복되지 않을까 염려된다는 내용이 매번 담겨 있자, 그는 다음과 같은 관점을 거듭 강조했다.

(이 서양 오랑캐들은) 속으로는 통상에 뜻이 있고 겉으로는 체면치레에 신경을 쓰므로 예의를 잘 갖추어 대하면 점차 온순해질 것 같습니다. 그리고 이 서양 오랑캐들이 이전에도 말했듯이 성과 땅을 빼앗으려고 온 것이 아니라고 하였으니 반드시 신의로 대해야 할 것입니다. 신 등이 여러 차례 이 오랑캐들의 말을 살펴보니 엉큼한 속셈은 없사옵니다.[1]

신이 있는 그대로 솔직하게 나오니 서양 오랑캐들도 차츰 온순해짐을 느낄 수 있었습니다. 이후에도 여러 차례 만났지만 거칠고 버릇없던 이전 상황과는 전혀 다릅니다. 따라서 서양 오랑캐들이 이미 군대를 철수했으니 다시는 염려할 필요가 없을 것 같습니다.[2]

혁흔으로 대표되는 일부 집권자들이 느꼈듯이, 서양인들이 정말 의외로 부드러운 태도를 보여 준 적이 없지는 않았다. 서양인들은 북경도 천진도 점령하지 않았다. 이것은 "이 오랑캐들이 우리의 땅과 백성을 탐하는 것이 아니어서 여전히 믿음과 의리로 구슬릴 수 있고, 그 품성에 따라 잘 타이를 수 있으므로 선대의 일과는 조금 다른 점이 있음"[3]을 증명해 주었다. 그리고 얼마 후인 1861년(함풍 11) 3월에 영국과 프랑스는 동시에 3년 넘게 군사적으로 점령했던 광주성 반환의 뜻을 밝혔다. 공친왕 혁흔은 이 사실을 보고하면서 "(영·프) 모두가 중국이 성실하게 대하고 있음을 잘 알아 조금의 의심도 갖지 않으므로 서로 오랫동안 화목하게 지낼 것입니다"라고 말했다. 그는 또 덧붙여 "그 말이 꼭 진실하다고는 할 수 없을지라도 이후에 성의로 대하면 차츰 순종할 것입니다"[4]라고 말했다.

이 '서양 오랑캐들은 청 황제를 몰아낼 생각을 하지 않았을 뿐만 아니라 오히려 청 왕조를 도우려고 했다. 북경조약이 체결된 지 얼마 지나지 않아 프랑스와 러시아

---

1) 『함풍이무』 제76권, 21쪽.
2) 『함풍이무』 제69권, 29쪽.
3) 『함풍이무』 제71권, 18쪽.
4) 『함풍이무』 제76권, 21쪽.

공사가 잇따라 공친왕에게 태평천국을 진압하는 전쟁에 청과 군사협력을 할 의향이 있다고 밝혔다.5) 청 당국은 이를 진지하게 고려할 수밖에 없었다. 공친왕은 사실 이를 간절히 희망하고 있었다. 그는 상주문에서 제갈량諸葛亮이 '오吳와 연합해 위魏를 친' 정책을 선례로 들면서 프랑스, 러시아, 영국과 연합하여 태평천국을 토벌하자고 주장했다.6) 그의 건의에 따라 황제는 1860년 10월 이 문제에 대해 증국번曾國藩 등 관련 지방 관료들에게 의견을 제출하도록 했다.

강소 순무 설환薛煥이 가장 열렬히 찬성하는 의사를 밝혔다. 그는 러시아와 프랑스가 이미 협력의사를 밝혔으니, 이보다 더 좋은 일은 없을 것이라고 말했다. 이때 양강 총독 겸 강남의 군무를 총괄한 흠차대신 증국번도 러시아의 도움을 받아들이되 출병을 좀 늦춰 남경을 협공할 때 "배를 보내 토벌을 도와줄 것"을 요청하자고 주장했다. 그러나 이때의 러시아와 프랑스의 출병 요청은 실행되지 않았다. 중국번이 유예를 주장한 데다가 청 관리들 중 일부가 서양 오랑캐에게 출병을 요청하면 많은 군자금을 강탈당할 뿐만 아니라 장강도 그들에게 점령당할 위험이 있음을 우려했기 때문이다.

당시 영국은 러시아가 장강에 발을 들여놓는 것에 대해 매우 불만족스러워했고, 프랑스가 협상을 주도하는 것도 원하지 않았다. 이에 영국 참사관 웨이드(Thomas Francis Wade)는 공친왕에게 "비적을 토벌하는 것은 중국이 마땅히 해야 할 일인데, 다른 사람의 도움을 받는다면 그들이 땅을 차지하지 않고서는 무슨 이득을 볼 수 있겠는가? 러시아와 프랑스가 성을 공략하면 내주지 않을 것이다. 영국이라도 차지한 땅은 자기 것으로 삼지 않는다고 감히 말할 수 없다"고 했다. 그는 영국의 인도 점령을 예로 들기도 했다.7) 이처럼 영국은 의도적으로 프랑스와 러시아를 헐뜯어 성사되지 못하게 했다. 그들은 중국을 침략하는 과정에서 상호 결탁하기도 했지만 상호 대립하기도 했다.

---

5) 『함풍이무』 제69권, 29쪽.
6) 『함풍이무』 제71권, 18쪽.
7) 공친왕 등의 상주문을 참고하고, 『함풍이무』 제72권, 10쪽을 참고.

공친왕을 비롯한 양무 전문가들은 황제에게 러시아와 프랑스의 요청을 즉각 받아들이라고 감히 청할 수는 없었지만, 이런 논의를 통해 청 정부가 '오랑캐'와 태평천국을 반대하는 투쟁에서 동맹자가 될 수 있음을 확인했다. 남겨진 문제는 그들이 우려하는 폐단을 어떻게 피하면서 협력하느냐는 것이었다.

천진조약과 북경조약에 참가한 4개국 가운데에서 러시아는 주로 중국 북방의 변강 지역을 병탄, 잠식하는 데 가장 많은 힘을 기울였기 때문에 중국 남방까지 내려와서 성과를 낼 여력이 없었다. 1862년(同治 원년) 러시아는 중국 남부 연안으로 해군을 보내 다시 청 정부를 돕겠다고 했으나, 영국과 프랑스의 방해로 실현되지 못했다. 미국은 1861년 남북전쟁이 시작되면서 아시아를 돌아볼 여력이 없었다. 프랑스는 비록 먼저 출병을 제의함으로써 중국에서 우월한 지위를 선점하려 했지만 중국에서의 힘은 어쨌든 영국보다 못했다. 당시 중국을 둘러싸고 북방에서는 러시아가 패권국이었고, 남방에서는 영국이 패권국이었기 때문에, 영국은 청과 태평천국 사이에서 명확한 태도를 서둘러 드러낼 필요가 없었다.

1861년(함풍 11) 1월 주중 영국 해군사령관 호프가 엘긴의 명을 받아 함대를 이끌고 상해에서 장강을 따라 내륙으로 들어갔는데 광주 주재 영사 파크스도 동행했다. 그들이 이 항행을 한 목적은 조약의 규정에 따라 영국이 빼앗은 장강 내륙에서의 권리를 확인하고, 한편으로는 이를 위해 여전히 장강 중하류 지역에서 상당한 우위를 차지하고 있는 태평천국과 어떻게 관계를 설정할 것인지를 살펴보기 위함이었다.

당시 호프와 파크스는 약 두 달 동안 장강을 오가며 청 관병들이 주둔하고 있는 한구漢口 등지에 가고 또 태평천국의 수도에도 들렀다. 청의 지방 관리들은 비굴한 자세로 그들을 환영했다. 호광湖廣 총독은 보고문에서 호프 등이 무한武漢에 도착했을 때의 상황을 "노재奴才(관리가 황제에 대해 자신을 낮춰 부르는 공식 명칭)가 예의를 갖추어 대접하니 그들이 모두 흡족해했습니다"라고 말했다. 한편 태평천국의 지도자들은 아직 종교의 현혹을 떨쳐 버리지 못했고, 북방에서 일어난 전쟁의 의미를 전혀 알지 못했으며, 이번 전쟁의 결과로 맺어진 조약을 통해 기독교를 신봉하는 국가들이 이미 청 정부와 손을 잡았다는 사실도 알지 못한 채 영국이 입으로만 말하는 '중립'이라는 거짓말을 믿고 있었다. 그렇지만 구체적인 문제를 논의하게 되었을 때, 영국은 태평천국이 자신들의 의도대로 쉽게 좌지우지할 수 있는 존재가 아님을 알아차렸다.

영국은 태평천국에게 자신들이 중국에서 무력을 보유하고 있는 이유가 단지 통상항에서 자신들의 이익을 보호하기 위한 것일 뿐 결코 중국 국내 전쟁의 어느 한쪽에 설 뜻이 없다고 말하면서, 태평천국군이 상해로부터 30마일(100리) 반경 이내의 지역으로는 진입하지 않겠다는 보증을 요구했다. 파크스가 천경에서 태평천국과 협상을 담당했다. 협상이 시작되자 태평천국 측의 젊고 경험이 없는 몽시옹蒙時雍(贊王 蒙得恩의 아들, 칭호는 贊嗣君)은 이 요구를 받아들일 수 있다고 밝혔다. 그러나 천왕 홍수전은 보고를 받자 즉각 반대했다. 5일간의 협상 끝에 홍수전은 조금 양보하여 올해 안에만 영국 측의 요구를 수용하겠다고 했다. 찬사군 몽시옹은 2월 23일(4월 2일) 태평천국군 장수들에게 올해 말까지는 상해로부터 100리 반경 이내에 진입하지 말 것을 명령했다. 파크스는 위협과 회유의 방법을 동시에 사용했지만 이런 결과밖에 얻지 못했다.

호프는 이번에 장강을 항행할 때 장교 윌스리(G. l. Wolseley)를 천경에 일주일 동안 남겨 두어 내부 상황을 관찰하도록 했다. 그는 관찰한 결과 영국이 더 이상 수수방관할 수 없으며 마땅히 청 정부를 도와 "난리를 일으킨 무리들을 소탕"하기 위해 "직접 남경을 공격해야 한다"고 주장했다.[8] 그러나 영국 정부와 중국 주재 영국 관리들은 이와 같은 극단적인 수단을 취하지 않기로 결정했다. 그들은 청 정부와 싸우는 것과 태평천국과 싸우는 것은 다른 일이라고 보았다. 전자를 상대로 할 때는 소수의 병력만 투입하여도 짧은 기간에 효과를 거둘 수 있었지만, 후자와 상대하게 되면 협박으로 통하지 않는 인민대중의 역량과 직접 대적해야 함을 알고 있었다. 그들은 그 하급 장교의 경솔한 낙관론에 동의하지 않았으며, 결과를

---

8) Wolseley, 「태평천국천경관찰기」, 簡又文 저, 『태평잡기』(상무인서관, 1935년판), 127쪽.

예측하기 어려운 전쟁에 스스로 뛰어들기를 원하지 않았다. 따라서 그들은 '중립'의 외양을 유지하면서 청 정부를 도와 혁명을 진압할 방법을 찾아냄으로써 직접 전쟁에 뛰어드는 위험을 피하려 했다.

영국의 이러한 태도를 청 정부도 파악하고 있었다. 총리아문의 공친왕 혁흔 등 대신들은 1861년(함풍 11) 5월 상주문에서 "신 등이 영국과 프랑스를 회유한 이래 아직까지는 조용하니 우리들과 가까이하려 하는 것 같습니다"라고 말했다. 이어 6월에 공친왕이 올린 한 상주문에서는 영국을 단독으로 언급하며 "지금 비록 도적들의 세력이 널리 퍼져 있는 상황이지만 웨이드와 파크스 등은 그들이 성공할 수 없다고 명확히 말하는 것을 보면 우리와 친하게 지내려 합니다. 도적들만 제대로 토벌하면 각국이 우리들의 위무하려는 뜻을 잘 받아들이는 마음이 갈수록 독실해질 수 있을 것입니다"[9]라고 말했다. 여기에서 '우리와 친하게 지내려고 한다'란 말이 무슨 의미이겠는가? 나와 가까워지고, 내게 다가온다는 뜻으로 이는 단순히 평범한 친구 관계가 아님이 분명하다.

이제 봉건 통치 세력과 외국 자본주의 침략자들이 함께 혁명 농민을 진압할 정세가 확실히 성숙해졌다. 다만 서로가 적절하다고 생각하는 방식만 찾으면 되었는데, 이것은 그렇게 많은 시간이 필요하지 않았다.

2. 상해 주변의 전쟁과 이른바 '상승군'의 등장

자본주의적 제국주의는 역사상 어느 침략자들보다 더 침략행위를 '합법적' 형식에다 갖다 붙이는 데 뛰어났다. 그들은 자신의 이익에 따라 늘 사전에 어떤 조약과 협정, 규칙 등을 만들어 내고 또 수시로 필요에 따라 기존의 조약과 협정, 규칙 등을 확대 해석하여 모든 침략 행위를 항상 '합법적'이고 '합리적'인 것처럼

---

9) 『함풍이무』 제80권, 25쪽.

만들었다.

당시 영국과 프랑스는 청 정부와 맺은 조약을 근거로 태평천국이 통상항인 도시를 공격하는 것에 반대하며 무력으로 태평천국에 대응하려 했지만, 조약 내용에는 어디에도 그런 권리를 명문화한 것이 없었다. 이 도시들을 통상항으로 개방하도록 규정한 이상 이 도시들의 '안전'이 그들의 이익과 관련되므로 "이 도시들의 안전을 보장하기" 위해 무력을 사용할 권리가 있다는 논리를 폈다. 나아가 이 도시들을 지킬 권리가 있는 만큼 이 도시들 주변 100리 이내의 지역도 방어하는 것이 당연한 권리처럼 되었다. 외국인들이 이처럼 황당하게도 조약에 원래 없던 내용을 끌어내는 데 대해 청 정부는 이의를 제기하기는커녕 오히려 아주 만족스러워했다.

1861년(함풍 11) 11월 26일(양력 12월 27일) 영국은 다시 태평천국에 오만 가득한 각서를 보냈다.[10] 이 각서는 네 가지 무리한 요구를 제시했는데, 그중 태평천국군은 상해 주변 100리는 물론이고 구강九江과 한구漢口 100리 이내에도 진입하지 말 것을 요구했으며, 또 진강鎭江의 금산金山은 영국 영사의 저택이 있는 곳이기에 침입해서는 안 된다고 선언했다. 며칠 뒤 태평천국은 답서를 보내면서 상대방과 우호적인 관계의 유지를 희망하지만 영국이 제시한 요구는 사리에 맞지 않다며 강하게 반박했다.[11]

이번 각서로 야기된 담판은 사실상 결렬되었다. 이수성이 이끄는 태평천국군은 곧바로 상해를 향해 진군했다. 상해로 피난한 소주와 절강 각지의 퇴직 관료, 지주, 향신들이 먼저 외국 상인과 협력하여 '중외회방공소中外會防公所'란 조직을 공동으로 설립했다. 그들은 상해에 있는 영국과 프랑스의 외교관들에게 군대를 동원하여 청군을 도울 것을 요청했다. 그러자 영국 측은 상해의 관리들에게 이 사실을 조정에 보고하라고 요구했는데, 이렇게 한 것은 청 정부가 공식적으로

---

10) 이 각서는 영국의 중국 주둔 해군사령관 호프가 당시 남경 근처에 정박하고 있던 한 척의 영국 군함 선장을 통해 제출했다. 파크스는 이때도 교섭에 참여했다. 각서의 원문은 『태평천국혁명친력기』, 323쪽에 있다.
11) 태평천국 측의 답신은 유찬왕 몽시옹과 章王 林紹璋 등이 서명했다. 이 문건의 원본은 유실되었으나 『태평천국혁명친력기』, 323~326쪽에 번역문이 있다.

출병을 요청함으로써 그들의 중국 내정에 대한 무력 개입이 보다 '합법적'인 형식을 갖추게 하려는 속셈이 있었음이 분명했다. 강소 순무 설환은 외국에 도움을 요청해야 한다고 주장한 대표적 관료였다. 그는 1861년(함풍 11) 12월과 1862년(동치 원년) 1월(양력 1월과 2월) 잇따라 상주문을 올려 이러한 주장이 상해의 '관리와 향신, 상인, 백성들의 공통된 의견일 뿐만 아니라 영국도 역시 전체적 국면을 깊이 인식하고 "또한 도적들이 기고만장한 기세로 마구잡이 학살하는 것에 원한을 품고 있다"고 했다.

조정은 첫 보고를 받자마자 "수도에 주재하고 있는 영국과 프랑스의 사절들과 잘 협의하라"고 총리아문에 명령한 데 이어 "상해는 통상의 요충지이므로 중국과 외국이 함께 보위하는 것이 마땅하며" 사사건건 총리아문을 거치면 시간이 지체되니 곧장 "설환에게 지난번 청원한 향신들과 함께 영·프 양국과 신속히 상의하여 일자를 늦추지 말고 처리하라"12)고 명령했다. 1862년 1월 13일에 황제도 다음과 같이 유시를 내렸다.

> 영국과 프랑스 양국은 강화조약을 비준한 이후 서로 성실과 신의를 지키고 있다. 이번 상해에서 도적들의 토벌을 돕는 것은 특히 진심으로 화친하여 우호를 다지고 우방의 도리를 다한 것이다.…… 앞으로 영국과 프랑스의 문무 관리들이 도적들의 토벌을 돕겠다고 하면, 설환은 중국과 외국이 한마음 한뜻으로 합심협력하는 모습을 널리 드러나게 하고 이를 신속하게 보고하라.13)

이제 통상항과 그 인근 지역에서 외국 군대가 직접 전쟁에 참가하는 것은 청 정부와 영국, 프랑스 등 외국이 모두 적절하다고 여기는 협력 방식이 되었다. 상해 지역에 대한 태평천국군의 공격은 1861년 12월부터 1862년 5월까지 5개월 이상 지속되었다. 태평천국군이 상대한 중국과 외국 군대는 세 부류로 구성되었다.

---

12) 『동치이무』 제3권, 48쪽; 제4권, 2쪽.
13) 『동치이무』 제4권, 3쪽.

첫 번째 부류는 영국과 프랑스의 군대였는데, 그 수가 많지 않아 4천 명을 넘지 않았다. 두 번째 부류는 청의 군대로 소주와 상주常州 일대에서 패한 군대인데 숫자는 상당히 많았지만 전투력이 거의 없었다. 이홍장李鴻章의 회군淮軍 8천 명이 유일하게 전투력이 있었지만, 그들은 1862년 5월에야 상해에 도착했다. 마지막 세 번째 부류는 바로 미국 출신 용병대장인 와드의 군대였다. 청 당국은 부끄럽게도 이들을 '상승군常勝軍'이라고 치켜세웠다. 와드는 중국에 귀화했다고 자처하며 청의 관직을 받기도 했다. 청 당국은 그를 연속 승진시켜 군모에 붉은색 구슬을 다는 부장副將 계급까지 진급시켰다. 그의 병사들은 모두 중국인이고 급료도 모두 청 정부가 지불했지만, 그들은 서양인의 부대여서 특수한 지위를 누렸으며, 1천2백 명에서 점차 6천 명으로 늘어났다.

태평천국군이 이번에 상해를 침공하면서 처음부터 충분히 우세한 병력을 집중시키지 않은 잘못을 저질렀기 때문에 1862년 1월에 이미 상해를 압박할 수 있는 지점까지 접근했음에도 결정적인 승리를 거두지 못했다. 2, 3월에 영국, 프랑스 군대와 와드의 부대가 청나라 군대와 연합해 반격을 감행해 태평천국군으로부터 상해 외곽인 가정嘉定, 청포青浦, 송강松江 등을 빼앗았다. 그러나 4월에 태평천국군은 정예부대를 동원해 태창太昌 방면에서 다시 상해로 진격해 가정, 남상南翔, 청포 등의 지역을 탈환하고 다시 상해 근교로 진격했다. 이에 따라 영국과 프랑스 군대는 조계로 후퇴할 수밖에 없었고, 와드의 부대는 남아 어렵게 송강성을 사수했다. 송강을 함락하지 못한 데다 상해를 방어하는 영국과 프랑스 군대가 포대를 쌓고, 이홍장의 회군이 또 상해 근교에서 태평천국군을 상대로 승리를 거두자, 5월 하순 이수성은 상해 부근 지역에서 철군했다.

영국군과 프랑스군이 직접 가담한 이번의 이른바 상해 방어전을 통해 그들의 병력은 기껏해야 연안의 통상항을 지킬 수 있는 정도의 수준임을 증명했다. 이후 영국군과 프랑스군은 감히 상해 밖으로 출격하는 일이 드물었다. 덧붙여 말하면 1862년 4월 12일(양력 5월 10일) 영국과 프랑스 군대는 청을 도와 영파寧波를 탈환했는데 그때도 군함의 포격만 지원했다. 영국은 항상 자신들의 군대가 전투 임무를 총책임지는 것을 원하지 않았다. 이 때문에 와드의 '상승군'이 청 정부뿐만 아니라 영·미·프 각국의 각광을 받았다. 당시 중국에 주재한 영국의 문관과 무관은 모두 경험이 풍부한 식민주의자라 할 수 있었다. 그들은 중국 인민의 혁명을 진압하는 청 정부를 돕는 데는 와드의 방법이 가장 좋은 방법임을 곧장 알아차렸다. 이것은 바로 외국인이 지휘하고 중국인을 동원해 중국인을 공격하는 방법이었다.

영국은 와드 부대의 역량 강화를 주장했을 뿐만 아니라 이 방식을 확대 적용하려는 의도에서 총리아문에 이를 요구했다. 청 당국은 천진과 광주, 복주에 파견한 부대의 훈련을 영국 장교들에게 맡겼는데, 파견된 인원이 수백 명에 불과해 영국이 원하는 5천 내지 1만 명에 미치지 못했다. 이는 청이 많은 군비가 들어가는 것을 두려워한 탓도 있었지만, 또 그렇게 많은 군인을 빼낼 수도 없었기 때문이다.

프랑스도 앞다투어 훈련 분담 의사를 밝혔다. 그리고 와드의 방식을 그대로 본받아 절강 영파에서 중국 병사로 구성되고 프랑스군 장교 르 브레통(Albert Édouard Le Brethon)이 지휘하는 부대를 만들었다. 청 당국은 프랑스의 요청에 따라 르 브레통에게 절강 총병서리總兵署理라는 관직을 주었다.[14] '상첩군常捷軍'이라 이름을 붙인 이 부대는 절강 동부 지역에서 태평천국군 진압 전쟁을 치렀다.

구식민주의자들은 자신들의 병력으로 식민지 인민들의 혁명투쟁을 진압했지만, 신식민주의자들은 식민지·반식민지 국가 내의 반동 세력을 최대한 이용하고 자신들의 병력 사용은 최대한 피하려 했다. 태평천국 시대에 서구 열강들은 이 후자의 방식이 중국과 같은 대국에 가장 적합한 방식이라는 것을 발견했다.

3. 상군에서 회군으로

국내외 반혁명 세력이 대연합하는 상황에서 증국번曾國藩을 우두머리로 하는

---

14) 『동치이무』 제9권, 14쪽.

상군湘軍과 그로부터 파생된 이홍장李鴻章의 회군淮軍은 갈수록 중요한 위치에 놓이게 되었다.

앞서 말했듯이, 상군의 지도부는 대부분 중소지주들과 부농 및 지식인들이다. 그들이 적극 나서서 농민혁명을 반대하고 청 왕조의 통치를 지켜 준 것이 청 왕조가 위기를 모면할 수 있게 된 중요한 요인이었다. 그러나 전쟁을 거치면서 상군의 기세가 갈수록 커지고, 상군 지도부의 명망이 갈수록 높아지면서 청 조정의 의심을 사지 않을 수 없게 되었다.

증국번 등은 당시 봉건적 관료 집단의 심각한 부패 풍조에 매우 불만을 가졌고, 군대제도의 비효율성과 군대 내부의 만연한 악습에 대해서도 강력하게 비판했다. 증국번은 이런 군대로는 제갈량이 있어도 태평천국군을 이길 수 없다고 질책했다.15) 그는 태평천국군을 치려면 "새로운 깃발을 세우고 제도를 고쳐야 한다"16)고 주장했다. 증국번의 상군은 기존의 '녹영綠營'과 다른 점 이외에 체제의 면에서도 크게 달랐다. 녹영의 병사와 장교는 서로 예속 관계가 아니었다. 각지의 녹영병은 모두 조정에서 직접 움직였고, 임시로 장교를 배치하여 통솔하게 했다. 그러나 상군의 모든 장교는 다 증국번이 직접 골라 선발했고, 상군 전체를 그가 배치하고 지휘했다. 상군은 사실상 증국번의 사군私軍이 되었다. 이 때문에 청 조정은 증국번의 군대에 대해 마음을 놓지 못했다. 1860년 이전에는 상군의 제2인자인 호림익胡林翼만 호북 순무(1861년 8월 병사)의 직책을 가지고 있었을 뿐17) 증국번은 오랫동안 시랑이라는 명칭뿐인 관직으로 군사를 이끌었고 아무런 지방 실권도 갖지 못했다. 이 때문에 각 성의 장관(총독, 순무)들은 늘 군비와 병참 방면에서 증국번의 상군을 어렵게 만들었고, 증국번은 지방의 실권을 주지 않으면 싸울 방법이 없다고 조정에 직접 불만을 드러냈다.

1860년 4월 태평천국군이 이미 강남대영을 분쇄하고 녹영은 거의 전부 붕괴된

---

15) 「팽유방에게 보낸 서신」(與彭筱房), 『증문정공서찰』 제2권, 10쪽.
16) 「왕박산에게 보낸 서신」(與王璞山), 전게서, 6쪽.
17) 호림익은 함풍 11년 8월에 병사했다.

상황에서 영국군과 프랑스군의 북상이 눈앞에 닥쳤다. 이때서야 비로소 청 당국은 증국번을 양강 총독서리로 임명했고, 그해 6월 다시 양강 총독의 실권을 주는 한편 흠차대신으로 임명하여 강남의 군무를 통괄하고 장강 남북의 모든 수륙 각 군을 통제하도록 했다. 1861년 청의 궁정에서 일어난 정변은 증국번 집단의 지위를 더욱 높일 기회가 되었다.

함풍제는 열하의 행궁으로 피신했다가 1861년 7월 그곳에서 사망했다. 겨우 6세의 황태자 재순載淳(同治帝)이 황위를 이어받았는데 두 명의 황태후, 즉 동태후東太后(慈安太后, 함풍제의 황후)와 서태후西太后(慈禧太后, 貴妃이자 동치제의 생모)가 있었다. 함풍제는 죽기 전에 8명의 찬양정무왕대신贊襄政務王大臣을 봉했는데, 모두 그의 신임을 받아 중용된 대신들이다. 그 가운데 주요 인물은 이친왕怡親王 재원載垣과 정친왕鄭親王 단화端華, 단화의 동생 협판대학사協辦大學士 숙순肅順이었다. 이들은 새 황제가 즉위한 후 섭정의 지위에 올랐다. 함풍제의 동생인 공친왕 혁흔奕訢은 당시 북경에서 정무를 주관했지만 배제되었다. 재원 등을 반대하는 일파의 조정 대신들이 황태후의 수렴청정을 주장하자 재원 등이 반박했다. 서태후인 자희태후(1835~1908)는 정치적 야망을 가지고 있었으므로 혁흔을 끌어들여 재원 등과 첨예하게 대립했다. 재원 등의 방해에도 불구하고 두 태후는 새 황제를 데리고 북경으로 돌아왔다. 9월 30일, 조정이 북경으로 돌아온 다음 날 새 황제의 이름으로 재원을 비롯한 8명의 찬양정무왕대신을 파면했다. 며칠 후 재원과 단화에게는 자살하라는 명령이 내려졌고, 숙순은 참수되었다. 이번 궁정 정변의 결과로 두 황태후가 수렴청정을 하게 되었는데, 실제 권력은 점차 서태후가 독점하게 되었다. 공친왕 혁흔은 의정왕대신에 임명되어 각국의 사무아문을 총괄하는 직을 겸임했다.

이번 궁정 정변을 통해 집권한 통치자들은 자신의 입지를 굳히기 위해 국내에서 태평천국군과 맞설 수 있는 유일한 군사 역량으로 성장한 증국번 집단의 지지를 얻을 필요가 있었다. 이에 10월 18일 증국번에게 강소, 안휘, 강서, 절강 4개 성의 군무를 통괄하게 하는 한편, 4개 성의 순무 이하 각 관리들을 모두 그의 통제 아래에 두게 했으며, 지방의 장수를 추천하도록 했다. 이후 몇 달 안에 증국번에게 태자소보太子少保와 협판대학사의 관직이 더해졌다. 그의 동생 증국전曾國荃에게도 1품의 관품을 내리고 절강 안찰사에 임명했다. 그리고 증국번이 천거한 이속의李續宜, 심보정沈葆楨, 이홍장李鴻章, 좌종당左宗棠이 각각 안휘, 강서, 강소, 절강의 순무를 맡았다. 그 후 1~2년 동안 광서, 하남, 귀주의 순무도 모두 상군 계통의 인물이 임명되었다.

이 무렵 만주 귀족을 비롯한 대지주계급 집권파의 나약함과 무능함이 충분히 드러났다. 증국번 집단이 중용됨에 따라 만주족 귀족에서 한족 중의 여러 반혁명 세력까지, 대지주계급에서 중소지주계급에 이르기까지, 그리고 중국 정치 무대에서 점점 더 중요한 위치를 차지해 가고 있던 매판자본가까지 단합시켜 태평천국을 진압하는 반혁명 사업에 나설 수 있게 했다.

1861년의 궁정 정변은 대외 관계에도 영향을 미쳤다. 재원과 단화, 숙순 등을 문책하는 첫 번째 조서에서 이들에게 뒤집어씌운 죄목은 "강화에 성의를 다하지 않았고" "각국에 신뢰를 잃었다"는 것이다. 이번 정변의 승자들이 이들에게 이런 죄목을 덮어씌운 것은 외국인들에게 자신들이 안심할 수 있는 사람들임을 보여주려 했기 때문이다. 당시 천진에는 여전히 영국과 프랑스 군대가 주둔하고 있었다. 청나라 통치 집단은 황제가 북경의 황궁에 온전하게 머물 수 있느냐의 문제가 '외국의 태도'에 달려 있다고 생각했다. 따라서 정변의 승리자들은 외국의 지지를 얻는 것이 매우 중요했다. 서태후가 공친왕 혁흔과 협력한 것도 혁흔이 당시 외국인과 좋은 관계를 맺고 있었기 때문이었다.[18]

이번 정변 이후 증국번 집단은 일약 지주계급 집권 세력 중에서 최대 실력자로 부상함과 동시에 점차 이들은 중국에서의 침략 이익을 수호하고 발전시키기 위해 공공연히 중국 내정에 관여하고 있는 서구 열강들의 호감과 지지를 얻어갔다. 증국번은 제2차 아편전쟁에서 외국 침략자를 상대하기 위해 단 한 명의 군사도

---

18) 자희태후와 공친왕의 협력 관계는 오래 지속되지 못했다. 이후 궁정 내부의 알력 때문에 공친왕은 점차 자희태후의 미움을 샀다. 1873년(동치 12)에 그의 작위는 낮추어졌고, 1884년(광서 10)에는 그의 일체의 직위가 박탈되었다.

동원하지 않았고, 굴욕적인 투항 조약이 체결될 때에도 한마디 반대하지 않았다. 전후의 대외정책에서도 공친왕 혁흔의 노선을 전적으로 지지했다. 그러나 동치 원년(1862) 이전까지 중국번과 그 집단은 외국인과 직접 교섭한 경험이 없었다. 1862년 중국번은 이홍장에게 회군을 이끌고 상해로 가도록 했다. 이홍장은 상해에서 곧바로 이 지역의 지주계급과 매판자본가들의 총대표가 되었으며, 외국 자본주의 침략 세력과도 직접 결탁했다.

이홍장李鴻章(1823~1901)은 1847년(도광 27)에 진사에 급제했다. 태평천국 농민전쟁 전기에 그는 안휘 순무 복제福濟 밑에서 일을 도왔을 뿐이다. 1858년(함풍 8)이 되어서야 중국번의 막료가 되어 그의 인정을 받았다. 1861년(함풍 11) 겨울, 중국번은 상해 방면에 군대를 보내기로 결정했을 때 그를 강소 순무로 추천했다. 이홍장은 그의 고향인 안휘 노주廬州(合肥)로 발령받아 현지 '민단民團'을 운영하는 지주들에 의존하여 군사를 모집하고, 거기에다 중국번이 상군으로부터 몇 개의 부대를 그에게 떼 주어 독립적인 군대를 조직해 회군淮軍이라 이름 붙였다. 회군의 군제는 완전히 상군의 군제를 그대로 따랐으므로 회군은 상군에서 파생된 것이다. 태평천국 농민전쟁이 끝난 후 상군은 점차로 흩어지고 이홍장의 회군이 최대의 실력자가 되었다.

이홍장이 안휘에서 편성한 군대가 육로로 상해까지 가려면 태평천국군이 점령한 지역을 지나야 하는 어려움이 있었다. 원래 조정은 그에게 전강에 군대를 주둔시키라고 명령했지만, 그는 상해를 기지로 삼겠다고 고집했다. 상해의 관료와 향신, 매판자본가들은 영국 상인과 계약을 체결해 고가의 영국 기선을 고용해 회군 8천 명을 몇 차례 나누어 상해로 운송하였다. 이홍장은 "중국과 오랑캐가 섞여 하나가 되는 정세가 이미 형성된 이상 우리들이 어찌 억지로 경계를 지을 수 있겠는가"[19]라고 말했다. 그는 이런 이유를 들어 첫 행군에서 왜 외국 세력의 도움을 받았으며, 사실상 외국 세력이 지배하고 있는 상해를 자신의 기지로 선정했는지를 설명했다.

---

19) 『李文忠公朋僚函稿』 제1권(광서 31년 각본), 9쪽.

상해의 관리와 향신, 매판자본가, 외국인이 합작하여 설립한 '중외회방공소', 와드와 협력하여 '상승군'을 만든 오후吳煦와 양방楊坊 등은 노골적으로 외세에 빌붙는 자들이다. 그들은 오로지 외국 병력으로 태평천국군을 진압하려 했고, 또 그것만이 태평천국군을 진압할 수 있다고 생각했다. 이홍장은 상해에 도착한 뒤 "오도吳道(오후를 가리킴)와 양도楊道(양방을 가리킴) 및 회방공소 측 인물들의 외교술은 지나치게 비굴하고 아첨한다"고 평했다. 그는 또 오후와 회방공소의 관리들이 "중국과 외국이 함께 토벌하기" 위해 "서양인들에게 사소한 데까지 신경을 쓰면서 아첨하는 것이 끝이 없다"[20)고 말했다. 이처럼 그는 서양인에게 너무 비굴하게 굴고 아첨하는 인물들을 못마땅하게 생각했다. 이홍장과 증국번 등이 서양인을 대하는 방식이 이러한 인물들과 조금 다르긴 했지만 '오십보백보'의 차이에 불과했다.

증국번과 이홍장은 외국군이 직접 출병하여 소주와 상주, 남경을 공격하는 것을 원치 않았는데, 이것은 자신들이 실질적 군사력을 가졌기 때문이다. 그들은 태평천국군의 세력이 나날이 쇠퇴하는 것을 보고 항상 자신들이 큰 공을 세우려고 했다. 그들은 다만 와드와 같은 방식의 도움은 받되 자신들의 병력이 주력이기를 바랐다. 당시 상해의 관리와 향신, 매판자본가들은 서양인과 결탁하여 상해 세관의 관세 수입 전부를 와드의 상승군과 상해의 중외회방공소에 참가한 외국 군대의 경비로 사용하고 있었다. 그들은 이를 무척 못마땅하게 여겼다. 이홍장은 상해에서 지방 상업세 수입밖에 사용할 수 없었기 때문에 자신의 군대를 부양하기 위해 상해 세관 수입의 일부를 나누어 갖길 원했다. 그는 상해에서 서양인들과 직접 접촉하는 과정에서 비록 자신들이 서양인의 힘에 의지해야 하지만, 사실 서양인들은 청의 관군이 자신들의 힘으로 태평천국군과 싸우기를 원한다는 사실을 점차 알게 되었다. 이것이 바로 이홍장과 증국번이 서양인에게 모든 희망을 걸었던 관리와 향신, 매판자본가들과 달랐던 점이다.

증국번은 이홍장의 회군이 아직 상해에 도착하지 않았을 때 이미 "영파와

---

20) 앞의 책, 19, 17쪽.

상해는 모두 통상항이므로 서양인은 우리와 같은 이해관계를 가지고 있어 서로 경쟁하고 함께 지켜야 한다"21)고 분명히 말했다. 이홍장은 상해에 도착한 후 중국번에게 다음과 같이 보고문을 올렸다.

> 상해는 어쨌든 그들이 보호하는 것이 좋으니 (서양인에 대해) 홍장은 부드러운 말로 위로하고, 따를 수 있는 것은 따르면서 절대 화목을 잃지 않았습니다. 그러나 그들이 이미 적(태평군을 지칭)과 원수이고, 군대가 한번 움직이면 또 중지하기 쉽지 않을 것이니 100리 안에 들어올 경우 공격하여 토벌할 생각을 할 것입니다. 겉으로는 몸을 굽혀 대접해 주는 듯 좋은 관계를 유지하되 안으로는 자강해야 할 것입니다.22)

여기에서 볼 수 있듯 이홍장과 증국번은 영국과 프랑스가 상해 밖 100리 이내의 지역을 방어할 권리가 당연히 있다고 생각했다. 따라서 이홍장은 소주와 상주로 진군할 때, 그의 후방 기지였던 상해를 완전히 서양인의 보호에 의지했다.

이홍장은 와드의 병력을 매우 중시했지만 와드와의 접촉은 모두 오후와 양방이 장악하고 있다는 사실을 알게 되었다. 그가 상해에 처음 도착했을 때, 와드는 심지어 그를 아예 만나러 오지도 않았다. 5개월 뒤 이홍장은 증국번에게 보낸 보고서에서 "와드는 확실히 용감하게 싸우고 서양의 좋은 무기를 다 가지고 있습니다. 홍장이 근래에 온 힘을 쏟아 회유하려는 뜻은 한 사람의 마음을 삼으로써 여러 나라와 우호를 도모하기 위해서입니다. 거윤(渠允)이 나 대신 외국인 무기 기술자에게 폭탄을 만들어 달라고 부탁하고 서양의 총을 사 주었습니다"23)라고 말했다. 이홍장이 "온 힘을 쏟아 회유"한 덕분에 마침내 와드의 부대를 그가 다소나마 움직여 이용할 수 있게 되었다. 그가 말한 "한 사람의 마음을 삼으로써 여러 나라와 우호를 도모한

---

21) 『동치이무』 제4권, 28쪽.
22) 『이문충공붕료함고』 제1권, 26쪽.
23) 전게서, 54쪽.

다"는 것은 기본적으로 오후와 양방 등의 방법과 같은 것이었다.

1862년(동치 원년) 8월 태평천국군은 이미 상해 부근을 떠났고, 절강 동부에서는 태평천국군이 적극적으로 영파를 공격하고 있었다. 이때 절강 순무 좌종당(左宗棠)의 군대는 절강 서쪽에 있어서 절강 동쪽 해안을 돌볼 겨를이 없었다. 영파의 수비는 전적으로 영국과 프랑스의 병력에 의존했다. 이홍장은 와드의 상승군 일부 병력을 영파로 보내 지원하게 했다. 그런데 와드가 자계(慈溪)를 점령하기 위해 태평천국군과 전투를 벌이다 중상을 입고 사망하게 되자 누가 그를 대신할 것인가 하는 문제가 발생했다. 미국 공사가 주장하고 중국 주재 영국 관리들이 찬성하여 미국인 버제빈(H. A. Burgevine, 白齊文. 그는 원래 와드의 보좌관이었다.)이 와드를 이어 상승군을 지휘했다. 이해 9월 초, 남경성 외곽에 도착한 증국전의 부대(남경으로 진격하는 상군의 주력)는 태평천국군에게 역으로 포위되어 이홍장에게 긴박하게 지원을 요청했다. 이홍장은 자신의 병력 동원을 원치 않아 버제빈을 남경에 보내 전쟁을 돕기로 결정했다.

버제빈이 남경으로 진군하겠다는 의사는 밝혔지만 출발을 계속 미루었다. 11월이 되자 버제빈 부대가 난동을 일으키며 지금까지 상승군의 비용을 관리하면서 중간에서 횡령한 양방과 심하게 다투었다. 한바탕 난리를 피운 뒤 상승군은 남경으로 가지 않았고, 이 부대의 지휘권도 영국인 고든(Charles George Gordon)으로 바뀌었다. 고든은 원래 영국 공병 장교로, 제2차 아편전쟁 때 북경 침공에 참가하여 원명원을 약탈했었다. 1863년(동치 2) 이홍장이 소주와 상주를 공격할 때 고든의 상승군 도움을 많이 받았다.

강소 순무인 이홍장은 그의 전임자인 설환과 달리 직접 서양인들과 교유했으며, 서양인들이 거의 매일 그의 관부를 찾아왔다. 설환은 전적으로 서양인에게 의지하려는 향신과 상인, 매판자본가들을 지지했으나, 조정의 의도를 제대로 파악하지 못하여 외국인과 너무 가까이 지내면 조정의 질책과 징계를 받을까 우려한 나머지 막후에 물러나 있으면서 서양인과 직접 접촉하는 것을 가능한 한 피했다. 게다가 그는 군사력이 없어서 외국인들도 그를 업신여겼다. 그러나 이홍장은 달랐다. 그는 중국번의 상군이 뒷받침해 주고 있었기 때문에 설환과 같이 소극적일 필요가 없었다. 그의 회군이 상해에 도착한 이후 어느 정도 전투력이 있음을 보였다. 그는 증국번에게 "호프(영국 해군사령관)가 이곳에 주둔하면서 설공(설환)이나 오공(오후)과는 만나지 않았지만, 홍장을 대하는 예의와 정성은 상해 사람들이 일찍이 보지 못했다고 합니다"라고 보고했다. 왜냐하면 호프가 자주 그의 관청에 가서 만났기에 우쭐해서 자랑했던 것인데, 이것은 그가 설환이나 서양인의 비위를 맞추기 위해 분주히 뛰어다닌 향신, 상인, 매판자본가들과 한 통속임을 말해 준다. 호프는 확실히 그를 훨씬 더 중시했다. 왜냐하면 호프가 보기에 그는 다른 사람들보다 훨씬 더 유용했기 때문이다.

앞서 언급했듯이, 이홍장은 외국인들에게 "몸을 굽혀 대접해 주는 것"이 "밖으로는 좋은 관계를 유지하되 안으로는 자강하기" 위해서라고 말했다. 여기에서 '밖으로는 좋은 관계를 유지한다'고 말한 것은 농민혁명을 반대하는 연맹을 구축한다는 것이고, '안으로는 자강하기 위한 것'이라고 말한 것은 군대의 훈련을 서양인에게 맡기고 서양의 총과 대포를 사들여 자신의 반혁명 무장을 강화한다는 것이다. 이것은 물론 서양 열강들이 매우 찬성할 만한 일이었다.

이홍장은 고든의 상승군 도움을 받아 태평천국군의 수중에 있던 소주와 상주를 탈환한 후 상승군을 해산시킨 일을 대단히 자랑스럽게 생각했다. 고든 본인은 사직했지만, 그가 통솔했던 군대는 일부 외국인 장교를 포함하여 모두 회군에 통합되었다. 외국인이 상승군의 해산에 동의한 이유는 이홍장의 회군이 이미 모습만 바꾸어 확대된 상승군으로 변신했기 때문이었다.

4. 태평천국에 대한 지식분자들의 태도

국내외 모든 반혁명분자들이 결합했을 때, 혁명적인 농민은 어떠한 동맹할 계급도 찾을 수 없었다. 당시 중국에는 농민혁명을 영도할 무산계급이 형성되지 않았고, 농민혁명을 이용하려는 자산계급도 등장하지 않았다. 지식분자는 결코 하나의 계급이 아니다. 당시 지식분자는 거의 모두 지주계급에 속했다. 대지주계급의 지식분자뿐만 아니라 중소지주계급과 부농 출신의 지식분자들도 모두 농민혁명의 적대 세력 편에 서 있었다.

태평천국 혁명대열에도 지식분자가 있었다. 홍수전 본인과 풍운산, 홍인간이 모두 가난한 중농 가정 출신의 지식분자이고, 석달개 역시 지식분자로 소지주 집안 출신이다. 태평천국 혁명대열에 소지식분자가 일부 있기는 했지만 그 수는 매우 적었다.

태평천국군이 어느 곳에 이르면 대지식분자들은 대부분 일찍이 피신했지만, 소지식분자들은 그들 자신의 표현으로 하면 "불행하게도 태평천국군에 빠져들었다." 태평천국군은 그들을 '선생'이라고 부르며 문서작성 등의 업무를 맡아 달라고 요청했다. 이런 상황을 직접 체험한 지식분자들이 흥미로운 기록들을 남겼다. 예컨대, 강소 금산金山 출신인 고심顧深(학자 顧觀光의 아들)은 『호혈생환기虎穴生還記』에서 그가 제때에 피신하지 못해 태평천국군을 마주쳤다고 적었다. 그는 태평천국군에게 '훈장'인데 과거에 응시한 적은 있지만 수재秀才에 합격하지 못했다면서 일부러 자신의 신분을 낮추어 말했다. 태평천국군은 그가 '글 읽는 사람'임을 알고 붙들어 두었다. 그는 자신이 글 읽는 사람이라 노동을 할 줄 모른다고 하니 태평천국군 쪽 사람이 힘든 노동을 하라는 것이 아니라고 했다. 이어 그는 태평천국군 부대에서 생활하며 우대받았던 상황을 기록했다. 태평천국군의 한 우두머리가 특별히 이 '선생님'을 배려해 깨끗한 숙소를 마련해 주었다. 곧 연말이 다가오자 사람들은 그에게 대련對聯과 입춘첩立春帖을 써달라고 요청했으며 글씨를 참 잘 쓴다고 칭찬했다. 이 때문에 "사람들이 그를 더욱 존중해 주었고 문답을 할 때는 얼굴에 화색을 지어 말했다." 또 어떤 상급자는 문서를 받았는데 행서行書로 썼기 때문에 그 말고는 알아보는 사람이 없었다. 모두가 이 '해박한 선생님'(通品)이 있어 다행이라며 기뻐했다. 그 후부터 그를 "더욱 친절하게 대하고 모르는 일이 있으면 '해박한 선생님을 불러오라'고 했다. 그래서 서로 한 가족처럼 대했다." 원래 그도 야간 보초를 섰는데, 이때에도 상급자가 "야간 보초는 고역이니 내일 너는 가지 않아도 된다"고 말했지만, 이 글 읽는 선생은 계속 야간 보초를 서겠다고 했는데, 알고 보니 야간 보초를 서는 기회를 틈타 도망칠 생각을 했던 것이다. 얼마 후 그는 마침내 '호랑이 굴'(虎穴)에서 탈출했다.24) 이 이야기를 통해 농민혁명 대열은 지식분자의 도움을 매우 환영한 사실을 알 수 있다. 태평천국은 과거시험을 그대로 모방하여 시험을 치렀지만 별 효과가 없었다.

당시 자산계급도, 자산계급 지식분자도 없었지만 초보적으로 자본주의 사상을 수용한 지식분자들이 나타나기 시작했다는 점은 주목할 만하다. 그들이 서구 자본주의 국가의 모델을 따라 중국이 어떠한 개혁을 해야 한다고 주장한 것은 진보적인 의미가 있지만, 그들은 반봉건적 농민혁명을 이해하지 못했을 뿐만 아니라 반대했다. 이 가운데 비교적 유명한 인물 몇 명을 아래에 열거한다.

1) 풍계분

풍계분馮桂芬(1809~1874)이 1861년에 간행한 『교빈려항의校邠廬抗議』25)는 자산계급 신학문을 제창한 최초의 저작 중 하나이다. 이 책에서 그는 "서학西學을 받아들이고"(采西學) "서양 기물을 제조하며"(制洋器), 서양의 "산학算學·중학重學·시학視學·광학光學·화학化學" 등을 배우자고 주장했다. 그는 봉건적 중국과 자본주의의 외국을 대비하면서 중국이 "사람의 재주를 버리지 않음이 오랑캐들보다 못하고, 땅의 이득을 남김이 없음이 오랑캐보다 못하며, 임금과 백성의 사이가 벌어지지 않음이 오랑캐보다 못하고, 이름과 실상이 서로 부합함이 오랑캐보다 못하다"26)고 평했다. 그는 책에서 당시의 관제官制, 관료의 승진제도, 과거시험제도, 관청의 부정부패

---

24) 『태평천국자료』 제6책, 732~734, 740쪽.
25) 풍계분의 저서 『校邠廬抗議』는 동치와 광서 연간에 적잖이 간행되었다. 그의 아들이 사후에 그의 글을 모아 『顯志堂文集』을 간행했으나 『교빈여항의』 50편 전부를 수록하지는 않았다.
26) 『校邠廬抗議』, 「制洋器議」.

등을 비판하였다. 이러한 비판은 근본적인 개혁을 요구한 것은 아니지만 관료지주들 사이에서는 "논지가 좀 과격하다고 하지 않을 수 없다"[27]는 평가를 받았다.

그는 소주 지역의 지주 향신으로 진사에 급제했으며, 1860년 상해로 도피했다. 그는 이홍장의 초빙을 받아 막료가 되어 소주와 상주 일대에서 군사작전을 도왔다. 이 저서에서 중국이 "세계 만국의 먹잇감이 될" 형세를 매우 우려하면서도 서양 군대를 이용해 '도적'을 토벌하는 데 찬성하면서, 서양 군대를 빌리는 데 반대하는 사람은 오랑캐의 상황을 모르고 오랑캐의 일에 어두운 사람이라고 주장했다. 그는 "오랑캐를 이용하는 것이 물론 정상적인 방법은 아니지만 일시적인 방편의 대책을 버려서도 안 된다"[28]고 말했다. 그는 '도적 소탕' 곧 태평천국 농민혁명을 소멸시키는 것이 급선무라고 판단했다.

2) 왕도

왕도王韜(1828~1897)는 소주 농촌 출신의 수재였다. 수재시에 합격하고 4년 뒤인 1849년(도광 29)에 그는 상해로 가 영국 선교사 무어헤드(William Murhead, 慕維廉)가 운영하는 묵해서관墨海書館에서 일했다. 1861년(함풍 11) 주중 영국 해군사령관 호프가 함대를 이끌고 장강을 따라 남경과 한구로 갈 때 왕도도 동행했다. 바로 그해 겨울, 그는 전 가족을 상해에서 소주로 옮겼으며, 소주에서 태평천국군에게 귀순을 표명하고 태평천국군을 위해 계책도 내놓았다. 약 반년 후 그는 다시 상해로 돌아와 여전히 영국인 밑에서 일했다. 상해 부근의 한 전투에서 청군은 노획품 가운데서 태평천국군의 '총리소복성민무總理蘇福省民務'의 관리인 유조균劉肇鈞에게 보낸 장문의 서신을 발견했는데, 발신자의 서명이 황원黃畹으로 되어 있었다. 청군은 이 서신의 작성자가 바로 왕도王韜라는 것을 곧 알아냈다. 이에 청 정부는 왕도가 '적과 내통'한 죄인이라 여겨 영국 측에 넘겨줄 것을 요구했으나 영국은 이를

---

27) 吳雲의 『顧志堂文集』 서문 참조.
28) 『校邠廬抗議』, 「借兵俄法議」.

거절하고 그를 홍콩으로 보냈다. 이후 왕도는 오랫동안 홍콩에서 신문을 발행하였으며, 영국에 갔다가 만년에야 상해로 돌아왔다.

왕도는 많은 글과 책을 내면서 서양의 과학기술을 배우고 산업과 상업, 새로운 교통수단을 발전시키자고 제안했으며, 봉건적인 과거시험제도와 학교제도의 개혁을 주장했다. 그는 자산계급 개량주의 사상을 선전한 초기의 중요한 저술가였다. 그러나 그의 저서는 일관되게 태평천국을 반대하는 입장을 밝혔다.

왕도가 태평천국군에게 보낸 장문의 서신 속 요지는 태평천국군은 상해로 진격하지 말아야 하며, 서양인에 대해 "평화를 도모하고 싸우지 말라"는 것이었다. 그는 태평천국군이 주로 증국번과 장강 상류를 놓고 경쟁해야 한다며 "안경安慶을 회복하고 황주黃州를 점령한 뒤 구강을 장악하고 한구를 쟁탈하여 익왕翼王(석달개)과 연합한 뒤 병력을 합쳐 파죽지세로 처들어가면 황하 이남은 다시 청나라가 갖지 못할 것"[29]이라고 말했다. 그는 "상해 공략이 불가능한 것은 아니지만 그로 인해 서양과 원한을 맺게 되면 매우 불리하다"며 "상해에서 뜻을 이루었다고 해도 상류에서 큰 판국을 두고 싸우는 데에는 오히려 방해가 되므로 취할 바가 아니라고 나는 본다"고 말했다.

얼마 후 왕도는 상해에서 또 같은 관점으로 증국번에게도 서신을 보냈는데, 서신에서 태평천국군이 장강 상류를 다투지 않고 강소와 절강을 점령하는 것은 "지리적 이점을 놓친 것"이므로 "도적을 평정하자면 정반대의 방법을 써야 할 것이니…… 상류를 쟁탈한 후 강을 따라 내려오며 취하면 지리적 이점을 차지할 것"[30]이라는 책략을 제시했다.

왕도가 증국번과 태평천국군 양측에 내놓은 계책을 종합하면, 그들에게 모두 강소와 절강 연해 일대를 포기하고 장강 상류에서 서로 경쟁해야 한다는 것이다. 그러면 강소와 절강 일대를 포기하여 누구에게 준다는 것인가? 영국에게 주려는

---

29) 「황원이 유조균에게 올린 건의」(黃畹上劉肇鈞禀), 『태평천국자료』 제2책, 766~772쪽.
30) 왕도, 『弢園尺牘』 제6권.

것이 분명하다. 우리는 왕도에게서 이 무렵부터 중국에서 외국 침략자들로부터 교육받고 보호받는 지식분자들이 등장하기 시작했다는 것을 볼 수 있다. 그들은 봉건 전통과 어느 정도 대립되는 사상을 내놓았지만 봉건을 반대하는 농민혁명의 친구가 되지는 못했다.

3) 용굉

용굉容閎(1828~1912)은 광동성 마카오 부근의 농민 가정 출신으로 7세 때부터 마카오와 홍콩에서 영국인이 운영하는 학교에 다녔다. 20세 때 한 외국인이 그를 미국으로 보내 그곳에서 대학 교육을 받게 했다. 그가 귀국했을 때는 이미 태평천국전쟁 시기였다. 1860년(함풍 10) 10월, 그는 미국인 선교사 두 사람과 함께 상해에서 내륙 수로를 따라 소주와 무석 등 태평천국군이 점령한 지역을 거쳐 천경天京에 도착하여 간왕干王 홍인간洪仁玕의 접견을 받았다. 그는 간왕에게 다음 7가지를 건의했다. 첫째, 정당한 군사제도에 따라 뛰어난 군대를 조직할 것. 둘째, 군사학교를 설립하여 다수의 학식 있는 장교를 양성할 것. 셋째, 해군학교를 건설할 것. 넷째, 선량한 정부를 수립하고 경험이 풍부한 인재를 각부의 행정고문으로 채용할 것. 다섯째, 은행을 설립하고 도량형의 표준을 정할 것. 여섯째, 각급 학교의 교육제도를 마련하고 기독교의 『성경』을 주요 과목으로 삼을 것. 일곱째, 각종 실업학교를 설립할 것.

용굉이 건의한 내용의 핵심은 서양 자본주의 국가를 모델로 삼아 농민 정권을 개조하자는 것이었지만 그 자신은 농민혁명에 참가하기를 거부했다. 그는 함께 온 미국 선교사와 함께 태평천국군 점령 지역을 떠나 상해로 돌아갔다. 그는 뒤에 지은 저서에서 태평천국이 승리를 거둘 수 있었던 것은 "종교적으로 얻은 용감한 정신에 힘입은 바 컸다"고 평가하면서도 홍수전의 종교가 진정한 기독교가 아니라는 사실을 못마땅하게 여겼다. 1863년(동치 2) 용굉은 어떤 사람의 소개로 증국번을 만났다. 이때부터 그는 증국번의 양무洋務 처리를 돕는 훌륭한 조수가 되었다.

그는 저서에서 증국번을 대단히 칭송했다.

결론적으로 말하자면, 당시 개별적으로 자본주의 사상을 초보적으로 받아들인 지식분자들이 있었지만, 그들은 여전히 지주계급의 입장에 서 있거나 제국주의와 밀접한 관계를 맺고 있었으므로 모두 농민혁명과는 전혀 어울리지 않았다. 오히려 그들은 태평천국의 적인 증국번과 이홍장 등에게 희망을 걸었다.

5. 태평천국 내부의 위기

태평천국 후기에 홍수전은 비록 태평천국의 최고 지도자로서의 지위를 유지하고 있었지만 혁명을 이끌고 나아갈 능력을 점점 상실해 갔다. 위창휘韋昌輝의 반란, 양수청楊秀淸의 피살, 석달개石達開의 분열에서 홍수전은 긍정적인 교훈을 얻지 못했다. 그는 주변의 많은 사람들을 신임할 수 없다고 보면서 친인척을 선호하는 나쁜 쪽으로 나아갔다. 그의 형 홍인발洪仁發과 홍인달洪仁達은 평범하고 무능할 뿐만 아니라 재물을 탐내고 뇌물을 받아 행패를 부렸지만 안왕安王과 복왕福王에 봉해져 천경이 적에게 함락될 때까지 정사에 참여했다. 그들의 아들 10명도 모두 왕으로 봉해졌다. 홍인간은 식견과 재능이 있는 인물이었지만 아무런 공적도 없는 그가 천경에 오자마자 간왕에 봉해진 것은 홍씨 일가였기 때문임이 분명했다. 홍수전의 두 '부마'도 중용됐다. 진옥성陳玉成, 이수성李秀成과 함께 낮은 벼슬에서 발탁된 몽득은蒙得恩은 남의 비위를 잘 맞추어 주는 능력이 있어 천왕의 총애를 받아 전공이 뛰어난 진옥성과 이수성보다 더 높은 자리를 차지하고 있었다. 몽득은이 병사한 뒤 그의 아들 몽시옹蒙時雍은 미숙하고 무지한 청년임에도 왕위를 잇고 국정에 참여했다. 태평천국 후기에 홍수전의 측근으로 천경에서 그를 보좌한 인물로 홍인간 이외에는 뛰어난 인물이 아무도 없었다.

홍수전의 사상은 그가 창시한 황당무계한 종교적 신념에 점점 더 사로잡혔다. 이수성은 다음과 같이 기술했다. "육해경위六解京圍 이후('육해경위'는 1860년의 일로 수도의 포위를 6차례 풀었다는 의미이다.), 우리 주님(홍수전)은 유독 천령天靈만 믿으시고 사람들이 올린 상주문을 믿지 않으셨다. 조서에는 하늘만 있었지 인간이 없었다." "주님은 나라 안 군사와 백성의 일은 묻지 않고 궁중 깊숙이 머물면서 궁궐 밖을 나가지 않았다." "하늘과 땅만 말할 뿐 나랏일을 돌보지 않았다."31) 이것은 이수성이 패전하여 체포된 뒤 증국번에게 한 자백의 내용이다. 다소 과장되었을 수도 있겠지만, 지금 우리가 입수할 수 있는 홍수전의 말년에 내려진 조서를 보면, 그가 '천령만 믿었다'거나 '하늘과 땅만 말했다'고 기술한 것만은 확실하다. 어떤 조서를 보면, 그가 '하나님'과 '예수 그리스도' 그리고 '하늘의 병사와 장수'의 보우를 받고 있음을 믿으라고 요구하는 것이 유일한 내용이다.

홍수전이나 그와 함께 이 혁명에 참가한 사람들 가운데에서 왜 그들이 순조롭게 이처럼 큰 승리를 거두었으며, 또 왜 이 승리가 계속 앞으로 발전하지 못했는지를 과학적으로 분석할 수 있는 사람이 아무도 없었다. 홍수전은 자신이 만든 하나님을 승리의 근원으로 삼은 이상 하나님이 다시 한번 기적을 보여 주기를 바랄 수밖에 없었다. 혁명 초기에 그는 '천상天上'의 말을 빌려 인간세상에서의 혁명 의지를 전했지만, 혁명 후기로 오면서 현실과 동떨어진 왕궁에 파묻혀 비현실적 말만 쏟아 냄으로써 민중을 격동시킬 능력을 상실했다.

이수성은 패배 후 작성한 자술서에서 그와 그의 사촌 동생인 시왕侍王 이세현李世賢이 일찍부터 '천부천형天父天兄'과 같은 종교적 언사를 믿지 않았다고 밝혔는데, 이것은 그들만의 상황이 아닐 것이다. 태평천국군 전체를 놓고 말하면, 후기에 비록 일부 종교적 의식을 여전히 준행했지만, 그 의식은 이미 공허한 형식일 뿐 초기처럼 종교적 신념을 빌려 군대의 통일된 의지와 엄격한 기율을 유지할 수 없었다. 외국인 목사에게 직접 배운 적이 있는 홍인간도 홍수전의 종교 관념에

---

31) 「李秀成自述」, 『태평천국자료』 제2책, 810·826쪽.

잘못이 있다고 보아 '정통적 기독교 교리'로 홍수전의 '잘못'을 바로잡으려 했지만, 이것이 태평천국의 내부적 위기를 해결하는 데 전혀 도움이 될 수 없었음은 당연했다.

홍인간은 양수청이 집권했을 때처럼 '호령이 통일'된 상황이 회복되기 어렵다는 사실을 깊이 인식했으며, "직무와 권한이 일치하지 않는"(事權不一) 상황이 위험한 결과를 초래하기에 충분하다고 생각했다.[32] 그는 또 군관들과 관리들이 "승진하는 것을 영광으로 생각해 한 해에 아홉 번 승진해도 느리다고 생각하며, 한 달에 세 번 영전해도 부족하다고 생각한다"[33]고 지적했다. 이 말은 사실상 모두가 승진과 축재를 도모하고 권력과 이익을 다툴 뿐 이미 공동투쟁의 원대한 정치적 목표를 잃어버렸음을 지적한 것이다. 따라서 직무와 권한의 불일치, 민심의 이반은 필연적인 추세가 되었다. 태평천국의 지도자들은 이미 관직과 작위를 내리는 것 외에 인심을 유지할 다른 방법이 없었다.

금전촌 봉기 후 천왕 홍수전 아래로 동왕東王·서왕西王·남왕南王·북왕北王·익왕翼王의 다섯 왕뿐이었는데 이 중 서왕과 남왕은 일찍이 전사했다. 남경에 입성한 후 연왕燕王 진일강秦日綱과 예왕豫王 호이황胡以晃만 추가되었다. 익왕 석달개는 이탈하고 나머지 왕들은 선후해 모두 죽었다. 홍수전은 홍씨 형제 몇 명을 왕으로 봉했는데 민심이 따르지 않자 진옥성과 이수성, 몽득은 등 몇 명을 왕으로 봉했다. 1861년 겨울의 기록에 따르면, 천왕은 이미 100여 명을 왕으로 봉했다.[34] 왕의 작위 바로 아래에 천장天將·조장朝將·신장神將 등의 작위를 추가하고 또 '의義·안安·복福·연燕·예豫·후侯' 여섯 등급의 작위를 설치했다. 그렇지만 많은 장수들이 자신들의 공로만 내세우며 왕의 작위가 아니면 만족하지 못하는 정서가 만연했다. 그리고 지도자는 개별 장수들이 지방권력을 장악하는 것을 막기 위해 더 많은 장수를 왕으로 봉해 서로 견제하도록 했다. 심지어 권력자에게 뇌물을 주어 왕으로 봉해지기도 했다. 이리하여 왕의 작위 수여가 점점 더 혼란스러워졌다.

---

32) 『태평천국사료』, 147쪽.
33) 앞의 책, 147~148쪽.
34) 魯叔容, 「虎口日記」, 『태평천국사료』 제6책, 795쪽.

천경이 함락된 후 청군에게 붙잡힌 황문영黃文英은 사촌 형 황문금黃文金의 전공으로 도왕堵王에 봉해졌는데, 자신은 황문금을 대신하여 "집안일과 재산, 곡식을 관리해 주었을 뿐 군사는 관리하지 않았는데" 소왕昭王에 봉해졌다고 했다. 또 그는 "처음에는 큰 공을 세워야 왕으로 봉했는데, 나중에는 뒤죽박죽이 되어 광동에서 따라 나온 자들을 다 왕으로 봉하고, 홍씨의 일가친척들도 모두 왕으로 봉했으며, 돈과 곡물을 바친 자도 왕으로 봉해져 무려 2천7백여 명의 왕이 있었다"35)고 말했다. 이런 아주 비정상적인 현상은 태평천국 내부의 질서가 이미 구제불능의 혼란 상태에 빠졌다는 것을 잘 보여 준다.

후기 태평천국군의 기강 해이는 이루 다 말할 수가 없었다. 병사들은 노획한 재물을 관에 내놓지 않고 사적으로 빼돌린 경우가 허다했고, 약탈한 후 무고한 사람을 죽이는 일이 넘쳐났는데, 이는 원래 태평천국이 엄금한 것이다. 도박과 아편 흡연의 악습도 군 내부에서 나타났다. 이런 현상은 군의 전투력을 떨어뜨리고 민·군의 관계를 크게 손상시켰다. 태평천국군은 청의 군대와 싸워야 했을 뿐만 아니라 자신들이 통치하는 지역 내의 '토비'마저도 상대하기 힘든 적이 되었다. 1862년 절강에 있던 시왕 이세현이 그의 부하에게 보낸 서신에서 다음과 같이 말했다.

> 우리 군대의 마음이 뭉치지 못해 힘써 싸우지 않으니 정세가 매우 위태롭다. 게다가 도적 떼가 사방에서 일어나 10만 정병이 아니고서는 평정할 수가 없다고 들었다.…… 앞으로 마땅히 백성을 더욱 사랑해서 백성이 우리를 원수로 여기지 않도록 해야 한다. 그래야만 정세가 좋지 않을 때 그래도 몸을 숨겨 후퇴할 수 있다. 그렇지 않으면 우리 군대가 불리해졌을 때 나와 자네들 모두 몸을 숨길 자리도 없이 죽게 될 것이다.36)

---

35)「黃文英自述」,『태평천국사료』제2책, 857쪽.
36) 王崇武, 黎世清 편역,『太平天國譯叢』, 33~34쪽.

이세현의 이 기밀 서신은 청군이 가로챈 후 다시 영파 주재 영국 영사관의 손에 넘어갔다. 이 영사는 북경 주재 영국 공사에게 이 서신을 보내면서 "세속의 문제만 말하고" "태평천국의 종교는 완전히 제쳐 놓은 것"이 이 편지의 특징이라고 평했다. 그는 또 "무릇 청 정부에 우호적인 사람이 서신에서 태평천국의 앞날을 언급하는 내용 가운데 암울하고 낙담한 분위기가 가득 차 있는 것을 보면 만족하고 기뻐할 것"이라고 말했다.[37]

6. 천경 함락

1862년(동치 원년) 증국번은 태평군을 향해 전면적인 공격을 개시하였다. 그는 이홍장의 회군을 상해에 파견하고, 좌종당이 일부 상군을 이끌고 강서에서 절강으로 들어갈 것을 명령했다. 그 자신은 안경에 총지휘부를 두고 상군의 직계부대를 동원하여 장강을 따라 수륙 양면으로 동진하면서 태평천국군으로부터 안휘 남부, 회수 남부, 장강 연안의 거점들을 차례차례 탈환했다. 상군의 수군은 장강의 수로를 장악했다. 5월 초 증국번의 동생 증국전의 부대가 이미 천경성 부근의 우화대雨花臺를 점령했고, 강 건너 포구에는 청에 투항한 이소수李昭壽의 부대가 북안의 각 거점을 장악해 가고 있었다.

이때까지만 해도 천경성의 방어력은 막강했다. 천경 동쪽에는 태평천국군이 아직 상당한 병력을 보유하고 있었고, 안휘 남부에도 태평천국군이 계속 작전을 펼치고 있었으며, 부왕扶王 진득재陳得才와 준왕遵王 뇌문광賴文光 등의 섬서 원정군도 이때 다시 하남과 호북으로 회군하여 천경 전장의 상류에서 청군을 견제하는 역할을 하고 있었다. 증국전의 1만여 병력이 우화대에 4, 5개월 동안 주둔하고 있었지만 더 이상 전진할 수 없었다. 윤8월 하순에 이수성이 이끄는 소주 남부의

---

37) 『태평천국역총』, 32~33쪽.

태평천국군이 대거 귀환해 천경을 지원했고, 9월 초에는 절강 서부의 시왕侍王 이세현李世賢 부대도 북상하여 이수성의 부대와 공동작전했다. 이로 말미암아 증국 전의 부대가 오히려 포위당할 처지에 놓이게 되었다. 그리고 보왕輔王 양보청楊輔淸과 도왕堵王 황원금黃文金도 안휘 남부에서 영국寧國과 선성宣城을 반격하여 상군의 후방인 안휘 남부 지역을 위협했다. 이 때문에 증국번은 남경 공략에 실패할 뿐만 아니라 안휘, 강서에서 호북의 장강 남북에 이르는 청군 진지가 모두 흔들릴까 봐 바짝 긴장했다. 그러나 그는 다른 지원군을 찾을 수 없었고, 자신의 직속 부대를 데리고 남경성 아래에서 대회전을 치를 수밖에 없었다.

이 대회전은 46일간 진행되었는데, 태평천국군의 군사적 지휘와 정치적 약점을 충분히 드러냈다. 증국전을 포위 공격한 태평천국군은 이수성과 이세현이 주축이 되었고, 그 외 13개 왕의 병력이 합세해 모두 60만 명이나 되었다. 태평천국군은 대규모 병력을 동원하여 증국전과 격전을 벌였으나 상군의 후방인 안휘 남부를 효과적으로 반격하지 못했다. 그 결과 10월 초순에 이르자 곳곳의 태평천국군이 후퇴하기 시작했다. 상군의 주력 부대도 비록 막대한 사상자를 냈지만 전멸의 위기는 벗어났다. 천경은 여전히 포위된 상태였다.

이어 천왕 홍수전은 '진북공남進北攻南'이라는 새로운 계획을 제시했다. 이것은 대군을 동원해 강을 건넌 뒤 북상해 안휘 북부와 호북 북부를 거쳐 섬서에서 남진해 오는 진득재와 뇌문광 부대와 합류하여 무한을 위협함으로써 장강 이북과 장강 상류로 전장을 넓힌다는 것이었다. 이것은 본래 좋은 계획이었지만 아쉽게도 실행이 너무 늦었다. 1862년(동치 원년) 10월 태평천국군은 소규모의 병력만 포구로 보내 강북의 몇몇 거점을 점령했지만 주력 부대가 신속하게 뒤따르지 못했다. 1863년(동치 2) 2월이 지나서야 이수성의 대군이 강을 건너 북상했다. 증국번은 천경에 대한 공세를 강화하는 한편 회남 지역 곳곳을 사수해 이수성 부대가 이곳에서 여러 지역을 돌며 공격했지만 아무런 전과도 올리지 못했다. 게다가 섬서에서 남하하던 진득재와 뇌문광 부대가 안휘와 호북의 경계에 있는 대별산大別山 서쪽에서 청군에 가로막혀 전진하지 못하고 섬서 남부로 돌아갔기 때문에 태평천국군의 합류는 불가능해졌다. 이해 5월 이수성 부대의 전군이 강북에서 강남으로 돌아오면서 강을 건너던 중 상군의 저격을 받아 피해가 컸다. 이로써 '진북공남'의 계획도 실패로 돌아갔다.

이수성의 도강 북상에 발맞추어 장강 이남의 많은 태평천국군 부대가 안휘의 남부에서 강서로 서진하였으나 통일된 지휘 체계가 없이 우왕좌왕 제각기 활동했기 때문에 적에게 위협이 되지 못했다. 이때 증국번이 천경 동쪽에 배치한 두 갈래의 반혁명군이 기회를 틈타 반격을 시작했다.

한 갈래는 이홍장의 회군이었다. 앞(제1부 제5장 4절)에서 이미 언급했듯이, 1862년 11월 상숙常熟의 수비를 맡은 태평천국군의 장수가 청군에 투항했다. 이홍장은 상숙이라는 거점을 확보한 뒤 1863년 10월과 1864년 4월에 출병해 소주와 상주를 점령했다. 영국인 고든이 지휘한 상승군은 이홍장의 작전 수행에 큰 도움을 주었다. 그러나 태평천국군 내부가 무너지지 않았다면 이홍장도 이렇게 쉽게 승리할 수 없었을 것이다. 예를 들어 태평천국군은 5명의 왕과 4명의 천장이 소주성을 지키고 있었는데, 그중 모왕慕王 담소광譚紹光만 단호하게 적과 맞서 싸웠고 나머지 4명의 왕과 4명의 천장은 투항하기 위해 적과 담판을 벌였다. 그들은 공모하여 담소광을 죽이고 소주성을 이홍장에게 바쳤다. 투항자들은 모두 이홍장에 의해 즉시 처형됐다.

다른 한 갈래는 절강 서부의 좌종당이었다. 그가 이끄는 상군과 기타 부대의 수는 거의 5만 명에 달했지만 전투력은 강하지 않았다. 시왕 이세현이 일부 군대를 이끌고 천경 포위를 풀기 위해 떠난 후, 좌종당은 태평천국군 내에 섞여 있던 이질 분자와 배반자들을 이용해 절강 서부 지역 전장에서 우세한 지위를 차지하게 되어 중요한 여러 성들을 점령했다. 좌종당은 항주 외곽에서 절강 동부에서 온 프랑스 장교가 이끈 상첩군常捷軍과 합류했다. 이들은 연합작전으로 1864년(동치 3) 2월에 항주를 점령했다.

태평천국군 지역이 점차 축소되면서 여러 계급의 이질 분자와 동요 분자들이 투항하고, 많은 부대가 흩어지고 와해되었다. 그럼에도 적의 포위망에는 10만 명에 가까운 태평천국군이 있었다. 당시 섬서로 재진입한 태평천국군은 한중漢中을 점령하고, 다시 돌아와 호북과 하남으로 진출했는데 그 힘은 여전히 상당했다. 따라서 태평천국군의 사업이 아직 완전히 절망적인 상황이라고는 할 수 없었다. 정확하고도 강한 지도력이 특별히 요구되는 시기였지만 태평천국의 지도자들은 그들이 직면한 위험한 국면을 구하기 위해 어떠한 단호한 행동도 취하지 못했다.

이해 4월 27일 천왕 홍수전이 천경성 안에서 세상을 떠나고,[38] 16세인 그의 아들 홍천귀복洪天貴福이 왕위에 올랐는데, 그가 의지할 수 있는 주요 인물은 홍인간과 이수성이었다. 태평천국군은 천경성을 굳게 지키며 한 달을 더 버텼지만, 마침내 6월 16일 적에게 함락되었다. 천경 성안의 농민혁명 영웅 1만여 명은 끝까지 혈투를 벌였는데, 일부는 적에게 학살당했고 나머지는 혼란 속에서 각각 포위망을 뚫고 탈출했다. 이수성은 천경성을 탈출했다가 동남쪽의 방산方山에서 적에게 붙잡혔다. 그는 감옥에 갇힌 채 수만 자에 달하는 진술서를 썼고, 자신이 나서서 태평천국군의 남은 무리들에게 무기를 내려놓고 투항할 것을 호소하겠다고 했다. 그는 태평천국 전쟁 후기의 중요한 지주였는데, 패배 후 절망적인 마음에 동료와 변절하는 모습을 드러냈지만 용감한 전사였음은 틀림이 없다. 그렇다고 해서 증국번은 그를 살려두지 않았다. 홍천귀복과 홍인간은 천경을 탈출해 소수의 부대만 이끌고 여러 곳을 전전하다가 강서성 광창廣昌에서 붙잡혀 처형됐다.

천경이 함락된 뒤 장강 이남에는 시왕 이세현과 강왕康王 왕해양王海洋의 부대가 남아 있었는데, 이들은 각각 강서 감강贛江 동쪽 지역에서 남하하여 복건 서부의 정주汀州(지금의 長汀)와 남부의 용암龍岩과 장주漳州 일대에 이르렀다. 청은 우세한 병력을 동원해 이들을 토벌한 데다가, 두 부대는 협력도 제대로 이루어지지 않았다. 왕해양은 이세현의 부대가 장주 지역에서 패배할 때 지켜보기만 했을 뿐만 아니라 이세현까지 죽였다. 결국 왕해양의 부대도 1866년(동치 5)에 전멸했다.

천경이 함락되자 섬서에서 호북, 하남, 안휘의 접경지대로 돌아온 태평천국군

---

38) 홍인간과 홍수전의 아들 洪天貴福 말에 의하면 홍수전은 병사했다고 한다.(『태평천국 자료』 제2책, 847・856쪽) 그러나 이수성 심문서와 증국번이 조정에 보낸 보고서에서는 그가 음독자살했다고 한다.

부대는 사기를 잃었다. 부왕 진득재는 자신의 부대가 청군에 패한 데다 내부에서 변절과 와해 현상이 일어나자 절망 끝에 자결했다. 그러나 준왕 뇌문광은 일대의 염군捻軍과 연합하여 다시 일어섰다. 뇌문광은 광서 출신으로 24세 때 금전촌 봉기에 참여한 뒤 태평천국군 전쟁에서 성장한 영웅으로 조직과 지휘에 뛰어난 재능을 보였다. 그는 자신이 이끄는 태평천국군과 염군을 결합시켜 조직적이고 강력한 대오로 만들었다. 그와 협력한 안휘 북부 지역 염군의 지휘자는 양왕梁王이라 불리던 장종우張宗禹(總愚)와 노왕魯王이라 불리던 임화방任化邦이었다. 이들은 태평천국군의 계승자로 볼 수도 있지만, 이미 태평천국을 내세우지 않고 태평천국의 종교적 면모도 버렸기 때문에 염군이라 불렸다. 그들은 부대를 나누어 동부 지역(산동)과 서부 지역(섬서)에서 활동했기 때문에 동염東捻과 서염西捻으로 불렸다.

    1865년(동치 4) 4월 청의 명장 승격림비僧格林沁가 산동에서 염군 토벌작전을 벌였는데, 염군은 뇌문광의 지휘 아래 교묘한 전술로 조주曹州 부근에서 청군 전체를 포위해 섬멸했으며 승격림비도 전사했다. 이에 청군은 염군을 상대하기 위해 상군과 회군, 그리고 기타 여러 방면의 군대를 동원했다. 증국번과 이홍장은 차례로 하남과 산동 지역의 염군을 토벌하는 총사령관에 임명되었고, 좌종당도 서염군을 토벌하라는 명령을 받았다. 당시 상군과 회군, 특히 회군은 이미 많은 서양의 총과 대포를 갖추고 있었다. 그러나 1866년과 1867년 사이에 염군은 전투에서 여러 차례 중대한 승리를 거두었다.

    증국번과 이홍장은 염군의 특징과 약점을 간파하여 추격전보다 자연의 지형(주로 하천)을 이용한 방어선을 구축해 그들의 활동 지역을 제한시킴으로써 그들의 장점인 게릴라식 전술을 힘쓰지 못하게 만들었다. 이렇게 되자 뇌문광과 임화방이 지휘한 동염군은 1868년 초 먼저 강소와 산동 지역에서 패배했다. 장종우 등이 이끌던 서염군은 이때 섬서 북부에서 황하를 건너 동진하면서 산서 남부와 하남의 황하 북부 지역을 거쳐 북상해 보정保定까지 진격해 청의 수도를 직접 위협했다. 그들은 이를 통해 적의 병력을 유인해 동염군을 구출하려고 했던 것이었지만, 이 목표는 달성하지 못했다. 각지에서 모여든 청군이 포위공격을 해 오자 서염군은 하남을 우회하여 산동으로 진출했는데 결국 동염군의 전철을 되밟게 되었다. 그들은 하북과 산동 접경 연해의 좁은 지역에서 적에게 포위되어 전군이 궤멸했다. 이때가 바로 1868년, 동치 7년 6월 말로 태평천국의 천경이 함락된 지 4년이 지난 때였다.

1850년 12월(도광 30, 양력 1851년 1월)부터 시작된 이 태평천국 농민대혁명은 1864년(동치 3)에 천경이 함락되기까지 총 14년 동안 지속되었고, 그 여파가 또 4년간 더 이어졌다. 이 대혁명은 중국이 반식민지·반봉건의 근대로 진입하면서 일어난 제1차 혁명의 물결이었다.

위대한 태평천국 농민혁명운동은 비록 실패했지만, 그것은 봉건사회의 낡은 질서를 뿌리까지 흔들어 봉건사회의 붕괴를 촉진시켰다. 그것은 서구 자본주의 침략자들에게 중국의 폭넓은 노동인민 속에 잠재되어 있던 강력한 혁명역량을 잘 보여 주었고, 중국의 식민지화를 막는 역할을 했다. 태평천국 대혁명과 두 차례의 아편전쟁을 거치면서 중국 봉건 통치계급의 심각한 부패상이 충분히 드러났고, 서구 자본주의 침략자들의 반동성도 충분히 드러났다. 서양의 자본주의 침략자들은 동방에서 진보적인 인민들의 진보적 혁명 사업을 교살하는 데 주요한 역할을 했고, 부패한 봉건 통치자들과 반혁명의 동맹을 맺기 시작했다. 수많은 농민혁명의 용사들이 대지 위에 피를 뿌리고 있을 때, 국내외의 반동 세력은 연합하여 반식민지·반봉건의 통치 질서를 수립했지만 어떠한 반동 세력도 태평천국 대혁명으로부터 시작된 반제·반봉건 투쟁이 대를 이어 계승해 가는 것을 막을 수 없었다.

제2부

반식민지·반봉건 통치 질서의 형성

봉건 통치자들은 본래 자신들이 중국이라는 이 땅의 합법적이고 지고지상의 전권을 가진 '주인'이라고 여겼기에 이러한 권리를 부인하는 반란을 일으킨 농민들을 잔혹하게 진압했다. 그런데 지금 무력으로 들이닥친 이 서양인들은 봉건 통치자들의 지위를 부정한 것이 아니고 또 심지어 반란을 일으킨 농민들을 탄압하는 데 도움까지 주었지만, 사실 그들은 중국에서의 통치권을 나누려 할 뿐만 아니라 중국의 '주인'의 '주인'이 되려 했다. 이러한 상황은 봉건 통치자들에게는 삼키기 힘든 쓴 약이었고, 실제로 통치에 심각한 장애를 초래했다. 한편으로는 서양인의 의지에 굴복해야 했고, 다른 한편으로는 인민들에게 그들이 여전히 합법적이고 지고지상의 전권을 가진 '주인'임을 인정시켜야 했는데, 이는 분명히 불가능한 일이었다.

제1장

농민대혁명이 실패한 후

1. 사회경제의 심각한 파괴

근대 중국사 전기의 제1차 혁명의 물결이 지나갔다. 혁명적인 농민대중은 봉건주의의 착취제도와 통치제도를 무너뜨리지 못했지만, 봉건주의 통치자들도 그들 치하의 사회질서를 그대로 회복하기는 불가능했다. 농민혁명의 심각한 타격을 입은 봉건주의의 기초 위에서 자본주의적 요소의 성장은 이미 거스를 수 없는 추세가 되었다. 동시에 외국의 자본주의 침략자들은 거대한 중국을 그들의 식민지로 만들 수 없었다. 이는 침략자들 사이에 서로 견제한 원인도 있었지만, 중요한 것은 제1차 혁명의 물결에서 중국의 피압박 인민대중들 속에 그들이 정복할 수 없는 강력한 혁명역량이 존재하고 있음이 드러났기 때문이다.

제1차 혁명의 고조 이후 형성된 반식민지半植民地·반봉건半封建적 통치 질서 아래에 첨예한 사회적 모순이 존재했다. 봉건 통치자와 농민계급 위주의 피압박 인민대중 사이의 갈등은 여전히 중국 사회 내부의 주요 모순이었다. 외국의 자본주의적 제국주의 세력이 중국에 대한 침략과 억압을 날로 강화하고, 봉건 통치자들이 갈수록 외국 침략 세력과 결탁하고 의존하게 되자 외국의 제국주의와 중국 인민

사이의 갈등도 중국 사회의 주요 모순이 되었다. 이러한 주요 모순과 기타 사회적 모순은 점점 더 격화되어 새로운 혁명의 물결이 일어나지 않을 수 없었다. 1884년(光緒 10)에는 청불전쟁이 일어났고, 1894년(광서 20)에는 청일전쟁(제1차 중일전쟁)이 일어났다. 이 두 차례의 전쟁, 특히 청일전쟁은 중국 외부와 내부의 각종 모순을 크게 격화시켰다. 그 결과 청일전쟁 이후 중국 근대사에서 제2차 혁명의 고조가 나타났다.

본 부에서는 제1차 혁명의 물결이 끝난 때부터 제2차 혁명의 물결이 시작될 때까지의 30년 동안의 중국 사회와 정치, 대외 관계 등의 동태를 살펴보고자 한다.

먼저 언급할 것은 농민대혁명 실패 이후 중국 인민들이 당한 심각하고도 막중한 재난이다. 봉건 통치자들은 외국의 침략 세력과 연합하여 농민혁명을 진압하고 수많은 인민들을 잔혹하게 살육하여 사회생산력과 사회경제를 심각하게 파괴했다.

강소성 남부와 안휘성 남부, 절강성 동부 지역을 예로 들면, 이 지역들은 원래 경제가 비교적 부유하고 인구가 조밀하였는데 태평천국 농민전쟁을 겪은 후 심각한 상처를 입었다. 1863~4년(同治 2~3) 상군湘軍이 점령한 지 얼마 되지 않은 안휘성 남부와 남경 부근은 증국번曾國藩의 말대로 "수십 리의 들에 농사짓는 자가 없고, 마을에 밥 짓는 연기도 나지 않는 상황"이 되었고, 심지어 배고픔으로 인육을 먹는 경우도 있었다.[1] 이홍장李鴻章은 강소성 남부의 상황을 "무성한 잡초가 끝이 없고 가시덩굴이 길을 덮어 몇 리, 혹은 2, 30리를 가도 사는 주민을 볼 수 없다"[2]라고 묘사했다. 좌종당左宗棠도 전후의 절강은 인구가 감소하고 남은 사람들도 모두 얼굴이 창백해졌으며 전염병이 유행하고 농토가 황폐되었다고 말했다.[3]

후기의 태평천국군이 기강이 해이해져 전기보다 훨씬 못 미쳤지만 재난을 초래한 장본인은 청나라 관군이지 태평천국군이 아니라는 점은 태평천국군에 적대적인 입장에 선 일부 인물들의 기록에서도 알 수 있다. 예컨대 1860년(咸豊

---

1) 『曾文正公奏稿』 제24권, 7쪽.
2) 『曾文正公奏稿』 제21권, 14쪽.
3) 『左文襄公奏疏』 제2권, 35쪽.

10)에서 1861년 사이에 전쟁터를 직접 경험한 이규李圭가 쓴 기록에서 그는 '적'이라고 부른 태평천국군은 기율이 엄격하고 태평천국군 치하의 사회질서가 대체로 안정되어 있었음을 인정했다. 그는 자신이 경험한 것을 바탕으로 다음과 같이 적었다.

> 관군이 도적들을 패배시키고 도적들이 점령하고 있던 성을 탈환한 뒤 태우고 죽이고 겁탈하는 참혹함이 도적보다도 더 심했다는 것을 모르면 안 될 것이다.
>
> 관군 일면을 보면 패망한 뒤에 노략질을 하거나 이긴 후에 불태우고 죽이는 것을 귀로 차마 들을 수 없고 눈을 뜨고 볼 수 없었는데, 그 잔인하고 악독함이 비적보다도 더하면 더했지 못하지 않아 나는 말하고 싶지도 않고 또 감히 말할 수도 없다.[4]

전쟁과 관군의 학살로 인구가 크게 줄어들었는데 강소, 절강, 안휘 3성이 가장 두드러졌다. 예를 들어, 강소성의 오강현吳江縣은 전쟁 전(嘉慶 25, 1820) 57만여 명이었던 반면 전후(同治 3, 1864) 인구는 20만여 명에 불과했고, 절강성의 가흥현嘉興縣은 전쟁 전(道光 18, 1838) 52만여 명에서 전후(同治 2, 1863) 15만 8천여 명만 남았다. 이 지역은 전후 몇 년 동안 많은 경작지가 주인이 없는 황무지가 되었고, 일부 도망쳤던 지주들이 돌아왔지만 농사를 지을 소작인을 찾지 못했다. 청 정부는 이 때문에 지방 관리들에게 백성들을 불러 모아 개간할 방법을 강구하라고 여러 차례 명령했다.

당시 버려져 황무지가 된 땅은 다른 성에서 온 '객민客民'이 많이 개간했다. 강소성과 절강성의 경우 특히 호남성과 호북성에서 온 객민이 많았다. 정부에서는 황무지를 개간한 뒤 개간한 사람에게 준다고 구두 약속을 했지만 실제로는 돈 많고 힘 있는 사람이 기회를 노려 차지했기 때문에 개간한 농민들은 그들의 착취에 시달리는 소작인이 될 수밖에 없었다. 가난한 농민들은 넓은 면적을 개간할 재력이

---

4) 李圭,「思痛記」,『태평천국자료』제4책, 474·481쪽.

없었으며, 실제로 자신이 개간하여 소규모 토지의 소유주가 된다 하더라도 관청에 곡물을 납부하고 세금을 내야 하는 끝없는 부담을 직접 감내해야 했다.

지주가 개간하기 위해 소작인을 불러들일 때는 약간의 '은혜'를 베풀었지만, 경지가 개간된 후에는 소작료를 올려 갑절로 되돌려 받았다. 이 밖에도 지주계급은 각종 다른 형식으로 농민에 대한 토지 임대료 착취를 가중시켰다. 일부는 소작인이 지주의 토지를 임차할 때 지불하는 보증금을 올렸고, 일부는 농민에게 곡물 가격으로 지불하도록 요구하고 임대료를 받을 때는 또 곡물 가격을 높게 책정했다. 지주들, 특히 대지주가 관청의 위력에 의지하여 소작인에게 소작료를 내라고 강요하는 것은 보편적인 현상이었다.

18년간의 농민전쟁 후 각 지역, 특히 혼란이 컸던 지역에서 지주계급의 토지 재분배 현상이 발생했다. 원래의 일부 대지주들은 몰락했고, 어떤 중소지주들은 파산했다. 농민봉기를 진압하는 과정에서 새로운 권력자들이 생겨났는데, 그들은 병권과 관권에 의지하여 거부가 되었고, 매수와 교묘한 방법으로 토지를 겸병했다. 상군과 회군淮軍의 장수들과 반혁명전쟁에 참가한 다른 장수들은 그들의 본향이나 다른 곳에서 대지주가 되었다. 호남湖南 상향湘鄉의 증국번曾國藩 일가는 일찍이 대지주가 되었고, 그의 동생 증국전曾國荃 한 사람이 6천 무畝의 경작지를 가지고 있었다. 여섯 형제인 이홍장李鴻章과 그의 일가는 안휘安徽 합비合肥 지역에 훨씬 더 많은 60만 무에 달하는 경작지를 소유했다. 하남河南 항성項城의 원갑삼袁甲三은 염군 토벌을 담당한 군벌 원세개袁世凱의 집안 조부인데, 그도 4, 5천 무의 경작지를 차지했다. 태평천국 농민전쟁 이후 20~30년 동안 군벌, 관료, 그리고 대상인이 토지를 겸병하는 바람에 많은 소작농과 중소지주들이 토지를 잃고 소작인과 빈민으로 전락했다.

청 정부는 태평천국 농민전쟁 이후 사회경제가 심각하게 파괴된 지역에 대해서는 지세 감면을 선언했다. 이는 이전처럼 지세를 징수하는 것이 사실상 불가능했기 때문이며, 한편으로 대란 이후 지주계급을 단결시키고 안정시키기 위한 조치였다. 지주들은 당시의 부세가 경감되었다 해도 농민들에게서 받는 소작료를 조금이라도 낮추지 않았다. 진정으로 혜택을 받은 것은 지주와 대지주였으며, 심지어 그들은 규정된 나라의 부세를 다 납부하지 않겠다고 저항했다. 고된 노동을 하는 농민과 중소지주의 부담만 늘 무거웠다.

  요컨대 토지를 소유하지 못했거나 소규모의 토지만 소유한 빈농들은 지주계급의 반격에 밀려 더 깊은 고통에 빠졌다. 중소지주와 부농은 농민혁명에서 반혁명 측에 섰음에도, 그들 중 일부만 대지주로 올라섰고 나머지 대부분은 별다른 혜택을 받지 못했고, 심지어 그 일부는 갈수록 생활이 더 어려워졌다. 이것도 주목할 만한 현상이다.

  지주 통치계급은 그들이 국민경제의 근간으로 여기는 농업을 회복 발전시킬 능력이 전혀 없었다. 각 지역의 빈번한 흉년은 농업생산력이 파괴되었다는 명백한 징표이다. 이홍장이 1870년(동치 9)부터 1895년(광서 21)까지 직예直隸(즉 지금의 하북성) 총독으로 재임할 때 올린 주소奏疏에 따르면, 25년 동안 직예성에 흉년이 든 해가 17년이었으며, 이 중 13년은 수해이고, 3년은 가뭄이었고, 나머지 1년은 서남지방의 가뭄과 동북지방의 수해였다. 직예는 수도에 인접한 성이어서 청 정부는 종종 거액의 자금을 들여 치수사업을 벌였지만 그 경비의 대부분은 관례대로 관료들의 배를 채웠을 뿐이다.

  전국적으로 보면, 이 시기 최악의 흉년은 1876년(광서 2)에서 1879년(1879) 사이에 발생했다. 북방의 몇몇 성들에서 이 몇 년간의 가뭄으로 사망한 사람의 수가 9백만~1천3백만 명이라는 추산이 있는가 하면 또 산서성에서만 1877년 1년간에 5백만 명의 주민이 사망한 것으로 추산한 것도 있다. 자연조건이 조금만 비정상적이어도 흉년이 들고, 수많은 소농들은 흉년에 저항할 능력이 전혀 없었다. 이는 폭력에 의존하여 착취와 억압을 하는 것 외에 농민을 위해 아무것도 할 수 없는 부패한 봉건 지배계급이 초래한 악과이다.

2. 소수민족 대중 봉기의 실패

　중국 국경 내에는 예로부터 한족 외에 많은 소수민족이 거주해 왔다. 봉건적 통치계급은 항상 소수민족에 대한 차별과 괴롭힘, 압박정책을 시행했고, 일부 소수민족의 착취계급도 종종 민족 간의 장벽과 분쟁을 이용하여 자신의 야망을 실현했다. 그러나 각 민족의 노동인민은 일반적인 상황에서 화목하게 지내왔다. 청 통치자들은 한족 중의 지주계급뿐만 아니라 몽골족, 회족, 티베트족 및 기타 소수민족 중의 왕공귀족이나 종교지도자, 상층 착취계급에 의존하여 통치했다. 또한 그들은 국내 여러 민족, 특히 한족과 각 소수민족 간의 서로에 대한 의심과 적개심을 적극 조성하고 선동하였다. 한족과 각 소수민족의 노동인민은 똑같이 모두 심각한 봉건적 억압 아래 있었다.

　태평천국이 광서에서 봉기했을 때 많은 동족僮族(壯族)이 참여했다. 그 후 몇 년 동안 앞서(제1부 제5장 5절 참조) 언급한 귀주貴州의 묘족苗族, 운남雲南의 이족彝族과 회족回族의 대중 봉기가 발생했는데 그들은 태평천국 봉기의 영향을 받은 것이다. 태평천국이 멸망한 후에도 이들 소수민족의 봉기는 몇 년 동안 계속되었다.

　장수미張秀眉를 지도자로 하는 귀주 묘족의 봉기는 1864년(동치 3) 태평천국의 천경이 청군에 함락될 무렵 이미 귀주성 전체 주와 부까지 퍼졌고, 이웃 성인 광서성과 호남성, 운남성까지도 번졌다. 1866년 호남 순무 이한장李瀚章(이홍장의 형)이 통솔한 군대가 명령에 따라 귀주에 들어갔으나 이기지 못했다. 1867년 석보전席寶田이 통솔한 또 다른 상군도 귀주에 이르렀다. 석보전의 부대는 서양의 총포에 의지하여 봉기 군중을 잔혹하게 학살하였다. 한족의 빈민으로 구성된 교군敎軍과 호군號軍이 잇달아 궤멸하자 묘족 봉기군이 고립되었다. 장수미는 봉기 군중을 이끌고 우세한 적군의 압력에 맞서 5년 동안 계속 싸웠다. 1872년 마침내 18년에 걸친 묘족의 봉기가 진압되었다.

　이문학李文學이 이끈 운남성 애뢰산哀牢山 지역 빈민층 이족 봉기는 태평천국이 실패한 후에도 몇 년 동안 계속되었다. 1874년 봉기군은 마침내 청의 관군과 지방의 지주 무장군에 패배하였다. 이 봉기를 기념하기 위해 이족 인민들은 이문학의 출생지인 미도현彌渡縣 와로촌瓦盧村 부근의 산과 애뢰산 지역에 많은 초라한 절을 세웠다.5)

태평천국이 멸망한 뒤에도 두문수杜文秀가 이끈 운남성 대리大理를 중심으로 한 회족 봉기군의 기세가 여전히 드높았다. 그들은 1867년부터 1869년까지 동진하여 2년 남짓 동안 운남성 수도를 포위 공격했다. 그러나 이미 전국적으로 농민혁명이 저조하던 시기에 두문수는 한쪽 모퉁이 지역만 차지하고 세력을 더 넓히지 못했다. 그의 봉기군 지도층은 대부분 회족과 한족, 백족白族 등 각 민족의 상인과 지주계급 분자였다. 이 때문에 그들은 반봉건적인 토지 혁명의 강령을 제시할 수 없었다. 그들의 지역에서는 세금 경감, 수리 건설, 상업 및 여행 보호, 민족적 증오 방지 등의 정책이 시행되었다.

당시 이미 미얀마와 베트남을 침입한 영국과 프랑스는 중국의 운남성에 대한 야심을 품고 있었다. 프랑스 장교 가르니에(Marie Joseph Francis Garnier, 安鄴)가 이끄는 탐험대는 1868년에 대리에 이르렀으나 두문수는 그들을 만나주지 않고 즉시 출국할 것을 강요하였다. 같은 해 영국 장교 슬래든(Edward B. Sladen)도 미얀마에서 탐험대를 이끌고 두문수의 지역으로 들어갔는데 두문수는 그들이 호시互市 무역에 관한 일반적인 협정을 체결하는 것만 허락했다.

두문수의 수하에 있던 유도형劉道衡이라는 서생이 1870년에 영국·프랑스와 우호 관계를 맺어 청을 전복시키자고 두문수에게 건의하고 자신이 직접 사절의 대표를 맡아 영국과 프랑스에 갔다. 두문수는 봉기의 미래가 보이지 않는 상황에서 이런 반동적 주장에 현혹된 것이다. 미얀마를 거쳐 영국으로 건너간 유도형은 수치스러운 자세로 영국 정부의 지원을 구걸했지만 이미 청을 지지하기로 한 영국 정부는 그를 불신하고 외면했다. 유도형은 외국을 떠돌다 죽었다. 그의 해외

---

5) 유요한 편, 「雲南哀牢山區彝族反淸鬪爭史料」, 『근대사자료』 1957년 제2기.

활동을 두문수가 전적으로 책임질 수는 없었지만, 이 사건은 19세기 중엽 중국 내의 계급투쟁과 민족투쟁의 지도자들이 방향을 올바르게 잡지 못하고 각 민족이 단결하여 매국적인 봉건 통치 세력에 맞선다는 대의에서 벗어났을 때, 외국 침략자들이 중국을 분열하고 침략하려는 음모에 이용당한다는 사실을 잘 보여 준다.

청군은 두문수의 곤명昆明 포위공격을 격퇴하고, 또 다른 회족 부대가 점령한 곤명의 남쪽과 북쪽 각지를 점령한 후 총력을 다해 서쪽으로 진격하여 그들이 주요 적으로 여기는 두문수를 공격했다. 1872년 마침내 대리가 함락되었고, 두문수 일가와 부하들 그리고 회족과 한족이 포함된 장수와 병사들이 모두 죽임을 당했다.

1862년(동치 원년)부터 서북의 섬서陝西와 감숙甘肅(寧夏와 青海의 동부를 포함)의 많은 회족과 한족 잡거 지방에서도 회족 봉기가 일어났다. 청의 통치자들은 반동적인 민족정책을 시행하여 민족 간의 틈과 충돌을 조장했으며, 회족들에 대해 온갖 핑계를 만들어 억압했기 때문에 그들의 격렬한 반발을 불러일으켰다.

태평천국 후기에 일부 태평천국군은 염군과 몇 차례 협력하여 1861년에서 1863년 사이에 섬서 지역에 진입한 적이 있었다. 태평천국이 멸망한 뒤에도 염군은 1866~7년 사이 섬서 지역에서 활동했다. 회족의 봉기는 섬서에 진입한 태평천국군·염군과 사실상 서로 협력했지만 그들과 끝내 한 몸이 되지는 못했다. 이런 현상을 이해하려면 회족 봉기 지도층의 출신 성분을 살펴봐야 한다. 봉기를 일으킨 기본 계층은 겹겹이 봉건적 착취에 시달린 빈곤한 회족 노동대중이었지만, 그 지도자는 일반적으로 회족의 상류층 착취자들이었다. 예를 들어 영하寧下 지역의 지도자 마화룡馬化龍은 그의 향촌에서 첫째가는 부자이자 회교 가운데 당시 '신파新派'라고 불린 계열의 종교 지도자이기도 했다.[6] 이런 지도자들이 편협한 민족 관점으로 봉기 군중을 이끌었다. 그들은 기껏해야 현지 한족 가운데 토호나 악질들 혹은 불공정한 관리들에 반대하면서 조정에 그들이 당한 억울함을 벗겨 줄 것을

---

6) 楊毓秀 편찬, 『平回誌』 제3권; 曾毓瑜 편찬, 『征西記略』 제2권; 『회민기의자료』 제3책, 112·133쪽 참조.

요구할 뿐 비교적 높은 수준의 정치적 강령을 제시할 수는 없었다.

또한 그들은 조직체계에서도 각자 무리를 이끌고 지역을 나누어서 활동했기 때문에 통일된 지휘력을 발휘할 수 없었다. 청군의 주력이 섬서에 진입한 태평천국군과 염군을 상대할 때 이들 지도층들이 기회를 틈타 잇달아 봉기했기 때문에 대중들로부터 신뢰를 받았지만, 일단 관군이 태평천국군과 염군을 진압한 뒤 그들을 향해 달려오자 대부분의 지도자들은 자신을 보호받기 위해 투항하여 봉기 군중을 배반했다.

섬서에 진입한 태평천국군과 염군, 그리고 섬서와 감숙의 회족 봉기를 진압하기 위해 청 정부는 몇 년 동안 많은 군대를 서북지역으로 이동시켰지만 성과를 거두지 못해 많은 장수와 도독, 순무를 바꾸었다. 1867년(동치 6)에 이르러 좌종당이 섬陝·감甘 총독으로 부임하였다. 좌종당은 먼저 서염군을 토벌하는 데 전력을 집중해 그들을 쫓아 황하를 건너서 산서성 지역까지 진입했다. 염군을 모두 섬멸한 후, 그는 1868년 10월 군대를 둘로 나눈 뒤 서안을 출발하여 회족 봉기군을 추격하는 데 전력을 다하였다. 좌종당은 먼저 상군 대장 유송산劉松山에게 북로의 군사를 맡겨 수덕綏德에서 영하寧夏로 들어가게 하고, 자신은 부대를 이끌고 섬서에서 감숙의 경천涇川, 평량平凉에 들어간 뒤 감숙성 수도인 난주蘭州 부근의 각 갈래 회족 봉기군을 차례로 궤멸시켰다.

위에서 언급한 회족 봉기의 약점에 대응하여 좌종당은 이른바 '선무후살先撫後殺'이라는 악랄한 정책을 취했는데, 먼저 흔들리는 우두머리를 유인하여 투항시킨 다음 대중을 마구 학살하고 때로는 이미 투항한 우두머리들까지도 함께 죽였다. 북로에서 영하의 마화룡은 1870년에 항복했다. 이때 유송산은 전사하고, 그의 조카 유금당劉錦棠이 뒤를 이었다. 그는 회족을 잔혹하게 탄압하여 출세한 사람으로 마화룡의 귀순을 받아들이면서 그와 그의 가문, 그리고 그의 집안 일꾼들을 모두 죽이고, 그 일대 회족들이 살고 있던 성채까지 파괴했다. 좌종당은 1872년에 감숙성 수도인 난주에 입성했고, 그해 겨울 유금당을 파견해 현재 청해성靑海省에 속하는 서녕西寧과 대통大通 일대의 회군을 평정했다. 이때 여러 회군의 우두머리들이 잇달아 투항했다. 마지막으로 좌종당은 하서주랑河西走廊에 출병하여 많은 회족 집거 지역에서 잔혹한 살육을 한 뒤 남은 회족을 다른 곳으로 분산 이주시켰다.

1873년 섬서와 감숙의 회족 봉기가 좌종당에 의해 대부분 진압되었지만 서북의 문제가 아직 끝나지 않았는데, 또 신강新疆 지역에서 새로운 사태가 일어났다. 당시 청은 신강 곳곳에 관리를 파견하고 둔병을 주둔시켰다. 천산天山 북로에는 이리장군伊犁將軍을, 남로에는 참찬대신參贊大臣을 두어 처음에는 카슈가르에 주둔했다가 다시 야르칸드로 옮겼다. 이 밖에도 우루무치와 하미 등지에 도통都統이나 판사대신辦事大臣을 두기도 했다.

태평천국혁명의 영향은 멀리 신강이라는 변강 지역까지 파급되지 않을 수 없었다. 청 관리와 군인들은 이곳에서 여러 민족 주민들을 억압하고 터무니없이 무거운 세금을 징수하여 주민들의 저항을 불러일으켰다. 이곳은 국경과 가깝고 청의 통치력이 약했기 때문에 여러 방면의 야심가들이 음모 활동을 벌이고, 러시아와 영국이 이러한 틈을 타 침략의 마수를 뻗쳤다. 따라서 이 지역은 매우 복잡한 형세였다. 당시 신강의 정세는 봉건 통치자들이 국내 여러 민족과 인민들에게 심대한 재난을 조성했을 뿐만 아니라 중국을 분열시키려는 국내의 일부 반동 세력과 외국 침략자 및 그 앞잡이들에게 틈탈 기회를 제공했다는 것을 충분히 증명하고 있다. 이 점에 대해서는 뒤에서 다시 언급할 것이다.

태평천국혁명이 실패한 후 국내 여러 소수민족의 대중 봉기도 잇따라 실패하였다. 이는 소수민족의 해방 투쟁이 전국 인구의 대다수를 차지하는 한족들의 투쟁과 불가분의 관계임을 증명한다. 전국적인 혁명의 승리 없이는 개별 소수민족의 투쟁도 진정한 승리를 거둘 수 없으며, 때로는 심지어 국내외 반동 세력에 의해 잘못된 길로 이끌릴 수도 있었다.

3. 외국 자본주의 경제 수탈의 강화

우리가 여기에서 말하는 30년, 즉 1860년대 초부터 1890년대 초까지 서양의 주요 자본주의 국가들은 제국주의 단계로 발전하기 시작했다. 그들은 전 세계적으로 식민지 쟁탈과 분할을 더 격렬하게 벌였다. 그들은 식민지와 반식민지에 대한 약탈적 자본수출, 즉 정치적 특권의 획득과 함께 아직 경제적으로 낙후된 국가나 지역에 자본을 투입하여 그곳의 원료와 값싼 노동력을 직접 이용하여 초과 이윤을 챙겼다. 제국주의 열강들의 중국에 대한 자본 수출은 청일전쟁(1894~1895) 이후 비로소 점점 더 큰 규모로 진행되었지만, 이전에 그들은 이미 홍콩과 연안의 여러 통상항에 공장을 설립했다.

1850~60년대 중국에 처음 등장한 외국 자본의 공장은 주로 영국과 미국 자본의 조선소이다. 이들은 일반적으로 선박 수리에 종사했는데, 각 공장에 고용된 중국인 노동자의 수가 수백에서 수천 명 정도였다. 이어 외국 자본은 각지에 제분과 제약, 양조, 전차, 비누, 제유, 견사, 제지, 담배, 솥 공장과 나아가 생아편을 담배로 만드는 아편제조 공장까지 세웠다. 일반적으로 소규모 공장이었고, 그 가운데 비교적 큰 공장은 영국과 미국, 독일 자본인 몇 개의 견사공장이었는데 가장 큰 공장은 1천 명 이상의 노동자가 있었다. 러시아 자본의 전차공장은 연안에 있는 복주福州 외에도 한구漢口와 구강九江까지 진출했다. 영국과 미국 자본은 당시 중국에 많은 인쇄소와 신문사를 설립하여 서적과 정기간행물, 신문을 출판했는데, 이는 경제적 약탈의 범위를 넘어 이념과 언론을 통해 중국인을 세뇌시키고 노예화하려는 의도였다.

천진조약에 따르면, 자본주의 국가는 중국에서 연해 항행권을 가졌을 뿐 아니라 내륙 하천의 항행권도 갖고 있었다. 미국 상인들이 1862년(동치 원년) 상해에 설립한 기창윤선공사旗昌輪船公司는 1860년대 장강에서의 운항을 독점했다. 그 후 영국 자본의 태고공사太古公司와 이화공사怡和公司도 중국 연해와 장강에서 운항을 겸했다.

이들 외국 기선회사에 의하여 가장 먼저 타격을 입은 것은 이전에 연해와 장강에서 운항해 오던 중국의 구식 범선이다. 1872년 중국의 봉건 관료들이 연해와 장강의 운수를 목적으로 초상국招商局을 설립했지만 외국 회사들과 경쟁상대가 되지 못했다.

외국 자본은 일찍부터 중국에 은행을 설립했다. 영국의 차타드은행과 HSBC은행이 중심이었다. 차타드은행의 본점은 런던에 있고, 1858년 상해에 지점을 설립했으며, HSBC은행은 1864년 홍콩에 본점을, 1865년 상해에 지점을 설립했다. 이 두 은행은 점차 영국 제국주의의 중국 경제 침략의 중심 기관이 되었다. 그들의 초기 업무는 중국에서 활동하는 외국 상인들의 환전과 송금을 담당하는 것이었는데, 점차 상업 투자, 중국 상인들과 청 정부에 대한 고리대금업, 중국의 관료와 지주 및 상인들의 자금 흡수까지 영역을 확장시켜 나갔으며, 나중에는 지폐까지 발행하여 중국의 금융을 지배했다. 상해와 기타 통상항의 많은 중국 상인들의 구식 전장錢莊은 점차 이러한 외국 은행의 종속물이 되고 말았다. 이들 외국 은행을 중심으로 이들과 연결된 '양행洋行'이란 이름의 외국 무역회사들이 중국의 매판상인과 매판적 전장 등을 통해 중국 농민과 기타 인민대중을 착취하는 망을 치밀하게 형성해 나갔다.

제2차 아편전쟁과 태평천국 진압 전쟁 이후 중국의 세관과 대외무역은 제국주의 열강에 의해 완전히 통제되었다. 제2차 아편전쟁 때 상해 세무사였던 영국인 레이(Horatio Nelson Lay, 李泰國)는 청 정부에 의해 총세무사로 임명되었다. 그는 1863년에 사임하였고, 영국인 하트(Robert Hart, 赫德)가 그의 후임으로 와 1909년까지 45년간 총세무사를 지냈다. 하트의 손에서 외국 제국주의가 지배하는 중국 세관제도가 세워졌다. 이 제도에 따라 1864년에 중국 연안의 12개 상업도시(대만 2개 포함)와 장강을 낀 구강九江, 한구漢口 세관의 세무사는 모두 총세무국에서 영국인과 미국인, 프랑스인 및 기타 외국인으로 파견하고, 세무사 아래의 고위급 직원도 모두 외국인이 맡았다. 이후 새로 추가된 세관도 모두 이에 따라 처리되었다. 총세무국은 북경에 관서를 두었고, 총리아문은 총세무사에게 모든 세관 업무를 관리할 수 있도록 권한을 부여했다.

천진조약과 북경조약에 규정된 배상금은 관세 수입에서 매년 공제되었기 때문에 이들 외국 세무사는 중국 세관의 수입을 감독하여 영국과 프랑스의 배상금을 예정대로 상환할 수 있도록 하는 역할을 했다. 1866년(동치 5)에 이르러 이미 배상금을 깨끗이 갚았지만, 이러한 식민지 관리 성격의 세관제도는 그대로 존치되었고, 이러한 성격의 감독 역할도 계속되었다. 이는 평화시기에도 제국주의 열강들이 각종 명목으로 중국을 착취할 때 관세 수입으로 지불을 보증하는 기능을 했다.

제1차 아편전쟁의 결과 맺어진 '협정관세제도'에 따라 수입품에 대한 관세율은 이미 크게 낮아졌다. 그런데 제2차 아편전쟁 뒤 영국을 비롯한 자본주의 열강들은 청 정부에 수입 관세율을 5퍼센트로 더욱 낮추도록 강요했다. 이때 정해진 세율은 반세기 넘게 유지되었고, 중국은 세계에서 수입 관세율이 가장 낮은 나라가 되었다. 아편담배만 합법적인 수입품이 된 후 관세율이 상대적으로 높았지만 많은 양의 아편이 여전히 밀수입되었다.

세관은 외국인이 관리하고, 세율은 매우 낮은 수준으로 유지되며, 해운은 외국 선박회사가 독점하고, 여기에다 외국인이면 상인이나 선교사 또는 기타 목적을 가진 사람 누구든 중국 전역을 마음대로 돌아다닐 수 있게 되었다. 이 모든 조건은 자본주의 침략 국가에게 매우 유리한 조건이다. 이러한 유리한 조건 아래 중국에 대한 상품 수출은 점차 증가하였다. 그러나 중국이 개방만 되면 당장 넓은 시장이 될 것으로 예상한 외국 자본가들을 만족시키기에는 중국의 수입액 증가 속도가 매우 느렸다.

당시 중국의 수출상품은 여전히 개체 농민이 생산한 차와 견사가 주종이었다. 수입되는 각종 상품 가운데에는 아편이 총액 중 항상 1위를 차지했다. 중국 농민과 소규모 수공업자들이 죽음의 문턱에서 생존을 위해 벌인 몸부림은 외국 자본주의 공산품의 중국 시장 개척에 심각한 장애물이 되었다. 외국 상인들은 늘 자신들이 얻은 이익에 대해 불만족했지만, 우리는 아래의 간단한 대외무역 수치에서 중국의 수많은 가난한 대중들의 심각한 재난을 어렵지 않게 볼 수 있다.

차는 오랫동안 중국의 수출상품에서 가장 큰 비중을 차지했다. 1886년(광서 12) 중국의 차 수출량은 180만 담擔(약 50킬로그램)이었다. 이전에는 수출량이 해마다 증가했지만, 일본과 인도의 차가 국제 시장에 진출함에 따라 1880년대 초부터 중국차의 생산지 구매 가격이 점점 낮아졌다. 1886년 이후 수출량이 점차 감소하여 1894년 무렵에는 이미 100만 담 이하로 떨어졌다. 수출용 공급을 위해 생산에 뛰어든 소규모 차 생산농가는 치명적인 타격을 받았다.

면화는 수출상품이면서 한편으로 수입상품이기도 했는데, 이 30년 동안 초기에는 수입량이 수출량을 초과했다. 중국의 많은 수공업 방직업자들은 자국산 면화뿐만 아니라 수입한 면화로도 실을 뽑아 면포를 생산했는데, 이런 상황은 빠르게 역전되었다. 1873년의 면화 수입량은 12만여 담이고 수출량은 1만 5천 담이었으나, 1893년이 되면 수입량이 3만여 담에 불과한데 수출량은 34만 8천 담에 달했다. 이와 함께 면사와 면포의 수입량은 매년 빠르게 증가했다. 갈수록 더 많은 수공업 방직업자들이 수입한 서양 면사와 면포의 압력으로 파산했으며, 동시에 수많은 소농들이 생산한 면화를 외국 자본가들의 착취 아래 헐값으로 내다 팔 수밖에 없었다.

석유는 1860년대에 외국 교민에게 공급하기 위해 극소량만 중국으로 수입됐다. 1878년에 이르면 미국산 석유가 중국에 대량으로 판매되기 시작했으며, 이해의 수입량은 1570만 리터였다. 1891~1893년의 연평균 석유 수입량은 1억 7천6백만 리터로 증가했다. 이때부터 중국은 '서양 석유'(洋油)의 시대로 접어들었다. 중국으로 수입되는 염료, 페인트, 철, 쇠못, 바늘, 성냥 등 각종 일용 잡화의 양도 해마다 늘어났다. 당시 사람들은 점차 이러한 수입 외제품이 이에 상응하는 국내 제품의 생산을 밀어냄으로써 초래된 인민 생활의 어려움을 지켜보았다.

그러나 서양 면포가 아직 토착 면포를 완전히 없앨 수 없었고, 수입 석유도 전국적으로 잘 팔리지 않은 이유가 중국 인구의 가장 많은 부분을 차지하는 농민들이 극빈 상태에 놓여 있었기 때문이다. 이러한 농민의 극빈 상태는 자본주의 외국이 중국의 봉건 통치자에게 외국 상품의 수입을 방해하는 모든 장애물을 철거하도록 강요한 후에 남은 유일한 장애물이었다.

자본주의 외국이 무역을 통해 중국을 강탈할 때 무기무역이 중요했음을 잊어서는 안 된다. 태평천국전쟁 시기에 중국은 이미 서양의 무기 상인들에게 좋은 고객이 되었다. 사기와 협박은 대중국 무기무역에서 흔히 볼 수 있는 현상이었다. 앞에서 언급한 영국인 레이가 청을 대리해 군함을 구매했는데, 그의 수법은 비교적 이른 시기에 드러난 전형적인 사례이다.

    레이는 당시 청의 총세무사였는데, 1862년(동치 원년) 병으로 휴가를 내고 귀국하여 영국인 하트가 임시로 그의 직무를 대신하였다. 하트의 부추김에 총리아문은 레이에게 영국에서 함대 하나 규모의 군함을 구매하는 업무를 맡기면서 65만 냥을 지불했다. 처음 하트의 설명에 따르면, 이 돈으로 함포를 장착한 중형 4척과 소형 3척의 군함을 구매할 수 있었다. 그러나 하트는 곧 그 액수가 충분하지 않으므로 15만 냥을 더 추가해야 한다고 했다. 이듬해인 1863년 중국으로 돌아온 레이는 이미 함대를 구입했으며, 오스본(Sherard Osborne)이란 영국 장교와 함대를 운용할 대원 600명을 채용했다고 보고하면서 인원 초빙 비용으로 27만 냥을 추가로 요구했다. 이렇게 하여 함대 도입 비용이 총 107만 냥으로 늘어났다. 이뿐만 아니라 앞으로 오스본과 함대 운용 대원들의 월급이 포함된 유지 비용으로 매달 10만 냥이 필요하다고 보고했다. 청 정부는 새로 추가된 구입비를 어쩔 수 없이 승인하였으며, 흥정 끝에 매월 비용은 7만 5천 냥으로 낮췄다.

    이때 청 정부는 이 함대가 중국에 도착하면 청의 관리를 파견해 함대를 지휘하고 오스본은 부책임의 직을 맡으며, 외국인의 고용 기간을 4년으로 정하고 그동안 중국 병사들이 함대 운용을 배우기로 레이와 약속했다.[7] 그런데 레이는 이미 영국에서 오스본과 13개조의 계약을 맺었는데, 이 계약에 따르면 이 함대는 오스본이 전권을 가지고 지휘하며 모든 병사는 오스본이 선발하도록 되어 있었고, 또한 오스본은 오직 레이를 통해서만 황제의 어명을 받도록 하되 만약 레이가 실행할 수 없다고 판단되는 것은 전달하지 않도록 되어 있었다.[8]

---

7) 『동치이무』 제16권, 29쪽 참조.
8) 이 계약의 전문은 Morse, 『중화제국대외관계사』 제2권, 39~40쪽 참조.

함대가 중국에 도착한 후 이전 레이가 중국과 한 약속을 어긴 채 오스본은 반드시 이 계약대로 실행할 것을 주장했다. 증국번은 처음부터 함대의 구매를 동의했고 이미 이 함대에 승선할 병사들까지 선발해 두었는데, 상황이 이렇게 되자 그는 "저 7척의 배는 있어도 그만이고 없어도 그만이다"[9]라며 분개했다. 영국 공사 브루스가 나서서 오스본을 지원하고, 미국 공사 벌링게임(Anson Burlingame)도 중간에서 거들었다. 돈을 주고 사 왔지만 유지하는 데 계속 돈을 지불해야 하는 함대라면 정작 자기 소유라 할 수 없고, 중국 병사가 승선해 배울 수조차 없는 조건이라면 청 정부도 참고 받아들일 수 없는 일이었다. 그러나 청 정부는 이에 대해 조금의 강경한 태도도 취하지 못하고, 그저 우리는 "이 함대를 원하지 않는다"는 입장을 밝히는 방법을 택했다.

결국 이 함대는 오스본이 이끌고 영국으로 돌아갔다. 그런데 청은 매월 7만 5천 냥의 비용을 지불한다는 약정에 따라 몇 달 치의 비용을 지급했을 뿐만 아니라 이 함대가 영국으로 돌아가는 데 드는 비용 37만 5천 냥을 추가로 지불했다. 이 일로 든 총 비용이 약 170만 냥에 이른다. 오스본과 그 배후 세력의 미움을 사지 않기 위해 오스본에게 또 1만 냥을 따로 건네주었다. 이 일로 레이는 더 이상 청의 총세무사를 맡지 않았다. 이 악한들을 돌려보내기 위해 청 정부는 다시 그에게 1만 4천 냥의 전별금을 전달했다. 영국 정부는 그가 중국에서 세운 '공훈'을 인정해 3등 대십자훈장을 수여했다.

오스본의 함대 구매 사건은 자본주의 외국과 중국 봉건 통치자들 사이의 무기 거래가 파렴치한 경제 약탈이며, 또한 이토록 터무니없는 수준이었음을 말해 준다. 청 정부는 큰 손실과 사기를 당했으며, 이때 지불된 구매 비용과 전별금 등이 모두 중국 인민의 피땀으로 마련된 것임은 두말할 나위가 없다.

태평천국전쟁 때부터 외국인들은 총포와 탄약 심지어 함선까지 청 당국에 팔았다. 전쟁 이후에도 이런 거래는 계속되었으며 갈수록 그 규모가 더욱 커졌다.

---

[9] 『동치이무』 제21권, 18쪽.

청의 중앙정부와 군권·재권을 가진 지방의 대관료들은 외국 무기를 사들여 인민을 탄압하는 힘을 키웠고, 또 이를 취급하는 관리들은 모두 거액의 뇌물과 수수료를 챙겼다. 1880년대에 이르러 이홍장은 외국 무기상인의 최대 고객이 되었다. 이홍장은 끊임없이 총포와 소형 군함을 구입하였으며, 1879년(광서 5)부터는 거액의 돈으로 대형 군함을 구입하기 시작했다. 청일전쟁 직전인 1894년에 이홍장이 보유한 함대는 20년 전 돈을 내고도 허탕을 친 그 작은 규모의 오스본 함대가 아니라 총톤수 4만여 톤에 달하는 당시로는 제대로 된 함대였다.

이 몇 년 동안 이런 종류의 무기 거래 총액이 얼마이고, 외국 무기 상인은 얼마를 벌었으며, 청의 관련 관리들과 상인들이 얼마나 많은 돈을 횡령했는지에 대해서는 여기에서 자세히 설명하지 않겠다. 중국의 수많은 가난한 인민들은 '서양 면포'를 사지 못해 몸을 가릴 옷이 없었고, '서양 석유'를 사지 못해 밤에도 불을 밝히지 못했지만, 중국의 봉건 통치자들은 인민의 피땀 어린 돈을 긁어모아 외국의 무기공장에다 갖다 바쳤으니 외국의 대상인들은 당연히 그지없이 감사했을 것이다.

4. 봉건 통치자와 외국 침략자의 결탁

태평천국전쟁 이전까지 청 황제를 비롯한 봉건 통치기구 전체를 침략 활동의 장애물로 여겼던 외국 침략자들은 이제 그렇게 보지 않았다. 그들은 만약 이것이 없다면 반드시 중국 인민들의 저항 투쟁에 직접 직면할 것임을 알았던 것이다. 이를 잘 유지하여 이를 통해 중국 인민을 착취하고, 이를 이용하여 중국 인민의 반항을 탄압하며, 청 황제와 청 통치기구에게 자신들이 제기한 요구에 서명하도록 하여 각종 요구가 '합법'적 지위를 얻게 하는 것은 실로 외국 침략자들에게 있어서 가장 유리한 상황이었다.

1858년 천진조약 체결에 참여한 영국·프랑스·미국·러시아 4개국은 1860년대에 들어와 자칭 '협력정책'이라는 중국 침략 연합정책을 채택했다. '협력정책'은 영국과 미국이 앞장서 주장하고, 러시아와 프랑스도 지지한 것이다. 강도들의 '협력'에서는 필연적으로 상호 의심과 경쟁 및 알력을 피할 수 없었지만, 그들 각자의, 그리고 공동의 이익을 위해 청 정부의 통치를 유지시키려 했다. 열강들의 이런 속셈을 청의 권력자들도 전혀 눈치채지 못한 것은 아니었다. 1867년(동치 6) 당시 호광湖廣 총독이었던 이홍장이 올린 상주문에서 각국의 중국에 대한 태도는 "여러 관리들을 협박하여 백성을 통제하고, 조정을 협박하여 관민을 통제하려는 것"이라고 했다.10) 그리고 당시 강서江西 순무巡撫였던 유곤일劉坤一은 "서양인들이 중히 여기는 것은 이익이고, 두려워하는 것은 백성이다.…… 조정의 명령에 의지하지 않고서는 중국의 백성을 제압할 수 없고, 중국에서의 이익을 도모할 수 없다는 것을 스스로 알고 있다"11)고 말했다. 이런 말들은 상황의 본질을 어느 정도 파악했다는 증거이다.

청의 봉건 통치자들은 두 차례의 아편전쟁을 겪으면서 외국의 도움을 받아 인민들의 혁명을 진압하는 초보적인 경험을 한 후 점점 더 외국 침략자들의 의지에 거역할 엄두를 내지 못했다. 총리아문은 출범 직후 "외국의 일을 처리함에 있어서 결렬을 두려워하면 또 타협에 걸려드니 양쪽 모두 만족시킬 수 없다. 두 가지 안 좋은 상황을 비교해서 손실이 적은 쪽을 취하되 타협이란 비판을 피하려고 감히 결렬의 해를 빚을 수는 없다"12)는 방침을 내놓았다. 이 방침은 '결렬'을 피하기 위해서는 차라리 모든 '타협'을 할 수 있다는 것이다.

청 정부가 영국·러시아·미국·프랑스 등 4대국이 아닌 다른 나라와 불평등조약을 맺은 것도 이를 뒷받침한다. 가장 먼저 스웨덴과 노르웨이가 1847년(도광 27)에 청 정부와 조약을 맺었다. 1860년(함풍 10) 이후에 이르면, 즉 제2차 아편전쟁 이후 10년 이내에 청 정부는 프로이센, 포르투갈, 네덜란드, 덴마크, 스페인, 벨기에,

---

10) 『동치이무』 제55권, 9쪽.
11) 『동치이무』 제54권, 13쪽.
12) 『동치이무』 제5권, 55쪽.

이탈리아, 오스트리아-헝가리 제국의 불평등조약 체결 요구를 받아들였다. 이들 국가는 모두 영국·러시아·미국·프랑스 4개국과 마찬가지로 혀만 좀 놀려 영사재판권과 일방적인 최혜국 대우, 외교관의 수도 상주 등의 특권을 인정받았다.

그렇다고 해서 청 통치자와 자본주의 외국 침략자들 사이에 갈등이 전혀 없었던 것은 아니다. 청 통치자들은 이 '서양 오랑캐'들이 중국 역사상 왕조를 바꾼 이민족과 같은 역할을 하지 않는다는 안도감은 느꼈지만, 외국의 침략 세력이 중국 내부에 들어옴으로써 더 이상 자신의 통치권을 제대로 행사할 수 없다는 사실을 점점 분명히 알았다.

봉건 통치자들은 이미 체결된 조약의 기초 위에서 중국과 외국이 서로 평안한 '중외상안中外相安'의 현재 상황을 유지할 수 있을 것으로 생각했지만, 그들은 곧 이미 체결된 조약을 자구 그대로 실행한다 하더라도 그들을 만족시킬 수 없다는 사실을 곧 깨닫게 되었다. 이들은 필요에 따라 조약의 규정을 자의적으로 해석했을 뿐만 아니라 무력을 배경으로 조약한 내용 이상의 요구를 끊임없이 제기했다.

봉건 통치자들은 본래 자신들이 중국이라는 이 땅의 합법적이고 지고지상의 전권을 가진 '주인'이라고 여겼기에 이러한 권리를 부인하는 반란을 일으킨 농민들을 잔혹하게 진압했다. 그런데 지금 무력으로 들이닥친 이 서양인들은 봉건 통치자들의 지위를 부정한 것이 아니고 또 심지어 반란을 일으킨 농민들을 탄압하는 데 도움까지 주었지만, 사실 그들은 중국에서의 통치권을 나누려 할 뿐만 아니라 중국의 '주인'의 '주인'이 되려 했다. 이러한 상황은 봉건 통치자들에게는 삼키기 힘든 쓴 약이었고, 실제로 통치에 심각한 장애를 초래했다. 한편으로는 서양인의 의지에 굴복해야 했고, 다른 한편으로는 인민들에게 그들이 여전히 합법적이고 지고지상의 전권을 가진 '주인'임을 인정시켜야 했는데, 이는 분명히 불가능한 일이었다.

아편전쟁 이후 중국에 침입한 각국은 북방의 러시아가 중국과 오랫동안 직접 접촉한 것을 제외하고는 모두 망망대해의 먼 곳에서 왔다고 여겼으나, 지금은 중국 땅에 도사리고 앉아 영원히 떠나려 하지 않는 세력이 되었다. 동남 해역은 이미 외국 침략자들 앞에 열려 있었고, 점차 중국 대륙의 변방 전체가 열강의 포위 속에 갇히는 형세가 되었다.

러시아는 이미 중국 동북부의 광대한 영토를 강점한 후에도 계속 북방에서 중국의 영토를 잠식하고, 중앙아시아의 몇몇 국가와 지역을 점령한 후 중국 북서부의 신장에 바짝 다가섰다. 따라서 중국의 북방은 동쪽에서 서쪽으로 약 1만 킬로미터 넘게 러시아와 국경을 접하게 되었다. 다음으로 영국이 인도부터 카슈미르까지 점령하고 또 미얀마를 그들의 식민지로 만듦으로써 중국의 티베트와 운남 5천여 킬로미터의 국경지대에서 영국과 직접 접촉하게 되었다. 그리고 베트남과 라오스를 식민지로 만든 프랑스도 1천여 킬로미터 국경에서 중국의 운남과 광서까지 바짝 다가왔다.

이와 같이 동남 해안 지역과 장강 유역뿐만 아니라 동북, 서북, 서남의 광대한 내륙 지역이 모두 열강의 표적이 되었다. 침략자들의 선봉은 선교사와 탐험대, 탐사대, 여행가, 상인 등의 명의와 신분으로 중국 전역을 누비고 다녔다. 통상 항구의 '조계' 외에도 곳곳에 세워진 외국 성당은 중국 각지의 주민들이 직접 외국의 침략 세력과 접촉하는 눈에 띄는 표징이 됐다.

외국 침략 세력이 이처럼 전국 각 지역에 깊숙이 침투한 것은 봉건 통치자들에게 심각한 위기로 비치지 않을 수 없었다. 이것은 봉건 통치자들에게 자신들의 통치 권력이 곳곳에서 제한되고 있음을 느끼게 했고, 다른 한편으로는 매우 폐쇄적인 지역 주민들까지도 이 통치자가 외국의 침략 세력 앞에서 매우 약하고 무능하다는 것을 볼 수 있게 했다. 반봉건의 농민봉기는 비록 침체기에 접어들었지만, 인민의 투쟁은 멈추지 않았다. 전국 여러 곳에서 대중적인 침략을 반대하는 투쟁이 일어났다. 그 대부분은 외국 교회를 반대하는 형식으로 나타났다. 청의 통치자들은 침략자들의 뜻에 따라 이러한 군중 투쟁의 불길을 잡으려고 안간힘을 썼지만, 그때마다 불길이 오히려 자기들에게 돌아올 뿐이었으며, 그들이 침략자와 새로운 타협과 양보를 할 때마다 불길은 불에 기름을 붓는 격으로 더욱 거세게 타올랐다.

이러한 이유로 청의 통치자들은 모든 것에 '타협'한다는 기본 방침을 고수하면서도 자신들의 통치가 구제 불능의 위기에 빠지지 않도록 대외적인 양보에 어느 정도 한계를 두려고 했다. 이렇게 설정한 한계는 침략자들의 사기와 협박으로 늘 완화시킬 수밖에 없었고, 청 정부의 이런 어중간한 태도는 또 외국 침략자들의 불만을 불러일으켰다.

 1860년대 영국이 앞장서 추진한 침략국들의 중국에 대한 '협력정책'은 청 왕조가 열강들의 지지를 얻으려면 자본주의적 제국주의가 전 세계를 지배하는 국제관계를 성실하게 받아들이고 식민지와 반식민지가 지켜야 할 규칙을 준수해야 한다는 것을 가르치는 것이었다. 북경에 처음 들어온 각국의 외교 대표들은 이런 '교사'의 위치에 서 있음을 자처했다. 당시 중국 총세무사였던 영국인 하트와 영국공사관 참사관 웨이드는 청 정부를 '가르치기' 위해 두 개의 문서를 작성했는데, 이 문서는 1866년(동치 5)에 총리아문을 거쳐 황제에게 올라갔고, 다시 각 성의 총독과 순무에게 보내 토론하게 했다.

 하트는 「국외방관론局外旁觀論」13)이란 제목의 문건을 작성했다. 이 문건의 핵심 내용 중 하나가 청 정부는 조약을 확실히 준수하고 외국 침략자들이 정한 '규약'에 따라 대외 업무를 처리해야 한다는 것이었다. 그는 "규약을 어기면 군대를 동원하게 되고 나라가 어려워지는 재앙이 있게 될 것"14)이라고 엄포를 놓았다. 또한 그는 청 정부에 외국이 제기할 수 있는 요구는 가능한 한 빨리 먼저 알아서 처리할 것을 '권고'하기도 했다. 그가 먼저 알아서 해야 한다고 제안한 사항에는 "양상합화상회洋商合華商會에서 기선과 기계를 제조하는 등의 여러 가지 일을 허락할 것"이 포함되어 있다. 당시 자본주의 열강들은 외국 자본의 중국 철도 부설, 전보, 광산 개발, 내수면 통항 등을 요구하기 시작했는데, 이러한 요구는 기존 조약에 규정되어 있지 않았다. 하트는 문건 말미에서 "규약대로 행하면 서양 각국은 기뻐하며 돕지 않을 일이 없고 맞지 않을 때가 없을 것"이라고 했다. 즉 이렇게 하는 것이 청

---

13) 『동치이무』 제40권, 13~22쪽.
14) 『동치이무』 제40권, 13~22쪽.

정부에 가장 유리하다는 말이다.

영국 공사 올콕(Rutherford Alcock)은 웨이드가 작성한 「신의략론新議略論」이란 제목의 외교 각서를 총리아문에 제출했다. 이 각서의 내용은 외국의 뜻에 따르지 않으면 외국의 '간섭'을 피할 수 없다고 협박하는 한편 청 정부에게 '조약을 이용하여 자강을 도모하라'고 권고했는데, 사실은 청 정부가 주도적으로 중국을 외세에 완전히 개방하라는 요구였다. 각서에는 다음과 같은 내용이 들어 있었다.

> 예를 들어 각 성에서 철도와 전신선을 개설하고, 각 광산에서 각종 광물을 채굴하며, 수군과 육군을 설립하여 훈련시키자면 중국은 비용이 부족할 것인데, 계약을 맺어 대출을 요청하면 된다. 의학 등의 학교를 설립하여 가르치는 등 이상과 같이 신법新法을 중국이 결심하고 시행하면 각국이 이를 듣고 기뻐하지 않을 수 없을 것이다.[15]

왜 각국이 기뻐하겠는가? 이 각서에서 그 기뻐할 이유를 다음과 같이 설명하고 있다. 중국이 이런 신법을 시행하게 되면 "외국인이 도와줄 것이니", 이렇게 되면 외국인이 투자 기회를 갖는 것 외에 "내지도 이로부터 쉽게 통치할 수 있게 될 뿐만 아니라 외국인도 쉽게 왕래하며 통상하거나 거주할 수 있게 될 것이니 각국도 염려할 일이 없다. 이것이 가장 기뻐할 일이다."

외국 침략자들이 조약에 따라 권리를 가지고 있다고 생각하는 어떤 요구와 조약 이상의 어떤 요구에 대하여 청 정부는 끊임없이 회피하거나 거절할 방법을 찾았을 뿐 주권국가로서 당당히 반박하고 항의하지 못했다. 이뿐만 아니라 외국 침략자들에게 자신의 내부 통치의 어려움을 고려하여 이런 요구들을 포기하거나 낮추어 달라고 간청한 것이다. 1867년(동치 6) 청 정부는 각 성의 총독과 순무에게 관련 문제를 논의하라고 했는데, 총리아문에서 지방의 실력자들에 이르기까지 모두 외국 침략자들이 내놓은 새로운 요구를 거절하는 가장 좋은 이유로 중국

---

15) 『동치이무』 제40권, 23~32쪽.

정부가 이를 받아들이면 인민들의 반발만 불러일으키고 결과적으로 외국인들에게도 불리한 국내 정세를 조성할 것이라고 알려 주는 것이라고 주장했다. 양강 총독 증국번은 "서양인들이 논란을 벌여 중앙에서 마지못해 승낙해도…… 중국의 억만 백성들이 궁지에 몰려 변란을 일으키고 외국인들을 원수로 삼는다면 중국 관리들도 절대로 막아낼 수 없음을 충분히 알려 주어야 한다"16)고 말했다.

청 정부를 지지하는 열강들의 정책에는 해결할 수 없는 모순이 포함되어 있었다. 한편으로는 청 정부를 부패하고 나약한 상태로 유지시킴으로써 외국의 압력에 굴복하고 사건이 발생하면 타협하고 양보할 수밖에 없게 해야 하고, 다른 한편으로는 억만 인민을 진압하기에 충분한 힘을 갖게 하여 외국 침략자에게 유리한 내부적 안정과 질서를 조성해야 하는 것이었다. 그런데 그들은 청 정부를 끊임없이 압박하여 대외적으로 새로운 양보를 끌어냈지만, 이는 또한 억만 백성들에 대한 지배력을 지속적으로 약화시켰다. 청의 관료들이 궁지에 몰려 변란을 일으키는 억만 백성들을 억누를 힘이 없다는 이유로 외국 침략자들에게 동정을 구걸한 것이 이 모순된 상황을 잘 말해 준다.

다음 장에서 우리는 1864~1894년까지 30년 동안에 드러난 일련의 사실들을 살펴봄으로써 청의 봉건 통치자와 외국 침략자들이 서로 결탁하면서도 모순되는 상황을 보게 될 것이다.

---

16) 『동치이무』 제54권, 2쪽.

제2장
봉건 통치자들의 '양무운동'

1. 양무운동의 발생

여섯 살에 즉위한 동치제同治帝 재순載淳은 13년간 재위하였지만, 사실상 생모인 서태후西太后가 권력을 장악하고 있었다. 동치제는 친정을 시작할 무렵 갑자기 사망했는데, 그의 사망은 서태후가 권력을 계속 유지할 수 있는 기회를 제공하였다. 동치제는 아들이 없었다. 서태후는 황족들의 반대를 물리치고 순친왕醇親王 혁현奕譞의 아들 재첨載湉을 후계자로 지명했는데, 이가 바로 광서제光緒帝이며 이때 겨우 네 살이었다. 혁현은 도광제道光帝의 일곱째 아들이자 함풍제咸豐帝의 동생이며, 광서제 재첨의 생모는 서태후의 여동생이었다. 황가의 항렬로 따지자면 광서제는 동치제가 아니라 함풍제의 계승자였다. 서태후가 황위 계승을 이렇게 바꾼 것은 동치제 때의 동·서 양 태후의 수렴청정을 계속하기 위해서였다. 새 황제가 동치제의 자식 항렬이 되면 양 태후는 '태황태후'가 되기 때문에 섭정할 권리를 잃게 된다. 1881년(광서 7)에 동태후東太后인 자안태후慈安太后가 병으로 급사하자 궁정에서 음모와 계략을 일삼던 서태후가 국권을 독차지하는 형국이 더욱 굳어졌다.

서태후의 통치 기간은 모두 47년이다. 즉 동치제 13년(1862~1874)과 광서제

34년(1875~1908)인데, 여기에는 태평천국전쟁 종전부터 청·일 갑오전쟁 사이의 30년(1864~1894)이 포함된다. 서태후는 완고하게 봉건적 통치 질서를 유지한 세력의 대표로서, 이러한 통치 질서를 해치는 어떠한 새로운 것도 가능한 한 단호하게 거부했다. 그러나 그녀는 제국주의의 요구에 대응하기 위해 필요에 따라 자신의 통치 형태와 정책을 바꾸었다. 그녀는 봉건 통치에 저항하는 인민의 힘을 탄압하는 데 도움이 된다면 중국의 모든 권리를 팔아먹는 투항주의적 주장과 정책을 주저하지 않았다.

서태후의 통치 시기는 서양 자본주의 침략 세력과 연합해 반란을 일으킨 농민대중을 진압하는 것으로부터 시작되었는데, '양무洋務'의 열풍도 이런 배경에서 일어났다. 당시 '양무'란 대외관계와 관련된 모든 일, 나아가 서양과 관련된 모든 일을 가리켰다. 따라서 외교 교섭과 조약 체결 등은 물론 유학생 파견, 서양의 과학지식 학습, 서양 총포의 구입, 기계 사용, 광산 개발, 공장 설립, 외국인 군사교관 고용, 서양식 군대 훈련 등이 모두 양무의 취급 범위에 속했다. 무기공장의 설립과 이와 관계된 기타 기업을 설립하고 새로운 형태의 무기를 갖춘 육해군을 창설하는 것이 1860년대부터 90년대까지 양무운동의 주요 내용이었다. 1860년대 양무운동을 주장하고 제창했던 인물로 조정에서는 총리각국사무아문總理各國事務衙門의 대신 혁흔奕訢과 문상文祥 등이 있고, 지방에서는 실권을 쥔 대관료인 증국번曾國藩과 좌종당左宗棠, 이홍장李鴻章 등이 있었다. 이들 중에서도 이홍장이 양무운동을 가장 많이, 그리고 가장 오랫동안 담당한 가장 중요하고 대표적인 인물이다. 이러한 양무 활동에 종사한 봉건 관료들을 양무파라고 할 수 있다.

중국 근대사에서 양무에 가장 먼저 주의를 기울인 사람은 임칙서林則徐라고 할 수 있다. 그때는 양무가 아니라 '이무夷務'라고 했다. 임칙서는 서양인으로부터 대포와 군함을 만드는 방법을 배우자고 주장했는데, 이 점에서 양무파는 임칙서의 후계자이다. 그러나 양무파는 외국 침략자의 압력에 굴복한 반면 임칙서는 외국 침략자에 대해 단호히 저항했다는 점에서 달랐다. 임칙서의 친구 위원魏源이 말한 "오랑캐의 장기를 배워서 오랑캐를 제압하자"(師夷長技以制夷)가 바로 임칙서의 주장이다. 그러나 이것은 부패한 봉건 지배계급이 할 수 없는 일이었기에 임칙서는 배척을 받을 수밖에 없었다. 양무파 관료들은 서양의 '군함은 견고하고 대포는 예리함'을 인정해 반드시 서양인에게 배워야 하며, 국내의 봉건적 통치 질서를 지키기 위해서는 서양인의 도움을 받아 인민들의 혁명투쟁을 진압해야 하므로 외국의 침략 세력을 받아들일 수밖에 없다고 보았다. 봉건 관료 집단에서도 이런 주장을 의심하고 반대하는 사람이 있었지만, 양무파들은 집권파 중에서도 유력한 세력이었기 때문에 임칙서의 운명과 판이하게 달랐다. 양무파는 봉건 지주계급이 날이 갈수록 제국주의가 중국을 통치하는 데 중요한 지지 세력이 되어 가는 역사적 조건 아래에서 생겨났다.

1861년 1월(함풍 10년 12월) 북경조약이 체결되자 공친왕恭親王 혁흔奕訢과 대학사 계량桂良, 호부戶部 좌시랑左侍郎 문상文祥은 총리각국사무아문을 창설할 것을 상주했다. 이 기구의 지위는 군기처軍機處에 해당하며, 이吏·호戶·예禮·병兵·형刑·공工의 6부 위에서 양무를 전담하는 내각이었다. 혁흔 등이 올린 상주문에서는 그것이 마치 임시적 기구인 것처럼 설명했다. 곧 "군무가 정리되고 외국 사무가 비교적 간단해지면 즉각 다시 결정해 폐지하고 그 업무를 이전 제도와 같이 군기처에 귀속시킨다"고 했다. 그러나 이 기구는 '즉각 다시 결정해 폐지'되지 않고 40년 동안 존속했다. 이로부터 양무를 총괄하는 총리아문은 설치될 때부터 '군무'를 처리하기 위해서라고 말했으니, 이는 곧 외국 세력과 연합해 태평천국과 여타 농민봉기를 진압하기 위해 설립된 기구라는 사실을 알 수 있다.

제2차 아편전쟁 이후 통상항이 증가함에 따라 또 남양南洋과 북양北洋 통상대신을 두었다. 영구營口와 천진天津, 연대煙臺 3개 항은 북양대신이 관할하고, 장강의 여러 항구를 포함하여 산동 이남의 여러 항은 남양대신이 관할했다. 남양대신과 북양대신은 통상 업무뿐만 아니라 현지의 기타 각종 대외업무 처리의 권한을 가졌으며, 광서 초년부터는 남양과 북양의 해상 방어 업무도 담당했다. 남양대신은 줄곧 양강 총독이 겸임해 왔다. 중국번은 양강 총독을 지냈는데, 그가 1872년에 죽자 양무 관료 심보정沈葆楨과 중국전曾國荃, 유곤일劉坤一이 차례로 양강 총독에 임명되었다. 심보정과 유곤일은 상군湘軍 계열의 중요한 인물이다. 이홍장은 오랫동안 직예直隸 총독 겸 북양대신北洋大臣을 지냈다. 상해와 천진은 상군과 회군淮軍 계열이 양무를 담당하면서 외국 침략자들과 협력하는 기지가 되었다.

양무파 관료들은 '자강自强'을 내세우며 외국에서 총과 포 및 군함을 사들이고, 직접 병기공장을 설립하고 운영한 것도 다 '자강'을 위한 것이라고 했다. 1874년(동치 13) 총리아문이 황제에게 올린 상주문에서 1860년(함풍 10) 영·프 연합군과 전쟁한 이후로 "사람마다 자강해야 한다는 생각을 갖게 되고 사람마다 자강을 말했지만, 지금까지도 자강의 열매는 없고 시간이 흘러감에 따라 지난 일을 잊고 있다"면서 여섯 가지 '긴급한 시책'(時務)을 제시하고, 이 여섯 가지 시책을 온 힘을 다해 실행하면 "자강은 열매를 맺어 외국의 모욕을 없앨 수 있을 것"이라고 말했다. 여기에서 말한 여섯 가지 '긴급한 시책'의 주요 내용은 이전부터 주장해 오던 해군 창설, 조선소 설립, 최신식 무기 구입 등에 지나지 않았다. 이러한 조치를 취하는 것은 봉건 통치 세력의 입장에서 보면 분명히 일종의 개혁이었겠지만, 이러한 표피적인 개혁만으로는 부패한 봉건세력이 외국 침략자들 앞에서 강해질 수는 없었다.

봉건 관료들의 양무운동은 끝내 자강을 달성할 수 없었고, 대외 업무에서 그들은 타협과 투항의 방침만 실행할 수밖에 없었다. 동치 연간에 내부의 인민봉기가 모두 진압되었기 때문에 이를 두고 봉건 통치자들은 '동치중흥同治中興'이라고 자화자찬했다. 그러나 '자강'과 '중흥'이란 말은 모두 자기기만에 불과했다.

양무파 관료들의 외교와 정치 방면의 활동에 대해서는 다음 몇 장에서 논의하기로 하고, 아래에서는 주로 경제 방면의 양무운동 성과를 살펴보기로 한다.

2. 관영 군수산업

양무파 관료들의 주도로 중국에 몇몇 관영기업들이 생겨나기 시작했다. 이들

기업은 신식 기계를 사용하고 많은 노동자를 고용해 서양의 공장제 방식으로 생산했기 때문에 기존의 수공업적 관영공장과는 다른 자본주의적 성격을 띤 기업이었다. 당시 관영기업들 대부분은 군수산업이었고, 그 생산품은 국가와 군대에 공급되었을 뿐 시장에서 판매되지 않았다. 이 기업들은 봉건 관료들이 통제했을 뿐만 아니라 제국주의의 외국 자본에 크게 의존했다.

먼저 봉건 관료들이 경영한 군수산업을 살펴보기로 한다. 태평천국전쟁이 아직 끝나지 않았을 때인 1862년(동치 원년)부터 1863년 사이에 양강 총독 중국번은 안경安慶에 병기공장인 군계소軍械所(작은 기선 1척을 만들었다.)를 설립했고, 강소 순무 이홍장은 소주와 상해에 대포공장인 양포국洋砲局을 설립했는데 그 규모가 매우 작았다. 어느 정도 규모를 갖춘 관영 병기공장은 1865년(동치 4) 상해에 설립된 강남제조국江南製造局으로 중국번의 지원을 받아 이홍장이 주도했는데, 총포 생산 외에도 1885년 이전에 군용 선박까지 만든 적이 있다. 1865년 이홍장은 남경南京에도 금릉제조국金陵製造局을 설립하였으며, 이전 설립한 소주의 양포국을 이곳으로 옮겨와 그 규모를 더 확대해 갔다. 북방에서는 1867년(동치 6)에 북양 3구의 통상대신 숭후崇厚가 천진기기국天津機器局을 설립했다. 1870년(동치 9) 이홍장이 직예 총독으로 부임하자 천진기기국도 그가 운영을 맡았다. 천진기기국은 강남제조국이 생산한 총포에 사용될 화약과 총탄을 생산했다. 민절閩浙 총독 좌종당은 1866년 복주福州에 마미조선국馬尾造船局(일명 福州船政局)을 설립했는데, 당시로서는 규모가 꽤 컸고 오랜 기간 운영되었으며 주로 군용 선박을 제작했다.

1870년대부터 80년대에 걸쳐 섬서, 감숙, 광동, 복건, 산동, 호남, 사천, 길림, 산서, 절강, 대만, 운남, 호북 등의 성에서 전국적으로 '기기국機器局'이나 '제조국製造局' 등의 이름이 붙은 병기공장이 잇달아 설립되었는데, 이들은 모두 각 성의 독무督撫들이 관의 자금을 동원해 설립한 것이다. 그러나 일반적으로 그 규모가 매우 작았으며, 일부는 얼마 가지 못해 문을 닫았다. 그중 일부, 이를테면 광주기기국廣州機器局(1874년 설립)과 호북총포창湖北槍炮廠(1890년 설립)은 비교적 큰 규모의 공장으로 성장했다.

여기에서는 주로 강남제조국과 마미조선국 등 몇몇 대형 공장의 상황을 중심으로 관영 군수산업의 특징을 설명하고자 한다.

먼저 관영 군수기업의 생산품은 일반 상품이 아니었기 때문에 원가를 계산하지 않았다. 군수기업은 손익을 상관하지 않았기 때문에 이윤에서 전환된 자금 축적도 없었다. 그것의 확장과 정체는 정부에서 얼마나 자금을 투입하느냐에 달렸을 뿐 시장의 수요와 기업 경영의 좋고 나쁨과는 무관했다. 이들 군수기업의 경비는 일반적으로 군벌 관료들이 장악하고 있는 군사비의 일부에서 충당하거나 현지의 관세 수입 또는 내국 관세에서 일부를 전용해 충당하였다. 이홍장이 운영한 강남제조국의 경우가 특히 그러했다. 그는 부정사건으로 파면당한 세관 통역관 당국화(唐國華)와 같은 사건에 연루되어 처벌받은 두 명의 세관 검사원으로부터 은화 4만 냥을 '속죄금'으로 내놓게 한 뒤, 그 돈으로 상해 홍구(虹口) 소재의 미국인이 경영하던 작은 기계공장을 사들여 이를 기초로 강남제조국을 설립했다.[1] 이들 관영 군수기업은 생산을 유지하기 위해 매년 많은 경비를 지출해야 했다. 강남제조국, 천진기기국, 복주선정국은 모두 현지 세관 수입에서 매년 얼마를 떼어 내 일상 운영경비로 사용했다.

둘째, 관영 군수기업은 기술과 생산설비 방면에서 외국에 크게 의존했다. 군수기업을 만든 군벌 관료들은 외국인에 의존해 그들을 고문으로 채용하고, 그들을 위해 외국에서 기계와 원료를 구입하며, 서양 기술자들을 고용했다. 이홍장이 소주와 남경에서 군수기업을 운영할 때 주로 의존한 인물은 영국인 매카트니(Halliday Macartney)였다. 이 인물은 제2차 아편전쟁 때 영국군의 군의관이었다. 강남제조국은 설립 당시 2명의 미국인들에게 의존했다. 기업을 설립한 지 30여 년이 지난 때에도 전체 공정 관리와 대포의 제조는 2명의 영국인이 책임지고 담당했다. 숭후는 천진제조국을 설립할 때 영국 상인 메도스(J. A. T. Meadows)에게 모든 권리를 위임하여 처리하도록 했다. 좌종당이 복주선정국을 설립할 때는 태평천국전쟁에서 친교를 맺었던 프랑스인 지켈(ProsperMarie Giquel)과 에그벨(Paul Alexandre Neveue d'Aigwebelle)을

---

1) 『이문충공주고』 제9권, 32쪽 참조.

정·부 감독에 임명했다.[2] 이들 외국인은 고문, 감독, 기술로서 높은 임금을 받았지만, 사실 대부분이 이 방면의 전문가도 아니었고 기술이 뛰어난 사람도 아니었다.

셋째, 이들 관영기업은 선박과 총포, 무기 등을 생산했지만 기계는 모두 외국에서 사들였을 뿐만 아니라 원료에서 제품에 이르기까지 많은 부분을 외국에서 사 왔다. 예를 들어, 강남제조국이 1884년에 외국 물건을 구입한 총액이 은화 총 45만 2천여 냥으로 전체 지출의 65%를 차지했다.[3] 마미선정국이 만든 군함에 사용된 강판, 엔진, 전등, 전선, 목재와 장착한 함포는 모두 프랑스와 영국, 독일에서 구입했다. 그래서 이홍장은 복건과 상해의 공장에서 "사용하는 재료와 기술자를 대부분 외국에서 도입했기 때문에 중국에서 배를 만드는 비용이 외국에서 배를 구입하는 것보다 두 배나 더 비싸다"[4]고 말했다.

이런 상황은 결코 이상하지가 않다. 광업과 금속 제련업, 철강 공업, 일반 기계제조 공업의 기초가 없는 상황에서 이들이 필요로 하는 군수산업을 운영하려면 당연히 모든 것을 외국에서 사들이는 수밖에 없었다. 따라서 이런 군수산업이 독립적인 민족산업이 될 수 없었던 것은 당연한 일이다.

넷째, 이런 봉건적이고 매판적인 관영 군수산업은 예외 없이 모두 봉건 관료제도의 관습대로 운영되었다. 즉 관리 기구가 방대하고 겉치레에 신경을 쓰며 실효를 따지지 않았고, 높은 연봉만 받는 관료들이 있는가 하면, 소개장을 들고 와 이름만 올려놓고 급료를 받는 인원들이 많았다. 그리고 각종 외국 물품을 사들이는 과정에서 허위 보고와 횡령은 놀라울 정도였다. 그래서 광서 초년에 "가격을 4~5배씩 부풀리고", "기기국에서 1년만 일해도 평생을 누릴 수 있다"는 말이 나돌았다.

1860년대 관영 군수산업을 크게 일으킨 원래 목적은 대내적으로 인민을 탄압하기 위한 것이었다. 이 군벌 관료들은 자체 제작한 총포와 기선이 있으면 외부의 침략을 막을 수 있다고 말했지만 사실 빈말에 지나지 않았다. 1879년(광서 5) 양무운동

---

2) 『좌문양공문집·주고』 제20권, 64쪽.
3) 『양무운동자료』 제4책, 59쪽.
4) 『이문충공주고』 제24권, 17쪽.

으로 유명한 관료 정일창丁日昌은 "강남제조국과 복건선정국이 만든 기선으로는 내부의 도적을 평정할 수는 있어도 외부의 모욕은 막을 수 없다"5)고 인정했다. 장지동張之洞은 1903년(광서 29) 공장이 설립된 지가 근 40년이 된 강남제조국에 대해 언급하며 "근래에 들어와서도 기계 설비를 추가하고 점진적으로 정리했는데도 1일 생산량이 총 7정밖에 되지 않으니 1년에 총 2천여 정밖에 생산하지 못한다"6)고 말했다. 청일전쟁이 끝난 해인 1895년(광서 21)에 황제가 내린 조서는 호부가 상주한 내용을 근거로 하여 "중국에 기계 등을 제조하는 국局이 8, 9개도 더 되고, 해마다 투입하는 자금이 적지 않은데, 군대를 한번 동원하려면 여전히 외국으로부터 무기를 조달해 와야 한다"7)고 말했다. 1860년대 이후 30년 동안 관료자본이 일으킨 군수산업의 결과가 바로 이러했다.

3. 관독 민영기업

양무파 관료들이 군수공업을 경영하면서 여러 가지 어려움을 겪게 되자, 그들은 "강함은 부유함으로부터 나온다"는 구호를 내걸고 군수공업 이외의 여러 기업을 경영하기 시작했다. 강해지기 위해서는 먼저 부유해져야 한다고 생각한 것이다. 1870년대 초부터 90년대 초까지 이러한 기업이 20개 이상 운영되었는데, 이 가운데 비교적 중요한 것은 다음과 같다.

1872년(동치 11) 이홍장이 주도하여 윤선운수업을 경영할 초상국招商局을 창설했다. 그리고 1877년(광서 3) 이홍장은 또 개평광무국開平礦務局을 설립했다. 이는 중국 최초의 기계식 채굴 탄광이다. 1870년대와 1880년대에는 산동의 봉현峰縣, 대만의 기륭基隆, 강소의 동산銅山 등의 지역에 기계식 탄광 채굴을 위한 관청이 설립되었다.

---

5) 『양무운동자료』 제2책, 393쪽.
6) 『張文襄公全集』 제60권, 5쪽.
7) 朱彭壽, 「安樂康平室隨筆」, 『양무운동자료』 제4책, 178쪽.

1880년대에는 열하, 흑룡강, 산동, 귀주, 운남 지역에서 구리, 금, 납, 철 및 기타 금속을 채굴하는 기업이 설립되었으며, 일부는 제련 설비도 갖추었다. 1890년대 초 호광湖廣 총독 장지동이 호북에 설립한 대야철광大冶鐵礦과 한양철창漢陽鐵廠이 유명했다.

방직공업 분야는 1880년(광서 6) 섬감陝甘 총독 좌종당이 난주蘭州에 난주기계직니창蘭州機器織呢廠을 설립했고, 1890년 이홍장은 상해기기직포국上海機器織布局을 설립해 생산에 들어갔으며, 1893년과 1894년 장지동은 호북에 직포국織布局과 방사국紡絲局, 제마국製麻局, 소사국繅絲局의 4개 공장을 잇달아 설립했다. 위에서 언급한 기업 중 난주의 직니창은 관영자본으로 운영되어 제품을 군대에만 공급하고 시장에서 판매하지 않았다. 따라서 이 기업의 성격은 관영 군수기업과 같았는데, 조업한 지 2년 만에 생산을 중단했다.

초상국과 몇몇 기업의 성격은 관영기업과 좀 다른 점이 있었다. 초상국은 민간을 상대로 해운업을 운영했다. 광업과 제련업, 방직업의 생산품은 전부 혹은 일부가 시장에서 상품으로 팔렸다. 이런 기업들 가운데 소수는 관청에서 전액을 출자했지만, 대부분은 관청의 자금 외에 민간 자금도 받아들여 주식을 사게 했다. 1870년대와 1880년대에는 '관독상판官督商辦'이라 불리는 경영방식이 크게 유행했다. 생산품은 시장에서 상품으로 팔렸으며, 민간 자본도 투입되어 미리 배당을 약속했기 때문에 손익계산을 해야 했고 수익을 도모해야 했다. 이런 기업들은 자본주의적 성격을 비교적 많이 가지고 있었다. 손익을 따지지 않고 대외 의존도가 높은 사상누각과 같은 관영 군수기업에서 이윤을 추구하는 기업으로 방향이 전환되었음은 일종의 진보적인 추세라고 할 수 있다.

1890년대 초 이전의 20~30년 동안은 제국주의 세력이 중국 깊숙이 침투했지만 중국에 공장을 자유롭게 세울 권리는 아직 확보하지 못했다. 청 당국의 재력은 이미 고갈되었지만 일부 자금을 조달하여 신식 기업을 설립할 수 있었다. 많은 퇴직 관료들과 지주, 봉건 상인과 매판 상인은 상당한 재력을 가지고 있었는데, 그들은 봉건 경제가 몰락하는 상황에서 외국 자본주의의 침략에 자극을 받아 그들의 발전 선례를 따라 신식 기업에 투자할 의향을 가지고 있었다. 양무파 관료들이 민간 자본을 끌어들여 이윤을 추구하는 기업을 설립하자는 '관독상판'의 주장을 내놓자 화폐자본의 출로를 모색하고 있던 이들로부터 환영을 받았다. 당시 중국 자체의 기술력은 아직 매우 낮았지만, 어느 정도의 과학지식과 기술을 가진 지식인들이 좀 있었고 소수의 기술 노동자도 있었다. 따라서 이때가 중국 자본주의의 발생과 발전에 비교적 유리한 시기였다고 할 수 있다.

관독 상판기업은 민간 자본을 받아들였지만 경영은 전적으로 관청에서 맡았다. 이들 기업은 관영 군수기업과 마찬가지로 봉건 관료적 경영방식에 젖어 있었다. 자본을 투자한 이들은 기업 경영에 대해 전혀 발언권이 없었으며, 일체의 경영권은 정부가 지명한 총판總辦과 부판副辦 등이 장악했다. 기업을 설립할 때 투자한 관청의 자금은 연차적으로 회수한다고 규정되어 있었으며, 이윤이 발생했을 때 주주는 연말 배당금을 조금 받을 수 있었지만 그런 경우가 드물었고 일단 손실을 보면 모두 주주들에게 돌아갔다. 이 때문에 관독상판의 평판은 갈수록 나빠졌다. 그래서 관청과 민간이 함께 출자하고 적자와 흑자를 함께 나누는 '관상합판官商合辦'의 방식이 나오게 되었는데, 이것도 실제로는 경영권이 전적으로 관청에 속했다.

관영과 관독상판의 민수용 기업은 아직 규모가 크지 않았지만 관청의 세력을 업고 독점의 지위를 누렸다. 상해직포국을 설립할 때 이홍장은 조정에 인가를 요청하면서 "10년 이내에 중국 상인에게만 자본 참여와 경영 참여를 허락하고 동종의 기업은 설립하지 못하도록 해 줄"[8] 것을 간청했다. 상해직포국은 준공되어 생산에 들어간 지 3년 만에 화재가 발생해 모두 불에 탔다. 이에 이홍장은 화성방직총창華盛紡織總廠을 다시 설립하면서 상해와 영파寧波, 진강鎭江 등에 있던 기존의 관영과 민영 방직공장뿐만 아니라 장지동이 호북에 설립한 공장까지 모두 이 총창 아래에 합병하여 방적기 40만 추와 방직기 5천 대를 갖춘 공장을 만들 계획을 세우고서, 상주문에서 "관영과 민영을 막론하고 현재의 방적기 40만 추와 방직기 5천 대

---

[8] 『이문충공주고』 제43권, 44쪽.

이외에는 향후 10년 동안 더 추가하지 못하도록" 하여 사장死藏되는 것을 피할 수 있게 했다.

이와 같은 독점 정책은 순수한 민영기업을 대상으로 한 것이 분명하다. 봉건 관료는 외국자본에 대해서는 어떻게 하지 못하면서 민족자본의 자유로운 발전은 한사코 막으려 했다. 청 정부는 방직기계의 수입을 엄격히 금지해 관청 이외에는 외국으로부터 방직기계를 구매할 수 없도록 했다. 순수한 민영 상공업은 가혹한 관세를 피할 수 없었을 뿐만 아니라 여러 관청의 제도적 제약을 피하기 어려웠다. 따라서 상인들이 경영하는 소규모의 기계식 공업이 생겨나기는 했지만 발전하기가 어려웠다.

봉건 관료들이 이전 봉건사회에는 없었던 근대적 기계식 공업을 일으키게 됨에 따라 사회경제적 변화가 촉진되지 않을 수 없었다. 그들의 본래 의도는 이를 통해 봉건주의 통치체제를 유지, 강화해 대내적으로 억압을 강화할 뿐만 아니라 대외적으로 외세의 침략에 물러설 수밖에 없었던 처지를 극복해 보려고 했던 것이다. 하지만 그들이 세운 기업들은 대부분 실패했다. 그들의 실패는 당시 새로운 생산력이 봉건주의의 외피 속에서 발전할 수 없고, 봉건주의의 생산관계 및 그 상부구조와 양립할 수 없다는 것을 증명해 주었다. 양무파 관료들의 통제는 중국 자본주의의 자유로운 발전에 심각한 방해 작용을 했다. 그러나 근대적 기계식 공업이 이미 도입된 이상 봉건적 중국사회를 그대로 유지하는 것은 불가능해졌다. 양무파 관료들의 원래 의도와는 달리, 그들이 일으킨 기업은 중국 자본주의의 발전을 자극하고 촉진하는 작용을 했다.

아래에서는 양무파 관료들이 설립한 몇몇 기업의 상황을 간략히 살펴보기로 한다. 비록 성공적으로 경영된 기업은 아니었지만, 봉건 관료들의 부패한 통치 방식으로는 근대적 기업을 잘 운영할 수 없다는 사례를 잘 볼 수 있을 것이다.

1) 윤선초상국

초상국이 설립 후 발전하기가 매우 어려웠던 것은 영국 기업인 태고공사太古公司·이화공사怡和公司와 경쟁해야 했던 것 외에도 자체의 부패가 중요한 원인이었다. 1880년(광서 6)에 다음과 같이 말한 사람이 있었다.

초상국 설립 무렵의 상황을 살펴보면, 도원道員 주기앙朱其昻(이홍장이 임용한 사람) 등은 정부의 돈을 받고 상인들의 주식을 모아 이돈伊敦이라는 이름의 첫 선박을 구입했는데 배는 컸지만 낡았으며, 복성福星이라는 이름의 두 번째 선박은 선실이 너무 작았는데, 두 선박은 얼마 가지 않아 침몰했다. 남은 선박 중에도 운행하기에 적합한 것이 적었고, 해마다 선박을 사들이면 그 가격이 외국 회사에서 새로 만든 최고 품질의 선박보다도 더 비쌌다. 고용한 선원이 넘쳐나고 소모되는 비용은 엄청나 듣기에도 끔찍할 정도였다. 그 후 사업은 깨끗이 망하고 말았다.9)

이홍장은 성선회盛宣懷와 당정추唐廷樞, 서윤徐潤 등으로 책임자를 교체하며 초상국을 운영하게 했다. 성선회는 오랫동안 이홍장 밑에서 일한 심복이며, 이후 청말의 유명한 매판 관료 중 한 사람이 되었다. 당정추와 서윤도 매판이었다. 이 두 사람은 모두 돈으로 도원이라는 관직을 샀고, 성선회의 소개로 이홍장에게 중용되었다. 그들은 계속 관청의 자금을 받고 민간으로부터도 자본을 모집해 1877년 미국계인 기창양행旗昌洋行 소유의 기선과 부두 및 창고를 모두 인수했다. 이 거래에는 차마 말 못할 흑막이 있었다. 그들은 기창양행의 기선과 기타 설비가 이미 낡아 영국인의 기선회사와 경쟁할 수가 없자 모두 팔기로 결정했다. 성선회 등은 먼저 기창양행의 주가가 하락할 때 초상국의 돈을 이용해 자기 명의로 상당히 많은 양의 기창양행 주식을 산 후 다시 초상국이 기창양행의 낡은 선박과 설비를

---

9) 「國子監祭主王先謙奏」, 『양무운동자료』 제6책, 38쪽.

고가로 사들이게 했으며, 이 과정에서 거액의 중개료까지 챙겼다. 이 같은 흑막이 적발됐지만, 이홍장의 보호막 아래(이홍장 본인도 이득을 봤음을 짐작할 수 있다.) 이들의 입지는 흔들리지 않았다. 초상국은 미국의 선박을 사들여 그 수는 많아졌지만, 경영 부진으로 매월 5, 6만 원의 적자를 냈다.

1884년(광서 10) 청불전쟁이 일어나자 성선회는 초상국 사업 전체를 기창양행에 팔았다가 2년 뒤에 다시 사들였으며, 영국계 HSBC은행에서 회사를 담보해 30만 파운드를 빌렸다. 1894년(광서 20) 청일전쟁과 그 후 1900년(광서 26) 의화단운동이 일어나기까지 성선회는 또 여러 차례 초상국을 외국 회사에 팔았다가 사들이는 짓을 되풀이했다.

2) 상해기기직포국

이홍장은 1878년(광서 4)에 사람을 파견해 상해기기직포국 설립 준비를 시작했다. 민간 자본을 모으고, 영국 회사로부터 기계를 구매하고, 미국 기술자도 고용하고, 공장부지까지 다 마련했지만 담당자를 수시로 바꾸는 바람에 경비만 들어가고 10년이 지나도록 아무런 진전이 없었다. 1888년에 담당자를 바꾼 뒤 다시 설립했다. 이미 교부한 주식은 100냥을 70냥으로 절하하고, 추가로 30냥을 더 내는 주주들에게만 100냥에 해당하는 새 주식을 발급했다.

1890년 화재를 당한 후 성선회는 이홍장의 지시에 따라 옛 공장을 처분하고 새 공장을 지었다. 그는 옛 공장의 남은 자산을 소유주에게 보유 주식의 수에 따라 새 주식으로 나누어 주었는데, 원래 납입 금액의 20%밖에 계상해 주지 않았다. 옛 공장에 대한 관청의 투자금은 새 공장에서 생산된 "면사 1포당 은화 1냥씩 출연하여 지속적으로 상환해 주기로 했다." 결국 관청에서는 조금도 손해를 보지 않았고, 자본을 투자한 상인들만 "10년 동안 전혀 이윤을 얻지 못했을" 뿐만 아니라 그들이 투자한 은화 130냥은 20냥짜리 종이 주식이 되고 말았다.

3) 한양철창

양광 총독 장지동은 1889년(광서 15)에 제철제강 공장의 설립 계획을 수립하고 영국 주재 공사 유서분劉瑞芬에게 기계와 설비의 구입을 의뢰했다. 장지동이 호광 총독으로 자리를 옮기는 바람에 이 계획한 공장도 그를 따라 호북으로 넘어갔고 공장 부지는 한양漢陽으로 결정되었다. 이해 11월에 공장을 짓기 시작한 뒤 3년여의 시간이 걸려 완공하였다. 전체 공장은 크고 작은 10개의 세부 공장과 2기의 제철 고로, 2기의 산성酸性 전로轉爐, 1기의 평로平爐, 그리고 철로 압연 장비가 포함되었다. 1894년 5월에 고로에서 첫 쇳물이 나왔다. 장지동의 말에 따르면, 이 공장의 생산 능력을 총가동할 때 매년 3만 톤의 철강과 연철을 생산할 수 있었다. 하지만 실제로 이만큼 생산량을 달성한 적이 없었다.

제철공업에 대한 경험이 전혀 없고 지식도 부족한 상황에서 장지동은 제철공장을 운영하면서 적지 않은 시행착오를 겪었다. 그는 아직 어디에 탄광이 있고, 어디에 철광이 있는지도 모르면서 경솔하게 광동에 제철소를 세우기로 결정했다. 다행히 호북으로 자리를 옮겨 한양에 공장을 두고 멀지 않은 대야大冶에서 철광을 찾았기에 광주보다 조건이 훨씬 좋았다. 영국에 용광로 구입을 주문하니 그쪽에서 철광석의 성분 검사를 먼저 한 후에 그에 맞는 용광로를 선정해야 한다고 알려 주었다. 그러자 그는 "중국이 큰 나라이므로 어디에서든 좋은 석탄과 철광석이 없겠는가? 그러니까 영국 사람이 가지고 있는 용광로를 사 오기만 하면 된다"[10]고 말했다. 영국에서 구입한 2기의 산성 전로는 인磷의 함량이 많은 대야철광에서 채굴된 철광석이 맞지 않아서 이곳에서 생산된 철도 레일의 품질에 문제가 발생했다. 한양철창이 공장 가동을 앞두고 철광석은 확보되었으나 코크스를 조달할 방법이 없어서 이곳저곳을 찾아다녔다. 나중에 호북성에서 사용 가능한 탄광 두 곳을 찾았지만, 매장량이 적고 채굴 설비도 없었다. 석탄 공급이 부족하여 생산이 늘 정체에 빠졌으며, 먼

---

10) 吳傑, 『중국근대국민경제사』(인민출판사, 1958년판), 375쪽에서 인용함.

북방의 개평開平 탄광이나 수입산 코크스를 비싼 값에 사들일 수밖에 없었다. 이것이 주된 원인은 아니지만 한양철창이 실패한 원인 중의 하나이다.

당시 이런 방식으로 공장을 설립한 기백과 투지는 인정해 줄 만하다. 이 공장은 분명히 당시 동양에서는 가장 큰 제철소였다. 일본 야하타(八幡)제철소는 한양철창보다 7년 늦은 1901년에야 가동을 시작했다. 봉건주의적 통치 때문에 이 장거는 곧장 실패로 돌아갔다. 장지동은 처음에 일단 관청의 자금으로 공장을 세운 다음 민간 자본을 끌어들여 관청에서 투자한 자금을 회수하고 관독민영의 방식으로 경영한다는 생각을 가지고 있었다. 하지만 그의 구상은 통하지 않아 계속적으로 관의 자금을 사용할 수밖에 없었다. 그는 조정에서 순친왕醇親王 혁현奕譞의 지지를 받고 있었기 때문에 은화 총 560여만 냥의 관청 자금을 끌어올 수 있었다.

그러나 생산과 판매가 장지동이 예상했던 것만큼 좋지는 않았다. 거금을 들여 외국인 기술자를 채용했지만 제품의 품질은 그리 높지 않았다. 앞에서 말한 코크스 공급의 어려움과 여타 이유들로 인해 생산량도 예상과 같지 않았다. 생산된 레일은 당시 청 정부가 노한盧漢(蘆溝橋에서 漢口까지)선 철로 공사에 공급할 예정이었으나 이 공사는 착공도 되지 않았고, 또 이홍장은 철로 공사를 책임진 서양 기술자들이 중국 공장에서 생산한 레일을 사용하려고 하지 않는다고 말했다.[11] 판로를 찾지 못하자 장지동은 상해의 양행洋行들에게 시험적으로 구매해 줄 것을 요청했지만 거절당했다.

한양철창이 생산을 시작한 지 2년 만에 장지동은 공장을 계속 운영해 나갈 수 없다고 판단했다. 결국 1896년(광서 22)에 그는 한양철창을 대야철광과 함께 매판 성선회에게 넘겼다. 성선회는 명목상 100만 냥의 민간 자본을 모았으나 사실상 초상국과 전보국電報局(성선회는 이 두 국의 총판이었다.)의 자금을 전용하고 또 외국 은행에서 돈을 빌려 이 기업을 인수했다. 이때부터 한양철창은 거의 성선회의 사유재산이 되었다.[12] 그는 관료기구처럼 한양철창을 경영했는데, 그 부패는 초상

---

11) 「覆鄂督張香師」, 『이문충공전집전고』 제40권, 24쪽 참조.

국과 마찬가지였다. 성선회와 그의 친족들은 모두 부자가 되었지만, 이 기업은 일본과 독일, 벨기에 등의 자본이 침투하여 그들의 쟁탈 대상이 되었다.

4. 후당창과 철갑선

태평천국전쟁 말기에 이홍장은 이미 일종의 무기지상론이라고 할 수 있는 주장을 제기했다. 만주족 귀족인 혁흔과 문상 등을 비롯한 총리아문은 이 주장을 적극적으로 지지했다. 이들은 이홍장의 주장에 대해 "치국의 도는 자강을 중시하는 데 있는데, 시세를 살펴보면 자강은 군대 훈련이 중요하며, 군대 훈련은 무기를 제작하는 것이 우선이다"13)라는 몇 마디의 말로 평가했다. 이 봉건 관료들은 자신들이 침략자에게 굴복할 수밖에 없었던 것은 무기가 상대방보다 못했기 때문이며, 태평천국과 여타 인민들의 봉기를 진압할 수 있었던 것은 외국인들로부터 서양의 총포를 사들였기 때문이라고 생각했다. 양무 관료들은 외국인들이 중국 통치자들에게 총과 대포를 팔아 주고 사용법을 가르쳐 주며 제조 비법까지 전수해 주는 것을 다행이라고 여겼다. 그들은 이런 기술을 배우면 적어도 외국인과 대등한 위치에 서게 될 것이라고 생각했다.

그러나 사실 청 정부는 서구 열강의 군사적 협박에 계속 굴복했을 뿐만 아니라 1870년대 초 동방의 이웃에서 새로이 등장한 침략 국가의 위협 앞에서도 겁을 먹었다. 일본은 1868년 메이지유신(明治維新)을 단행한 뒤 급속히 자본주의의 길을 걸었고, 서구 열강의 지지 아래 중국에 대한 침략의 야심을 드러냈다. 1874년(동치 13) 초 일본은 일부 미국 장교들의 도움을 받아 3천 명의 군사로 대만 남부의

---

12) 한양철창과 대야철광은 후에 강서의 萍鄕탄광과 합쳐져 漢冶萍公司가 되었다. 평향탄광은 오랫동안 민간 전통방식으로 채굴해 오던 것인데 1898년(광서 24)에 성선회가 이를 매입한 후 기계식 채굴을 시작했다.
13) 『동치이무』 제25권, 1쪽.

낭교琅嶠(지금의 恒春반도)에 기습 상륙했다. 이 습격으로 청은 중앙에서부터 연해 각 성에 이르기까지 모두 당황했고 공포에 떨었다. 그들은 전쟁이 일어날까 두려워 무력 저항은 엄두도 못 내고 일본 편을 드는 영국과 미국, 프랑스 등의 '조정안'을 받아들여 50만 냥의 '배상'을 주는 대가로 일본군을 철수시켰다. 청 통치자들이 바로 이해에 6개조의 '긴급한 시책'을 내세우면서 일정한 기간 안에 "자강을 결실 있게 실현하여 외국으로부터의 모욕에서 벗어난다"는 목표를 세운 것은 일본의 이번 침략으로부터 받은 충격과 교훈 때문이었다.

1860년대 서양의 자본주의 국가에서는 공업이 발전함에 따라 무기의 성능이 크게 개선되었다. 소총의 장전 방식이 총신 전면 장전에서 후면 장전으로 발전하였다. 1870년 프로이센과 프랑스 사이의 전쟁에서 양쪽 군대가 모두 이 신식 소총을 사용했다. 해상의 군함도 목제 함선에서 철갑을 입힌 함선으로 바뀌었으며, 철판의 두께도 10인치에서 점차 12, 14, 24인치로 두꺼워졌다.

중국의 봉건 관료들은 서양 무기의 개선을 보았지만, 이러한 개선이 사회생산이나 경제발전과 관계되어 있다는 것을 전혀 알지 못했다. 이홍장은 1863년(동치 2)에 "중국이 대포와 기선 두 가지만 갖추면 서양인들이 함부로 하지 못할 것"14)이라고 말했다. 그런데 이제는 대포와 기선을 갖추었는데, 왜 여전히 외국인들이 중국을 업신여기고, 또 생각지도 않게 일본이라는 '소국'을 부추겨 중국에 도발하게 했을까?

이홍장은 중국이 아직 후면 장전 방식의 소총인 후당창後膛槍을 쓸 줄 모르고 철갑 군함이 없기 때문이라고 주장했다. 그는 자신의 부대가 가장 먼저 후당창을 구입한 것을 자랑스러워했다. 그래서 그는 1874년(동치 13) 총리아문의 6개조 '긴급한 시책'을 지지하면서 "각 성省에서 병사를 훈련시킬 때…… 서양 총을 쓰는 사람이 적고, 후당창을 쓰는 사람은 더욱 적다"고 말했다. 그는 이런 군대는 "국내의 도적을 토벌하는 데는 그나마 괜찮을 것이지만 외부의 모욕을 물리치는 데는 감히 믿을 수 없다"15)고 주장했다. 그래서 그는 "기존의 육군을 세밀하게 가려

---

14) 『이문충공봉료함고』 제3권, 19쪽.

선발한 후 나머지는 도태시키고 일률적으로 서양의 총포로 바꾸고", "연해지역의 방어 부대도 모두 후당창으로 교체할 것"을 주장했다.

회군 계통의 호북 제독 곽송림郭松林도 1879년(광서 5) 올린 상주문에서 모든 군대의 무기를 "일률적으로 후당창으로 바꾸고 서양의 방법을 따라 군대를 훈련해야 한다"고 주장했다. 당시 각지의 기기국은 총을 어느 정도 만들 수는 있었지만, 신식 후당창은 외국에서 사들일 수밖에 없었다. 비록 청의 중앙과 지방정부가 후당창을 널리 사용하게 할 재력이 없었지만, 이러한 주장은 상해의 양행들과 독일의 크루프, 영국의 암스트롱 등과 같은 군수업체에게 대규모의 무기 거래를 성사시킬 수 있게 해 주었음은 분명하다.

철갑 대형 군함은 더구나 자체로 만들 수 없어서 직접 구매해야 했다. 당시 많은 양무파들은 1874년 일본에 굴복하게 된 근본 원인이 철갑선 때문이라고 생각했다. 그러나 철갑선은 값이 비쌌기 때문에 총리아문은 1875년 우선 한두 척만 사서 시험적으로 운용해 보자는 주장을 내놓았지만 몇 년이 지나도록 실행하지 못했다.

직예 총독이자 북양대신인 이홍장은 1875년부터 1880년 사이에 총세무사 하트에게 부탁하여 영국의 암스트롱 병기공장에서 10척의 쾌속 소형 함정을 사들이는 데 은화 200만 냥을 썼다. 그의 제안으로 광동과 산동 등의 성에서도 같은 급의 함정을 구입했다. 그러나 이홍장은 이것만으로는 부족하다고 생각해 "자강을 추구하려면 반드시 선입견을 깨고 철갑선을 주문하지 않으면 안 된다"[16]고 말했다. 당시 청 당국은 영국이 최근 독일에서 제작한 '팔각 철갑선' 2척을 약 2백만 냥 가격에 되팔려 한다는 정보를 입수했다. 이홍장은 비록 자금 조달이 어렵지만 이 기회를 놓쳐서는 안 된다고 판단하여 "기회를 한번 놓치면 중국은 영원히 철갑선을 갖지 못하게 되어 자강의 날은 끝내 오지 않을 것"[17]이라고 주장했다.

---

15) 『이문충공주고』 제24권, 13~14쪽.
16) 『양무운동자료』 제3책, 514쪽.
17) 『이문충공주고』 제36권, 4쪽.

여러 이유로 이 계획은 무산되었다. 그러나 총리아문의 지원을 받아 이홍장은 독일 주재 공사 이봉포李鳳苞를 통해 독일의 불칸 슈테틴 조선소(AG Vulcan Stettin)로부터 6천 마력의 대형 철갑선 2척('定遠'과 '鎭遠')과 2천8백 마력의 강갑선鋼甲船 1척('濟遠')을 주문했다. 이 3척의 군함이 건조되어 1885년(광서 11) 중국 측에 인도되었다. 이 3척의 군함과 부대설비 일체, 그리고 운송비까지 포함해 총 400만 냥이 넘었다.

이홍장이 이 3척의 배를 손에 넣었을 때는 이미 청불전쟁(광서 10, 1884) 직후였다. 이때 해군아문海軍衙門이 설립되고, 순친왕 혁현이 해군 업무를 총괄했으며, 먼저 이홍장 휘하의 북양해군을 강화하기로 결정했다. 정원, 진원, 제원 3척에 이어 이홍장은 독일과 영국으로부터 몇 척의 군함을 더 사들이고, 군항과 항만 등의 시설도 건설했다. 이홍장의 해군은 그의 육군과 마찬가지로 수많은 외국인을 초빙했다. 당시 외국의 침략을 방어한다는 각지의 방어 시설이 거의 외국인에 의지해 운용되었다. 예를 들어 장강 연안의 오송吳淞 포대와 강음江陰 포대는 영국인이 건설하고 병사들을 훈련시켰다.

이홍장은 자신의 해군을 성공적으로 건립했다고 자처한 후 1891년(광서 17)에 제1차 대검열을 실시하였고, 1894년 4월에 제2차 대검열을 실시하였다. 제2차 대검열을 진행한 그해 7, 8월 사이에 청일전쟁이 발발했다. 전쟁 중 북양해군이 궤멸하고, 여순旅順과 대련大連, 위해위威海衛 등의 요새는 모두 적군에게 점령당했다.

청 정부는 해군을 건설하는 데 엄청난 돈을 들였고, 이 막대한 경비 가운데 많은 금액이 황실과 각급 관계자들의 횡령 대상이 되었다. 서태후의 유흥을 위해 지은 이화원頤和園은 공사를 시작하면서부터 매년 해군 경비에서 30만 냥을 전용했다.18) 그러나 이 금액도 해군 경비 중 극히 일부에 불과했다. 이봉포가 이홍장의 의뢰를 받아 군함을 구입할 때 이미 어떤 사람이 "가격을 부풀려 개인 호주머니를 채웠는데, 소문에 따르면 그 액수가 10여 개 대대의 1년 경비에 족하다고 들었다"19)

---

18) 「광서 17년 2월 총리해군사무 혁광 등 片」, 『양무운동자료』 제3책, 141쪽 참고.
19) 「국자감좨주 盛昱 편」, 전게서, 12쪽.

고 지적했다. 새 군함의 구입을 중단했을 때에도 북양해군의 유지비만 150만 냥에 달했는데, 이 중에서 실제로 얼마가 해상방위 비용에 쓰였는지 알 수가 없다.

5. 양무운동에 대한 이견

양무파 관료들이 서양의 총과 포, 기선, 군함을 마구 사들이고 또 각종 공장을 세울 때, 봉건 관료 내부에서 이를 반대하는 주장도 있었다. 봉건사회에 없던 어떤 새로운 것도 모두 거부한다는 점에서 이들을 극단적 수구파라고 할 수 있다.

1862년(동치 원년) 총리아문은 북경에 동문관同文館을 설립하여 학생들을 모집하고 영어와 프랑스어 및 러시아어를 배우게 하였는데, 만주족 청년만 입학이 허용되었다. 1866년 총리아문은 동문관 내에 또 하나의 과정을 설치한 뒤 서양인을 초빙하여 천문학과 산학算學을 가르치자고 건의했다. 그러나 서양인의 뛰어난 재주가 민간에 전파되는 것을 두려워해 만주족과 한족 중 거인擧人 이상의 자격을 가진 자만 입학 자격을 허용한다는 규정을 두겠다고 했다.[20] 이렇게 입학 자격 제한까지 두었음에도 이 건의는 극단적 수구파의 거센 반발에 부딪혔다.

당시 반대파의 주요 인물은 이학理學의 권위자였던 대학사 왜인倭仁이었다. 그는 "오늘날 시서詩書를 공부하는 자들이 오랑캐(夷)를 스승으로 모시면" 많은 사람들이 오랑캐에게 이용당할지도 모른다고 말했다. 그는 또 "나라를 세우는 이치는 예의와 인심을 근본으로 삼아야 하며, 예로부터 기예에만 기대어 쇠약한 자가 일어선 적이 없다. 천문학과 산학은 말단일 뿐이어서 강습하지 않아도 국가 대계에 해가 없다"[21]고 주장했다. 결국 동문관은 총리아문의 원래 제안대로 설립되기는 했지만, 왜인 등이 제기한 부정적 여론에 떠밀려 응시자가 거의 없었다.

---

20) 『양무운동자료』 제2책, 22~23쪽.
21) 전게서, 34~38쪽.

1874년(동치 13)에 총리아문은 6개 조항의 '긴급한 시책'을 발표하고, 각 성의 총독과 순무에게 의견을 제시하라고 요구했을 때는 이미 이홍장을 비롯한 실권파가 주도한 양무운동이 관료사회에서 유행하는 풍조가 조성되어 있었고, 많은 사람들은 서양의 무기와 기계를 사들이고 기기국 등을 설립하는 것을 진급과 축재의 지름길로 삼던 상황이었다. 그러나 관료 집단 중에는 여전히 극단적인 수구파의 시각으로 반대 목소리를 내는 사람들이 적지 않았다.

극단적 수구파는 '공자와 맹자의 도'(孔孟之道)를 내세워 양무에 반대했다. 그들은 '서양 학문'(洋學)이 성행하면 봉건사회의 전통사상 체계가 붕괴할 것이며, 이로 말미암아 봉건적 정치체제와 경제체제가 흔들릴 것을 우려했다. 1875년(광서 원년) 한 관리가 "서양 기물(洋器)을 제조하고 서양 선박(洋船)을 만들면 서양 학문(洋學)을 배우지 않을 수 없으니", "세상 사람들이 모두 예의염치(禮義廉恥)를 무용지물로 여기고 서양 학문을 어려운 일을 해내는 것으로 알아, 이로 말미암아 인심이 흩어질까 두렵다"22)고 말한 것이 대표적이다.

사실은 양무파와 극단적 수구파가 원칙상에서 대립한 것은 아니다. 증국번과 이홍장, 좌종당, 장지동 및 기타 양무파 관료들은 모두 봉건 전통사상의 수호자였을 뿐 자본주의의 정치와 경제 제도를 배우는 데 전혀 관심이 없었다. 이홍장은 일찍이 1864년(동치 3)에 "중국의 문무제도는 하나하나가 서양보다 훨씬 뛰어나지만 오직 무기만 그들을 따라잡을 수 없다"23)고 말했다. 봉건 관료 중 양무파와 극단적 수구파는 모두 봉건주의의 경제 기반과 그 상부구조를 지키려고 전력을 다했다. 그들의 차이점은 양무파가 봉건주의의 통치체제에 서양의 무기를 더해 위태로운 상황을 벗어나려고 생각했을 뿐이다. 양무파의 반동적인 목적은 물론 달성되지 못했으며, '서양 기물'과 '서양 학문'을 거부하면 봉건주의를 유지할 수 있다고 여긴 극단적 수구파들의 희망도 역시 반동적인 공상일 뿐이었다.

---

22) 『양무운동자료』 제1책, 121쪽.
23) 『동치이무』 제25권, 9쪽.

극단적 수구파들이 양무파를 비난한 논리 가운데에는 현실을 매우 날카롭게 파악한 부분도 있었다. 예를 들어 유석홍劉錫鴻은 1875년(광서 원년) 이홍장에게 보낸 서신에서 양무파가 추진하는 군대 훈련과 재정 관리, 조선, 기계 제작이 모두 성과를 내지 못하고 있다고 지적하면서 다음과 같이 말했다.

> 근래에 위로는 국고를 탕진하고 아래로는 백성들의 재물이 바닥났는데, 오직 각 성의 유관 관리들만 벼락부자가 된 자가 많은 것을 보면, 실행하는 일들이 실용에 도움이 되지 않음을 알 수 있다. 장차 그것을 믿고 적을 막고자 하면 반드시 일을 크게 그르치게 될 것이다. 그때가 되면 벼슬을 얻고자 하여 벼슬을 얻고 이익을 꾀하여 이익을 얻은 자들은 배를 채웠으니 줄행랑칠 일만 남을 것이다.24)

그러나 이홍장은 당연히 이것이 부패한 봉건 통치 아래에서의 필연적인 현상임을 인정하려 들지 않았다.

극단적 수구파들은 양무파가 "오랑캐의 힘을 빌려 중화를 바꾸려고 한다"(用夷變夏)고 생각했다. 그들 중 어떤 사람은 이홍장이 "국고와 백성의 재물을 모두 서양인에게 바치고 있다"25)고 비난하였다. 봉건질서의 유지를 바라는 지주관료들은 물론 투항주의를 맹렬하게 비판했던 인사들도 이 비난은 일리가 있다고 생각했다. 그러나 투항주의는 철도를 건설하고 배를 만드는 데서 온 것이 아니라 썩어 빠진 봉건주의의 파생물이었다.

극단적 수구파는 양무파를 투항주의라고 공격했지만 자신들도 마찬가지로 투항주의자였다. 앞에서 예를 든 유석홍은 이홍장에게 양무를 반대하는 서신을 보내면서 먼 바다를 건너온 '서양 오랑캐'는 중국을 병탄할 리가 없으니 "서양과 일을 처리할 때는 화해를 위주로 해야 하며", "평소 서양인을 대할 때는 성의와

---

24) 『양무운동자료』 제1책, 273~274쪽.
25) 「광서 원년 대리시 소경 王家璧 주절」, 전게서, 135쪽.

신의로 마음을 열고 대해야 한다"26)고 말했다. 서양의 총포와 선박을 도입하는 데 반대했던 이 인물도 서양인을 세무사로 임명하는 것은 반대하지 않았을 뿐만 아니라 심지어 각 성에 '양무사洋務司'를 설치하고 서양인을 임명하여 모든 대외교섭 업무를 그에게 맡겨 처리하자고 주장했다. 이렇게 하면 '중국의 고귀한 관리'가 서양인을 직접 접대하지 않아도 되어 체통을 잃지 않을 수 있다고 주장했다.27) 그가 요구한 것은 봉건주의의 '체통'을 지키는 일이었지 투항주의를 실제로 반대한 것은 물론 아니었다.

극단적 수구파는 양무파의 무기 제일주의의 약점을 끈질기게 비판했다. 예를 들어 유석홍은 "군사와 백성의 마음이 이미 다 해이해졌는데 기선과 소총이 있은들" 누가 그것을 운용할 것인가 라고 비판했다. 이 말은 그럴듯해 보이지만, 이런 논리로 중국이 신식 총포를 사용해서는 안 되고, 중국 땅에서 철도와 기선, 기계, 전보 등 새로운 물건이 등장해서는 안 된다고 주장한 것은 완전히 틀린 생각이다. 극단적 수구파들이 내세우는 '인심人心'이나 '민심民心'을 양무파가 추앙하는 후당창이나 철갑선과 대비해 본다면, "중국에서 수천 년 동안 내려온 예의염치禮義廉恥의 고리"를 굳건히 지켜야 '인심'을 얻을 수 있으며, 봉건적 낡은 제도와 낡은 사상이 인민을 대표하고 이를 통해 인민의 역량을 동원할 수 있다는 주장과 다를 바 없다. 이들의 주장은 마치 아편전쟁 이후 얻게 된 인민의 힘을 중시해야 한다는 경험적 교훈과 맥이 닿는 듯 보이지만 그 출발점은 봉건적 예교禮敎를 수호하자는 것이므로 결코 경험적 교훈을 올바르게 받아들였다고 볼 수 없다.

봉건제도의 몰락을 앞두고 중국 사회가 큰 격동과 변화에 직면하고 있을 때, 극단적 수구파는 여전히 중국 인민을 봉건 전통에 속박하려 했고, 어떠한 새로운 변화와 진보에도 저항하려 했다. 그들은 양무파보다 더 낙후된 관점으로 양무파를 반대했던 것이다.

---

26) 『양무운동자료』 제1책, 275~276·288쪽.
27) 전게서, 297~298쪽.

6. 양무운동에 대한 또 다른 이견

양무운동에 대해 또 다른 이견이 있었는데, 이 이견은 비록 처음에는 뚜렷하게 대립하지 않지만 매우 주목할 가치가 있다. 1875년(광서 원년) 복건 안찰사 곽숭도郭嵩燾는 「조의해방사의條議海防事宜」란 글에서 상인이 기계공장인 '기기국機器局'을 설립하도록 해야 한다고 주장하면서 "서양이 나라를 일으킨 데에는 본本과 말末이 있는데, 그 본은 조정의 정교政敎이고, 그 말은 상업이다"라고 했다. 곽숭도도 양무운동을 열렬히 제창한 관료로 많은 문제에서 이홍장과 견해를 같이했지만, 그의 이 말은 이홍장과 다소 달랐다. 이홍장에게 완전히 동조한 내각학사 매계조梅啓照는 "서양 각국의 정치에서 취할 만한 것은 아무것도 없다"고 말했지만, 곽숭도는 그들이 부강하게 된 근본이 '조정의 정교'에 있다고 생각했다. 다만 그는 아직 그 근본을 단번에 배울 수 없기 때문에 조선과 기계 제조부터 배울 수밖에 없다고 주장했다.28) 그는 서양과 같이 상인들이 자유롭게 조선과 기계제조업 등을 할 수 있도록 해야 한다고 생각했고, 관독민영의 초상국과 같은 방식을 그다지 찬성하지 않았다.

이와 유사한 견해를 몇 가지 더 예로 들 수 있다. 과거에 합격했지만 관직에는 나아가지 않았던 강여순強汝詢은 1874년 총리아문이 제시한 6개 조목의 '긴급한 시책'에 대해 내놓은 의견에서 신식 무기의 채택 등에 대해서는 찬성하면서도 "서양의 강함이 어찌 무기에서만 나온 것이겠는가? 그 정부와 백성이 대단히 화목하고, 마음이 대단히 단합되고, 제도가 간단하면서도 엄정하기" 때문이라며 자산계급 정치에 대한 부러움을 드러냈다. 그는 당시에 유행처럼 생겨난 관영기업을 신뢰할 수 없다고 생각해 "천하에 오직 관청에 의해 경영되는 것이 가장 오래가지 못한다"29)고 말했다. 그리고 1878년 감찰어사監察御史 이번李璠은 서구의 경제침략에 대처하는

---

28) 『양무운동자료』 제1책, 138~139 · 142~143쪽.
29) 「求益齋文存」, 『양무운동자료』 제1책, 361 · 365쪽.

방법으로 "상인이 상인을 상대하게 하는 방법뿐이므로 연해 지역의 의로운 백성들이 외국을 모방하여 자금을 모아 회사를 만들고 나아가 무역하며 이권을 거두어들이도록 장려하는 것밖에 없다"고 주장했다. 또 1879년 귀주貴州 후보候補 도원道員 나응류羅應旒도 "서양인의 법제는 충분히 취할 것이 있어 활용할 만하다"며 부유한 상인들이 다양한 기업에 투자하도록 장려해야 한다고 주장했다.

이런 주장은 사실상 민간 자본을 발전시키자는 것이 핵심이었고, 모호하게 표현하기는 했지만 서양의 자본주의 정치를 배우자는 것이었다. 이와 같은 주장은 당시 관료자본을 제외한 일부 지주나 상인이 신식 기업에 투자하고 있었던 역사적 사실을 반영한 것이다.

중국 봉건경제 내부에 원래 존재하고 있던 자본주의의 맹아는 봉건주의의 엄중한 속박에 더해 외국 자본주의 세력의 침입으로 손상되고 말았다. 기존의 공장제 수공업은 어려운 조건 아래 몸부림치는 상황에서 기계공업으로 발전할 가능성이 아주 적었다. 관료와 지주, 상인 및 매판 상인만이 새로운 기업에 투자할 수 있는 개인 자금을 보유하고 있었다. 봉건 통치자들은 오랫동안 기계가 민간에 전파되는 것이 매우 해로운 일이라고 여겼다. 일례로 1895년 북경 인근인 통주通州에서 무과武科에 합격한 이복명李福明이 하루에 밀 200단을 처리할 수 있는 기계식 제분소를 설립했다가 "허가 없이 기계식 제분소를 운영했다"는 죄목으로 처벌을 받았다.30)

1870년대 초부터 시행된 관독민영 방식이 관료기구의 통제 아래 민간 자본을 모아 독점을 시도하다가 어떤 결과를 초래했는지에 대해서는 이미 앞에서 언급했다. 어떤 상인들은 기선을 구입하고서도 차라리 외국 상인에게 예속되어 외국 국기의 게양을 원하기도 했고, 또 많은 관료와 상인 및 지주는 자금을 외국의 은행과 양행에 맡겼다. 이러한 상황에서 민간 자본이 경영하는 신식 공업 즉 기계를 사용하는 기업은 매우 적었고, 또 그 대부분이 상해에 있었다. 1870년대 초부터 1890년대

---

30) 『光緖朝東華錄』 제4책, 총 3553쪽.

초까지 상해의 민간 자본이 운영한 신식 기업은 선박 수리, 제사, 조면繰綿, 도정, 제분, 성냥 제조, 인쇄출판 등의 업종에 불과했으며, 전체 기업의 수는 약 50개 정도였고, 고용 노동자가 가장 많은 곳이 5, 6백 명 정도였다.

상해 외에 복주福州, 산두汕頭, 영파寧波, 하문廈門, 대만, 광주 및 그 인근 지역과 연안 지역에도 이러한 기업이 여러 개 있었다. 이 가운데 주목할 만한 한 사례는 일찍이 1872년 광동 남해현의 거인 진계원陳啟源이 그의 고향에 세운 기계식 제사공장이다. 이후 여러 사람들이 이를 모방하여 공장을 설립했는데 1881년에 이르자 남해와 순덕順德 일대에 11개의 이런 공장이 생겼고, 1892년에 이르러서는 5, 60곳으로 늘어났으며, 고용된 노동자 수가 적게는 수십 명에서 많게는 2, 3백 혹은 7, 8백 명까지 되었다. 전국적으로 보면, 중경重慶과 한구漢口, 진강鎭江, 항주杭州, 태원太原 등의 지역에만 아주 적은 수의 민간 신식 기업이 생겨났다.

이러한 기업에 투자한 사람들은 대부분 관료 출신이거나 적어도 이름난 지주와 향신들로서 권력을 가진 관료들과 연결되어 있었으며, 일부는 외국 양행의 매판으로서 외국 자본이나 양무파 관료와 밀착되어 있었다.

상술한 곽숭도 등은 비록 양무파의 주요 관점과 다소 다른 주장을 제기했지만, 그들이 자발적으로 양무파와 대립하지는 않았다. 그것은 그들의 주장이 진정으로 독립적 민족자산계급을 대표한 것이 아니라 이제 막 자산계급이 되기 시작한 지주나 관료를 대표했기 때문이다.

우리는 이상에서 양무운동에 대해 두 종류의 이견이 있는 것을 보았다. 하나는 극단적인 수구적 봉건주의의 입장에 서 있는 반대자였고, 다른 하나는 자산계급적 성향을 가진 반대자였다. 전자의 경우는 서로 날카롭게 공격을 주고받았지만, 봉건적 정치와 경제 제도를 수호한다는 점에서는 근본적으로 일치했다. 따라서 다음 시기에 이르러 정치·경제 제도에서 자본주의의 방향으로 개혁을 단행할 것인지의 문제를 놓고 논쟁이 벌어졌을 때, 봉건 관료 중의 양무파와 극단적 수구파는 그들 사이의 이견을 버리고 공동의 행동을 취할 수 있었다. 후자의 경우 양자의 차이가 초기에는 분명하게 드러나지 않았지만, 이견의 출발점에 본질적인 차이가 있었기 때문에 사회가 발전함에 따라 그 이견의 차이는 갈수록 더 커질 수밖에 없었다.

1880년대 후반에 이르면 점차 비교적 명백하게 자산계급의 관점에서 양무운동을 반대하는 사람들이 나타났다. 예를 들어 1886년(광서 12) 송육인宋育仁은 『시무론時務論』에서 다음과 같이 말했다.

> 그 법제는 따르지 않고 단지 그 기기機器만 모방하려 하고, 해양 방위를 위한 양무에만 천하의 지력과 재력을 쏟아부었지만, 부강의 효과는 거두지 못하고 헛되이 국가만 무거운 세금으로 재물을 긁어모으고 관리들만 중간에서 자신의 주머니를 채우니, 이것은 근본은 내버려둔 채 말단만 고집한 것으로 이익을 얻으려다 결국 손해만 보게 되었다.31)

이것은 양무파의 논리를 드러내 놓고 반박했을 뿐만 아니라 극단적 수구파의 양무운동을 반대하는 논리도 신랄하게 비판한 것이다. 이런 주장을 편 사람들은 대체로 두 부류였다. 한 부류는 지주계급 출신의 비교적 젊은 지식분자들이다. 이들은 과거시험에 합격해 명성을 얻고 말단 관리를 지낸 적이 있지만 '서학'의 영향을 어느 정도 받았거나 상공업 활동에 참여한 적이 있었다. 다른 한 부류는 상해와 홍콩에서 외국어를 배운 적이 있고 외국인과 접촉이 많았으며, 심지어 매판상인 노릇까지 한 적도 있어서 양무파 관료들에 의해 중용되었다. 이들은 양무파처럼 서양을 따라 배우는 것만으로는 부족하며, 봉건 관료들에게 양무를 맡기는 것도 안 된다고 보았다. 이들은 '변법變法'을 기치로 내걸고 자신들과 양무파를 구별하기 시작했다. 이들의 주장은 크게 두 가지이다.

첫째, 국가는 민간 자본주의의 발전을 허용하고 보호해야 한다. 정관응鄭觀應은 1880년(광서 6)에 펴낸 『이언易言』에서 무장 방비를 중시하여 외국과 '군사적 전쟁'(兵戰)에 대처해야 하지만 민족 상공업을 진흥시켜 외국 자본주의와 '상업적 전쟁'(商戰)

---

31) 송육인, 『시무론』(광서연간 각본), 1쪽.

도 벌어야 한다고 주장했다. 그는 또한 철도와 기선, 채광, 방직, 제조 등 모든 업종에 대해 "민간 설립을 허락하여 금지하지 말고, 주식을 모으든 자기 자금으로 운영하든 관여하지 말고 마음대로 하도록 두어야 한다. 그리고 상업의 논리에 따라 경영하도록 내버려두어야 하지 절대로 관료의 체통을 내세워 속박하려 들어서는 안 된다"[32]고 주장했다. 그리고 진규陳虯는 1892년(광서 18)에 저술한 『경세박의經世博議』에서 "보험, 전신, 철도, 광업, 방직 등 관청에서 미처 설립하지 못한 부분은 중국 상인이 책임지고 경영하도록 허용하고, 몇 년 동안은 이익을 독점하도록 내버려두어야 한다"[33]고 말했다.

둘째, 그들은 서양의 자산계급 정치를 본받아 '의회'를 설치하자고 주장했다. 1893년(광서 19) 진치陳熾는 『용서庸書』에서 다음과 같이 주장했다.

> 각 부府와 주州, 현縣에서는 서양의 의회제도를 본떠 백성이 향관鄕官을 공동으로 선거하고, 향마다 두 명씩 정正과 부副의 자리를 두며, 나이는 서른이 되어야 하고, 재산은 1천 금을 넘어야 한다.…… 임기는 2년으로 하고, 기한이 되면 다시 선거한다. 그 지역의 중대한 사건과 의심스러운 옥사는 사람들을 모아 의논하도록 한다.[34]

진치는 또 지방에서 중앙에 이르기까지 단계별로 이런 의회제도를 설치해야 하며, 이런 제도가 국가를 해칠 염려는 없다고 주장했다. 이것은 비록 자산계급의 정치참여를 요구하는 목소리라고 할 수 있지만, 진정한 의미에서 봉건주의 제도를 자산계급의 제도로 철저히 대체하자고 요구한 것은 아니었고, 다만 기존의 봉건 통치제도 아래에서 "향신과 상인이 일을 처리하는 데 참여하자"는 요구였다.[35] 곧 그의 요구는 자산계급으로 변모하고 있던 지주와 향신 및 관료들이 정치와

---

32) 전관웅, 『盛世危言』 제3권(광서 21년 간본), 8~9쪽.
33) 진규, 『경세박의』 제2권(광서 19년 甌雅堂 간본), 12쪽.
34) 진치, 『용서』 內편 상권(광서 23년 간본), 16쪽.
35) 진치, 『용서』 外편 하권, 1쪽.

경제 방면에서 더 많은 권력을 갖고자 하는 요구를 잘 말해 주고 있다.

이러한 변법론적 주장은 비록 봉건주의의 양무파를 비교적 분명히 반대하기는 했지만, 봉건계급에서 분화되어 나온 자산계급의 관점을 반영하고 있었기 때문에 일종의 연약한 개량주의에 지나지 않았다. 청일전쟁의 패배로 양무파의 위상이 급추락하자 이런 변법의 주장은 갈수록 넓게 영향을 미치는 사조가 되었다.

7. 중국 무산계급의 탄생

근대 중국의 민족자산계급은 19세기 7, 80년대에 매판자본과 관료자본으로부터 점차로 분리되면서 형성되기 시작했다. 근대 중국의 무산계급은 그 이전에 이미 생겨났다. 모택동은 "중국의 무산계급 발생과 발전은 중국 민족자산계급의 발생, 발전과 함께했을 뿐만 아니라 제국주의가 중국에서 직접 기업을 운영하는 가운데 형성되었다"[36]고 말했다.

일찍이 1840년대와 50년대에 외국 자본주의 세력이 중국에 침입하면서 일부 빈곤한 노동자들은 직접 외국자본의 수탈을 받는 고용 노동자가 되기 시작했다. 그들은 외국 선박의 선원과 홍콩 및 연해 통상 항구의 부두 노동자, 그리고 여타 소수의 공장 노동자들이었다. 1860년대 이후 외국자본이 설립한 중국 내의 공장이 늘어나는 한편 봉건 관료들이 경영하는 군수공업과 민수공업이 생겨나고 초기 단계의 민족자본 기업도 생겨나기 시작함에 따라 무산자의 수도 점차 늘어났다. 이 부에서 말하는 30년의 끝, 곧 1894년(광서 20)에 이르면 중국 근대 공업 노동자의 총수가 이미 10만 명에 육박한 것으로 추산된다.[37] 이들이 중국의 제1세대 산업

---

36) 『모택동선집』 제4권(인민출판사, 1991년판), 1484~1485쪽.
37) 손육당 편, 『중국근대공업사자료』 제1집 하책에 근대 공업 부문의 고용 노동자 수 추계가 나온다.(이 책 1201쪽 참조) 여기서 인용한 숫자는 이 책이 제공하는 자료에 부분적인 조정을 가하고 그중에서 큰 숫자를 택한 것이다.

노동자들이다. 당시 무산계급에는 선원과 부두 운송 노동자, 도시 건설 노동자, 수공업 고용 노동자와 상점 점원, 농촌 고용자 및 여타 도시와 농촌 무산자도 포함된다. 그들의 전체 숫자는 당연히 위에서 언급한 산업 노동자의 수보다 훨씬 크다. 그러나 산업 노동자가 무산계급 전체의 핵심이다. 그들의 출현은 중국 역사상 일찍이 없었던 새롭고 가장 혁명적인 계급이 형성되었음을 나타내는 표지였다.

초기 중국 산업 노동자들은 자본주의의 착취를 받는 고용 노동자일 뿐만 아니라 외국자본의 제국주의와 봉건주의의 억압을 직접적으로 받았다. 외국인 자본가들은 중국 노동자들을 '쿠리'(苦力)라고 부르며, 극히 낮은 임금으로 극악한 노동조건에서 중국 노동자들을 혹사했다. '감공監工'이라 불린 서양인 감독관은 실제로 가죽 채찍을 든 노예주였다. 외국 자본가들은 또한 봉건적인 십장제도를 이용하여 중국 노동자를 노예화했다. 청 정부의 관영기업도 노동자들을 초경제적으로 가혹하게 착취했고, 직접 폭력을 동원해 억압하고 통제했다. 예컨대 관영 개평開平탄광의 경우, 이홍장은 형구를 설치하고 노동자들에게 형을 선고할 수 있는 권리를 인정했다.

제1세대 중국 산업 노동자들은 신식 기계와 접촉할 기회가 주어지기만 하면 근면과 지혜로 그 기능을 빨리 습득할 수 있다는 사실을 입증했다.[38] 공업을 담당한 양무파 관료들은 외국인의 도움 없이는 기업 경영을 해낼 수 없었고, 초빙된 외국인 기술자들은 중국 노동자들을 열심히 가르치려 들지 않았지만, 중국 노동자들은 일정 기간 학습과 실습을 거치고 나면 독립적으로 일을 할 수 있었다. 관영공장의 성과가 낮았던 것은 노동자들의 무능 때문이 아니라 봉건 관료의 부패한 관리제도 때문이었다.

외국자본이 설립한 기업과 청 정부가 설립한 기업 및 초기 민족자본이 설립한 기업은 거의 모두 여러 해안과 강을 따라 무역항에 설립되었기 때문에 초기 중국의 산업 노동자 총수는 크지 않았지만, 특정 지역에 매우 집중된 상황을 형성했다. 1894년 광부를 제외한 전국 산업 노동자의 80%가 상해, 한구, 광주, 천진 등 4개

---

38) 1893년 6월 9일 「北華捷報」, 『중국근대공업사자료』 제1집 하책, 1224쪽에서 인용.

도시에 집중되었는데 그중 상해가 47%를 차지한 것으로 추정된다. 그리고 중국의 근대 기계공업은 일반적으로 수공업 공방에서 발전한 것이 아니라 강력한 외국자본과 관료자본에 의해 설립되었기 때문에 중국 산업 노동자들은 처음부터 비교적 큰 기업에 집중되었다. 1894년 500명 이상의 노동자를 고용한 기업(광산 포함)은 약 40개로 추정되며, 이들이 고용한 노동자는 전국 노동자의 60% 이상을 차지했다.

중국이라는 큰 나라에서 10만 명 정도의 산업 노동자는 당연히 매우 적은 수이다. 그러나 그들은 기계를 사용하는 법을 배웠기 때문에 중국 사회의 새로운 생산력의 대표자가 되었으며, 처음부터 고도로 집중된 특성을 가지고 있었기 때문에 뿔뿔이 흩어져 있고 수작업에 종사하는 여타 도시와 농촌의 노동자들과 비교할 때 훨씬 선진적 의식을 가지고 있었다. 이들 속에 잠재된 정치적 에너지는 전체 인구에서 차지하는 비율보다 훨씬 컸다.

1880년대에 새로이 생겨난 중국의 노동계급은 착취와 억압에 대한 그들의 투쟁을 기록하기 시작했다. 일례로 개평광무국에서는 탄광 노동자들이 임금 인상을 요구하며 파업을 벌이고, 외국인 기사들의 괴롭힘에 맞서 투쟁하기도 했다. 강남제조국에서는 노동자들이 연장근로 반대 파업 투쟁을 벌였다. 홍콩의 노동계급은 일찍부터 외국 침략자들과 투쟁하는 두드러진 모습을 보였다. 1858년(함풍 8) 홍콩의 도시행정 노동자와 운송 노동자 2만여 명이 파업을 벌였고, 그들 중 많은 사람들이 광주로 돌아와 영·프 연합군의 광주성 점령에 반대하는 투쟁에 참가하였다. 1884년(광서 10) 청불전쟁 동안에는 홍콩의 노동자들이 대규모 파업을 벌여 홍콩을 군수보급기지로 삼은 프랑스 침략자들에 맞서 힘차게 투쟁했다.

중국의 제1세대 노동계급은 이후에도 꾸준히 증가하였는데, 그들은 대부분 파산한 농민 출신들이었다. 모택동은 중국 무산계급이 가진 특출한 장점 중 하나로 "수많은 농민들과 태생적으로 연결되어 있어서 농민과 쉽게 친밀한 동맹을 맺을 수 있었던"[39] 점을 들었다.

---

39) 『모택동선집』 제4권(인민출판사, 1991년판), 644쪽.

그러나 신생 무산계급이 곧장 자각적인 계급이 될 수 있었던 것은 아니었다. 초기의 노동계급은 소생산자 출신이라는 흔적을 지니고 있었을 뿐만 아니라 수공업 동업조합(길드)이나 지방 파벌과 같은 봉건적 조직의 영향을 심하게 받았다. 동업조합과 지방파벌은 노동자 대중의 안목을 부분적이고 일시적인 이익에 묶어 두었기 때문에 노동자 계급의 단결과 그들의 자각을 향상하는 데 도움이 되지 못했다. 이 부에서 살펴본 30년과 그 이후 20여 년 동안 신생 무산계급은 무산계급적 의식이 분명하지 않은 자재계급自在階級에서 점차로 자각계급自覺階級으로 발전하는 과정에 있었다. 1919년 5·4운동 이후에야 비로소 중국의 무산계급은 독립적 계급으로 혁명의 무대 위에 등장했고, 또한 이 계급을 대변하는 정당인 중국공산당의 지도 아래 중국 인민들의 반제국주의와 반봉건주의의 민주혁명에서 전위 계급이 되었다.

제3장
반침략 대중운동의 발흥

1. 1860년대의 반침략 대중운동

　　태평천국을 중심으로 한 전국적인 혁명의 격랑 속에서 인민 투쟁의 주요한 대상은 국내 봉건 지주계급의 통치였다. 그런데 본 제2부에서 살펴보는 30년 동안에 인민 투쟁의 주요 대상이 점차 외국 침략자에게로 옮겨 갔다. 그렇지만 외국 침략을 반대하는 대중적인 투쟁은 아직 점진적으로 대두되는 과정에 있었다. 외국인 선교사들이 침략의 선봉으로 드넓은 중국의 내륙 깊숙이 침투했기 때문에, 외국 침략자들에 대한 대중의 반감과 투쟁은 외국 선교사와 교회를 반대하는 행동으로 표출되었다. 이로 인한 외국과의 분쟁을 당시에 '교안敎案'이라 불렀다.

　　외국 침략자에 대한 투쟁은 매우 광범위한 사회적 기반을 가지고 있었기 때문에 반봉건 투쟁보다 더 많은 사회 계급과 계층이 참여했다. 그러나 한동안 이런 투쟁이 전국적으로 높은 물결을 이루지는 못했다. 인민 중에서 가장 많은 수를 차지하는 농민은 반동 세력의 가혹한 탄압을 겪은 후 기력을 회복해 다시 조직을 갖추기 시작했으나 그 속도는 빠르지 못했다. 또한 외국 침략 세력이 전국 각지로 확산되는 시기가 지역마다 차이가 있었기 때문에 대중의 저항 투쟁은 지역마다 시기가 달랐으며 전국 각지에서 분산적으로 전개되었다.

    농민계급이 아직 강력한 투쟁 조직을 다시 형성하지 못했을 때, 지방의 많은 지주계급과 지식분자들이 반침략의 인민 투쟁에 참가하였을 뿐만 아니라 이 투쟁을 부추기고 일으키는 데 중심적 역할을 했다. 그들은 하층민의 역량을 이용하여 자신들의 지배적 지위를 위협하는 외국 침략자들을 막으려 했지만, 부패하고 몰락한 지주계급은 외국 침략자에 대항하는 입장을 굳게 지켜내지 못했다. 대지주계급 집권파들은 이미 외국 침략자에 대해 타협과 투항의 방침을 정해 두었기 때문에 각 지방의 지주계급은 기껏해야 짧은 시간 동안만 외국 침략자에 대해 격렬하게 반대하는 자세를 보일 수밖에 없었다. 그들은 반외세 투쟁을 봉건주의의 경제적 기반과 그 상부구조를 수호하는 데 이용하려고 들었다. 따라서 그들의 참여는 사상과 실행의 측면에서 대중운동에 나쁜 영향을 미쳤다. 그들은 항상 투쟁으로 인한 희생과 손실은 하층민에게 떠넘기고 자신들은 재빠르게 투쟁의 대열에서 빠져나갔다.

    외국 침략자들과 가장 먼저 접촉한 곳은 해안 지역이었고, 지주계급이 가장 먼저 반침략 투쟁의 대열에서 이탈한 곳도 해안 지역이었다. 1866년(동치 5) 이전 몇 년 동안 영국인이 조주성潮州城 입성을 요구하면서 일어난 분쟁을 예로 들어 보겠다.

    제2차 아편전쟁에서 청 정부는 광동성의 조주를 새로운 통상항으로 개방했다. 이에 영국은 즉시 산두汕頭에 영사를 파견했다. 그런데 영사가 1861년(함풍 11) 청 관리의 보호를 받으며 조주성에 들어갈 때 수천 명의 대중이 몰려나와 막아서자 물러날 수밖에 없었다. 이후 몇 년 동안 영국은 청 정부에 영국인의 안전한 입성을 위한 책임을 요구했다.

    조주성 입성 문제는 제1차 아편전쟁 이후 광주성 입성 문제(제1부 제2장 1절 참조)와 성격이 유사하지만 해결 과정이 상당히 달랐다. 청 정부와 현지 다수의 지주 향신들은 광주성 입성 분쟁 때처럼 그렇게 하층민의 역량을 이용하여 외국인의 성내 입성 요구를 포기하도록 하는 방침을 그다지 고집하지 않았다.

영국인의 요구를 만족시켜 주기 위해 1865년에 양광 총독 서린瑞麟과 광동 순무 곽숭도郭嵩燾는 전담 관리를 조주에 파견하여 지방 관리와 향신들을 불러 모아 서양인의 입성은 "황제의 칙명에 따른 것이며 조약에서 규정한 의무"임을 설명하고, 같은 내용의 포고문도 내걸었다. 그래도 영국 영사가 조주 성내에 들어갈 때 여전히 군중들의 항의를 받았다. 영국 영사는 관아에서 3일만 머물렀고, 다시 성 밖으로 호송되었다. 이에 영국 영사는 양광 총독에게 조주 백성들이 이렇게 행동한 것은 일부 지방의 향신들이 뒤에서 "부추기고 좌지우지하고" 있기 때문이라 며 매우 못마땅하게 여겼다. 북경 주재 영국 공사는 즉시 이 문제를 놓고 총리아문과 교섭했다. 총리아문은 영사의 양해를 구하는 한편, "소란을 피운 자는 아마 역적의 밀정일 것이거나, 혹은 현지 도적들이 기회를 틈타 선동하여 사태를 일으킨 것일 수도 있다"고 말했다. 양광 총독과 광동 순무도 지방의 향신들이 외국인의 성내 진입을 반대할 생각이 전혀 없으며, 관리들과 향신들 사이에 협력이 잘 이루어지고 있다고 거듭 설명했다.

조정은 이홍장의 부하이고 양무에 유능한 관리인 조주 출신의 정일창丁日昌을 광동으로 보내 지방관을 도와 이 일을 처리하게 하였다. 정일창은 영국인의 조주성 입성 임무를 완수하기 위해 광동의 지방 관리들과 함께 많은 준비 작업을 벌였다. 향신들이 서명한 인쇄물을 집집마다 배포하여 대중들이 "명령을 어기고 제멋대로 행동하지 않도록" 요구했다. 관리들은 또 성안에 '국局'을 설립하여 향신들이 지방의 치안을 유지하고 대중을 통제하도록 했다. 치밀한 준비 끝에 영국 영사와 그의 수행원들은 1866년 5월에 무사히 성안으로 들어갔고, 또 성안에 '공관公館'까지 설립했다.

조주성 입성 문제의 '해결'은 연안 지역, 특히 통상항 지역의 지주계급이 이미 나라를 팔아먹으면서 투항하는 청 정부를 추종하여 외국 침략자에 대한 저항을 포기함으로써 온건한 반대자도 되지 않으려 했음을 말해 준다.

비교적 늦게 외국의 침략 세력을 접촉한 내륙에서는 지주계급과 지식분자들, 그중에는 지방의 권세 있는 관리들까지 현지에서 일어나기 시작한 외국 침략자에 대한 반대 운동에 지도자가 되거나 막후에서 책동을 선도하는 경우가 많았다.

일찍이 1861년(함풍 11) 호남에서는 지주와 향신들이 천주교를 반대하는 서적을 간행하거나 격문을 배포하였다.1) 강서 지역의 향신들은 즉시 이를 베껴 내다 붙였다. 이 무렵 프랑스 선교사들은 총리아문에서 발급한 통행증을 들고 호남과 강서 일대에서 선교활동을 하고 있었다. 1862년(동치 원년) 2월 남창南昌에서도 군중들이 교회를 파괴하는 사건이 발생했다. 당시 사건을 일으키고 주도적으로 참가한 사람들은 성省의 수도에서 열린 과거시험에 응시하러 온 유생儒生들이었다. 이들은 대부분 부농인 지주들의 자제였다. 성의 수도에서 일어난 사건의 영향으로 남창 동남쪽 진현현進賢縣에서도 비슷한 사건이 발생했다. 동시에 호남의 상담湘潭과 형양衡陽 등의 현에서도 외국인들이 세운 교회가 잇따라 군중들에 의해 불타거나 파손되었는데, 그 상황은 앞의 경우와 거의 비슷했다.

이러한 사건들이 터지자 프랑스 공사는 북경에서 총리아문과 교섭하면서 빌미를 잡고 협박했다. 강서성과 호남성 당국은 이 때문에 일부 현의 관리를 처벌하고 프랑스에 배상금을 지불했을 뿐만 아니라 새로 교회를 지을 토지를 제공해 주거나 파괴된 건물을 수리해 주었다. 그런데 두 성의 관청은 모두 사건을 일으킨 주동자를 잡아낼 수 없다고 밝혔다. 이 몇 차례의 투쟁은 현지의 권세 있는 향신들이 책동했거나 아니면 그들이 지지했던 것이다.

당시 내륙 깊숙한 귀주성에서 발생한 교안도 지방의 관리들이 뒤에서 사주한 것이었다. 귀주 제독 전흥서田興恕와 순무 하관영何冠英은 전 성의 관리들에게 공문을 보내 천주교 선교사들을 몰아낼 것을 호소했다. 전흥서는 젊은 무관으로 1861년 무장한 지주들을 지휘해 청암靑巖의 천주교 성당을 불태우고 4명의 중국인 신도를 살해한 적이 있었다. 1862년에는 개주開州의 지주知州인 대록지戴鹿芝가 현지 무장한 지주들과 외국 교회 사이의 분쟁을 이용하여 프랑스 선교사 1명과 중국인 교인 5명을 살해했다. 프랑스는 처음에 전흥서를 사형에 처할 것을 요구했는데, 프랑스와

---

1) 江上蹇叟(夏燮), 『中西紀事』 제21권, 5쪽.

여러 차례 협상 끝에 청의 지방정부가 거액의 배상금을 지불하고 그의 직위를 박탈해 변방으로 내쫓는 것으로 사태를 마무리했다.

위에서 살펴본 호남, 강서, 귀주에 몇 차례 교안이 발생한 시기는 태평천국전쟁이 끝나기 전이다. 이후 1865년부터 1869년까지 몇 년 동안에 이 몇 개의 성과 다른 몇몇 해안과 내륙 지방의 많은 곳에서 대중적인 외국 교회 반대 투쟁이 속출했다. 사천 동부의 몇 개 현에서 일어난 투쟁은 특히 치열하고 대표적이다.

프랑스는 중경重慶의 천동川東에 주교좌를 설치했는데, 이곳 프랑스 선교사들은 천동 곳곳에서 활동해 대중의 강한 반감을 샀다. 이 지역 지주 출신의 향신 세력이 대단히 강해 무장한 지주 조직인 '단방團防'은 관리들이 의지하는 중요한 무력이었다. 풍도酆都와 팽수彭水, 유양酉陽 등 각지에서는 거의 해마다 단방의 무력이 주도한 기독교 반대 투쟁이 끊이지 않았다. 1865년과 1868년 두 명의 프랑스 선교사가 유양에서 차례로 살해되고 교회는 파괴되었다. 프랑스는 이 사건이 지방 관리의 묵인 아래 향신들이 저지른 것이라며 엄벌을 요구했다. 1865년의 사건을 해결하기 위해 유양의 지방 대세력가들은 염로오冉老五라는 사람을 희생양으로 잡아 사형에 처하고, 은화 8만 냥을 모아 프랑스에 배상했다. 이 배상금은 당연히 일반 백성들이 균등하게 분담하였으므로 대중의 분노를 불러일으켰고 새로운 교안이 계속 일어났다. 그리고 1868년의 사건 이후, 프랑스 공사는 청 정부를 더욱 협박하여 지방 관리와 향신들을 엄벌해야 한다며 사천 총독의 징계까지 요구했다. 청 정부는 당시 호광 총독이었던 이홍장을 특파하여 이 사건을 처리하고, 1869년 5월 귀주성 준의遵義에서 프랑스 선교사 1명이 피살된 교안의 건도 처리했다. 이 준의에서 반교회운동을 벌인 주역도 지역 향신들이 이끄는 단방의 무력이었다.

프랑스는 주로 천주교를 이용해 외진 내륙을 포함한 중국 각지로 세력을 뻗쳤기 때문에 대부분의 교안은 프랑스와 관련이 있었다. 1866년 프랑스 공사는 총리아문에 남방의 여러 성에서 일어나는 교안은 모두 지방 관리와 향신들이 한통속이 되어 일으킨 것이므로 본국의 군함을 각지에 파견하여 선교활동을 보호하겠다는 각서를 보내면서 "무릇 프랑스 군함이 도착하면 그곳 관리와 향신들은 반드시 하루에 최소한 1천 냥의 파견 비용을 내놔야 한다"2)고 밝혔다.

1869년 이홍장이 사천에 파견되어 사천과 귀주의 교안을 처리하고 있을 때, 프랑스 공사 로슈슈아르(Louis Julien Emilien, comte de Rochechouart)는 북경을 떠나 천진으로 가 그곳에 정박하고 있던 프랑스 군함을 이끌고 상해를 거쳐 장강으로 진입해 남경과 안경, 구강에 이르렀다. 그들이 지나가는 동안 청의 지방 당국은 프랑스 공사를 신중히 대하라는 명을 받들어 그가 요구한 대로 많은 돈을 지불하여 당시 안휘와 강서 각지에서 발생한 교안을 해결했다. 프랑스 공사는 마지막으로 무창에 도착한 후 다시 사천으로 진입하겠다고 위협했다. 이홍장은 급히 사천에서 무창으로 돌아와 프랑스 공사를 만났다. 이홍장은 사천에 있을 때 이미 외국인 선교사를 살해한 범인의 목을 베었고, 프랑스인과 은화 1만 8천 냥을 배상하기로 합의했는데, 프랑스 공사는 부족하다고 고집했다. 결국 이홍장은 배상금을 3만 냥으로 늘렸고, 또 프랑스 공사의 요구를 받아들여 유양의 반교회 투쟁의 배후로 지목되었던 대지주 한 명을 다른 곳으로 이주시키고서야 비로소 유양의 교안을 매듭지었다. 귀주 준의의 교안도 결국 은화 7만 냥을 배상금으로 지불하고 결말을 보았다.

이 몇 년 동안 발생한 교안 중 일부는 영국과 관련되었다. 예를 들어, 1868년 3월 대만 대남臺南의 영국인이 세운 교회가 군중들에 의해 파괴되고, 같은 해 7월 강소 양주揚州에서도 영국인을 상대로 한 교회 폭동이 일어났다. 양주에서 이 교안이 발생했을 때 마침 양주부揚州府의 과거시험이 열리고 있던 중이었다. 사전에 이미 영국 성직자들을 '예수교 강도'라고 지칭한 격문이 도시 전체에 나붙었고, 1만 명이 넘는 군중이 모여들었다. 영국은 이번 폭동이 향신과 유생들이 선동해 일어난 것이라고 판단했다.3) 이 두 차례의 사건이 일어난 이후 영국은 대만과 남경에 군함을 파견해 협박함으로써 거액의 '배상금'을 갈취하고 지방 관리를 처벌하는 목적을 달성했다.

---

2) 『동치이무』 제42권, 56~57쪽.
3) Morse, 『중화제국대외관계사』 제2권, 249쪽.

이러한 지방의 봉건 관료와 향신들이 외국 침략 세력에 대해 적대감을 가진 것은 그들이 독점하고 있던 지방의 독점적 통치권력을 지키기 위해서였다. 1866년 강서 순무 유곤일劉坤一은 다음과 같이 말했다.

> 외국의 선교사들은 매번 신자들을 부추겨 관청의 일을 간섭하게 하고 지방 장관을 협박하게 하며, 심지어 지방의 도적들까지 그들의 위세에 의탁해 설쳐대는데도 선교사들이 나서서 그들을 지지해 주므로 각 주와 현에서는 법을 제대로 집행할 수가 없다.[4]

지방의 관리와 향신들이 교회에 대해 적대감을 가진 근본적인 이유는 바로 선교사들이 위와 같이 행동했기 때문이다. 유곤일은 또 봉건주의의 상부구조를 수호하는 입장에서 외국인의 선교행위가 통상보다 더 해롭다고 보고서 "통상은 우리 물산의 정수를 소모할 뿐이지만, 기독교의 전파는 우리의 인심과 풍속을 크게 변화시킨다"고 주장했다. 반봉건 농민혁명이 아직 진행 중이고, 그 여파가 미처 가라앉지 않은 상황에서 봉건 관료와 향신들이 대중을 이끌고 교회에 반대하도록 한 그들의 주관적 의도는 대중투쟁의 창끝을 봉건에서 벗어나 외부로 돌리도록 유도한 것으로 볼 수 있다.

봉건 관리와 향신들은 외국 교회와 선교사들이 자본주의적 제국주의 침략의 선봉에 선 죄악을 제대로 고발할 수 없었다. 그들은 기껏 교회의 해악에 관한 괴담이나 지어내 선교사들이 사람의 마음을 미혹하고 부모도 몰라보게 만드는 '미혼약迷魂藥'을 가지고 있다는 등 황당한 말을 퍼트렸다. 이렇게 지어낸 이야기는 당시 여건상 군중을 선동하는 역할을 하기는 했지만, 대중의 올바른 인식을 방해하고 대중의 행동을 잘못된 길로 이끌었다.

선교사들이 포섭한 중국인 신도는 지방의 주민 중에서도 소수에 지나지 않았다.

---

4) 『동치이무』 제41권, 43~44쪽.

교회는 사상적으로 그들을 미혹시키는 것 외에도 그들의 실질적 이익의 보호자로 자처했다. 교인들 중에는 봉건세력의 끝없는 착취를 피하기 위해 입교한 사람이 적지 않았다. 신도들이 입교를 하게 되면 향신들이 영신迎神이나 경기대회, 묘당 수리 등의 명목으로 분담시키던 부담을 거부할 권리가 있었는데, 교회가 이러한 권리를 보호했을 뿐만 아니라 청 정부도 공식적으로 인정했다. 실제로 사람들은 이러한 착취를 피해 입교했지만 다시 교회의 온갖 착취에 빠져들었다. 그리고 일부 신도 가운데 서양인의 세력을 등에 업고 행패를 부리는 불량배도 있었다.

현지의 관리와 향신들은 이들이 서양인의 위세를 빌려 자신들의 봉건적 통치망에서 빠져나가는 것을 적대시했으며, 이들에 대한 비신자들의 증오심을 충동질하고 살해에까지 이르게 했다. 청 정부의 공식 문서에서도 '민교구살民敎仇殺'이나 '교민단민구살敎民團民仇殺' 등의 용어를 관습적으로 사용했는데, 이처럼 "백성과 신도들이 원수가 되어 죽이고", "신도와 단방이 원수가 되어 죽이는" 현상이 벌어졌다. 사실상 신도들은 '외국인이 된 백성'(化外之民)으로 취급받았다. 반기독교적인 지방의 관리와 향신의 선동으로 이른바 '교민敎民'을 무차별적으로 박해했는데, 이것은 오히려 그들을 서양인의 보호막 아래로 몰아넣는 결과를 빚었다.

지방의 관리와 향신들은 이러한 입장에서 서양의 기독교를 반대했기 때문에, 외국의 침략 세력에 저항할 수 없는 상황으로 판단되거나 교회를 용인해도 봉건경제의 기초와 그 상부구조를 근본적으로 해치지 않는다고 판단되었을 때, 그들이 선동한 대중투쟁의 대열에서 빠져나갔다.

1863년 초 강서 순무 심보정沈葆楨은 조정에 올린 보고문에서 첩자를 풀어 시중에 떠도는 소문들을 들어보니 관청과 향신들은 항상 서양인들만 따르고 백성을 윽박지르다가 긴급한 상황이 벌어지면 몸을 피하고 일을 끝내, 결국 죄를 뒤집어쓰는 것은 백성들뿐이라고 한다고 적었다.5) 이것은 당시 하층 대중이 관리와 향신들을 믿고서 외국 침략자들에 대한 반대 투쟁을 벌일 수 없음을 간파하고 있었음을

---

5) 『동치이무』 제12권, 27, 23쪽.

말해 준다. 그러나 인민대중이 봉건 지주계급의 나쁜 영향에서 완전히 벗어나 외국 침략자에 대항하는 투쟁을 올바르게 전개하기까지는 아직 상당한 기간의 실천과 학습 과정을 거쳐야 했다.

2. 교안에 대한 양무파의 태도와 천진교안

앞에서(제2부 제2장 5절)에서 말한 바와 같이 봉건 관료 중 양무파와 양무에 반대하는 극단적 수구파는 서로 의견이 달랐지만 봉건주의의 수호자란 점은 같았다. 이러한 입장에서 볼 때, 극단적 수구파는 물론 서양 종교의 전파에 대해 매우 뼈아프게 생각했지만, 양무파도 마찬가지로 서양 종교가 매우 해롭다고 여겼다.

그러나 양무파의 일부 논의에서 볼 수 있듯 교안敎案에 대한 그들의 태도는 처음부터 극단적 수구파와 달랐다. 극단적 수구파는 일반적으로 국가가 외국인의 선교활동과 기타 침략활동을 막을 방법이 없었기 때문에 대중의 역량을 인정하고 이를 이용하는 것만이 유일한 방법이라고 보았다. 만주 귀족인 순친왕醇親王 혁현이 1869년(동치 8)에 제시한 논의가 대표적인데, 그는 향신과 대중을 선동하여 교회를 불태우고, 서양 상인을 죽이고, 서양 물품을 빼앗으며, 서양인들이 항의하면 책임을 회피하고 시간을 끌면서 흐지부지 처리할 것을 주장했다. 그는 이것이 '민심을 수렴하고 근본을 굳건하게 지키는' 방법이라고 주장했지만, 사실은 비겁하게 대중의 힘을 이용해 그들이 증오하는 서양인을 반대하려 했던 것이다.

양무파는 이런 방법이 매우 위험하고 통하지 않는다고 생각했다. 그들은 반교회의 활동이 외국 침략자와의 '결렬'을 불러올까 봐 두렵기도 하고, 또 '민심'을 부추겨 초래될 '후환'을 걱정하기도 했다. 그들은 외국 침략자들과 절대로 등져서는 안 된다고 생각하면서 교안을 처리할 때마다 대중을 탄압할지언정 외국인의 뜻을 거역하지 않았다. 따라서 그들이 교안을 처리하는 방법은 종종 극단적 수구파의 공격을 받았다. 극단적 수구파는 양무파를 "시급한 시책(時務)을 알지 못한다"고 비판했다.

1870년(동치 9)에 발발한 천진교안天津敎案은 양무파와 극단적 수구파 사이에 격렬한 논쟁을 불러일으켰으나, 이때부터 양무파의 방침은 이러한 사건을 처리하는 정부의 공식적인 방침이 되었다. 따라서 극단적 수구파의 사상적 지도 아래 대중의 반기독교 투쟁을 선동하던 각지의 관리와 향신들도 점차 모습을 감추었다.

천진교안이 발생하기 이전 사회에서는 교회의 각종 악행에 대한 유언비어가 나돌았는데, 이것은 향신들의 선동과 어느 정도 관련이 있었다. 1870년 5월 23일 수천 명의 군중이 프랑스 선교사가 주재하고 있는 교회 앞에 모였다. 프랑스 영사 퐁타니에(Henri Victor Fontanier)가 청 정부가 군중을 제대로 진압하지 않는다고 판단해 직접 총을 들고 교회 앞으로 나와 당시 이 일을 처리하고 있던 천진天津 지현知縣 유걸劉傑을 향해 발포하고 또 그의 하인을 때리자 군중들의 분노가 더욱 끓어올랐다. 흥분한 군중들은 그 자리에서 그를 때려 살해했으며, 이어 교회와 다른 여러 외국인의 주택도 불 질렀다. 분란 중에 20명의 외국인(대부분 프랑스인이고 3명은 러시아인)과 중국 신도 몇 명이 살해되었다. 퐁타니에가 무리하게 발포한 것이 이번 사건의 주요 원인임이 분명했다.

사건 이후 천진의 인심이 동요하고 사회질서가 혼란스러워졌을 뿐만 아니라 수도 인근은 물론 다른 성 곳곳에도 영향을 미쳤다. 청 당국과 중국 주재 각국의 외국인들도 모두 크게 놀랐다. 이런 상황에서 프랑스 공사가 청 정부를 위협했을 뿐만 아니라 영국과 미국, 러시아, 이탈리아 등도 연합하여 항의문을 보내는 한편 군함을 동원해 무력시위를 벌였다.

총리아문의 요청에 따라 황제는 즉시 각 성의 지방 관리들에게 대중들이 모방하여 소란을 일으키지 않도록 엄중히 방비하라고 명령을 내렸다. 총리아문은 프랑스가 이를 계기로 "서둘러 결렬을 선언하고", "군대를 동원할" 것이며, 다른 국가들도 프랑스와 함께 우리를 압박할 것이라고 판단했다. 사실 당시 프랑스는 나폴레옹 3세 치하에서 국내 정세가 대단히 불안정했다. 천진교안이 발생한 지 불과 한 달 만에 프로이센-프랑스 전쟁이 시작되어 프랑스군은 순식간에 패배했고, 나폴레옹 3세가 직접 지휘한 군대는 스당(Sedan)전투에서 전군이 궤멸했다. 따라서 프랑스는 극동에서 어떤 행동도 취할 형편이 아니었다. 국외 정세에 대해 전혀 알지 못하고 있던 청의 관리들은 오히려 중국 주재 프랑스 공사가 어떤 결정도 내리지 못하고 주저하는 모습을 보고, 이것을 나쁜 징조라고 판단했다. 그래서 조정은 총리아문의 건의에 따라 천진에 주재하고 있던 삼구三口 통상대신 숭후崇厚를 흠차대신으로 프랑스에 파견하여 사죄하게 하는 한편, 직예 총독 증국번을 보정保定에서 급히 천진으로 파견하여 사태를 처리하도록 했다.

천진교안은 증국번의 생애에 처리한 마지막 대사건이라 할 수 있다. 천진교안을 처리한 후 그는 양강 총독으로 전임되었다가 1872년에 죽었다. 그는 3개월 만에 천진교안을 처리했다. 당시 강소 순무였던 정일창丁日昌이 다시 천진에 파견되어 협조하였다. 그들은 외국인들에게 충분한 희생양을 내보이지 않고서는 이번 교안으로 인한 위기를 해결할 수 없다고 생각했다. 그러나 군중들이 한꺼번에 몰려들어 저지른 사태였기 때문에 확실한 '주동자'를 찾아내기가 쉽지 않았다. 이에 그들은 기한을 정해 놓고서 밤낮으로 범인 색출에 나섰다. 그 결과 충분한 증거도 없이 사형에 처해진 자가 20명으로 늘어났고, 징집과 징역형을 선고받은 자가 상당히 많았다. 관청에 체포되어 자백을 강요당한 피해자는 더 많았다. 이 밖에도 총리아문은 북경에서 프랑스 공사가 제시한 대로 은화 46만 냥을 배상하고, 러시아에도 은화 3만 냥을 배상했는데, 그 액수가 이전의 어떤 교안보다도 컸다.

천진교안을 처리하는 과정에서 증국번은 외국 교회가 중국에서 나쁜 짓을 한 적이 없고, 다만 사회의 일부 '백성을 미혹시키는' 범죄자들이 교회를 끌어들였을 수 있다고 생각했다. 이처럼 그는 외국 교회가 중국 침략 과정에서 어떠한 역할을 했는지, 왜 교회가 대중의 증오를 불러일으켰는지, 왜 교회와 관련된 유언비어가 도처에 전파될 수 있었는지를 묻지 않고, 오히려 교회가 억울한 누명을 뒤집어썼다면서 이를 "밝혀서 명예를 회복시켜 주어야 한다"고 판단했다.

이 사건을 처리한 후 증국번은 이번 교안 처리가 "밖으로 청의淸議에 부끄럽고 안으로 신명神明에 죄스러워 평생 유감"6)이라고 말했다. 그러나 그의 '죄책감'은 인민에게 마구 중형重刑을 내린 것 때문이 아니었다. '어리석은 백성'과 '나쁜 백성'의 목을 베는 것은 그가 보기에 정당한 일이었다. 그가 가책을 느꼈던 것은 천진 지주知州와 지현知縣을 희생시킨 것이었다. 그는 원래 이 지방관의 죄를 묻지 않으려 했는데, 프랑스 공사의 완강한 고집을 못 이겨 어쩔 수 없이 조정에 보고하여 두 관리에게 유배형 처분이 내려지게 했다. 중국번은 조정에 올린 보고문에 "소신은 이를 깊이 자책하는 바입니다"라고 썼다.

극단적 수구파의 공격을 받은 조정은 6월 말 중국번에게 앞으로 더 이상 양보하지 말라고 지시를 내리고 전국 각지에 군사 경계 태세를 갖추도록 명령했다. 중국번은 즉시 상주문을 올려 반대 의견을 제시하며 "현재 중국의 역량으로는 갑자기 군대를 동원할 수 없으므로 대충 양보하면서 보전을 꾀하는 방법밖에 없습니다"라고 답했다. 그러면서 "이후에도 계속 한결같은 마음으로 외국과 우호관계를 유지하고, 부득이하게 어떤 조치를 취해야 한다면 방비를 잘 갖추어 평화의 국면을 이끌어 내야 합니다"라고 했다. 이어 그는 "신이 이번 사태에 대한 준비를 제대로 하지 못했기 때문에 너무 많이 양보해 마음 가득히 부끄러움을 느낍니다"7)라고 말하면서 상주문의 끝을 맺었다. 그의 이 말은 마치 자책한 것처럼 보이지만, 사실 그가 '너무 많이 양보한 것'은 이유가 있었다. 중국은 외국 침략을 물리칠 힘을 갖추지 못했기 때문에 대충 양보하며 보전을 꾀할 수밖에 없었고, 대외적으로 유순한 태도를 취할 수밖에 없었다는 것이다.

중국번의 천진교안 처리를 도운 정일창은 천진에 도착하자마자 자신의 방침을 분명히 밝혔다. 그는 영국과 러시아 등이 현재 우려하는 것은 "중국 관리들이 백성을 진압할 능력이 없는 점"8)이라면서 이번 사건의 처리를 통해 중국 통치자들이 충분히 그 능력을 갖고 있음을 보여 주어야 한다고 말했다.

---

6) 『동치이무』 제76권, 40쪽.
7) 『증문정공주고』 제35권, 13~14쪽.
8) 『동치이무』 제75권, 7쪽.

극단적 수구파는 천진교안이 발생한 후 한바탕 목청을 돋우었다. 그들 중 어떤 인물은 이번 천진교안을 통해 '국가에 대한 인민들의 충성심'이 확인되었으므로 "이 기회를 이용해 북경에 있는 오랑캐의 외교 공관들을 모두 파괴하고, 북경에 주재하고 있는 오랑캐의 우두머리들을 모조리 죽여 버려야 한다"9)고 주장했다. 그들은 감히 중국번을 직접 비판하지 못하고 정일창을 공격 대상으로 삼아 "백성을 억압하고 외국의 비위를 맞춰 서양인들의 요구를 재빨리 충족시켜 주기 위해 억울하게 많은 사람들을 처벌했다"10)고 비판했다. 극단적 수구파들은 양무파들이 천진교안을 처리하면서 주권을 상실한 채 국가를 욕되게 했고 백성을 억압했으며 외국에 지나치게 굴복했다고 비난하여, 한동안 양무파 관료들이 머리를 못 들 정도로 여론이 거세었다. 그러나 양무파 관료들은 극단적 수구파 관료들이 인민대중을 끌어들여 동원하면 서양 세력을 단번에 몰아낼 수 있다고 주장하는 것이 공허한 논리라는 것을 잘 알고 있었다. 사실 극단적 수구파 관료들은 소매를 걷어붙이고 팔뚝을 드러내면서 큰소리는 쳤지만, 서양과 관련된 모든 사무는 서양인의 뜻에 영합하려는 양무파 관료가 처리하도록 내버려두었다.

　서태후를 비롯한 청 왕조의 통치자들은 한편으로는 양무파의 방침에 따라 대중의 반침략운동을 탄압하여 외국 침략자들에게 그래도 자신들이 지지해 줄 만한 집단임을 보여 주었으며, 다른 한편으로는 극단적 수구파들이 "백성의 힘을 아껴야 한다"는 '청의淸議'를 일으키도록 하여 인민대중에게 그래도 이 왕조가 인민대중과 함께 외국 침략자들을 반대하고 있다는 환상을 가지게 했다. 이와 같이 봉건 통치자들이 자신의 생존을 유지하기 위해 이중공작을 벌인 것은 매우 교활하고 악랄했다.

---

9) 『동치이무』 제73권, 17쪽.
10) 『동치이무』 제78권, 17쪽.

3. 1870~90년대 초까지의 반침략 대중투쟁

천진교안의 중형重刑 진압 선례는 지주계급으로 하여금 반교회 투쟁에서 물러나게 했지만 하층 대중들이 투쟁을 계속하는 것을 막을 수는 없었다. 외국인 선교사들의 횡포가 기승을 부리면서 이후 10여 년 동안 교안 발생 지역은 과거보다 훨씬 넓어졌다.

천진교안 이전 귀주의 전홍서田興恕처럼 공공연히 교회 반대를 선동하는 지방 관료는 이제 사라졌다. 각지의 관리들은 외국인 선교사와 모든 외국인을 보호하는 데 소홀할까 두려워하면서 그들의 요구를 감히 거부하지 못했다. 각지의 명망 있는 상류층 인사들도 대부분 반교회 투쟁에서 물러나고, 다만 사적 자리에서 '양놈', '양놈 종교', '양놈 종교에 물든 놈' 등의 말로 자신의 분노를 토로할 뿐이었다. 하층 민중들은 의분에 차서 자발적으로 외국 침략자를 반대하는 투쟁을 벌였지만 언제나 관리들에 의해 탄압을 받았다.

광서 초년 복건성 북부 산간 지역인 연평현延平縣(지금의 南平縣)에서 일어난 교안은 반침략 투쟁의 발전 속에서 하층 민중과 지주, 향신들의 분열을 잘 보여 준다. 1875년(광서 원년)과 1876년 연평현 군중들이 미국 교회를 두 차례 파괴했다. 향신들이 이 사건을 지지하고 상인들도 투쟁에 참여한 것을 보면, 이곳의 반기독교 투쟁은 한때 상하 각 계급과 계층이 망라되었음을 알 수 있다. 1879년 미국 선교사가 서점을 개설한다는 명분을 내세워 '복음당福音堂'을 재건하고 선교활동을 하자 대중들이 반발했다. 이에 미국 선교사가 중국인 한 사람을 총으로 쏴 다치게 했다. 이에 분노한 군중들이 복음당을 파괴하는 바람에 미국 선교사는 지방관의 보호 아래 탈출했다. 민절閩浙 총독은 즉시 미국 영사의 요구에 따라 사람을 보내 조사한 뒤 죄인을 처벌했다. 기독교에 반대 의사를 밝혔던 연갑총국聯甲總局의 향신들은 그만 위축되어 감히 다른 행동을 취하지 못했다. 거리에는 새로운 격문이 나붙었는데, 그 속에는 다음과 같은 내용이 있었다.

오늘날 서양놈들은 교활하고 간사한 꾀가 많아 속내를 헤아릴 수 없다. 우리 백성들의 재산을 훑어가고, 아편을 사방에 퍼트리며, 땅을 차지하려고 돈을 들여 제멋대로 사들인다. 항구에서는 높은 건물을 지어 은밀히 요충지를 차지하고, 가는 곳마다 교회를 지어 이빨을 드러내고 졸개들을 공공연히 끌어모은다. 이는 우리 어린 황제를 업신여기고 중국을 차지하려고 도모하는 것이 아니고 무엇이겠는가? 신하로서 원한이 하늘에 닿으니, 같은 하늘 아래에서 그 원수와 함께 살 수 없도다![11]

또 격문에서는 관리들을 "송나라 때의 진회秦檜와 다름이 없으며", 향신들은 지방의 관리들에게 "아부만 한다"고 비판했다. 이 격문은 하층 민중들의 투쟁에 동참한 지식분자가 작성한 것이 분명하다. 이 격문에서 볼 수 있듯 하층 민중들은 반교회 투쟁의 의미를 반침략의 수준으로까지 끌어올렸고, 관리와 향신들은 사실상 외국 침략자의 편에 섰음을 알 수 있다. 그러나 격문을 작성한 자는 충성스러운 신하로 자처하며 서양인에게 괴롭힘을 당하는 어린 황제를 위해 울부짖었다. 사실상 지방 관리와 향신들의 서양인에 대한 태도가 바로 조정의 방침인데, 대중들은 서양인에게 굴종적인 관리와 향신들에 대해서만 적개심을 드러냈을 뿐 한 단계 더 진전시키지 못했다. 그래서 1879년 한림원 시독侍讀 왕선겸王先謙은 "처음에는 어리석은 백성들이 (서양인에 대한 조정의 기본 방침임을) 모르고 지방의 관부만 원망했지만, 이제는 알게 되어 삽시간에 조정까지 원망하고 있다"[12]고 우려했다.

대중투쟁의 불길이 더욱 거세게 타올랐던 것은 1884년 청불전쟁 이후였다. 많은 지역에서 이런 투쟁의 주역은 민간 비밀결사인 가로회哥老會(天地會)였다. 각 지방의 지주계급과 그들이 장악한 무장 세력은 이미 대중운동의 대척점에 서 있었다.

중경重慶을 중심으로 한 사천 동부 지역에서 외국 교회에 반대하는 대중투쟁은

---

11) 『清季敎案史料』 제2책, 159쪽.
12) 『양무운동자료』 제1책, 191쪽.

1860년대 유양酉陽교안 이후 거의 매년 끊이지 않았다. 1886년 5월과 6월 사이에 중경에 프랑스인과 미국인, 영국인이 세운 교회와 기타 시설이 거의 파괴되었다. 교회를 공격하는 바람은 동량銅梁과 남천南川, 대족大足, 기강綦江 등의 지역으로 빠르게 퍼졌다. 이 가운데 대족현 용수진龍水鎭의 프랑스 교회는 1886년과 1888년, 1890년 세 차례나 거듭 파괴됐다. 프랑스 선교사 퐁스(Joseph Pons, 彭若瑟)는 용수진에서 토지를 대량으로 사들였는데, 용서이촌龍西二村이란 한 마을에서만 사들인 논이 1천2백 무에 달했다. 용수진의 경우는 중국 내륙에 있는 많은 교회가 농경지를 대량으로 차지하여 사실상 서양 봉건제적 장원의 영주처럼 군림해 중국인 신도들을 정신적으로 지배했을 뿐만 아니라 소작인으로 만들어 착취한 대표적인 한 예이다.

1890년 6월 용수진에 있던 교회가 파괴되었을 때, 관군이 출동하여 군중을 진압했다. 관군이 주모자로 지목한 소지주 장찬신蔣贊臣을 체포하려 들자 그의 친구인 여동신余棟臣이 주도하여 무장폭동을 일으켰다. 별명이 여만자餘蠻子인 여동신은 소량의 토지밖에 없어 석탄 캐는 고된 일을 해야 하는 집안 출신으로, 현지 가로회의 우두머리였다. 그가 이끈 무리의 중심은 "작은 규모의 탄광과 제지공장 노동자 100여 명"이었는데 모두가 빈농 출신이었으며, 그들은 한때 용수진을 점령했다. 이듬해 3, 4월에 그들은 천동도川東道에서 보낸 관군에 의해 토벌되었지만, 이 봉기는 사천 동부 각 지역의 하층민들에게 큰 영향을 미쳤다.[13]

1891년 장강 하류의 넓은 지역에서 대중투쟁의 새로운 물결이 일어났다. 4월부터 시작하여 무호蕪湖에서 빈민 1만여 명이 모여 교회를 불태웠다. 이 사건은 안휘와 강소 두 성의 장강 연안 지역으로 빠르게 영향을 미쳤고, 강서와 호북의 여러 지역에도 파급되었다. 강소성의 경우, 양강 총독 유곤일劉坤一은 "단양丹陽, 금궤金匱, 무석無錫, 양호陽湖, 강음江陰, 여고如皋의 각 지역 교회가 잇따라 파괴되었다"고 보고했다. 그는 이 모든 것이 다 '어리석은 백성들'이 '도적'의 선동에 넘어가

---

13) 여동신의 봉기에 관한 자료는 『근대사연구자료』 1955년 제4기와 1958년 제1기에 실린 「여동신과 사천농민 반제운동자료에 관하여」(關於余棟臣與四川農民反帝運動資料)를 참고하라.

일으킨 것으로 보았다. 얼마 후 유곤일은 무호에서 소동을 일으켜 '회비會匪'로 지목된 두 사람을 죽이라고 명령했다. '회비'란 가로회를 가리킨다. 이듬해 유곤일은 강소성 각지에서 가로회 사람들을 많이 잡아들였는데, 그중 "교회를 파괴하고 약탈할 모의를 했다"고 자백한 사람이 있다고 보고했다. 유곤일은 장강 연안 일대에서 일어난 교안이 바로 가로회가 일으킨 것이라고 보았다.14) 당시 북경의 조정과 외국인들도 가로회를 이번 교안을 일으킨 원흉으로 보았다.

1891년 겨울 만리장성 밖 열하 동부의 조양朝陽, 평천平泉, 적봉赤峰 일대에서 비교적 큰 규모의 무장봉기가 일어났다. 이들도 역시 서양인이 전파한 기독교를 몰아내고 인민을 억압하는 청 관리들과 몽고의 귀족들을 타도하자는 구호를 외쳤다. 여기에 직예성의 북동부와 봉천성奉天省의 남서부도 영향을 받아 군중들의 소요가 일어났다. 청 정부는 열하, 봉천, 직예의 군대를 동원하여 잔혹하게 진압하였고, 학살당한 봉기 군중이 2만여 명에 이르렀다. 당시 봉기의 주역은 가로회가 북방으로 확대되면서 발전한 비밀결사 재리회在理會였다.

천지회와 가로회, 재리회와 같은 민간 비밀 회당會黨은 청 정부가 엄격히 금하던 불법 조직이었다. 이들은 종교적 미신의 외피를 걸치고 있었기 때문에, 통치계급은 이들을 '사악한 종교'(邪敎)라고 불렀다. 1891년 이후 얼마 지나지 않아 한 지주계급 지식분자가 교안 문제를 거론하면서 "정교正敎를 일으키고, 이교異敎를 안정시키며, 사교邪敎는 제거하자"는 세 가지 강령의 주장을 내놓았다.15) 그가 말한 '정교'는 성인 공자의 유교이고, '이교'는 주로 기독교를 가리키며, '사교'는 비밀 회당을 뜻한다. 이 강령은 지주계급이 공·맹의 도와 외세 침략을 대표하는 기독교는 평화롭게 공존할 수 있지만, '이교를 안정시키기' 위해서는 반드시 '사교를 제거하여 하층 민중들의 교회 반대 투쟁력을 없애야 한다고 인식했음을 잘 말해 준다. 이러한 주장은 지주계급 가운데 많은 사람들이 하층 인민들의 폭력적 반침략 투쟁에서

---

14) 유곤일의 말은 『劉坤一遺集』 제2책(중화서국, 1959년판), 698·704·727쪽 여기저기에서 보인다.
15) 葉瀚, 「整頓中國敎務策」, 『增訂敎案匯編』 제4권(광서 28년 간본), 6~7쪽을 참고하라.

물러났을 뿐만 아니라 이러한 투쟁을 진압하려고 힘썼다는 것을 아주 잘 보여준다.

　1880년대 후반에 등장한 자산계급 개량주의자들은 어떤 문제에서는 양무파 관료와 뚜렷이 구별되지만, 또 다른 문제에서는 양무파 관료와 분명하게 선을 긋지 못했는데, 교안에 관한 문제에서 바로 그러했다. 예를 들어, 탕진湯震과 진치陳熾는 그들의 저술에서 교안이 발생한 원인을 단지 외국 교회가 받아들인 교인 대부분이 '완고하고 염치를 모르는 무리'였기 때문에 관청에서 '이교를 믿는 백성들'의 명부만 손에 넣으면 문제를 해결할 수 있다고 주장했다. 이들 초기의 자산계급 개량주의자들은 자발적인 반교회운동 가운데에서 후진성의 측면만 보았기 때문에 이 운동에 결코 동의하지 않았을 뿐만 아니라 오히려 대립하는 입장에 섰다.

　이미 지적(제1부 제3장 1절 참조)했듯이 천지회와 가로회, 재리회 등 비밀결사의 주요 구성 분자는 강호에 떠도는 각양각색의 유민들이었다. 외국의 자본주의 세력이 갈수록 봉건 경제를 파괴하는 가운데 이러한 유민의 수는 갈수록 많아졌고, 청 정부의 엄중한 탄압에도 불구하고 그들의 비밀결사는 갈수록 확대되었다. 그들은 반침략 투쟁에 참가하면서 엄청난 기세를 형성했다. 그러나 그들은 이 투쟁을 비교적 높은 수준의 정치운동으로 끌어올릴 수 없었다. 봉건 지주계급이 이 투쟁에 참가하면서 그들에게 끼친 나쁜 영향을 어떻게 극복할 것이며, 외국 침략자를 적대시하는 모든 사회적 역량을 어떻게 잘 동원하고 조직할 것이며, 외세에 대한 반침략 투쟁을 어떻게 반봉건 투쟁과 결합할 것이며, 중국 민족의 독립을 쟁취하는 투쟁을 어떻게 중국 사회의 진보적 발전을 쟁취하는 투쟁과 결합할 것인가 등의 문제는 역사가 제시한 새로운 과제였다. 대중투쟁을 두려워하고 반대했던 자산계급 개량주의자도, 유민을 주요 구성 분자로 하는 비밀 회당도 이 과제에 대해 해답을 내놓지 못했다.

제4장

제국주의의 중국 변경 침략과 반식민지 외교

1. 러시아의 서북 변경 침략

　　러시아는 1860년대 초 중국 동북 변경의 100만 평방킬로미터 이상의 영토를 병합했다.(제1부 제4장 5절 참조) 곧이어 러시아는 중국의 서북 변경에도 검은 손길을 뻗쳤다. 1860년(함풍 10) 러시아가 북경조약을 맺으면서 제2조에서 청 정부에게 서부 국경에 관한 조항을 받아들이도록 강요했다. 이 조항에 따라 청과 러시아의 대표가 신강新疆의 타청(塔城, 타르바가타이)에서 만나 서부 국경 문제를 협상했다. 중국 신강의 북서쪽 국경은 원래 발하슈호 북안까지였는데, 북경조약 제2조에서는 발하슈호 동쪽 약 300여 킬로미터에 있는 자이산호(齋桑泊)와 그 남쪽 약 400여 평방킬로미터에 있는 이식쿨호(特穆爾圖淖爾)를 국경 획정의 표지로 삼았다. 러시아는 자신들의 해석에 따라 청 정부에 조약 규정을 '엄수'하도록 강요했다. 1864년(동치 3) 9월에 체결된 청·러 서부 국경 획정에 관한 '타청의정서'는 순전히 러시아 측의 속임수와 무력 위협의 산물이었다.

　　러시아의 전권대표였던 바브코프(J. F. Babkov)는 그의 저서 『서시베리아에서의 나의 임무』에서 러시아 정부와 관료들이 어떻게 온갖 수단을 다 써 속임수를 부렸는가에 대해 인정하고 있다. 자이산호 지역과 이식쿨호 지역을 모두 러시아 영토로 만들기 위해 그는 북경조약 제2조의 중국어본과 러시아어본의 용어 차이를 이용해 음모를 꾀했다. 북경조약 제2조는 1728년(옹정 6)에 세운 사빈다바하(沙賓達巴哈) 경계비를 서부 국경의 기점으로 삼고 있는데, 중국어본에서는 국경선이 여기에서 '서쪽으로' 자이산호에 이른다고 했지만,1) 러시아어본에서는 '남서쪽으로' 표기하고 있다. '남서쪽으로' 획정하면 러시아에 더 유리하기 때문에 그들은 러시아어본이 '원본'이며, "중국어본은 번역 및 작성할 때 명백한 오류가 발생"했기 때문에 반드시 러시아어본을 근거로 해야 한다고 주장했다.2)

그렇다면 그들은 모든 것을 다 러시아어본을 기준으로 한 것일까? 그런 것도 아니다. 그들은 러시아어본에 '중국의 현재 카룬(초소)'으로 표기되어 있는 것이 중국어본에는 '상주(常駐) 카룬'으로 표기되어 있는 것을 발견하고서, 여기에서는 '상주 카룬'이라고 표기한 중국어본을 반드시 기준으로 삼아야 한다고 주장했다. 그들은 '상주 카룬'을 고정적 설비를 갖춘 카룬으로 해석하면서, 중국과 러시아의 국경은 반드시 이 고정적 설비를 갖춘 카룬을 기준으로 획정해야 하므로 '상주 카룬' 서쪽에 있는 '전열前列 카룬'과 '외선外線 카룬'은 일절 인정하지 않는다고 했다. 러시아의 이 주장에 대해 청 대표들은 완강히 반대했고, 러시아 측은 끝까지 견지했다. 하지만 '원본'이라고 주장한 러시아어본에는 끝내 '상주'라는 글자가 없었다. 후안무치한 확장주의자 바브코프는 이런 모순을 전혀 거론하지 않은 채 "중국의 위원들이 러시아어를 전혀 몰랐기 때문에 이 내용은 당시의 협상 과정에서 특별히 불편을 주지 않았다"3)라며 아무 상관없는 듯 여겼다.

1861년(동치 원년)의 제1차 타청회의는 러시아 측의 조문 해석을 중국이 거부하면서 아무런 성과 없이 끝났다. 북경에서는 총리아문의 관리들이 러시아 공사와 이 문제를 두고 여러 차례 담판했다. 그들은 만약 조문 속에서 말한 것이 사빈다바하

---

1) 『중외구약장회편』 제1책, 150쪽.
2) 바브코프, 『서시베리아에서의 나의 임무』 상책(중국어 번역본, 1973년판), 265쪽.
3) 바브코프, 『서시베리아에서의 나의 임무』 상책, 206쪽.

로부터 '서쪽으로'가 아니라 '남서쪽으로'인 것을 진작 알았더라면 이 조문에 동의하지 않았을 것이라고 말했다. 그리고 또 '상주(常駐)'는 장주(長駐) 곧 장기 주둔을 의미하는 것이 아니고, 북경조약 조문에 상주 카룬을 국경선으로 한다는 명백한 표현도 없었으며, 러시아어본에는 '상주'라는 단어가 없다는 사실조차 끝까지 몰랐다고 말했다.

러시아는 회의가 열리기 전부터 자기들의 영토를 점령해야 한다면서 끊임없이 군대를 동원해 알타이(阿爾泰), 타청, 이리(伊犁) 등지에서 무력시위를 벌이며 약탈했다. 바브코프가 그의 책에서 밝혔듯이, 러시아는 흑룡강과 우수리강 방면에서 이미 써먹었던 방식대로 신강에서도 그대로 모방해 무력으로 영토 점령을 기정사실화했다. 1863년(동치 2) 5월, 이리 지역에서는 청군이 침입한 러시아군과 맞서 포격전을 벌여 물리쳤다. 그러나 국경 방위를 담당한 군관들은 적극적인 의지를 가지고 있지 않았다. 청 정부도 회담이 결렬되면 손실이 더 클 것을 두려워하여 서둘러 타협하는 것이 낫다고 생각했다.

이에 청은 타청회의를 재개하자고 제의했다. 러시아는 "우리의 경계 획정 초안을 변경 없이 수용해야만" 타청에 대표를 파견할 수 있지 그렇지 않다면 "경계 획정의 사안 처리 업무를 중단하겠다"고 답변했다. 다시 말하면, 회의는 무슨 회의냐, 협상의 여지가 전혀 없으니 청 정부의 대표가 할 수 있는 일은 자신들이 이미 제시한 획정 초안에 서명하는 것뿐이라는 것이다. 명의(明誼)를 비롯한 청 측 대표는 감히 아무런 이의도 제기하지 못하고 러시아가 기초한 의정서와 그들이 그려 준 지도를 받아들였을 뿐이었다. 이렇게 해서 러시아는 다시 한번 중국으로부터 발하슈호 이동과 이남의 44만여 평방킬로미터의 영토를 잘라갔다.

확장주의자의 탐욕은 멈출 줄 몰랐다. 러시아가 1864년의 경계획정의정서를 통해 탈취한 중국 영토는 이미 북경조약 제2조의 규정을 초과했지만, 그들은 북경조약이 여전히 그들에 대한 속박이라고 여겼다. 그들은 이미 얻은 영토를 집어삼킨 동시에 당시 신강의 형세를 이용하여 계속해서 더 많은 영토를 탈취할 기회를 노렸다.

여기에서 먼저 당시 신강 지역의 정세를 살펴보기로 한다. 원래 섬서陝西 지역 회족의 이맘(阿訇)이던 타명妥明(妥得磷이라고도 함)이라는 인물이 우루무치(烏魯木齊)로 와 청의 참장參將 색환장索煥章과 결탁하여 1864년 현지 회족과 한족 사이에 분쟁이 발생한 기회를 이용하여 제독을 죽이고 도통을 몰아내 우루무치를 점령하였다. 타명은 이어 색환장을 몰아내 스스로를 청진왕淸眞王이라고 칭하며 섬서와 감숙 각지의 회족 군대를 장악하려 했다. 그러나 그의 정권은 신뢰할 수 있는 사회적 기반이 없었고, 그의 잔혹한 군사 통치는 회족과 한족 및 여타 민족의 저항을 불러일으켰다. 이리 지역에 또 타란치(塔蘭齊) 술탄(蘇丹)이라 불리는 아부트라(阿布特拉)가 주도한 다른 세력이 형성되었다. 그는 1866년 정월에 이리성을 점령하고 이어서 타청도 점령했다. 그리고 타명은 1869년 남부 신강의 카슈가르에 거점을 둔 야쿠브 베그(Yakub Beg, 阿古柏)에게 패해 죽었다.

이처럼 남부 신강의 여러 지역에는 일부 상층 봉건주들이 청 왕조의 부패와 매국 통치, 소수민족 억압정책에 대한 위구르와 여타 민족들의 대중적 불만을 이용하여 지방 할거를 했다. 야쿠브 베그는 코칸트칸국(浩罕汗國)의 장군이었다. 코칸트칸국은 신강 서부와 서로 잇닿아 있었는데, 1876년(광서 2) 러시아에게 병합되기 이전에는 하나의 독립적인 칸국(汗國)이었다. 그 영토는 현재의 키르기스스탄의 대부분과 우즈베키스탄, 카자흐스탄, 타지키스탄의 일부를 포함했다.

남부 신강의 위구르인 중 일찍이 권력을 잃은 통치자인 호자(和卓)의 후예 부주르그(布士爾克)는 줄곧 코칸트칸국에 망명해 있었다. 이때 코칸트칸국의 야쿠브 베그는 1865년(동치 4)에 남부 신강의 혼란한 상황을 틈타 군대를 이끌고 중국 경내로 진입해 부주르그의 복위를 도왔다. 그들은 카슈가르를 점령하고 점차적으로 남부 신강의 여러 성을 점령했다. 1867년 야쿠브 베그는 부주르그마저 쫓아내고, 자신을 바다울레트칸(洪福之汗)이라고 불렀다. 그는 타명을 패퇴시킨 후 다시 북부 신강 지역으로 세력 확장을 시도했으나 아부트라가 점령하고 있던 이리 지역은 차지하지 못했다. 이렇게 하여 남부 신강이든 북부 신강이든 복잡하고도 혼란스러운 형세가 조성되어 청 왕조의 통치가 심각한 어려움에 봉착했다. 하지만 러시아

침략자들에게 있어서는 더없이 좋은 기회였다.

러시아는 여러 차례 군관을 파견하여 남부 신강의 야쿠브 베그와 접촉하며 공작을 벌였다. 이에 따라 1866년(동치 5) 러시아는 야쿠브 베그와 협정을 체결하여 남부 신강에서 도망자를 체포할 수 있는 권리를 확보했다. 이어 1872년 러시아는 야쿠브 베그와 조약을 체결하여 그를 '독립국의 군주'로 인정했고, 야쿠브 베그는 러시아에 남부 신강에서의 모종의 특권을 주었다. 그런데 이때 러시아는 야쿠브 베그와의 관계를 놓고 영국과 경쟁 관계에 놓였는데, 영국이 러시아보다 성공적으로 야쿠브 베그를 자신의 앞잡이로 만들었다. 이 점에 대해서는 뒤에서 다시 더 언급할 것이다.

북부 신강에서는 1864년의 '타청의정서'에 따라 여전히 중국령에 속해 있던 이리 지역 전체가 먼저 러시아 침략자들이 노리는 표적이 되었다. 1871년 러시아군이 아부트라의 지방 정권을 무너뜨리고 이리성을 기습하여 점령한 후 직접 청 정부에 협박을 가했다. 이로 인해 1870년대 중국과 러시아 사이에 일련의 긴장 국면이 고조되었다.

원래 타청의정서에는 1년 후에 협의된 국경선을 구체적으로 정하고 경계석을 세우도록 규정했는데, 청이 이를 여러 해 동안 시간을 끌면서 지연시켰다. 1869년(동치 8) 러시아 측의 요청으로 양측에서 파견한 대원들이 만나 사빈다바하령에서 타르바가타이(塔爾巴哈臺) 산맥의 하파-아수산(哈巴爾-阿蘇山) 입구까지의 구간에서 국경을 측정했다. 이곳은 전체 서부 국경선 중 이리 지역 북쪽의 일부이다. 청에서 파견한 고위 관리는 이리 장군 서리署理 겸 울리아스타이(Uliastay, 烏里牙蘇臺) 참찬대신 영전榮全과 코브도(Kobdo, 科布多) 참찬대신 규창奎昌이었다. 그러나 이들은 직무를 포기하고 러시아 측 대표인 바브코프가 하자는 대로 따랐다. 이 때문에 러시아는 이번의 국경 획정을 통해 또 적지 않은 지역을 더 차지했다.

러시아 군대는 1871년(동치 10) 5월에 이리 지역을 '대리 관리'한다는 명목으로 강제 점령하고 우루무치까지도 진군하겠다고 선언했다. 청 정부는 황급히 영전에게 군대를 보내 이리를 '접수'하라고 했지만 러시아로부터 거부당했다. 러시아는 타청

부근에서 영전과 담판을 벌였는데 오히려 더 많은 영토를 요구했다. 영전은 이 문제를 해결할 수 없었고, 담판은 북경으로 옮겨졌다.

러시아 공사는 각서에서 청 정부가 "그 지역의 안정을 보장하고 관리를 파견하여 다스리는" 조건에서만 이리를 반환할 수 있으며, 1864년에 정한 국경선은 "결함이 있으므로" "분명하고 편리하도록" 수정해야 한다고 주장했다. 그리고 "몽고 지역과 천산 남북로 즉 울룽구르(布倫托海)와 우루무치, 하미, 아크수(阿克蘇), 야르칸드, 카슈가르 등에 영사관을 설치할 것" 등을 요구했다.4) 러시아는 신강 지역의 혼란스런 정세를 핑계로 이리 지역을 오랫동안 차지했을 뿐만 아니라, 이 기회를 틈타 1864년에 획정한 국경을 자신들에게 유리하게 변경하려 했고, 나아가 신강 전체와 몽고를 차지하려는 야심을 드러내고 있음이 갈수록 명확해졌다. 1년 넘게 담판을 벌였으나 아무런 성과도 없었다. 총리아문는 러시아가 이리를 차지하려는 목적을 달성하고도 다시 다른 여러 지역을 잠식하려는 음모를 품고 있어 "그 마음이 음흉하여 본심을 헤아릴 수 없다"5)고 황제에게 보고했다.

러시아는 이리 지역을 10년 동안이나 점령했다. 1876년(광서 2) 좌종당이 신강을 공격하여 중국을 분열시키려는 야쿠브 베그의 지방 정권을 분쇄함으로써 러시아가 이리를 반환하지 않는 구실을 없애버렸다. 그러나 러시아는 수법을 바꾸어 중국 영토에 대한 잠식을 계속했다. 이와 관련된 사건들을 서술하기 전에 같은 시기 중국의 서부 지역 영토에 대해 야심을 갖고 있는 또 다른 침략 국가인 영국의 이 시기 활동부터 살펴보도록 한다.

2. 영국의 서부 변경 침략

영국은 주로 동남 해안을 근거로 장강 유역을 향해 세력을 뻗치고 있었다.

---

4) 『동치이무』 제87권, 14·16~17쪽.
5) 『동치이무』 제88권, 35쪽.

그러나 그 활동은 연해와 연강 지역에만 국한된 것이 아니었다. 1870년대부터 그들은 이미 그들의 식민지가 된 인도를 기지로 중국 서부, 즉 운남雲南과 티베트(西藏), 신강新疆 등에 침략의 검은 손을 뻗쳤다.

영국은 이미 인도와 인접한 미얀마를 침입했을 때부터 미얀마 북부에서 운남으로 가는 길을 열기 위해 영국과 인도 정부는 1868년(동치 7)에 첫 번째로 '탐험대'를 파견하여 미얀마 경내의 이라와디 강변의 팔막八莫으로부터 중국 경내로 진입해 등월騰越(현재의 騰冲)을 거쳐 대리大理에 가려 했다. 슬래든(E. B. Sladen) 대령이 이끈 이 탐험대가 등월에 도착했을 때, 당시 이 지역을 통치하던 두문수杜文秀가 그들의 통과를 거부했다.(제2부 제1장 2절 참조) 두문수의 세력이 청에 의해 진압된 지 얼마 되지 않은 1874년(동치 13)에 영국은 다시 '탐험대'를 조직했는데, 이 탐험대의 지휘관은 브라운(Horace Browne) 중령이었으며, 인원은 약 2백 명으로 사실상 무장한 군대였다. 그러나 북경 주재 영국 대사관은 청 정부에 이를 몇몇 영국인들이 '여행'하고 있다고 둘러대면서 통역관 마가리(A. R. Margary)까지 합류시켰다. 브라운의 부대는 1875년(광서 원년) 초 중국 국경을 넘은 후 현지의 무장한 중국인들로부터 공격을 받아 하는 수 없이 미얀마로 철수했고, 통역관 마가리는 국경으로부터 멀지 않은 만윤蠻允에서 살해되었다. 영국 측은 즉각 이를 문제 삼아 큰 풍파를 일으켰다.

영국 정부의 지시를 받은 주중 영국 공사 웨이드(이 인물은 중국에서 활동한 지 30년이 넘어 협박 솜씨가 뛰어난 것으로 유명하다.)는 청 정부에 광범위한 요구를 제기했는데, 타협이 몸에 밴 총리아문의 관료들조차 받아들이기 어려웠다. 청 당국은 범인으로 지목된 10여 명을 체포하여 처형하고 거액의 배상금까지 약속했지만 그를 만족시키지 못했다. 사건 발생 후 1년 반 동안 총리아문이 북경에서 웨이드와 협상을 벌였으며, 천진에 있던 이홍장도 명을 받아 협상에 나섰다. 이 협상은 영국에게 배상금의 금액을 낮추어 달라고 요청하는 것에 불과했다. 영국은 미얀마와 운남의 국경지대에 병력을 추가 배치하는 한편, 발해만渤海灣에 군함을 파견했다. 웨이드는 그의 요구 조건을 모두 받아들이지 않으면 대사관을 철수시켜 외교 관계를 끊겠다고 공표했다. 이는 곧 전쟁에 돌입하겠다는 위협이었다. 그는 몇 차례 협상을 중단시키고 상해로 돌아갔다.

결국 협상의 임무는 이홍장에게 완전히 넘어갔다. 1876년(광서 2) 6~7월 동안 연대烟臺에서 협상을 벌여 이홍장은 웨이드가 제시한 요구를 모두 받아들인 '연대조약'을 체결했다. 연대조약은 중국이 마가리를 살해한 배상금으로 은화 20만 냥을 지불하고, 영국에 특사를 보내 사죄해야 하며, 운남 지역 국경의 통상에 관한 규정을 만들 것과 향후 5년 동안 영국 관리들이 대나라 운남의 기타 지역에 머물면서 통상 상황을 점검할 것을 규정했다. 이리하여 청은 운남 지역을 침략자들에게 완전히 개방하게 되었다. 이뿐만 아니라 연대조약은 의창宜昌과 무호蕪湖, 온주溫州, 북해北海를 통상항으로 지정하고, 영국 관리가 중경에 주재하며, 장강 연안 6개 도시를 지정해 외국 선박의 정박을 허용하도록 했다. 이와 더불어 영사 재판권도 보다 구체적으로 규정했다.

연대조약은 본문 외에 티베트에 관한 부속 조항을 첨부하였다. 부속 조항의 대체적인 내용은 영국인이 인도와 티베트 간의 길을 '탐방'하기 위해 북경을 출발하여 "감숙甘肅과 청해青海 일대를 두루 돌아보거나 사천을 통해 인도로 가는 길을 탐사하기 위해 티베트에 들어갈 수 있도록", 그리고 "인도와 티베트의 접경 지역에서 티베트로 들어가는 길을 탐사할 수 있도록" 총리아문이 통행증을 발급하고 "주도면밀하게 보살펴야 한다"는 것이다.6) 이에 따라 1885년(광서 11) 영국의 인도 총독부 관리인 매콜리(Colman Macaulay)가 총리아문으로부터 통행증을 받은 뒤 약 300명의 무장 부대를 조직하여 시킴(Sikkim, 錫金, 哲孟雄)에서 국경을 넘어 티베트에 들어가려 했으나 티베트 인민들의 완강한 저항에 부딪혔다.

이듬해 영국과 청은 미얀마 문제로 조약을 체결했는데, 이 조약에서 청은 미얀마에 대한 영국의 최고 주권을 인정하고, 영국은 티베트로 가는 길을 찾기 위해 사람을 파견하는 행동을 포기하기로 했다. 그럼에도 불구하고 영국은 티베트에 진출하려는 야심을 버리지 않았다. 1890년(광서 16) 영국의 끈질긴 요구로 청

---

6) 『중외구약장회편』 제1책, 346~350쪽.

정부는 티베트 주재 방판대신幇辦大臣인 부도통副都統 승태升泰를 대표로 하여 콜카타에서 인도 총독과 협상을 벌여 '티베트·인도조약'을 체결했다.7) 이어서 양국은 1893년에 티베트·인도조약을 개정했다.8) 이 두 조약은 티베트와 시킴의 국경을 획정하는 것 외에도 중국이 영국의 티베트 무역에 대한 편의를 제공하고 아동亞東을 영국 상인들이 자유롭게 왕래하고 거주할 수 있는 상업도시로 개방했다. 비록 티베트인의 반대로 아동의 개방은 이루어지지 않았지만, 영국은 티베트로 진출할 수 있는 또 하나의 기반을 다졌다.

중국을 침략한 열강들은 서로 협력하고 결탁할 뿐만 아니라 서로 경쟁하고 배척했다. 영국은 운남에서 프랑스와 경쟁했고, 티베트에서는 러시아도 동시에 침략의 음모를 꾸미고 있었다. 그러나 영국과 러시아는 당시 중국에서 쟁탈의 중심을 신강에 두었다.

당시 영국과 러시아는 아시아 대륙에서 서로 패권을 다투고 있었다. 이미 인도와 카슈미르를 점령한 영국은 1860년대 말 형식상 독립국이었던 아프가니스탄을 자신의 종속국으로 만들었다. 러시아도 중앙아시아 내륙 깊숙이 아프가니스탄 국경까지 침투해 중앙아시아에서 첨예하게 대립했다. 러시아는 영국의 계속된 북방 확대를 막으려 했고, 영국은 북극곰의 코가 인도까지 들어갈 위험을 우려했다. 중국 신강에 대한 영국과 러시아의 침략 활동은 중앙아시아에서 양국의 대립과 쟁탈의 한 부분이었다.

야쿠브 베그의 정권이 남부 신강의 카슈가르를 중심으로 점차 신강 전체를 차지할 무렵, 영국의 스파이들은 끊임없이 카슈가르 지역을 찾았다. 1870년(동치 9) 러시아 정부와 중앙아시아에서 영·러 양국의 세력권 분할 협상을 벌인 적이 있던 인도 총독부의 고위 관리 포사이스(Thomas Douglas Forsyth)가 야쿠브 베그를 방문했다. 이미 러시아와 조약을 맺은 야쿠브 베그는 1874년(동치 13) 영국령 인도

---

7) 『중외구약장회편』 제1책, 551~552쪽.
8) 『중외구약장회편』 제1책, 566~568쪽.

정부와도 조약을 맺었고, 영국은 야쿠브 베그의 통치 지역 내에서 통상과 외교 사절의 주재, 영사관 설치의 권리를 얻었다. 야쿠브 베그는 두 강대국의 대결을 이용해 중국 영토 내에서 자신의 독립국가를 건설하려는 야심을 실현하려 했다. 영국령 인도 정부는 야쿠브 베그에게 무기를 제공하는 것 외에도 군사 교관과 공병 등을 파견하여 도움을 주었다. 야쿠브 베그가 점점 더 영국 쪽으로 기울자 러시아도 경계심을 갖기 시작했다.

청 정부의 명에 따라 좌종당이 신강 지역에 출병했을 때, 영국은 야쿠브 베그의 보호자 역할을 했다. 주중 영국 공사는 청 정부에게 출병하지 말고 신강 남부에서의 야쿠브 베그의 정권을 인정하라고 설득했다. 영국의 음모는 야쿠브 베그의 정권을 통해 신강 남부를 자신들의 세력권으로 만들고, 러시아의 남하를 막을 생각이었다. 러시아는 이러한 영국의 저지가 없었다면 반드시 이미 점령한 이리 지역부터 신강 북부 일대를 점령할 수 있었다. 이대로 두면 신강 지역은 사실상 영국과 러시아 양국이 나누어 가지고 서로 경쟁하는 지역이 되고 말았을 것이다.

3. 좌종당의 서정과 이리조약

러시아가 이리를 점령하고, 카슈가르의 야쿠브 베그가 남북 신강으로 세력을 넓히고 있을 때, 이리 북쪽의 타르바가타이 지역과 우루무치 동쪽의 고성古城(지금의 奇臺縣) 지역에는 청나라 군대가 주둔하고 있었지만 숫자가 적었고 전투력이 전혀 없었다. 이 밖에 신강 북부 지역에는 한족 지주계급이 조직한 민단이 있었다. 청 정부는 신강의 질서를 회복하기 위해 군대를 파견하지 않을 수 없었다. 이 임무는 좌종당에게 맡겨졌다. 1873년(동치 12)에 좌종당의 군대가 하서주랑河西走廊에 이르렀다. 이듬해 장요張曜가 지휘한 그의 휘하 부대가 신강의 하미 지역에 진주하여 대규모 치수사업을 벌인 결과 2만 무의 황무지를 개간하였다. 이어 1875년(광서 원년)에 조정에서는 좌종당을 흠차대신欽差大臣 독판신강군무督辦新疆軍務로 임명했다.

좌종당의 군대가 신강에서 벌인 전쟁은 형식상으로는 섬서와 감숙 지역에서의 군사작전의 연속이었지만 그 성격은 바뀌었다. 섬서와 감숙의 회족 봉기를 잔혹하게 진압했던 좌종당은 봉건 통치자들의 반동적인 민족정책과 계급정책을 수행한 것이었다. 그러나 신강에 진출한 후 좌종당의 군대가 마주한 적은 신강의 여러 민족과 인민을 포학하게 통치하고 있던 야쿠브 베그의 정권이었다. 중국 땅 밖에서 들어온 음모가 야쿠브 베그는 식민주의자이자 확장주의자들인 영국과 러시아와 손을 잡았다. 좌종당의 서정西征은 반동적인 야쿠브 베그의 정권을 궤멸시킴으로써 영국과 러시아가 중국의 서북 지역을 침략하여 이 지역에서 중국의 영토를 분할하려는 음모를 분쇄시켰다. 총체적으로 말하자면 그의 서정은 외세의 침략에 맞선 정의로운 전쟁이었다.

좌종당이 옥문관玉門關 밖을 나서 서정하려 할 때 봉건 관료들 가운데 많은 사람들이 반대했다. 서정에 동원된 총병력은 약 220개 영營이었다. 하미 지역에서는 둔전정책을 실시하고 있었고 넓은 땅을 개간했지만 자급할 수 없었다. 군대를 유지하는 데 매년 은화 1천만 냥 이상의 예산이 필요했다. 반대자들은 출병하여 과연 승리할 수 있을지 의문스러울 뿐만 아니라 이렇게 많은 예산을 들여 지킬 가치가 있는 지역이 되지 못한다고 생각했다. 이런 반대 의견이 나오게 된 데에는 국제 정세의 배경도 있었다.

이홍장은 황제에게 신강이 평시에도 매년 300여만 냥의 군비를 지출하고 있는데 수천 리의 황무지를 되찾기 위해 다시 엄청난 예산을 들일 가치가 없다고 상주했다. 그는 야쿠브 베그가 이미 영국과 러시아와 통상조약을 맺어 손을 잡았기 때문에 신강에 군대를 동원하게 되면 영국과 러시아의 반대에 부딪힐 수 있는 데다가 중국의 군사력과 재력도 부족해 군사를 일으키는 것은 매우 위험하다고 주장했다. 그는 이미 죽은 중국번의 "관외關外는 잠시 버려두고 관내關內를 안정시키는 데 주력하자"는 주장을 거론하면서 이것이야말로 "나라를 보존하는 방법"이라고 주장했다. 이 문제만 놓고 본다면, 중국번과 이홍장이라는 두 양무운동의 주동 인물은 매국노가 될 수밖에 없다. 이들과는 반대로 좌종당은 야쿠브 베그로부터 신강을 되찾기로 결심했다. 신강을 포기하자는 이홍장의 주장에 맞서 좌종당은 만약 예산을 아끼기 위해 출병을 멈추고 물러나 방어정책만 취한다면 적들은 신강을 차지하는 것으로 만족하지 않을 것이고 감숙과 몽고까지 서부 지역 모두가 위협을 받게 될 것이라고 반박했다.9)

이홍장은 야쿠브 베그의 정권을 인정하자고 주장했는데, 그의 주장은 영국의 음모와 완전히 일치하는 것이었다. 1876년(광서 2) '연대회의煙臺會議'가 끝날 무렵 영국 공사 웨이드가 이홍장에게 야쿠브 베그의 문제를 제기했다. 그는 청에 명목상으로는 야쿠브 베그의 '투항'을 받아들여 '속국'이 되는 것을 허락해 줄 것을 요구했지만, 실제로는 독립국가로 인정하라는 뜻이었다. 이때 좌종당의 대군이 이미 신강으로 진입하고 있었다. 이홍장과 영국 주재 공사 곽숭도는 영국 측이 제시한 방안을 수용하는 데 전적으로 찬성했다. 이홍장은 좌종당이 비록 군사적으로 잠시 승리를 거두었지만, 장차 반드시 패배할 것이라고 보았다.

야쿠브 베그가 영국과 긴밀히 결탁하고 있었기 때문에 러시아는 좌종당이 남부 신강으로 진격하는 것에 대해 관망하는 자세로 지켜보았다. 좌종당의 군량미 중 일부는 러시아에서 구입한 것이기도 했다. 반면 영국은 야쿠브 베그를 위해 청 정부를 열심히 설득했다. 청의 외교 활동에서 갈수록 큰 역할을 맡아 가고 있던 이홍장은 이때 주로 영국의 도구 역할을 했다는 것이 여기에서 아주 잘 드러났다.

당시 이홍장은 국가 재력을 그의 북양해군을 경영하는 데 대량으로 투입하고 있었기 때문에 해상 방위의 중요성을 극구 강조하면서 서북 변경의 방어를 별로 긴요하지 않은 것으로 여겼다. 좌종당은 서북 지역의 군대를 대부분 장악하고 있었기 때문에 신강 문제를 중시하지 않을 수 없었다. 본질적으로 신강 문제에 대한 양자 사이의 의견 불일치는 영토 보전을 수호할 것인가 말 것인가의 문제이며,

---

9) 『좌문양공전집·주고』 제46권, 36쪽.

제국주의 세력의 압박에 맞서 어떤 태도를 취할 것인가의 문제였다. 이 문제에 대한 좌종당의 언행은 중국의 장기적 이익에 부합한 애국주의의 표현이었다.

좌종당의 대군은 유금당劉錦棠의 부대를 선봉으로 하여 1876년(광서 2)에 먼저 천산 북부로 진격한 후 야쿠브 베그의 부하인 백언호白彦虎 부대와 치열한 전투를 벌여 우루무치와 그 부근 일대를 탈환했다. 백언호는 원래 섬서 지역 회족 봉기의 지도자 중 한 명이었으나, 봉기가 실패하자 감숙을 거쳐 신강으로 도망쳐 야쿠브 베그에게 투항한 뒤 그의 부하가 되었다. 유금당의 부대는 1876년 9월에 마나쓰(馬納斯)를 점령한 후 더 이상 서쪽으로 나아가지 못했다. 이듬해 초봄이 되자 그들은 남쪽으로 방향을 틀어 야쿠브 베그와 백언호가 지키고 있던 투르판과 톡순(托克遜), 다반(達坂) 등의 지역을 재빨리 공략했다. 야쿠브 베그는 코를라(庫爾勒)로 달아났다가 절망해 자결했다. 그의 아들 쿠리(胡裡)와 백언호는 군대를 나누어 천산 남로 각지를 지켰다. 1877년(광서 3) 좌종당의 여러 부대가 남부 신강에서 백언호의 부대를 연달아 격파하여 카라샤르(喀喇沙爾, 즉 焉耆)와 코를라, 쿠차(庫車), 아크수를 차례로 점령했다. 이후 쿠리와 백언호는 카슈가르와 화전, 엽이강, 영길사 일대에서 마지막까지 저항을 계속했다. 전쟁은 이해 11월 쿠리와 백언호가 러시아 경내로 달아나면서 완전히 끝났다.

좌종당이 신강 지역에서 성공적으로 진격할 수 있었던 주요 원인은 야쿠브 베그와 백언호의 통치가 민심을 얻지 못해 위구르족과 여타 민족들의 거센 저항에 부딪혀 고립된 처지에 놓였기 때문이다. 야쿠브 베그가 자결하고 그의 부하들이 뿔뿔이 흩어지면서 좌종당 부대는 남부 신강의 광대한 지역에서 작전에 큰 어려움을 겪지 않고 완전한 승리를 거두었다. 그러나 좌종당의 군대는 봉건적인 군대였고 기율이 엄격하지도 않았으므로 가는 곳마다 주민들에게 폐를 끼친 것은 말할 필요도 없다.

러시아는 처음에 청이 신강 지역에 출병해 이 지역의 통치를 빠르게 회복할 것이라고는 예상하지 못했기 때문에 그들이 이리를 점령할 때 청이 이 지역의 안정적인 질서를 보장할 수 있다면 이리를 반환하겠다고 공언했다. 러시아가 패주한 쿨리와 백언호를 받아들인 것이 호의 때문만은 아니었다. 1878년과 1879년 사이에 야쿠브 베그의 잔류 세력은 여러 차례 러시아의 지원을 받아 카슈가르를 되찾으려 했으나 모두 실패했다.

러시아는 더 이상 이리를 점령할 구실이 없었지만 반환을 계속 미루고 있었다. 1878년 말 청 정부는 이리 반환을 위해 특사 숭후(崇厚)를 러시아에 파견했다. 숭후는 이리 지역의 형세조차 전혀 알지 못했기 때문에 러시아가 원하는 대로 모든 것을 따랐다. 러시아는 이 무능한 협상 대표를 상대로 1879년 8월에 조약을 체결했다. 이 조약에 따라 이리 지역의 9개 성은 중국에 반환되었지만, 이 지역의 서쪽 경계인 호르고스(霍爾果斯)강 이서 지역과 남쪽 경계인 테케스(特克斯)강 일대는 여전히 러시아에 속하게 되어 이리 지역은 서쪽과 북쪽, 남쪽 3면이 러시아의 점령 지역에 둘러싸인 고립된 처지가 되었다. 이러고서도 중국은 러시아에 5백만 루블의 '배상금'을 지불해야 했다. 또한 이 조약은 1864년(동치 3)에 체결된 의정서에서 규정한 타르바가타이 부근과 카슈가르 부근의 국경을 러시아에 유리하도록 수정했을 뿐만 아니라 러시아에게 몽고와 신강 전역에서 무역할 수 있는 권리를 부여하고, 러시아가 서북 지역을 통해 천진과 장강 유역까지 무역할 수 있도록 제반 규정을 제정할 것을 명시했다. 그리고 새로 맺은 조약은 러시아가 중국 동북 지역의 송화강에서 몇몇 특권을 갖는 규정도 포함하고 있었다.

숭후가 조정의 훈령도 받지 않고 제멋대로 주권을 상실하고 나라를 욕되게 하는 조약을 체결하자 조정의 많은 관료들이 분개했다. 조정은 이 조약의 비준을 거부하고 숭후를 체포해 사형에 처했다. 러시아 정부는 즉각 북경 주재 공사를 통해 항의하는 한편 이리 지역에 군대를 집결시키고 태평양함대를 황해로 이동시키는 등 무력시위를 벌였다. 따라서 1880년(광서 6)에 중국과 러시아 사이에 극도의 긴장 관계가 형성되었다.

그러나 당시 러시아가 참으로 중국과 전쟁을 벌일 생각은 없었다. 러시아는 이미 중앙아시아의 몇몇 칸국(汗國)을 정복해 오고 있었고, 얼마 전 터키와의 전쟁 (1877~1878)에서 막 승리를 거두어 터키를 분할하기 위한 국제회의(1878)에 참가하고 있었다. 따라서 러시아는 유럽과 아시아에서 얻은 광대한 영토를 소화할 시간이 필요했다. 이와 더불어 중앙아시아에서 영국과 러시아는 갈등이 점점 더 첨예화되고 있었다. 러시아는 여러 방면으로 세력을 확장하는 과정에서 영국과 지나친 갈등을 피하고자 했다. 영국은 러시아가 이처럼 한꺼번에 드넓은 영토를 획득하는 것을 원치 않았지만, 한편으로 청이 러시아와의 전쟁에서 붕괴되는 것도 원하지 않았기 때문에 자신의 영향력을 이용하여 청 정부가 타협과 양보를 통해 중·러 간의 문제를 해결하도록 압박했다.

청의 관료들 가운데 러시아와 전쟁을 마다하지 않은 사람도 있었지만, 실권파들은 영국의 중재를 받아들여 굴욕적이지만 전쟁을 피하는 조치를 취했다. 청 정부는 전임 주영 공사이자 증국번의 아들인 증기택曾紀澤을 러시아에 보내 숭후에 대한 처벌을 설명했다. 좌종당의 군대가 신강에 진입하여 작전을 벌일 때 그는 줄곧 숙주肅州(酒泉, 지금의 甘泉)에 머물렀고, 1880년(광서 6) 숙주에 있던 병영을 하미로 옮겼다. 이것은 러시아에 대한 강경한 태도를 보인 것이었지만, 얼마 지나지 않아 청 정부는 좌종당을 신강에서 북경으로 불러들였다.

증기택은 러시아의 수도 상트페테르부르크에서 1년간 러시아와 협상을 벌인 끝에 마침내 1881년(광서 7) 정월(양력 2월)에 숭후가 체결한 조약 대신 새로운 조약을 맺었다. 이것이 '중·러 이리 신약新約'으로, '개정조약'과 '육로통상개정규약'이라 불렸다. 이 새로운 조약10)에 따르면, 숭후가 원래 조약에서 할양한 테케스강 일대의 지역은 중국에 반환하고, 원래 조약에서 러시아에 부여한 광범위한 지역에서의 무역권도 일부 제한되었다. 러시아가 이러한 '양보'를 한 대신 중국이 러시아에 지급할 '보상금'은 9백만 루블로 높아졌다. 뒷날 이 조약의 규정에 따라 청 정부는 몇 가지 국경 획정에 관한 의정서를 체결했다. 러시아는 중국 서북 변경에서 타청의 정서를 통해 44만여 평방킬로미터의 영토를 획득한 이외에 또 7만여 평방킬로미터의 중국 영토를 더 빼앗아 갔다.

10) 『중외구약장회편』 제1책, 381~390쪽.

그러나 러시아의 중국 영토 잠식은 여기에서 멈추지 않았다. 1892년(광서 18)에서 1894년 사이에 청 정부는 해마다 대표를 파견하여 러시아와 구역을 나누어 구체적인 국경 획정 작업을 벌였다. 러시아는 청나라 관리들의 무지와 무능을 이용하여 조약에서 규정한 것보다 더 많은 영토를 차지했다. 주로 파미르 지역의 중국 영토 2만여 평방킬로미터가 다시 러시아의 손에 가볍게 넘어갔다.

4. 반식민지적 외교

청 정부가 처음으로 서양 국가에 공식적으로 사절을 파견한 것은 천진교안天津敎案을 수습하기 위해 프랑스에 '사과' 사절을 보낸 것이다. 사절단 대표였던 숭후가 1871년 초 프랑스에 도착했을 때, 프랑스는 파리코뮌의 폭동으로 혼란스러웠다. 전쟁과 혁명의 충격 속에 있던 프랑스 자산계급 정부는 사절을 영접할 틈이 없어 숭후는 한 소도시에 격리된 채 반년을 기다려야 했다. 그의 주요 수행원은 주중 프랑스 대사관에서 추천한 프랑스인 2명과 영국 장교 1명이었다. 그들은 모두 일찍이 모두 중국의 세관에서 관리로 일한 적이 있었다. 그들은 다시 숭후를 영국과 미국에 데려가 둘러보게 했다. 프랑스 정부가 파리코뮌을 진압한 후에서야 숭후는 프랑스로 돌아왔다. 이때 파리 노동자들을 피비린내 나게 학살한 것으로 유명했던 티에르가 프랑스 대통령 자리에 오른 지 얼마 되지 않았는데, 그는 중국 황제가 보낸 '사과' 사절을 거만하게 접견했다.

숭후는 외국에 상주하는 사절이 아니었기 때문에 '사과'의 사명을 다한 뒤 귀국했다. 1877년(광서 3)부터 청 정부는 서양 각국에 상주 외교 사절을 파견하기 시작하면서 공사관을 설립하기 시작했는데, 그중 첫 번째가 런던에 설치되었고, 공사는 곽숭도郭嵩燾였으며, 그도 역시 '사과' 사절로 파견되었다. 영국은 마가리 사건을 이용해 청 정부에 사과 사절을 파견하도록 압박했고, 이것이 주영 공사관의 시작이었다.

외국 공사가 북경에 입성할 수 있었던 것은 1860년(함풍 10) 영국과 프랑스 연합군이 북경에 쳐들어온 결과였다. 그런데 청 정부가 처음으로 외국에 사절을 파견한 것은 압력에 따른 강제적인 것이었다. 이와 같은 사절 교환은 국가 간 대등한 외교 관계의 정상적 상황이 아니라 중국이 이미 반식민지의 굴욕적 지위에 빠져 있었다는 반증이다.

숭후가 사절로 파견되기 2년 전, 청 정부는 외국인에게 휘둘려 '외교 대표'를 해외로 내보내는 희극을 연출했다. 그것은 이 대표단이 외국인 관리 몇 명을 위주로 구성됐기 때문이다. 1861년부터 주중 미국 공사를 지낸 벌링게임(Anson Burlingame)은 1867년(동치 6)에 퇴임하고 귀국할 준비를 하고 있었는데, 그는 퇴임을 앞두고 총리아문에 자신을 "중국과 외국의 교섭사무를 담당하는 사절"로 초빙하여 서양 각국에 파견해 달라고 제안했다. 총리아문은 이 제안을 받아들이면서 영국과 프랑스가 마땅찮게 여길까 염려해 주중 영국 대사관의 관리 1명과 중국 세관 관리를 지냈던 프랑스인 1명을 벌링게임의 조수로 임명했다. 이 밖에 중국인 관리 몇 명도 그를 수행했다. 총리아문은 당시 "근래에 중국의 허실에 대해서는 외국이 다 꿰뚫고 있지만, 중국에서는 외국의 사정을 전혀 모르고 있다. 이런 장벽이 생긴 이유가 저쪽에서는 늘 사절이 오지만 우리 쪽에서는 가는 사절이 없기 때문"[11]이라고 이 사절단을 파견하는 이유를 밝혔다. 하지만 이렇게 외국인에게 기대어 외국을 이해하려는 것은 기상천외한 일이라 할 수밖에 없다.

한 미국인이 이끄는 이 기괴한 "중국을 대표하는" 사절단은 1868년에 출발해 먼저 미국에 도착했다. 벌링게임은 이곳에서 중국 대표로 대중 연설을 하면서 외국 자본주의 침략자들의 꿈을 대변하며 다음과 같이 중국의 앞날을 묘사했다.

당신들과 같은 상인들을 환영하며 선교사들을 환영합니다. 선교사인 여러분들

---

11) 『동치이무』 제51권, 27쪽.

이 빛나는 십자가를 중국의 모든 산꼭대기와 모든 산골짜기에 꽂을 수 있기를 바랍니다.12)

벌링게임은 또 청 정부의 동의도 없이 자기 마음대로 미국 국무장관과 이른바 '중미천진조약속증조약中美天津條約續增條約'을 독단적으로 체결했다. 청 정부가 벌링게임을 초빙할 때 그의 직권에 대한 규정에 따르면 그는 스스로 조약을 체결할 권리가 없었다. 당시 미국 국무장관이었던 수어드(William Henry Seward)가 작성한 이 조약의 주요 내용 중 하나는 중국인과 미국인은 "언제든지 왕래할 수 있으며, 늘 자기 편한 대로 하게 해야지 저지해서는 안 된다"13)라고 규정했다. 이 규정은 형식적으로 마치 상호 평등한 것처럼 보이지만, 현실적으로는 완전히 위선적인 언사일 뿐이다. 이 조약은 이전 미국인이 중국에서 누렸던 각종 특권에 전혀 영향을 주지 않은 반면 중국의 가난한 인민들이 사기와 인신매매의 방법을 통해 미국에 보내져 '쿠리'(苦力, coolie)로 일하고 있던 현실을 합법화시켰을 뿐이다.

미국은 태평양과 면한 서부 지역을 개척하면서 중국인 노동력을 주로 활용했다. 1860년 미국에 거주하는 중국인이 약 3만 5천 명이었는데, 1870년에는 6만 2천 명으로 늘어났다. 그들은 모두 매우 열악한 조건에서 도로를 건설하거나 광산을 개발하거나 황무지를 개간하는 등의 고된 노동에 종사했다. 1860년대 서부 철도의 건설 공사 중에 수많은 중국인 노동자가 사망하여 캘리포니아주에서 동쪽으로 천 수백 킬로미터에 이르는 철도가 중국인 노동자들의 뼈로 깔렸다고 말할 정도였다. 1860년대 말 미국 서부의 여러 주들은 여전히 값싼 중국 노동력을 필요로 했기 때문에 수어드가 작성한 조약에 이러한 규정이 있었던 것이다. 이 규정은 얼마 후 중국 노동자의 수가 과도하게 늘어나자 미국 자본가들이 중국인을 배척하는 인종주의를 선동하는 데 아무런 방해가 되지 않았다. 혹독한 노동 조건에서 살아남

---

12) F. W. Williams, *Anson Burlingame and the First Chinese Mission to Foreign Powers*, 90쪽.
13) 『중외구약장회편』 제1책, 262쪽.

은 수많은 화교가 1870년대 미국 서부의 여러 주에서 일어난 중국인 배척운동 중에 학살되었다.

앞에서 말한 바와 같이 미국은 당시 중국을 침략한 열강들이 서로 협력하여 청 왕조의 통치를 유지시켜야 한다고 주장했다.(제2부 제1장 4절 참조) 이 정책의 본질은 중국을 열강의 지배 아래 두어 반￠식민지 국가로 만드는 것이었다. 수어드는 태평양에서 미국이 제국을 건설해야 한다는 주장을 최초로 펼친 인물이다. 이를 실현하기 위해 미국은 중국을 공동 통치하는 열강들 사이에서 선두의 위치를 차지하려고 노력했다. 벌링게임이 청 정부의 외교 대표를 노린 것도 이런 목적에 부응한 것이다. 영국은 벌링게임 사절단의 활동을 미국이 동아시아에서 영국의 우월적 지위에 도전하는 것으로 보아 못마땅하게 여겼다. 그래서 이 사절단이 영국에 도착했을 때, 영국 정부는 냉담한 태도를 취했다. 새롭게 집권한 자유당 출신의 클래런던(Lord George William Frederick Clarendon) 외무부 장관은 벌링게임에게 보낸 서신에서 영국은 중국에서의 우월적 지위를 결코 포기하지 않을 것이라고 밝혔다. 이어 벌링게임 사절단은 영국을 떠나 유럽 대륙의 여러 나라를 방문한 후 마지막으로 러시아를 방문했다. 벌링게임이 러시아에서 병사하면서 비로소 이 황당한 희극은 끝났다.

청 정부가 파견한 사절단은 모두 외국인이 고문을 맡았다. 예를 들어 위에서 말한 프랑스로 간 숭후는 프랑스인 2명과 영국인 1명이 동행했다. 초대 주영 공사 곽숭도의 고문은 영국인 매카트니(Halliday Macartney)인데, 그는 이홍장이 중용했으며, 1877년(광서 3)부터 약 30년 동안 청 정부의 주영 공사 고문을 지냈다. 1880년 러시아에 가 이리 문제를 협상한 증기택은 매카트니와 지켈(ProsperMarie Giquel)을 자신의 고문으로 삼았다. 지켈은 태평천국전쟁 때 좌종당과 결탁해 그를 위해 각종 '양무'를 처리한 프랑스인이다.

청 정부의 모든 중요한 외교 활동에는 모두 외국인이 참여했다. 해관 총세무사를 지낸 영국인 하트는 대외 업무를 총괄하는 총리아문의 실질적 총고문이 되다시피 했다. 이홍장이 1876년(광서 2) 영국과 연대회의煙臺會議를 할 때 하트와 천진 세무사 독일인 데트링(Gustav von Detring, 德璀琳)을 고문으로 중용했다. 티베트 주재 방판대신 부도통 승태升泰가 1890년(광서 16)에 영국의 인도 총독과 '티베트·인도조약'을 맺을 때, 하트는 그의 동생 제임스 하트(James Hart, 赫政)를 승태의 고문으로 파견했다. 이런 일들은 지금 보아도 전혀 믿어지지 않는다.

외국 공사들은 청의 수도에 주재하면서부터 황제를 만나게 해 달라는 요구를 내놓았다. 청 조정에서는 처음에 황제가 아직 친정을 하고 있지 않고, 섭정을 하고 있는 황태후는 외국 공사 만나는 것을 불편하게 생각한다는 이유로 이 요구를 거절했다. 이때부터 이른바 '알현'의 문제는 총리아문과 기타 관료들이 수년에 걸쳐 논쟁을 벌이게 되는 중요한 문제가 되었다. 그들 중 대다수는 서양인들이 황제를 대면하게 해서는 안 되며, 더욱이 황제를 대면할 때는 무릎을 꿇는 궤배례跪拜 禮를 행하지 않는 것을 절대 용납해서는 안 된다고 주장했다.

1873년(동치 12) 초 황제가 친정을 시작하자 청 조정은 외국 공사들의 요구를 더 이상 거절할 수 없어 그해 5월 마침내 한 차례 알현을 실시했다. 당시 알현에는 러시아와 미국, 영국, 프랑스, 네덜란드의 공사 또는 공사대리와 독일의 통역관이 참여했다.(이때 독일 공사는 북경에 없었다.) 일본은 이때 북경에 특별대사를 파견하여 함께 황제를 알현했다. 이번 알현 때 예법의 문제를 두고 총리아문과 외국 공사들이 거듭 논쟁을 벌였는데, 결국 외국인의 예법대로 허리만 굽히는 것으로 결정되었다.

당시 '알현'의 문제가 중대한 논란으로 번진 것은 단순히 예법의 형식적인 문제만이 아니었다. 승전자로, 나아가 정복자로 북경에 들어온 각국 공사들은 반식민지 중국에서 자신들의 주인다운 지위를 확립하고자 했다. 외국 공사들이 무릎을 꿇지 않고 수시로 황제를 알현한다면 청 관료들로서는 황제를 비롯한 봉건 통치자들이 외국 침략자들 앞에 굴복했다는 사실을 공개적으로 인정하는 꼴이 되었다. 그들이 비록 이러한 현실을 바꿀 힘은 없었지만, 이러한 사실을 수많은 피지배 인민들에게 드러내 놓고 선포하는 것은 결국 자신들의 위험을 초래하기에 충분한 것이었다.

한바탕 첫 '알현' 사건이 벌어지고 얼마 지나지 않아 동치제가 죽었다. 청 당국은 황태후가 섭정한다는 이유로 외국 공사들의 알현을 거절할 수도 있었지만, 서태후를 비롯한 봉건 통치자들은 이미 여러 방면에서 외국의 지배를 받고 있다는 사실을 도저히 감출 수 없었다. 1894년(광서 20) 초기 자산계급 개량주의자인 마건충馬建忠이 당시의 상황을 다음과 같이 요약해 서술했다.

> 공사들은 수도를 넘보고 우리 정부를 능멸하며, 영사들은 통상항에서 힘으로 우리 관청에 대항하고, 서양의 뭇 상인들은 조계에 도사리고 앉아 우리나라 상인과 기술자들을 착취하며, 여러 나라의 선교사들은 내륙까지 깊숙이 들어와 우리 백성들을 미혹시키고 있다.[14]

총세무사였던 하트와 그가 임명한 각지 세관의 세무사들은 중국의 세관을 장악함으로써 중국의 수출입 무역을 통제하여 청 정부 수입의 주요 원천을 통제했을 뿐만 아니라, 그들이 행한 광범위한 활동은 청나라의 외교와 군사 및 지방의 인사와 행정에 대한 실질적인 발언권을 갖게 했다. 이런 상황에 대해 당시 일부 관료와 지식인들은 우려와 분노를 느꼈다. 하지만 이것은 물론 하트 혼자만의 문제는 아니었다. 이미 중국을 반식민지 지위에 빠뜨리기를 서슴지 않은 봉건 통치자들은 각 방면에서 외국 제국주의의 지배를 받아들일 수밖에 없었고, 또 그래야만 그들의 통치 지위도 비로소 제국주의 국가들로부터 인정을 받을 수 있었다.

제국주의자들이 청 정부에게 외교 사절의 파견을 필사적으로 요구한 것은 직접적인 연결 통로를 확보함으로써 자신들의 영향력을 봉건 통치 집단에 침투시키기 위해서였다. 이 목적은 분명히 달성되었다. 앞에서 설명했듯이 초대 주영 공사를 지낸 곽숭도는 야쿠브 베그의 문제에서 영국의 주장을 그대로 받아들였다. 곽숭도는 1876년(광서 2)에 지은 『사서기정使西紀程』에서 영국과 프랑스, 러시아, 미국 등 강대국은 국제공법國際公法인 '만국공법萬國公法'을 처음부터 만들어 "신의를 앞세우

---

14) 『適可齋記言』(중화서국, 1960년판), 89쪽.

고 국가 간의 교류와 우의를 중시하며 예의를 다한다"고 칭송했다. 그리고 그는 러시아와 영국이 '양대 패자'이지만 결코 무력에 의지해 약탈하지 않으며, 중국에 출병할 때마다 항상 이치에 따라 따졌다고 했다. 따라서 중국은 "지금의 상황에서 오로지 성의를 다하여 각국과 친교를 맺어야 하며", 그렇게 하지 않으면 '자립'할 수 없다고 했다. 이 대목에서 그가 제국주의 세계의 통치 질서에 대해 얼마나 진심으로 흔쾌히 받아들였는가를 볼 수 있다. 중국은 제국주의적 세계 질서를 있는 그대로 받아들여 반식민지의 지위에서 '이치를 중시하는' 침략자들과 '성실하게 상대하는' 것 이외에는 다른 길이 없다는 것이었다.

또 다른 초기의 유명한 외국 주재 사절인 증기택은 1887년 청불전쟁이 끝난 뒤 영국의『계간 아시아』에 기고한「중국, 먼저 잠들었다가 뒤늦게 깨어남에 대해 논함」(China, the Sleep and the Awakening, 中國先睡後醒論)이라는 글에서 다음과 같이 노골적으로 침략자들에게 아첨에 가까운 말을 하고 있다.

> 오히려 중국은 서양과 교류하면서 더욱 친밀하고 진실한 모습으로 대하게 되었는데 이것은 이전에 없었던 일이다. 특히 영국과는 막역한 사이가 되었다. 여러 나라가 중국이 합리적으로만 협상한다면 그들도 그렇게 하겠다고 하였는데, 이처럼 자기를 버리고 남의 호의를 따른 적은 이전에는 없었다. 최근 중국은 여러 나라와 친교하면서 화목을 추구하고 무리한 요구를 하지 않았으며, 이후에도 그럴 것이다. 중국은 지난날의 패배를 잊지 않아 외국과 우호적인 관계를 결코 유지하지 않을 것이라고 생각하는 인물들이 있으나, 중국이란 나라는 다른 나라들과 달리 패전했다고 해서 한번 당한 것에 사로잡혀 계속 이를 갈지는 않는다.[15]

곽숭도와 증기택은 당시 관료 사대부들 가운데 세계정세를 가장 잘 아는 인물들

---

15) 당시 顏永經과 黃竹一이 번역한 문장을 인용했다. 夏啓 저,『新政眞詮』제1편의 부록을 보라.

이었다. 아는 것이 물론 모르는 것보다는 낫다. 그러나 조금 알고 있는 것으로 현실 앞에서 굴종하는 것과 과감하게 나서서 낡은 국면을 타파하려는 자세는 천지 차이다. 제국주의 침략자들이 양성하려 했던 것은 그들의 필요에 잘 부응해 주면서 세계정세를 잘 아는 바로 이러한 '외교관'이었다.

제5장
청불전쟁과 청일전쟁

1. 청불전쟁 1단계: 전쟁 발발 전

중국 남쪽의 이웃나라 가운데 하나인 베트남은 이미 18세기 말엽에 프랑스의 침략을 받았다. 1850년대에 이르러 나폴레옹 3세의 프랑스 정부는 금융자본과 산업자본의 자산계급 요구를 충족시켜 주기 위해 극동에서 식민 정책을 적극적으로 추진했다. 영국과 프랑스가 공동으로 중국과 제2차 아편전쟁을 벌이는 동안 프랑스는 베트남에 대해 여러 차례 무력 침략을 시도했다. 1858~1862년 사이에 프랑스가 남부 베트남인 코친차이나(南圻)를 침공해 베트남의 봉건 왕조로 하여금 배상금과 영토 할양 조약을 받아들이도록 강요했다. 이어 프랑스는 코친차이나의 여러 성을 병탄한 후, 1870년대에 접어들어서는 다시 베트남 북부인 통킹 지역으로 침략의 마수를 뻗치기 시작했다. 그들은 풍요로운 베트남 전체를 식민지로 만들겠다는 야심은 물론이고, 이를 바탕으로 중국의 남서 지역, 그중에서도 먼저 운남성과 광서성으로 진입할 수 있는 관문을 열려고 시도했다.

1866년(동치 5)에서 1868년 사이에 베트남에 있던 프랑스 식민지 개척자들은 중국 경내로 들어갈 수 있는 길을 찾고자 시도했다. 그들은 탐사단을 조직하여 사이공에서 출발하여 메콩강을 따라 올라가면서 수로와 육로를 동시에 탐사하는 가운데 중국의 운남성 경내인 사모思茅에 도착했으며, 이후 다시 운남성 동북부의 회택會澤을 거쳐 사천성 의빈宜賓에 도착한 뒤 여기에서부터 장강을 통해 상해로 간 다음 해로를 통해 사이공으로 돌아갔다. 그들은 메콩강 상류인 난창강瀾滄江이 항해에 적합하지 않다는 것을 확인하고, 하류인 베트남 북부의 홍하紅河(송코이강)를 통해 중국으로 들어가는 통로를 찾으려고 시도했다.

 1871년(동치 10) 이후 프랑스 상인 장 뒤퓌(Jean Dupuis)가 여러 차례 홍하를 통해 운남의 회족 봉기를 진압하고 있던 마여룡馬如龍에게 무기를 공급했다. 이어 1873년 프랑스는 베트남 북부를 점령하고 홍하의 항행권을 장악하기 위해 군대를 동원해 하노이와 인근 여러 지역을 공격했다. 프랑스군은 베트남 각지에서 분연히 일어나 투쟁하는 인민들의 저항에 부딪혔으며, 다른 한편으로는 당시 중국-베트남 국경에 주둔하고 있던 중국인 유영복劉永福 휘하 흑기군黑旗軍의 완강한 저항에 부딪혔다. 흑기군은 1873년 11월 초 하노이성 외곽에서 벌어진 전투에서 프랑스군에게 심각한 타격을 입혔으며, 이때 프랑스 장군 가르니에(Marie Joseph Francis Garnier, 安鄴)가 전사했다.

 유영복(1837~1917)은 광동성 흠주欽州의 빈농 집안 출신이다. 1844년(도광 24) 8세 때 아버지를 따라 광서성 남부의 상사현上思縣에 정착한 뒤 뱃사공을 했다. 그가 20세 무렵 태평천국 봉기가 한창이었다. 광서 남부 도처에서 농민봉기가 일어났는데, 그들 대부분은 천지회 계통에 속하였으며 각자의 향촌을 근거지로 삼아 할거하였다. 유영복은 농민봉기에 투신하여 몇몇 지도자의 휘하에서 전전하였다. 태평천국이 이미 멸망했던 1865년(동치 4), 그는 200여 명의 무리를 이끌고 광서 서부 변경과 가까운 안덕安德으로 가 이 지역에서 왕으로 군림하던 오아충吳亞忠의 부하가 되었다. 1년 뒤 청군이 대거 오아충을 포위했을 때, 그는 오아충과 사이가 틀어져 자신의 휘하 부대를 이끌고 베트남 경내로 들어갔다. 그의 부대는 7개의 별이 그려진 흑기를 들고 있었기 때문에 흑기군으로 불렸으며, 태평천국 농민대혁명 시기에 생겨나 국외로 탈출한 농민부대의 일부였다.

 유영복은 지도력이 뛰어났을 뿐만 아니라 모략과 용맹도 출중해 그의 부대는 전투력이 강했다. 1873년(동치 12) 프랑스군을 격퇴했을 때 그의 부대는 이미 2천여 명이었다. 이 전투 이후 그는 베트남의 응우옌(阮)씨 왕조로부터 삼선부제독三宣副提督으로 봉해지고, 그의 부대는 뚜옌꽝(宣光), 선떠이(山西), 홍호아(興化) 3개의 성에 주둔하면서 홍하 상류를 장악하여 프랑스군이 홍하를 통해 중국을 침입하는 데 장애가 되었다.

 1880년대 초 프랑스의 금융자본이 급속히 발전하면서 프랑스 정부는 극동 지역에서 식민지 정책을 더욱 적극적으로 추진했다. 파리코뮌을 무자비하게 진압하면서 출범한 페리(Jules Ferry) 내각이 두 차례(1880~1881, 1883~1885) 집권하는 동안 베트남 전체가 프랑스의 식민지로 전락했으며, 중국에 대한 침략전쟁을 일으켰다. 청 정부는 1884년(광서 10) 7월에 프랑스에 대한 선전포고를 했지만, 프랑스의 중국 침략전쟁은 실제로 그 전해에 이미 시작됐다.

 프랑스가 베트남 북부 지역을 점령하는 데 급급해한 것은 중국 침략을 위한 준비 작업이었다. 청 정부도 이 점을 간파하지 못한 것은 아니었다. 1881년(광서 7)~1882년 사이에 청 정부는 광서성과 운남성 및 베트남의 접경 지역에 군대를 파견하는 한편 외교 경로를 통해 프랑스 정부에 항의했다. 당시 청나라 관료 중에는 베트남과 중국은 '순망치한脣亡齒寒'의 관계이므로 프랑스와 전쟁도 불사해야 한다고 주장한 사람도 있었지만, 실권파들은 협상의 방침을 선택했다. 프랑스는 전쟁을 적극적으로 준비하는 한편 청 정부에 담판을 요구했다. 서태후를 비롯한 청 조정은 전쟁이 내부 통치의 위기를 심화시킬까 두려워하면서 이홍장에게 전권을 주어 프랑스와 협상을 벌이도록 했다. 1882년(광서 8) 이홍장은 천진天津에서 프랑스 공사 부레(Frédéric-Albert Bourée)와 담판을 벌여 중국과 베트남 접경 지역에 배치한 청군의 철수를 합의했다. 그러나 이 조치가 프랑스의 침략적 행보를 멈추게 할 수는 없었다.

 1882년(광서 8)에서 1883년 사이에 프랑스는 다시 통킹 등 베트남 북부 지역을 침략하여 하노이와 남딘(南定)을 차례로 점령하였다. 베트남 정부는 흑기군의 참전을 다시 요구하여 유영복의 흑기군이 하노이로 진격했다. 1883년 4월 13일(양력 5월 19일) 양쪽 군대가 하노이성 서쪽 2리 지점에 있는 지교紙橋에서 격렬하게 전투를 벌였다. 흑기군은 프랑스 침략군을 또 한 차례 격파하였으며, 프랑스군 사령관 리비에르(H. Rivière) 중령을 사살했다. 프랑스 정부는 즉시 새 지휘관을 임명하고 군대를 증파하여 다시 공격을 개시했다. 유영복의 흑기군은 용감하게 전투를 벌여 하노이 인근의 단프엉(丹鳳)과 호아이득(懷德)에서 프랑스군을 막아냈다.

당시 선떠이(山西)와 박닌(北寧) 등지의 군사를 이끌고 바로 가까이에 주둔하고 있던 광서 포정사 서연욱(徐延旭)과 운남 포정사 당형(唐炯)은 흑기군이 프랑스군과 전투하는 것을 지켜보기만 할 뿐 아무런 도움을 주지 않았다. 하지만 그들은 흑기군이 세운 전적을 자신들의 전공으로 조정에 보고하여 광서성과 운남성 순무로 승진했다. 프랑스군이 선떠이와 박닌에 차례로 대규모 공격을 단행하자 당형과 서연욱의 청군은 거의 싸우지도 않고 퇴각했다. 이에 청 정부는 운귀(雲貴) 총독 잠육영(岑毓英)을 보내 전투를 지휘하게 했다. 그는 회족 봉기군을 잔학하게 학살해 출세한 군벌인데, 외국 침략자들 앞에서는 그 기세를 보고 도망쳐 버렸다. 1884년(광서 10) 2월에 이르면 광서성 변경과 가까운 베트남 경내에는 소수의 청나라 관군만 남아 있었다. 유영복의 흑기군도 운남성 변경의 라오까이(老街, 保勝)로 퇴각했다. 당형과 서연욱은 파면되어 심문을 받았다.

청 정부는 유영복의 흑기군에 대해 어떤 태도를 취했을까? 정부 문서에는 흑기군을 '도적 떼'(匪)라고 기록하고 있다. 비록 청 정부가 흑기군에게 소량의 성능이 떨어지는 총기를 주긴 했지만, 이것은 비열한 음모에 불과했다. 사천 총독 정보정(丁寶禎)은 "이 도적 떼들이 요행히 승리하면" 베트남이 중국에 감사하게 생각할 수 있는 한편 흑기군이 중국의 정규군이 아니기 때문에 프랑스가 중국에 대해 트집을 잡을 구실도 없을 것이며, 흑기군이 패배하여 프랑스군에게 섬멸된다 해도 "중국은 큰 화근 하나를 제거하는 셈"이라고 말했다.[1]

프랑스의 페리 정부는 주중 공사 부레와 이홍장이 맺은 협정을 만족스럽게 여기지 않고서 베트남 북부에 군대를 증파하는 한편, 주중 공사를 교체하고 주일

---

1) 『光緒朝中法交涉史料』 제3권, 12쪽.

공사 트리쿠(A. Tricou)를 중국에 특사로 파견하여 이홍장과 담판하게 했다. 1883년(광서 9) 5월에 트리쿠는 이홍장과 상해에서 담판을 했고, 다시 8월에는 천진에서 담판을 계속했다. 이 시기 프랑스군은 베트남의 수도인 후에(順化)를 점령한 뒤 '프랑스·베트남 후에 조약'을 강제로 체결하여 베트남을 프랑스의 보호국으로 만들었다. 이때 베트남 국왕은 중국에 원조를 요청했다.

트리쿠는 이홍장과 담판을 벌이면서 베트남의 문제에 대해 청의 철저한 양보를 받아내기 위해 청과 외교 관계를 단절하고 전쟁을 벌이겠다고 위협했다. 이홍장은 담판을 계속 이어 가자고 요청하면서 유영복은 제거해야 할 도적 떼임을 인정했지만 담판은 성과 없이 끝났다. 1883년 9월 트리쿠는 협상 중단을 선언했는데, 이때 프랑스가 베트남 경내에 진입한 청군을 먼저 무력으로 몰아내기로 결심했기 때문이다.

1884년(광서 10) 3월에 프랑스는 천진 세무사를 지내면서 이홍장과 친분이 있던 독일인 데트링을 통해 다시 협상을 제의했다. 한 달 후 이홍장은 프랑스 대표인 푸르니에(F. E. Fournier)와 천진에서 '간명조관(簡明條款)'2) 5개 조항을 체결했다. 이 조약의 주요 내용은, 중국은 베트남이 프랑스의 '보호국'임을 인정하고, 통킹 등 북부 베트남에 주둔한 청군을 철수시키며, 프랑스 상품이 베트남을 거쳐 자유롭게 중국에 들어갈 수 있는 것을 허용한다는 것이었다. 그리고 이홍장은 프랑스가 유영복의 부대를 궤멸시켜도 관계하지 않겠다는 태도를 취했다.

이 조약의 조항들은 중국과 베트남 인민들의 기본적 이익을 명백히 침해함은 물론 침략자들에게 스스로 남서쪽의 대문을 열어 준 것이었다. 이 때문에 관료 집단 내부에서도 반발의 목소리가 높았다. 그러나 서태후를 비롯한 청 조정은 이렇게 하면 전쟁의 위험을 피할 수 있다고 여겨 이 조약에 전적으로 동의했다.

---

2) 『중외구약장회편』 제1책, 455쪽.

2. 청불전쟁 2단계: 개전에서 정전까지

청은 비굴한 모습을 보이며 전쟁을 피하고자 했지만 피할 수가 없었다. 1884년(광서 10) 5월 중국과 프랑스 사이에 '간명조관'이 체결된 직후 프랑스군은 랑선(諒山)에 주둔하고 있으면서 아직 철수 명령을 받지 못한 청의 군대를 공격하며 청은 광서 변경 지역인 랑선 등지를 즉시 내놓아야 한다고 주장했다. 이에 청군이 반격해 프랑스군 일부가 사상자가 나자 어쩔 수 없이 후퇴했다. 프랑스는 북경 주재 공사를 통해 청 정부에 2억 5천만 프랑(은화 약 3천8백만 냥)의 '배상'을 무리하게 요구하고, 이 배상금을 지급하지 않으면 해군을 동원하여 중국을 침공하겠다고 위협했다. 청 정부는 전혀 근거 없는 무리한 요구라고 여겼지만, 양강 총독 중국전을 상해로 보내 새로 부임해 온 프랑스 공사 파트노트르(J. Patenôtre)와 담판을 짓는 한편 다른 나라들이 나서서 중재해 주기를 기대했다. 총세무사인 영국인 하트는 이때부터 중국과 프랑스 간의 평화협상을 중재하는 인물이 되었는데 사실은 프랑스를 도와 청 정부를 협박하는 역할을 했다.

1884년 6월 프랑스 군함이 대만의 기륭(基隆)을 기습 공격한 뒤 상륙하여 기륭포대를 점령하자 대만 수비독판인 유명전(劉銘傳)의 부대가 프랑스군을 반격해 격퇴했다. 프랑스군이 포대를 점령했을 때, 프랑스 공사는 이 행위가 배상금을 받아내기 위한 '담보'라고 주장했다. 상해에서 벌인 증국전의 협상은 아무런 성과 없이 끝났다.

유영복의 흑기군 전적을 보거나 랑선과 기륭 전투의 경과를 보면 프랑스군은 그리 두려운 상대가 아니라는 사실이 드러나자 청 관료들 중 일부는 강화를 반대하고 전쟁을 주장했다. 그러나 서태후와 이홍장으로 대표되는 주요 집권 세력은 전쟁을 대비하지 않았을 뿐만 아니라 적에게 공격하기 좋은 빌미를 제공해 주었다. 중국을 공격하기 위해 파견된 프랑스 함대는 이해 윤5월 말(양력 7월 중순)에 마치 자신들의 군항에 입항하듯 복건의 마미(馬尾) 군항에 진입했다. 복건 해군 소속의 군함이 모두 이 군항에 정박해 있었는데, 북양해군과 남양해군을 제외하면 이는 당시로서는 상당한 규모의 해군이었다. 7월 3일 마미항에 정박하고 있던 프랑스 함대가 공격을 개시해 1시간여 만에 이곳에 정박하고 있던 중국 군함 11척과 상선 19척을 모두 침몰시키고 마미조선소까지 파괴했다. 복건 해군의 일부 장병들은 아무 준비도 없는 상황에서 용감하게 저항했지만, 프랑스 군함 몇 척을 손상시켰을 뿐이었다. 양무파들이 건립한 이 복건 해군은 이렇게 자신들의 투항 정책에 의해 파멸되고 말았다.

마미 해전으로 전쟁이 사실상 시작됐다는 사실을 감출 수 없었던 청 조정은 7월 6일(양력 8월 26일) 조서를 내려 프랑스와의 전쟁을 선포하고, 프랑스 측이 "먼저 도발하였고" "분쟁의 발단을 일으켰다"고 밝혔다. 그러나 봉건 통치자들은 진심으로 침략에 맞서기 위해 모든 역량을 동원한 것이 아니라 계속하여 침략자들과 협상하는 길을 모색했다.

프랑스는 해군을 동원해 대만의 기륭포대를 다시 점령하고, 이어 팽호도를 점령한 뒤 대만 해안을 봉쇄한다고 선언했다. 이어 프랑스 함대는 절강의 진해항 진입을 시도하였으나 중국 측의 포격을 받아 성공하지 못했다. 프랑스군은 지상전에서도 큰 패배를 당했다. 흑기군이 북부 베트남에서 중국 운남성으로 가는 길목을 막고 있었기 때문에 프랑스는 광서 방면에 주력했다. 이곳은 이홍장의 회군 계통에 속하는 광서 순무 반정신潘鼎新이 지키고 있었는데, 그는 해임된 전임 서연욱과 마찬가지로 계속 후퇴하여 스스로 랑선을 포기하고 진남관鎭南關(지금의 友誼關)으로 달아났다. 프랑스군은 이 틈을 타 광서 경내로 침입하여 심각한 정세를 형성하였다.

이때 광서 제독을 지낸 70세의 노장 풍자재馮子材가 명을 받고 전선에 도착했다. 그는 뿔뿔이 흩어진 병사들을 수습해 안정시킨 뒤 적극적으로 저항할 준비를 하며 병사들을 격려하는 한편 반격할 수 있는 진영을 갖추었다. 1885년(광서 11) 2월 풍자재는 진남관 밖에서 프랑스군과 치열한 전투를 벌여 전혀 예상하지 못한 큰 타격을 안겼다. 프랑스군은 1천 명 남짓한 전사자를 내고 황급히 철수했으며 랑선도 포기할 수밖에 없었다. 프랑스군의 패배 소식이 본국에 전해지자 프랑스 국민들은 금융자본가의 이익을 대변하는 정부에 대해 강한 불만을 드러냈을 뿐만 아니라 자산계급 내에서도 심각한 분열이 일어나 중국 침략을 주도한 페리 내각이 실각했다.

 전선에서는 청군이 프랑스군을 성공적으로 물리치고 있었으나 청 정부는 이를 강화를 구걸하는 밑천으로 삼았다. 이런 강화를 구걸하는 활동은 공식적으로 선전포고를 한 이후 사실상 하루도 멈추지 않았다. 전쟁이 한창 진행 중이었기 때문에 영국인 하트의 중재 역할은 더욱 중요해졌다. 하트가 파리로 파견한 영국인 캠벨(J. D. Campbell, 金登幹)은 청 정부를 대표하여 프랑스 정부와 강화회담을 진행할 전권을 가지고 있었다. 이홍장은 '체면'을 어느 정도만 세울 수 있으면 강화해야 한다는 주장을 일관되게 펼쳤다. 그는 하트의 활동을 전적으로 지지했다. 영국과 미국, 독일 등의 정부도 중국 측의 타협과 양보를 전제로 한 강화를 적극적으로 촉구했다. 그들은 프랑스가 지나치게 많은 승리를 거두어 청 왕조의 통치가 심각한 위기에 빠지는 것을 원치 않았으며, 중국이 승리하는 것은 더욱 원치 않았다. 중국이 승리하면 당연히 중국인들의 자립심을 살아나게 해 열강들이 중국을 침략하는 데 매우 불리해지기 때문이었다. 프랑스는 랑선 전투에서 대패한 후 강화 조건을 조금 낮추지 않을 수 없었는데, 청의 투항주의자들은 이때가 강화를 성사시킬 수 있는 가장 좋은 기회라고 생각했다.

 영국의 이익을 대변하면서 동시에 중국을 침략하는 열강들의 공동 이익을 대변하며 청 정부의 대외정책을 관리해 오던 하트의 역할도 이때 갑절로 늘어났다. 캠벨은 청 정부의 명의로 파리에서 프랑스 정부와 정전협정 초안을 작성했는데, 그 내용을 보면 정전하는 것 외에도 천진에서 체결한 '간명조관'이 유효함을 재확인하고, 중국이 베트남에서 군대를 철수할 것을 규정했다. 이에 따라 1885년(광서 11) 2월 22일 서태후가 정전을 명하는 칙령을 내렸다. 이어 4월 27일 이홍장은 프랑스 공사 파트노트르와 천진에서 체결한 정식 조약에서 베트남을 프랑스의 보호국으로 인정하는 동시에 광서와 운남에서 통상할 수 있는 특별 권리를 프랑스에 부여하고, 중국이 앞으로 이 두 성에 철도를 건설할 경우 프랑스와 협의하여 추진하도록 규정했다. 투항주의자들은 프랑스의 베트남 병탄에 항의할 엄두조차 내지 못했을 뿐만 아니라 프랑스가 원하는 대로 중국 서남부 국경의 대문을 열어 주었다. 침략자들이 전쟁에서 패배했기 때문에 '배상금'을 요구하지 않았고, 기륭과 팽호도에서 철군을 약속했기 때문에 투항주의자들은 그런대로 '체면'을 세웠다고 생각했다.

　진남관 외곽에서 프랑스군을 격퇴한 풍자재와 휘하 장수들은 승전 후의 굴욕적인 강화에 불만을 표시했지만 정전과 철군 명령을 기꺼이 받아들였다. 그런데 여전히 청 정부를 곤혹스럽게 한 것은 유영복의 흑기군이었다. 프랑스는 흑기군을 섬멸할 능력이 없었으므로 청 정부가 책임지고 해산시킬 것을 요구하면서 그렇게 하지 않으면 팽호도를 반환하지 않겠다고 했다. 유영복은 청불전쟁 기간 동안 청 정부와 이미 많은 접촉이 있었고, '기명제독記名提督'이라는 관직도 받았다. 전쟁이 끝나고 반년이 지난 1885년 8월, 그는 마침내 청 정부의 명령을 받아들여 철군하였으며 광동 남오진南澳鎭의 총병總兵에 임명되었다. 프랑스가 무력으로도 제거할 수 없었던 장애물을 청 당국이 이렇게 그들을 대신해 제거해 주었다. 그런데 당시 유영복을 따라 철수한 병력은 일부에 지나지 않았다. 베트남에 남았던 병력 가운데 이후 옌테(安世) 지역의 베트남 농민 지도자 호앙호아탐(黃花探)의 지도 아래 프랑스 침략에 대항하는 무장투쟁에 참가한 사람이 적지 않았다.

3. 청일전쟁 1단계: 강요된 응전

　청불전쟁 10년 후 청일전쟁이 일어났다. 이 전쟁은 1894년(광서 20) 6월부터 1895년 2월까지 8개월간 지속되었다. 1894년이 갑오년이므로 갑오전쟁이라고도 부른다.

　이 전쟁은 일본이 오랜 기간 계획해 충분히 준비된 것이었다. 초기 자본주의 국가였던 일본은 봉건적 성격이 짙었으며 처음부터 대외 침략과 확장의 의지를 강하게 드러냈다. 1874년(동치 13) 일찍이 일본은 중국의 대만을 무력으로 침공했다.

(제2부 제2장 4절 참조) 이어 1879년(광서 5) 일본은 류큐국(琉球國)을 병탄했다. 이때 일본은 이미 적극적으로 조선을 침략하기 시작했고, 중국을 침략할 계획도 세웠다.[3] 일본은 1885년(광서 11)부터 군비확장 10개년 계획을 세웠는데 2년 앞당겨 1892년에 완성했다. 이에 일본은 1893년 전시대본영(戰時大本營)을 설치하여 무력으로 조선을 병탄하고 중국과 전쟁을 벌일 준비를 하였다.

일본의 대외 확장 활동은 미국과 영국의 지지를 받았다. 미국은 일본을 조선과 중국에 대한 침략의 동반자로 이용하려 했기 때문에 청일전쟁 기간 동안 드러내 놓고 일본을 지지하는 편에 섰다. 영국은 극동에서 러시아를 견제하는 데 일본을 이용할 생각을 가져 일본 세력이 조선과 중국의 동북 지역으로 뻗어 나가는 것을 응원하는 태도를 취했다. 청과 일본의 선전포고 보름 후 일본은 영국과 런던에서 새로운 조약을 맺었다. 영국은 이 조약으로 일본의 대중국 전쟁을 사실상 지지했다. 이전까지 일본이 서양 각국과 체결한 조약은 모두 불평등조약의 성격을 가지고 있었지만, 새로 맺은 이 영일조약은 처음으로 일본이 서양 열강들과 대등한 지위를 인정받는 계기가 되었다.

조선은 유구한 문화와 역사를 가진 독립 국가였다. 당시 조선은 부패한 봉건 왕조의 통치하에서 국내의 계급모순이 매우 첨예했으며, 지배계급 내부의 당파 간 싸움도 격심했다. 일본은 이 틈을 노려 정치적, 경제적으로 조선 내부에 대한 침투를 점차 강화하고 있었다. 1885년(광서 11) 이홍장과 일본 수상 이토 히로부미(伊藤博文)는 천진에서 조선 문제와 관련한 조약을 체결했는데, 여기에서 이후 조선에 중대한 사건이 발생할 경우 양국 또는 일국이 파병할 때 반드시 서로 통지해야 한다고 규정했다. 일본은 뒷날 이 조약을 근거로 조선에 출병하였고, 조선과 중국을 침략하는 전쟁을 일으켰다.

1894년(광서 20) 봄 조선 남부에서 대규모의 농민봉기가 일어났다. 이 기회를 침략전쟁을 일으킬 시기로 본 일본은 청에게 외교문서를 보내 "귀 정부는 왜

---

3) 이노우에(井上淸) 등 저, 楊輝 역, 『일본근대사』(상무인서관, 1959년판), 43쪽.

조선을 대신해 반란을 평정하지 않습니까.…… 우리 정부는 다른 뜻이 없습니다"[4] 라고 하면서, 먼저 청 정부를 부추겨 조선에 출병하게 했다. 청 정부는 일본의 이런 '보증'을 받고, 또 조선의 요청에 따라 5월 초순 직예 제독 섭지초葉志超와 태원진太原鎭 총병總兵 섭사성聶士成을 지휘관으로 임명해 1천5백 명의 군대를 이끌고 조선의 수도 한성漢城 남쪽에 있는 아산에 진주하게 했다. 청군이 출병하자 일본은 갑자기 대사관과 교민을 보호한다는 명목으로 5월 7일(양력 6월 10일) 대규모의 군대를 보내 한성을 점령했다. 전쟁이 눈앞에 닥쳤는데도 청 정부는 러시아와 영국에 잇따라 '조정'을 요청했다. 영국은 이미 일본의 북방 진출을 지지하는 입장에 서 있었기 때문에 조정에 나설 이유가 없었다. 러시아는 일본의 세력 확장에 경계심을 갖고 있었지만, 중국과 일본의 전쟁이 저들에게 유리하게 전개될 수도 있다고 판단하여 기회가 올 때까지 기다리기로 결정했다. 청 당국이 국제 조정으로 전쟁을 피하려는 환상을 갖고 있을 때 일본은 먼저 실행에 옮기기 시작했다.

6월 23일(양력 7월 25일) 일본은 선전포고도 하지 않고 먼저 아산항 밖 풍도豐島 해상에서 이홍장이 중국군을 증원하기 위해 아산으로 보낸 영국 상선 1척을 격침시켰다. 이홍장은 영국 국적이면 영국의 보호를 받을 수 있을 것이란 반식민지 노예적 심리에서 비싼 값을 지불하고 이 상선을 빌렸던 것이다. 이 수송선을 호위하던 북양함대의 군함 몇 척 가운데 1척이 격침되었고, 1척은 심한 손상을 입었으며, 이 가운데 비교적 강한 철갑선 1척은 함장의 명령에 따라 도주했다. 이처럼 일본군은 해상에서 청군을 공격하는 동시에 육상에서도 한성에서 출발하여 청군을 공격했다. 섭사성의 부대는 아산 부근의 성환역成歡驛에서 일본군과 마주치자 허둥대며 패퇴했다. 후원군으로 공주에 주둔해 있던 섭지초 부대도 진지를 버리고 도망쳤다. 그들은 북쪽으로 패주하다가 평양에까지 이르렀다.

해상과 육상에서 일본의 기습공격을 받은 후 7월 1일(양력 8월 1일) 청 조정은 선전포고를 하는 조서를 내렸고, 같은 날 일본도 선전포고했다. 이미 예견된 이

---

4) 『이문충공전고』 제15권, 33쪽.

전쟁을 청 정부는 눈앞에 닥쳐서야 어쩔 수 없이 대응한 것이다.

8월 중순 일본군 1만여 명은 두 길로 나누어 조선 북부의 평양으로 진격하였는데, 이곳에는 청나라 군대 좌보귀左寶貴와 풍승아豊升阿, 마옥곤馬玉崑, 위여귀衛汝貴 등과 아산 방면에서 도주해 온 섭지초의 부대가 주둔하고 있었다. 섭지초는 이홍장의 최측근으로, 이홍장은 패배를 감춘 그의 보고를 믿고 그를 평양에 주둔한 청군의 최고 사령관으로 임명했다. 그는 1만 4천여 명의 병력을 평양성 한곳에 집결시켜 방어 진지를 구축한 뒤 공격해 오기를 기다렸다. 일본군이 공격해 오자 일부 부대만 완강하게 저항했다. 지휘관들 중 좌보귀가 가장 용감하게 싸웠는데 끝내 전장에서 포탄에 맞아 전사했다. 위여귀는 부대를 이끌고 도주했으며, 섭지초는 전세가 불리해지자 백기를 내걸고 각 부대에게 평양성을 버리고 북쪽으로 철수하라고 명령했다. 이 바람에 평양성에 비축해 둔 대포 40문과 소총 1만여 정 및 많은 군량과 전쟁 물자를 적에게 고스란히 넘겨주었다. 패주하던 청군 가운데 일부가 일본군에게 가로막혀 죽임을 당하였지만, 나머지는 단숨에 압록강 이북으로 퇴각했다.

일본군은 9월 하순에 압록강을 건너 중국 경내로 진격했다. 압록강을 지키던 청군의 병력이 4만 명에 육박했지만 싸우지도 않고 패주하여 일본군은 불과 며칠도 안 되는 사이에 강 연안의 안동安東(지금의 丹東)과 구련성九連城 등을 쉽게 점령하고 봉황성鳳凰城(지금의 鳳城)에까지 진입했다.

한편 이홍장의 북양해군은 황해 해전에서 패전했다. 북양함대는 대련大連에서 대동구大東溝까지 병력 수송을 호위한 뒤 귀항하려고 할 즈음인 8월 18일(양력 9월 17일) 일본 함대의 습격을 받았다. 북양함대는 정여창丁汝昌이 14년 동안 총사령관의 직을 맡고 있었다. 당시 사람들은 정여창이 "겁이 많고 무능하며 교묘하게 적을 피하기만 하므로 사령관의 직책을 감당할 수 없다"[5]고 평가했지만, 이홍장은 "현재 해군의 장군감으로 그보다 나은 인물이 없다"면서 그를 적극적으로 변호했다. 해전이 발발할 당시 정여창은 기함旗艦인 정원호定遠號의 함교 위에 있었는데, 함교가

---

5) 『이문충공주고』 제78권, 53쪽.

오랫동안 보수되지 않아 첫 번째 포를 발사했을 때의 충격으로 무너져 내려 추락해 중상을 입었다. 이에 우익 총병 겸 정원호의 부함장 유보섬劉步蟾이 정여창을 대신하여 작전을 지휘했다. 이 해전은 오후 내내 진행되었다. 전투에 참가한 북양함대의 13척 전함 가운데 2척의 전함은 전투가 격렬할 때 도주하다가 이 중 1척이 아군 함정 1척을 들이받아 격침시켰으며, 3척은 적에게 격침됐고, 기함인 정원호를 포함한 나머지 7척도 모두 크고 작은 손상을 입었다.

이런 가운데에서도 여러 지휘관과 병사들은 용감하게 전투를 벌였다. 등세창鄧世昌이 지휘한 치원호致遠號는 큰 손상을 입고 탄약마저 바닥이 난 위급한 상황에서 일본 쾌속함 요시노호(吉野號)를 향해 전속력으로 돌진하다 불행히도 어뢰를 맞아 250여 명의 병사들과 함께 침몰했다. 임영승林永升이 지휘한 경원호經遠號는 최선을 다해 적을 공격한 후 침몰했다. 주력함인 정원호와 진원호鎭遠號는 불리한 전세 속에서도 끝까지 전투를 벌여 마침내 적의 함대를 퇴각시켰다. 12척의 함정으로 구성된 일본 함대는 완전한 승리를 거두지 못했다. 그들의 기함인 마쓰시마호(松島號)는 운항불능 상태가 되었고, 몇 척의 함정은 큰 손상을 입었으며, 1척은 격침되었다. 그러나 이번 해전으로 몹시 놀란 이홍장은 자신의 함대에게 이제부터 모두 위해위威海衛 항구 안에 은신해 힘을 보존하면서 전쟁이 끝날 때까지 기다리라고 명령했다. 하지만 그는 바로 이 방침이 그의 함대를 비참하게 전멸시킬 것이라고는 예상하지 못했다.

일본군은 이홍장의 해군에게 마지막 일격을 가하기 전에 여순항旅順港을 먼저 습격했다. 여순항은 북양해군의 기지 중 하나였다. 전쟁이 일어났을 때 이미 이곳에는 일련의 포대가 수축되어 있었으며, 대포는 모두 독일에서 구매한 것이었다. 이 때문에 일본군이 해상을 통해 정면으로 이곳을 공격했으나 성공하지 못했다. 이에 일본은 병력을 화원구花園口로 운송하여 상륙하게 한 뒤 배후에서 기습했다. 이때 북양함대는 은신한 채 모습을 드러내지 않았고, 육상에서는 저지하는 부대가 없었기 때문에 일본군은 아무런 저지도 없이 화원구에 상륙한 뒤 피자와皮子窩를 거쳐 금주金州를 공격했다. 금주와 여순, 대련에는 상당히 큰 규모의 청군이 주둔하고 있었으나 대부분의 지휘관들이 잇따라 진지를 포기하고 달아났다. 이 때문에 적군은 금주를 공략한 지 이틀 만에 대련을 점령하고, 10일간의 휴식과 정비를 마친 뒤 다시 여순을 공격하여 4일 만에 함락시켰다. 이 모든 일이 10월 하순에 일어났다. 전체 전투 중 총병 서방도徐邦道가 이끈 6개 대대만이 금주 부근, 그리고 대련과 여순 사이에서 제대로 된 전투를 벌여 적은 병력이었지만 적군에게 약간의 손실을 입혔다.

두 달 후 일본군은 배후를 기습하는 똑같은 방법으로 산동의 위해위를 공격했다. 그들은 2만여 명의 해군 병력을 위해위 동쪽의 성산각成山角에 운송해 상륙시켰다. 위해위 항구 안에 은신하고 있던 북양함대의 모든 전함(군함 15척과 어뢰정 13척)은 이홍장의 명령을 충실히 지켜 적을 맞아 싸우러 나오지 않았다. 성산각에 상륙한 일본군은 배후를 공격하여 10일 만에 위해위 항구의 남쪽과 북쪽 해안의 모든 포대를 점령하고 해군은 동쪽과 서쪽 항구를 봉쇄하여 항구 내 북양함대는 독 안에 든 쥐의 신세가 되었다. 이때 위해위 어귀에 있는 유공도劉公島가 아직 청군의 수중에 있었기 때문에 유공도 포대의 화력 지원을 받아 항구 안에 있는 함대가 전력을 다했더라면 포위망 돌파가 불가능한 것은 아니었을 것이다. 그러나 어느 지휘관도 감히 그런 결정을 내릴 수 없었다.

북양함대에는 적잖은 외국인 선원들이 있었는데, 그들은 모두 항복을 주장하였다. 그 가운데 주요 인물은 함대 부제독인 영국인 매클루어(John Mclure, 馬格祿)와 고문으로 있던 미국인 하우이(George Howie)이다. 그들은 청군의 일부 장교들과 결탁하여 유공도에 있던 병사들을 사주하여 반란을 일으키게 하는 한편 정여창을 협박하여 투항하도록 했다. 이때 정여창은 이미 전군을 통솔할 힘이 없어졌고, 투항의 죄명도 쓰기 싫어 절망한 가운데 음독자살했다. 이 밖의 지휘관들은 외국인의 지시에 따라 하우이가 초안한 투항서를 적군에게 보냈다. 이리하여 북양함대의 남은 11척의 군함과 유공도의 포대 및 모든 군수물자와 병기가 1895년 2월(광서 21년 정월)에 그대로 적의 전리품이 되었다.

압록강을 건넌 일본군은 길을 나누어 요양遼陽으로 진군했다. 섭사성聶士成과

의극당아依克唐阿가 이끈 부대가 봉성鳳城 북쪽에서 완강하게 저항한 것을 제외하고는 거의 모든 부대가 적이 오면 도망쳤다. 이 무렵 일본군은 병력을 나누어 여순과 대련, 그리고 위해위를 공격해야 했기 때문에 요동에서 신속하게 공세를 펼칠 수 없었다. 따라서 당시 요동성 남부에 있던 중국 군대의 수가 침범한 일본군보다 많은 데다가 각지의 인민대중이 자발적으로 일어나 적을 공격하고 있었기 때문에 만약 각 군이 통일된 지휘체계 아래 제대로 반격했더라면 적어도 침략군을 곤경에 빠뜨릴 수 있었을 것이다. 그러나 청군은 기껏해야 적이 쳐들어올 때만 소극적으로 방어를 하고, 적이 공격을 멈추고 기회를 찾으며 휴식하고 있을 때는 무사하기만을 바라면서 그냥 손 놓고 있었다. 이후 일본군이 여순과 대련을 함락한 후 요동성 남부의 해성海城과 개평蓋平 등을 차례로 점령하게 되면서 요양遼陽과 심양瀋陽뿐만 아니라 영구營口와 우장牛莊으로부터 요서遼西의 금주錦州 지역까지도 큰 혼란에 빠졌다.

　　이때 이홍장의 회군계 세력의 부패와 무능이 여지없이 드러나자 상군계의 세력들이 기회를 틈타 이홍장을 공격하면서 그 자리를 차지하고자 했다. 상군계의 양강 총독 유곤일劉坤一이 1894년(광서 20) 12월 흠차대신에 임명되어 산해관山海關에 주둔하면서 군통수권을 장악했다. 호남 순무 오대징吳大澂과 사천 제독 송경宋慶이 그 아래에서 부사령관의 직무를 맡았다. 그런데 송경은 일본군이 압록강을 건널 때 강안에서 전투하지 않고 후퇴한 지휘관이다. 오대징은 진사 출신의 문관으로 금석문金石文과 고고학考古學, 풍아風雅에 뛰어났으며 스스로 군사문제도 잘 안다고 자부한 인물이다. 유곤일과 오대징은 호남과 호북, 안휘 등에서 많은 군대를 동원하여 산해관 밖으로 이동시켰고, 원래부터 산해관 밖에 주둔하고 있던 군대까지 가세하였으니 전세를 완전히 뒤집을 수 있을 것 같았다.

　　그들의 계획은 우선 해성을 탈환하는 것이었다. 오대징과 송경은 모두 군대를 동원하여 직접 해성 근처로 갔다. 해성의 적군을 공격하기 위해 그들이 동원한 병력은 100여 개 대대의 약 6만여 명이었다. 그러나 지휘관의 무능과 부대의 부패로 제대로 된 공격을 해보지도 못한 채 오히려 적군의 반격을 받아 모두 궤멸했다.

일본군은 먼저 해성 북쪽의 안산鞍山을 점령한 후 서쪽으로 우장을 점령했다. 우장에서 서쪽으로 90리 떨어진 전장대田莊臺에 주둔하고 있던 오대징은 당황하여 즉시 군대를 이끌고 서쪽으로 도망쳤다. 3만 명의 병력을 이끌고 영구에 주둔하고 있던 송경도 밤을 새워 뒤따라 후퇴하던 도중 전장대에서 적의 포위 공격을 받아 큰 손실을 입었다. 그의 남은 부대는 오대징의 부대와 합류해 금주 인근의 석산石山으로 퇴각했다. 수만 명의 부대가 대패하는 것을 보고 청 정부는 금주에서 산해관에 이르는 지역도 방어할 수 없을 것이라는 판단이 들어 무척 당황스러워했다.

청군은 왜 전투를 하면 반드시 패배했는가? 당시 일본의 군비는 양적으로 중국보다 결코 강하지 않았다. 해군을 놓고 말하면, 일본 해군이 보유한 전함의 총수와 총톤수는 이홍장이 장악하고 있던 북양해군과 비슷했으며, 중국은 북양해군 외에도 규모가 좀 작은 남양해군과 복건·광동 해군도 보유하고 있었다. 그러나 전쟁이 임박하자 이홍장은 적의 역량을 극도로 과장하고 자신이 오랫동안 경영해 온 해군과 육군은 대단히 취약한 것으로 몰아붙였다. 그는 일본의 군함이 신식이어서 항행 속도가 중국의 군함보다 훨씬 빠르며, 일본 육군의 총포도 중국보다 정밀하고 많으므로 중국은 결코 일본을 당해 낼 수 없다고 말했다.6) 그러나 전쟁이 진행된 상황을 보면, 북양해군이 전멸한 이유는 군함의 속도가 느렸기 때문이 아니었고, 육상 전투에서 패배한 이유도 마찬가지로 무기의 열세 때문이 아니었다. 이홍장으로 대표되는 양무파 관료들은 전쟁의 승패를 결정짓는 유일한 요인이 무기라는 관점을 견지했지만 그들의 이러한 무기 중심주의는 사실은 투항주의라는 점이 청일전쟁에서 다시 한번 입증되었다.

---

6) 『이문충공주고』 제78권, 61쪽.

4. 청일전쟁 2단계: 강화와 반대 여론

　패배주의는 투항주의와 그림자처럼 따라다닌다. 조정의 대권을 장악하고 있던 서태후와 이홍장은 사실 전쟁이 시작되면서부터 전쟁을 계속할 생각이 없었다. 다만 그들은 일본이 정전에 동의하도록 만들 방법을 찾지 못했을 뿐이다. 전쟁이 2개월가량 진행되었을 때 서태후는 경친왕慶親王 혁광奕劻 대신 10년 전에 파면시켰던 공친왕恭親王 혁흔奕訢을 다시 기용하여 총리아문을 맡게 하였다. '양무' 경험이 풍부한 이 공친왕은 취임하자마자 이홍장과 함께 중국 주재 영국과 러시아 공사에게 연락을 취해 '조정'해 줄 것을 요청했다. 영국과 러시아는 각각 자신들의 속셈을 가지고 있었기 때문에 일본과의 정전을 서두르지 않았다. 당시 영국은 미국과 러시아, 프랑스, 독일에게 공동으로 조정에 나서자고 제안한 적이 있었지만, 미국이 반대하는 바람에 그만두었다. 미국이 이 제안을 반대한 이유는 일본이 충분히 승리를 거둔 후에 자신이 나서서 청·일 간 강화를 주선하려는 정책을 가지고 있었기 때문이다.

　공친왕은 미국이 일본과 가장 긴밀한 관계를 맺고 있음을 간파하고 10월 초 주중 미국 공사 덴비(Charles Denby)를 통해 미국 정부가 나서서 조정해 줄 것을 요청했다. 덴비와 주일 미국 공사 에드윈 던(Edwin Dun)은 미국 정부의 훈령에 따라 중·일 간 연락을 주고받는 활동을 시작했다. 강화를 서두르던 이홍장은 공친왕의 동의를 얻어 천진 세무사를 맡고 있던 독일인 데트링을 자신의 대리인으로 일본에 보내 강화 조건을 타진했다. 일본군이 여순항을 공략하고 있던 때 이 독일인은 이홍장의 친서를 들고 일본에 도착했다. 그러나 일본 정부는 그와의 협상을 거부하면서 미국인을 통해 청 정부에 "정식 자격을 갖춘 전권대표"를 파견할 것을 요구했다. 이에 청 정부는 호부 좌시랑 장음환張蔭桓과 대만 순무를 지낸 소우렴邵友濂을 일본에 전권대표로 파견했다. 이 두 사람이 1895년(광서 21) 1월 6일 일본의 히로시마에 도착하여 10여 일 기다리는 동안에 일본군이 위해위를 점령하고 북양해군을 궤멸시켰다. 상황이 이렇게 되자 일본은 청 정부가 이 두 대표에게 협상의 전권을 주지 않았다는 이유를 들어 협상을 거부했다.

일본은 다시 미국인을 통해 청 정부에 "충분히 책임을 질 수 있는 신망이 있고 지위가 높은 관리"를 파견해야 협상할 수 있고, 또 배상뿐만 아니라 영토할양도 요구할 것이므로 청 대표는 반드시 이러한 조건을 담은 조약을 체결할 권한이 있는 고위 관료를 파견해야 한다고 말했다. 결국 그들이 원하는 관료는 혁흔이나 이홍장임을 넌지시 드러냈다. 당시 청 정부는 이미 패배를 자인하고 어떤 대가를 치르더라도 정전을 얻어 내야 한다는 생각을 가지고 있었기 때문에 이홍장을 전권대표로 일본에 파견해 강화협상을 벌이기로 결정했다. 이홍장은 대규모 수행원을 거느리고 2월에 일본의 시모노세키에 도착했는데, 수행원 중에는 미국인도 몇 명 있었다. 그 가운데 주요 인물로 포스터(John Watson Foster)가 있는데, 그는 1892~1893년 미국 국무장관을 지냈고, 장음환과 소우렴이 일본에 왔을 때 이미 청 정부의 고문으로 초빙된 상태였다. 미국인 고문이 하는 역할은 일본이 제시하는 조건을 이홍장 대표단이 충실하게 받아들이도록 하는 것이었다.

시모노세키 강화협상은 2월 23일에 시작되었는데, 청 대표는 이홍장이고 일본 대표는 이토 히로부미 총리와 무쓰 무네미쓰 외상이었다. 일본이 정전을 거부하면서 협상에 나왔기 때문에 전쟁이 계속되는 상태였지만 사실상 일본은 새로운 전쟁을 벌일 힘이 없던 상황이었다. 이홍장이 한 일본 낭인이 쏜 총에 맞아 부상을 입어 협상이 한동안 지연되었다. 3월 5일 양측은 21일 동안 휴전에 합의했다. 이어 일본은 마침내 강화조약의 초안을 제시하면서 강화가 이루어지지 않으면 다시 전쟁을 벌여 북경으로 진격하겠다고 위협했다. 이 같은 위협은 이홍장을 비롯한 청의 실권파에게 아주 좋은 효과를 거두었다.

마침내 1895년(광서 21) 3월 23일(양력 4월 17일)에 일본이 제시한 조건을 완전히 수용한 '시모노세키조약(馬關條約)7)'이 체결되었다. 중국은 요동반도와 대만 전역을

---

7) 新約, 別約, 議訂, 停戰으로 나누어져 있으나 일반적으로 총칭하여 '시모노세키조약'이라

비롯해 모든 부속 섬(팽호열도를 포함)을 일본에 할양하고, 일본의 전비 2억 냥을 배상하며, 호북의 사시沙市와 사천의 중경重慶, 강소의 소주蘇州, 절강의 항주杭州를 통상항으로 추가한다는 것이 조약의 골자였다. 또한 조약은 일본인이 중국의 통상항에서 다양한 공산품을 제조할 수 있고, 이에 필요한 각종 기계설비를 임의로 수입할 수 있으며, 일본이 중국에서 제조한 물품은 수입품과 동일한 대우를 받는다고 규정했다.

청일전쟁이 시작되고서부터 조정이나 관료 집단 그리고 사회 곳곳에서 전쟁에 힘을 쏟지 않음을 규탄하고 강화를 구걸하는 것에 반대하는 목소리가 터져 나왔다. 청일전쟁이 시작되었을 때 광서제가 집권한 지 형식적으로는 5년이 되었지만 인재 등용과 주요 결정은 서태후의 의견을 물은 뒤에 결정했다. 이홍장은 서태후가 총애하고 신임하는 사람이었다. 광서제가 가장 신임한 최측근 대신 옹동화翁同龢는 줄곧 이홍장이 전횡하는 것을 크게 못마땅하게 여겼는데 조선 문제와 청일전쟁은 그와 다른 신하들에게 이홍장을 공격할 기회를 주었다. 그래서 관료 집단 가운데 황제의 지지를 받는 주전파와 태후의 지지를 받는 주화파의 대립이 나타났다. 그러나 이 두 파벌 사이의 대립은 궁정과 관료 집단 내부의 통상적인 권력 다툼으로 빚어진 갈등의 범위를 넘어서지 못했다.

나약한 광서제는 감히 태후의 뜻을 추호도 거역하지 못했다. 군기대신인 옹동화와 이홍조李鴻藻 등도 국면을 전환시킬 별다른 주장을 제시하지 않다가 이홍장이 군사적으로 실패하자 이런저런 처분을 내려야 한다고 주장하는 것으로 만족할 뿐 그의 권력을 빼앗을 수 없었다. 일본이 이홍장을 협상 상대로 선정했을 때도 이들은 기회를 틈타 모든 책임을 이홍장에게 떠넘겼다. 옹동화는 이때 배상금을 더 지불할지언정 영토는 할양할 수 없다고 주장했을 뿐이었다. 시모노세키조약이 체결되자 이들 주전파 대신들은 모두 입을 다물고 기정사실로 인정했다.

조정에서는 늘 공론만 늘어놓던 어사御史를 포함하여 여러 하급 관료들이 잇달

고 한다. 『중외구약회편』 제1책, 614~618쪽을 보라.

아 주전主戰을 상주했고, 조약이 체결된 후에는 이를 반대하였다. 이들의 주장은 하나로 모아졌다. 곧 패전과 강화를 구걸한 책임을 이홍장 한 사람에게 돌리고 그를 맹렬히 공격하는 것이었다. 이 주장대로라면 이홍장 한 사람만 제거하면 모든 사태가 해결될 것 같았지만, 이것은 말도 안 되는 소리였다. 이들은 결코 투항주의를 진지하게 반대한 것이 아니라, 다만 이홍장의 투항주의를 반대했을 뿐이다.

일부 주전파 관료들은 터무니없는 주장을 내놓기도 했다. 예부禮部 우시랑右侍郎 지예志銳와 한림원 시독학사侍讀學士 문정식文廷式은 영국에 은화 수천만 냥을 주고 '영국과 손을 잡고 일본을 토벌하자'(聯英伐倭)는 주장을 했다. 그리고 양강 총독 장지동張之洞은 줄곧 의분에 북받쳐 전쟁을 강력히 주장했지만, 그도 영국과 러시아의 도움을 받아야 한다고 극구 주장했다. 시모노세키조약이 체결되자 그는 즉각 반대 의사를 밝히며 방법을 제시했는데, 여전히 영국과 러시아, 독일 등과 밀약을 맺어 후한 이권을 약속하고 무력의 도움을 간청하자는 것이었다.[8] 이러한 강도를 반대하기 위해 다른 강도에게 의지하자는 주장은 이홍장의 투항주의와 근본적으로 다름이 없다.

어떤 반동 통치 세력도 기꺼이 내리막길을 걸으려고 하지는 않았을 것이다. 청 정부는 한 섬나라 일본이라는 신생 자본주의 국가에게 당하고서도 반격할 힘이 없어 거액의 배상금과 함께 많은 영토를 할양해 주는 것으로 겨우 목숨을 부지하는 것이 실로 삼키기 힘든 고통이었을 것이다. 그러나 봉건 지배계급은 이때 이미 부패가 극에 달하여 더 이상 아편전쟁에서의 임칙서와 같은 비교적 진지한 주전파를 만들어 낼 수 없었다. 이들이 쏟아 낸 파락호破落戶의 울분과 '존왕양이'尊王攘夷와 같은 공허한 주장, 투항정책을 편 담당 관료에 대한 저주 등은 사실상 패배주의·투항주의와 쌍둥이에 불과했다. 장지동 등의 위에서와 같은 주장은 봉건 통치자들이 이미 의식적으로 반식민지의 길을 걸은 것으로서

---

8) 王藝生, 『60년래 중국과 일본』 제2권(六十年來中國與日本, 天津大公報館, 1932년판), 370쪽.

자신들의 지위를 보전하려는 바람을 표현한 것이다.

부패하고 무능한 봉건 지배계급은 중국 민족에게 전례 없이 심각한 위기를 안겨 주었다. 초기의 세력이 약한 자산계급도 이러한 위기에 직면하여 자신들의 목소리를 내면서 투항주의에 반대하는 여론을 조성했다. 앞에서 이미 말했듯이(제2부 제2장 6절 참조), 청일전쟁에 이르기까지 중국의 민족자본주의는 발전했지만 민족자산계급은 아직 경제적으로나 정치적으로 독립된 계급을 형성하지 못했다. 그들의 대변인은 대부분 지주계급 출신의 지식인이거나 매판상인과 관계된 문인들이었다. 이들이 내는 목소리는 내용상 위에서 말한 주전파 관료들의 주장과 상통하는 경우가 많았지만 나름의 특징을 포함하고 있었다. 몰락한 지주계급의 분노나 공허한 담론과 구별되는 이러한 자산계급 성향의 반투항주의 여론이 출현한 것은 이전 몇 차례 중국이 침략전쟁을 당했을 때에는 볼 수 없었던 현상이다.

상해가 이런 여론 형성의 중심지였다. 이때 상해에서는 『신보申報』, 『신문보新聞報』, 『호보滬報』 등과 같은 몇몇 신문이 발행되고 있었는데, 모두 영국인이나 미국인이 투자하여 설립되고 매판 상인들이 참여하며 중국의 문인들이 편집한 것이다. 이 신문들은 물론 독립적 자산계급의 입장에서 국사를 논평할 수는 없었지만, 이를 통해 전쟁과 강화의 진상을 사람들에게 비교적 널리 알릴 수 있게 되었다. 집필을 담당한 문인들은 시민의 관점을 상당 부분 반영했다. 그들은 일본과의 전쟁을 적극적으로 주장했고, 그들이 제시한 방법은, 예를 들면 가로회哥老會 등 회당의 힘을 동원하여 일본을 공격하자는 주장은 비현실적이었지만 청 조정의 소극적인 정책에 대해 강한 불만을 표출했다. 이들은 청 왕조 통치의 부패가 전쟁 패배의 근본적 원인임을 분명히 지적했을 뿐만 아니라 청 조정의 강화를 구걸한 행위를 강력히 비판했다. 상해를 중심으로 한 이러한 대중적 여론은 자산계급의 정치운동이 머지않아 일어날 것임을 예고하고 있었다.

과거시험을 치기 위해 북경에 온 강유위康有爲는 강화에 반대하는 「만언서萬言書」를 초안하여 각 성에서 응시하러 온 거인擧人 천여 명과 함께 조정에 제출할 준비를 했다. 하지만 이미 시모노세키조약이 체결된 터라 관직을 얻기 위해 모여든 이들은

"이미 이루어진 일은 거론하지 않는다"(成事不說)는 옛말을 따라 뿔뿔이 흩어졌다. 그러나 강유위가 작성한 「만언서」가 널리 전해지면서 큰 영향을 일으켰다. 주요 내용은 그의 제자 서근(徐勤)이 말한 대로 "강화를 거부하고, 수도를 이전하며, 군사를 훈련시키고, 변법(變法)을 시행하라. 수도를 옮기지 않고서는 강화를 거부할 수 없고, 변법을 시행하지 않고서는 나라를 세울 수 없다"는 것이었다. 청 정부는 일본이 수도인 북경을 처들어오겠다고 위협한 것을 들어 강화를 맺지 않을 수 없는 주요한 이유 중 하나로 꼽았다. 그래서 강유위가 전쟁을 불사하기 위해서는 수도를 옮겨야 한다고 주장했던 것이다. 강유위와 같은 주장이 관료 집단 안에서도 나왔지만 집권파는 전혀 고려하지 않았다.

강유위의 「만언서」 내용 가운데 가장 큰 특징이자 중요한 것은 '변법'이다. 수도 이전과 군사 훈련 등은 적과 맞서기 위한 '일시적인 조치'일 뿐이고, 국가를 되세울 근본적인 '자강의 방책'은 변법이라고 했다. 변법의 시행 방법에 대해 강유위는 각종 기계공업과 선박의 제조, 철도와 운수 사업을 민간에게도 허용하고 상공인 단체의 설립을 장려해야 한다고 주장했는데, 이는 곧 상인이 투자하여 함께 회사를 운영하게 하자는 것이었다. 강유위의 이 주장은 강화와 전쟁의 문제에서 출발하여 자산계급의 요구를 따라 국가의 면모를 바꾸자는 강령을 초보적으로 제시한 것으로, 이것은 단지 봉건 정권을 수호하는 데서 출발하여 패전과 강화를 구걸한 책임을 이홍장 한 사람에게만 돌리는 주전론과는 분명하게 구별되었다.

5. 청일전쟁 3단계: 대만 수호 투쟁

요동과 산동의 전장에서는 현지의 하층 인민들이 자발적으로 일어나 적에 대항하는 투쟁을 벌였지만, 봉건적 착취와 억압의 굴레 아래에서 인민들의 역량은 광범위하게 동원될 수 없었다. 시모노세키조약이 체결된 이후 하층 인민들의 광대한 역량은 대만을 지키려는 투쟁에서 잘 볼 수 있다.

대만은 청불전쟁이 끝난 해인 1885년(광서 11)에 성省으로 승격이 되었는데, 이전에는 복건성에 속한 도道였다. 대만성의 초대 순무인 유명전劉銘傳은 대만에 철도와 전신 선로를 가설하고 군사방위제도도 만들었다. 후임 소우렴邵友濂은 청일전쟁이 일어나자 전쟁이 대만으로 파급되는 것을 두려워하여 조정에 힘을 써 자신이 전출되도록 노력했다. 그래서 대만 포정사布政司였던 당경숭唐景崧이 순무로 승진했다. 당경숭은 10년 전 청불전쟁 때 이부吏部의 후보주사候補主事였는데 자진해 베트남 북부로 가 유영복과 관계를 맺었다. 당시 그는 유영복의 병력을 이용하자고 주장했는데, 이것은 사실상 농민봉기 과정에서 생겨난 흑기군을 청의 통치 질서 안으로 끌어들이기 위한 것이었다. 그는 이 일을 성공적으로 완수해 냄으로써 관료사회에서 상승세를 탔다. 그는 청일전쟁이 시작되었을 때 광동의 남오南澳에서 대만으로 이동 배치되었는데, 본래 그의 휘하에 2개 대대만 있던 병력이 대만에 오면서 점차 8개 대대로 확대되었다. 당경숭은 자신의 측근 부대를 비교적 부유한 대만 북부 지역에 주둔시키고, 유영복에게는 방판대만군무幇辦臺灣軍務란 직함을 주어 대만 남부 지역에 주둔하게 했다.

1895년 2월 말, 이홍장이 시모노세키에서 강화협상을 시작할 무렵 일본은 해군을 동원해 대만성에 속한 팽호도를 손쉽게 점령하면서 대만의 형세가 매우 긴박해졌다. 대만이 할양될 것이라는 소문이 흘러나오기 시작하자 당경숭은 대만 할양을 반대하는 상주문을 전보로 급히 조정에 보냈다. 그는 시모노세키조약이 체결된 후 대만 할양을 피할 '묘안'을 조정에 제시했는데, 그것은 바로 서양의 여러 나라들에게 대만 각지에 조계지를 설치하고 광산을 개발하도록 하는 것이었다.[9] 그는 만약 일본이 대만을 독차지하게 되면 즉시 대만 순무의 직책이 사라지게 되지만, 서양 열강들에게 대만에서 '이익을 균점하게' 해 주면 자신의 지위를 유지할 수 있을 것이라고 생각한 것이다. 그가 내놓은 이 황당한 묘안이 실현되지는 않았지

---

9) 『중일전쟁자료』 제6책, 387쪽.

만, 이러한 방안은 이미 청의 통치자들이 어느 정도 전국 각지에서 실행하고 있던 것이었다.

　　대만성의 각 계층 인민들은 시모노세키조약에 대해 강력히 반항하면서 저항할 태세를 갖추었다. 자신의 정부에 의해 배신당했다고 느껴 분노한 인민 군중들 앞에서 당경숭은 이들과 함께 일본에 저항할 용기가 없었으며, 이들의 분노가 자신에게 향하지나 않을까 두려움에 떨었다. 청 조정에서 대만 할양 문제를 처리하기 위해 파견한 이경방李經方은 1895년 5월 9일 기륭항 가까운 곳에 정박한 일본 군함 위에서 대만을 넘겨주는 문서에 서명했다. 이에 앞서 청 정부는 당경숭과 대만에 체류하고 있는 모든 문관과 무관들에게 대만에서 철수하라고 명령했다. 하지만 당경숭은 바로 대만을 떠나지 않았다. 그는 얼마 전까지는 국제적 간섭으로 대만을 할양하지 않을 수도 있으리라는 환상을 갖고 있었기 때문이고, 나중에는 일본에 맞서 싸우자는 인민대중들에게 포위되어 도망칠 수 없었기 때문이다.

　　할양 반대와 일본 침략 반대는 대만에서 이미 들끓는 대중운동이 되었다. 이 운동은 일부 지역 신사들이 주도했는데 그중에서 가장 유명한 인물은 구봉갑丘逢甲이었다. 대만 묘율현苗栗縣 출신으로 진사에 합격했지만 관직에 나간 적이 없었고, 청일전쟁이 일어났을 당시 31세였다. 그는 사상적으로 자산계급의 성향을 가진 지식인이었다. 그는 전쟁이 일어나자 신사 자격으로 단련을 조직한 뒤 의군義軍으로 개칭했다. 구봉갑으로 대표되는 애국적 신사들은 청 정부에 절망하지 않을 수 없었지만, 그래도 당경숭에게 대만에 머물러 자신들의 지도자가 되어 주기를 요청했는데, 이는 그의 병력이 필요하다고 생각했기 때문이다.

　　일본군은 5월 6일 기륭 동쪽의 오저澳底에 상륙하여 삼초령三貂嶺과 서방瑞芳을 거쳐 기륭과 대북臺北을 향해 진격했다. 당경숭은 지형에 익숙한 현지인의 무력에 의존하지 않고 자신이 광동에서 직접 데려온 병력에 의존했는데, 이 부대는 훈련이 부족하고 기율이 없어서 소수만 겨우 한 차례 저항했을 뿐 나머지는 적을 만나자 달아났다. 5월 12일 패잔병들이 대북성에 들어와 방화와 약탈을 저지르는 혼란스러운 상황이 빚어졌다. 당경숭은 상황을 진정시키려는 노력은 하지 않은 채 변장을 하고 대북을 빠져 나와 영국 선박을 타고 하문으로 도망쳤다. 대세가 이미 기울었다고 판단한 구봉갑도 당경숭이 도망친 후 두 달 만에 가족과 함께 광동으로 피신했다.

일본 침략에 맞서 계속 저항한 의군의 지도자 중 가장 유명한 사람은 묘율현 생원 출신의 서취徐驤였다. 그는 같은 현 생원 출신인 강소조姜紹祖, 오탕흥吳湯興과 각각 한 무리의 의군을 이끌고 신죽新竹과 묘율 일대에서 기륭과 대북을 거쳐 남하하는 일본군에 맞서 싸웠다. 이들은 모두 비교적 하층민에 가까운 젊은 지식인들로, 당시 강소조는 22세에 불과했다. 그들이 이끈 의군은 주로 농민들로 구성되었으며, 대남臺南에 주둔하고 있던 유영복의 군사적 지원을 받았다.

유영복은 당시 대만에 남은 청의 최고 관리였다. 대북이 함락된 후 유영복은 대만성 인민들과 함께 끝까지 전투하겠다고 포고했다. 윤5월 초 일본 군함이 대남의 관문인 안평구安平口를 공격하자, 유영복은 직접 군대를 이끌고 이곳을 방어하여 일본군의 상륙을 막았다. 이 때문에 일본군은 육로를 통해 한 걸음씩 북쪽에서 남쪽으로 밀고 내려올 수밖에 없었다. 유영복은 일부 군대를 보내 서취 등의 의군과 함께 대만 중부 지역에서 합동작전을 전개했다. 원래 '토비土匪'로 불렸던 간정화簡精華, 임의성林義成, 황영방黃榮邦의 부대도 합동작전에 참가했다. 이들은 모두 용감하게 전투를 벌였다. 그러나 이들은 각 성 하나하나를 사수하는 전략을 택했기 때문에 일본군이 성을 점령할 때마다 큰 손실을 입혔지만 성이 하나하나 점령되는 것을 막아 내지는 못했다. 의군의 지도자 오탕흥과 강소조, 그리고 유영복 휘하의 장수인 양자운楊紫雲과 오팽년吳彭年, 양사홍楊泗洪 등이 차례로 용감하게 전투를 벌이다 전사했다. 일본군은 대만 중부 지역을 점령한 뒤 남부 지역으로 진격했다. 서취도 대남성臺南城 북쪽 관문인 가의성嘉義城을 지키다가 전사했다. 같은 때에 일본 해군은 현재 고웅高雄인 대남 남쪽의 타구打狗에 상륙하여 포대를 함락시켰다.

유영복이 대만에 끝까지 남아 싸울 의지가 있었던 것은 아니었다. 전장의 형세가 불리하게 전개되자 그는 일본 측에 대만을 넘겨줄 용의가 있음을 밝히면서 다음 두 가지 조건을 제시했다. 첫째는 일본이 "백성을 후하게 대하고 짓밟지 말 것", 둘째는 "자신과 부하들이 중국 본토로 돌아갈 배를 제공해 줄 것"이었다.

그런데 매우 수치스러운 점은 유영복이 일본군에게 보낸 편지에서 자신의 부대가 모두 대남성 성내에 주둔하고 있었기 때문에 "군대를 동원하여 공격한 일은 결코 없었으며", 대만 중부 각지의 전투는 모두 "대만의 토인"들이 한 소행이라고 말한 것이다.[10] 일본군은 회신에서 유영복이 제기한 조건을 오만하게 거절하고, 그가 직접 일본군 부대로 와서 투항할 것을 요구했다. 결국 그도 9월 초 당경숭과 마찬가지로 그의 부하와 대만 인민들을 버려두고 변장한 채 영국 상선을 거액에 빌려 하문으로 도주했다. 유영복에게 산간 지역으로 후퇴해 계속 전투를 이어가자고 건의한 사람도 있었지만, 그는 그렇게 하지 않았다. 그는 이미 봉건 관료집단에 동화되었기 때문에 계속 투쟁하는 대만 인민들과 진정으로 결합될 수 없었다.

일본군이 대만 전체를 점령한 후에도 대만 여러 민족의 저항은 계속되었다. 임대북林大北, 진추국陳秋菊, 가철柯鐵, 간대사簡大獅, 첨아서詹阿瑞 등은 일본이 대만을 점령한 뒤에도 몇 년간 대중 투쟁을 이끈 유명한 인물들이다. 대만 인민의 저항을 진압하기 위해 일본은 대만에서 엄격한 군사 통치를 실시했다. 일본이 대만을 점령한 50년 동안 대만의 광범위한 인민대중은 침략자들에 대한 투쟁을 시종 멈추지 않았다.

---

10) 『중일전쟁자료』 제6책, 495~496쪽.

제3부
무술유신과 의화단운동

중국 근대사 연구자들 가운데 일부는 독자들에게 청 정부와 그 대신들도 열강의 중국 침략에서 피해를 받고 속임을 당하였으며, 열강의 협박에 곤혹스러워하고 불만을 표시했으며, 주관적으로는 중국의 권리를 보호하려 했으나 힘이 모자라 뜻대로 되지 않았을 뿐이라는 인상을 심어 주려고 했다. 그러나 사실은 그렇지 않다. 물론 그들도 봉건 제국의 지난 영광을 회복하려는 꿈을 꾸지 않은 것은 아니지만, 그들의 낡고 부패한 통치가 열강들에게 끊임없이 중국의 주권을 갖다 바쳤기 때문에 열강들이 이에 대한 보상으로 그들에게 일정한 자리를 보존해 주었고, 그들은 인민에 대한 지배권을 계속 유지할 수 있었던 것이다. 그들은 매국의 경험을 통해 열강들이 서로 대립하고 쟁탈하는 상황에서는 어느 한 강도를 떠받드는 것보다 모든 강도를 불러들이는 것이 오히려 자신들에게 유리하다는 결론을 내렸다. 1890년대 말에 이르면 "시무時務를 가장 잘 안다"는 양무파 관료들은 서양의 '보호'를 기꺼이 받아들이며 자신들의 지배적 지위를 유지하려 했다.

제1장

청일전쟁 이후 제국주의 열강들의 중국 약탈

1. 러시아와 요동반도

청이 청일전쟁에서 일본에 굴복하자 중국은 거의 죽어 가는 거인으로 보였다. 제국주의 열강들은 굶주린 늑대처럼 앞다투어 달려들어 이 거인의 사지를 찢고 피와 살을 집어삼키려 들었다. 이러한 과정에서 그들 사이에도 먹이를 놓고 치열한 갈등과 다툼이 벌어졌다.

청일전쟁 이후 중국에 가장 먼저 마수를 뻗친 나라는 러시아였다. 시모노세키조약에는 요동반도를 일본에 할양한다는 조항이 있었다. 러시아는 이 조항을 매우 민감하고 충격적으로 받아들였다. 러시아는 독일·프랑스와 연합해 일본에게 요동반도의 점령을 포기하라고 요구했다. 일본은 러시아가 중심이 된 3국 연합에 군사적으로 대항할 힘이 없었고, 영국과 미국이 군사적으로 도와주지도 않을 것이란 판단에 따라 3국의 요구를 받아들일 수밖에 없었다. 3국은 이미 일본과 협의하여 정한 방안에 따라 중국이 은화 3천만 냥을 지불하는 대신 일본은 요동반도를 토해 내도록 했다.

러시아가 개입한 것은 물론 중국을 위해서가 아니라 요동반도라는 맛난 먹이를 자신들이 차지하기 위해 남겨 두려는 것이었다. 러시아는 이미 네르친스크조약에서 중국 영토로 규정한 흑룡강 북쪽과 우수리강 동쪽 약 100만 평방킬로미터의 영토를 강점했지만, 그들의 야심은 여기에서 그치지 않았다. 러시아가 점령한 태평양 연안의 여러 항구는 겨울에 얼어붙어 통행이 불가능했기 때문에 1870년대부터 러시아의 침략정책 가운데 중요한 목표가 극동지역에서 부동항을 확보하는 것이었다. 이에 중국의 발해만 연안에 위치한 대련(大連)과 여순(旅順)이 중요한 표적이 되었다.

러시아가 1891년에 시베리아 철도를 건설하기 시작한 주요 전략적 목적 중 하나가 바로 중국에 대한 침략 계획을 실현하기 위한 것이었다. 청일전쟁이 한창 진행 중일 때, 러시아 외무대신 로바노프(Alexei Lobanov)는 황제에게 "태평양에서 부동항을 얻기 위해서는 반드시 만주 지역의 일부를 합병해야 하며, 서시베리아 철도건설에도 유리할 것"이라고 보고했다. 1895년 서시베리아 철도의 노반공사가 이미 치타(赤塔)까지 부설되자, 러시아는 일본을 압박하여 요동반도의 반환을 강요하는 한편 청 정부에게는 이 철도가 중국의 만주 지역을 거쳐 블라디보스토크로 직통할 수 있게 해 줄 것을 요구했다. 그리고 재무대신 비테(Sergei Yulievich Vitte)는 1896년 4월 황제에게 올린 보고서에서 다음과 같이 말했다.

> 정치적·전략적 측면에서 볼 때, 이 철도는 언제든지 최단 거리로 우리의 군사력을 블라디보스토크로 수송하여 만주와 황해 해안 및 중국 수도와 근접해 집중시킬 수 있게 해 줄 것이며, 상당수의 우리(러시아) 군이 이러한 거점에 출현한다면 중국뿐만 아니라 극동에서도 우리의 위상과 영향력을 크게 증대시킬 수 있고 중국에 속한 부족들과 접촉을 촉진할 가능성이 있습니다.

러시아가 주도한 삼국간섭으로 일본이 요동반도를 반환했기 때문에 청 정부의 눈에는 러시아가 그야말로 '구원의 신'으로 비쳤다. 이 '구원'에 보답하기 위해 이홍장(李鴻章)은 1896년(光緖 22) 3월 러시아 황제 니콜라이 2세의 대관식 축하 특사로 러시아에 파견됐다. 러시아는 이 기회를 이용하여 이홍장을 부추겨 비밀조약을 체결했다. 이 밀약의 주요 내용은 중국의 흑룡강성과 길림성을 통과하여 블라디보스토크로 연결되는 러시아의 철도 부설에 동의한다는 것이었다. 그리고 밀약의 내용 중에 "평상시에도 러시아는 이 철도로 군량을 수송할 수 있고", "전쟁이 발생한 긴박한 경우 중국의 모든 항구에 러시아의 군함이 입항할 수 있다"는 규정도 들어 있었다. 이 밀약에 따라 훗날 러시아가 통제하는 '동청철도東淸鐵道'가 건설되었다.

'중러 밀약'이 체결된 1년 후 러시아는 출병하여 여순과 대련을 점령했다. 러시아가 여순과 대련을 강점한 것은 독일이 교주만膠州灣을 강점한 것과 관련이 있었다. 달리 말하면, 러시아가 교주만을 빼앗도록 독일을 부추기고, 이를 빌미로 자신은 일련의 음모와 계략을 통해 여순과 대련을 빼앗는 기회를 만들었다.

독일은 삼국간섭에 참가하여 일본이 요동반도를 반환하게 한 후 그 '대가'로 청 정부에 천진天津과 한구漢口 두 곳에 조계지租界地를 요구했다. 또한 독일은 중국의 항구 한 곳을 차지하고 싶어 했다. 1896년 12월, 주중공사 하이킹(Edmund Friedrich Gustav von Heyking)이 총리각국사무아문에 산동성山東省의 교주만을 꼭 집어 요구한 것이다. 총리아문은 "각국이 따라할까 염려된다며 그렇게 할 수 없다"고 거부했다.[1] 그러나 독일은 청 정부의 거부 이유를 배제하기 어려운 장애물로 여긴 것이 아니라 이 문제에 대한 러시아의 태도를 염려했다. 왜냐하면 러시아도 교주만에 대단히 관심을 가지고 있는 데다가 청 정부가 이미 교주만에서 러시아 함대가 겨울을 나는 것을 허락한 상태였기 때문이다.

러시아가 교주만 점령을 적극 지지하지는 않지만, 그렇다고 자신들의 행동에 간섭할 수도 없을 것이라고 판단한 독일은 1897년(광서 23) 10월에 산동성 조주부曹州府 거야현巨野縣에서 독일인 성직자 2명이 살해된 사건을 구실로 삼아 교주만을 무력으로 점령했다. 독일 황제 빌헬름 2세는 러시아에 독일 함대가 "교주를 진격할 것"이라고 공식 통보했다. 니콜라이 2세는 곧바로 "본인은 귀하가 교주만에 독일 함대를

---

1) 『翁文恭公日記』, 광서 22년 11월 22일.

파견하는 것에 대해 찬성할 수도 없고 찬성하지 않을 수도 없다"²⁾고 답전했다. 그러면서 러시아는 러시아 군함이 올해도 교주만에 들어가 겨울을 날 것이라고 선언하는 한편 무라비요프 외무대신을 통해 이 성명을 독일에 넘겼다. 독일은 이에 대해 큰 불만을 표시했다.

러시아는 왜 이렇게 했을까? 북경 주재 러시아 대리공사 파블로프(Ivanovich Pavlov)가 외무대신 무라비요프에게 보낸 전보에서 이에 대한 이유가 부분적으로 드러나 있다. 그는 러시아 함대가 교주만에 진입할 것이라는 소식이 "중국 대신들에게 매우 강한 인상을 주었다"고 말한 뒤 이어 다음과 같이 주장했다.

> 중국이 현재 독일과 겪고 있는 갈등을 해결하는 데 우리가 중국 정부를 적극적으로 지원해 줄 것이란 확신만 심어 준다면, 우리가 중국 정부에게 제시한 몇 가지 다른 문제들, 예를 들어 군사훈련, 송화강松花江 항행과 통상, 산해관山海關 이북의 철도 부설 등은 반드시 우리가 원하는 대로 매우 신속하게 결정될 것이다.³⁾

이를 통해서 볼 때, 러시아는 기회를 틈타 중국에서 새로운 권익을 탈취할 생각을 가지고 있었음이 분명하게 드러난다. 이에 앞서 총리각국사무아문 대신인 이홍장은 두 차례나 파블로프를 직접 찾아가 독일의 교주만 점령에 대해 러시아가 간섭해 줄 것을 요청했다. 그는 러시아 함대가 교주만에 진입할 것이라는 소식을 듣고 거의 매일 러시아 대사관에 사람을 보내 정보를 파악했다. 그러나 실제로 러시아 함대는 교주만에 진입하지 않았고 대신 대련과 여순 항구를 강제로 점령했다. 독일 정부는 러시아의 목적을 간파한 뒤 외교 경로를 통해 "(독일 정부는) 러시아의 대응을 보고 이에 상응하는 이익을 맞출 준비가 되어 있다"⁴⁾고 러시아

---

2) 『홍당잡지유관중국교섭사료선역』, 89쪽.
3) 『홍당잡지유관중국교섭사료선역』, 112쪽.
4) 『德國外交文件有關中國交涉史料選譯』 제1권(상무인서관, 1960년판), 184쪽.

정부에 통보했다.

결국 러시아와 독일 이 두 나라는 사실상 서로 협력하여 중국의 항구를 각각 하나씩 점령했다. 그런데도 러시아 정부는 여순과 대련을 점령한 것을 중국이 독일에 맞서도록 돕기 위한 것이라고 주장했다. 파블로프 주중 러시아 대리공사는 총리아문에 러시아는 중국 영토를 빼앗을 의사가 없으며, 여순과 대련 점령은 독일의 침략으로부터 중국을 보호하기 위한 것으로서 독일군이 철수하면 러시아군도 철수할 것이라고 통보했다. 청 정부는 이런 허튼 말을 믿고 러시아 함대에 석탄 공급까지 했다.

독일 함대가 교주만에 무기한 주둔하고 있는 이상 러시아도 여순과 대련항에 무기한 주둔할 명분이 생겼다. 1898년(광서 24) 3월 6일(양력 3월 27일) 러시아는 청 정부를 강제하여 '여대조지조약旅大租地條約'을 체결했다. 이 조약의 성사를 위해 러시아는 최후통첩으로 위협했고, 협상을 담당한 이홍장과 장음환張蔭桓에게 각각 거액의 뇌물을 건넸다. 러시아 측 문건을 보면, 이홍장은 은화 50만 냥을 당장 받았지만, 장음환은 "수뢰 혐의가 무수히 걸려 있기 때문에 소문이 좀 가라앉을 때까지 기다렸다가" 보내온 50만 냥을 받겠다고 했다.[5]

이홍장과 장음환이 청 정부를 대표하여 러시아 주중 대리공사 파블로프와 체결한 '여대조지조약'은 러시아가 여순항과 대련만 및 인근 수역을 소유하게 만들었을 뿐만 아니라, 1896년에 결정된 만주 지역을 관통하는 간선철도와 더불어 대련으로 연결하는 지선철도를 건설할 수 있는 권리를 갖게 해 주었다. 이 철도가 바로 하얼빈과 대련을 연결하는 '남만철로南滿鐵路'이다.

이렇게 하여 청 정부는 은화 3천만 냥을 주고 되찾은 요동반도뿐만 아니라 만주 전체 곧 중국의 동북 지역을 사실상 러시아가 지배하도록 내주었다.

---

5) 『홍당잡지유관중국교섭사료선역』, 210쪽.

2. 정치적 예속을 강요한 차관

청일전쟁이 끝난 뒤 몇 년이 지나면서 청 정부에 차관을 제공하는 일이 서구 열강들 사이에 경쟁적 사안이 되었다. 그들은 중국의 채권자가 되기 위해 서로 치열하게 경쟁하며 배척했다. 그들의 북경 주재 공사들은 총리아문에 가서도 다투고, 차관 계약을 체결하기 위해 많은 돈을 청나라 관리들에게 뇌물로 건넸다.

청일전쟁이 일어나기 이전 30여 년 동안 청 정부가 외국으로부터 25차례에 걸쳐 빌린 총 4천1백만 냥은 이미 전쟁 이전에 모두 갚았다. 그렇지만 청일전쟁 이후 열강들이 청 정부에 제공한 차관은 금액도 엄청나게 컸을 뿐만 아니라 정치적 예속성이 매우 강하였다.

시모노세키조약에서는 '배상금'을 2억 냥으로 정했으며, 조약 비준 후 6개월 이내에 먼저 5천만 냥을 지불하고, 나머지 금액은 연리 5%로 분할 지급하도록 규정했다. 청 정부는 여기에다가 나중에 요동반도를 되찾는 데 필요한 보상금 3천만 냥까지 6개월 안에 지불해야 했다. 당시 청 정부의 재정 수입은 연간 9천만 냥에도 미치지 못했다. '배상금'을 지불하기 위한 청 정부의 유일한 방법은 외채를 빌리는 것이었다. 제국주의 열강들은 이 기회를 틈타 청 정부에 정치적 조건을 덧붙인 차관을 제공하기 위해 경쟁했는데, 러시아·프랑스·영국·독일·미국 사이에, 이 중에서도 영국과 러시아 양국이 치열한 쟁탈전을 벌였다.

시모노세키조약 체결 후 4년 동안 청 정부는 총 7차례의 차관을 들여왔는데, 그 가운데 1895년(광서 21) 러시아와 프랑스로부터 들어온 차관 금액이 가장 컸으며, 1896년의 영국과 독일 차관과 1898년의 영국과 독일 차관도 매번 금액이 은화 1억 냥이었다.

영국은 시모노세키조약이 체결된 후 중국 총세무사였던 하트를 통해 영국 은행이 독점적으로 대규모 차관을 제공하도록 교섭했다. 청 정부의 친구인 양 요동반도 문제에 간섭하고 있던 러시아·프랑스·독일 3국은 이 소식을 듣고 모두 방해에 나섰다. 특히 러시아는 즉각 청 정부에게 그들이 일본에 대한 간섭을 주도했기 때문에 이 차관은 반드시 저들이 제공하겠다고 제안했다. 그러나 러시아는 재력이 충분하지 않아 프랑스에 협력을 요청했다. 이에 따라 1895년 7월 상트페테르부르크에서 러시아와 프랑스 은행이 공동으로 청 정부와 4억 프랑(은화 약 1억 냥)의 차관을 제공하는 계약을 맺었다.

러시아와 프랑스 연합 세력은 첫 번째 대규모 차관 제공 경쟁에서 승리를 거두었다. 여기에서 소외된 독일은 돌아서서 영국과 협력했다. 러시아와 프랑스 연합 차관 계약서에 서명하기도 전에 이미 청 정부는 영국과 독일에게 다음 차관은 반드시 그들의 차례가 될 것이란 언질을 주었다. 그래서 1896년 1월, 영국과 독일 주중 공사가 자발적으로 총리아문에 영국의 HSBC은행과 독일의 덕화은행德華銀行이 1천6백만 파운드(은화 1억 냥에 해당)의 차관을 제공하겠다면서 계약서 초안까지 마련해 와 기한 내에 체결하자고 요구했다. 러시아와 프랑스 양국은 물러서지 않았다. 러시아 재무대신 비테가 러시아·프랑스·독일·네덜란드 4개국의 공동 차관을 제안했다. 하지만 영국이 완강히 반대하고 독일도 참가하기를 꺼려 무산됐다. 결국 영국과 독일 독점 차관을 위해 분주히 뛰었던 하트는 이 차관 문제를 자기에게 맡기도록 총리아문을 설득해 동의를 얻어 냈다.

1897년(광서 23) 하반기에 청 정부는 청일전쟁의 마지막 배상금을 지불하기 위해 세 번째 대규모 차관 도입을 진행했는데, 이때 이홍장이 이 일을 처리할 책임자로 임명되었다. 그는 원래 열강 정부를 제쳐 두고 상해의 외국 상인들로부터 직접 차관 도입을 시도했지만 허사였다. 당시 제국주의 열강들은 중국의 연해 지역 항구 점령, 세력권 분할, 중국 침략의 우선적 지위 확보 등의 문제를 놓고 치열한 경쟁을 벌였다. 청 정부의 이번 차관 도입도 여전히 러시아와 프랑스 한쪽과 영국과 독일 한쪽의 치열한 쟁탈전에 휘말릴 수밖에 없었다. 이 양측은 각각 조건을 제시하며 이번 차관 도입을 차지하기 위해 경쟁했다. 각국 공사들이 매일 총리아문을 드나들며 협박과 회유에 나섰고, 영국과 러시아는 런던과 상트페테르부르크에서 교섭을 벌였다. 경쟁의 결과는 다시 한번 영국과 독일 측의 승리로 끝났는데,

이 차관을 '영·독 속차관續借款'이라고 불렀다.

　　모든 대규모 차관 도입은 채권국의 중국 내 정치적 지위를 강화시켜 주었다. 제국주의 열강들의 차관권 쟁탈전은 그들이 중국 영토를 침략하고, 중국에서 세력권을 나누며, 중국을 예속하고 유린하는 데 우선적 지위를 확보하기 위한 투쟁과 결합되어 있었다. 예를 들어 1895년 러시아·프랑스 차관의 성립은 러시아 세력이 만주로 남하하고 프랑스 세력이 광동廣東과 광서廣西 및 운남雲南의 여러 성에 침투할 수 있는 길을 열었다. 1898년 영국이 주축이 된 영국·독일 속차관이 성립되었을 때, 영국은 총리아문을 압박하여 외교 각서의 형식으로 장강 연안 지역을 "중국은 결코 타국에 양여하거나 임대하지 않을 것"임을 밝히도록 강요했다. 이때 청 정부가 처음으로 장강 유역은 영국의 세력권임을 공식 문서로 인정했다.

　　이 세 차례의 대규모 차관에서 열강들의 중국 세관과 중국 재정에 대한 통제권을 쟁탈하는 현상이 두드러졌다. 당시 관세 수입은 연간 약 2천만 냥 정도로 청 정부의 주요 재정 수입원이었다. 세관을 장악하면 기본적으로 중국의 재정을 좌지우지할 수 있고, 중국에 대한 자본수출의 안전을 보장할 수 있었다. 이 세 차례의 차관은 모두 관세 수입을 담보로 했다. 관세 수입의 70%가량이 차관 원리금 상환에 사용된 결과, 세관은 사실상 외국 채권자들의 중국 내 채권회수 기관이 되었다.[6] 더욱 중요한 것은 세관을 통제하면 중국의 수출입 무역을 독점할 수 있는 점이었다. 제국주의 열강들은 낮은 세율로 상품을 수입하고 원자재를 수출할 수 있게 되었으므로 중국이 보호관세제도를 시행할 여지를 원천적으로 봉쇄했다. 곧 세관을 장악한 국가가 다른 국가의 경쟁 수단을 박탈할 수 있게 된 것이다.

　　1860년대 이후 중국 세관은 줄곧 영국인의 손에 장악되어 왔다. 그런데 러시아·프랑스 차관 협상 과정에서 이 양국은 차관 제공 은행단을 통해 세관보다 상위 조직을 만들어 관세와 토지세 및 상업세를 포함한 중국의 재정 수입 전체를 통제해 중국 내 영국 세력을 배제하려고 했다. 1896년 제2차 대규모 차관을 협상할 때

---

[6] Morse, 『중화제국대외관계사』 제3권, 421쪽.

프랑스는 총리아문에 프랑스인이 세관을 관리하는 안을 제출했다. 그러나 영국과 독일 연합이 이번 차관권을 따내면서 프랑스의 바람은 실현되지 못했다.

제3차 대규모 차관에서도 세관은 여전히 주요 쟁탈 목표였다. 러시아는 이홍장에게 세 가지 차관 조건을 제시했는데, 그중 첫 번째가 "중국 세관의 세무사가 결원이 생겼을 때 러시아인을 임명해야 한다"는 것이었다. 이에 대해 영국은 크게 반발하며 주중 공사가 총리아문에 "차관 제공의 여부와 관계없이" 영국 정부는 중국 세관의 "총세무사 자리는 영원히 영국인이 맡아야 함"을 "결정했다"고 통보했다. 영·독 속차관 계약서에서는 "이번 차관이 상환되지 않을 경우 중국 세관 사무의 처리는 현재의 처리 방식에 따라 처리해야 한다"고 특별히 규정했다. 이 규정에 따르면, 영국은 적어도 1943년까지 중국 세관을 장악하게 된다.

세 차례 차관의 상환 기간은 앞의 두 차례가 36년, 세 번째가 45년이며, 모두 조기 상환은 허용되지 않는다고 명시되었다. 이 규정은 청일전쟁 이후 새롭게 나타난 현상이었다. 이러한 차관은 자본주의 국가들의 통상적인 경제차관이 아니라 독점 조직의 자본수출이었으며, 채권국은 차관이란 수단을 통해 경제적 이익뿐만 아니라 정치적 특권을 추구하고 장기적으로 중국의 주권을 차지하려고 든 것임을 알 수 있다.

3. 철도에 대한 강탈

열강들은 중국에서 세 차례의 대규모 차관권 쟁탈전을 벌이는 동시에 철도부설권을 확보하기 위해 다툼을 벌였다. 청 정부는 외국인들이 중국에서 철도를 부설하는 것을 막기 위해 전력을 다했다. 1876년(광서 2) 영국의 이화양행怡和洋行이 상해에서 오송吳淞까지 15킬로미터 길이의 경편 철도를 허가 없이 부설하였다. 이듬해 청 정부는 28만 5천 냥을 주고 이 철도를 회수하였는데, 극단적인 수구적 관점에서 이 짧은 철도를 철거해 버렸다.

이후 일부 양무파 관료들이 철도 부설을 주장하였다. 1881년(광서 7) 이홍장이 설립한 개평광무국開平礦務局은 석탄을 운반하기 위해 영국인의 도움을 받아 당산唐山에서 서각장胥各莊까지 철도를 부설하였다. 이후 이를 1881년에 서쪽으로 천진天津까지, 그리고 1888년에는 동쪽으로 산해관山海關과 관외인 수중綏中까지 계속해서 연장하였다. 이것이 청일전쟁 이전 북방의 유일한 철도로, 전체 길이가 320여 킬로미터였다. 남방에는 대만의 기륭基隆에서 신죽新竹 사이 77킬로미터의 철도가 유일했다. 청일전쟁 이후 청 정부는 제국주의 열강들의 철도 쟁탈전 앞에서 속수무책이었다. 처음에는 철도부설권을 마지못해 넘겨주다가 나중에는 자발적으로 경매에 붙이듯 속속 넘겨주었다.

제국주의 국가들은 철도를 후진국을 착취하고 침략하는 전략적 수단으로 여겼다. 이들은 차관의 형식을 통해 청 정부가 철도를 부설하게 만들면서 각종 조건을 붙였다. 철도 노선을 하나 부설하고서는 바로 그 철도를 장악하는 것뿐만 아니라 그 인접 지역까지 장악해 들어갔다. 이들은 철도 부설 자체 투자만으로도 막대한 경제적 이익을 얻을 수 있었는데, 여기에서 그치지 않고 이를 통해 중국의 연해 지역 항구에서 광대한 내륙 깊숙이 침투했다.

철도부설권은 불평등조약의 체결을 통해 얻어 냈다. 러시아에서 건설한 동청철로東淸鐵路와 남만철로南滿鐵路가 바로 그러한 예이다. 더 많은 경우는 차관의 형태였다. 열강이 중국에 철도차관을 제공한 횟수도 많았고 그 금액 또한 매우 컸다. 청 왕조에서 국민당 정부에 이르기까지 1898년부터 1946년 사이에 철도차관과 일시 차입금을 도입한 횟수가 총 78차례인데, 그 가운데 1898년부터 1936년까지의 차입금 총액이 7억 2천3백만 위안(元) 이상에 달했다. 여기에서 우리는 1898년부터 1900년 사이 4차례에 걸친 총 1억 3천7백여만 위안의 철도차관을 주목할 필요가 있다. 이 시기에 노한철로盧漢鐵路(盧溝橋-漢口)와 진진철로津鎭鐵路(天津-鎭江), 월한철로粵漢鐵路(武昌-廣州) 등이 부설되었는데, 이 3개 철로는 모두 중국의 심장부를 관통했다.

노한철로 부설 문제는 청일전쟁 몇 년 전에 이미 제기되었다. 청일전쟁 후 청 정부는 처음에 정부 재정으로 이 철로를 부설할 계획이었지만 국고가 텅 비어 실행할 수가 없었다. 그래서 청 정부는 관독상판官督商辦의 방식을 취하려고 했지만 기존의 관독상판 기업의 부패가 극심하여 민간 자본을 유치하는 데 실패해 무산되었다. 결국 차관을 도입하는 수밖에 없어서 외국인들이 독점해 부설하게 되었다. 청 정부는 대형 매판인 성선회盛宣懷에게 이에 대한 책임을 모두 맡겼다.

차관으로 철도를 부설한다는 방침이 정해지자 열강들이 벌떼처럼 몰려들었다. 영국과 미국, 프랑스, 독일 등 각국은 다투어 차관 조건을 내놓았다. 영국은 차관으로 노한철로와 더불어 그 지선支線들까지 부설하겠다고 나섰을 뿐만 아니라 월한철로의 부설까지 요구했다. 미국은 협상을 벌이는 중에 몰래 월한철로의 노선을 탐사했다. 벨기에 공사 빈크(Carl de Vinck de Deux-Orp)도 호북湖北에 사람을 보내 장지동張之洞과 접촉했다.

이홍장은 벨기에로부터 차관 도입을 주장했다. 벨기에는 러시아, 프랑스와 관계가 밀접했으며, 벨기에와 프랑스 양국의 은행이 연결되어 있었기 때문에 벨기에로부터 차관을 도입하면 노한철로의 부설권을 러시아·프랑스 진영에 넘겨주어야 했다. 이 점을 이홍장도 알고 있었고, 장지동도 알고 있었다. 그럼에도 이들은 벨기에가 '소국'이기 때문에 후환이 없을 것이라고 속여 주장했다.7)

그러나 벨기에는 더 많은 권리를 얻기 위해 가서명한 계약서의 내용을 거듭 뒤집고 차관 조건을 변경해 늘리거나 까다롭게 하는 등 악랄한 수단을 동원해 이들의 기대를 저버렸다. 프랑스와 러시아 공사는 공공연히 나서서 벨기에를 지지했다. 1898년 6월 노한철로의 차관 계약이 마침내 체결되었다. 차관의 총액은 450만 파운드이며, 1909년부터 20년에 걸쳐 상환하는 조건이었다. 계약서 제10항은 이 차관이 "이 철도 노선과 차량, 그리고 자재와 운행 수입"을 담보로 하며, 만약 중국 측에서 계약에 따른 원리금을 상환하지 못할 때는 벨기에의 회사가 이 철로를

---

7) 『중국근대철로사자료』 제1책, 201쪽.

'돌본다'고 규정했다.8) 이렇게 해서 러시아·프랑스 연합은 이 철도의 부설권을 획득했을 뿐만 아니라 나아가 이 철로를 탈취할 준비까지 하고 있었다.

영국은 러시아·프랑스 연합이 노한철로 부설권을 얻은 것이 곧 장강 유역 저들의 세력권에 한 발을 들여놓는 것이라고 여겼다. 계약이 아직 청 정부의 비준을 받기도 전에 영국 정부는 주중 공사 맥도널드(MacDonald)에게 전보를 보내 "이런 내용의 양여는 더 이상 상공업적 기업 활동이 아니라 장강 유역에서의 영국 이익에 반대하는 정치활동으로 변모했다"고 밝히면서, 그에게 영국이 반드시 새로운 제안을 할 것임을 총리아문에 전하라고 통지했다.

얼마 지나지 않아 영국은 5개 노선의 철도를 부설하겠다는 제안을 내놓았다. 그것은 바로 천진-진강鎭江, 산서山西-하남河南을 거쳐 장강 연안, 구룡九龍-광주廣州, 포구浦口-신양信陽, 소주蘇州-항주杭州를 거쳐 영파寧波에 이르는 철로였다. 그리고 철로 부설 조건은 반드시 노한철로와 똑같아야 한다고 요구했다. 이어 영국 정부는 맥도널드에게 "그들이 즉시 동의하면 몰라도, 그렇지 않을 경우 우리는 노한철로에 대한 그들의 배신을 의도적인 적대 행동으로 간주할 것이며, 따라서 그에 상응하는 행동을 취할 것이라고 그들에게 알릴 권한을 부여한다"고 훈령을 내렸다. 그러면서 또 "귀하는 함대사령관과 협의한 후 (5개 노선의 부설 제안에 대한) 그들의 답변 시한을 통첩해도 좋다"고 훈령을 내렸다.9) 이러한 '제안'과 '훈령'은 제국주의가 중국을 기만하고 압박하는 표본적인 문건으로 볼 수 있는데, 이러한 문건의 야만적이고 자의적인 성격에 대해서는 설명을 덧붙일 필요가 없다.

이미 제국주의의 위압에 굴복하는 데 익숙해진 청 정부는 진진철로(천진-진강)를 "별도로 논의"하는 것을 제외하고는 영국의 요구와 조건을 거의 모두 수용하겠다고 밝혔다.10) 진진철로를 "별도로 논의"한다고 한 이유는 산동 지역이 이미 독일의 세력권 안에 있어서 독일이 이 지역을 통과하는 진진철로의 부설권을 주장했기

---

8) 『중외구약장회편』 제1책, 775쪽.
9) 『중국근대철로사자료』 제2책, 432~433쪽.
10) 총리아문이 광서 24년 7월 21일에 맥도널드에게 보낸 각서. 상게서 435쪽을 보라.

때문이다. 그러나 진진철로에 관한 "별도의 논의"에 청 정부는 참가할 자격이 없었기 때문에 이에 관한 논의는 런던에서 영국과 독일 사이에 진행되었다. 양국은 협상 끝에 공동 차관을 통해 진진철로를 부설하기로 결정했다. 총리아문은 이에 즉시 동의하고 관리를 파견하여 양국과 함께 차관 계약에 서명했다. 청 정부는 영국과 독일의 합의 내용을 단지 이행했을 뿐이면서도 양국이 서로 견제하는 것이 유리하다며 그것을 부끄럽게 여기지 않았다.[11]

노한철로의 차관 계약이 체결된 후 호남湖南과 호북湖北, 광동廣東 3성의 '신사와 상인'들은 이 철로를 민간 자본으로 부설할 것을 상소했다. 그들은 상소문에 "외국인들이 우리보다 먼저 철도를 부설할까 두렵습니다. 이는 살을 에는 듯한 아픔이고 심장이 찢어지는 듯한 상처이므로 우리 모두가 힘을 합쳐 철도를 부설해 그들이 탐내지 못하도록 하겠습니다"[12]라고 적었다. 그러나 양무파 관료들은 이들의 역량을 믿지 않았고, "심장이 찢어지는 듯한 상처"도 고려하지 않았다. 그들은 오로지 어느 나라에 부설권을 파는 것이 유리할지에만 관심을 기울였을 뿐이다.

장지동 등은 미국에게 월한철로粵漢鐵路의 부설을 맡겨야 한다고 주장했다. 그 이유는 "각국의 철로 가운데 미국이 단연 최신식이고, 미국은 중국과 가장 멀리 떨어져 있어서 우리 땅을 탐할 뜻이 없다"[13]고 보았기 때문이다. 1898년(광서 24) 2월 초 미국과 협상이 시작되었고, 3월 29일에 차관 계약 초안이 가조인되었다. 그들이 미국을 그토록 좋게 생각했으므로 일이 잘 성사되어야 했는데, 초안을 가조인한 후 미국은 벨기에와 마찬가지로 당초의 계약 내용을 뒤집고 많은 추가 조건을 제시했다. 그 가운데 중요한 것은 "월한철로 부근의 석탄 채굴을 허용한다"는 당초 규정에 불만을 품고서 호남과 광동 두 성 전체의 석탄 채굴권을 가져갈 것을 요구한 점이다. 청 당국은 이 요구가 지나치다고 생각했지만 결국 받아들였다.

이미 광구철로廣九鐵路 부설권을 획득한 영국도 저들의 세력 범위를 홍콩에서

---

11) 『愚齋存稿』 제33권, 20쪽.
12) 『皇朝蓄艾文編』 제36권; 『중국근대철로사자료』 제2책, 494~495쪽.
13) 『愚齋存稿』 제7권, 17쪽.

장강 유역으로 확장시키기 위해 월한철로의 부설권까지 탐냈다. 결국 1899년에 영·미 양국은 광구철로 부설에 미국의 투자를 허용하는 대신 월한철로는 양국이 공동 투자하여 부설한다는 협정을 맺었다. 이후 미국은 월한철로 부설에 참여한 회사의 주식을 대량 벨기에의 독점자본에 팔았다.

월한철로가 이처럼 각국 독점자본들 사이의 거래 수단이 되자, 호북과 호남, 광동 3성의 '신사와 상인'들은 분노하며 철도부설권의 회수를 일제히 요구하고 나섰다. 이에 청 정부는 1905년 8월 미국 합흥공사(合興公司)와 맺은 계약을 파기하고, 이에 따른 배상금 675만 달러를 갚기 위해 양무파 관료들은 영국에서 차관을 도입하기로 했다. 장지동은 영국 측에 향후 월한철로 부설 비용을 중국이 직접 부담하지 않고 외국으로부터 차관을 도입할 경우 같은 조건 아래 영국 은행에 우선권을 주겠다고 말했다.[14] 이처럼 장지동 등 양무파 대신들은 철도 부설을 제국주의 국가에 의존할 수밖에 없다고 여겼다.

4. 분할 위기의 중국

레닌은 『제국주의는 자본주의의 최고 단계』에서 19세기에서 20세기로 넘어오는 시기의 세계는 제국주의 열강들에 의해 완전히 분할됐다고 지적하면서, "세계 여타 지역의 분할이 끝났을 때 반(半)독립국들을 쟁탈하려는 다툼은 필연적으로 첨예해질 수밖에 없다"[15]고 덧붙였다. 이른바 반독립국이란 곧 반(半)식민지이고, 당시 중국이 바로 그런 나라였다.

열강들의 중국 분할 경쟁에서는 러시아와 영국이 주축을 이루었다. 청일전쟁 이전의 기본 형세는 러시아가 중국의 동북 지역을 병탄하고 나아가 화북 지역까지

---

14) 『중국근대철로사자료』 제2책, 781쪽.
15) 『레닌선집』 제2권(인민출판사, 1960년판), 645쪽.

장악하려고 시도했고, 영국은 주로 장강 유역을 장악하고 있으면서 미얀마로부터 출발하여 운남雲南과 사천四川을 포괄함으로써 장강 상류와 하류 지역을 하나로 묶어 모두 영국의 세력권에 넣으려고 하였다. 그들은 화남과 화북 지역에서도 상당한 세력을 가지고 있었다. 러시아·프랑스·독일 3국이 일본의 요동반도 반환에 간섭한 후 형세가 달라졌다. 위에서 언급한 바와 같이 러시아는 요동반도 반환에서의 '공로'를 내세워 세관 관리권을 손대려 했고, 노한철로 부설은 러시아 세력이 화북에서 나아가 장강 유역까지 진출할 수 있게 했기 때문에 러시아와 영국 사이에 격렬한 싸움이 일어났다. 1895년부터 1897년까지 러시아와 영국의 투쟁에서 러시아가 우위를 점했다.

청 정부의 버팀목인 양무파 관료 집단은 원래 영·미 세력의 비호를 받고 있었다. 청일전쟁 패배 이후 양무파 고위 관료들은 보신책으로 러시아와 일본이 중국의 동북 지역을 차지하기 위해 대립하는 것을 이용하여 러시아에 의탁했다. 이에 청 정부 내부에 이홍장과 장지동을 필두로 하는 친러 노선이 형성되었다. 영국은 이런 정세 변화를 크게 우려했다. 하트는 "러시아와 독일, 프랑스의 3강 가운데서 특히 러시아가 중국을 돕기 위해 이처럼 적극적으로 나서니 중국인들 눈에 다른 것은 들어오지 않게 되었다. 이 때문에 영국은 멀찌감치 밀려날 수밖에 없다"16)고 말했다. 북경 주재 영국 공사 오코너(Nicholas R. O'Conor)도 "킹 카드는 모두 다른 사람들이 쥐고 있으니 우리는 장기적인 계획을 세울 수밖에 없다"고 말했다.

프랑스는 이 무렵 중국 남방에서 세력을 확장하는 데 박차를 가하고 있었다. 프랑스는 요동반도 반환의 삼국간섭과 러시아·프랑스 연합의 대규모 차관 도입에 참여하면서 운남과 광서 지역을 침입하는 데 도움이 되는 보충 조약(중불전쟁 후 체결된 관련 조약에 대한 보충)을 체결하도록 청 정부에 강요했다. 이를 통해 그들은

---

16) 「중국해관과 중일전쟁」(中國海關與中日戰爭), 『제국주의와 중국해관』(帝國主義與中國海關) 제7편(과학출판사, 1958년판), 173~174쪽.

일부 상업상 특권을 추가로 획득한 것 외에도 운남과 광동, 광서 지역의 광산 채굴권과 베트남에서 광서성 경내를 잇는 철도부설권을 획득했다. 1896년(광서 22) 프랑스는 청 정부가 복주선정국福州船政局을 재건하는 데 재정적 지원을 하겠다고 제안했다. 재건된 복주선정국은 후에 프랑스인이 실권을 장악했다. 그리고 1897년 2월에는 청 정부가 해남도海南島에서의 프랑스 특권을 승인했다. 1898년 독일이 교주만을, 러시아가 여순과 대련을 강점했을 때, 프랑스도 이 기회를 틈타 "세력 균형을 유지한다"는 명목으로 총리아문에 다음과 같은 네 가지 요구 조건을 제시했다. 첫째, 중국은 운남성과 광서성, 광동성을 다른 나라에 양여해서는 안 된다. 둘째, 중국 우정국의 총책임자는 프랑스인이 맡는다. 셋째, 프랑스는 베트남에서 운남성 곤명昆明까지의 철도를 건설한다. 넷째, 중국 남부 해안 지역의 광주만廣州灣(곧 광동성 남서부의 湛江)을 프랑스에 '조차'해 준다. 총리아문은 전례와 같이 감히 이 요구 사항들을 거절하지 못하고 원칙적으로 모두 수용했다. 1899년 10월 프랑스 군함이 광주항에 진입하여 위협하자 광주만의 조차 조약이 체결되었다.

그러나 러시아·프랑스 연합의 힘이 영국을 이길 수 없었다. 당시 시베리아 철도가 아직 완성되지 않아 러시아는 극동으로 군대를 이동시켜 영국·일본에 대항하기 어려웠다. 러시아는 재정적으로도 경제력이 부족해 중국에 대한 차관을 단독으로 시행할 수 없었기 때문에 청 정부를 완전하게 통제할 수 없었다. 반면 영국은 장강 유역에서 확고하게 세력을 확보하고 있었고, 양무파 관료들에 대한 실질적 지배력을(양무파의 경제적 기반은 주로 장강 유역이었다.) 갖고 있었으며, 경제력도 비교적 풍부했다. 이 때문에 영국이 러시아에 대해 공세를 취하면 러시아는 양보하지 않을 수 없었다.

마찬가지로 프랑스도 화남 지역에서 영국 세력을 완전히 배척할 능력이 모자랐다. 그래서 영국과 프랑스는 1896년 1월 런던에서 협상을 벌여 중국 운남성과 사천성에서의 모든 권리를 양국이 공동으로 갖는다는 협정을 체결했다.

영국은 1896년 초 독일을 끌어들여 영·독차관을 성사시킴으로써 러시아·프랑스 연합에 승리를 거두었고, 러시아가 영국으로부터 중국 세관 관리권을 빼앗으려던 시도도 막았다. 1897년 러시아가 여순과 대련항을 점령하자 영국은 위해위威海衛를 점령하기로 마음먹고 발해만 해협에서 러시아와 대치했다. 청 정부는 어이없게도 영국의 요구가 "실정에 맞으며 근거 없이 무단 점거하려는 것이 아니다"라며 보고를 받은 즉시 승인했다.17)

그리고 영국은 1897년 초 프랑스와 세력 균형을 이룬다는 이유를 내세워 청 정부에 남방 몇 개 성에서의 영국 이익에 관한 협약을 맺도록 강요했다. 이 협약은 중국의 등월騰越과 사모思茅(모두 운남성), 오주梧州(광서성), 삼수三水(광동성)를 통상항으로 개방하며, 영국은 이곳에 영사관을 설치할 수 있다고 규정했다. 또 영국이 미얀마에 건설한 철도를 운남의 철도와 연결하는 것을 규정했다. 1898년(광서 24) 청 정부가 광주만을 프랑스에 조차하는 것에 원칙적으로 동의하자 영국은 즉시 홍콩 맞은편 해안에 있는 구룡반도九龍半島의 '조차'를 요구했다. 총리아문은 감히 이 요구를 물리치지 못했다. 마침내 1898년 4월 21일(양력 6월 9일) 이홍장이 중국 대표로 영국의 요구를 그대로 받아들인 채 구룡반도를 99년 기한으로 영국에 조차해 주는 조약을 체결했다.

이로써 영국이 화북에서는 위해위를 점령해 러시아 세력의 남하를 막았고, 화남에서는 구룡반도를 강제로 조차해 프랑스 세력에 맞섰다. 그리고 러시아가 노한철로의 부설권을 차지하자 영국은 진진津鎭철로(남쪽)와 호녕滬寧, 포한浦漢, 소용蘇甬, 광구廣九 철로의 부설권을 차지하고 산해관에서부터 우장牛莊까지의 철도부설권마저 차지해 만주 지역까지 세력을 뻗치자 러시아가 거세게 반발하고 두려움을 가졌다. 1898년은 영국이 러시아와의 경쟁전에서 다시 우위를 차지한 해라고 말할 수 있다.

영국과 협력하여 중국에 대한 차관을 성사시킨 독일도 1898년 2월 14일 총리아문을 압박해 '교오조계조약膠澳租界條約'을 체결했다. 이 조약에 따라 교주 지역은 독일의 식민지가 되었을 뿐만 아니라 산동성 전체가 독일의 세력권 안으로 들어갔다.

---

17) 『청계외교사료』 제132권, 7쪽.

제국주의 열강들은 중국을 희생양으로 삼아 서로 다투었다. 이들은 치열한 쟁탈전 속에서 각자 이미 챙긴 전리품을 지키기 위해 서로 타협하기도 했다. 그렇지만 그들 사이의 힘이 늘 균형을 이루지는 못했기 때문에 일시적으로 이루어진 타협은 머지않아 다시 격렬한 쟁탈전으로 바뀌었다.

1898년 영국과 러시아는 8~9개월에 걸친 협상 끝에 이해 9월에 산하이관-우장 철도의 '중립화'를 합의했다. 1899년 4월 28일에 이르러서는 한 걸음 더 나아간 협약을 맺었다. 곧 러시아는 장강 유역에서 어떠한 철도부설권 획득도 도모하지 않고, 또한 영국 정부가 지원하는 이 지역 내의 철도사업을 직간접적으로 방해하지 않으며, 반면 영국도 장성 이북의 철도부설권에 대해 유사한 의무를 진다는 협정에 도달했다. 이 합의는 표면적으로는 중국에서의 철도부설권을 분배하는 문제이지만, 실질적으로는 영·러 양국이 중국으로부터 많은 권리를 빼앗은 뒤 세력권 분할 방안을 임시로 확정한 것이다.

청일전쟁 이후 처음 몇 년 동안 일본은 점령한 대만을 자신들의 방식으로 점차 통치하기 시작하고, 전쟁 배상금으로 받은 막대한 재원을 군비 확충에 쏟아부었다. 일본은 삼국간섭 때문에 어쩔 수 없이 요동반도를 반환했지만 중국 대륙에 대한 탐욕을 거두어들이지 않았다. 1898년 4월 일본은 총리아문에 "복건성을 다른 나라에 할양하거나 조차하지 말 것"을 요구했는데, 이는 대만과 바다를 사이에 두고 마주 보고 있는 복건성을 저들의 세력권으로 삼겠다는 것이었다.

미국도 다른 제국주의와 마찬가지로 청일전쟁을 이용해 한몫 챙겼다. 이 전쟁이 끝나기도 전에 많은 미국인들이 철도 부설과 은행 설립, 광산 개발 등을 위해 중국으로 몰려들었다. 그러나 미국은 중국에서 다른 나라들과 같이 세력권 분할 경쟁에 뛰어들지 않았다. 그것은 서구의 오래된 자본주의 국가들보다 후발 주자였기 때문이다. 1890년대에 이르면 미국의 공업생산은 이미 영국을 크게 앞지르며 세계 1위로 올라섰다. 이처럼 미국은 후발 자본주의 국가였기 때문에 다른 열강들과 같이 분할 경쟁에 나서지 않은 대신 다른 방식으로 더 큰 야심을 품고 있었다. 이에 대해서는 다른 장에서 언급할 것이다.

청일전쟁이 끝난 지 불과 몇 년이 지나지 않은 1898년에 이르면, 중국 연안의 중요한 항만인 여순과 대련, 위해위, 교주만, 구룡, 광주만에는 모두 제국주의 열강들의 국기가 걸렸고, 많은 중요한 철도 노선의 부설권이 그들의 손아귀에 넘어갔으며, 중국의 거의 모든 국토가 여러 제국주의 국가들의 세력권으로 분할되었다. 이른바 '조차지', '조계', '조차항'은 사실상 식민지가 되었고, 이것은 이른바 '통상항'과 함께 제국주의 열강들이 중국에서 세력권을 넓히는 근거지였다. '세력권'이란 사실상 독점적 식민지로 이행해 가는 과도기적 형태였다. 중국은 반독립국·반식민지에서 식민지로 전락할 심각한 위기에 처했다.

5. 이이제이

양무파를 주축으로 한 청 정부는 제국주의 열강들의 끝없는 중국 침략에 대처하기 위해 '오랑캐로써 오랑캐를 다스린다'는 이른바 '이이제이以夷制夷'의 방법을 시행했다. 중국 근대 시기에 임칙서林則徐가 최초로 이 방법을 제안했다. 그가 광동에서 아편을 밀반입하는 영국 상인들과 싸울 때, 조정의 일부 관리는 모든 국가와 무역을 중단하는 '봉관금해封關禁海'를 주장했다. 그런데 임칙서는 "옥석玉石을 가리지 않고 일률적으로 금지하는 것은 옳지 않다"면서 "이런 상황에서 오랑캐를 통제하는 방법은 이이제이를 통해 그들 사이가 서로 벌어지게 하는 것"이라고 주장했다.[18] 그들 사이의 갈등을 적극적으로 활용하자는 그의 의도는 원래 그다지 나쁜 방법이 아니었다. 그러나 그는 굳건하게 자립을 유지하지 못하면 타인의 갈등을 잘 이용할 수 없다는 점을 분명히 인식하지 못했다.

중국이 이미 반식민지로 전락한 시기에 '이이제이'를 표방한 이들은 양무파 관료들이었다. 이들이 내세운 이이제이는 근본적으로 제국주의 열강들 사이의

---

18) 임칙서, 「覆奏曾望顏條陳封關海禁事宜折」, 『임칙서주고』, 795쪽.

모순을 독립적이고 자주적으로 이용하자는 것이 아니라 오히려 자신의 생존을 제국주의 열강 간의 모순에 의존하자는 것이었다. 당시 이이제이 정책을 수행한 대표적인 인물이 이홍장李鴻章이다. 그는 청일전쟁이 일어날 때까지 25년 동안 직에 총독 겸 북양통상대신의 자리에 있으면서 수많은 중대 외교 업무를 담당했다. 청일전쟁 후 그는 1896년(광서 22)에 전권대표의 자격으로 러시아와 유럽 몇 개국 및 미국을 방문하였으며, 귀국 후 공친왕恭親王 혁흔奕訢, 장음환張陰桓 등과 함께 1898년까지 총리각국사무아문의 총책임자가 되었다. 이처럼 그는 장기간 청 정부 외교 활동의 중심인물이었다. 그리고 그의 정치적 배후는 앞에서 말한 바와 같이 서태후西太后(慈禧太后)였다. 청일전쟁 이후 몇 년 동안 이른바 '이이제이' 정책은 과거보다 더욱 노골적으로 시행되었고, 따라서 그 후과도 더욱 분명하게 드러났다.

청일전쟁 중 이홍장은 적극적인 저항을 하지 않고 영국과 러시아의 힘에 의존해 일본을 막으려고 했다. 이 희망은 실현되지 않았지만, 러시아·프랑스·독일 3국의 간섭으로 일본이 뜻밖에도 요동반도를 반환하자 마치 '이이제이'의 정책이 큰 '성공'을 거둔 것으로 받아들여졌다. 그래서 이홍장은 러시아로 출발하기 전에 "서양과 연결하여 동양을 견제하는 것이 이번 방문의 주요 목표"라고 사람들에게 말했다. 여기에서 말한 '서양'은 주로 러시아를 가리킨다. 독일과 '교오조계조약膠澳租界條約'을 체결한 뒤 그는 사람들에게 "앞으로 20년 동안은 무사할 것"[19]이라고 말하기도 했다.

하지만 '앞으로 20년 동안의 무사'는 온데간데없고 곧이어 2, 3년 동안에 제국주의 열강들이 중국 영토를 두고 세력권을 분할하려고 시도하는 전대미문의 위기가 닥쳐왔다. 당시 기록에 따르면, 광서제는 러시아가 여순과 대련을 요구했을 때 총리아문 대신인 공친왕과 이홍장을 질책하면서 "당신들은 러시아가 믿을 만한 나라라면서 그들에게 대단히 큰 이익을 주는 조약을 체결했다. 그러나 지금 그들은

---

19) 이 대화를 기록한 사람은 黃遵憲이다. 황준헌 저, 『人境廬詩草』(문화학사, 1930년판), 310쪽을 보라.

독일을 막기는커녕 오히려 저들도 함께 달려들어 항구를 달라고 하는데, 이것도 친선이라고 할 수 있는가"라고 말했다. 이에 대해 두 외교대신은 "여순과 대련을 주면 밀약을 유지할 수 있을 것입니다. 다시 말하면 러시아의 도움을 받기 위해서는 여순과 대련이라는 먹이를 주어야 합니다"라고 대답했다.[20]

원래 러시아와 손잡는 것을 옹호했던 호광湖廣 총독 장지동張之洞은 이때 마음을 바꿨다. 일본 참모본부에서 사람을 보내 그에게 영국·일본과 연합하라는 공작을 벌였다. 당시 영국은 러시아에 대항하기 위해 극동 지역에서 일본과 동맹을 맺는 정책을 채택하고 있었다. 그러자 장지동은 총리아문에 일본과 연합하고 또 일본과의 연합을 통해 영국과 연합하여 영국의 도움을 받아야 한다는 주장을 폈다. 총리아문은 그의 주장에 동의하지 않았다. 총리아문은 영국과 일본이 물론 중국과 동맹 맺기를 원하겠지만 진정으로 중국을 도울 생각은 없을 것이며, 만약 중국이 그들과 동맹을 맺으려면 반드시 먼저 그들에게 이권을 주어야 할 것인데 그렇게 하면 러시아가 노할 뿐만 아니라 독일과 프랑스도 이 기회를 틈타 무언가를 얻어내려 할 터여서 "그 화가 상상할 수 없을 정도로 클 것"이라고 했다. 논리는 그럴듯하지만 이는 러시아와 계속 손을 잡는 입장에서 영국·일본과 동맹 맺는 것을 반대한 것이고, 사실상 러시아와 손잡은 결과도 마찬가지로 "상상할 수 없는 정도의" 재앙이었다.

청일전쟁 이후 몇 년 동안, 엄밀히 말하면 청 정부는 이렇다 할 능동적인 외교정책이 없었다. 그들은 그저 제국주의 열강들이 바라는 대로 따랐고, 중국 인민의 피와 살로 굶주린 이리 떼와 같은 열강들의 탐욕을 채워 주었을 뿐이다. 열강들 사이에 분명히 모순과 갈등이 존재하고 있었고, 또 이이제이가 이러한 모순과 갈등을 이용하는 정책인 듯했지만, 사실은 청 정부가 그들 사이의 모순과 갈등을 이용한 것이 아니라 그들이 중국의 영토주권을 희생양으로 삼아 서로 간의 모순과 갈등을 지속해서 조절해 간 상황이었다.

---

20) 張伯楨, 『南海康先生傳』(滄海 총서 간본), 24쪽.

이이제이 정책은 비유하자면 이리 떼를 사실상 제 집에 불러들인 결과를 낳았다. 이이제이를 주장한 '외교가'들이 이런 결과를 전혀 생각하지 못했던 것은 아니었다. 도리어 그들의 목적은 모든 이리들을 집안으로 끌어들여 그들끼리 "서로 견제"할 수 있길 바랐던 것이다.

청 관료 집단 가운데에는 오래전부터 열강들을 '상호 견제'하게 하는 것이 좋은 방법이라고 주장한 사람들이 있었다. 1861년(함풍 11) 총리아문의 관료들이 각국 공사들과 접촉하는 과정에서 각국의 생각이 서로 같지 않아 서로 의심하고 견제한다는 사실을 알게 되었다고 말한 적이 있었다. 당시 그들이 제시한 사례를 보면, 영국과 프랑스는 러시아가 길림성 등 중국의 변경 지역을 점령한 것에 대해 불만을 표시했는데, 이것은 러시아가 점점 더 강해지는 것이 자기들에게 불리해진다고 보았기 때문이라고 했다.[21] 1867년(동치 6)에는 주성예周星譽란 관료가 황제에게 상주문을 올려 다음과 같이 주장했다. 곧 그는 중국이 지구상에서 가장 큰 나라이므로 오래전부터 각국이 노리고 있었는데 지금 다행스럽게도 강화를 이룬 것은 러시아·영국·프랑스·미국 4대국이 겉으로는 화목한 체하지만 속으로는 서로 의심하고 있는 탓에 누구도 먼저 손을 대지 못하기 때문이라고 했다.[22] 이 주장은 제2차 아편전쟁에서 영국과 프랑스가 연합군을 구성한 이후의 상황을 말한 것이다.

이홍장과 같은 계열의 사람들이 바로 이때의 경험을 바탕으로 이이제이의 정책을 만들어 냈다. 앞에서 말한 바(제2부 제5장 5절 참조)와 같이 청일전쟁 때 대만을 일본에 할양하지 않기 위해 여러 나라의 공공조계로 만들자고 한 당경송唐景崧의 발상도 그 저작권이 사실 이홍장에게 있다. 이홍장은 1874년(동치 13)에 일본을 비롯한 여러 나라가 대만을 욕심내고 있다는 사실을 간파하고서 "한 나라가 오랫동안 차지하게 하는 것보다 각국이 균점하도록 하는 것이 낫다"[23]고 말한 적이 있다. 1879년(광서 5)에 그는 조선의 대신인 이유원李裕元에게 보낸 서한에서 조선을

---

21) 『함풍이무』 제79권, 16쪽.
22) 『동치이무』 제49권, 41쪽.
23) 『李文忠公譯署函稿』 제2권, 42쪽.

위한 외교적 계책을 제시하며 "지금의 정세를 볼 때, 독으로 독을 물리치고 적으로 적을 제압하는 계책이 좋을 것이다. 기회를 보아 차례로 서양 여러 나라들과 조약을 맺음으로써 일본을 견제하는 것이 좋을 것 같다"[24]고 했다. 그가 여기에서 '서양 여러 나라들과 조약을 맺는다'고 말한 것은 실은 서구 열강들에게 얼마간의 이권을 준다는 것이다. 이홍장은 조선에 권고한 계책을 중국에서 그대로 실행했던 것이다. 그리고 청일전쟁 후 그가 러시아와 서양 여러 나라로 떠나면서 "이번 행차의 주요 책략"이라고 말한 것도 바로 이것이다. 이후 열강들의 중국쟁탈전이 갈수록 치열해진 것 또한 바로 그의 "서양과 연합하여 동양을 견제한다"는 정책의 필연적 결과였다.

매판관료 성선회盛宣懷는 이홍장의 문하생이다. 그는 1898년(광서 24) '합종론合縱論'을 내세워 그의 스승 이홍장의 '학설' 내용을 풍부하게 함으로써 '이이제이론'의 깊이를 심화시켰다고 할 수 있다. 그는 '합종'의 방법을 통해 중국을 열강들에게 분할될 위험으로부터 구해야 한다고 주장했다.[25] 그가 제시한 구체적인 방법은 "각국의 공동 보호를 요청"하고, 전국의 모든 "위험한 요충지"를 다 "각국의 통상항"으로 만들며, 철도광무아문鐵道鑛務衙門을 설립하여 각국이 투자하도록 하고, 총세무사總稅務司를 초빙하듯 총철로사總鐵路司와 총광무사總鑛務司를 초빙하자는 것이었다.

'합종론'의 연원은 전국시대戰國時代 동관潼關 동쪽에 있던 제齊, 초楚, 연燕, 조趙, 한韓, 위魏 등의 나라들이 연합하여 진秦에 대항한 것에서 유래했다. 성선회는 이때의 '합종'이라는 단어를 빌려 제국주의 국가들이 중국을 공동으로 '보호'하게 하고, 중국의 철도와 광업 등 모든 경제적 권익을 자발적으로 내놓음으로써 열강들의 중국 쟁탈을 면해야 한다고 주장했다. 그는 이렇게 하면 중국이 "분할되는 상황을 피할 수 있고", "각국의 공동 보호"를 받을 수 있다고 본 것이다.

그런데 성선회가 '보호'하고자 한 대상이 무엇이었는가? 그는 청 왕조의 봉건

---

24) 『청계외교사료』 제16권, 15쪽.
25) 『우재존고』 제32권, 32쪽.

통치 정권이 열강들의 공동 보호 아래 계속해서 존속할 수 있기를 바랐다. 만약 중국의 국토 전체가 제국주의 국가의 식민지로 분할되면, 청 정부가 존재할 여지가 없어지게 된다. 그러므로 중국을 반독립국, 다시 말해 반식민지 상태로 유지시켜야 청 정부가 열강들이 공동으로 필요한 대리인으로 계속 존속할 수 있다는 것이 성선회가 제시한 묘책의 실체이며, 양무파들이 주장한 '이이제이' 정책의 필연적인 방향 또한 이것이었다.

중국 근대사 연구자들 가운데 일부는 독자들에게 청 정부와 그 대신들도 열강의 중국 침략에서 피해를 받고 속임을 당하였으며, 열강의 협박에 곤혹스러워하고 불만을 표시했으며, 주관적으로는 중국의 권리를 보호하려 했으나 힘이 모자라 뜻대로 되지 않았을 뿐이라는 인상을 심어 주려고 했다. 그러나 사실은 그렇지 않다. 물론 그들도 봉건 제국의 지난 영광을 회복하려는 꿈을 꾸지 않은 것은 아니지만, 그들의 낡고 부패한 통치가 열강들에게 끊임없이 중국의 주권을 갖다 바쳤기 때문에 열강들이 이에 대한 보상으로 그들에게 일정한 자리를 보존해 주었고, 그들은 인민에 대한 지배권을 계속 유지할 수 있었던 것이다. 그들은 매국의 경험을 통해 열강들이 서로 대립하고 쟁탈하는 상황에서는 어느 한 강도를 떠받드는 것보다 모든 강도를 불러들이는 것이 오히려 자신들에게 유리하다는 결론을 내렸다. 1800년대 말에 이르면 "시무時務를 가장 잘 안다"는 양무파 관료들은 서양의 '보호'를 기꺼이 받아들이며 자신들의 지배적 지위를 유지하려 했다.

노신魯迅은 일찍이 다음과 같이 '이이제이'의 본질을 날카롭게 지적한 적이 있다.

> 중국이 택한 이른바 '이이제이以夷制夷'란 수단도 하나의 수단이었을 수 있겠지만, 내가 보기에 분명히 그들이 바랐던 것은 결코 '이이제이'가 아니라 오히려 '이이제화以夷制華'였다. 이夷가 어떻게 그토록 어리석을 수 있었겠는가? 먼저 우리에게 '이화제화以華制華'를 보여 준 것이다.26)

청 정부는 중국의 주권을 판 대가로 제국주의의 지원을 사들여 중국 인민에 대한 통치를 유지하려 했기 때문에 결국 제국주의의 하수인과 노예로 변모했다. 한편 제국주의 열강들은 중국의 권익을 놓고 쟁탈전을 벌일 때 이 부패하고 반동적인 정권을 보존시켜 이들을 통해 중국 인민을 통치할 필요가 있었다. 청 정부는 기꺼이 이 역할을 맡았고, 제국주의 열강들이 이 역할을 필요로 하지 않을까를 두려워했다. 이리하여 '이이제이'는 '이이제화'로 변모했던 것이다. 이제 제국주의와 매국적인 청 정부의 이중적 압제와 질곡에서 해방되는 것이 중국 인민 앞에 가로놓인 당면 과제가 되었다.

---

26) 『노신전집』 제5권(인민문학출판사, 1957년판), 88쪽.

제2장
제2차 혁명 고조기 이전의 국내 계급 상황

1. 제국주의의 세리로 전락한 청 정부

　청일전쟁 이후 중국이 제국주의에 의해 분할될 위기에 처한 가운데 중국 근대사 전기에 제2차 혁명의 높은 파도가 일어났다. 중국 근대사 전기 제1차 혁명의 파도인 태평천국 혁명에 비해 제2차 혁명은 다음과 같은 두 가지 뚜렷한 특징을 가지고 있었다. 첫째, 제2차 혁명의 고조 속에서 광범위한 인민들의 혁명투쟁은 주로 외국의 제국주의를 겨냥하고 있었다. 둘째, 제2차 혁명의 절정기에 이르면 경제적, 그리고 정치적으로 초보적 민족자산계급이 등장했다. 그러나 이 계급은 아직 혁명의 임무를 감당할 역량이 없었고 결국 실패로 끝난 정치개량운동만 연출할 수밖에 없었다.
　당시 제국주의 세력은 이미 중국 깊숙이 침투했고, 제국주의와 봉건 지배계급은 서로 결탁했으며, 그들이 결탁하는 과정에 이러저러한 모순이 생긴 것은 불가피한 일이었다. 그리고 민족자산계급이 정치무대에 등장하기 시작했고, 광범위한 피압박 농민과 노동자들은 제국주의와 봉건주의를 반대해야 할 중대한 임무에 직면하여 혁명의 주요 동력으로 등장했지만 아직은 선진계급의 영도가 부족하여 자발적인 투쟁의 수준에 머물러 있었다. 이러한 요소들이 서로 얽혀 제2차 혁명은 제1차 혁명 시기보다 훨씬 더 복잡한 계급모순의 국면을 형성했다.

청일전쟁 패배 후 청 정부는 대규모 외채를 들여와 일본에 배상금을 지불했다. 또 그들은 외채를 갚기 위해 인민들의 피땀을 짜내면서 마구 수탈했다. 청일전쟁 이전 몇 년 동안은 청 정부의 재정 상황이 대체로 수지 균형을 이루었고 약간의 세수 잉여분도 있었다. 예를 들어 1885년에서 1894년까지 중앙 재정을 관리하는 호부戶部의 연도별 보고에 따르면, 이 10년 동안 매년 평균 400만 냥가량의 세수 잉여가 있었다. 청일전쟁 이후 이런 재정수지 균형은 더 이상 존재하지 않았다. 1896년부터 매년 외채 원리금 2천만 냥을 상환해야 했으며, 1898년부터는 2천5백만 냥으로 증가했다. 이 몇 년 동안 국가의 정상적인 재정 수입은 대략 8천수백만 냥에서 9천만 냥 사이였는데, 이 대부분은 황실과 거대한 정부 기관 및 군대를 부양하는 데 사용되었다. 갑자기 거액의 외채 상환 부담이 늘어남에 따라 재정 지출이 수입을 초과하는 심각한 현상을 초래했다.

청 정부는 재정 적자를 메우기 위해 각 성에 징세 목표액을 할당하였고, 각 성에서는 각종 명목으로 세금을 증액했다. 예를 들면, 산서성山西省에서는 1896년부터 술과 담배에 세금을 징수하기 시작하였는데 1900년까지 매년 전 성의 인민들이 부담한 해당 세액만 20만 냥 이상에 달했다. 그리고 사천성四川省 파현巴縣에서는 청일전쟁 이후 새로 추가된 가렴잡세인 이른바 '신연수新捐輸'가 매년 1만 9천 냥에서 3만 3천 냥에 달했는데, 여기에 매년 할당된 1만 5천 냥에서 1만 7천 냥에 이르는 '상연수常捐輸'까지 더하면 "정규 세금의 10배 가까이에 달했다."

1898년 청 정부는 국채를 발행하여 재정을 조달하였는데, 국채 명칭이 '조신고표照信股票'였다. 그러나 청 정부는 이미 인민들 사이에서 완전히 신용을 잃었고, 조신고표는 관리들이 인민을 가렴주구하는 새로운 기회를 제공했을 뿐이다. 당초 청 정부는 조신고표를 통해 1억 냥을 조달할 계획이었으나, 이름과 달리 신용을 얻지 못해 결국 1천여만 냥밖에 조달하지 못했다. 전 인민의 원성이 도처에서 자자하자 조신고표의 발행을 중지하였다.

조신고표의 발행이 실패한 1년 뒤인 1899년(광서 25) 청 조정은 이른바 재정 '정돈'을 시행했다. 서태후의 총애를 받던 협판대학사協辦大學士 겸 군기대신軍機大臣인 강의剛毅가 명령을 받고 남방을 순시하면서 수탈하였다. 그는 먼저 강소 지역에 가서 일거에 은화 110만 냥을 거두었고, 이어서 안휘, 절강, 광동 지역 등에서도 총 1천만 냥을 수탈하여 조정에 바쳤다. 이 재정 '정돈'은 각급 관료들이 중간에서 착복한 돈을 '공가公家'에 바치도록 한 것이었지만, 이들은 해온 대로 인민들로부터 몇 배나 되는 돈을 거두어들여 자신들의 손실을 메웠다. 그래서 영국인이 발행한 『북화첩보北華捷報』는 다음과 같은 내용의 기사를 실었다.

> 이 불행한 제국에 고통을 더하기 위해 다시 강의를 광동성에 파견해 재물과 병정兵丁을 수탈하였다. 이것은 아마도 서태후(자희태후)가 이곳에서 늘 타오르고 있는 반란의 불씨를 부채질하여 큰불로 키우려고 안달하는 것 같다.[1]

제국주의자들은 이미 그들의 하수인이 된 청 정부의 운명을 걱정하지 않을 수 없었다.

조신고표와 강의의 남방 순시 이 두 사건을 통해 당시 청 정부는 재원을 조달하기 위해 수단과 방법을 가리지 않고 수탈했음을 알 수 있다. 조정에서 지방의 총독과 순무, 그리고 주와 현의 관리에 이르기까지 거대한 착취망이 형성되었고, 그 착취망 아래 모든 무거운 짐은 결국 농민이 위주인 가난한 인민들에게 돌아갔으며, 민족자산계급과 상인 및 중소지주들도 이러한 압력을 분담하지 않을 수 없었다.

기층 인민들은 가혹한 가렴잡세 외에도 봉건적 요역인 '차요差徭'를 부담해야 했다. 차요는 봉건 국가가 인민들에게 노역을 제공하도록 강제하는 제도이다. 청나라는 형식상 인구세인 지정地丁을 징수하는 것으로 요역을 대신했지만, 실제로 인민들은 여전히 각종 무상 노역을 강요받았고, 지방 관리들은 차요를 통해 인민들

---

1) 『북화첩보』, 1899년 9월 11일 자; 『중화제국대외관계사』 제3권, 183쪽 참고.

을 끌어가 무자비하게 부렸다.

　봉건 통치자들의 인민에 대한 수탈은 피비린내 나는 총검 아래에서 진행되었고, 잔혹한 경제적 착취는 야만적인 정치적 박해를 수반하였다. 각지의 감옥 외에도 궁정에서 지방에 이르기까지, 그리고 크고 작은 관청, 심지어 토호열신들의 저택에까지 변칙적인 감옥이 있었고, 전국 각지에 이른바 '대질공소待質公所'와 같은 구치소도 널려 있었다. 수많은 무고한 인민들은 '토비'와 '도적', '간민奸民', '폭민暴民'이라는 죄명이 붙은 채 어두운 감방에 갇혀 온갖 잔인무도한 형벌을 받았다. 호남성 지역의 감옥에서는 '돼지 반쪽 매달기'(吊半邊豬)와 '그물 당기기'(扳罾), '그물 뒤집어 당기기'(倒扳罾), '매가 닭 쪼기'(鷹銜雞), '연기에 그을리고 불에 굽기'(煙熏火炙), '가시 통 밟기'(踩刺筒), '지뢰 묻기'(打地雷) 등의 혹형이 있었다.2) 각지의 '대질공소'에 구금된 사람들은 오랜 기간 동안 심문하는 관리가 없어서 관아의 노역을 참고 견뎌야 했고, 그러다가 일부는 죄명도 알지 못한 채 그곳에서 죽었다.3) 이처럼 제국주의의 보호 아래에 있던 청 정부는 전국을 암흑의 지옥으로 만들었다.

　청일전쟁 이후 몇 년 동안 직예와 봉천, 산동, 하남, 강소, 안휘, 절강, 강서, 호남, 호북, 광동, 광서, 사천 등의 성에서 잇따라 심각한 홍수와 가뭄이 발생했다. 1896년 호북성에 큰 수해가 발생했을 때 장지동張之洞은 총리아문에 보낸 전보 보고문에 이재민들이 "굶주림과 추위에 시달리고…… 풀뿌리와 나무껍질, 백토를 먹고 있는 참상을 차마 눈 뜨고 볼 수 없으며, 아사자가 서로 베고 누웠다"4)고 말했다. 1897년에는 호남성에 수십 년 만에 큰 가뭄이 들었고, 같은 해 회하淮河가 범람하여 안휘성의 봉현鳳縣과 영현潁縣, 사현泗縣 일대는 온통 물바다로 변했다. 제방 보수공사를 제대로 하지 못해 황하가 거의 매년 터지는 재앙이 발생했다. 1898년과 1899년에 황하의 제방이 연속해서 터져 직예성과 산동성 강 양안 지역이 대부분 물에 잠겼고, 사망자가 16~17만 명에 달했다. 1897년부터 1898년까지 강소

---

2) 『湘報』 제17호(중화서국, 1965년 영인본), 66쪽.
3) 『광서조동화록』 제4책, 총 3649~3650쪽.
4) 『장문양공전집』 제79권, 8쪽.

성 북부 지역은 2년 연속 심각한 수해를 입어 수십 개의 현이 재해 지역으로 전락했다. 당시 외국인이 발행한 신문은 강소성 북부 지역의 이재민들이 "아사를 피하기 위해 아이들을 팔고 있다. 특히 여자아이들이 잘 팔리고 있는데 가격은 아이당 50~1천 문文이다"[5]라고 보도했다.

봉건 통치자들은 늘 인민들을 가혹하게 착취해 왔지만, 이러한 시기에 착취가 가중되면서 특별한 의미를 가지게 되었다. 봉건 통치자들은 가렴주구로 얻은 소득을 제국주의자들에게 가져다 바침으로써 그들의 세금 징수관이 되었다. 봉건 통치자들은 제국주의가 필요로 하는 통치 질서를 유지하기 위해 인민들을 무력으로 억압했다. 봉건 통치의 국가기관이 사실상 제국주의의 도구가 되어 버렸다.

1895년(광서 21) 강유위康有爲는 황제에게 올린 상서에서 무거운 외채는 백 년이 지나도 다 갚지 못할 것이라면서 다음과 같이 말했다.

> 우리 백성은 정수精髓가 다 말랐고 고혈膏血이 다 떨어져 앉아서 죽기만을 기다리고 있습니다. 힘이 없는 자는 개천에 쌓였고, 힘이 남은 자는 골짜기를 떠돌며 도적이 되었습니다. 비록 외환이 없더라도 반드시 말로 표현할 수 없는 사태가 일어날 것입니다.[6]

여기에서 '반드시 말로 표현할 수 없는 사태가 일어날 것'이란 말은 바로 '고혈이 다 떨어진' 인민들이 반란을 일으킬 조짐을 보이고 있다는 것이다.

시모노세키조약이 체결될 때, 일부 한림원 관리들은 "강녕조약江寧條約(남경조약)이 체결되자 금전金田의 비적들이 들고 일어났던 일이 먼 옛날의 일이 아닙니다. 소름이 돋는 일입니다!"[7]라고 상서하였다. 그들은 남경조약이 체결되고 나서 얼마 뒤 태평천국의 대혁명이 일어났다는 사실을 거울로 삼아 경고하고 나선 것이다.

---

5) 『북화첩보』 1899년 3월 20일 자. Morse, 『중화제국대외관계사』 제3권, 172쪽에서 인용.
6) 『무술변법자료』 제1책, 140・145~146쪽.
7) 『중일전쟁자료』 제3책, 596쪽.

그러나 봉건 통치자들이 대외적으로는 계속 투항하고 대내적으로는 억압과 착취를 강화하는 이상 그들이 두려워한 혁명의 도래를 피하기는 불가능했다.

2. 폭풍우의 전주곡

인민들의 혁명투쟁의 창끝은 먼저 가장 흉악한 적인 제국주의 열강을 직접 향했다. 반교회 투쟁은 여전히 광범위한 지역에서 일어나고 있었다. 청일전쟁 이후 몇 년 동안 이 투쟁은 점차 제국주의의 중국 분할 음모에 반대하고 조국을 망국의 위기에서 구한다는 큰 목표와 연결되기 시작했다. 반교회 투쟁의 의미는 단순히 성직자 몇 명을 죽이고 교회 몇 곳을 불태웠다는 그 숫자로 가늠할 수 없다.

1895년(광서 21) 5월 시모노세키조약이 조인된 직후 사천성에서 시작된 반교회 군중 폭동은 사천성 서부와 남부의 많은 지역으로 퍼져 나갔다. 같은 해 8월에는 복건성 고전古田의 비밀결사인 재교齋敎가 반교회 폭동을 일으켰다. 재교는 백련교白蓮敎의 일파로 호남, 강서, 복건 일대에서 활동하고 있었다. 그 구성원들은 주로 빈농이었고, 이 밖에도 하층 노동자와 광산 노동자, 수공업자, 소상인 등이었으며, 대만에서 철수한 병사도 일부 있었다. 폭동의 주동자는 "서양인을 깨끗이 쓸어내지 않으면 백성들의 고통은 영원히 끝나지 않을 것"[8]이라고 군중들에게 호소했다. 군중들은 "용신(龍爺)이 외국인의 하나님을 정복할 것"이라고 쓴 붉은 깃발을 높이 든 채 손에 총칼을 들고 교회와 서양인의 집을 불태웠다. 복주福州 주재 러시아 영사는 "중국인들이 성직자의 집을 습격하는 것은 약탈이나 살인을 위한 것이 아니라 복수를 위한 것"[9]이라고 본국 외교부에 보고했다. 이 러시아 외교관은

---
8) 福森科, 『중국분할투쟁과 미국의 문호개방정책』(瓜分中國的鬪爭和美國的門戶開放政策, 楊詩浩 역, 삼련서점, 1958년판), 92쪽.
9) 전게서, 93쪽.

이번 폭동의 정치적 성격을 정확하게 표현했다.

성도成都와 고전古田에서 폭동이 잇따라 일어나자 영국과 미국, 프랑스 등 제국주의와 그 하수인인 청 정부는 공포에 떨었다. 미국 정부는 중국에서 발생한 폭동이 "선교사를 반대하는 것뿐만 아니라 전국적으로 확산된 배외排外 운동의 일부"라고 판단하고 아시아에 함대를 증강하기로 결정했다. 홍콩에서 발행된 영국 신문『자자보仔刺報』는 중국인의 배외 정서가 "현재 전 국적인 규모를 갖추었다"며 크게 두려워했고, 폭동이 연달아 발생할 것은 "태양이 내일도 뜨는 것처럼 의심할 여지가 없다"고 적었다.10) 청 정부는 잔혹하게 폭동을 진압하여 성도에서 6명을 처형하고 17명은 장형杖刑을 내린 뒤 변방의 군대로 보냈으며, 고전에서는 200여 명을 체포하여 26명을 처형하고 17명을 유배 보냈다.

주중 미국 공사 덴비는 국무부에 보낸 보고서에서 "단지 배상금을 요구하고 하층의 비적 몇 명을 처형하는 것만으로는 전 중국의 인민들에게 공포감을 갖게 하기에는 충분하지 않으므로" 반드시 고급 관리도 처벌해야 한다고 주장했다.11) 제국주의의 압력에 따라 결국 사천 총독 유병장劉秉璋과 사천, 복건의 지방 관리 14명이 해임되었다. 이처럼 제국주의는 청나라 관리들이 외국 침략자들을 보호하는 임무를 철저하게 수행하도록 압박하여 각 성과 각지에서는 총리아문의 교서에 따라 외국 교회의 보호에 관한 명령과 통고, 규정 등을 내놓았다. 예를 들면, 호광湖廣 총독은 관내의 모든 기관에 "교회당이 있는 모든 곳에 몰래 병역을 배치하고 순찰을 강화하여 보호를 철저히 하고", "만약 유언비어로 대중을 미혹시키고 익명으로 벽서를 붙인다면 반드시 법에 따라 처벌하고 절대로 관대하게 처벌하지 말 것"을 명령했다.12) 봉건 통치기구는 폭동을 막기 위해 총력전을 펼쳤지만, 1896년(광서 22)과 1897년 사이에 반교회 폭동은 호남, 호북, 강서, 강소, 귀주, 사천, 산동 등의 성에서 수십 개 주와 현을 휩쓸었다.

---

10) 전게서, 89·94·97쪽.
11) 경여집,『미국침화사』제2권, 616쪽.
12) 程宗裕 편,『增訂敎案匯編』제3권(광서 28년 간본), 2쪽.

일부 지역에서는 이미 돌발적인 반교회 폭동이 아니라 지속적인 반제국주의 무장투쟁으로 나아가기 시작했다. 청일전쟁 중 일본군이 산동 지역에 진입했을 때 유명한 의화단義和團의 전신인 의화권회義和拳會가 이미 활동하고 있었다. 이 의화권회와 연계된 대도회大刀會도 산동성과 하남성, 안휘성, 강소성의 접경 지역에서 활동하고 있었다. 1896년 이들은 활동 지역 내의 교회당 20여 곳을 불태웠다. 양강 총독 유곤일劉坤一과 산동 순무 이병형李秉衡은 명령을 받고 몇 개 부대의 토벌군을 보냈으나 성공하지 못했다. 독일이 교주만膠州灣을 점령하고 영국이 위해 위威海衛를 점령한 후 산동 각지에서 인민들의 반제국주의 투쟁이 더욱 빈번하게 일어났다. 교주만 사건 이후 약 1년 반 동안에 산동성 인민들이 철도와 광산 주권을 수호하고 교회를 반대하기 위해 벌인 투쟁이 1천여 차례에 달했다.13)

1898년 여름 광서성에서는 천지회天地會가 주도한 농민봉기가 일어났다. 봉기군의 격문은 제국주의 침략을 통렬히 비난하면서 "서양인을 모두 몰아내고 중국 백성을 보호할 것을 맹세한다"14)고 하였다. 봉기대열이 11만 명으로 늘어나 오주梧州와 욱림郁林, 용현容縣, 홍업興業, 육천陸川, 박백博白 등의 현을 차례로 공략했다.

같은 해 7월 사천성 대족현大足縣에서는 8년 전 봉기를 일으켰다가 실패한 여동신余棟臣(餘蠻子)이 다시 대규모 봉기를 이끌었다. 그는 격문에서 민족적 위기의 심각성을 지적하고 청 통치자들의 시대 역행적 행태를 통렬히 비판하면서 관민이 일치단결하여 외적에 대항해 "나라의 원수를 갚고", "나라의 치욕을 씻자"고 호소했다. 또한 그는 외국 침략자에 대한 반대 여부를 적과 우리를 구분하는 경계로 삼았으며, '청을 보위하고 서양을 멸하자'는 '부청멸양扶淸滅洋'의 구호를 사용하기도 했다. 봉기군은 관군을 격파한 후 각지로 흩어져 사천과 호북 일대의 30여 개 주와 현에 영향을 미쳤다. 여동신의 기세등등한 봉기에 직면하여 무력 진압이 어렵다고 판단한 청의 통치자들은 사천 번사藩司 왕지춘王之春을 시켜 봉기대열에

---

13) 李劍農, 『중국근백년정치사』 상책(상무인서관, 1942년판), 198쪽.
14) 『中外日報』, 광서 24년 7월 16일 자.

끼어든 지주 분자들을 통해 여동신을 회유하는 공작을 펼쳤는데 아주 성공적이었다. 결국 여동신은 항복하고 봉기군은 와해되었다. 이 '승리'는 통치자들에게 군중들의 혁명투쟁 예봉이 주로 외국 침략자들을 겨냥했을 때, '부청멸양'과 같은 구호가 이들을 회유하는 데 매우 유용한 '요령'임을 가르쳐 주었다. 청의 통치자들은 이후 의화단운동을 대처하는 과정에서도 이러한 '회유'(招安)와 '토벌'(剿討)을 결합하는 반혁명 전략을 대대적으로 사용했다.

전국 각 조계지와 조차지에 살면서 제국주의의 식민 통치를 직접 받는 인민들도 납세를 거부하고 곡물의 징발에 저항하는 등의 형태로 반제국주의 투쟁을 벌였다. 예를 들어 프랑스가 광주만을 점령한 후, 1898년(광서 24) 6월부터 10월까지 수계현陸溪縣 해두海頭와 남류南柳의 주민들(이 중에는 三點會 즉 天地會 사람들이 적지 않았다.)은 프랑스군 군영을 세 차례나 용감히 습격했다. 신임 수계현 지현知縣인 이종각李鍾珏과 일부 지주 향신들도 인민의 반침략 물결에 합류했다. 이듬해 이종각은 4천 명의 '단련團練'을 조직했다. 단련에 참가한 조직원과 이 밖의 대중들도 연합하여 함께 두 차례에 걸쳐 프랑스군과 전투를 벌였는데 매번 적군 수십 명을 살상했다. 청 정부는 광주만의 흠차대신 겸 광서 제독인 소원춘蘇元春에게 명령을 내려 프랑스군과 연합해 수계현 인민들의 반제국주의 투쟁을 진압했다.

이 투쟁에 참여한 이종각을 비롯한 일부 관리와 향신들은 처음에는 인민들의 반제투쟁에 "여러 가지 제약"을 가하는 반동적인 입장을 취했지만, 자신들의 "집과 땅이 외국의 것으로 전락할" 위험에 직면하자 인민들의 반제투쟁 대열 속으로 뛰어들었다. 이 사실은 청일전쟁 이후 민족갈등의 돌출과 첨예화로 지주계급 내부에 분화가 일어났고, 일부 하층 관리와 중소지주들이 인민의 반제투쟁을 이용하여 자신들의 절실한 이익을 보호하려고 들었다는 것을 잘 말해 준다. 그러나 이들은 투쟁에 임했을 때 소극적이고 동요하였으며, 언제든지 외국 침략자들과 타협할 태세를 갖추고 있었다. 이들이 '단련'이라는 전통적인 지주 무장의 형식을 취한 것도 분노한 군중을 그들이 용인하는 궤도 속으로 끌어들이기 위해서였다. 이를 통해 청일전쟁 이후 대외적 민족갈등과 대내적 계급갈등이 복잡하게 얽혀 있었음을 알 수 있다.

　인민들의 반제국주의 투쟁의 물결이 일고 있을 때, 봉건적 착취와 억압에 반대하는 대중투쟁도 전국 각지에서 불타올랐다. 1895년부터 1898년까지 직예, 산동, 하남, 강소, 안휘, 절강, 복건, 호남, 호북, 광동, 광서, 사천 등 10여 개의 성 많은 곳에서 조세와 지세 납부를 거부하는 운동이 일어났다. 어떤 곳에서는 봉건적 착취를 반대하는 이런 경제투쟁이 무장폭동으로도 발전하였다. 1895년 여름, 광서성의 내빈來賓과 무선武宣 일대에서 진원상陳沅湘과 위노충韋老忠 등이 이끄는 농민봉기가 일어났고, 1895년과 1896년 사이에 감숙성의 회족 인민들은 청의 포학한 통치에 반항하여 무장투쟁을 일으켰는데 전후하여 수십만 명이 무장투쟁에 참여했다. 1898년 12월 안휘성의 와양渦陽과 박주亳州에서 발생한 농민봉기는 처음 2~3백 명에 불과했는데 2만 명으로 늘어나 안휘성 북부와 강소성 서주徐州, 하남성 귀덕歸德 등지로 파급되었다. 『국문보國聞報』에 따르면, 이해에 광동성과 복건성 접경 지역에서 4만 명의 군중이 깊은 산 밀림에 모여 무장폭동을 준비했다. 이 신문은 군중들의 정서가 "심상치 않고 반란을 일으킬 기세가 등등하여 상황이 변하기만 하면 반드시 드넓은 들판을 태울 불씨가 될 것"15)이라고 보도했다. 전국 각지에서 일어난 이러한 자발적인 반제국주의 반봉건투쟁은 폭풍우가 닥치기 직전의 천둥소리와 번개였다.

3. 민족자본주의의 초보적 발전

　강유위康有爲를 비롯한 유신파維新派들은 청일전쟁 이후 몇 년 동안 크게 활동하면서 영향력 있는 정치운동으로 발전했다. 그들은 '망국의 위기에서 나라를 구한다'는 '구망도존救亡圖存'의 기치를 내건 채 외세 침략을 배격할 것을 요구하고, 부패한

---

15) 『상보』 제76호, 304쪽 참고.

봉건 통치에 불만을 품고서 자본주의 국가를 본받아 어느 정도의 정치적 개혁도 실행할 것을 주장했다. 그러나 그들은 봉건 통치자들과 마찬가지로 하층 인민들의 반제국주의 반봉건 혁명투쟁을 두려워하고 반대하였다. 그들은 봉건 통치자들이 자신들의 주장을 받아들여 위로부터 아래로의 변법유신變法維新 단행을 희망하는 한편 이러한 자본주의적 개혁을 통해 지금 일어나고 있는 농민혁명을 피하려고 했다.

중국 민족자본주의는 청일전쟁 이후 초보적인 발전을 이루었는데, 이는 강유위를 필두로 한 변법유신운동의 경제적 토대였다. 청일전쟁 이후 자본 수출은 점차 제국주의 열강들이 중국 인민을 약탈하는 주요 형태가 되었다. 그리고 제국주의 열강들의 자본 수출은 그들의 상품 수출의 길을 열어 주었다. 전쟁 전과 비교해 볼 때, 외국 상품의 수입량이 급격히 증가했다. 1895년부터 1898년까지 4년 동안 수입이 수출을 1.3배 초과했으며, 연평균 수입 초과액은 4천7백만 냥, 총수입 초과액은 거의 1억 9천만 냥에 달했다. 면화가 수출되고 면사와 면직물이 대량으로 수입된다는 사실은 제국주의자들을 기쁘게 했다. 당시의 상황을 어떤 이가 다음과 같이 기록했다.

> 오늘날 어느 농가를 찾아가도 한때는 없어서는 안 될 물레가 먼지를 뒤집어쓴 채 사람들의 기억에서 잊혀 가고 있음을 볼 수 있다. 기계로 만든 인도 뭄바이산 면사가 물레를 돌려 만든 면사를 시대에 뒤떨어진 유물처럼 느껴지게 한다.

이 기록을 통해 청일전쟁 이전에 이미 자연경제가 많은 지역에서 점차 붕괴되는 지경에 이르렀음을 알 수 있다. 그러나 제국주의 열강들은 그들의 '승리'가 염원의 반대편으로 향할 것이라고는 생각하지 못했다. 중국 인민들은 반제국주의 운동을 전개하였을 뿐만 아니라 중국의 민족자본주의가 발전할 수 있는 조건을 만들어 주었다. 농가 수공업의 도산은 농촌의 생필품을 도시에 더욱 의존하게 하여 자본주의의 발전을 위한 상품시장이 확대되었다. 파산한 농민과 수공업자들은 향촌을 떠나 산골에서 헤매다가 죽거나 노동력을 팔 수 있는 도시로 흘러들었다. 농산품의 자급자족적 성격이 후퇴하고 상품성이 강화된 점은 자본주의의 발전을 위한 원료 공급원이 확대되었음을 의미한다. 이런 상황이 수많은 농민들에게 크나큰 재앙을 가져왔지만, 한편으로 중국의 민족자본주의는 자연경제의 해체와 함께 초보적 발전을 하기 시작했다.

청일전쟁의 패배는 양무파 관료들이 주도한 관영공업에 완전한 파산을 선고했다. 이때 이홍장을 대신하여 양무파의 주도자로 부상한 인물이 호광 총독 장지동이다. 장지동은 원래 수구적인 봉건 관료였지만, 시류를 타고 변신에 능란한 인물이었다. 청불전쟁 이후 그는 관영기업을 적극적으로 경영하여 양무파의 주요 인물로 변모하였다. 청일전쟁 이후 그는 다시 정세를 살핀 결과 목소리를 바꾸어 "중국 상인을 보호하고, 상인의 힘을 두텁게 모으자"는 등의 주장을 늘어놓아 마치 민족산업의 수호자인 것처럼 변신했다. 사실 장지동은 여전히 이홍장의 뒤를 이어 양무파들이 주도한 관영과 관독민영官督民營의 혼잡스러운 기업 형태를 재정비하려 했다. 그러나 청 정부의 재정 상황이 이미 매우 궁핍하여 새로운 기업을 설립할 수 없었을 뿐만 아니라 원래의 관영기업조차도 지탱할 수 없었다. 장지동은 적어도 철도 등 핵심적 사업 부분은 민영으로 운영하게 해서는 안 된다고 생각했다. 곧 그는 "철도는 국가의 이권과 관계되어 있기 때문에 민간에게 이익이 돌아가게 해서는 안 되고 더욱이 소유권을 넘겨주어서는 안 된다"면서 "반드시 관민이 공동으로 운영해야 한다"고 말했다.16) 그의 이런 주장은 정부가 아직 신식 기업을 독점할 힘이 있다는 것을 말해 주기보다는 정부의 주도권이 이미 힘을 잃었음을 말해 준다.

민족기업의 투자자들과 그 정치적 대변자들이 정부의 독점을 비판하고 기업의 자유로운 발전을 요구하는 목소리가 점점 더 높아졌다. 그들은 관독민영과 관민 공동 경영의 족쇄를 풀어 줄 것을 요구했다. 강유위의 문하생인 맥맹화麥孟華는

---

16) 『장문양공전집』 제42권, 23~24쪽.

장지동의 주장을 반박하며, 철도가 물론 "천하 이익의 온상"이기는 하지만 "관이 힘으로 상권을 침해"하여 실패하지 않은 적이 없으므로 민간이 직접 설립하여 운영권을 가지게 되면 투자자들이 몰려들 것이라고 말했다.17)

봉건 지배 세력은 정부의 독점을 타파하고 신식 기업을 자유롭게 발전시켜 민족의 위기를 구해야 한다는 이 시대적 흐름을 끝까지 거부할 수는 없었다. 그들은 어쩔 수 없이 상공업 진흥에 나서, 1898년(광서 24) 총리아문에서「진흥공예급장장규 振興工藝給獎章規」를 공포하였다. 양무파 관료들이 독점하는 봉건국가의 신식 기업이 이로써 종식되었다.

시모노세키조약으로 제국주의 열강들은 중국에 공장을 설립할 권리를 얻었지만, 처음 몇 년 동안은 그 권리를 많이 활용하지 못했다. 이 시기 그들은 보다 유리하고 정치적 성격이 강한 차관 제공과 철도 부설이라는 두 가지 형태의 자본 수출에 치중했다. 이러한 상황은 한편으로 중국의 민족 기업을 발전시킬 수 있는 좋은 기회를 제공했다.

청일전쟁 이후 몇 년 동안 민족자본의 발전은 비록 숫자상으로는 미약했지만, 중국 사회에서 일찍이 볼 수 없었던 새로운 생산방식이 등장하게 된 것만은 사실이었다. 불완전한 통계에 따르면, 1895년(광서 21)에서 1900년 사이에 전국적으로 자본금 1만 원 이상의 민간 광공업기업 104곳이 새롭게 설립되었다. 여기에는 관청의 직접 통제를 받는 민간기업인 '관영주식회사'(官辦招商集股)와 '관독민영' 기업도 포함되어 있다. 이 104개 기업의 자본 총액은 2천3백여만 원이었다. 광업 관련 기업을 포함시키지 않으면 민간 자본의 기업은 79곳, 자본금 총액은 1천7백여만 원이었다. 이 액수는 매우 적다. 당시 청 정부는 외채 원리금을 매년 2천만 냥에서 2천5백만 냥, 곧 2천7백여만 원元에서 3천4백여만 원 상환했다. 이 6년 동안 광공업기업에 민간이 투자한 총액이 1년 치의 외채 상환액에도 못 미쳤다. 그러나 청일전쟁 이전과 비교하면 전후의 발전은 뚜렷하다. 전쟁 전 20여 년 동안 민간 자본이

---

17) 맥맹화,「公司·民義」,『시무보』(광서 23년 7월 1일) 제34책, 3~4쪽을 보라.

설립한 기업(광산을 제외)은 80곳 미만이었고, 자본금 총액은 약 730만 원이었다.

민간 자본 79개 기업 중 면방직공장이 10곳으로 상해와 절강, 강소 등지에 흩어져 있었다. 그 설립 자본 총액은 약 500만 원이며, 평균 자본금은 40만 원이었다. 이 가운데 가장 규모가 큰 강소성 남통南通의 대생사창大生紗廠이 설립될 당시 자본금이 70만 원이었다. 견사공장은 모두 46곳인데 대부분 상해와 광동성의 순덕順德에 집중되어 있었다. 순덕의 공장 수는 많았지만 규모가 매우 작아 일반적으로 공장당 자금이 몇 만 원에 불과했다. 상해에도 잇따라 8곳의 견사공장이 설립되었는데, 이 가운데 비교적 작은 곳의 설립 자본은 약 15만 원, 비교적 큰 곳은 약 60만 원이었다. 이 밖에 식품산업에 속한 것이 12곳이었다. 산동성 연대에 화교 자본가가 설립한 장유양주공사張裕釀酒公司의 설립 자본금이 100만 원이었다. 상해에는 규모가 약간 큰 제분소와 착유소, 정미소가 몇 군데 있었다. 안휘성의 무호無湖, 강소성의 남통南通, 호북성의 한구漢口에도 각각 규모가 약간 큰 제분소가 있었다. 기타 일용품 제조 기업으로는 모직과 마직, 압연, 피혁, 성냥 등의 공장이 10곳이 있었다. 이 6년 동안에 설립된 기계제조 공장은 확인되는 것이 22곳인데 기계와 선박의 제조와 수리에 종사하였지만 규모가 매우 작아 설립 자본금이 1만 원 이상인 곳은 1곳뿐이고 나머지는 모두 수천 원이었으며, 가장 작은 곳은 1천 원에 불과했다. 이들 소형 기계제조 공장은 대부분 상해에 있었다. 그리고 전국 각지에 석탄과 금속 채굴기업이 모두 25곳인데 이 가운데에는 관영주식회사와 관독민영기업도 포함되어 있으며, 설립 자본금 총액이 580여만 원이고 평균 23만여 원에 불과했다.

이상에서 청일전쟁 이후 몇 년 동안에 민간 자본 기업이 초보적인 발전을 이룬 것은 분명하지만 성장하기가 매우 어려웠다는 사실을 알 수 있다. 어떤 곳은 설립 후 얼마 지나지 않아 도산했고, 어떤 곳은 개업 후 생산을 중단하지 않으면 안 되는 우여곡절을 겪으면서 겨우 지탱해 나갔다.

4. 민족자산계급의 상층과 하층

자본주의의 초보적인 발전 과정에서 다음과 같은 세 부류가 기업을 설립하는 데 투자했다.

1) 지주, 관료, 봉건 대상인

봉건사회에서 사회의 부는 대부분 이들의 손에 장악되어 있었다. 이들은 근대적 기업에 투자함에 따라 봉건 착취자에서 자본주의 착취자로 변모했다. 그러나 대부분의 대지주와 중소지주들은 여전히 토지를 기반으로 한 봉건적 착취에 의존하여 부를 증식하고 있었기 때문에 근대 기업에 대한 투자는 별 관심이 없었으며, 소수만이 약간의 지분을 투자했다. 봉건시대 대상인은 주로 봉건국가가 부여한 특권으로 아편과 소금, 차 등의 상품을 독점무역한 이들이며, 이들 가운데 고리대금업을 경영하는 표호瓢壺와 은호銀號, 전장錢莊, 전당포 등도 있었다. 이런 봉건 대상인 가운데 신식 기업에 투자한 이들이 일부 있었지만, 전체적으로 말하면 그들은 여전히 기존의 사업을 유지하는 데 주력했다. 봉건 관료는 모두 대지주 또는 지주로서 토지를 기반으로 한 착취 이외에도 관직에 있을 때 뇌물이나 부정부패로 쉽게 큰 부를 축적했다. 이들 중 일부가 토지를 기반으로 한 봉건적 착취를 포기하지 않으면서 한편으로 자금의 일부를 신식 기업에 투자했다. 이들은 비록 관직에서 물러났지만 관청과 밀접한 관계를 맺고 있었고 사회적으로도 특권적 신분이었기 때문에 기업을 경영할 수 있는 유리한 조건을 갖추고 있었다. 초기 자본주의 기업의 설립 상황을 보면, 이들 대지주 겸 관료가 신식 기업의 주요 투자자였다.

2) 매판과 매판 상인

좁은 의미의 매판은 외국인이 운영하는 기업이나 은행에 고용된 매매 대리인(經

紀人을 가리킨다. 그리고 형식적으로는 독립적이지만 외국 기업을 위해 중국 상품을 구매하거나 중국에 외국 상품을 판매하는 상인이 있었는데, 이들은 봉건 상인과 구분해 매판 상인이라 부른다. 덧붙여 말하면 민족 기업이 일어남에 따라 당연히 이와 연계된 상인들이 있기 마련인데 이들은 민족자산계급의 일부이지만, 민족 기업이 아직 미약하였기 때문에 이들 상업자본가도 그다지 발달하지 못했다. 여기에서 봉건 상인과 매판 상인, 민족 상업자본가 이 세 부류의 상인은 실제로 서로 결합된 경우가 많았기 때문에 엄격히 구별할 수 없다는 점도 지적할 필요가 있다. 많은 매판 및 매판 상인들이 벼락부자가 되었으며, 이들은 또한 근대 기업의 주요 투자자였다.

봉건 상인과 매판 상인의 재산 축적을 놓고 말해 보면, 전자는 봉건적 착취를 통해, 후자는 제국주의 세력에 의존해 부를 축적했다. 하지만 이 두 부류는 밀접한 관계를 맺고 있는 경우가 많아 엄격히 구분하기 어렵다. 많은 매판과 매판 상인들은 부를 축적한 후 토지를 사들여 지주가 되었으며, 관직을 사거나 관청의 초빙을 받아 관료의 반열에 오르는 경우도 흔했다.

3) 수공업 작업장 소유자 및 중소 상인

상품경제가 비교적 발달한 도시 지역의 수공업 공장은 아편전쟁 이전 중국 사회 내부에서 성장한 자본주의의 맹아를 대표한다. 아편전쟁 후 수십 년 동안 수공업 공장은 대량으로 파산했다. 그러나 봉건세력의 억압이 자본주의의 맹아를 완전히 압살할 수 없었듯이 외국 자본주의의 침입도 수공업 공장을 완전히 없앨 수는 없었다. 살아남기 위해 고군분투하던 수공업 공장 중 일부는 시대의 흐름을 타 점차 기계 생산으로 전환하고 근대 공업으로 변모해 갔다. 중소 상인은 소상품 생산을 기반으로 하여 도시와 농촌에서 활동한 좌판 상인과 행상 및 도매상이다. 중소 상인의 자금 일부도 근대산업자본으로 옮겨 가는 추세를 보였다.

민족자본주의의 초기 발전 상황을 보면, 그 내부 구조가 상층과 중하층으로 구별되었다. 당연히 상층은 자본이 많고 힘이 컸으며, 중하층은 자본이 적고 힘도 약했다. 일반적으로 대지주와 관료, 대상인, 매판으로부터 전환한 자본가는 민족자본의 상층을 구성했고, 수공업 공장 소유자와 중소 상인 등에서 전환한 자본가는 민족자본의 중하층을 구성했다. 앞 절에서 언급한 10곳의 방적 공장은 상층 민족자본을 대표하고, 22곳의 기계제조 공장은 중하층의 민족자본을 대표했다고 할 수 있다.

10곳의 방적 공장 설립자 중 신원이 밝혀진 사람은 9명인데, 그 가운데 7명은 현직 혹은 퇴직 관료이고, 1명은 화아도승은행華俄道勝銀行의 매판, 1명은 상해의 돈으로 권력을 산 이른바 '상신商紳'이다. 이들은 제국주의와 결탁했거나 봉건적 관료 기구와 밀접한 관련을 가진 인물들임이 분명하다. 22곳의 기계제조 공장의 설립자 중 신원이 밝혀진 사람은 21명인데, 매판인 1명을 제외하고는 모두 소상인과 수공업 공장 소유자, 수공업 공장의 직공이거나 작업반장 등이다. 이들은 사회적·정치적 지위가 낮고 경제력도 취약했다.

서유럽 각국에서도 일찍이 2세기 이상의 공장제 수공업 시기가 있었는데 많은 근대 산업자본가는 수공업 공장주가 몇 대에 걸쳐 자금을 축적하고 생산을 확대해 변모한 것이었다. 그러나 중국의 역사적 조건 아래에서는 수공업 공장 소유자가 이런 기회를 가진 경우가 매우 드물었다. 중소 자본은 외국 자본과 자국 봉건세력의 압박에 저항할 힘이 없었을 뿐만 아니라 정치·경제적 우위에 있으면서 근대 기업에 투자한 관료, 대지주, 대상인, 매판들로부터도 배척당했다. 이 때문에 공장제 수공업에서 근대 공업으로 전환하는 길은 험난할 수밖에 없다.

대지주, 관료, 대상인, 매판으로부터 전환한 자본가는 19세기 말 민족자본주의 경제에서 주요한 위치를 차지했다. 그러나 전체적으로 볼 때, 민족자본주의 경제는 제국주의와 봉건주의의 방해와 압박을 받는 매우 어려운 조건에서 성장했다.

제국주의는 중국을 침략하면서 한편으로는 봉건적 자연경제 구조를 파괴하고 중국 민족자본주의의 발생과 발전을 자극하고 촉진하였으며, 다른 한편으로는 중국의 봉건세력과 결탁하여 중국 민족자본주의의 발전을 심각하게 저해했다.

제국주의 열강들은 그들의 값싼 상품을 중국에 쏟아부어 중국의 공산품 시장을 독점하고 통제했다. 예를 들어, 면사 시장의 경우 거의 모든 제국주의 열강들에 의해, 특히 영국과 일본 두 나라에 의해 분할되고 독점되었다. 화동과 화남, 동북의 시장에서는 중국 기업이 생산한 면사가 발을 들여놓을 여지가 없었다. 화중 지역에서 1894년부터 1898년까지 외제 면사가 전체 판매량의 86.4%를 차지하였으며, 화북 지역에서는 93.7%를 차지했다.

또한 제국주의 열강들은 대출과 투자 등의 방법을 통해 민족자본의 기업을 통제하고 합병했다. 1895년에 설립된 유진사창裕晉絲廠이 2년 뒤 외국 자본에 흡수되어 상호를 바꾼 것이 대표적인 사례이다. 중국 민족자본주의에 대한 제국주의의 압박은 중국 봉건 관료들조차 인정하지 않을 수 없었다. 장지동은 다음과 같이 말했다.

> 서양 상인들은 우리 상인들이 경쟁하기 위해 새로운 방법을 사용하는 것을 보고 크게 꺼리면서 온갖 방법을 다하여 가로막으며 가격을 낮추어 우리 상품을 시장에 들어오지 못하게 한다. 지난해(1896)에 강소와 절강, 호북 등 성의 견사와 방적 공장들이 모두 손해를 보았고 문을 닫거나 서양 상인의 손에 넘어간 곳도 있다. 이후 우리 상인들은 속수무책의 위험에 빠지고 서양 상인이 독점해 갈 추세이다.[18]

민족자본은 또한 국내 봉건 통치세력의 압박도 받았다. 관료에서 자본가가 된 장건張謇은 청 정부가 "상인을 억압하는 정책은 있어도 상인을 보호하는 법은 적으며", "상인들이 보기에는 나라의 정치가 호랑이보다도 더 무섭다"[19]라고 말했다. 그는 1895년부터 남통南通에 대생사창大生絲廠 설립을 준비했는데 관청의 온갖 방해로 말미암아 끝내 빛을 보지 못할 뻔하다가 1899년이 되어서야 가동했다.

---

18) 『장문양공전집』 제45권, 18~19쪽.
19) 「奏復聽講求商務折」, 『무술변법자료』 제3책, 399쪽.

그는 과거시험의 장원 출신으로 비록 높은 관직에는 오르지 못했지만, 그 지역의 향신 가운데 명망이 있었던 인물로 많은 고위 관료들과도 교유가 활발했다. 그러한 그도 '실업에 전력'하여 자본가가 되려고 했을 때 관청의 견제와 방해를 피할 수 없었다. 그도 이러한데 신분이 낮고 관의 배경이 없는 인물들이 기업을 경영하고자 했을 때 겪었을 어려움은 이루 다 말할 필요조차 없다.

민족자본 공장과 광산의 생산품이 시장에 나와도 곳곳 통관세의 족쇄를 벗어날 수 없었다. 수입 외국산 제품은 7.5%의 정세正稅와 자구세子口稅를 내면 어디로든 갈 수 있었지만, 내국 상품은 "관문을 통과할 때마다 통관세를 내고, 초소를 지날 때마다 통행세를 내야 했다." 예를 들어 내륙에서 생산된 누에고치를 통상항까지 운반할 경우 관문과 초소를 통과하며 내는 세금이 평균 27% 이상이 되었다.[20] 복건성 각지에서 생산된 차는 복주福州를 통해 수출되었는데 각종 세금과 수출세가 무려 35%에 이르렀다.[21]

이처럼 중국 민족자본주의는 제국주의와 봉건주의의 이중적 압박 속에서 자라났다. 민족자산계급의 각 계층이 제국주의와 봉건주의 통치에 대해 불평불만과 대항적 정서를 다양하게 표출한 이유가 바로 여기에 있다. 민족자본은 한편으로는 제국주의와 봉건주의의 압박을 받았지만 다른 한편으로는 그들과 다양한 관계를 유지하며 의존성을 보였다. 저항과 협력의 모순이 바로 민족자본의 생존법칙이었다.

통상항에서는 일부 중국 상인들이 외국 자본을 받아들여 외국인의 상호로 기업을 경영했다. 외국 자본의 비호를 받으면 관청의 수탈과 간섭으로부터 벗어날 수 있었기 때문이다. 특히 매판과 매판 상인들은 민족자본가로 전환한 후 더욱 제국주의와 다양한 관계를 유지했다. 이러한 연결고리로 말미암아 민족자산계급은 흔히 제국주의에 대한 비현실적인 환상을 가지고 있었다. 1897년 상해의 민족자본 방직공장 공장주들이 주중 미국 공사 덴비에게 중국의 민족 기업을 지원해 달라고

---

20) 『상해경제사화』 제2집(상해인민출판사, 1963년판), 73쪽.
21) 『시무보』 제1책, 11쪽을 보라.

'청원'한 적이 있다. 덴비는 이 '청원서'를 받아 본국 국무부에 보고하면서 "본인은 중국의 면직공업 발달이 우리나라에 어떤 도움을 줄 것이라고 생각하지 않는다"고 말했다. 올니(Richard Olney) 미국 국무장관은 "우리의 이익은 우리 공산품의 해외시장을 개척하는 데 있다"고 답하여 공사의 의견에 전적으로 동의했다.[22]

민족자본은 제국주의보다 봉건주의와 더 돈독하게 연결되어 있었다. 민족자산계급의 주요 구성원들은 봉건 지배계급에서 분화되어 나왔기 때문에 정치와 경제, 사상 각 방면에 봉건주의의 흔적이 짙고, 봉건 경제나 봉건 정권과 밀접한 관계를 유지한 것이 조금도 이상하지 않았다. 한편으로 민족자본은 새로운 생산관계로 봉건적 생산관계와 통치 질서에 대립하고, 다른 한편으로는 낡은 생산관계와 낡은 통치 질서를 이용하여 자신들의 생존과 발전을 유지했다. 한편으로 지주와 관료, 대상인, 매판이 신식 기업에 투자하여 새로운 사회 계급이 되었고, 다른 한편으로 그들은 여전히 원래 계급의 사회적 지위를 유지했다. 정치적으로 민족자본, 특히 상층 민족자본은 봉건 정권의 지원과 보호에 의존하는 경우가 많았다.

앞서 언급한 장건은 대생사창을 설립하는 과정에서 유곤일과 장지동 등 봉건 고위 관료들에게 여러 차례 도움을 청한 바 있다. 사실 대생사창은 유곤일의 큰 도움을 받아 관으로부터 자금과 기계 등을 빌리고, 관군이 공장을 경비했으며, 관의 힘에 의존해 판로를 개척하면서 일어섰다. 그리고 또 대생사창은 관공서로부터 "20년 동안 100리 이내에 같은 종류의 공장을 허가하지 않는다"는 특허권도 취득했다. 장건은 자신이 "관청과 상인의 사정을 다 잘 알고", "관청과 상인을 중개하며, 관리와 상인의 소임을 동시에 행하는" 지위에 있다고 자칭했는데,[23] 이는 상층 민족자본가의 정치적·경제적 지위가 봉건 정권과 분리될 수 없었음을 잘 설명해 준다.

민족기업은 자본의 회전 과정에서 봉건적 착취로 축적된 자금을 산업자본으로

---

22) 『미국외교문건』(1897), 복삼과, 『중국분할투쟁과 미국의 문호개방정책』, 61쪽에서 인용.
23) 『張季子九錄·實業錄』 제1권, 8·15쪽.

전환하고, 또 자본주의적 착취로 얻은 이윤을 봉건적 착취로 전환하는 특징을 보였다. 예를 들어 원래 대지주였던 장건은 대생사창을 설립한 후 뒤이어 통해간목공사通海墾牧公司를 설립해 면화 재배에 종사했다. 이 회사는 토지를 소농에게 임대해 경작하게 함으로써 봉건적 지대를 받았다. 대생사창은 통해간목공사에 투자하여 이윤을 창출했고, 통해간목공사는 대생사창에 면화 원료와 함께 자금도 공급했다. 이것은 봉건적 착취와 자본주의적 착취를 매우 교묘하게 결합시킨 전형적인 사례이다. 민족자산계급이 봉건주의에 대해 매우 모호한 태도를 가졌던 데에는 이와 같은 경제적 토대가 있었다.

모택동은 중국의 민족자산계급을 분석하면서 "민족자산계급은 지주계급만큼 봉건적이지 않고 매판계급만큼 매판적이지 않았다. 민족자산계급 내부에는 외국 자본과 본국 토지 양쪽과 모두 관계가 깊은 사람들이 일부 있었는데, 이들은 민족자산계급의 우익이다"[24]라고 말했다. 지금까지의 서술에서 알 수 있듯이 19세기 말 지주와 관료, 대상인, 매판으로부터 전환한 자산가들은 제국주의와 봉건 통치세력 양쪽 모두와 비교적 깊은 관계가 있었는데 그들이 바로 민족자산계급의 우익이었다. 수공업 공장주와 중소 상인에서 전환한 자산가는 일반적으로 제국주의와 봉건 통치세력 양쪽과 관계가 없거나 적었기 때문에 그들은 민족자산계급의 좌익이다.

19세기 말엽 민족자산계급의 좌익은 아직 독립적인 정치 세력을 형성하지 못했다. 민족자산계급 전체를 대표하여 사회의 정치, 경제, 문화 등의 방면에서 활동하고 영향을 미친 집단은 민족자산계급 상층이었다. 강유위를 중심으로 한 자산계급 유신파는 주로 민족자산계급 상층의 부름을 받고 역사의 무대에 등장했다. 민족자산계급 상층의 경제적 지위와 정치적 요구가 강유위 변법유신운동의 방향과 내용을 결정했다.

---

24) 『모택동선집』 제1권(인민출판사, 1991년판), 145쪽.

제3장
자산계급의 개량주의적 변법유신운동

1. 변법유신운동과 그 지도자 강유위

1880년대 후반부터 자산계급의 관점에서 '변법變法'을 주장하는 사람들이 등장하기 시작했지만, 그 수는 매우 적었고 사회적 영향력도 미미했다. 게다가 그들은 일반적으로 봉건주의의 '양무파洋務派'에 종속되어 있었다.

청일전쟁을 거치면서 자산계급 관점의 변법 주장은 상당한 세력을 가진 정치운동으로 급속히 발전했는데 이것이 바로 강유위康有爲가 이끈 변법유신운동이다. 변법유신파는 다양한 방식으로 여론을 조성하고 사회단체를 조직해 초보적인 정당政黨 조직을 형성했다. 강유위와 그의 제자들, 그리고 그의 무리들은 황제에게 직접 변법을 주장하며 황제의 힘으로 그들의 강령을 실행하려 했다. 1898년(광서 24) 4월 하순부터 8월 초까지 약 100일 동안 변법유신파는 광서제의 지지를 받으며 성공의 정점에 도달하는 듯했으나 곧장 이 궁정 정변은 참담한 실패로 끝났다.

변법유신운동은 중국과 제국주의 사이의 모순이 주요 모순이 된 역사적 조건 아래, 중국 인민이 이 모순을 해결하려고 나선 투쟁의 반영이었다. 이 운동은 중국의 민족자산계급이 처음으로 정치 무대에 등장했다는 점이 특징이며, 중국의 자산계급이 주도하는 민주혁명의 전주곡이 되었다.

이 자산계급 정치운동은 상층 민족자산계급이 선두에 섰고, 그들 중 일부는 외국의 제국주의와 국내의 봉건주의 양쪽과 비교적 관계가 깊었다. 바로 이러한 이유로 강유위와 같은 반半자본주의·반半봉건주의적 인물이 이 정치운동의 지도자가 될 수 있었다.

강유위(1858~1927)는 광동성 남해현南海縣 출신으로 관료지주의 가문에서 태어났다. 그의 숙부 강국기康國器는 좌종당左宗棠의 부하로 태평천국혁명 진압에 참여했으며, 1871년(동치 10)에 호리광서순무護理廣西巡撫의 자리에 올랐다. 그의 아버지 강달초康達初는 강국기 부대의 막료를 지냈으며 강서 지역의 지현知縣을 지냈다. 그는 청년기에 정통 유교 교육을 받았고, 19세 때부터 3년간 광주廣州의 저명한 성리학자 주차기朱次琦에게서 배웠다. 주차기는 송·명 성리학을 계승하여 유교 경전 속의 '의리義理'를 밝혀야 한다고 주장하면서 청 일부 학자들의 이른바 '한학漢學'을 반대했다. 강유위는 스승 주차기의 영향을 받아 청대 한학자들이 고서 더미 속에 파묻혀 번거롭게 고증考證에 매몰되는 풍조를 멸시하며 독립적 해석을 시도했다.

강유위는 이후에 송·명 성리학도 반대하여 "공자의 수기지학修己之學만 말하고, 세상을 구하는 공자의 학문은 알지 못한다"고 비판하면서 자신은 '세상을 구할' 큰 뜻을 가지고 있다고 자처했다. 그는 평생토록 "공자를 높이 받들 것"(尊孔)을 주장했다. 그는 변법유신운동을 이끌면서 자산계급 개량주의 사상을 그가 널리 퍼트린 '공교孔敎'에 포함시키기도 했다. 그는 군권을 훼손하지 않는 범위 내에서 변법유신을 주장했다는 점에서 전통적인 유교의 울타리를 벗어나지 않았다고 할 수 있다.

강유위는 22세 때 주차기를 떠나 남해 서초산西樵山 백운동白雲洞에서 혼자 공부했다. 그때 마침 한림원 편수編修 장정화張鼎華가 서초산을 유람하다가 강유위를 만나 친구가 되었다. 장정화는 그에게 당시 수도 안팎의 상황과 도광·함풍·동치 3대에 걸친 시사時事에 관해 말해 주었다. 장정화의 영향을 받아 강유위는 '경세치용經世致用'과 관련된 많은 책을 읽었다. 이해에 그는 홍콩을 한 번 다녀왔는데, 이때의 방문을 통해 그는 "서양인들의 아름다운 주택과 깨끗한 도로, 엄정한 경찰을 보고서 비로소 서양인들은 나라를 다스리는 법도가 있으며, 이전과 같이 오랑캐로 볼 수 없음을 알게 되었다"1)고 말했다. 그는 또 『해국도지海國圖志』와 『영환지략瀛環志略』 등을 읽고서 세계정세에 눈을 뜨기 시작했다. 3년 후, 그는 과거시험을 치기 위해 입경하는 길에 홍콩과 상해를 거쳐 가면서 변모하는 세상에 대한 안목을 넓히고 세계정세와 과학기술 등을 소개한 서적과 번역서도 많이 수집했다. 이를 통해 얻은 서양 자산계급의 정치와 자연과학 지식이 비록 얕긴 했지만 그의 자산계급 개량주의 사상을 구성하는 데 중요한 부분을 차지했다.

청일전쟁 이전 10년 동안 강유위는 고향에서 대부분의 시간을 제자들을 가르치며 보내는 가운데 자신의 개량주의적 사상 체계를 세웠다. 그는 청불전쟁의 패배를 보고 민족의 위기를 강하게 느꼈으며, 그와 그의 제자들은 시국의 전개를 면밀히 주시하고 있었다. 1884년(광서 10)부터 『인류공리人類公理』를 저술하기 시작했는데, 뒷날 이 책은 『대동서大同書』로 완성되었다. 이 책에서 강유위는 그가 배운 서양 자본주의의 사회정치사상을 바탕으로 봉건주의를 비판하고 '대동세계大同世界'의 이상을 제시했다.

이어 강유위는 자신의 개량주의적 정치론을 전통의 유교사상과 결합시키기 위해 '옛것에 의탁하여 제도를 고친다'는 공자의 탁고개제론托古改制論을 점차적으로 형성하여 마침내 1891년(광서 17)에 『신학위경고新學僞經考』를 저술했다. 이어 그는 1892년 제자 진천추陳千秋와 양계초梁啓超 등의 도움을 받아 『공자개제고孔子改制考』를 편찬했다. 그는 『신학위경고』를 통해 공자의 학설을 수호한다는 명분을 내세우며 봉건주의자들이 예로부터 신성불가침으로 여겼던 일부 경전들을 위조된 경전이라고 선포하고, 『공자개제고』를 통해 공자를 마치 자산계급 민권사상과 평등 관념의 주창자인 것처럼 묘사했다. 이 두 책은 비록 현실의 정치 문제를 직접적으로 논의하지는 않았지만, 지식인 계층에 큰 충격과 반향을 불러일으켰고, 강유위와 그의

---

1) 「江南海自編年譜」, 『무술변법자료』 제4책, 115쪽.

제자들이 자산계급 개량주의 정치운동을 일으키는 데 사상적 기초를 제공하였으며, 정통 봉건주의자들로부터는 이단사설異端邪說로 비판을 받았다.

청불전쟁 후 3년이 지난 1888년(광서 14)에 강유위는 다시 북경으로 가 순천향시順天鄕試에 응시하였으나 합격하지 못했다. 그해 9월 그는 황제에게 주장奏章을 올렸는데 대신들이 그의 상주문 내용이 '지나치게 과격하다'고 여겨 중간에서 가로막았다. 이것이 그가 실제 정치활동을 시작한 첫걸음이었다. 그는 이 상주문에서 "서양 오랑캐(外夷)들이 번갈아 가며 협박하고", "군대가 약하고 재정이 궁핍한" 위기 상황을 상세히 묘사하면서 이 '비상한 시국'에는 '조종祖宗'이 물려준 '구법舊法'을 더 이상 지킬 수 없으므로 반드시 '신법新法'으로 바꿔야 한다고 주장했다.[2]

청일전쟁이 일어나자 강유위는 세 번째로 북경에 가 '공거상서公車上書'를 조직했다.(제2부 제5장 4절 참조) 그가 기초하고 1천여 명의 과거 응시자들인 거인擧人의 연대 서명을 받아 황제에게 상주하려고 했던 이 상서는 흔히 강유위의 '제2서第二書'라고 불리는데 이번에도 황제에게 전달되지 못했다.

강유위는 이 시기 이미 자산계급 개량주의의 관점에서 열광적이고 웅대한 정치적 구상을 품고 있었다. 그는 이 구상을 실현하기 위해서는 황제의 지지와 관료 집단의 동의를 얻어 자신이 높은 관직에 올라 정권에 참여하는 것만이 유일한 방법이라고 생각했다. 조정에서 시모노세키조약을 비준하자 연명 상서에 참여했던 거인들이 말썽을 일으키면 자신들의 앞날에 영향을 미칠까 봐 뿔뿔이 흩어졌지만, 강유위는 위험을 무릅쓰고 원래 연명으로 상주하려고 했던 상서 내용을 수정하여 다시 개인의 명의로 황제에게 올렸다. 이것이 그가 황제에게 올린 '제3서第三書'이다.[3]

세 번째 상서는 광서제에게 전달되었다. 황제는 이를 보고 매우 감동하여 이를 베끼게 한 뒤 각 성의 총독과 순무에게 보내 의견을 구하도록 명령하였다.

---

2) 『무술변법자료』 제2책, 123~131쪽을 보라.
3) 『무술변법자료』 제2책, 166~174쪽.

이 일로 강유위는 크게 고무되었으나 총독과 순무들의 반응은 느리고 미지근했다. 이에 강유위는 다시 네 번째 상서를 작성했다. 이때 그는 이미 진사시험에 합격하여 비록 말직이기는 하지만 공부工部 주사主事의 자리에 있었다. 공부 주사는 황제에게 직접 상주할 자격이 없었기 때문에 반드시 주관 관리인 공부 당관堂官을 거쳐 전달해야만 했다. 그런데 공부 당관은 그의 상서 전달을 거부했다.

광서제가 읽은 제3서는 온전히 변법을 실시해야 한다는 주장이 담겨 있었다. 강유위는 상황이 매우 위급하므로 반드시 "변법을 크게 펼쳐" 새로운 정치를 실행해야 한다고 주장했다. 그가 제시한 '새로운 정책'(新政) 중에는 철도 부설과 기선 제조, 광산 개발, 군사훈련 등과 같은 양무파들이 늘 입에 달고 있던 것도 일부 포함되어 있었지만, 그는 이러한 것들이 근본적인 해법이 되지 못한다고 주장했다. 그는 자신의 주장을 다음 세 가지로 요약했다. "인재를 구하되 격식에 구애받지 않고 발탁할 것, 좌우를 둘러보아 신중하고 널리 선발할 것, 아래의 사정을 잘 알고 힘을 모을 것이다." 곧 현재 황제의 곁에 있는 인물들은 대부분 쓸모없는 자들이기 때문에 파격적으로 참된 인재를 등용해야 하며, 언로를 넓혀 아래의 실정이 충분히 위로 전달될 수 있도록 해 황제가 인민의 지지를 받을 수 있게 해야 한다는 것이었다.

강유위는 황제가 읽지 못한 제4서에서 그의 이 주장을 더욱 구체적으로 설명했다. 결국은 반드시 황제가 결심을 내려야 한다는 것이었다. 그는 제4서에서 황제가 "잘못을 자신의 탓으로 돌린" 뒤 관료들에 대한 상벌을 엄격히 실시하고, 신진 인재를 발탁하며, 조서를 내려 '구언求言'을 하고, 관제 개혁으로부터 광산 개발과 철도 부설 등의 새로운 정책을 대담하게 실시하여 농업과 상공업을 진흥시키기만 하면 '10년 이내'에 중국을 부강한 대국으로 만들 수 있다고 주장했다.[4]

그의 네 번째 상서 내용을 보면, 그 기본 방향은 황제의 지지를 얻어 자신의 정치적 주장을 위에서 아래로 실현하는 것이었다. 이것은 전통적인 '성군현상聖君賢

---

4) 『무술변법자료』 제2책, 185~186쪽.

相'의 주장으로 광서제를 성군으로, 자신을 현상賢相으로 만들고자 한 것이었다. 그는 황제가 자산계급이 희망하는 방향으로 정치개혁을 단행하고, 기존의 관료체제를 공격하여 새로운 인재로 낡은 관료들을 밀어낼 생각이었다. 이는 당연히 수구 관료들의 큰 반발을 샀다. 그는 벼락출세의 꿈을 이루지 못하고 수도에 남아 상사를 모셔야 하는 말단 관직도 싫어 그해 6월, 제4서의 전달이 가로막히자 북경에서 강학회強學會를 조직하는 일에 나섰다. 그리고 얼마 지나지 않아 그와 그의 제자들은 북경을 떠나 전국 각지로 흩어져 여론을 조성하고 단체를 조직하는 일에 뛰어들었다.

2. 변법유신파의 선전과 조직 활동

강유위가 진사시험에 합격했을 때 이미 황제에게 몇 차례 글을 올린 적이 있는 데다가 추종자들이 그를 떠받드는 행동을 해 왔기 때문에 그는 일찍이 상층사회에서 유명 인사가 되어 있었다. 1895년(광서 21)에 그가 북경에서 강학회를 조직한 일은 전무후무한 것이었지만, 일부 관료들의 지원을 받았기 때문에 가능한 일이었다. 한림원 시독학사 문정식文廷式이 발기인으로 이름을 올렸고, 광서제의 스승이자 군기대신이며 호부 상서인 옹동화翁同龢도 매년 일정한 경비를 지원하겠다고 약속했다. 이들은 모두 광서제의 측근이다. 호광 총독 장지동張之洞과 양강 총독 유곤일劉坤一은 후원금을 내고 회원 명단에 이름을 올렸다. 천진 근처 소참小站에서 신식 군대를 훈련시키던 육군도독陸軍都督 원세개袁世凱도 합류했다. 이홍장李鴻章은 은화 2천 냥을 기부하겠다고 밝혔으나 청일전쟁 패배 후 평판이 좋지 않아 거절당했다.

북경 강학회가 활동한 기간은 4개월 정도에 불과했다. 그해 겨울 이홍장의 사돈인 어사 양숭이楊崇伊가 강학회는 "회당會黨을 사사로이 건립한 것으로 처사들이 제멋대로 국정을 의논하는 풍조를 열 것이라"고 비판하는 상서를 올렸다. 서태후가 이 상서를 받아 본 후 폐쇄령을 내렸다. 이렇게 되자 이홍장은 유신파를 큰 적수로 여기지 않게 되었다. 이때만 해도 유신파와 양무파의 경계가 아직 분명치 않아 유신파는 양무파를 보통의 동지로 여겼고, 양무파는 유신파를 자신들의 뒤를 이을 새로운 인재들로 여겼다. 이홍장이 강학회를 해산시킨 것은 청일전쟁 당시 관료집단 내부 주전파와 주화파 사이의 알력이 표출된 것이었다. 강학회는 이홍장의 가입을 거절했고, 옹동화와 문정식 등 주전파는 강학회의 지지자였다. 강학회가 사흘에 한 번씩 정례 회합을 가지면서 시국 문제를 논했기 때문에 전쟁 패배의 교훈과 이홍장의 책임이 논의되지 않을 수 없었는데, 이는 이홍장이 용납할 수 없는 일이었다.

북경 강학회 설립 후 강유위는 『중외기문中外紀聞』을 창간하였는데 양계초梁啓超와 맥맹화麥孟華가 주필을 맡았으며, 매월 1회 조정의 상유上諭와 진장奏章이 실린 관보官報인 『경보京報』도 함께 북경에 거주하는 관리들에게 무료로 배부했다. 내용은 대부분 상해의 광학회廣學會(외국 교회의 한 조직)가 발행하는 신문 기사를 전재한 것이었으며, 매호에 논설 1편을 실었다. 창간 당시 호당 1천 부씩 발행하다가 뒤에 3천 부로 늘어났다. 이것은 변법유신파가 창간한 첫 번째 간행물이었다.

북경 강학회가 폐쇄되기 전에 강유위는 남경으로 가 양강 총독 장지동과 만났으며, 10월에 상해에 강학회를 설립하고 『강학보强學報』를 발행했다. 장지동은 상해 강학회 설립에 지지 의사를 밝히고 경비까지 지원했다. 이것은 양무파의 규정에 따라 강학회의 언론행동을 통제하려는 의도였다. 『강학보』가 청나라 연호年號를 사용하지 않고 공자의 생년을 기년으로 하자 장지동은 즉시 회비 납부를 중지하고 『강학보』의 발행도 중지시켰다. 얼마 지나지 않아 북경 강학회가 폐쇄되자 상해 강학회도 따라 와해됐다.

『중외기문』과 『강학보』가 폐간된 후 1896년(광서 22) 7월 변법유신파는 상해에서 『시무보時務報』를, 같은 해 겨울 마카오에서 『지신보知新報』를, 이듬해 여름 장사長沙에서 『상학보湘學報』를, 10월 천진에서 『국문보國聞報』를 창간했다. 이 신문들은 변법유신파의 주요 언론기관이 되었다. 이들은 나라가 망하는 상황임을 통렬히 호소하며 철도를 건설하고 배를 만들고 광산을 개간하고 병사를 연마하고 신식 총포를 사들이는 것만이 아니라 정치개혁을 해야 한다는 주장을 분명히 밝혔다.

『시무보』의 편집장인 양계초(1873~1929)는 변법유신파의 대표적인 선전가였다. 광동성 신회현新會縣 출신으로 1889년(광서 15) 17세 때 거인擧人에 합격했다. 이듬해 『영환지략瀛環志略』과 서양의 여러 번역서들을 읽던 중 강유위를 만나 그의 주장에 큰 감동을 받았다. 이때부터 강유위의 제자가 되어 그가 이끄는 활동에 적극적으로 참여하였다. 그는 『시무보』 제1호부터 「변법통의變法通議」라는 장문의 글을 게재하면서 격앙된 어조로 변법의 실행 여부에 중국의 존망이 달렸다고 주장했다. 그는 다소 통속적인 문체로 새로운 사상을 펼쳤기 때문에 그의 글은 당시 새로운 사물을 접하기 시작한 지식인들로부터 큰 호응을 받았으며, 많은 독자들을 감동시켰다.

강유위가 몇 차례 황제에게 보낸 상서는 모두 책자로 간행되어 널리 유포되었는데 사실상 대중들을 향한 그의 선언문이 되었다. 그와 그의 제자들이 신문을 통해 펼친 정치적 주장은 대중들에게 널리 영향을 미쳐 당시의 여론을 좌우지했다. 『시무보』의 발행 부수가 1만여 부에 달한 것은 전례 없던 일이었다. 변법유신파의 입장과 주장은 갈수록 뚜렷해졌다.

1897년(광서 23) 10월(양력 11월) 독일이 교주만을 강점하자 강유위는 북경으로 가서 다시 황제에게 상서를 올렸다. 이번 상서에서 그는 격앙된 어조로 열강들에 의한 중국 분할의 화살이 이미 시위에 걸려 있는 매우 위급한 상황이라고 지적했다. 그는 황제에게 이런 방식으로 나아가면 황제의 자리도 유지하기 어려울 것이라고 단도직입적으로 말했다. 그리고 그는 "아마 이후부터는 황제와 여러 신하들이 비록 일시적인 평안을 누리며 가무승평歌舞昇平할 수 있길 원해도 그럴 수 없을" 뿐만 아니라 심지어 일반 백성이 되고 싶어도 불가능할 것이라고 했다. 나아가 그는 "천하가 모두 정부를 믿을 수 없다는 것을 알고 있는 상황이어서 의지가 굳지 않은 백성들은 간악한 마음을 품기 마련일 것이고", "고위 관료들은 뇌물이나 받고 어리석은 짓을 저지르며 위에서 어지럽히고, 하급 관리들은 백성들을 괴롭히며 아래에서 혼란을 조성하고 있어" 열강들이 침략하지 않아도 하층 민중들이 들고일어날 것이라고 말했다. 요약하면 그는 시국이 매우 급박하므로 변법유신을 반드시 실행해야 하며 절대로 미루어서는 안 된다고 주장했다. 그러나 그의 이 다섯 번째 상서도 황제에게 바로 전달되지 않았다.

강유위는 계속해서 황제에게 상서를 올려 자금성의 궁문을 두드리는 한편 그의 추종자들과 적극적으로 학회를 조직하여 군중을 동원할 수 있는 역량을 갖추어 나갔다. 이들은 이해 12월 이후 북경에서 월학회粵學會(광동학회), 촉학회蜀學會(사천학회), 민학회閩學會(복건학회), 관학회關學會(섬서학회), 보절회保浙會(절강보존회), 보전회保滇會(운남보존회), 보천회保川會(사천보존회), 지치학회知恥學會 등을 잇달아 조직하였다.

때마침 북경에서 회시會試가 열린 때라 전국의 응시생들이 운집했다. 강유위는 이 기회를 이용해 이성탁李盛鐸, 양계초梁啓超, 강광인康廣仁 등을 시켜 1898년 3월에 월동회관粵東會館에서 그 유명한 보국회保國會를 개최했다. 첫 모임에 참석한 사람은 약 2~3백 명이었는데 그중에는 일부 하급 관리도 있었다. 강유위가 연단에 올라 감동적인 어조로 "4억 명이 모두 분기하여" 망국의 위기로부터 국가를 구하자고 연설했다. 이 대회에서 발표한 선언문인 「보국회서保國會序」는 강유위가 집필한 것으로, 전과 마찬가지로 시국의 위급함을 강조하고, 당시 주권을 상실하여 국위가 실추된 20건의 사건들을 나열하면서 "철도를 부설하고 인재를 등용할 권리를 모두 잃어버려 국토가 오랑캐의 땅이 되어 버렸고 황제가 하인과 같이 되어 버렸으니, 이러고서 어찌 나라를 가졌다고 할 수 있겠는가!"[5]라고 주장했다.

또 강유위는 보국회의 정관을 기초했다. 정관 제1조에서 "본회는 국토가 날로 잘리고, 국권이 날로 침탈당하고, 국민이 날로 곤경에 빠지는 위기를 구하기 위해 이 회會를 조직하며, 이름을 보국회라고 한다"라고 했다. 그리고 "국가의 정권과 국토의 보전, 인민의 자립, 성교聖敎의 보호, 변법의 시행, 평등한 외교의 실행"[6]이라는 취지를 구체적으로 밝혔다. 회원 186명의 명단에 양무파 고위 관료들의 이름이

---

5) 「보국회서」, 『무술변법자료』 제4책, 397~398쪽.
6) 「보국회장정」, 『무술변법자료』 제4책, 399쪽.

없는 것이 강학회強學會와 뚜렷이 다른 점이다. 옹동화의 손자인 옹빈존翁斌存, 중국번의 손자인 증광균曾廣鈞, 장지동의 아들인 장권張權 등 일부 고관의 자제들도 한때 강학회의 열성 분자였으나 보국회에는 가입하지 않았다.

보국회의 설립은 백일유신 이전 변법유신파 정치활동의 절정이었다. 그들의 활동은 기본적으로 애국주의 운동이었다. 강유위의 총회 연설과 보국회 정관은 주로 구국을 호소한 것이며, 변법을 운운했지만 크게 두드러지지 않았다. 그들이 이렇게 한 것은 더 많은 대중을 그들의 기치 아래 결집시키기 위해서였음이 분명하다. 다른 자리, 이를테면 황제에게 올린 강유위의 상서에서는 구국과 변법의 관계를 분명히 제시했다. 보국회에 참가한 사람들 중 일부는 유신파의 변법 주장에 온전히 동의하지 않으면서 구국의 구호에는 마음이 움직였다. 이 때문에 변법유신파의 목소리가 더욱 높아졌다.

수도 이외의 지역에서도 1896년에서 1898년 사이에 다양한 명칭의 단체가 우후죽순처럼 생겨났다. 단체와 학회 조직, 신문 발행, 학교와 출판사 설립이 하나의 풍조가 되었다. 기록을 보면, 비교적 유명한 학회가 30곳 이상, 신문이 50곳 이상, 학교도 50곳 이상이었다. 학회의 성격은 다양했다. 순수하게 정치적인 학회가 있었는가 하면 서양의 정치와 기술을 동시에 배우는 학회, 서양의 기술만 배우는 학회, 아동교육에 중점을 둔 학회, 전족纏足 금지와 금연을 주장하는 등 사회 풍습의 개선을 도모하는 학회 등이 있었다. 이처럼 비록 내용적 차이는 있었지만 전체적으로 서양으로부터 배우자는 구호를 내걸었으며, 정도의 차이는 있었지만 낡은 사회와 낡은 정치를 개혁하자는 요구를 담고 있었다. 산학회算學會와 농학회農學會, 지학공회地學公會와 같은 조직도 서양의 과학기술을 배우는 방식으로 정치운동에 참여한 것이지 단순한 학술단체로만 볼 수는 없었다. 그러나 이들 학회는 전국 각지에 흩어져 있고 산만한 조직체계를 가지고 있었을 뿐 통일된 정치적 지도와 조직적 지도가 부족하여 대부분 생겨났다 곧 사라졌다.

1897년(광서 23) 담사동譚嗣同과 당재상唐才常 등이 주도해 호남성 지역에 설립한 남학회南學會는 적극적으로 정치활동을 벌인 조직이었다. 당시 호남 순무 진보잠陳寶

歲은 장지동과 가까운 양무파 관료로서 호남성 안에서 제한적인 신정新政을 펼쳤다. 장사長沙에서 유신을 찬성하는 인사들이 남학회에 모여 시국을 논의하며 다양한 건의를 하고, 『상보湘報』 발행을 통해 혁신을 고취하여 그 지역의 보수 세력보다 힘의 우위를 점했다. 이에 양계초는 남학회가 "실제로 지방의회의 역할을 한다"[7]고 말했다.

보국회의 활동 기간은 대단히 짧았다. 출범한 지 한 달 만에 어사 황계윤黃桂鋆이 "근래에 민심이 들떠 민주·민권의 설이 기승을 부리며", "나쁜 마음을 품고 기회를 틈타 선동하고 있다"면서 황제에게 상주문을 올렸다. 봉건 수구파의 입장에서 보면, 강유위의 이런 조직 활동은 반란 혐의를 받기에 충분했기 때문에 군기대신 강의剛毅가 조사하려고까지 들었다. 강유위의 말에 따르면, 광서제가 "이 단체는 보국을 목적으로 하는데 좋은 일이 아니겠느냐"라고 말해 조사를 면했다고 했다. 그러나 이러한 곡절을 겪는 가운데 보국회는 뿔뿔이 흩어졌다.

당시의 역사적 조건 아래 변법유신파의 선전과 조직 활동은 분명히 중대한 역할을 했다. 비록 봉건사상이 뒤섞여 순수하지 못한 자산계급 개량주의 운동이긴 했지만, 전통적 봉건사상에 비해 신선하고 날카로운 점이 있었다. 그것은 봉건사회의 부패하고 답답한 분위기를 타파하고, 국가의 운명에 관심을 갖는 사람들의 열정을 불러일으켰으며, 사람들에게 적극적으로 구국의 길을 모색하도록 했다. 따라서 일시에 사회 풍조가 크게 변화했다. 당시 어떤 사람은 "무술년 봄 강유위 등이 도성에 들어와 변법을 주장한 것이 마치 겨울잠을 자고 있던 개구리를 깨운 봄날의 우레와 같았고, 문인과 지사들의 환호가 마치 천둥이 치는 듯하였으며, 신중한 사람들까지도 미치는 약을 마신 듯했다"[8]라고 묘사했다. 뒷날 강유위의 제자인 구구갑歐榘甲은 "당시 지혜가 갑자기 폭발하니, 마치 모든 하천이 한곳으로 모여 넘쳐흐르듯 해 막을 수가 없었다"[9]고 회고했다.

---

7) 양계초, 「무술정변기」, 『무술변법자료』 제1책, 300쪽.
8) 羅振玉, 「貞松老人遺稿」, 『무술변법자료』 제4책, 249~250쪽.
9) 「論政變爲中國不忘之關係」, 『무술변법자료』 제3책, 156쪽.

변법유신파들이 요구한 것은 혁명이 아닌 개량이었다. 하지만 그들은 학회와 학교, 신문 등을 통해 지주계급 지식분자들을 정치운동에 휩쓸려 들게 하여 그들을 사상적으로 자산계급화했으며, 또 이를 수단으로 자산계급을 정치화했다. 그들의 선전과 조직 활동이 미친 영향은 그들 자신이 바랐던 정도를 훨씬 뛰어넘어 뒷날 자산계급혁명의 초석을 놓았다.

3. 변법유신파와 양무파 사이의 논쟁

청일전쟁의 패배는 사실상 양무파의 파산을 선고했지만, 정치사상적으로 양무파를 논파한 것은 변법유신파의 공적이다. 변법유신파는 양무파의 주장을 비교적 전면적으로 비판하였으며, 또한 그 비판을 통해 변법유신이란 자신들의 자산계급 개량주의 노선을 천명하였다.

이 논쟁에서 변법유신파는 공격을 주도하면서 선명한 관점을 가지고 논쟁적인 글들을 많이 발표했다. 양무파에서 논전의 주역은 장지동이었다. 그는 1898년(광서 24) 3월 『권학편勸學篇』을 발표하였으며, 그의 일부 막료와 추종자들도 변법유신파를 공격하는 글을 쏟아 냈다. 완고한 수구파들은 물론 변법유신에 단호히 반대했고, 그들도 논전에 참여해 양무파의 동맹군이 되었지만 양무파에게 별로 도움이 되지는 못했다. 논쟁은 여러 가지 문제를 놓고 전개되었지만 그 중심적 문제는 하나였다. 즉 자산계급을 정권에 참여시켜 이전 지주계급의 계급 독재인 전제군주제 대신 입헌군주제를 실시할 것인가의 여부였다.

양무파도 '변법'이라는 구호를 쓴 적이 있었다. 변법유신파는 사실에 입각하여 양무파의 변법을 비판함으로써 자신들의 주장을 그들과 구별하였다. 강유위는 여러 차례 황제에게 올린 상서에서 근래에 해군과 외국 공사관, 초상국招商局, 동문관同文館, 제조국製造局 등을 설치했지만 거액의 비용만 들였을 뿐 실효가 없었다고 지적하면서, 이는 "근본이 깨끗하지 않으면 만사가 다 어그러진다"(根本不淨, 百事皆非)는 이치를 잘 보여 준 것이라고 하였다. 그는 양무파의 변법이 낡은 집을 허물고 새집을 짓는 것이 아니라 단지 낡은 집을 수리하는 것에 지나지 않아 비바람이 불면 다시 무너질 것이라고 했다. 따라서 양무파가 말하는 변법은 '소변小變'일 뿐 '전변全變'이 아니고, '변사變事'일 뿐 '변법變法'이 아니라고 했다. 그는 이러한 양무파의 변법을 임시방편으로 '틈새만 메우는 대책'이라고 불렀다. 그는 "만국의 형세를 볼 때 변화하면 보전하고 변화하지 않으면 망하며, 완전히 변화하면 강해지지만 적게 변화하면 여전히 망한다"고 말했다. 그는 자신이 주장하는 변법은 근본적인 변화이지 지엽적인 변화가 아니며, '큰 변화'이지 '작은 변화'가 아니라고 했다.

변법유신파는 근본적인 변법을 주장했는데, 그렇다면 과연 그 '근본'은 무엇인가? 1896년(광서 22) 7월 양계초는 『시무보』에 「근본을 모르는 변법의 해로움을 논함」(論變法不知本原之害)이란 글을 발표하였다. 그는 "변법의 근본은 인재를 키우는 데 있고, 인재의 흥성은 학교를 세우는 데 있으며, 학교를 세우려면 과거제도를 변화시켜야 하는데, 이 모든 것을 크게 성취하려면 관제를 바꿔야 한다"10)고 말했다. 이와 비슷한 시기에 담사동은 기선·전선·기차·총포·어뢰와 직포·제철기계는 모두 "양무의 지엽이지 근본이 아니다"라고 주장하였으며, 양무파는 서양의 "법령과 정치제도의 완전함에 대해서는 꿈에서도 본 적이 없다"고 비웃었다. 강유위도 총리아문의 대신이 변법을 어떻게 시행하면 좋겠느냐고 묻자 "변법은 마땅히 관제를 바꾸는 것을 우선으로 삼아야 한다"고 답했다. 그들이 주장한 변법의 근본은 '관제'를 바꾸는 것이고, 그렇게 하기 위해서는 서양의 '법령과 정치제도'를 배우는 것임을 알 수 있다. 구체적으로 말하면 입헌군주제의 실시를 요구한 것이다.

양무파의 주장은 '중학위체中學爲體, 서학위용西學爲用' 이 여덟 글자로 요약할 수 있다. '중학위체'는 무엇인가? 장지동은 "이른바 도道의 근본은 삼강사유三綱四維를 말하는 것"이라고 말했다. 삼강은 군위신강君爲臣綱, 부위자강父爲子綱, 부위부강夫

---

10) 『시무보』 제3책(광서 22년 7월 21일); 『무술변법자료』 제3책, 19·21쪽.

爲婦綱을 가리키고, 사유란 예禮·의義·염廉·치恥를 가리킨다. 이것은 봉건사회의 위계位階와 종법宗法 관계를 규정한 것으로 사실상 봉건 지주계급의 독재를 뜻한다. 봉건 수구파는 '서학위용'조차 찬성하지 않았지만, '중학위체'는 양무파와 수구파가 모두 동의했다. 변법유신파는 봉건사상과 진정으로 결별할 수는 없었지만, 서양 자산계급의 정치제도와 윤리도덕을 정도의 차이는 있지만 중국에 수입하려 했다. 이런 시도는 '중학위체'라는 원칙을 흔들었다. 따라서 그들과 봉건주의자들 사이에 첨예한 대립이 형성되지 않을 수 없었다.

일찍이 1895년(광서 21) 엄복嚴復은 『벽한辟韓』이라는 글에서 군신의 윤리를 비판한 적이 있다. 그는 노동자와 농민, 상인들이 자신의 본업에 잘 종사하기 위하여 한 군주를 공동으로 추대하여 그들의 생명과 재산을 보호하게 했다고 주장했다. 이것은 계급적 관점에서 지배와 피지배의 관계를 설명한 것은 아니지만, 군신의 윤리가 '천도天道'라는 관점을 부정하고 서양 자산계급의 민주 관점으로 군신관계를 주인과 노예의 관계로 보는 봉건주의적 전통사상을 반박한 것이다. 이 글은 1897년 『시무보』에 전재되어 '중학위체' 노선에 반대하는 이론적 근거를 제공하였다.

담사동은 『인학仁學』에서 군신·부자·부부의 윤리에 대해 모두 신랄하게 비판했다. 그는 엄복과 마찬가지로 "군주는 백성을 위해 일하는 자이고, 신하는 그를 도와 백성을 위해 일하는 자이며", "군주는 지엽이고, 백성이 근본"이라고 주장했을 뿐만 아니라 '독부민적獨夫民賊' 곧 폭군을 경계하는 견해도 밝혔다. 또한 그는 봉건주의적 부자와 부부 관계를 부정하고, 삼강을 수호하는 일체의 형법제도는 '독부민적'의 이익을 위한 것이라고 비판했다.[11] 『인학』은 사후에 간행되었지만, 봉건주의를 가장 격렬하게 비판한 그의 사상은 그의 생전에 적어도 일부 변법유신파들 사이에는 널리 퍼졌다.

장지동은 삼강오륜에 대한 변법유신파의 비판을 반박하기 위해 『권학편』을 저술하고서 "오륜의 중요함은 백행百行의 근본이요 수천 년 동안 전해온 것으로

---

11) 「인학·하권」, 『담사동전집』, 56·66쪽.

더 이상 이의가 없는 것이며, 성인聖人이 성인이고, 중국이 중국인 까닭이 다 이 때문"12)이라고 했다. 그는 변법이 결코 삼강오상三綱五常의 봉건적 도리를 버려서는 안 된다고 하면서 "부모를 잊고", "성인을 버리며", "명교明敎를 경박하게 만들고", "우리의 가르침을 완전히 버리고 남을 따르려 하며", "세상을 방자하게 만들어야 시원할 것처럼" 여긴다고 비난을 퍼부었다. 그의 논조를 따르는 사람들은 예로부터 이러했기 때문에 앞으로도 반드시 이러해야 한다는 이유로 봉건사회의 전통적인 정교政敎를 수호했다.

변법유신파는 서양 자산계급의 '천부인권'을 외치면서 자유·평등·민권·입헌·의회를 주장했다. 이는 당시 봉건주의 상층부에 대한 맹렬한 공격이었다. 양무파와 기타 모든 봉건주의자들은 이에 대해 매우 놀라고 당황해했다. 장지동은 또 『권학편』에서 다음과 같이 말했다.

> 지금의 중화가 진실로 강대한 것은 아니지만, 백성들이 자기 생업에 편안히 종사할 수 있는 것은 그래도 조정의 법法이 있기 때문이다. 민권설民權說을 외치면 어리석은 백성들은 반드시 기뻐할 것이고, 불순한 백성들은 반드시 들고 일어날 것이어서 기강이 서질 않고 사방에서 대란이 일어날 것이다.13)

일부 봉건 수구파들도 그를 따라 "모든 사람이 평등하고 모두 권력을 평등하게 갖는다면, 모든 것이 거꾸로 행해지게 될 것"이라거나 "대권은 바로 곁에 있는 사람에게도 넘겨줄 수 없거늘 하물며 아래의 백성들에게 넘겨준단 말인가? 다만 위와 아래의 사정事情이 서로 통하기만 하면 될 뿐"14)이라는 등 목청껏 외쳐 댔다. 봉건적 질서는 이미 너무나 부패하여 자산계급의 새로운 사상과 새로운 정치의 충격을 견딜 수 없었다. 봉건주의자들은 이러한 충격을 매우 두려워하면서 전통적

---

12) 「明綱」과 「변법」편, 『장문양공전집』 제202~203권.
13) 「권학편·正權」, 『장문양공전집』 제202권, 24쪽; 『무술변법자료』 제3책, 222쪽 참고.
14) 『翼敎叢編』 제5권, 2~3쪽.

통치 질서가 뒤집히는 국면이 곧 나타날 것을 예감하였다.

　봉건주의자들이 대권大權을 "아래의 백성들에게 넘겨준단 말인가? 다만 위와 아래의 사정事情이 서로 통하기만 하면 될 뿐"이라고 했을 때, 여기에서 '아래'라고 말한 것은 향신鄕紳들을 가리킬 뿐이다. 변법유신파도 종종 "위와 아래의 뜻이 서로 통해야 한다"고 주장했는데, 그들이 말한 '아래'는 신생 자산계급까지 포함하기 때문에 봉건주의자들이 가리키는 '아래'보다 범위가 더 넓었다. 봉건주의자들이 민권을 제창하면 아래의 백성들이 반란을 일으키고 "모든 것이 거꾸로 행해지게 될 것"이라고 두려워했는데, 이제 우리는 곧 변법유신파들이 자산계급 혁명파를 반대할 때 같은 말을 사용하게 되는 것을 볼 것이다. 그러나 이때만 해도 변법유신파들은 '민권'을 선양하는 것이 위험을 불러오지 않고 오히려 피압박 인민의 반란 의지를 소멸시키는 작용을 할 것이라고 생각했다.

　변법유신파의 일부 관점은 모호했다. 이들은 구국의 길을 모색하면서도 "백성의 지혜만 열면 나라가 망하지 않고, 설사 망한다 해도 회복될 수 있다"고 주장했다. 그래서 이들은 나라를 지키려면 먼저 보교保敎와 보종保種, 즉 교육과 종족을 보존해야 한다고 생각했다. 그들이 말한 '교敎'는 바로 공자의 가르침이다. 그들이 여전히 봉건주의 전통인 공자의 도를 내세운 것은 철저히 반봉건의 입장을 취하지 않았음을 보여 준다. 그들이 말한 '보종'의 의미도 매우 모호했다. 그들의 견해에 따르면, 보종하려면 반드시 백성의 지혜를 열어야 한다. 학회와 학교를 설립하는 것은 백성들의 지혜를 열어 보교와 보종의 목적을 달성하기 위한 것이다. 그런데 양계초는 강유위에게 보낸 서신에서 다음과 같이 말했다.

> 우리들의 취지는 정교政敎를 널리 전하는 데 있지 정치를 하는 데 있지 않으며, 온 세상과 무량세계無量世界의 중생을 구하는 데 있지 한 나라를 구하는 데 있지 않으므로 한 나라가 망하는 것이 우리와 무슨 상관이 있겠습니까?

이 기괴한 듯한 말은 신학문을 안다고 자처한 지식인들이 백성들의 지혜를 여는 것도, 국가의 운명도, 나아가 인류의 운명까지도 그들에게 달려 있다고 스스로 자부하고 있었음을 보여 준다.

이 변법유신파 인사들은 한편으로 나라가 망해도 상관이 없다고 말하면서 다른 한편으로 보국의 구호를 내걸었다. 그들은 스스로 이런 모순된 생각을 명확하게 해명하지 않았다. 그들은 지주계급 독재의 국가에 대한 존망에 더 이상 미련을 둘 것이 아니라 자산계급 국가로 대체되어야 한다는 생각을 모호하게 드러내고 있지만, 이러한 생각을 자각적으로 말하지는 않았으며, 이러한 생각을 실천을 통해 실현하는 것은 더욱 불가능했다.

장지동도 『권학편』에서 변법유신파의 관점을 공격하면서 보교·보종·보국을 주장했다. 그는 종도 나라에 종속되고 교도 나라에 종속되므로 반드시 보국을 최우선으로 삼아야 한다고 여겼다. 그가 말하는 나라는 기존의 나라, 곧 봉건 지주계급의 청 왕조이다. 겉보기에 두 파 사이의 논쟁이 보국·보종·보교 가운데 어느 것을 우선할 것인가의 문제인 것 같지만, 실질적인 두 파의 차이점은 어느 계급이 국가를 보존(保)할 것인가였다.

4. 변법유신파의 서양 학습

엄복嚴復(1854~1921)은 복건성 후관현侯官縣 출신이다. 그는 14세 때 좌종당이 세운 복주선창福州船廠 부설 선정학당船政學堂에 입학했고, 졸업 후 군함에서 몇 년간 실습 생활을 한 뒤 1877년(광서 3) 영국에 유학생으로 파견되었다. 2년 후 귀국하여 선정학당 교사를 지낸 뒤 1880년부터 20년 동안 이홍장이 설립한 북양수사학당北洋水師學堂에서 교육부장(總敎習)을 지냈다. 엄복은 영국 유학 시기에 유럽의 유명한 자산계급 학자인 아담 스미스, 벤담, 루소, 몽테스키외, 다윈, 헉슬리 등의 저서를 읽었다. 그의 서양 지식은 변법유신파의 다른 대표적 인물들보다 훨씬 깊고 넓었다. 1895년(광서 21) 그는 천진天津에서 『직보直報』를, 2년 뒤에는 『국문보國聞報』를 창간해 변법을 주장하는 유명한 논설을 여러 편 발표했다. 그는 서양 자산계급 학자들의 정치학과 경제학, 사회학, 논리학 등에 관한 다양한 저서들을 번역했는데, 그 가운데 1895년(광서 21)에 번역한 영국의 사회생물학자 헉슬리가 지은 『천연론天演論』은 무술변법 시기와 그 이후에도 가장 널리 영향을 미쳤고, 변법유신파의 주요 사상 교과서 중 하나가 되었다.

엄복은 "백성의 지혜를 열려면 서학을 중시하지 않으면 안 된다"면서 중국이 서양처럼 부강해지려면 '서법西法'의 채용이 필수적이라고 했다.[15] 그리고 강유위와 엄복 및 여타 변법유신파 인사들은 구국의 길을 찾으려면 반드시 '서학'을 배워야 한다고 주장했다. 그들이 말하는 '서학'은 바로 서양 자산계급의 사회학설과 자연과학이다. 그들은 서양 자산계급의 문화를 기준으로 삼아 중국 봉건사회의 낙후와 부패를 통렬히 비판했다. 이들은 '서학'을 무기로 봉건주의자들이 성현들의 "경전과 도를 벗어나고 뒤집었다"(離經叛道)고 비판하는 것에 대해 당당히 맞섰다.

엄복은 유럽에서 자본주의가 발달한 나라들의 빈부 대립 현상을 보았다. 그는 오늘날 중국의 입장에서 서양을 보면 서양이 부강한 것은 사실이지만, 서양의 각국이 이상적 통치의 단계에 이르렀다고 생각하면 큰 오판이라고 했다. 그는 철도와 기선의 발달이 "백성들의 교통에 도움이 되긴 했지만 간악한 강자들이 독점하는 데 매우 유리하다"고 말했다. 독점이 생기자 빈부격차가 갈수록 심해져, 그것을 평등하게 하려 해도 끝내 방법이 없기 때문에 이 국가들에서도 '대란'의 위기가 있다고 보았다.

당시 서양의 자본주의는 이미 제국주의 단계에 접어들었고, 무산계급의 사회주의 혁명운동이 일어나고 있었다. 이에 대해 중국의 초기 자산계급을 대표하는 변법유신파는 전혀 이해하지 못했다. 그러나 위와 같이 엄복은 자본주의의 병폐를 어느 정도 파악하고 있었는데, 이것은 변법유신파 중에 예외적이었다. 이들은

---

15) 엄복, 「原强」, 「球亡決論」, 「論世變之亟」 등의 글, 『무술변법자료』 제3책, 57・63・74쪽 등.

유치한 학생의 태도로 '서학'에 대해 일제히 찬미하면서 사회정치제도를 포함한 서양 자산계급의 문화를 지고지선한 것으로 생각했다.

양계초梁啓超는 1897년(광서 23) 발표한 어느 글에서 봉건 중국을 '혁신을 못하는 나라'(不新之國)로, 서양 자산계급의 국가를 '혁신을 추구하는 나라'(求新之國)로 불렀다. 그는 수많은 미사여구를 써 가며 '혁신을 추구하는 나라'의 군주와 신하, 백성을 칭송하고, 그 나라들의 정치와 모든 사업들, 나아가 도시와 거리, 정원, 주택 등까지 칭송했다. 또 같은 해 발표한 다른 글에서 그는 2천 년 동안 중국은 "허점투성이인 채 시대가 흐를수록 퇴화"한 반면 "유럽 각국은 지난 백 년 동안 정치를 혁신하고 온갖 제도의 병폐를 바로잡았다"고 했다. 그래서 그곳은 일반 백성들도 '정치를 논의할 권리'를 가지고 있고, 그들이 실행하는 치국의 도道는 '도리에 부합'할 뿐만 아니라 "우리나라 고대시기 삼대三代의 성인들이 평천하平天下한 것"과 다르지 않다고 했다. 또 그곳의 대국들은 온 세계를 종횡으로 돌아다녀도 어느 누구도 막을 자가 없고, 그곳의 소국들도 자립해 다른 나라에 먹히지 않는다고 했다.[16] 담사동도 서양의 제도가 중국 상고의 '삼대'보다 낫다고 말했다.[17] 그들은 봉건시대 전통의 용어로 자본주의를 찬양했는데, 이들이 말한 '삼대지치三代之治'는 지고지상至高至上의 이상적 정치였다.

강유위는 『대동서』에서 자신의 이상사회를 그렸다. 이 책의 내용은 매우 복잡하고 서로 모순되는 생각으로 가득했다. 그가 묘사한 대동의 이상사회는 때로 공상적 사회주의와 유사하지만, 그 주요 내용으로 보면 사실상 자산계급 왕국이다. 그가 말한 대동세계는 "계급이 없고", "사람마다 평등하다". 그러나 그가 말한 '계급'이란 봉건사회의 신분등급제도를 가리키고, 그가 말한 '평등'이란 단지 "신분상 노예가 없고, 군주가 모든 것을 통치하지 않는" 의미로 자산계급의 평등관이다. 그가 말한 대동세계는 국가와 정부가 있고 자산계급이 주도하는 대의제도가 있는 세상으

---

16) 「西政叢書 序」, 『飮氷室文集』 2권, 63쪽.
17) 「延年會序」, 『담사동전집』, 141쪽.

로 자산계급 독재국가를 극도로 미화하고 이상화한 것이다. 그는 "무릇 계급이 없어지고 인류가 평등하게 되면, 사람들은 반드시 즐거워할 것이며, 나라는 반드시 번성할 것이다. 미국이 바로 그런 나라이다"[18]라고 말했다. 이렇듯 그가 대동사회의 표본으로 삼은 것은 바로 미국이었다.

강유위는 『대동서』를 쓴 뒤 생전에 전문을 발표하지 않았다. 그는 유신운동 중 황제에게 러시아의 표트르대제와 일본의 메이지 천황을 본받아야 한다고 주장했다. 그가 실제적으로 실행하려고 한 것은 반半봉건·반半자본주의 사회정치제도일 뿐이었다. 그는 미국식 자산계급 민주정치를 '대동세계'라는 낭만적 환상 속에 엮어 넣었지만, 그것을 감히 실천할 수 있을 것이라고는 생각하지 않았다.

또한 변법유신파는 자본주의 국가들 사이의 관계를 극단적으로 미화하고 이상화했다. 이는 '만국공법萬國公法'에 대한 그들의 찬사에서도 확인할 수 있다. 담사동은 "만국공법은 서양인의 인의仁義가 남김없이 담긴 책"[19]이라고 말했다. 그들은 타민족에 대한 억압과 침략이 자본주의 제도의 필연적인 현상이라는 점을 전혀 이해하지 못하였으며, 서양 자산계급이 제정한 만국공법이 모든 국가의 독립을 보장해 줄 수 있다고 생각했다. 그렇다면 왜 중국은 서양 국가들의 침략을 받게 되었는가? 이에 대해 담사동은 "애석하게도 중국은 스스로 멸망을 추구하여 외국의 멸시를 당했고, 공법의 대상이 되지 못하여 의지할 법이 없었기 때문"[20]이라고 해석했다. 변법유신파는 바로 이런 논법으로 중국을 자본주의의 길로 이끌 '변법'을 서둘러야 함을 논증하려고 들었다.

이렇듯 그들은 중국이 제국주의 침략자들과 진지하게 싸울 필요 없이 서양을 따라 배워 서양 국가들과 마찬가지로 자본주의를 실행하면 "인의가 남김없이 담긴" 만국공법에 따라 국가의 독립과 민족의 자유를 얻을 수 있다는 환상을 퍼뜨린 것이다. 담사동은 중국이 10년의 시간을 들여 이익을 도모하고 해악을

---

18) 『대동서』(古籍출판사, 1956년판), 110쪽.
19) 「보패원징」, 『담사동전집』, 423쪽.
20) 「보패원징」, 『담사동전집』, 423쪽.

제거하면 자립할 수 있고, 그러면 만국공법에 따라 각국과 협의하여 과거에 맺은 조약을 수정해 각국이 항구와 국경 관문에서만 통상하고 중국 내지에 들어오지 못하도록 동의를 구할 수 있으며, 또다시 10년이 지나면 중국은 부강해질 수 있다고 주장했다.[21]

따라서 변법유신파는 국내 정치에서 개량주의적 입장을 취하고 있었으며, 제국주의 침략에서 어떻게 벗어날 것인가 하는 문제에서도 개량주의적 환상을 갖고 있었다. 이런 환상을 가지고 있었기 때문에 그들은 심지어 제국주의 침략자들을 변호하는 주장까지 내놓게 되었다. 양계초는 1897년에 지은 『남학회서南學會序』에서 지금 서양 각국들이 중국을 분할하는 것은 아주 쉬운 일이지만 그들이 그렇게 하지 않은 것은 중국을 분할하면 '모든 것이 썩어 문드러지는' 국면을 초래하게 되어 그들의 사업에도 좋지 않기 때문인데, 만일 중국이 계속 자신을 진작시키지 못하고 자기를 보전하지 못하면 만부득이 분할할 수밖에 없을 것이라고 했다. 그의 견해에 따르면, 서양 국가들은 실제로 중국이 스스로 분발하여 부강해져서 중국을 분할할 수밖에 없는 상황이 조성되지 않기를 바라고 있기 때문에 중국이 변법유신파 인사들의 말대로 변법을 실행하기만 하면 제국주의의 중국 침략 위기는 저절로 없어진다는 것이다.

이러한 주장은 요약하면 제국주의 열강들이 중국의 자본주의가 독자적으로 발전되기를 선의로 원했다는 이야기나 다름이 없다. 이는 역사적 사실에 근본적으로 반하는 독단이다. 이런 환상을 갖고 있었기 때문에 제국주의와 그 앞잡이들을 상대로 투쟁하자는 구호를 내세울 수 없었던 것은 당연하다. 그들이 '스스로 떨쳐 일어나자'고 말한 것은 분명히 인민대중을 일으켜 세워 제국주의 및 그 앞잡이들과 맞서 투쟁하려고 한 것이 아니었다.

이뿐만 아니라 변법유신파는 심지어 중국이 몇몇 제국주의 국가의 힘을 빌려 변법을 실현함으로써 부강의 목적을 달성할 수 있다는 환상까지 가지고 있었다.

---

21) 「보패원징」, 『담사동전집』, 412~413쪽.

이에 그들은 일본, 영국과 연합하자는 주장을 내놓았다. 당시 제국주의 국가들은 동아시아에서 대체로 러시아·독일·프랑스가 한편이 되고, 일본·영국·미국이 한편이 되어 서로 맞섰다. 청 정부의 대외정책은 이홍장의 주도로 주로 러시아에 의존했으나, 그들은 일본과 영국에 의존하려는 환상을 가졌다.

강유위는 황제에게 올리는 5번째 상서에서 변법의 강령을 열거했는데 그 가운데 "외국으로부터 대규모 차관을 들여와 국가 예산으로 사용할 것"을 주장했다.[22] 담사동은 심지어 "내몽고와 외몽고, 신강, 티베트, 청해는 넓지만 춥고 척박해 중국에 전혀 이롭지 않으므로" 영국과 러시아 양국에 나눠 팔아 그 돈으로 일본에 대한 전쟁 배상금을 갚고, 그러고도 "남는 돈이 많을 것이므로 그것을 변법 시행에 사용하면 된다"는 터무니없는 구상까지 내놓았다.[23] 이 변법유신파들이 실제로 당시 정권을 잡고 그들의 생각을 펼쳤더라면 중국은 반식민지 또는 식민지로 가는 길에서 벗어나기 어려웠을 것이다. 그들은 중국의 독립과 자강의 문제를 해결할 수 없었다. 그들이 독립적으로 중국의 자본주의를 발전시키겠다는 것도 또한 환상일 뿐이었다.

5. 속류진화론과 정치상의 개량주의

유신파는 변법을 주장하며 사회의 상부구조가 자산계급에게 도움이 될 변화를 요구했다. 이에 그들은 봉건주의의 "하늘은 변하지 않으며, 도 또한 변하지 않는다" (天不變, 道亦不變)는 전통적 관점에 이의를 제기했다. 강유위는 다음과 같이 말했다.

변하는 것이 천도天道이다. 하늘은 낮만 있고 밤이 없을 수 없고, 추위만 있고

---

22) 『무술변법자료』 제2책, 194쪽.
23) 『담사동전집』, 406쪽.

더위가 없을 수 없기에 하늘은 변화하는 덕으로 오래 가는 것이다.…… 사람은 어린아이로부터 어른이 되고 노인이 되는 변화를 거치면서 모습과 얼굴빛 어느 하나 한시도 변하지 않는 것이 없다.[24)]

무릇 사물은 새것이면 굳세고 오래되면 낡으며, 새것이면 신선하고 오래되면 썩으며, 새것이면 통하고 오래되면 막힌다. 이것이 사물의 이치이다.[25)]

변법유신파는 이러한 속류진화론을 지도사상으로 삼아 점진적인 변화만 인정하고 요구했다. 모택동은 중국에서 "최근 100년 동안 유럽의 기계적 유물론과 속류진화론이 수입되어 자산계급의 지지를 받았다"[26)]고 지적했다. 외국에서 들여 온 속류진화론을 가장 먼저 이용한 것이 변법유신파였다.

강유위의 변법론 저서인 『신학위경고新學僞經考』와 『공자개제고孔子改制考』가 겉으로는 서한西漢시대 공양학파公羊學派의 삼통三統・삼세설三世說과 공자의 탁고개제설托古改制說을 말하고 있으나, 내용적으로는 속류진화론으로 공양학설을 해석하여 그의 변법론을 만든 것이다.

서한 공양학파의 삼통・삼세설은 새롭게 등장한 봉건 지배자의 필요에 따라 만들어졌다. '삼통설'은 새 왕조가 출현할 때마다 각자 천명天命을 받아 스스로 '정통正統'이 된다는 의미이다. 이로부터 유방劉邦이 비록 비천한 사회적 지위 출신이지만 그가 세운 왕조는 새롭게 천명을 받았기 때문에 이전 왕조와 계승 관계가 없이 완전히 독자적으로 존재할 권리를 갖고 있음을 증명했다. '삼세설'은 사회를 '거난세據亂世', '승평세升平世', '태평세太平世'로 나눌 수 있는데, 이것이 순서에 따라 난세에서 치세로 나아가므로 변화할수록 더 좋은 단계로 발전한다는 설이다. 공양가들은 이 삼통・삼세설을 공자의 이름을 빌려 주장했지만 사실은 공자의 사상과

---

24) 「進程俄羅斯彼得大帝變政記序」, 『무술변법자료』 제3책, 1쪽.
25) 「應詔統籌全局折」, 『무술변법자료』 제2책, 198쪽.
26) 『모택동선집』 제1권(인민출판사, 1991년판), 301쪽.

무관하다.

공양학파의 학설은 동한東漢 이후 오랫동안 묻혀 있었는데 청나라 말기에 이르러서 다시 주목받게 되었다. 강유위는 2천 년 전 유행했던 지주계급의 사상적 도구를 가져와 신흥 자산계급의 입장에서 변법유신을 주장하는 이론적 근거로 활용했으며, 여기에다 서양의 속류진화론을 끌어들였다.

강유위는 엄복이 번역한 스펜서의 『군학이언群學肄言』(The Study of Sociology)을 바탕으로 인류사회의 역사는 점진적 변화의 과정일 뿐이며, 정치적으로는 "전제군주제로부터 입헌군주제로, 입헌군주제로부터 공화제로" 점진적으로 나아갈 수밖에 없다고 주장했다.27) 그는 급진적 변화를 인정하지 않는 관점에 서서 전제군주제에서 곧장 공화제로 변화하는 것에 반대했다. 급진적 변화를 부정하고 점진적 변화만 인정하는 것이 바로 속류진화론이다. 이러한 관점이 정치에서 혁명을 부정하고 사소한 개량만 주장하며, 구세력과 결별보다는 타협을 주장하는 것으로 나타났다.

강유위가 공자를 변법의 창시자로 내세운 것도 그의 개량주의 노선에 의해 결정됐다. 혁명을 부정하고, 폭력으로 기존 제도를 무너뜨리는 것을 반대하며, 황제의 뜻에 의지하고, 수도에 거주하는 사대부의 호응에 의지할 것을 주장한 이상, 그는 봉건시대 성인인 공자의 간판을 내걸고서 자기주장의 합당성을 입증하지 않을 수 없었다. 그는 공양학설에서 공자의 미언대의微言大義를 발견할 수 있고, 이것이 그의 변법 주장의 근거가 된다고 판단하여 황제와 사대부의 지지를 얻기 위해 이를 힘써 선양했다. 그러나 그의 주장은 당시 정통이었던 정程·주朱와 육陸·왕王이 설명한 공자의 학설이 아니어서 봉건주의자들의 격렬한 반대에 부딪히지 않을 수 없었다. 봉건 수구파인 섭덕휘葉德輝는 "한나라 때의 공양학은 한나라를 높였지만, 오늘날의 공양학은 오랑캐를 높인다"28)고 비판하면서 강유위를 "겉모습은 공자이지만 그 마음은 오랑캐"라고 비난했다.29) 이것은 바로 강유위가 공자의

---

27) 『엄역명저총서: 군학이언』(상무인서관판), 50~51쪽.
28) 「葉吏部與石醉六書」, 『익교총편』 제6권, 15쪽.
29) 「葉吏部與劉先端, 黃郁文兩生書」, 『익교총편』 제6권, 17쪽.

학설에 자산계급의 사상을 첨가했기 때문이다.

　강유위와 그의 제자들이 당시 시국을 논한 일부 글(강유위가 몇 차례 황제에게 올린 상서 포함)에서 기존의 정치제도와 사회제도가 변화하지 않으면 안 될 정도에 이르렀다고 적극적으로 묘사한 것은 사실상 봉건제도의 종언을 말한 것이다. 이들은 봉건제도를 비판하면서 "백성들의 명을 떠받든다"는 자세로 역사 무대에 등장했지만, 봉건제도에 대한 그들의 비판은 봉건사회의 근간인 봉건적 토지소유제에 대해 전혀 언급하지 않았으며, 봉건적 지배 세력이 외국 제국주의 세력과 결탁해 그들의 하수인이 되었다는 사실도 전혀 언급하지 않았다. 그들은 적극적으로 봉건제도를 반대하는 입장에 서서 비판한 것이 아니라, 오히려 멸망을 피할 수 없는 봉건제도의 운명에 대해 한없이 애통해하는 마음을 품고 있었다. 그들은 봉건제도에 대해 무자비하게 비판한 것이 아니라 그것을 위해 절망적인 만가挽歌를 불렀다. 강유위는 다음과 같이 말했다.

　　조정과 온 백성 모두가 서로 바라보며 한숨만 쉴 뿐 보통의 머리로도 망하고 있다는 사실을 다 알고 있다. 뭇사람들이 탄식하며 죽기를 기다리다니……. 생기가 이미 다하고 지는 황혼이 처량하다. 기상이 이와 같으니 무섭고 가엾도다! 이는 실로 자고로 없었던 일이다.[30]

　중국은 오랜 기간 동안 봉건시대를 거치면서 수없이 많은 왕조의 교체를 겪었지만, 이제는 왕조가 교체되는 것이 아니라 봉건제도 자체가 곧 몰락하게 된 것이다. 강유위는 이러한 차이를 잘 이해하지는 못했지만 느끼고 있었다. 봉건제도는 스스로 역사 무대에서 물러나지 않을 것이다. 변법운동 지사들의 비판과 성토는 객관적 입장에서 보면 혁명의 폭풍우가 몰아칠 전주곡이었지만, 그들의 주관적 입장에서 보면 개량주의적 변법을 통해 황혼빛 처량한 낡은 제도에 새로운 생기를 불어넣고자

---

30) 「上淸帝第五書」, 『무술변법자료』 제2책, 192~193쪽.

한 것이었다.

강유위는 입헌군주제를 주장했고, 입헌군주제를 '군민합치君民合治'로 해석했다. 그의 이른바 '군'은 봉건 지배 세력의 대표이며, '민'은 사실상 자산계급을 주로 가리키는데 자산계급은 당시 전체 인민을 대표한다고 자처했다. 그는 '군민합치'의 장점으로 "군주와 인민이 한 몸이 되어 서로 마음이 통하고, 중국이 한 집안이 되어 동고동락할 수 있는 것"이라고 했다. 그가 세우고자 했던 나라는 사실상 지주계급과 자산계급 연합의 독재국가였다.

강유위는 서양이 자산계급의 민주혁명을 겪었다는 사실을 모르지는 않았다. 강유위는 「진정법국혁명기서進呈法國革命記序」에서 내가 프랑스 대혁명의 역사를 읽으며 눈물을 흘리지 않을 수 없었다면서 혁명 당시의 비참한 상황을 자세히 묘사했다. 그가 혁명 당시의 상황을 비참하고 끔찍하게 묘사한 것은 마음속으로 혁명을 두려워했기 때문이다. 그는 어릴 때 태평천국의 혁명을 겪었기 때문에 하층 농민들이 일어나 반란을 일으키는 것이 얼마나 큰 위력을 가지고 있는지를 잘 알고 있었다. 그가 위에서 아래로의 개량주의적 변법을 주장한 것도 바로 혁명을 피하려 했기 때문이다. 그는 혁명을 통해 봉건 통치를 전복하고 자산계급 독재를 실현하는 것을 감히 상상도 하지 못했다. 따라서 그는 봉건 지배계급이 스스로 자산계급에게 조금 양보하고 그들을 정권에 끌어들여 노동인민에 대한 독재를 공동으로 실행할 것을 바라고 요구할 수밖에 없었다.

매우 급진적이었던 담사동과 서양에 관한 지식이 가장 풍부했던 엄복을 비롯한 모든 변법유신파 인물들은 정치적으로 입헌군주제에 그치고 감히 한 발짝도 더 나아가지 못했다. 담사동은 군주의 폭정을 신랄하게 비판하면서도 황제를 바꾼다는 '역군易君' 정도의 결론에만 도달했다. 엄복은 군주의 폐출이 가능하지만 먼 미래에나 가능한 일로 여겼다. 그들이 대표하는 자산계급은 아직 봉건 지주계급과 떨어질 수 없었기 때문에 그들은 모두 황제를 버린다는 주장을 펼 수 없었다. 이것이 바로 그들이 연약한 자산계급 개량주의에 머물 수밖에 없었던 이유였다.

제4장

백일유신과 실패

1. 유신파의 집권

앞서 말했듯이 강유위가 주도한 보국회는 설립 직후 해체되었다. 이것은 물론 일부 당권파들의 공격을 받았기 때문이기도 했지만, 한편으로는 강유위가 이미 한순간 유명해져 권력의 핵심과 통로가 마련됨에 따라 더 이상 보국회와 같은 대중적 조직이 필요 없게 되었기 때문이기도 하다.

광서제는 도찰원 소속 한 관리의 추천을 받아들여 강유위를 만나 보려고 했지만 공친왕 혁흔奕訢이 제지하고 나섰다. 공친왕은 오랜 관례에 따라 4품 이상의 관리가 아니면 황제가 접견할 수 없다고 말했다. 이에 광서제는 대신들에게 강유위를 만나 보라고 지시할 수밖에 없었다. 1898년(광서 24) 1월 3일(양력 1월 24일) 강유위는 총리아문에 초청되어 이홍장李鴻章과 옹동화翁同龢, 영록榮祿 등 여러 대신들과 변법에 관해 토론을 벌였다. 강유위는 그들에게 자신의 주장을 설명하면서 현 상황에서 '선대들이 만들어 놓은 법'을 변함없이 그대로 지켜 나갈 수 없으므로 반드시 실정에 맞게 변화시켜 '신정新政'을 시행해야 한다고 주장했다. 이홍장과 영록은 그의 주장에 반대했다. 다만 광서제와 비교적 가까운 옹동화만 동감을 하며 황제에게 토론한 내용을 보고했다. 이 무렵 황제는 이미 전해 11월에 강유위가 올린 다섯 번째 상서를 읽은 뒤였다. 양계초의 말에 따르면, 이 상서에서 나라가 망하게 되면 황제가 "일반 백성이 되고 싶어도 될 수 없으며", 심지어 명나라 마지막 황제처럼 매산煤山에서 목을 매 자결할 수도 있다고 한 말이 황제의 마음에 큰 충격을 주었다고 한다.1) 그러나 광서제가 내린 지시는 이후 강유위가 상주문을 올리면 지체 없이 당일로 가져오고, 강유위의 저서를 구해 오라는 것뿐이었다.

강유위는 1월 1일 황제에게 「응조통주전역절應詔統籌全域折」이란 제목의 상서를 올렸는데, 이것이 그의 여섯 번째 상서이다. 그는 또 자신이 쓴 『일본명치변정고日本明治變政考』와 『아라사피득변정기俄羅斯彼得變政記』를 황제에게 바쳤는데, 이것은 황제에게 일본의 메이지 천황과 러시아의 표트르대제를 본받으라는 뜻이었다. 이어서 그는 일곱 번째 상서를 올렸는데, 여기에서 표트르대제가 어떻게 대담하게 서양으로부터 문물을 도입했는지에 대해 중점적으로 서술했다.

4월 23일(양력 6월 11일) 광서제가 일종의 정치적 선언이라고 할 수 있는 「명정국시조明定國是詔」를 발표했는데, 여기에서 '변법자강變法自強'을 말하고 '서학西學'을 긍정하는 말도 했다.2) 5일 후 황제는 이화원頤和園에서 강유위를 접견했다. 자금성紫禁城이 아닌 교외의 행궁行宮에서 접견한 것은 '오랜 관례를 크게 위반하지 않고 비공식적인 성격을 띠도록 하기 위한 것이었다. 광서제는 강유위의 주장을 받아들인다고 하면서도 그에게 기껏 '총리아문장경상행주總理衙門章京上行走'라는 6품의 말직을 줄 수밖에 없었다. 그러나 황제에게 직접 상주할 수 있는 특별한 권한을 그에게 주었다. 이에 따라 그와 황제 사이에 직접 소통할 통로가 마침내 열렸다. 강유위가 황제를 접견한 지 보름 뒤 양계초도 거인의 신분으로 황제의 부름을 받아 접견하고 역시 6품직의 역서국譯書局 관직을 받았다.

4월 23일의 「명정국시조」 이전에 이미 광서제는 이른바 '신정新政 실시'에 관한

---

1) 양계초, 「무술정변기」, 『무술변법자료』 제1책, 250쪽.
2) 『무술변법자료』 제2책, 17쪽.

조서를 여러 차례 발표했다. 그 이후로 이와 같은 조서가 계속해서 대량으로 하달되었는데, 심지어 하루에도 몇 번씩 쏟아졌다. 이 조서들 가운데 정치 방면으로는 주로 언로의 확대, 관과 민의 상서 장려, 신문과 학회의 자유로운 개설, 무용한 관청의 철폐, 불필요한 관리의 축소, 만주족의 기생적 특권 폐지와 자립적 생계 도모 허용 등의 내용이 있었다. 경제 방면으로는 주로 실업實業 장려, 농공상총국 및 광무철도총국 설립, 농민조합 및 상회의 설립 장려, 민영 철도와 광산 개발 장려, 각종 발명 장려, 국가 은행의 설립, 국가의 예결산제도의 시행을 통한 국가 지출의 절감 등의 내용이 있었다. 군사 방면으로는 주로 녹영綠營과 불필요한 병력의 축소, 무과 시험제도의 개편, 육군의 정예화, 병기공장 설립, 해군 증설과 해군 인재 양성 등의 내용이 있었다. 문교 분야로는 주로 경사대학당京師大學堂 설립, 중·서학을 동시에 가르치는 학교의 전국 각지 설립, 팔고문八股文 폐지, 책론策論 중심의 과거시험 개편, 일본 유학생 파견, 역서국 설치, 서적 편찬과 번역의 장려 등의 내용이 있었다.

　이처럼 수많은 조서가 발령되었지만, 이것이 모두 실제로 집행된 것은 아니었다. 각 성의 총독과 순무를 임면할 권리는 광서제가 아니라 서태후(자희태후)의 수중에 있었다. 따라서 각 성의 총독과 순무들은 나이 어린 광서제가 내린 신정 관련 업무에 대해 일절 묵살하거나 미루고 모호한 내용을 담아 답변서를 올렸다. 그렇지만 광서제가 내린 이 조서들은 사람들에게 전통의 봉건사회 상부구조가 그대로 유지될 수 없다는 인상을 주었다. 변법유신파의 두 거두인 강유위와 양계초가 잇따라 황제의 접견을 받음으로써 적어도 그들의 주장이 더 이상 불법으로 인식되지는 않았다. 이러한 관계로 전국의 관료와 향신 및 지식분자들에게 큰 파장을 일으키지 않을 수 없었다. 따라서 신정을 논하고 변법을 떠들어 대는 것이 한때 유행하는 풍조가 되었다.

　광서제가 언로를 넓힌다고 널리 공포하자 황제에게 올라오는 상서가 쇄도했다. 7월 27일 광서제는 다시 다음과 같은 내용의 칙령을 내렸다.

우리나라의 정치를 진흥시키려면 서법西法을 아울러 채택해야 한다. 백성을 정치의 기초로 삼는 것은 중국과 서양이 다를 바가 없지만 서양인들이 연구한 것이 정교하므로 우리가 미치지 못한 것을 메워 줄 수 있다.

오늘 변법의 의지를 천하에 선포하노니, 모든 백성이 짐의 마음을 이해하고, 짐이 믿을 만하다는 것을 모두 알아 상하가 한마음 한뜻으로 신정新政을 이루어 우리 중국을 부강하게 만들자.3)

서양을 배우고, 또 반드시 변법하여 신정을 실시해야 한다는 것이다. 이어 광서제는 각 성과 각 주·현의 관리들에게 4월 23일 이후부터는 신정에 관한 나의 의지를 사람들이 다 알도록 선전하라고 명령했다. 이 조서는 담사동이 기초했기 때문에 변법유신파의 색채가 짙게 배어 있다. 그러나 이때는 이미 '백일유신百日維新'의 종말이 가까워지고 있었다.

백일유신 중 중앙에서부터 지방에 이르기까지 기존의 관료기구는 전혀 움직이지 않았고, 수구 세력의 총두목인 서태후는 여전히 황제 위에 군림하고 있었다. 이런 상황에서 어떠한 작은 개혁도 공염불일 뿐 제대로 시행할 수 없었다. 광서제가 끊임없이 칙령을 내렸듯이 강유위는 끊임없이 상주문을 올렸다. 가장 잦을 때는 거의 매일 한 통씩 올렸다. 그렇지만 그 대부분은 아무런 효과가 없었다.

7월 20일 광서제는 양예楊銳, 유광제劉光第, 임욱林旭, 담사동譚嗣同 4인에게 4품직인 군기처軍機處에서 문서를 담당하는 '군기장경상행족軍機章京上行足'의 관직을 내려 신정에 참여하도록 했다. 광서제는 신정에 관한 각 방면에서 올라오는 상서를 그들에게 넘겨 검토하게 하고 조서를 작성하도록 했다. 이에 이 네 사람은 한때 관가에서 꽤 권세가 있는 인물로 여겨졌다. 하지만 불과 보름 만에 백일유신이 끝나고 그들은 모두 목숨을 잃었다. 이들 군기사경軍機四卿의 정치적 행적에 대해 한번 살펴볼 가치가 있다.

---

3) 『무술변법자료』 제2책, 84~85쪽.

앞서 이미 여러 차례 언급한 담사동(1865~1898)은 호남성 유양현瀏陽縣 출신으로 대대로 관직을 지낸 집안의 자제이며, 그의 아버지 담계순譚繼洵은 호북성 순무巡撫의 관직을 지냈다. 그는 19세 때 아버지의 임지를 따라 난주蘭州에 갔고, 이어 신강新疆 순무 유금당劉錦棠의 막료가 되어 신강으로 갔다. 이후 10년 가까이 각지를 돌며 나라의 형세와 백성들의 형편에 대한 견문을 풍부하게 넓혔다. 청일전쟁 1년 전 상해에서 번역된 서양 서적들을 읽었다. 그리고 그는 청일전쟁의 결과에 자극을 받아 분개하며 신학을 제창하고 변법을 주장했다. 그의 정치사상은 어떤 면에서는 강유위와 양계초보다 급진적이었으며, 사상적으로는 자산계급 개량파에서 자산계급 혁명파로 넘어가는 과도기적 인물이라고 할 수 있다. 그는 호남 순무 진보잠陳寶箴을 도와 신정을 처리하고, 남학회南學會의 회장을 맡기도 해 어느 정도 명망이 있었다.

군기사경 중 가장 나이가 어린 임욱(1875~1898)은 복건성 후관현侯官縣 출신으로 양무파 관료로 유명한 양강 총독 심보정沈葆楨의 손녀사위이며 변법유신을 결사반대한 수구 대신 영록榮祿의 막료를 지냈다. 그러나 그는 강유위를 매우 존경하여 스승으로 받들었고, 강유위는 그를 통해 영록과 관계를 맺으려 했다. 그는 1898년(광서 24) 초 북경에서 민학회閩學會 설립을 주도했고, 보국회 설립에도 열렬하게 참여했다. 군기처에 들어간 뒤 그는 급진적인 글을 작성해 담사동과 함께 완고한 수구 관료들로부터 심한 미움을 받았다.

양예(1857~1898)와 유광제(1859~1898) 두 사람은 호광 총독 장지동과 가까운 사이였는데 장지동이 호남 순무 진보잠에게 이들을 광서제에게 추천하도록 했다. 당시 장지동은 집권 양무파 지도자 중 가장 활발하게 활동한 인물이었다. 그는 진보잠이 호남에서 양무파가 인정하는 범위의 신정을 허용했지만, 남학회가 발간하는 『상보湘報』의 내용이 점차 허용 범위를 넘어서자 간섭에 나섰다. 『상보』는 부득이 논설문의 게재를 중단했다. 광서제가 「명정국시조明定國是詔」를 내리기 전 서태후의 동의를 얻어 장지동에게 입경해 자신을 도와줄 것을 명령했는데 관료집단 내부의 알력과 다른 이유들로 장지동은 북경에 가지 않고 호광 총독으로 계속 남아 백일유신에 개입했다.

　군기사경 중 양예는 장지동의 제자로 거인에 합격한 후 내각중서內閣中書를 지냈다. 장지동은 그를 북경에 상주시켜 활동하도록 재정 지원을 했으며, 그를 통해 북경의 정치 상황을 수시로 파악했다. 청일전쟁 후 양예는 국가와 민족을 멸망으로부터 구하려는 입장에서 강유위가 이끄는 강학회強學會와 보국회保國會에 잇따라 참가하였지만, 사상적으로 변법유신파는 아니었다. 그는 임욱과 함께 근무할 때 임욱이 작성한 글이 과격하다고 생각해 서너 차례 글 내용을 변경하도록 강요했고, 자신은 한 번도 상주문을 올린 적이 없었다. 유광제는 군기처에 들어가기 전 형부주사刑部主事를 지냈고 보국회에 참여하기도 했지만, 변법유신파와 수구파 사이에서 어느 한쪽으로 기울지 않는 태도를 취했다.

　광서제가 기용한 군기사경은 황제를 보좌하여 신정을 주관하기 위해 등용한 실무진이라고 할 수 있지만, 여기에서 볼 수 있듯 이들은 양무파와 변법유신파가 섞여 있었다. 이 중 유신파의 입장을 취한 사람은 담사동과 임욱이고, 장지동 측의 사람이 둘 있었다. 백일유신에서 변법유신파가 무대의 중심에 서긴 했지만 그들이 실제로 정권에 참여했다고 말할 수는 없다.

2. 백일유신 시기의 광서제

　백일유신에서 광서제가 대체 어떤 노선을 수행했으며, 또 어떤 노선을 수행할 수 있었는가 하는 문제는 한번 살펴볼 가치가 있다. 광서제가 강유위와 양계초, 담사동 일파에 대해 동조를 표명했기 때문에 서태후가 백일유신을 압살하기 위해 이들을 일거에 분쇄하는 동시에 광서제를 이들의 보호자로 여겨 유폐시켰다. 백일유신이 실패한 뒤에도 강유위와 양계초가 광서제를 그들의 이상적인 성군으로 칭송하는 바람에 사람들은 흔히 광서제를 취약한 민족자산계급의 이익을 대변한 변법유신파의 황제로 평가한다.

이런 평가는 역사적 사실에 부합하지 않는다. 광서제가 백일유신 동안 신정을 시행하기 위해 내린 조서의 내용을 보면, 그리고 변법유신파가 그에게 제시한 구체적인 주장에 대한 광서제의 태도로 보면, 광서제가 이들의 정치노선을 제대로 실행했다고 볼 수 없다. 그가 채택한 정책은 사실상 양무파의 정치노선이었다. 양무파는 기본적으로 매판자산계급과 결합한 봉건 대지주의 정치노선이고, 변법유신파는 취약하고 흔들리는 민족자산계급의 정치노선이다. 광서제는 백일유신 동안 형식상으로는 강유위파의 주장을 받아들였지만 실제로는 장지동파의 길을 걷고 있었다. 당시 역사적 조건 아래에서 광서제가 변법유신파의 황제가 되는 것은 어려웠다. 단순히 자신의 개인적 의지에 의해 결정할 수 있는 것이 아니었다. 변법유신파의 사회적 기반인 민족자산계급은 아직 매우 취약한 지위에 있었기 때문에 자신들을 대변하는 황제를 가질 수가 없었다. 변법유신파는 환상 속에서 광서제를 자신들의 성주로 꾸몄을 뿐 현실에서 그런 황제를 만들어 낼 수는 없었다.

강유위는 「공거상서公車上書」와 「상청제제사서上淸帝第四書」에서 모두 국회 소집을 건의했고, 「응조통주전역절應詔統籌全域折」에서는 헌법 제정을 요구했을 뿐만 아니라 여러 상주문에서 '군민합치君民合治'를 주장했다. 이것들은 모두 변법유신파가 양무파와 다른 가장 중요한 정치 강령이다. 강유위가 말한 국회가 비록 민선의 자문기구일 뿐 자산계급의 입법권을 쟁취하는 것이라고는 말할 수 없지만 백일유신의 조서에는 단 한마디도 반영되지 않았다. 광서제는 단 한 번 조서에서 "사민士民들이 올리는 글을…… 막지 말라. 만약 지체시키는 자가 있으면 황제의 명을 거역한 자로 처벌하겠다"[4]고 밝혔다. 과거에는 사민(자산계급을 포함하여)이 상서할 권리가 없었는데, 이 조서가 내려지면서 비록 헌법 제정이나 국회 설립과는 거리가 멀지만 사민들도 상서할 수 있을 정도의 권리를 가질 수 있게 되었다. 강유위는 또 하나의 중요한 정치적 건의를 했다.

---

4) 『무술변법자료』 제2책, 71쪽.

제도국制度局을 궁중에 설치하여 공경대부公卿大夫와 초야의 인재 20명을 선발하여 정사를 논의하는 데 참여시키고, 이들에게 신정에 대해 토의하게 하며 헌법의 초안을 마련하게 하면 논의해 도모하는 일이 상세해지고 제정한 법령이 치밀해질 것입니다.[5]

여기에서 볼 수 있듯 강유위는 제도국을 입법 기능을 가진 신정의 지도 기구로 만들려고 했다. 그는 황제에게 기존의 군기처와 총리각국사무아문은 모두 쓸모가 없으므로 신정을 실시하려면 이곳 대신들에게 의논토록 해서는 안 되며, 이러한 낡은 기구들을 반드시 없앨 필요는 없지만 제도국을 새로 설립해 변법유신파가 중앙의 입법과 행정의 대권을 장악하도록 해야 한다고 건의했다. 강유위가 제도국에 대한 첫 상서를 올리자 광서제는 변함없이 총리아문과 군기처의 대신들에게 "잘 논의하여 대책을 올려라"라는 주문을 했다. 그들은 공허한 논리로 강유위의 건의를 부정했다. 제도국에 대한 두 번째 상서를 올린 이후에도 감감무소식이었고 대신들에게 논의해 보라는 지시조차 내려지지 않았다.

강유위의 중요한 상주가 올라오면 광서제는 항상 대신들에게 보내 "잘 논의하여 대책을 올려라"라고 하명했지만, 논의의 결과는 흐지부지되거나 '변통하는 방안'을 내놓아 쓸모없는 말이 되어 버렸다. 강유위도 이러한 상황을 잘 알아차려 여러 차례 상주를 통해 "신은 황제께서 스스로 판단할 것을 요청합니다"라고 했고, 심지어 "대신들에게 보내 논의토록 하지 말고 특별 조칙을 내릴 것"을 제안했다. 그러나 그는 광서제가 어떤 일에 대해서는 조칙을 내리고 어떤 일에 대해서는 논의토록 한 것이 한편으로는 광서제의 곤란한 처지를 반영한 것이고, 다른 한편으로는 황제의 정치적 태도가 드러난 것이라는 사실을 끝내 깨닫지 못했다.

경제적 측면에서 강유위가 제시한 가장 중요한 건의는 통상원通商院의 설립과 이금厘金제도의 폐지였다. 통상원은 공상총국工商總局이라 불리기도 했으며, 이금제

---

[5] 『무술변법자료』 제2책, 199쪽.

도는 상품의 내국 통행세이다. 이 두 조항은 모두 자본주의를 발전시키기 위한 조치였다. 당시 상무商務란 말은 공업을 포함한 것이었다. 강유위는 일반 상인들이 상무국을 시범적으로 운영할 수 있게 하고 상회商會와 주식회사의 설립을 허가함으로써 "방직업을 발전시켜 서양 면포에 대적하고, 일용품을 제조해 서양 상품에 대적하자"고 말했다. 이는 분명히 독립적 발전을 요구하는 민족자산계급의 이익을 대표한 주장이었다.

그런데 광서제도 백일유신 때 여러 차례 "상업을 진흥하라"는 어명을 내렸지만 그 내용은 강유위의 주장과 달랐다. 이와 관련해 광서제는 총리아문의 건의에 따라 유곤일과 장지동 등 각 성의 총독과 순무에게 "상무에 정통하고 공정한 원신員紳을 선발하여 상무국의 일을 시험적으로 처리하게 하라"고 하명했다.6) 여기에서 '원원員'은 현직 관료를 말하고, '신紳'은 관료에서 물러났거나 명망이 있는 지주계급의 대표 인물을 말한다. 상무국은 일반 상인들이 참가하지 않고 반드시 지방 장관의 감독 아래 원신들이 시험적으로 운영하도록 했다. 이것은 순전히 양무파의 정책, 그것도 초기 양무파의 정책이었다.

강유위는 상인이 정부의 보호를 받지 못하고 오히려 지방의 각급 관리들에게 심한 괴롭힘을 당해 고통스럽다는 상서를 올렸다. 그는 만약 조정에 상부商部를 설치하지 않으면 각 성에 먼저 상무국을 설치하여 모두 총리아문에 직속시키고, 상인들이 믿을 수 있고 능력이 있다고 추천한 사람에게 그 업무를 관장하도록 하자고 건의했다. 이것은 북경의 총리아문이라는 지위 높은 관청의 권위를 빌려 상인을 지방 관리들의 억압으로부터 벗어나게 하고, 각 성의 상무국 업무를 전적으로 상인들이 처리하도록 하겠다는 의도였다. 그러나 광서제는 각 성의 총독과 순무에게 상무국을 설치하고 원신을 파견하여 운영할 것을 거듭 하명했다. 이는 강유위가 건의한 내용과 전혀 다른 것이었다.

7월 5일 광서제는 또 '훈농통상訓農通商'이라는 조서를 내렸다.7) 이 조서는 북경

---

6) 『무술변법자료』 제2책, 20쪽.

에 농공상총국農工商總局을 설치하도록 했지만, 강유위의 주장처럼 각 성의 상무를 중앙정부가 직접 관할하도록 하지는 않았다. 당시 상무를 중앙기관이 통괄할 것인가, 아니면 각 성에서 나눠 관할할 것인가는 변법유신파와 양무파가 논란을 벌인 문제 중 하나였다. 변법유신파들이 중앙기관의 통괄을 주장한 것은 분할해 관할하는 봉건적 방식이 상공업 발전에 각종 장애가 되는 현상을 타파하려는 민족자본의 요구를 반영한 것이었다. 양무파의 관료들이 지방을 분할하여 관할할 것을 주장한 이유는 자신들의 경제적 기반을 확대하고 공고히 하기 위한 것이었다. 광서제의 이 조서는 농공상총국 대신의 임무를 "수시로 시찰"하는 것으로 제한해 각 성의 농공상자국을 지휘할 권한이 없었으며, 각 성에 설치된 농공상자국은 총독과 순무가 선정한 향신을 파견하여 관리했다. 농공상총국을 담당할 3명의 관리는 3품직에 불과해 각 성의 총독과 순무를 관리할 수 없었다. 게다가 3명의 관리 모두 양무파가 신임하는 인물들로 변법유신파와 아무런 관계가 없었다. 따라서 이 '훈농통상'의 조서는 양무파의 요구에 완전히 부합한 것이었다.

강유위의 이금제도를 폐지하자는 건의도 광서제는 받아들이지 않았다. 당시 이금제도에 대한 원성이 도처에서 자자했다. 이 제도의 가혹한 세금 징수는 상품유통을 심각하게 방해하고 산업과 상업의 발전을 질식시켰다. 강유위는 7월에 올린 상서에서 이금이 상업발전에 가장 큰 해악을 끼치기 때문에 반드시 과감히 철폐해야 한다고 주장했다. 그러나 7월 29일 광서제는 이금 문제에 관한 조서를 내렸는데, 그 속에서 이금제도가 원래는 좋은 것이었는데 집행하는 과정에서 약간의 폐단이 있을 뿐이므로 지금 "이로운 점을 넓히고 폐단은 없애면" 되는 것이지 폐지할 수 없다고 했다. 이 조서는 강유위의 견해와 정반대 방향이다. 이 문제에서 광서제는 분명히 자유로운 발전을 요구하는 자산계급의 이익을 대표할 수 없었다.

문화교육 방면에서 강유위의 가장 중요한 건의는 과거제도의 개혁이었다. 백일유신이 시작된 뒤 그가 올린 첫 상서가 바로 팔고문八股文을 폐지하고 폐지된

---

7) 『무술변법자료』 제4책, 57쪽.

책론策論 시험을 중심으로 과거제를 고치자는 것이었다. 강유위의 견해에 따르면, 팔고문 폐지와 책론 부활은 단지 형식적인 문제가 아니라 내용적인 면에서 근본적인 개혁이었다. 그는 책론 시험을 통하여 "안으로는 중국의 학문과 경의經義, 국문國聞, 장고掌故, 명물名物 등을 연구하게 하여 유용한 인재를 길러 내고, 밖으로는 각 나라의 과학과 기술, 정치, 법률 등을 연구하게 하여 이치에 맞는 학문을 장악하자"[8]고 주장했다. 이것은 서양 학문을 책론 속에 끌어들이려는 것이었다.

광서제가 5월 5일에 팔고문 폐지의 칙령을 내렸지만, 내용은 그대로 두고 형식만 폐기하는 방법을 취했다. 5월 16일 장지동이 '타의과거신장절妥議科舉新章折'이란 제목의 상주문을 올렸는데, 여기에서 '타의妥議'라고 말한 것은 강유위의 주장이 타당하지 않다는 뜻이다. 이 상주문은 강유위의 건의와 정면으로 배치되는 것이었다. 6월 1일 광서제는 조서를 내려 장지동의 상주를 크게 칭찬하고, 그가 제안한 향시鄕試와 회시會試를 3단계로 나누고, 3차 시험을 사서오경四書五經으로 치르는 방안을 채택했다.[9] 과거제도 개혁을 둘러싼 양 파의 논쟁에서 광서제의 조서는 분명하게 양무파를 지지했다.

광서제가 변법유신파의 건의를 전혀 받아들이지 않은 것은 아니다. 예를 들어 언로를 넓힐 것을 변법유신파가 극력 주장했는데 이 건의를 광서제가 받아들였다. 전족 금지도 그들이 강력히 제창한 것인데 광서제도 조칙을 내려 지지했다. 그러나 이러한 것들은 부차적인 사안일 뿐이고 중대한 문제에 있어서 변법유신파의 건의는 받아들여지지 않았다.

그리고 광서제가 강유위의 건의를 받아들인 것 가운데 일부는 변법유신파만의 독특한 주장이 아닌 것도 있었다. 예를 들어 군대 정비와 훈련 강화, 철도 부설, 우편제도 실시, 조운漕運 폐지, 학교 설립 등은 모두 양무파가 일관되게 주장해 온 것으로 장지동張之洞, 왕문소王文韶, 영록榮祿, 호율분胡燏棻의 상주에서도 상세히

---

8) 『무술변법자료』 제2책, 211쪽.
9) 『무술변법자료』 제2책, 41쪽.

논술되어 있으며, 대부분 강유위보다 먼저 제안된 것들이다.

백일유신의 본격적 시작인 '하조정국시下詔定國是'(국시를 정해 조칙을 내림)를 내린 전후 상황도 한번 짚어 볼 필요가 있다. 전체적 상황으로 보면 강유위가 이끈 유신 사조에 의해 이 조칙이 내려진 것이 분명하지만, 이를 직접 추진한 사람은 옹동화翁同龢였다. 그는 국시를 밝힐 것을 간청하는 '간정국시請定國是' 초안을 두 차례나 작성하여 어사 양심수楊深秀와 시독학사侍讀學士 서치정徐致靖에게 보내 그들의 이름으로 황제에게 올리게 했다. 광서제는 서태후의 동의를 얻어 4월 23일에야 「명정국시조明定國是詔」를 내렸다. 그런데 여기에서 말한 '국시'는 변법유신파가 말한 '국시'가 아니었다.

강유위가 상주문에서 국시를 정할 것을 요구한 것은 "만국의 훌륭한 법률을 받아들이고 공의를 모아 헌법을 제정하자"10)는 것이었다. 비록 그가 한 말이 길지는 않았지만 국시를 정하자는 것은 중대한 문제였다. 그러나 광서제는 「명정국시조」에서 "성현의 가르침을 근본으로 삼고, 또 반드시 시무時務에 절실한 서학을 널리 받아들여 실력實力을 기르되 공허하고 몽매한 폐단을 바로잡아야 한다"11)고 했다. 강유위가 말한 국시는 서양을 본받아 헌정을 실시하려는 것이었는데, 광서제가 조서에서 말한 국시는 여전히 '중학위체中學爲體, 서학위용西學爲用'으로 "시무에 절실한 서학을 널리 받아들인다"고 말하긴 했지만 그 목적은 "공허하고 몽매한 폐단을 바로잡자"는 것뿐이었다.

백일유신에서 광서제가 내린 조서는 비록 100여 개 조목이나 되지만, 그 중점과 맥락은 매우 명확하였는데, 주로 군사훈련의 강화와 군비조달을 거듭 강조했다. 군비의 조달은 군사훈련을 위한 것으로 사실상 같은 일이었다. 그는 국시를 제정한 조서에서 다음과 같이 말했다.

---

10) 『무술변법자료』 제2책, 207~208쪽.
11) 『무술변법자료』 제2책, 17쪽.

오늘의 시국이 이러하고 나라의 형세가 이러한데, 여전히 군비가 부족하여 군대를 훈련시키지 못하고, 선비가 실제적 학문에 힘쓰지 않으며, 군대에 훌륭한 장수가 없다면, 군대의 강약과 국가의 빈부 차이가 너무 큰 것을 볼 때 어찌 막대기를 들고 뛰어난 무기로 중무장한 군대에 맞설 수 있단 말인가.

이후의 조서에서도 "오늘의 정세에서 군사를 훈련하는 것이 가장 중요한 정치적 과제이며, 특히 서양식으로 군대를 훈련하는 것이 가장 긴요한 문제"라고 거듭 밝혔다. 이처럼 '군사훈련'을 '가장 중요한 정치적 과제'로 삼은 것은 양무파의 오래된 정책으로 이미 시행했고 또한 일찍이 실패한 정책이다. 이 정책은 변법유신파가 제기한 변법의 중심 과제인 '관제 개혁'과 서양의 국가체제를 본받자는 주장과 근본적으로 구별된다.

그렇다면 광서제는 변법유신파들의 주요 정치적 견해는 받아들이지 않으면서 왜 강유위와 담사동, 양계초 등을 중용했을까? 광서제는 당시 변법유신파와 양무파를 구별하지 못했다. 그는 변법유신파를 새로 나타난 우수한 양무파로 여겼고, 그들이 강학회와 보국회에서 행한 활동을 보고 사회적 역량을 동원할 수 있는 능력이 있다고 판단하여 그들을 통해 서태후와 맞서려고 했던 것이다.

양무파와 변법유신파는 서로 구분이 잘 안 되는 경우가 많았다. 옹동화와 서치정은 정치적으로 진정한 변법유신파가 아니었지만, 이들은 강유위와 담사동, 양계초 등이 모두 재능이 뛰어난 인물들이라고 판단해 황제에게 추천했다. 강유위도 장지동을 지원군으로 삼기 위해 1895년(광서 21)의 「공거상서」에서 그를 대단히 칭송한 적이 있었으며, 양계초는 장지동에게 제자의 예를 표시한 적도 있었다. 1897년(광서 23)에 이르러 양 파의 정치적 견해 차이가 이미 뚜렷하게 나타났지만, 변법유신파의 일부 변법 주장은 양무파와 일치하였다. 당시 양무파 내부에서도 정견이 엇갈려 친러파와 친영파가 팽팽히 맞섰다. 이런 상황에서 광서제는 장지동과 강유위가 정치적 견해에서 차이가 있음을 알면서도 강유위를 양무파와 같은 당으로 판단했다. 그는 변법유신파의 건의가 양무파와 일치할 때는 받아들였고,

양무파와 배치될 때는 받아들이지 않았다. 다만 변법유신파는 줄곧 광서제가 자신들이 바라는 '성군'이 될 것이란 기대를 갖고 있었을 따름이다.

광서제가 변법유신파를 기용한 것은, 그의 말에 따르면 "변법을 하지 않으면 중국을 구할 수 없고, 낡고 쇠망한 대신들을 버리고 사리에 밝고 용맹한 선비들을 등용하지 않으면 변법을 할 수 없었기"[12] 때문이었다. 강유위도 변법유신파의 정치적 지위를 얻기 위해 말직의 신하들을 파격적으로 등용할 것을 요청했다. 두 사람의 말이 겉으로는 같았지만 실질적인 계급적 내용은 달랐다. 광서제는 아직 내용상 계급적 차이를 구분할 수 없었다. 그렇지만 설령 그가 구분할 수 있었다 하더라도 어느 정도 '변법'을 꾀하였고, 변법유신파들이 그를 진심으로 추대한 데다가, 또 서태후와의 권력 투쟁에 직면하고 있었기 때문에 그는 여전히 변법유신파를 동지로 끌어들여 그들의 힘을 빌려 눈앞의 목적을 이루려 했던 것이다. 이런 현상은 역사적으로도 흔히 볼 수 있는 일이다.

3. 권력투쟁

서태후는 양무파의 노선과 정책에 반대하지 않았다. 그녀는 오래전부터 증국번曾國藩과 이홍장李鴻章, 장지동張之洞 등의 양무파 대신들을 중용하였다. 따라서 그녀는 양무파의 색채가 짙게 배어 있는 광서제의 4월 23일 「명정국시조明定國是詔」에 대해 원칙적으로 반대할 필요가 있다고 생각하지 않았다. 그렇다면 왜 서태후는 온갖 이유를 들어 광서제의 유신을 반대했을까?

서태후는 양무파 관료에 의존하면서도 극단적 수구파인 황실 귀족과 한족 관료에도 의존했는데, 이 두 파 사이에는 앞서 말한 바와 같이 정치적 주장과 실질적 권력에서 대립이 있었지만 봉건 통치의 기존 질서를 유지한다는 점에서는

---

12) 광서황제가 강유위에게 내린 "밀지", 『무술변법자료』 제2책, 92쪽.

일치했다. 서태후는 시국의 필요에 따라 때로는 양무파에게, 때로는 수구파에게 힘을 실어 주었지만, 대체로 자기 진영인 이 두 파벌에 대해 공평하게 대하면서 자신의 통치 권력을 이 두 파벌의 상호 견제와 균형 위에 세웠다. 그런데 광서제가 백일유신에서 시도한 정책은 이 두 세력의 균형을 깨고 양무파 쪽으로 기울었을 뿐만 아니라 그는 변법유신파와 그들이 동원한 사회적 세력을 이용하려 했다. 그는 유신의 깃발을 잡고 서태후로부터 국가의 최고 통치권을 빼앗으려 했는데, 이는 서태후나 그를 따르는 수구파들이 더는 용납할 수 없는 일이었다.

광서제가 형식적으로 친정을 한 후에도 실권은 서태후가 쥐고 있었다. 광서제와 그의 아버지 혁현奕譞은 이런 상황에 대해 불만이 컸고, 여러 차례 권력 탈취를 시도했지만 성공하지 못했다. 청일전쟁 패배와 전후 처리 과정에서 서태후와 이홍장 등이 국위를 실추시키자 광서제는 권력 탈환의 의지를 되살렸다. 1898년(광서 24) 봄 그가 경친왕慶親王 혁광奕劻을 통해 서태후에게 분명하게 인사권의 이양을 요구했을 때, 서태후는 "그렇게 하도록 하라. 잘 해내지 못하면 그때 다시 보자"라고 했다. 광서제는 이 기회를 틈타 유신을 꾀했다. 그는 일정한 정도의 변법을 실시하면서 장지동 등 양무파에 의존하는 동시에 유신파를 이용하는 한편, 이들을 통해 제국주의 열강들의 지지를 얻어 태후라는 사실상의 태상황제에게서 벗어나 진정한 황제의 권력을 행사하려 했다.

4월 23일 「명정국시조」가 공표되자 북경의 정세는 매우 긴장되었다. 서태후는 4월 27일 세 가지 조치를 취했다. 첫째, 옹동화翁同龢에게 "현재 머물고 있는 자리를 비우고 원래의 자리로 돌아오라"고 명령했다. 둘째, 영록榮祿을 직예直隸 총독으로 임명했다. 셋째, 2품 이상의 대신들에게 태후 앞에서 사은謝恩할 것을 명령했다. 이어 4월 28일에는 숭찰崇札을 보병 통령統領에 임명하고, 5월 4일과 5일에는 영록을 문연각대학사文淵閣大學士로 임명하고 직예 총독으로서 북양대신北洋大臣을 겸하도록 했으며, 5월 6일에는 회탑포懷塔布를 원명원 관병 지휘관에 임명하고, 강의剛毅를 건예영健銳營 지휘관에 임명했다. 이 무렵 동복상董福祥의 감군甘軍, 섭사성聶士成의 무의군武毅軍, 원세개의 신건군新建軍은 모두 북경과 천진 주변에 주둔하고 있으면서 영록이 통솔했다.

서태후는 이와 같은 조치를 통해 광서제의 최측근 중신인 옹동화를 잘라 내고 그의 심복인 영록이 직접 북양 3군을 통할하도록 하여 군사적으로 수도권을 장악하고 북경의 군대 지휘권을 수중에 넣었으며 자기 주위의 경호도 강화하였다. 그리고 2품 이상 대신들의 동정을 직접 살피면서 권력이 황제가 아닌 자신의 수중에 있음을 알 수 있게 했다.

서태후는 위와 같이 조처를 취한 뒤 7월 중순까지 큰 움직임 없이 이화원에서 조용히 지켜보고 있었다. 광서제는 이틀에 한 번씩 이화원을 찾아 서태후에게 지시를 청했다. 이 기간에 광서제가 내린 조서에 대해 서태후는 이견을 보인 적이 없었다. 이런 상황은 경험 많은 관료들이 보기에 모두 광서제에게 유리한 징조가 아니었다. 바로 이 때문에 황제의 신정 실시 조서는 각 성의 총독과 독무로부터 적극적인 호응을 얻을 수 없었다. 그들은 모두 귀머거리인 척 정세를 관찰하며 정국이 판가름 나기를 기다렸다.

변법유신의 구호가 두 달여 동안 공허해지자 광서제는 곤경을 타개하기 위해 7월 중순에 과감히 세 가지 조치를 취했다. 첫째, 7월 14일 첨사부詹事府와 통정사通政司, 광록시光祿寺, 홍려시鴻臚寺, 태상시太常寺, 태복시太僕寺, 대리시大理寺 등 대부분 하는 일이 별로 없었던 관청들과 호북, 광동, 운남 3성의 순무를 폐지했다. 이 3개 성에는 총독과 순무가 함께 설치되어 있었기 때문이다. 둘째, 7월 16일 주사主事인 왕조王照의 상주 제출을 가로막은 예부 상서 회탑포와 허응규許應騤 등을 부의처部議處에 넘겨 논죄하도록 했다. 셋째, 앞에서 이미 언급한 바와 같이 7월 24일에 담사동譚嗣同, 양예楊銳, 유광제劉光第, 임욱林旭 4명을 군기장경상행주軍機章京上行走에 임명하여 신정에 참여시켰다.

이 세 가지 조치는 모두 신정 내용 자체와 큰 관계가 없는 주로 정부 조직과 관계된 것일 뿐이었다. 그러나 이것은 서태후와 광서제 사이의 권력과 관련된 중대한 사건이었다. 서태후는 광서제가 신정에 관해 어떤 조칙을 내리는 것은 용인할 수 있었지만, 광서제가 자신의 측근을 배척하는 것은 물론이고 그가 조정

내에서 자신의 도당徒黨을 결성하는 것은 더욱 용납할 수 없었다. 서태후와 그의 측근인 영록 등은 이런 황제를 폐기하는 작업을 시작했다.

7월 29일 광서제가 이화원에 가 서태후를 만났을 때 서태후는 분명히 광서제에게 압박을 가했다. 광서제는 이화원에서 환궁한 후 그날로 군기장경상행주 중 한 사람인 양예에게 다음과 같이 밀지를 내렸다.

> 짐은 시국이 어려움을 볼 때, 변법을 하지 않으면 중국을 구할 수 없고, 노쇠한 대신들을 내치고 시국에 밝으며 재능 있는 선비들을 등용하지 않으면 변법을 시행할 수 없다. 하지만 황태후는 그렇게 생각하지 않아 짐이 여러 번 간언했지만 황태후는 더욱 노여워했다. 이제 짐의 자리를 보장하기 어려울 것 같으니, 너희 강유위와 양예, 임욱, 담사동, 유광제 등은 속히 비밀리에 대책을 세워 살아날 방법을 찾으라. 짐이 매우 초조하니 간절히 바라마지 않는다. 특별히 명령한다.13)

광서제는 기본적으로 양무파의 정책을 수행했지만 실력 있는 양무파 대신들은 그에게 소극적이었고 그를 믿음직한 중심으로 인정하지 않았다. 그래서 그는 위급한 상황에 이르렀을 때 강유위 일파에게 도움을 청할 수밖에 없었다. 하지만 그도 이 서생들이 맨손으로 아무런 힘이 없음을 알고 있었기 때문에 3일 후인 8월 2일, 임욱을 보내어 강유위에게 신속히 북경을 떠나라는 밀지를 전했다.

강유위는 한낱 서생에 지나지 않았지만 나름대로 황제를 구할 방법을 찾았다. 강유위는 유신운동이 무력의 지원 없이는 안 된다는 것을 알고 있었고, 또 수도와 그 일대의 병력이 모두 서태후의 측근인 영록의 통제 아래에 있는 것이 대단히 위험하다는 것을 알고 있었다. 그는 우선 영록 휘하인 북양 3군 가운데 일부를 분리시키는 방법을 구상했다. 그는 북양 3군 중 원세개가 양무에 통달하고 변법을 이해하는 군인이기 때문에 유신운동 쪽으로 끌어들일 수 있다고 보고 서치정徐致靖

---

13) 『무술변법자료』 제2책, 92쪽.

과 담사동에게 원세개를 중용하도록 광서제에게 추천해 줄 것을 부탁하였다. 광서제는 이 의견을 받아들여 원세개가 황제를 만나러 북경에 오도록 통지할 것을 영록에게 명하였다. 원세개는 8월 1일 황제를 만났고, 이날 원세개를 시랑侍郎으로 임명한다고 선포했다. 이것은 원세개가 은혜에 보답하기 위해 황제에게 충성을 다하게 하려는 것이었다.

황제로부터 구원요청의 밀지를 받은 유신파 서생들은 그래도 원세개가 구세주라고 생각했다. 그래서 담사동은 스스로 가장 효과적인 방법이라고 생각한 것에 따라 8월 3일 밤 원세개의 처소인 법화사法華寺로 찾아가 광서제의 밀지를 꺼내 보이며 원세개에게 신속히 거병하여 먼저 영록을 죽이고 서태후의 처소인 이화원을 포위할 것을 요구했다. 그리고 일이 성사되면 즉시 원세개를 직에 총독으로 승진할 수 있도록 말해 주겠다고 약속했다. 원세개는 아주 교활한 인물이어서 면전에서는 담사동의 요구를 거절하지 않고 함께 행동할 용의가 있다고 밝혔다. 그러나 그는 군량과 무기, 탄약이 부족하므로 9월에 서태후와 광서제가 천진에서 열병식을 거행할 때까지 기다렸다가 거사하는 것이 좋겠다고 말했다. 담사동은 거듭 거사를 앞당길 것을 요구했지만 원세개가 그렇게 할 수 없다고 하여 그는 원세개의 의견에 동의할 수밖에 없었다. 이틀 후인 8월 5일 원세개는 황제를 다시 만나고 천진으로 돌아갔다.

변법유신파의 또 다른 묘책은 제국주의 열강에 도움을 청하는 것이었는데, 이 방안은 7월 29일 이전에 이미 생각해 둔 것이었다. 강유위 등의 건의에 따라 광서제는 7월 28일 다음과 같은 칙령을 내렸다.

> 무근전懋勤殿을 개방하여 각국의 사정에 밝은 전국의 영재 수십 명을 모으고, 동서 각국의 정치 전문가를 초빙하여 제도를 함께 논의하게 해 확대해야 할 것과 폐지해야 할 것을 산정하고 상세한 계획을 세운 뒤 이를 시행하기로 결심했다.14)

유신파는 무근전에 서양인들이 자리 잡고 앉아 신정을 지지하고 있으면 서태후를 비롯한 모든 반대자들이 놀라 넋이 나갈 것이라고 생각한 것이 분명했다. 그러나 이 방법은 미처 시행하지도 못했다.

또한 유신파는 광서제에게 영국의 이익을 위해 중국에서 활동하고 있던 선교사 리처드(Timothy Richard, 李提摩太)를 고문대신으로 추천했고, 일본의 이토 히로부미가 중국으로 와 활동하자 광서제에게 그를 접견할 것을 적극적으로 건의했는데, 그들은 이를 통해 서태후를 겁주려고 했다. 7월 29일 이후 강유위는 용굉容閎을 통해 미국 공사관에 가 도움을 요청하도록 했다. 그리고 강유위는 리처드를 다시 찾아가 영국 공사관으로 동행했다. 이어 그는 이토 히로부미에게 서태후를 설득해달라고 부탁했다. 정변 이튿날인 8월 7일까지도 양계초는 리처드를 찾아가 광서제를 구할 방법을 의논했다. 제국주의 각국은 서태후와 광서제의 권력투쟁에서 어느 한쪽을 드러내 놓고 지지할 필요가 없다고 생각했기 때문에 유신파의 이런 활동은 결실을 맺지 못했다.

유신파가 황급히 그들의 황제를 구출하기 위하여 분주히 대책을 취하고 있을 때 서태후와 영록은 적극적으로 움직였다. 광서제가 원세개를 포섭하고 있는 것을 알아챈 영록은 8월 3일 총리아문에 전보를 쳐 영국과 러시아 두 나라가 블라디보스토크에서 개전하여 각국의 군함이 대고구大沽口로 몰려들고 있다는 거짓 보고를 한 뒤 원세개를 신속히 천진으로 돌려보내 수비할 수 있게 해 달라고 요청했다. 아울러 영록은 섭사성의 무의군 5천 명을 천진에 배치하여 천진 동남쪽에 주둔하고 있던 원세개의 신건군이 북경으로 진입하는 통로를 차단하는 한편 동복상의 감군을 북경에 주둔시켰다. 8월 5일 원세개는 북경에서 천진으로 돌아오자마자 영록에게 담사동이 한밤중에 방문한 일을 전부 알렸다. 이날 영록은 특별열차를 타고 북경으로 와 회탑포와 허응규許應騤, 양숭이楊崇伊 등과 함께 서태후를 만나 밤늦게까지 대책을 논의했다.

---

14) 『무술변법자료』 제1책, 272쪽.

8월 6일(양력 9월 21일) 서태후가 정변을 일으켜 마침내 백일유신은 끝을 맺었다. 이날 새벽에도 광서제는 문안 인사를 올리러 이화원에 갔지만, 서태후는 이미 사잇길로 빠져나와 서직문西直門을 거쳐 황제의 처소로 직행한 뒤 모든 서류를 수색해 가져가고, 또 광서제를 불러들여 훈계하였다. 그리고 서태후는 즉시 황제가 병이 나서 정사를 처리할 수 없으므로 자신이 "조정에서 정사를 처리한다"는 선포를 내렸다.15)

이날 서태후는 강유위를 체포하라는 명령을 내리고 그의 거처인 남해회관南海會館을 수색하였지만 그의 동생 강광인康廣仁만 체포했다. 강유위는 전날 북경을 떠나 천진으로 갔다. 그는 당고塘沽에서 영국 상선 중경호重慶號를 타고 상해로 갔는데, 그를 체포하라는 명령이 이미 상해까지 전달되어 그를 기다리고 있었다. 만약 영국 영사관이 그를 홍콩으로 빠져나가도록 돕지 않았다면, 그는 아마 이번 개량주의 정치운동의 순교자가 될 처지를 면치 못했을 것이다. 양계초도 8월 7일 일본인의 보호를 받으며 천진에서 일본 군함을 타고 일본으로 도주했다.

체포된 사람은 매우 많았다. 그 가운데 양심수楊深秀와 양예楊銳, 임욱林旭, 유광제劉光第, 담사동譚嗣同, 강광인康廣仁은 8월 13일에 처형되어 그들의 시체가 저잣거리에 내걸렸고, 나머지 많은 연루자들은 먼 곳으로 유배되거나 감금되고 파직되었다.

정변이 일어난 후 담사동은 도망갈 기회가 있었지만 그렇게 하지 않고 조용히 앉아 체포를 기다렸다. 체포되기 며칠 전까지도 그는 북경의 표국鏢局 경호원인 왕오王五를 만나 광서제를 구출할 계획을 세웠다. 그의 일본인 친구들이 일본 망명을 권유했으나 그는 거절하며 다음과 같이 말했다.

> 각국이 변법을 시행하면서 피를 흘리지 않고 이루어진 예가 없다. 오늘날 중국에서 변법 때문에 피를 흘린 자가 있다는 말을 듣지 못했는데, 이것이 이 나라가 창성하지 못한 까닭이다. 피 흘리는 자가 있어야 한다면 나 담사동이

---

15) 『무술변법자료』 제4책, 161쪽.

그 첫 사람이 될 것이다.16)

담사동은 처형에 임하여 "난적을 죽이려고 뜻을 세웠으나 천운을 돌려세울 힘이 없었도다. 죽을 만한 가치가 있으니, 참으로 기쁘도다"17)라는 절명시絶命詩를 남기고 처형하기를 재촉했다.

정변 후 5일째인 8월 11일 서태후는 칙서를 내려 첨사부 등의 관청을 복원하고, "상주문을 올릴 자격이 없는 자"들이 상서하는 것을 금했으며, 『시무보』를 폐간하고 또 얼마 후 팔고문 과거제를 부활시켰다. 그러나 지금까지 시행해 왔던 "통상, 공업 중시, 농업 중시, 인재 육성, 군비 확충, 재원 발굴" 등과 같은 양무는 "국가 경제나 인민 생활과 관계가 깊으므로 착실하게 시행하라"고 했다.18) 이처럼 서태후는 광서제가 실시하려고 했던 신정을 모두 취소하지는 않았고, 다만 변법유신파를 처단함으로써 진정한 황제가 되려고 했던 그의 염원을 꺾어 놓았을 뿐이다.

4. 정변의 승자와 패자

서태후의 변법유신파 처단에는 아무런 저항도 없었다. 변법유신파 지사들은 정변 직후 피살된 사람들을 제외하고 국외로 망명하거나 국내 각지에서 은거했으며, 정치적 열정이 식어 버린 이들은 유신파의 깃발을 슬그머니 내리거나 심지어 과거 발언에 대해 지나친 '격렬함'을 참회하기까지 했다.

엄복嚴復은 변법유신파 중에서 정치사상적으로 후퇴한 최초의 대표적 인물이다. 그는 무술정변 1년 전인 1897년(광서 23)에 양계초가 『시무보時務報』에서 민권을 고취하는 글을 보고 비판적인 견해를 밝혔다. 그는 양계초에게 서구 각국이 민주주

---

16) 『무술변법자료』 제4책, 53쪽.
17) 『담사동전집』, 512쪽.
18) 『무술변법자료』 제2책, 102쪽.

의를 채택한 것은 고대 그리스와 로마 시대부터 '민주의 싹'이 자랐기 때문이지만 중국은 '민주의 싹'이 없이 군주제만 실시했기 때문에 아무리 오랜 세월이 지났어도 군주제에서 민주제로 나아갈 수 없다고 말했다.19) 이해에 그는 「중아교의론中俄交誼論」이란 글을 발표하여 중국과 러시아가 연대해야 한다는 주장을 펼쳤는데, 이것은 사실상 이홍장의 친러 정책을 변호하기 위해 쓴 것이었다. 당시 변법유신파는 일반적으로 영국·일본과의 연대를 주장했는데, 이것 역시 제국주의에 대한 환상이기는 했지만 이홍장의 친러 정책은 당시 사회의 여론으로부터 매국적 정책이라는 비판을 받고 있었다. 이러함에도 엄복이 공공연히 그의 편을 들어준 것은 명백한 정치적 동요였다. 게다가 중국과 러시아의 우의를 논하는 이 글에 중국의 민지民智가 아직 열리지 않은 상태에서 서양을 본받아 군권을 줄이고 민권을 추켜세우면 대혼란만 초래한다는 민권반대의 주장도 무리하게 끼워 넣었다.20)

엄복이 일찍이 1895년(광서 21)에 발표한 자산계급 민주주의를 선양한 글 「벽한辟韓」이 이듬해 『시무보』에 전재되자 이를 본 장지동張之洞이 크게 분노하여 다른 사람에게 반박하는 글을 쓰게 하는 한편 그를 위해까지 하려고 들었으나 주변의 만류로 그렇게까지 하지는 않았다. 엄복이 1897년에 쓴 민권반대의 글은 이러한 압력에 굴복한 표현이었다. 1898년 봄 엄복은 『국문보國聞報』에 「상황제만언서上皇帝萬言書」를 발표했다. 이 장문의 글에서 그는 부국강병을 위하여 변법을 시행해야 한다고 말하면서도 정치개혁은 물론 민권에 대해서 한마디도 언급하지 않은 채 전적으로 현 군주제의 장기적 안정만을 염두에 두었다. 백일유신 때 엄복은 신학을 지지하는 언론 역할을 했기 때문에 광서제가 그를 불러 만났다. 황제가 그에게 내놓고 싶은 다른 글이 있느냐고 묻자, 그는 그런 것은 없고 근자에 지은 「상황제만언서」밖에 없다고 말했다. 그는 이때 이미 3년 전에 쓴 「원강原强」이나 「벽한」 등과 같은 패기 넘치는 글을 쓰려 하지 않았다. 강유위와 양계초가 적극적으로 변법유신

---

19) 『무술변법자료』 제3책, 30쪽.
20) 엄복, 「중아교의론」, 『晩淸文選』(생활서점, 1937년판), 682쪽.

운동을 전개하고 있을 때 엄복은 이미 유신사상에서 뒷걸음질치고 있었음을 알수 있다. 정변의 피바람 속에서 그는 화를 입지 않았지만 행동을 감시당했고, 그가 발행한 『국문보國聞報』는 폐간되었다. 이 일로 말미암아 그는 "북경의 하늘은 어두컴컴하고, 남쪽 하늘에는 또 비가 내리네"(燕市天如晦, 宣南雨又來)와 같은 비분의 감정을 담은 시를 남겼다.[21] 하지만 이후 그는 손을 씻고 "분수에 만족하고 본분을 지키며" 살았다.

엄복은 일생토록 양무파와 밀접한 관계를 유지했으며 양무파에 의지하여 생활했기 때문에 양무파와 유신파의 이견이 점차 뚜렷해지고 투쟁이 첨예해지자 다 탄 담배꽁초 버리듯 민주의 주장을 내버렸다. 그가 정치적으로 가장 일찍 퇴조한 데는 물론 개인적인 이유가 있었겠지만, 전체적으로 볼 때 연약한 자산계급 개량주의자가 계급투쟁의 풍파를 견디지 못한 것이었다. 동요와 변절, 후진은 그들이 쉽게 빠져나갈 수 없는 운명이었다. 강유위와 양계초가 해외로 나간 후의 활동은 추후 말하겠다. 그들이 행한 정치활동은 주로 점차 신흥 자산계급 운동에 반대하는 쪽으로 바뀌었고, 그들 스스로 민주주의를 포기하고 군권을 숭배하는 입장으로 후퇴하였다.

1898년까지 변법유신파의 사조는 중국 사회에서 가장 선진적인 것이었지만, 결국 그것은 주로 자산계급화 되었거나 자산계급화를 기도하는 지주계급 지식인들 사이에서만 영향을 미쳤을 뿐이었다. 변법유신파가 가혹한 탄압을 받은 후 사회적으로 계급투쟁의 급속한 발전과 함께 자산계급 개량주의의 기치는 점점 퇴색되어 더 이상 선진적인 역할을 할 수 없게 되었다. 변법유신파가 결코 헛되이 피를 흘린 것은 아니지만, 피를 흘린 결과는 담사동이 바랐던 것처럼 변법유신운동이 이로 인해 고조되어 승리로 나아간 것이 아니라 오히려 자산계급 개량주의의 변법유신은 더 나아갈 수 없는 막다른 골목임을 증명한 것이었다.

변법유신파 지사들의 시체가 저잣거리에 내걸렸을 때 광서제는 중남해中南海

---

[21] 엄복, 「戊戌八月感事」; 양계초, 「음빙실시화」, 『음빙실문집』 45(상), 2쪽.

안 영대瀛臺에 유폐됐다. 그러나 광서제의 실패는 변법유신파의 실패와 성격이 다르다. 앞에서 말했듯이 광서제는 변법유신파가 주장하는 자산계급 노선을 진정으로 실행할 수가 없었다. 중국의 봉건 지주계급이 이미 제국주의와 깊이 결탁하여 제국주의의 하수인이 된 역사적 조건 아래에서, 그는 그의 계급적 지위를 뛰어넘어 변법유신파가 그에게 원하는 것과 같이 "개국하는 자세로 천하를 통치할" 수 없었고, 자신의 힘으로 자본주의의 천하를 열 수도 없었다. 장병린은 일찍이 자산계급 혁명파의 입장에서 백일유신을 분석한 적이 있다. 그의 분석에 따르면, 광서제가 걱정했던 것은 서태후가 그를 폐위시키는 것이었다. 그는 여러 생각 끝에 변법을 실행하지 않으면 제국주의의 환심을 살 수 없고 따라서 서태후의 권력도 밀어낼 수 없다고 판단했다. 그가 백일유신을 한 것은 자신의 권력을 확보하기 위해서였다. 만약 그때 서태후가 죽고 그가 대권을 독점했다면, 그의 '신정'은 계속 추진할 필요가 없어졌을 것이며, 반대로 그는 자산계급 노선을 견지하는 사람들을 무력 진압했을 수도 있을 것이다.22) 장병린의 이러한 추론은 매우 설득력이 있다.

광서제의 실패는 봉건 지배집단 내부 권력투쟁에서의 실패였다. 광서제가 변법유신파를 이용했고, 또 권력투쟁에서 서태후에게 패배해 변법유신파와 비슷한 처지에 놓였기 때문에 변법유신파와 뜻을 같이한 동지로 오해하기 쉽다.

앞에서 언급했듯이 광서제가 실행한 것은 사실상 양무파의 노선이었다. 그렇다면 그의 실패는 양무파의 실패를 의미하는 것일까? 아니다. 백일유신 중 내세웠던 양무론적 신정이 정변 이후 모두 취소되지는 않았다. 양무파는 무술정변의 패배자가 아니라 오히려 승자라고 해야 마땅하다. 이 점은 특별히 언급해 둘 가치가 있다.

일부 근대사 관련 저서들은 강유위와 양계초의 저서에서 사용했던 표현을 그대로 이어받아 광서제를 중심으로 하는 '제당帝黨'과 서태후를 중심으로 하는 '후당后黨'의 대립을 변법유신당과 수구당의 대립으로 보았다. 이런 관점으로는

---

22) 장병린, 「駁康有爲論革命書」, 장병린, 『정론선집』 상책(중화서국, 1977년판), 199쪽.

당시의 투쟁 상황을 충분하게 설명할 수 없다. 그 이유는 다음과 같다. 첫째, 광서제는 변법유신당의 우두머리가 아니었고, 제당으로 알려진 인물들도 모두 변법유신파는 아니었다. 둘째, 이러한 양당 대립의 시각에는 당시 정치적 투쟁에서 중요한 역할을 한 양무파의 자리가 없다. 양무파는 계급의 입장에서 보면 기본적으로 수구파와 일치했지만 변법도 말했기 때문에 변법유신파와 같은 편에 선 것처럼 보였다. 양무파가 백일유신에 발을 들여놓았기 때문에 제당이라고 말할 수 있을지 모르겠지만, 제당 내부에서 변법유신파와 대립했고 정변 이후 서태후의 편에 서서 변법유신파를 제거하는 데 동참했다. 장지동이 바로 이러한 양쪽에 다리를 걸쳤다가 시세에 따라 움직인 양무파의 대표적인 인물이다.

정변이 일어나자 장지동은 군기대신 왕문소王文韶(이 인물도 양무파에 속한다.)에게 급히 전보를 쳐 양예를 구출하려 했으나, 동시에 서태후에게도 전보를 통해 유신당의 중징계를 건의했다. 비록 이번 정변에 일부 양무파 인물들이 연루되었지만, 예를 들어 호남 순무 진보잠은 파면 처분을 받았고 양예와 유광제는 처형되었지만, 이 인물들의 배후 조종자인 장지동은 끄떡없었을 뿐만 아니라 서태후로부터 표창까지 받았다.

변법유신 시기 장지동이 보인 행태를 보고 그를 기회주의적인 정치인으로 보는 시각도 있다. 강유위는 뒷날 그에 대해 "판세를 읽는 데 뛰어나고 일신의 안전만 염려했다"고 평가했다.[23] 광서제와 서태후의 권력 다툼에 잘 대처했다는 점에서 그를 이렇게 평가할 수도 있겠지만, 변법유신파와의 관계를 보면 그렇지만은 않다. 그는 조금의 주저도 없이 변법유신파를 적극적으로 반대했다. 그는 사실상 변법유신파를 반대한 주역 중 한 사람이었다.

중국을 침략한 제국주의자들은 이번 변법유신과 정변에 대해 어떤 태도를 취했을까? 강유위가 영국이 중국 정세를 파악하기 위해 파견한 베레스포드(Lord Charles Beresford)와 홍콩에서 만나 대화를 나눈 적이 있는데, 그는 자신의 저서에서

---

23) 『무술변법자료』 제2책, 525쪽.

이 대화 내용을 기술했다. 그는 강유위를 대단히 존경할 만한 인물이라고 말하면서도 "유신파 인사들이 거사를 벌이면서도 미리 정해 놓은 계획이 없었고 지나치게 서둘렀기 때문에 그들의 구국을 위한 사업이 실패했다"[24]고 평가했다. 이것은 대체로 영국 정부의 공식적인 관점을 대변해 준다고 할 수 있다. 맥도널드 영국 공사는 정변 발생 20일 후 본국 외무장관에게 보낸 서한에서 "본인은 중국을 위한 합당한 변법이 강유위와 그 동지들의 현명하지 못한 행동으로 말미암아 크게 그르쳐졌다고 생각한다"[25]고 말했다. 상해의 영국인이 운영한 『자림서보字林西報』는 북경 외교계의 백일유신에 대한 평가를 다음과 같이 전했다.

> 변법유신당의 계획은 비현실적이었다. 광서제는 중국을 엉망으로 만들어 놓았을 수도 있었는데, 궁정에서 유일하게 두뇌가 명석한 태후의 시기적절한 개입이 시국에 도움이 되었다.[26]

제국주의자들이 말하는 '합당한 변법'은 중국이 반식민지·반봉건의 지위에서 벗어나지 못하면서도 내부의 지배 질서를 안정적으로 유지할 수 있는 그런 변법, 즉 양무파가 원하는 변법이다. 강유위가 주장한 변법의 강령과 추진 방식은 온건하여 봉건세력이나 제국주의에 대해 드러내 놓고 반대하지 않았다. 그렇지만 어디까지나 중국의 독자적 자본주의 발전의 내용을 담고 있었기 때문에 중국 내부의 계급투쟁을 격화시킬 가능성이 있었으며, 제국주의자들의 눈에는 '지나치게 서둘렀고' '비현실적'인 것이었다.

광서제는 영국·일본과 연합하자는 변법유신파의 정책을 수용하는 쪽으로 기울었기 때문에 러시아는 서태후가 일으킨 정변에 대해 매우 만족했다. 그러나 영국도 이번 정변을 반대하지 않았다. 서태후는 러시아의 도구만 되는 것이 아니라

---

24) Beresford, *The Break-up of China*(1899년판), 199쪽.
25) 『무술변법자료』 제3책, 532쪽.
26) 『무술변법자료』 제3책, 520쪽.

영국과 다른 제국주의자들의 도구도 될 수 있었기 때문이다. 무술정변 이후 영국이 앞장서서 압력을 가해 서태후가 광서제를 공식적으로 폐위시킬 엄두를 내지 못하게 한 것은 그녀를 완전히 러시아 쪽으로 기울지 못하게 하기 위해서였다.

무술정변에서 서태후와 그 주위의 수구파가 승리했고, 양무파도 서태후를 따라 함께 승리했다. 이러한 중국의 가장 반동적인 세력 뒤에는 제국주의자들이 서 있었는데 그들 역시 승리의 웃음을 터트리며 중국의 운명이 그들의 손아귀에서 벗어날 수 없을 것 같아 만족감을 느꼈다.

그러나 이 모든 승자들은 승리를 거두었으면서도 또 걱정이 태산 같았다. 왜냐하면 유신에서 정변으로 이어지는 사극에 등장하지 않은 배역이 하나 더 있었기 때문이다. 역사의 진정한 주역은 사실 강유위를 비롯한 변법유신파나 서태후, 광서제가 아니라 수억 명의 착취당하고 억압받으며 생존을 위해 투쟁하는 빈곤한 노동인민, 그중에서도 주로 농민대중이었다. 이들은 아직 무대에 등장하지 않았지만 모든 출연자들은 그들의 모습을 보았고, 그들의 목소리를 들었기 때문에 간담이 서늘해짐을 느낄 수밖에 없었다.

5. 등장하지 않은 배역

강유위가 위에서 아래로 변법유신을 단행하려고 든 절박한 이유 가운데 하나는 제국주의 열강들이 중국을 분할하려는 위기 때문이었고, 다른 하나는 하층민들이 보인 반란의 위기 때문이었다. 그는 1897년(광서 23) 황제에게 올린 상서에서 "설령 강한 적들의 압박이 없더라도 농민들이 들고 일어나지 않을까 두렵습니다"[27]라고 분명히 말했다. 강유위가 광서제를 위해 편찬한 『프랑스혁명사』 서문에서 혁명의 공포를 역설한 것도 통치자가 자신이 주장한 변법유신을 주도적으로 실행해야만

---

27) 『무술변법자료』 제2책, 192쪽.

이 공포스러운 혁명을 피할 수 있다는 점을 설명하기 위해서였다. 그는 또 중국이 변법을 실행하지 않으면 외국에게 멸망되지 않더라도 혁명이 머지않아 일어날 것이라고 주장했다.

강유위가 이끈 자산계급 개량주의 정치운동은 제국주의와 봉건주의에 반대하는 광범위한 인민대중의 혁명운동이 고조되는 상황에서 일어났다. 혁명이 고조되는 형세가 아니었다면 이런 자산계급 개량주의 정치운동도 없었을 것이다.

서태후를 비롯한 봉건 통치자들은 강유위가 제시한 처방은 거부했지만 혁명이 곧 다가올 것이란 위기감은 이미 느끼고 있었다. 변법유신 시기인 1898년 서태후의 심복이자 직예 총독인 영록이 혁명 정세에 대한 두려움과 적개심으로 가득 찬 비밀 상주문을 올렸는데 그 속에서 "현재 매우 어려운 상황을 맞고 있으니, 내부의 비리가 있는 자들을 숙청하여 인심을 안정시키는 것이 바로 지금의 가장 절실한 일"[28]이라고 밝혔다. 봉건 통치집단의 집권자들은 자신들의 힘으로 혁명의 위기를 해소할 수 없다고 느끼게 되자 제국주의 열강들에게 희망을 걸었다. 장지동은 다음과 같이 말했다.

> 각 성의 상인들이 소란을 피우고, 도처에서 도적떼들이 일어나 마구 교회당을 불태우고 있는 대세를 어찌할 수가 없다. 지금 급한 일은…… 신속하게 영국·일본과 힘을 합하는 것이 우선이다.[29]

그의 의도는 영국과 일본의 제국주의에 의지하고, 그들의 서양식 총과 포를 빌려 인민의 혁명투쟁을 진압함으로써 반식민지·반봉건의 통치 질서를 유지하자는 것이었다.

제국주의자들 역시 중국 인민들의 혁명의 예봉이 그들을 향하자 큰 공포와 우려를 느꼈다. 그들은 이미 청 왕조를 길들여 도구로 삼고 있었기 때문에 중국에서

---

28) 『戊戌變法檔案史料』, 346쪽.
29) 『장문양공전집』 79권, 18쪽.

아무 거리낌 없이 마음대로 해도 된다고 생각했다. 따라서 침략에 저항하는 중국 인민들의 잠재적 힘에 대해 그들은 그다지 위험스럽게 생각하지 않았다. 미국의 자산계급 역사가인 스타이거(George Nye Steiger)의 표현을 빌려 말하면 "서양의 정치인들은 중국인의 민족정신을 보지 못하고서 '동아시아의 병든 자'(東亞病夫)의 재산을 마음대로 나누어 갖는다고 해서 저항을 불러일으키는 일은 없을 것이라고 생각했다." 객관적 사실은 그들의 이런 낙관적 전망이 산산조각 났다.

1898년 제국주의 열강들의 언론과 신문에 실린 논평을 보면 그들이 얼마나 우울하고 당황스럽게 중국의 정세와 그들의 중국 내 처지를 바라보고 있었는지 알 수 있다. 물론 그들을 두렵게 한 것은 강유위의 유신운동이 아니라 하층 인민대중들 속에 널리 퍼진 반제국주의 정서였다. 바로 이런 정서와 이런 정서가 빚어낸 행동 때문에 미국 공사 콘저(E. H. Conger)는 "중화제국 전체가 대단히 심각하다"고 썼다. 그해 10월 영국인이 발행한 『자림서보(字林西報)』는 당시 중국의 형세가 태평천국 대혁명을 앞둔 때와 유사하다고 논평하면서 광서성과 사천성, 서북 지역과 장강 유역의 여러 성에서 발생한 '반란'과 '불안정'한 상황을 열거한 뒤 다음과 같이 결론을 내렸다.

> 이 모든 요인들이 각지에 가연성 물질을 쌓고 있다. 어느 한 귀퉁이에서 작은 불씨 하나가 튀기만 하면 곧바로 맹렬한 불길로 타오를 것이다. 과연 그렇게 된다면 대량의 무고한 생명과 상업적 이익의 희생을 피할 수 없을 것이다. 이런 사태가 일어날 가능성을 과소평가해서는 안 되며, 그것이 가져올 끔찍한 결과를 가볍게 보아서도 안 된다.[30]

하트가 "시국이 너무 불안정하여 우리들의 정원에서도 모험을 해서는 안 된다. 모든 곳에서 조심하고 신중해야 한다"고 제국주의자들의 중국에서 처지를 묘사했던 것도 바로 이때였다. 그가 말한 '우리들의 정원'은 조계지와 임대지 등을 뜻한다.

---

30) 『무술변법자료』 제3책, 490쪽.

제국주의자들은 그들이 이미 얻은 근거지에서도 안전하지 않다고 느꼈던 것이다.

정변 실패 후 홍콩에서 강유위를 만난 베레스포드는 영국의 전임 해군성 장관이며 국회의원으로, 그가 1898년에 중국의 정세를 살피러 온 것은 개인 신분이었지만 어느 정도 영국 정부의 입장을 대변하고 있었다. 그가 '관찰'한 뒤 쓴 책을 보면, 중국에서의 상업과 중국에 대한 투자가 매우 불안한 상황에 처해 있다고 우려하고 있다. 그는 이와 같은 불안정한 상황이 중국 정부의 부패 때문이며, 전 지역에서 빈번하게 일어나는 반란과 소요 때문에 중국이 매우 심각한 혁명의 위기에 직면해 있다고 말하며 다음과 같이 적었다.

> 유럽 전체만큼이나 큰 나라에서 4억의 인구 사이에 혁명이 파급된다면 끔찍한 광경이 펼쳐질 것이다. 유럽의 문명국가들이 이 재앙에 대처하려면 연해 지역 해안선에 배치되어 있는 적은 수의 군함으로는 효력이 매우 적거나 전혀 없을 것이다.31)

이 때문에 베레스포드는 영국 정부가 중국에 군함을 파견해 청 정부가 중국 인민들의 반제반봉건 혁명을 진압하는 데 도움을 주어야 한다고 주장했다.

요약하면 이 시기에 중국 봉건 통치자이든 외국 제국주의자이든 수많은 중국 인민들 사이에 퍼져 나가고 있던 혁명의 폭풍우를 불안한 마음으로 바라보고 있었다.

---

31) Beresford, *The Break-up of China*(1899년판), 199쪽.

제5장

의화단의 훙기

1. 권회에서 의화단으로

1899년(광서 25)에 산동성山東省을 중심으로 의화단義和團이라는 자발적인 농민운동이 갑자기 화산이 폭발하듯 일어났다. 이 화산의 폭발은 시기적으로 변법유신이 실패한 직후에 일어나 중국 근대사 전기 제2차 혁명 고조기의 중요한 부분이 되었다.

의화단이라는 조직은 장강 이북의 여러 성에 오랫동안 전해져 온 일종의 민간 비밀결사인 백련교白蓮敎에서 유래했다. 1796년(嘉慶 원년)부터 9년에 걸친 백련교 대봉기와 1813년(가경 18) 백련교 지파인 천리교天理敎 봉기가 실패한 이후 수십 년 동안 백련교 지파는 직예直隸, 산동山東, 하남河南, 산서山西 등지에서 각종 이름으로 암암리에 전해져 왔는데 그중 팔괘교八卦敎가 가장 널리 퍼졌다. 청 정부는 팔괘교를 전파, 학습하는 자는 모두 체포하고 금지했을 뿐만 아니라 우두머리는 극형에 처한다고 규정했다. 이런 고압적인 정책 아래에서 팔괘교도들은 권술拳術 전수를 내세우며 자신을 은폐하였다. 청일전쟁 때 산동의 일부 지역에서는 이미 의화권義和拳이란 조직이 활동하고 있었고, 전후 몇 년간 산동성 남부에서 활동했던 대도회大刀

會도 의화권 조직과 연계되어 있었다. 이후 유사한 '권회拳會', '홍권회紅拳會', '의화권회義和拳會' 등의 이름을 가진 단체들이 속속 생겨났다. 우리는 이런 의화권 조직을 일률적으로 의화단義和團이라고 부르고 있지만, 실은 '단團'이라는 명칭이 나중에 특별한 조건 아래에서 붙여진 것이지 처음부터 스스로를 '단'이라고 부른 것은 아니라는 점에 유의해야 한다.

장강 이남의 여러 성에서 유행하고 있던 가로회哥老會(天地會, 三合會) 계통의 비밀결사인 회당會黨처럼 백련교 역시 통일된 지도와 조직 없이 각지에 흩어져 있는 수많은 수평적 소조직으로 구성되어 있었다. 그 구성원들 중에는 빈농이 많았지만 강호를 떠도는 유민流民이 종종 중요한 역할을 했다. 따라서 백련교는 강호 유민과 여러 빈곤층 노동인민들의 정치적·경제적 상호부조 단체였다. 백련교는 명확한 정치투쟁 강령을 갖고 있지 않았기 때문에 때로는 다른 속셈을 가지고 조직 속에 들어온 지주와 명사들의 영향을 배격하지 못했으며, 심지어는 그들에게 장악되기도 했다. 백련교는 남방의 가로회에 비해 종교적·미신적 색채가 더욱 짙었다.

태평천국 농민혁명을 일으킨 자들은 현지에 원래부터 있던 천지회天地會 조직과는 별도로 배상제회拜上帝會를 새롭게 만들어 전통적인 비밀결사에 포함된 정치와 사상 및 조직상 농민혁명의 발전에 불리한 각종 찌꺼기들을 가능한 한 배제하였다. 그러나 태평천국운동이 실패한 이후 배상제회 조직은 이어지지 못했는데, 그 주된 원인은 그들이 차용했던 기독교가 제국주의의 침략 도구가 되어 점점 인민들로부터 버림을 받았기 때문이다.

19세기 80년대와 90년대에 이르러 농민혁명의 적으로 봉건세력뿐만 아니라 제국주의 침략 세력도 더해졌는데, 특히 후자가 주요한 적으로 부각되었다. 봉건세력은 제국주의 침략 세력에 의존하면서도 어떤 면에서는 또 그들과 갈등을 빚기도 했다. 이러한 민족 갈등과 계급 갈등이 복잡하게 얽혀 있는 상황은 이전의 농민혁명이 경험하지 않았던 것이다. 이러한 복잡한 상황에 직면하여 봉건시대부터 존재한 가로회나 백련교와 같은 기존의 조직 형태는 농민혁명이 가진 단점을 더욱 부각시켰다. 그러나 1890년대 말까지도 농민들에게 더 나은 조직 형태를 제공하는 선진계급이 없었고, 농민들 스스로도 더 나은 조직 형태를 만들어 내지 못했다. 따라서 반제국주의 농민 대투쟁의 객관적 조건이 이미 갖추어졌을 때에도 농민과 기타 노동인민들은 여전히 칼과 창을 무기로 사용하고 기존의 조직 형태를 이용해 투쟁할 수밖에 없었다.

의화단이 흥기한 시기는 청일전쟁 이후 중국이 제국주의의 분할 위기에 직면했을 때였고, 활동한 지역은 경기권, 즉 봉건 지배세력의 중추신경과 가장 가까운 곳이었다.

산동성 동부 해안 지역은 청일전쟁 때 일본군에게 직접 유린당한 곳이었다. 이어 독일은 교주만膠州灣을, 영국은 위해위威海衛를 강점했다. 독일은 또 산동 전체를 세력권으로 분류해 1899년부터 교제膠濟(青島－齊南)철로의 건설을 강행하고 철로 연변의 광산 개발도 착수했다. 외국인 선교사들은 일찍부터 산동에 들어와 활동하여 1890년대 말에는 외국인이 세운 기독교 교회와 기타 교회 기관들이 성 전체에 널려 있었는데, 그중에서도 천주교 세력이 가장 컸다. 다른 해안의 성들과 마찬가지로 산동성에서는 서양 면사와 면포 및 기타 서양 상품이 대량으로 수입되었고 농산품이 상품화되었다. 이로 말미암아 농민 수공업이 심각하게 파괴되고, 농촌의 자연경제가 파괴되어 농민과 기타 노동자들이 생존의 위협을 받았다. 마침내 의화단투쟁을 통해 수많은 인민대중들 사이에 제국주의에 대한 배척과 적개심이 폭발하기 시작했다.

1898년에서 1899년 사이에 산동성은 성소재지 부근을 포함하여 거의 모든 곳에서 의화단의 활동이 있었다. 수장壽張, 요성聊城, 임청臨淸, 청평淸平, 임평荏平에서 고당高唐, 은현恩縣에 이르기까지 운하를 따라 있는 산동 서북부 각지에서 의화단의 기세가 가장 높았다. 내륙의 남북 수운은 이때 이미 주로 해운으로 옮겨져 실업한 뱃사공과 짐꾼 및 운하 주변에서 생계를 이어 가던 인민들이 의화단의 중추적인 인물로 활동했다. 더욱이 운하 주변은 성 전체에서 외국 교회가 가장 밀집한 지역이었다. 중국인 신자들 가운데에는 유혹된 자가 있는가 하면 악덕 지주와 악질 불량배도 적지 않았다. 수많은 대중들은 외국 교회나 교회 세력을 등에 업고 온갖 악행을 저지르는 이들과 첨예하게 대립했다. 갈수록 많은 사람들이 권법을 연마한다는 명목으로 결집하여 서양 교회와 관청을 적대시하게 되었다. 이런 조직은 직예성直隸省 경내에도 번져 나갔다. 1899년 가을 산동성과 인접한 위현威縣과 청하淸河, 고성故城, 경주景州, 동광東光, 교하交河, 부성阜城 등에서 이미 의화단이 활동하고 있었다.

1899년 산동성 평원현平原縣에서 지방관이 군대를 파견하여 그 지역 의화단을 탄압하는 사건이 발생했다. 고당, 임평, 장청 일대의 의화단 두목인 주홍등朱紅燈과 승려 본명本明이 2, 3백 명의 무장대를 이끌고 현지 의화단 무리와 합류하여 관군과 싸웠는데 승부가 나지 않았다. 얼마 후 산동 순무 육현毓賢이 임평에 군대를 보내 계략으로 주홍등과 본명을 유인해 체포한 뒤 처형했다.

북방의 백련교는 남방의 가로회와 마찬가지로 '반청복명反淸復明'을 그들의 반란 구호로 삼은 적이 있었다. 그러나 명 왕조를 복원한다는 구호는 갈수록 대중을 동원할 수 있는 역할을 잃어 갔다. 그 대신 '반양反洋'과 '멸양滅洋'이라는 구호가 제국주의와 중국 인민 사이에 주요 모순이 된 객관적인 상황을 잘 반영하고 있었으므로 제국주의의 압박을 직접적으로 받고 있던 많은 대중들을 고무하고 동원하는 역할을 할 수 있었다. 그러나 당시 농민이 중심인 노동인민들은 선진계급의 영도와 선진사상의 지도를 받지 못하고 다만 편협한 직접 경험에 의존해 외국의 침략 세력에 대한 적개심만 부추길 수밖에 없었다. 그들은 중국의 봉건적 지배계급이 이미 제국주의의 중국 압박 도구가 되었다는 사실을 명확히 알 수 없었으며, 제국주의 침략자들이 주요 투쟁 대상이 되었을 때 반제투쟁과 반봉건투쟁 사이의 관계를 어떻게 처리할 것인가 하는 문제를 알 수 없었다. 더구나 그들은 소생산자의 입장에서 외국 제국주의의 침략에 반대하는 동시에 자본주의 생산방식이 봉건주의 생산방식보다 진보했다는 사실을 인정해야 한다는 것 또한 알 수 없었다. 제국주의에 반대하는 이들의 투쟁은 감성적 인식의 낮은 단계에 머물러 막연한 배외주의로 나타났다. 주로 교회당을 불태우고, 외국인 선교사와 외국인을 반대하며, 서양 종교와 서양 상품이면 무조건 적대시하는 태도를 취했다. 이처럼 투쟁의 칼날을 외국 침략자들에게 향한 이상 '반청복명反淸復明'의 깃발은 어울리지 않았다. 이들은 '반청복명'이라는 낡은 깃발을 내려놓으면서 '보청멸양保淸滅洋'이라는 깃발을 너무나 자연스레 받아들였다.

의화단의 활동 내용을 보면 문화가 낙후되고 폐쇄된 농촌에 내재된 많은 미신이 담겨 있었는데, 이는 백련교의 전통과 관련이 있다. 그들은 부적을 그리고 주문을 외우며 신을 청하는 '법술'로 스스로 '신권神拳'을 연마할 수 있고, 총칼도 몸을 해칠 수 없으며, 적의 총칼을 무력화시킬 수 있다고 주장했다. 물론 전쟁터에서 이런 법술은 무용지물이었고, 그들이 의지한 것은 공동의 적에 대하여 함께 적개심을 불태우는 용기였다. 이들이 받드는 신들은 대부분 신화나 고사 또는 유행하는 소설 속의 여러 인물들, 가령 홍균노조鴻鈞老祖와 여산노모驪山老母, 관우關羽, 장비張飛, 황삼태黃三太, 황천패黃天霸, 손행자係行者, 저팔계豬八戒 등이었다.[1] 통일된 조직이 없으면 통일된 신神도 있을 수 없다는 사실을 잘 말해 주고 있다.

대단한 기세로 일어난 의화단운동에 대해 당시 청의 지방 관원들은 크게 두 가지 대응책을 내놓았다. 하나는 의화단이 백련교에서 유래한 '사교邪敎'이기 때문에 근절하는 것 외에 다른 방법이 없다는 것이었다. 평원平原 현령縣令 장개蔣楷가 이런 주장을 내놓은 최초의 인물이었다. 다른 하나는 1898년 산동 순무 장여매張汝梅가 내놓은 것으로 의화단의 주장을 적절히 수용하는 '위무慰撫'였다. 이듬해 2월 후임 순무 육현毓賢도 이러한 대응책으로 의화단을 대했다. 이 두 순무는 대중 투쟁의 예봉을 피하기 위해 마치 외국 침략자에 대한 대중의 투쟁을 지지하는 것처럼 행동했다. 그러나 그들이 외국의 침략을 정말로 반대했을 리는 없다. 그들은 봉건주의의 낡은 것들을 지키기 위해 자본주의와 관계된 모든 새로운 것들을 반대했다. 그들은 이처럼 봉건주의의 입장에서 대중의 투쟁에 영향을 미치고, 가능한 한 철저하게 배외주의 방면으로 유도하며, 더욱 미신적인 색채로 물들게

---

1) 홍균노조는 민간소설 『封神演義』(일명 『封神榜』)에 나오는 신선. 여산노모는 도교의 신선. 황천패는 민간소설 『施公案』에 등장하는 녹림의 영웅. 황삼태는 그의 아버지. 손행자는 손오공의 다른 이름.(역자 주)

했다. 그들은 또한 일반 중국인 기독교 신자들에 대한 대중의 증오를 극력 부추겨 그들이 말하는 '권민拳民'과 '교민敎民' 사이의 대립과 충돌을 심화시켰다.

산동 순무 장여매와 육현이 위무의 전략을 채택했기 때문에 의화단은 산동에서 어느 정도 합법적인 지위를 얻었다. 이전부터 하층 사회의 불법 비밀결사는 모두 '회會'라고 불렸고, 지주계급이 향촌에서 무장 조직을 한 것만 '단團'이라고 불렸다. '의화단'이라는 명칭은 관헌이 이처럼 위무책을 실행했기 때문에 붙여진 것이다. 각지의 의화단 조직이 점차 '보청멸양'이라는 구호를 사용한 것도 장여매와 육현이 이러한 정책을 시행한 것과 관련이 있다.

의화단은 순무들이 인정하는 일정한 합법적 지위를 얻게 됨에 따라 두 가지 결과를 낳았다. 첫째, 의화단이 급속하게 성장했다. 따라서 하급 관료에 불과한 평원 현령 장해는 의화단을 막을 힘이 없었을 뿐만 아니라 토벌을 고집하다가 파직까지 당했다. 둘째, 순무가 의화단을 지지한다는 인상은 자발적인 대중적 혁명운동에 매우 해로운 독극물이 되었다. 흙과 모래가 뒤섞이고 좋은 것과 나쁜 것을 분간하기 어려운 상황은 이전의 대중적 혁명 조직보다 더 심각했다. 많은 지주계급 분자들이 의화단에 섞여 들어 반제국주의 투쟁을 심하게 손상시켰다.

산동의 이러한 정세는 제국주의 침략자들의 심각한 우려를 불러왔다. 교주만에 군대를 주둔시키고 있던 독일은 교주膠州와 고밀高密, 일조日照 등지에 군대를 파견하여 촌락과 도시를 불태우고 약탈하며 주민을 죽이는 등 대중의 반제국주의 투쟁을 직접 진압하였다. 미국과 영국, 이탈리아 등도 산동성에 자국의 선교사와 기술자가 있다는 핑계로 북경 주재 공사를 통해 청 정부에 의화단의 활동을 단호히 금지하도록 압력을 가했다. 1899년(광서 25) 10월 미국 공사 콘저는 총리아문에 단도직입적으로 육현을 파면하고 대신 '폭도를 진압할' 의지가 있는 인물을 임명해 파견하라고 요구했다. 서태후는 비록 육현을 높이 평가했지만 감히 서양인의 뜻을 거역하지 못했다. 결국 육현이 산서 순무로 자리를 옮기고, 무술정변에서 중요한 역할을 한 원세개가 산동 순무에 임명되었다.

원세개는 유신파 지사들을 배신한 후에도 천진에 소재한 군대를 지휘하고 있었다. 그가 통솔한 '새롭게 양성한 육군' 7천여 명은 신식 무기로 무장한 군대였고, 산동 순무가 된 이후 2만 명으로 증원했다. 그는 산동 순무에 취임하자마자 '의화권비義和拳匪 금지 고시'를 발표했다. 그는 의화단의 합법성을 전적으로 부인하며 무력 진압을 감행했다. 육현의 '위무'와 원세개의 '토벌'은 비록 방법은 반대였지만, 사실 같은 목적을 달성하기 위해 서로 이용된 것이다. 육현의 위무 전략은 내부적으로 의화단을 부식시키고 해이해지게 하는 역할을 했다. 산동의 의화단이 견고한 조직과 강력한 기세로도 원세개의 무력 진압에 대항하지 못한 것은 육현의 우롱에 시달린 탓이 크다.

원세개가 그의 통치 아래에 있던 산동에서 대규모의 의화단 활동이 없도록 만든 것은 사실이지만, 이미 타오르는 불길을 완전히 꺼버릴 수는 없었다. 1900년이 되자 의화단 활동의 중심은 점차 산동성에서 직예성으로 옮겨 갔다.

2. 의화단의 북경과 천진 진입

직예성 경내의 의화단 활동은 처음에는 산동성과 인접한 지역에서만 일어났다. 1900년(광서 26) 3~4월이 되자 의화단의 조직은 이미 직예성의 거의 모든 주와 현에 퍼졌다.

외국 교회, 특히 천주교회는 산동성보다 직예성에서 더 큰 세력을 확보하고 있었다. 각지의 의화단은 처음에 권봉拳棒을 전습하는 조직으로 시작했는데 이를 '권창拳廠'이라고 불렸다. 이들은 외국 교회와 교회 세력을 등에 업고 행패를 부리는 교인을 직접 투쟁 대상으로 삼았다. 그들은 '보청멸양保淸滅洋'을 구호로 내걸었지만 그 중심적 구성원들이 극심한 봉건적 억압을 받던 빈민들이었고 청의 관리들은 늘 서양인의 요구에 순응하여 외국 교회의 이익을 보호했기 때문에 의화단은 사실상 봉건 지배 세력과 대적하지 않을 수 없었다. 각 지역 의화단의 설립자와 포교자 중에는 일부 본 성의 다른 지역이나 산동성에서 온 사람들이 있었지만, 대부분은 현지의 빈농과 빈민 출신들이 자발적으로 조직했다. 외국 교회(많은 교회가 자체적으로 무장했다.)와 교회의 비호 아래에 있던 토호 세력에 맞서기 위해, 그리고 진압에 나선 청의 관군에 맞서기 위해 인접한 지역의 의화단 조직이 서로 연계하기 시작하면서 분산된 조직이 점차 통합되는 양상을 보였다.

노보盧保철로(盧溝橋와 保定 사이. 이미 正定까지는 연결되어 있었음) 연변은 천주교 성당이 밀집한 지역이어서 의화단운동의 중심지가 되었다. 의화단의 발전 상황은 태평천국과 같은 농민혁명과 매우 달랐다. 마치 우후죽순처럼 거의 모든 곳에서 한꺼번에 그 조직이 쏟아져 나왔다. 개별 지역으로 보면 그다지 역량이 크지 않았고 처음에는 눈에 그리 띄지 않았지만, 각 지역의 조직이 연결되어 하나로 합해지자 바로 들판에 타오르는 불길이 되었다. 산동성에서 직예성 각지로 달려가 권법을 가르친 사람들이 의화단을 전파하는 데 일정한 역할을 했지만, 홍수전洪秀全과 양수청楊秀淸이 이끈 태평천국군이 광서에서 호남 등의 성으로 진출했던 것처럼 조직적인 의화단 세력이 산동에서 직예로 들어간 것은 아니었다.

1900년 2, 3월까지만 해도 조정과 직예 총독 유록裕祿은 의화단의 형세가 심각한 단계로 발전하리라고는 생각하지 못했다. 유록은 자신의 관할 구역에 나타난 의화단을 '다른 성'에서 온 '비적 떼들'이라고 보았다. 그는 1899년 11월 산동성과 인접한 지역에 부대를 파견하여 의화단을 '탄압'했고, 1900년 2월 초 황제의 명에 따라 '의화권義和拳을 엄금하는' 포고문을 발표했다. 그러나 현실은 결코 엄포와 징벌로 저지의 목적을 달성할 수 없었다. 대외 사무를 담당한 총리아문에서는 이에 대해 특히 우려를 표시했다. 3월 중순, 러시아 공사는 의화단이 이미 한 달 전부터 탁주涿州와 역주易州 등지에서 활동하고 있고 최근에는 노구교에 도착했다는 자신이 알고 있는 사실을 총리아문에 알렸다. 총리아문은 이 상황을 직예 총독 유록에게 전보로 알려 "엄밀히 조사하여 잡아들일 것"을 요구했다. 이때 의화단 세력은 이미 직예성 전역에 퍼졌고 북경 인근 지역까지 확장되었다. 심지어 북경과 직예 총독의 주둔지인 천진에서도 이미 의화단 권사라고 자칭하는 사람들이 거리를 다니며 권법을 가르치고 제자들을 모집했다. 4월 11일 황제는 "근래에 수도 부근 일대에서 의화단 권법회가 아직 해산되지 않고 있고 점차 수도에까지 이른다고 들었다"고 말하면서 북경에서는 "엄격히 조사하여 금지할 대책을 세우도록 하라"는 조서를 내렸다.

북경 부근에서 들풀처럼 번져가는 의화단을 어떻게 대처할 것인가는 갈수록 통치자들의 골칫거리가 되었다. 조정의 한 관리는 다음과 같이 말했다.

> 권민들 중 추악한 사람이 매우 많아 죽이려고 해도 다 죽일 수 없으므로 일정한 범위에서 병든 형세를 뒤흔들어 놓아야 한다. 그러나 원한이 이미 깊어 반드시 신속히 무너뜨릴 방법을 찾지 않으면 요원의 불길처럼 될까 대단히 걱정스럽다.[2]

그러나 당시 조정의 많은 관료들은 군사를 동원하여 토벌하는 것이 매우 위험한 일이며, 차라리 육현이 산동에서 사용했던 '위무'의 전략을 사용하는 것이 낫다고 여겼다.[3] 그러나 직예 총독 유록과 산동 순무 원세개는 불법적인 '권회'를 합법적인 '단련團練'으로 개편해서는 안 된다고 주장했다.[4]

4월 하순 노보철로의 북쪽 연변인 내수淶水와 정흥定興, 탁주涿州 일대에서 봉건 통치자들이 크게 두려워할 정세가 일어났다. 내수현 고락촌高洛村의 주민들이 현지 교회의 괴롭힘을 견디다 못해 4월 초에 권창拳廠을 설립했다. 인근의 정흥과 탁주, 신성新城, 역현易縣의 의화단 조직이 사람을 보내 이들과 협력하여 교회 세력과 충돌하면서 일대의 교회와 가옥들을 불태웠다. 정흥현의 창거촌倉巨村에서도 비슷한 투쟁이 벌어졌다. 북경 주재 천주교 주교인 프랑스인 파비에(Pierre Marie Alphonse Favier)가 청 조정에 압력을 가하자 직예 총독 유록이 군대를 보내 진압에 나섰으나

---

2) 『의화단檔案사료』 상책, 84~85쪽.
3) 『의화단檔案사료』 상책, 84~85쪽.
4) 『의화단檔案사료』 상책, 90·95쪽.

실패하고 관군 지휘관인 양복동楊福同이 피살되었다. 이에 섭사성聶士成 제독 휘하의 무위전군武衛前軍이 다시 출동했다. 섭사성 부대는 비록 북양군의 주력이고 서양의 총포로 무장했지만 도처에서 벌떼처럼 일어나는 의화단 앞에서는 어찌할 방법이 없었다. 그의 부대는 모든 청의 관군과 마찬가지로 기율이 매우 나빴고, 가는 곳마다 '비적 토벌'이라는 명목으로 주민들을 약탈하여 오히려 더 많은 인민을 의화단 대열에 참여하게 했다.

의화단은 관군의 공격에 맞서 '서양인 반대'라는 명목으로 철로를 파괴했다. 그들은 4월 말에서 5월 초에 고비점高碑店과 탁주涿州, 유리하琉璃河, 장신점長辛店, 노구교蘆溝橋 등의 기차역을 잇달아 불태웠다. 경진京津철로의 풍대역豊臺驛과 기계제조국도 그들에 의하여 불탔다. 이때 노보철로의 북쪽 연변은 모두 의화단의 세상이 되었다. 의화단 군중들은 탁주성으로 몰려들어 성내의 관리들을 내쫓거나 해치지는 않았지만 사실상 탁주성을 장악했다.

탁주와 탁주 이북의 철로 연변은 순천順天 부윤府尹의 관할 구역이었다. 반란의 불길은 이제 조정의 눈앞에서 본격적으로 타올랐다. 매우 통치 경험이 많고 노회한 서태후는 수도 주변에서 무력 충돌을 일으키는 것이 너무나도 위험하다는 것을 잘 알고 있었다. 그는 5월 7일 북양의 각 군을 통솔하는 군기대신 영록에게 "경솔하게 군대를 동원하지 말라. 토벌하되 난을 격화시키면 큰일이 일어날 수 있다"[5]고 주의를 당부했다.

그리고 서태후는 협판대학사 강의剛毅와 형부 상서 조서교趙舒翹, 순천 부윤 하내영何乃瑩을 탁주로 보내 '조정의 덕의德意'를 널리 알리도록 했다. 강의 등은 5월 18일 두점竇店에서 그들이 보고 들어 알게 된 상황을 다음과 같이 조정에 보고했다. "노구교 남쪽에서부터 권민拳民들이 삼삼오오 무리를 지어 이르는 곳마다 다 있고", 양향良鄕의 "각 향과 촌, 진에는 모두 권창拳廠을 설립했으며", "유리하琉璃河 부근에 무리가 많이 모여 있고", 탁주에 "특히 많이 몰려 있다." 그들은 이 일대에

---

5) 『榮文忠公全集』 제3권, 14쪽.

모여든 의화단의 기세에 겁을 먹었고, 함부로 진압하려 들었다가는 의화단이 북진하는 길을 막지 못할 뿐만 아니라 더 큰 위기를 초래할 수 있다고 판단했다. 이에 그들은 "만일 권민들이 북으로 달려가 수도 지역까지 접근하면 큰 문제가 될 수 있다"고 보고했다. 결국 그들은 섭사성의 군대를 철수시키는 대신 위무의 방법으로 의화단을 해체하거나 재편하는 것을 목표로 삼았다.[6]

같은 상황이 천진에서도 벌어졌다. 4, 5월 사이 천진 성내에 권술을 전수하는 '권창'을 설립하는 경우가 갈수록 많아졌다. 동시에 의화단 군중은 천진 인근 정해靜海, 문안文安, 패현霸縣 등지의 농촌에서 차례로 천진으로 몰려들었다. 5월 18일, 의화단 군중들은 천진의 한 교회를 불태웠다. 직에 총독 유록은 의화단에 대한 '엄한 토벌'을 주장했지만, 천진에서 의화단 세력이 날로 확장되는 것을 막을 수 없었다. 천진에서 북경으로 가는 철로는 이때 이미 의화단의 활동 때문에 통행을 멈추었고, 철로 연변 각지에 의화단의 깃발이 내걸렸다.

3. 서태후의 '선전포고'

제국주의 열강들은 청 정부가 정세를 통제하지 못하여 의화단 세력이 북경과 천진에 침투하는 것을 보고 병력을 동원해 중국 인민의 반제투쟁을 직접 진압하기로 했다. 1900년(광서 26) 3월(양력 4월)에 영국은 이미 군함 3척을, 그리고 미국과 독일, 이탈리아는 각각 군함 1척을 대고항에 파견했다. 4월에는 영국과 미국, 독일, 프랑스 4개국 공사가 총리아문을 찾아 청 정부에 북경과 북경 부근에 진입한 의화단을 진압할 강력한 조치를 신속하게 취하라고 요구했다.

5월 1일(양력 5월 28일) 북경 주재 각국 공사가 회의를 열어 '공사관 보호'라는 명분으로 즉시 군대를 북경에 진입시키기로 결정하고, 이를 총리아문에 알렸다.

---

6) 『의화단당안사료』 상책, 137~138쪽.

청 정부는 난색을 표했지만 결국 양보했다. 총리아문은 서태후의 허가를 받아 각국 군대의 즉각적인 북경 파견에 동의하면서 다만 그 수를 좀 적게 할 것을 요구하는 한편, 천진에 있던 직에 총독 유록에게 당고塘沽에 상륙하여 천진을 거쳐 북경에 진입하는 외국 군대를 위해 기차 편을 준비하라고 통지했다. 5월 4일에서 6일 사이에 영국과 러시아, 프랑스, 미국, 이탈리아, 일본, 독일, 오스트리아 등의 병력 450여 명이 잇따라 천진을 거쳐 북경에 도착했다.

이 무렵 각국의 해군 함정 근 40척이 대고항 부근으로 들이닥쳤고, 이 가운데 소형 군함 10척은 이미 대고항에 진입해 있었다. 천진 조계에 상륙하여 주둔한 각국 군대는 총 3천여 명이었다. 5월 14일(양력 6월 10일) 영국의 제안에 따라 이 중 2천 명을 뽑아 영국 해군 제독 시모어(E. H. Seymour)의 통솔하에 북경으로 출발했다. 유록은 이 부대의 북경 입성을 막으려 했지만 그들은 필요한 기차를 확보했다. 그러나 이때 철로가 이미 의화단에 의해 파괴되었고, 시모어가 이끈 부대는 연도에서 무장한 의화단 군중들의 습격을 받아 닷새 동안 천진에서 북경까지 절반도 채 가지 못했다. 이 부대는 사상자가 많이 발생하고 군량과 탄약 보급이 어려워지자 결국 허둥대며 천진으로 철수할 수밖에 없었다.

청 정부는 시모어 부대가 천진을 떠나 북경으로 향한다는 소식을 접한 뒤 외국 군대가 몰려오면 후환이 엄청 클 것으로 판단하고 유록에게 대고항과 천진 부근의 방비를 강화하여 "만약 각국의 군대가 다시 기차로 북상할 경우 유록은 실력으로 저지하라"고 명령했다. 이는 유록에게 어려운 문제를 던져 준 것이다. 유록은 5월 19일의 답장에서 외국 군대의 북경 입성을 "실력으로 막을 방법이 없다"고 하면서[7], 의화단에 대한 '토벌'이 이루어져야 각국이 만족해 출병하지 않을 수 있고, 설령 출병하더라도 "대국大局에 도움이 되도록 이용할 수 있다"고 했다. 이 말은 외국 군대의 힘을 빌려 도적 무리들을 토벌할 수 있다는 뜻이 담겨 있다. 그는 책임을 조정에 떠넘기면서 결정을 내리라고 요구한 것이다.

---

7) 『의화단당안사료』 상책, 142~143쪽.

5월 20일부터 연속으로 나흘 동안 서태후는 어전회의를 열었다. 당시 조정 대신들 사이에는 기본적으로 두 가지 의견이 있었다. 군기대신 왕문소王文韶, 호부 상서 입산立山, 병부 상서 서용의徐用儀, 이부 시랑 허경징許景澄, 내각 학사 연원聯元, 태상시경太常寺卿 원창元刱 등은 의화단을 '반란자'로 보고 반드시 진압해야 하며 그래야만 서양을 만족시켜 다시는 군대를 북경에 들여보내지 않을 것이라고 주장했다. 한편 단왕端王 재의載漪, 장왕莊王 재훈載勳, 보국공輔國公 재란載瀾, 대학사大學士 서동徐桐, 협판대학사協辦大學士 강의剛毅 등은 의화단 세력이 이미 진압할 수 없는 상황이어서 무리하게 토벌하면 수도 일대에 당장 큰 화를 불러올 것이고, 게다가 의화단원들은 법술이 있으니 그것을 이용하여 서양인을 이길 수도 있을 것이므로 의화단을 위무하여 서양 세력을 소멸하고 서양인을 몰아내자고 주장했다.

전자의 의견은 양무파 관료의 입장을 대변했는데, 당시 최고위직인 봉강대신封疆大臣 양광 총독 이홍장, 호광 총독 장지동, 양강 총독 유곤일, 산동 순무 원세개가 모두 이런 주장을 했다. 이미 실권한 광서제도 이 주장을 지지했다. 어전회의에서 이 일파는 패배하고, 서태후는 후자의 주장을 받아들였다. 후자는 봉건주의의 극단적 수구파를 대표하는 주장이다. 그들은 서양 세력을 두려워하고 굴복하면서도 마음 한편으로 서양이 없는 봉건주의 천하의 회복에 대한 환상을 가졌다. 그들도 수도권에서 일어난 의화단의 역량에 당황하지 않을 수 없었다. 그러면서도 의화단의 미신적 색채와 '부청멸양扶淸滅洋'이라는 구호가 그들이 고대하던 기적을 가져올 수도 있다는 희망을 가졌던 것이다.

서태후는 서양인에 관한 일을 항상 양무파 신하들에게 맡겼지만, 며칠 동안의 어전회의에서는 극단적인 수구파의 주장을 받아들였다. 이는 양무파 관료들을 배척한 것이 아니라 당시 상황을 충분히 헤아려 자신에게 유리한 결정을 내린 것이다. 통치 경험이 풍부한 이 노부인은 자신의 발밑에서 이미 격렬한 행동으로 외국 침략자들에게 반대하는 인민의 힘에 대해 적어도 일시적으로나마 무마하는 전략을 취하지 않고 타격을 주면 그 불길이 즉시 자기에게로 향한다는 것을 간파했다. 사실 당시 청 정부는 북경을 가득 메운 의화단을 스스로 소탕할 힘이 없었고,

황궁 바로 앞에서 군대를 동원해도 수습할 수 없는 재앙이 일어나지 않을 것이라는 보장은 더더욱 없었다.

어전회의가 열리고 있던 그 바로 며칠 동안 제국주의 열강들은 또 새로운 심각한 침략행위를 실행했다. 5월 20일(양력 6월 16일) 밤 러시아와 영국, 독일, 프랑스, 이탈리아, 오스트리아, 일본 7개국 연합함대가 대고항의 포대를 포격한 후 곧장 점령했다. 청 정부가 의화단을 "확실하게 토벌하지 않기" 때문에 천진에서 북경으로 가는 길을 뚫기 위해 대고항에 군대를 주둔시켜야 한다는 이유였다.[8]

제국주의 열강들은 본래부터 청 정부를 그다지 유능하지 않으며 길들이기 좋은 도구로 여겼다. 그들은 의화단을 확실하게 탄압하지 않는 것에 대해 불만이었다. 그들은 무력 위협으로 결심을 강요하고 또 무력으로 진압을 도울 수 있다고 생각했다. 그러나 그들의 침략행위 강화는 중국 인민들의 반침략 투쟁의 감정을 더욱 불러일으켰고, 이러한 투쟁 정서는 청군의 일부 장병들을 감화시키기도 했다. 따라서 제국주의 열강들의 침략행동은 그들이 생각했던 것과는 정반대의 결과를 얻었고, 청 통치자들도 의화단을 자력으로 진압할 엄두도 내지 못한 채 더더욱 두려워했다.

5월 23일까지도 북경에서는 대고항이 이미 함락된 줄 모르고 대고항의 수비대가 침략군과 격전하고 있다고 여겼다. 이날 어전회의에서 서태후는 극단적 수구파의 주장을 받아들여 중국을 침략한 각국에 선전포고를 하겠다고 선포했다. 마침내 1900년 5월 25일(양력 6월 21일) 황제의 이름으로 다음과 같이 선전포고를 발표했다.

짐은 오늘 눈물을 흘리며 선묘를 알리고 강개한 마음으로 병사들과 함께 맹세하노니, 구차하게 살아남길 도모하여 만고에 수치를 남기는 것보다 무기를 들고 일어나 자웅을 겨루는 것이 낫지 않겠는가? 연일 대소 신료들의 의견을 들은 결과 이와 같이 결정했다. 수도 일대와 산동 등지에서 의로운 백성들이 하루에

---

8) 『의화단당안사료』 상책, 164쪽.

도 수십만 명이 모여들고, 오척동자에 이르기까지 사직을 지키기 위하여 무기를 들고 일어났다.9)

여기에서 말한 '의로운 백성'(義民)은 의화단을 뜻한다. 이 글로 보아 서태후를 비롯한 청 정부는 이미 의화단과 한편이 되어 외국 침략자들과 전쟁을 벌일 결심을 한 것처럼 보였다. 그러나 이 선전포고의 내용은 사실 매우 황당한 것인바 어느 나라 또는 몇 나라에 선전포고를 했는지 알 수가 없다. 이 조서는 어떤 나라의 이름도 밝히지 않았고, 어떤 형태로든 어느 외국 정부에게도 전달되지 않고 단지 내부에 공포했을 뿐이다. 봉천奉天(瀋陽)에 있던 성경盛京 장군 증기增祺는 6월 2일 조정에 "이번에 도대체 어느 나라가 평화를 깨뜨리고 전쟁의 단서를 열었습니까? 들리는 바로는 자세히 알 수 없으니 기회를 보아 대적할 수 있도록 적을 정확히 명시해 줄 것을 간절히 바랍니다"10)라고 요청했다. 선전포고를 내리기 하루 전 각 성의 총독과 순무에게 보내는 조서에서는 다음과 같이 말했다.

요즘 수도 안팎에서 권민들이 서양 교회를 미워하고 서양인들을 적대시하여 교회당을 불태우고 신자들을 죽이는 형국이 너무 만연하여 토벌하기도 어렵고 위무하기도 어렵게 되었다. 서양의 군대가 천진과 대고항에 모여들었고, 우리와 외국이 전쟁을 벌일 단서가 이미 생겨나 장차 어떻게 수습해야 할지 예측하기 어렵다.11)

이로부터 서태후의 전쟁 결정은 의화단을 토벌하기도 그렇다고 위무하기도 어려운 상황에서 부득이하게 내린 조치임을 알 수 있다. 여기에는 서태후와 황제 사이의 권력 다툼도 영향을 미쳤다. 1899년(광서 25) 12월 서태후는 단왕端王 재의載漪

---

9) 『의화단당안사료』 상책, 163쪽.
10) 『의화단당안사료』 상책, 201쪽.
11) 『의화단당안사료』 상책, 156쪽.

의 아들 부준溥儁을 동치제同治帝의 계승자로 정하고, 그를 입궁시켜 황제의 장자를 뜻하는 '대아가大阿哥'라고 불렀다. 이는 광서제를 폐위시키기 위한 하나의 조치였다. 각국의 북경 주재 공사들은 축하를 거부하며 광서제에 대한 지지를 표명했고, 이에 대해 서태후는 매우 못마땅하게 생각했다. 5월 20일 어전회의 때 서태후는 서양 열강들이 광서제에게 권력을 이양할 것을 요구하는 등 4가지 요구를 담은 외교 각서를 제출했다는 정보를 입수했는데, 사실 이 정보는 부정확한 것이었다. 서태후는 이 정보를 듣고 크게 노했지만, 결코 이 때문에 제국주의 열강과 결별을 결심한 것은 아니었다.

종교적 미신은 봉건 지배계급이 피압박 대중을 정신적으로 속박하는 데 사용하는 무기이다. 많은 봉건 관료들은 스스로도 머릿속에 미신 관념이 가득 차 있었다. 조정에서 의화단을 인정하고 선전포고 조서를 내린 후 수도의 많은 관리들이 각종 괴담을 상주했다. 그들은 '홍균노조鴻鈞老祖'와 '관제야關帝爺'가 외국 군대와 병사들이 포위되어 스스로 소멸될 것이라는 뜻을 전했다느니, 또 의화단의 신통력에 의지하여 군사를 쓸 필요도 없이 서양 세력을 쫓아낼 수 있다느니 뭐니 하였다. 서태후는 의화단의 '법술'을 전혀 믿지 않은 것은 아니지만, 그런 법술로 서양 세력을 꺾을 수 있다고 생각할 만큼 어리석지는 않았다. 선전포고 조서가 내려진 지 닷새 만에 이홍장과 유곤일, 장지동 등 각 성의 최고 책임자들에게 다음과 같은 조서가 하달되었다.

> 각 성의 총독은 자신의 힘을 헤아려 경솔하게 외국에 도발하지 말 것이며, 노련한 방법으로 나라를 위하도록 하라. 이번처럼 의화단 단민들이 일어나 수개월 사이에 수도 도처에 널리 퍼져 그 수가 수십만이 되고, 병사와 백성에서부터 왕공과 귀족에 이르기까지 한결같은 목소리로 서양 종교를 원수로 여기는 것은 있어 본 적이 없다. 이들을 토벌하면 화가 바로 신변에 미칠 것이고 백성들도 도탄에 빠질 것이므로, 부득이 그들을 잘 이용하여 서서히 수습할 수밖에 없다. 그들의 사술邪術을 믿어 나라를 지키자고 상주하는 이도 있으나

그 고충은 이해하지만 조정이 믿는 바는 아니다.[12]

　서태후가 5월 25일 선전포고를 내린 것은 근본적으로는 의화단의 칼끝이 자신과 통치 집단으로 향하는 것을 피하고, 의화단 군중을 제국주의 침략군과 싸우는 최전선에 내세워 제국주의 열강의 힘을 이용하여 의화단을 소멸시키기 위한 것이었다. 이는 철두철미하게 거짓된 선전포고 조서였고, 이후 사태의 전개가 이를 잘 증명했다.

4. 의화단의 북경 점령?

　북경의 전면 삼문三門 안팎의 큰불로 수천 채의 집이 타 버린 후 의화단의 기세가 북경 전역에 퍼졌다. 서양 교회와 외국 대사관이 먼저 긴장했던 것은 물론이고 고대광실에 살던 자들도 빈민들이 몰려오는 것을 보고 공포에 떨기 시작했다. 사방에서 의화단 깃발을 들고 북경으로 몰려드는 군중들이 날이 갈수록 많아졌고, 도시의 빈민들도 스스로 의화단 대오에 참여했다. 그들은 머리에 붉은 띠를 두르고 손에는 칼과 창을 들고서 무리를 지어 자유롭게 돌아다녔으며, 왕공귀족들의 저택에 들어가 단을 만들어 거처했다. 고관대작들이 가마나 말을 타고 가다 의화단을 만나면 내리라는 호령을 받았다. 많은 고관대작의 하인들이 의화단에 참가했는데, 주인은 감히 그들을 홀대하지 못하고 오히려 그들에게 보호를 요청했다. 성안의 집집마다 의화단을 신봉한다는 뜻의 붉은 종이가 나붙었다. 의화단의 활동이 자금성 안에까지 미쳤으나 누구도 감히 제지하지 못했다. 영록榮祿이 통솔하는 무위중군武衛中軍이 자금성을 지켰는데, 기율이 없기로 이름난 그들은 이 기회를 틈타 자금성 안을 마구 약탈했다. 일부 황족과 귀족, 1품 고관들의 집을 포함한 많은 고위

---

12) 『의화단당안사료』 상책, 187쪽.

관리들의 집이 약탈당했다. 당시 약탈 중 일부는 의화단에서 수사 명목으로 저지른 것이었고, 일부는 무위중군이 저지른 것이었다. 많은 관리들은 정세가 심상치 않음을 보고 황급히 북경을 빠져나와 남쪽으로 피신했다. 요컨대 청 당국은 북경에서 의화단의 활동을 걷잡을 수 없었다. 그러나 의화단은 진정한 의미에서 북경을 점령해 그 주인이 되지는 못했다.

과거 봉건시대의 큰 농민혁명과 비교해 보면, 의화단은 정권을 장악하고 조직하겠다는 생각이 부족했다는 큰 약점을 가지고 있었다. 의화단 이전 여러 차례의 농민전쟁은 모두 북경까지 쳐들어가 청 황제의 통치를 무너뜨리려 했지만 성공하지 못했다. 그런데 의화단은 일거에 북경에 들어갔고 사실상 북경성을 장악하고 북경성에서 마음대로 활보할 수 있었다. 그리고 또 천진과 같은 중요 도시를 통제하고 북경 일대를 장악했다. 게다가 의화단의 불길은 직예성과 산동성 외에 산서山西와 봉천奉天, 내몽고內蒙古, 하남河南 등의 지방까지도 번졌다. 그러나 의화단은 이 썩어빠지고 매국적인 청 정부를 무너뜨리고 또 이를 대체할 정권을 자체적으로 세울 계획을 갖고 있지 않았다.

이처럼 의화단이 농민혁명의 역사적 전통에서 벗어난 것에는 이유가 없지는 않았다. 그것은 지금까지의 농민전쟁이 겪지 않았던 새로운 역사적 조건 아래에서 일어났다. 그들이 새로운 역사적 조건에 따라 제국주의 침략자들을 주요 투쟁 대상으로 삼았기 때문에 수도 가까운 지역에서 이렇게 빠르게 발전하여 어렵지 않게 북경에 들어갈 수 있었던 것이다. 그러나 반제투쟁과 반봉건투쟁을 어떻게 결합시킬 것인가 하는 복잡한 문제를 해결하지 못하였고, 이 때문에 '보청멸양保淸滅洋'이라는 애매한 구호에 현혹되어 새로운 정권 수립이라는 혁명의 근본적 문제에서 혼란에 빠졌다. 의화단은 북경에 진입한 뒤에도 통일된 조직과 핵심 지도부가 없었다. 누구든 또 어떤 동기에서든 스스로 의화단이라고 부를 수 있었다. 그 기세가 강해지고 대오가 커질수록 그 구성원의 성분은 더욱 복잡해지고 조직은 더욱 산만해졌다. 통일된 조직을 갖추지 못한 이상 정권 수립의 문제를 의제로 올릴 수 없었던 것은 당연했다.

대외 선전포고를 결정하면서 서태후는 장왕莊王 재훈載勳과 협판대학사協辦大學士 강의剛毅에게 의화단을 '통솔'하도록 명령하고, 쌀 2만 섬과 은 10만 냥을 '상'으로 지급했다. 장왕의 저택에 단을 설치하여 의화단이 '등록'하면 곡물을 지급했다. 재훈과 강의가 의화단의 행동을 제대로 통제하지 못했지만, 수많은 '등록'을 마친 의화단 부대는 '황제의 뜻을 받드는 신령한 의화단(奉旨義和神團)'이란 깃발을 내걸었다. 이는 의화단이 조정과 대립하지 않고 조정의 명령을 따른다는 인상을 무리 속에 심어 주었다.

서태후의 더욱 음험한 조치 중 하나는 의화단을 동원하여 동교민항東交民巷에 있는 여러 외국 공사관과 서집고西什庫에 있는 천주교 북당北堂 교회를 공격하게 한 것이다. 북경에 주재한 각국의 공사관은 제국주의 침략 세력을 대표했다. 이때 북경에 들어온 각국 병사들은 동교민항의 공사관 부근을 경계하면서 여러 차례 발포하여 사람들을 다치게 했다. 대중들은 이런 무장을 갖춘 제국주의 공사관에 대해 원한을 품었다. 그러나 이들 공사관을 직접 공격할 수는 없었다. 집권자들은 공사관을 공격하는 것이 외국 침략자들을 물리치는 데 전혀 도움이 되지 않는다는 것을 잘 알고 있었다. 그러나 서태후는 의화단 군중 외에도 영록의 무위중군과 동복상董福祥의 감군甘軍을 새롭게 성내로 진입시켜 공사관과 북당교회를 포위 공격하는 데 참여시켰다. 독일 공사 케텔러(Klemens Freiherr von Ketteler)가 공사관 포위 공격을 하기 5일 전인 5월 23일 공사관 구역을 빠져나왔다가 동단東單 패루牌樓 근처에서 총을 맞아 사망했다. 발포한 사람은 재의가 지휘한 팔기군의 한 병사였지만, 상부의 명령에 따라 발포한 것은 아니었다. 포위 공격은 두 달 가까이 계속되었다. 동복상 부대의 2만 명과 영록의 무위중군 8천 명, 여기에다 의화단 군중 몇만 명까지 합세했는데도 병력이 400명에 불과한 공사관과 40여 명에 불과한 북당교회를 공략하지 못했다. 이것을 전쟁이라고 한다면, 서태후가 의화단을 현혹시키고 우롱하기 위해 일으킨 '전쟁'이었다.

이렇듯 서태후가 대외적으로 선전포고를 한 것은 의화단의 예봉을 피하기 위해서였다. 북경의 의화단 군중을 끌어들여 공사관과 교회를 공격하도록 한 것이 바로 이 목적을 가장 잘 달성한 것이었다. 의화단은 수만 명의 군중이 있었지만 손에 든 것은 큰 칼과 창뿐이었고, 청 정부는 신식 소총 한 자루도 의화단에게 주지 않았다. 좁고 수많은 가옥과 건물이 장애가 되는 전장에서 공격전을 벌이다가 외국군의 총구 앞에서 수많은 이들이 죽었다. 서태후가 영록과 동복상의 군대를 참전시킨 것은 진짜 선전포고인 것처럼 꾸며 '전쟁'에 대한 의화단 군중들의 열광을 부채질하기 위한 것이었고, 한편으로 '전쟁'에서 의화단이 승리하는 것을 막기 위한 것이었다.

영록의 무위중군은 동교민항 동쪽에 주둔하고 있으면서 위세만 부렸을 뿐 실제로 공격하지 않았다. 동복상의 군대는 동교민항 서쪽과 북쪽에 주둔하고 있었지만 소수의 병사만 의화단 대중의 투쟁에 영향을 받아 조금 진지하게 싸웠을 뿐이었다. 서집고의 천주교 북당을 포위 공격한 것은 의화단 군중과 영록의 무위중군이었다. 당시 북경에 거주하고 있던 한 외국인은 "영록은 프랑스 신부와 친분이 아주 두터워 암암리에 돈독한 관계를 유지하면서 군대에게 맹공을 가하지 않도록 명령했는데 사실상 지연책을 쓴 것이었다. 그는 공사관에 대해서도 같은 방법을 썼다"고 적었다.[13] 그러나 영록이 이렇게 한 것은 프랑스 신부와 돈독한 우정 관계 때문이 아니라 서태후의 의중을 잘 알아차려 실행한 것이었다.

6월 28일의 조서에는 "다행히 각 나라의 외교관들은 케텔러를 제외하고 모두 무사하다. 일전에 각 공사관에 과일과 채소를 보내 위로의 뜻을 표했다"[14]고 적혀 있다. 한편으로는 군대를 파견하여 의화단 군중과 함께 외국 공사관을 포위하여 공격하고, 다른 한편으로는 채소와 과일을 대사관에 보내 위로의 뜻을 전했다. 분명히 이것은 의화단의 반제국주의 투쟁의 정서와 정력을 헛되이 발산시키기 위해 서태후가 벌인 한바탕 희극에 불과했다.

---

13) 『의화단자료』 제2책, 293쪽.
14) 『의화단당안사료』 상책, 344·365쪽.

5. 반침략전쟁의 전선

천진에서 의화단은 반침략전쟁의 맨 앞 전선에 서 있었다. 이들의 영향으로 청군의 일부 하급 병사들도 의화단과 어깨를 걸고 적극적으로 싸웠다.

대고항大沽港에 머물고 있던 제국주의 함대는 5월 21일(양력 6월 17일) 새벽 6시간의 치열한 전투 끝에 대고항 포대를 점령했다. 청군은 대고항에 상당히 완비된 포대를 갖추고 있었지만, 이번 전쟁에 대한 구체적인 준비를 전혀 하지 않았다. 포대를 지키던 병사들이 갑작스런 적의 공격에 맹렬하게 대응하여 적들은 상당한 대가를 치르고 포대를 점령했다.

이 무렵 영국 해군 제독 시모어가 지휘해 천진에서 북경을 향하던 2천여 명의 연합군은 5월 19일 낭방廊坊에 도착한 뒤 의화단 군중들의 저지로 더 이상 전진할 수 없어 퇴각하던 중 연도에서 의화단과 청군의 포위 공격을 당해 증원 없이는 천진의 조계로 돌아갈 수 없는 상황에 놓였다. 그러나 천진 조계의 외국 병력은 2천4백 명에 불과했고, 그 가운데 1천7백 명이 러시아 육군이었다. 그들은 벌떼처럼 일어나는 의화단 군중들에 둘러싸여 병력을 나누어 시모어를 도울 상황이 되지 못했다. 그런데 대고항 포대를 점령한 후 5월 27일(양력 6월 23일) 러시아와 일본, 영국, 미국, 프랑스의 군대 총 8천 명이 대고에서 진격해 격전을 치르며 천진 조계에 도착했다. 원래 천진 조계에 있던 병력과 증원부대의 도움으로 5월 30일 천진 조계로 퇴각한 시모어 부대 병력을 합한 총 1만 2천여 명의 병력이 천진성 밖 자죽림紫竹林 조계에 집결했다. 이 가운데 러시아 병력이 6천 명, 일본 병력이 4천 명이었다. 그리고 대고에 아직 6천여 명의 병력이 남아 있었다. 침략군은 병력이 증원되자 바로 천진 지역 전체를 점령하려고 했다. 이에 따라 천진에서 거의 한 달(5월 20일경에서 6월 17일까지)에 걸쳐 치열한 전투가 벌어졌다.

5월 중에 의화단의 세력이 이미 천진에 널리 퍼졌다. 의화단 군중은 닥치는 대로 천주교 성당을 불태우고, 또 이를 막는 서양 군대와 처음으로 충돌했다.

천진에 주재하고 있던 직예 총독 유록이 처음에는 이들에 대한 진압을 주장했지만, 땅속에서 솟아나듯 끝없이 밀려드는 의화단 앞에서 그 존재를 인정할 수밖에 없었다. 심지어 그는 의화단에 사람을 보내 관청을 지키게 했다.

대고전투가 끝난 후 북경 조정의 풍향에 따라 유록은 공개적으로 의화단을 위무하는 정책을 시행했다. 천진 부근 각 현의 의화단이 물밀듯 천진으로 밀려들었다. 6월 초에 이르자 천진에 있는 의화단의 수가 3만 명을 넘어섰다. 그들 중 일부만 공식 규정을 준수하여 이름을 명부에 올렸다.

천진에는 원래 직예 총독 섭사성이 지휘하는 무위전군武衛前軍이 있었는데, 6월 초에 조정은 또 마옥곤馬玉崑이 지휘하는 무위좌군武衛左軍의 일부를 천진에 파견하였다. 섭사성의 부대는 명령에 따라 직예성 각지에서 의화단을 토벌하였으며, 외국 침략군에 맞선 천진 보위전에서도 비교적 용맹하게 전투를 벌였다. 섭사성이 6월 13일 천진성 남쪽 팔리대八里臺에서 침략군에 맞서 전투하던 중 전사하여 그의 부대는 마옥곤이 통솔하게 되었다. 마옥곤은 전투에서 의화단 군중을 선봉에 내세우고 관군을 맨 뒤에 서게 했다. 13일 밤 조계를 공격하는 전투에서 의화단 군중 2천여 명이 전사했지만 관군은 부상자도 거의 없었다. 당시 의화단은 서양 군대로부터 총격을 받았을 뿐만 아니라 그들 뒤에 있던 관군으로부터도 총격을 받았다는 기록이 남아 있다.15)

조정은 또 대장 송경宋慶을 북양군무대신 보좌관으로 임명한 뒤 천진으로 보내 유록을 돕도록 했다. 송경은 임명 당시 서태후를 접견했다. 그는 청일전쟁 때 전투를 벌이지 않고 후퇴한 인물로, 서태후에게 8개국 군대와 맞서는 것은 불가능하다고 말했다.16) 서태후가 진정으로 침략군과 싸우기 위해 그를 보낸 것이 아님을 알 수 있다. 송경은 6월 14일 천진에 도착한 뒤 17일 군대에 의화단 무리를 "모조리 죽여라"라고 명령했다. 당시 기록에 의하면 "송경의 군대는 의화단을 보면 그

---

15) 『의화단자료』 제2책, 171쪽.
16) 劉孟揚, 「天津拳匪變亂記事」, 『의화단자료』 제2책, 35·39쪽.

자리에서 죽이고, 16세 이하이면 여비를 주어 고향으로 돌아가도록 했다. 반나절 만에 성 안팎에서 단을 설치하고 깃발을 꽂았던 사람들이 모두 흩어졌다."[17) 바로 그날 러시아와 영국, 미국, 일본, 프랑스 연합군이 천진 공격을 시작하여 다음 날 새벽에 성내로 진입했다. 이때 천진성 밖에는 청의 관군 7~80개 영營이 있었으나 심각한 손실 없이 모두 서쪽으로 철수했다.

도시라는 복잡한 여건에다 의화단이 관청의 공식 인정을 받게 되자 의화단이라는 이름으로 활동하는 자들 중에 동기가 불순한 분자와 불량배들이 섞여 들었다. 그들은 기회를 틈타 사리사욕을 챙기고 이런저런 '도술'로 서양인을 쉽게 물리칠 수 있다는 등 온갖 터무니없는 유언비어를 퍼뜨렸다. 이러한 낡은 미신은 당시 도시 주민들과 관료들 사이에서 매우 시장성이 있었다. 그래서 의화단을 둘러싼 신화는 점점 더 성행했다. 예를 들면 의화단 활동에 참가한 많은 부녀자들이 천진에서 '홍등조紅燈照'와 '남등조藍燈照'라고 불렸는데, 그녀들이 도술을 부려 구름을 타고 먼 곳을 떠다니며 불을 지르고 사람을 죽이면 밤하늘에 빨간 등불과 파란 등불이 켜진다는 소문이 나돌았다. 이런 괴상망측한 신화는 봉건적 예교에 덜 속박된 하층 부녀자들이 용감하게 전투에 참여한 정신을 잘 말해 주는 사례이다.

의화단은 천진에서 반제국주의 투쟁의 주역으로 용감하게 전투를 벌였다. 그들은 일찍이 관청의 무기고를 열어 소량의 총기를 갖기는 했지만 대부분 구식 냉병기인 창칼로 무장했다. 그들은 애국심에 불타올랐지만 올바로 이끌어 줄 지도부가 없었고 청 관리들이 진정으로 서양과 전쟁을 벌일 생각을 가지고 있다고 잘못 믿고 천진 방어전에서 맨몸으로 서양의 총포 앞에 맞섰다. 어떤 관리는 조정에 보낸 보고문에서 의화단이 "용맹하지만 무모하다"고 말했는데, 사실 관료들은 그들의 '무모'를 이용해 그들을 제국주의 침략자들의 무기 앞에 내세워 짓밟히게 했다.

그러나 제국주의 열강의 입장에서 보면 청 정부가 이런 전략을 채택한 것은

---

17) 『의화단자료』 제2책, 156쪽.

결코 좋은 일이 아니었다. 만약 의화단운동이 없었다면 서태후든 광서제든 그 어떤 집권 세력이든 5월 25일과 같이 선전포고를 할 수 없었을 것이다. 제국주의 열강의 순종적인 노예가 된 청 정부는 갑자기 의화단 반제운동의 포로가 되어 수단과 방법을 가리지 않고 그 지위에서 벗어나려고 애썼던 것이다. 제국주의자들의 출병은 의화단을 박멸하고 중국 인민의 반제국주의 운동을 탄압함으로써 청 정부가 어려운 처지에서 벗어나 제국주의 열강들의 중국 지배의 질서를 회복할 수 있도록 도우려는 것이었다.

제6장
8국 연합군과 의화단의 실패

1. 8국 연합군의 북경 점령

　천진을 점령한 각국 침략군은 즉시 병력을 조직하여 북경으로 진군할 계획을 세웠다. 천진이 함락된 지 20일 만에 총 1만 9천여 명의 연합군이 천진에서 운하 양안을 따라 북경으로 출발했다.
　이 침략군 중에는 일본군이 8천 명으로 가장 많았다. 영국은 당시 남아프리카의 식민지전쟁에 휘말려 3천 명의 병력만 파견할 수밖에 없었다. 미국은 적극적이었지만 참가할 수 있는 병력은 2천5백 명뿐이었다. 영국과 미국이 모두 일본의 추가 출병을 종용하고 지지한 것은 러시아와 독일이 당시 침략전쟁에서 우위를 차지하는 것을 막기 위해서였다. 러시아는 이때 기회를 틈타 중국의 동북지방을 침략하는 것 외에 북경 진출에도 적극 가담했다. 이번 연합군 중에는 러시아 군대가 4천8백 명으로 일본 다음으로 많았다. 극동에서 세력을 확장하려는 야심을 품은 독일 황제는 북경 주재 공사의 피살을 빌미로 7천 명의 군대 편성을 명령했다. 그러나 연합군이 천진에서 출발할 때 이 독일군은 아직 도착하지 않았다. 프랑스는 연합군에 800명이 참가했다. 그 밖에 오스트리아-헝가리 제국과 이탈리아는 극동에 병력이 별로 없었으므로 각각 50여 명을 연합군에 참가시켰다.

연합군은 천진을 출발한 지 12일 후인 1900년(광서 26) 7월 20일(양력 8월 14일) 북경에 도착했다. 이는 40년 전인 1860년(함풍 10)에 영국·프랑스 연합군이 북경을 점령한 이후 북경이 다시 한번 외국에 점령된 것이다.

당시 청은 북경과 천진 사이에 상당한 병력을 보유하고 있었다. 천진에서 후퇴한 유록과 송경, 마옥곤 등의 부대가 2~3만 명, 북경성을 수비하는 영록과 동복상 등의 부대가 약 3만 명, 그리고 2만여 명의 팔기병(만주병)과 청 정부의 징집에 응해 외성에서 수도 지역으로 온 군사를 합치면 적어도 10만 명의 병력이 있었다. 영국·프랑스 연합군과 싸울 때는 청 정부가 온 힘을 다해 태평천국과 전투 중이었으므로 북방에서 이들과 싸울 의지가 전혀 없었다. 그러나 이번에는 청 정부가 대외 선전포고를 했던 때였다. 북경과 천진 사이에 배치한 군대로 진지하게 싸울 의지가 있고 의화단의 역량을 실제로 동원하고 의존할 생각이 있었더라면, 2만 명도 안 되는 연합군이 이렇게 쉽게 북경에 진입하는 것은 불가능했을 것이다.

서태후를 비롯한 청 당국은 단지 문서로만 선전포고 조서를 내렸을 뿐 응전할 의지도 단호하게 맞설 계획도 사실상 없었다. 일부 겁이 많은 장수들이 지휘한 부대는 적의 공격 앞에서 거의 모두 싸우지도 않고 흩어졌다. 연합군은 천진 북쪽 10킬로미터 떨어진 북창北倉에서 섭사성의 일부 잔여 부대와 의화단의 수천 명 무장 부대의 습격을 받아 어느 정도 격렬한 전투를 치렀다. 북양대신 유록과 그의 조수인 송경의 부대는 천진에서 북쪽 30킬로미터 떨어진 양촌楊村에서 연합군과 조금 접전을 벌이다가 모두 패주했다. 유록이 자살하자 송경과 마옥곤은 그 길로 달아나 더 이상 전투를 벌이려 들지 않았다. 연합군이 북경에 도착하기 10일 전, 장강 수사대신이었던 이병형李秉衡이 조정의 명령을 받고 상경하자 서태후는 그에게 통주通州 이남의 적을 방어하는 임무를 주고 30개 대대 1만여 명의 병력을 배속시켰다. 이 부대는 적의 총소리만 들어도 대부분 사방으로 흩어졌고 일부만 남아 변변치 못한 전투를 치르다 궤멸했다.

7월 19일 밤 연합군은 북경성 밖에 도착하여 남쪽과 동쪽에서 성을 공격하자 일부 의화단 군중들이 자발적으로 성에 올라가 적의 공격에 맞섰다. 청군 중 동복상의 감군甘軍이 전투력이 가장 뛰어나다는 평을 받고 있었는데, 그는 응전한다는 명분으로 부대를 이끌고 성을 나갔지만 실은 적이 오는 반대 방향인 북경 서쪽을 향해 도망쳤다. 영록이 지휘한 무위군과 재의가 지휘한 신기영神機營과 호신영虎神營의 팔기군들은 적군이 성으로 진입하는 소리를 듣자마자 모두 뿔뿔이 흩어졌고, 영록은 몇 개의 영을 데리고 서직문西直門을 거쳐 도망쳤다. 이렇게 되어 하룻밤 사이에 연합군이 북경성 안으로 쳐들어왔다.

북경이 함락될 때 서태후는 광서제와 일부 황족, 대신들을 데리고 황급히 궁을 버리고 북경성 서북쪽 문인 덕승문德勝門을 빠져 나갔다. 그들은 창평昌平을 거쳐 거용관居庸關을 지나 산서성山西省 경내로 들어갔다.

서태후의 조정은 5월 25일 선전포고 조서를 내렸음에도 불구하고 침략군이 서서히 압박하는 동안 여러 경로를 통해 조정의 본의가 전쟁을 하려는 것이 아니라는 점을 끊임없이 밝히면서 각국에 '양해'를 구했다. 천진 함락을 전후해 청 정부는 황제의 이름으로 러시아와 영국, 일본, 프랑스, 독일, 미국 측에 국서를 보내 조정이 의화단과 같은 편인 것으로 오해하지 말 것을 간곡히 요청했다.

침략한 각국도 이런 오해가 처음부터 없었다. 이들이 공동으로 무력을 사용해 대고大沽의 포대를 탈취하고 천진을 점령했을 때 "중국을 상대로 한 전쟁 상태는 존재하지 않는다"[1]는 데 의견을 같이했다. 각국 사령관은 "중국 정부에 대한 병력 사용은 절대 없다"는 태도를 취하기로 합의했다. "이번 진군의 목적은 의화단이라는 이름으로 중국 정부를 전복시키려는 반도들을 토벌하는 데 있다"라고 했다.[2] 연합군에 참가한 각국은 나름대로의 속셈을 가지고 있었지만, 북경을 진격하는 목적이 북경에서 포위된 공사관을 구출하고 청 정부의 '비적 토벌'을 돕는다는 점에서는 일치했다.

---

1) Morse, 『중화제국대외관계사』 제3권, 244쪽.
2) 왕예생, 『60년래 중국과 일본』 제4권, 10~11쪽.

40년 전 영국·프랑스 연합군이 북경을 점령했을 때 침략자들은 완고한 청 정부를 전쟁의 수단으로 응징하는 것이 목적이지 인민과는 상관이 없다고 선언함으로써 중국 인민들의 환심을 사려고 했다. 그렇지만 그들은 결국 청 정부와 손잡고 태평천국을 진압했다. 그러나 이번 전쟁에서 침략자들은 처음부터 의화단으로 대표되는 제국주의의 침략에 항거하는 중국 인민들을 진압하기 위해 북경에 진군한 것이지 청 정부와 적이 되고자 하는 것이 아니며 오히려 이 정부를 구하러 온 것임을 분명히 했다.

북경을 탈출한 조정은 7월 25일 상해에서 이미 명령을 받고 침략한 각국에 강화를 구걸하고 있던 이홍장에게 조서를 보내어, 각국이 청 조정에 악의가 없다고 말하면서도 결국 북경으로 쳐들어온 것은 "국가 간 외교관계를 무시한 것이며 원래 합의한 바와도 맞지 않다"[3]고 하였다. 이는 의화단을 진압하기 위해 군대를 동원하기로 약속했으면서 조정까지 북경에 머물 수 없게 만들어 정말 체면이 깎이게 되었다는 원망을 드러낸 것이었다.

2. '동남 지역 상호 보호'와 이홍장의 강화

의화단운동이 북방 각 성, 특히 북경과 천진 지역에서 이토록 큰 기세를 떨쳐 청 조정이 부득이 외국과 전쟁을 벌이려는 태도를 취하지 않으면 안 되었으므로 당연히 전국에 강한 진동을 일으키지 않을 수 없었다.

1900년 6월에는 사천四川과 호북湖北, 호남湖南, 강서江西, 절강浙江, 복건福建에서 모두 외국 교회를 불태우는 사건이 발생했다. 호남 남부의 형양衡陽과 형산衡山, 안인安仁, 상녕常寧, 뇌양耒陽, 영릉零陵 각지의 교회가 거의 동시에 불타 버렸고, 서양인 주교와 교회의 직책을 맡았던 서양인도 살해되었다. 절강성 서부 강산江山과

---

3) 『의화단자료』 제4책, 39쪽.

상산常山 지역 반교회 투쟁은 무장봉기로 발전해 강산현을 점령하고 서안현西安縣의 지현知縣을 살해했다. 동시에 절강성 동부 해안 지역에서도 교회가 불에 타거나 파괴되는 사건이 발생했다. 이들 남방 지역 성에는 의화단 조직이 없었지만 하층민들 사이에 비슷한 성격의 회당 활동이 활발했다. 어떤 지방에서는 관리와 향신鄕紳들이 기회를 틈타 자신들의 마음속에 숨겨져 있는 서양인에 대한 원한을 발산하는 경향도 있었다. 북경의 조정은 의화단의 합법적인 지위를 인정하고 대외 선전포고에 관한 조서를 각 성의 총독에게 내렸는데, 이것이 비록 사기이기는 하지만 전국에 영향을 미치지 않을 수 없었다.

북경의 조정은 이미 국가 전체를 통제하기 어려운 처지에 빠졌다. 그리고 제국주의 침략자들이 출병해 천진을 치고 북경으로 쳐들어올 수는 있었지만 중국 전역에서 끓어오르는 반제국주의의 열기를 직접 병력으로 진압할 수는 없었다. 이러한 상황에서 양무파 관료가 주축이 된 남부 각성의 총독과 순무들은 제국주의자들의 매우 유용하고 유능한 도구가 되었다. 이들은 자신들이 관할하는 성에서 반식민지半植民地의 질서를 계속 유지하려고 노력하여 제국주의자들로부터 높은 찬사를 받았다.

양광兩廣 총독 이홍장李鴻章과 호광湖廣 총독 장지동張之洞, 양강兩江 총독 유곤일劉坤一은 처음부터 의화단 토벌을 강력히 주장했다. 이들은 조정에서 수구파 관료들의 의도에 따라 '위무'의 방법으로 의화단을 대하는 것에 대해 일관되게 반대했다. 그들은 이렇게 하면 외국 제국주의자들의 미움을 사서 걷잡을 수 없는 국면을 조성할 것이라고 생각했다. 장강 유역을 자신들의 세력권으로 간주하는 영국은 유곤일, 장지동과 직접 연계하여 장강 중하류 각 성의 질서를 공동으로 유지하고 영국을 우선으로 하는 각국의 이익을 해치지 않도록 할 것을 요구하였다.

5월 25일 조정의 선전포고 조서가 내려졌지만, 양광 총독 이홍장은 이를 위조된 것으로 간주하고 집행하지 않기로 결정했다. 철로독판鐵路督辦을 맡고 있던 매판관료 성선회盛宣懷는 이때 이홍장, 장지동, 유곤일 등과 함께 이른바 '동남 지역 상호 보존'(東南互保)을 실행하는 중심인물이 되었다. 그의 계책으로 상해 도대道臺

여련원余聯沅과 장지동·유곤일이 파견한 관리(성선회 본인도 참석)가 함께 대표단을 구성해 상해에서 미국 총영사를 대표로 하는 각국 영사단과 협상을 벌였다. 양측은 5월 30일 이른바 '동남보호약관東南保護約款' 9조를 체결했는데, 그 내용을 보면 "상해 조계는 각국이 공동으로 보호하고", "장강과 소주·항주 내의 각국 상인과 선교사의 재산은 모두 남양대신 유곤일과 양호兩湖 독헌督憲 장윤인張允認이 확실하게 보호할 것"이라고 규정했다.4) 당시 양강 총독 유곤일은 남양대신의 직함도 함께 가지고 있었다. 유곤일과 장지동이 외국인과 체결한 이 협정에 이홍장도 당연히 찬성했다. 장강 상류의 사천 총독 규준奎俊도 즉각 동의했다. 민절閩浙 총독 허응규許應騤는 7월 2일 성선회에게 전보를 보내 그가 복주福州에서 실행한 것도 같은 내용이라고 말하며, 복주 주재 영국 영사와 비슷한 협정을 맺었기 때문에 '동남보호약관' 가입에 동의한다고 알렸다.

　　이 협정으로 제국주의 열강들은 남방에서 불리한 상황의 발생을 염려할 필요 없이 북방에서 안심하고 군대를 동원할 수 있었다. 그래서 당시 한 미국인은 "남부와 중부 각 성의 고위 관리들이…… 각국과 이미 동맹을 맺었다"5)고 말했다. 영국은 13척의 군함을 장강으로 진입시켰다. 7, 8월에 영국과 프랑스, 독일, 일본이 잇따라 소수의 군대를 상해에 상륙시켰다.

　　섬서 순무 단방端方과 산동 순무 원세개袁世凱도 남방의 총독·순무들과 같은 입장을 취했다. 원세개의 부대는 북양군의 정예군으로 불렸고 그의 주둔지가 천진의 전투 지역과 지척의 거리에 있었지만, 그는 천진을 지원하기 위해 단 한 명의 병사도 보내지 않고 산동에서 이른바 '보경안민保境安民'을 실행했다. 영국인이 그에게 '동남보호약관'에 대한 의견을 물었을 때, 그는 "나의 의견은 그 몇몇 총독들과 같다"고 대답했다.6)

　　이들 총독과 순무들이 자발적으로 제국주의 열강과 연락하여 그들의 이익을

---

4) 『중외구약장회편』 제1책, 968쪽.
5) Morse, 『중화제국대외관계사』 제3책, 248쪽.
6) Morse, 『중화제국대외관계사』 제3책, 248쪽.

보호할 책임을 진 것은 형식상으로 보면 북경 조정의 선전포고 조서와 명백히 위배된다. 조정의 선전포고 본뜻을 모르는 일부 관리가 조정에 상주하여 동남 각 성의 총독과 순무들을 규탄하였으나, 조정은 이러한 규탄에 아랑곳하지 않고 그들을 전적으로 동의한다고 밝혔다. 연합군이 북경을 점령한 후 북경을 탈출한 조정에서 내린 조서에 "유곤일과 장지동 등의 상주에 따르면 바다와 장강 연안 지역의 모든 상업은 평소와 같고 협의한 대로 보호되고 있다고 하는데, 지금도 협약한 대로 시행해 믿음을 보여 주도록 하라"[7]고 더 명확히 밝혔다.

남방의 총독과 순무들 중 우두머리는 이홍장이었다. 그는 1898년 영·러 갈등으로 총리아문에서 밀려났지만 관료 집단 내부에서는 여전히 서양과 교섭에 가장 뛰어난 인물로 꼽혔다. 그는 1899년 말 양광 총독에 임명되었다. 1900년 5월 22일 그는 즉시 북상하라는 명령을 받들어 입경하였는데, 그때가 바로 대고항이 침략군에게 점령당할 때였다. 조정이 그를 기용한 것은 당연히 그를 통해 각국과 교섭하여 국면을 완화시켜 보려는 뜻이었다. 그는 북방의 정세가 아직 명확하지 않은 것을 보고 관망을 해야 했기에 핑계를 대고 광주에 머물면서 시간을 끌었다. 6월 12일 조정은 다시 이홍장에게 직예 총독 겸 북양대신이라는 실권이 있는 직위를 주었다.

조정의 재촉을 받고 이홍장은 6월 20일 배를 타고 광주를 떠나 상해에 도착했는데 이때는 이미 천진이 함락되었다. 그는 조정의 요구대로 서둘러 입경하지 않고 상해에 머물렀다. 유곤일과 장지동은 일부 총독·순무들을 규합하여 조정에 전보를 보내 빨리 화의하고 이홍장에게 더 큰 권한을 줄 것을 청했다. 이때 이홍장은 상해에서 이미 청 주재 각국 공사와 직접 연락을 취해 각국의 의향을 살피기 시작했다. 7월 6일 이홍장은 상해에서 유곤일과 연명으로 조정에 상주하여 조정에서 즉시 각 성의 총독과 순무들에게 시급한 일 몇 가지를 처리하도록 명령할 것을 요구했는데, 그중 주요한 것은 "조약에 따라 진지하게 각국의 상인과 선교사를 보호하고", 모든 '비적'과 '쓸데없는 용기로 나라를 어지럽히는 사람들'을 철저하게

---

7) 『의화단당안사료』 상책, 489쪽.

토벌하라는 것이었다. 이때 연합군은 아직 천진을 출발하지 않았는데, 이 상주문에서 다음과 같이 말했다.

> 지금 각국이 비적을 토벌한다는 이유로 군대를 증강하고 있고, 천진전투는 우리나라와 전쟁을 벌이려고 하는 것이 아니라고 밝히고 있으니, 아직 예사롭지 않은 재앙을 불러올 상황은 아닙니다.[8]

그러나 이홍장은 더 이상 의화단에 대한 토벌을 미루고 외국인의 이익을 제대로 보호하지 않으면 북경은 큰 재앙을 면치 못할 것이라고 말했다. 이 상주문의 내용은 전적으로 침략국의 의도대로 말했음이 명백하다.

연합군이 천진에서 북경으로 진격 중이던 7월 13일 조정은 아직 상해에 머물고 있던 이홍장을 '전권 강화대신'에 임명했다. 이에 따라 연합군이 북경으로 진격하고 있을 때 이홍장은 상해에서 어떤 조건이면 휴전에 응할 것인지 각국에 타진하고 있었다. 북경이 함락된 후인 7월 30일 산서성 태원太原으로 피난하고 있던 조정은 "전권대신 이홍장은 필요하다고 판단하는 것에 따라 일을 신속히 처리할 것을 윤허하니, 짐이 먼 곳에서 일을 처리하도록 하지 말라"[9]는 명령을 내렸다. 이에 따라 양무파 관료들이 시국을 수습할 중심 세력이 되었다. 수도를 점령한 침략자들에게 강화를 구걸해야 하는 임무가 양무파의 두목 이홍장에게 주어졌다.

3. 날강도 무리들

연합군이 북경에 침입하자 조정은 황급히 피신했고, 문무백관들도 줄줄이 숨었다. 미처 피신하지 못하고 북경에 남아 있던 대학사 곤강崑岡 등 몇몇 관료들은

---

8) 『의화단당안사료』 상책, 416~417쪽.
9) 『의화단자료』 제4책, 43쪽.

청의 관직을 가진 영국인 하트를 찾아가 "위급한 상황을 끝낼 방법을 주선해 달라"고 요청했다. 하트는 경친왕慶親王 혁광奕劻을 서둘러 성안으로 들여보내 각국과 강화를 시도해야 한다는 뜻을 밝혔다.10) 영국 측은 이홍장이 러시아와 긴밀한 관계를 맺고 있기 때문에 그를 북경에 보내려고 서두르지 않았다. 피신 중이던 조정은 곤강의 보고를 받고 선화宣化로 피신해 있던 혁광에게 즉시 북경으로 돌아가라는 명령을 내리는 한편, 아직 상해에 있는 이홍장에게 북경으로 갈 것을 재촉했다. 혁광은 8월 10일 북경으로 돌아왔는데, 그를 호위하던 부대는 무장해제를 당했고 영국과 일본의 군대가 그를 성으로 호송했다. 그런데 어처구니가 없게도 그는 북경으로 돌아온 후 각 국의 공사를 만나 호송을 위해 출병해 준 '성의'에 감사를 표시했다.

러시아가 이홍장에게 그를 '보호'할 책임을 지겠다는 의사를 표시했기 때문에 그는 8월 25일에 상해에서 배를 타고 북상했다. 그와 그의 수행원들이 대고大沽에 도착한 후 러시아의 코사크 기병들의 호위 속에 기차를 타고 천진에 도착했다. 이때 천진은 열강들의 군사 통제 아래에 놓인 반식민지 도시가 됐다. 침략자들은 6월 18일 천진을 점령한 직후 이른바 '천진시 임시정부 위원회'를 구성했다. 당시 중국인들은 이를 '천진도통아문天津都統衙門'이라 불렀다. 이 위원회는 천진전투에 가장 많이 참가한 러시아와 영국, 일본 대표 각 1명으로 구성되었다. 이후 다른 침략국도 참여를 고집하여 독일과 프랑스, 미국, 이탈리아, 오스트리아 대표를 추가했다. 열강들이 공동 관리하는 임시정부는 천진에서 주민들로부터 세금을 징수하고 사법재판을 진행하며 의화단으로 의심되는 중국인을 참수했다. 이홍장은 직예 총독이란 직함을 가지고 있었지만, 그가 천진에 도착하자 이 임시정부는 이홍장을 "개인 자격으로 대우하며, 그의 도착은 천진 임시정부의 업무에 영향을 미치지 않는다"11)고 주장했다. 천진에서 이홍장의 접대 임무를 담당했던 한 러시아

---

10) 『의화단당안사료』 상책, 497쪽.
11) Morse, 『중화제국대외관계사』 제3권, 320쪽.

관리는 "이씨는 사실상 예우를 받는 포로"12)라고 말했다.

이홍장은 윤8월 9일에 북경에 도착했다. 경친왕도 강화전권대신에 임명되어 이홍장과 함께 활동했다. 11월 초가 되어서야 침략자들은 정식으로 강화 조건을 제시했다. 그들은 모두 강화를 서두르지 않았으며, 이를 틈타 약탈을 일삼는 한편 저항하는 중국 인민들을 무력으로 진압했다. 연합국이 이홍장과 경친왕을 필요로 한 이유는 우선 강화 협정에 서명할 인물이 필요했기 때문이기도 하지만, 그들을 통해 피신 중인 조정이 제국주의와 협력하는 태도를 철저히 취해야만 존재할 수 있다는 것을 깨닫게 하고, 또한 북방에 남아 있는 청의 군대를 단속하고 침략자들의 뜻에 순종해 의화단 세력을 공동으로 진압할 필요가 있었기 때문이다.

8국 연합군은 도처에서 방화와 살인을 저지르고 약탈했다. 연합군 총사령관인 발더제(Alfred Graf Von Waldersee)는 수기手記에 다음과 같이 기록해 놓았다.

> 북경과 천진 사이의 연도에 파괴되지 않은 집이 극히 드물며, 대부분 이미 폐허가 되고 말았다.…… 대고에서 천진을 거쳐 북경까지 가는 길 주변에 적어도 50만 명은 살 집이 없는 상태이다.13)

연합군은 북경에 진입한 후 문을 활짝 열어 놓은 보물창고 앞에 선 한 무리의 강도들과 같았다. 황궁과 성 밖의 이화원을 포함한 북경성 전체가 약탈을 당했다. 장교와 병사뿐만 아니라 선교사들도 약탈에 가담했다. 당시 프랑스 신문은 "귀국한 병사의 말에 의하면, 그들은 북당에서 황궁으로 향했는데 선교사들도 따라갔고", "우리는 명령에 따라 3일 동안 성 안에서 하고 싶은 대로 했다. 죽이고 싶으면 죽이고, 가지고 싶으면 가졌다. 사실상 약탈은 8일 동안 이어졌는데, 선교사들이 우리를 안내했다"14)고 보도했다. 연합군 총사령관 발더제는 수기에 다음과 같이

---

12) 크리스토비츠, 『원동의 러시아인』(俄國人在遠東, 李金秋 등 역, 상무인서관, 1975년판), 140쪽.
13) 『의화단자료』 제3책, 29쪽.

고백했다.

> 연합군은 북경을 점령한 뒤 사흘간 공개적인 약탈을 허용했고, 그 뒤로 또 개인적인 약탈을 계속 자행했는데 북경 주민들이 입은 물질적 손실은 매우 크지만 자세한 숫자는 파악하기가 쉽지 않다. 지금 각국은 약탈의 책임을 서로 떠넘기고 있지만, 당시 철저히 공동으로 약탈했고 또 시종 존재했다는 것이 사실이다.15)

발더제는 독일군 원수였는데 독일 황제 빌헬름 2세가 그를 독일군 사령관으로 파견했으며, 연합군 총사령관의 지위를 차지했다. 독일군은 북경이 함락된 후에 북경에 도착했다. 위에서 본 바와 같이 발더제의 수기는 영국과 일본, 미국, 러시아, 프랑스 군대가 경쟁적으로 북경에서 저지른 약탈에 대해 생생하게 묘사했다. 당시 북경에 주재하고 있던 영국 기자 심슨(Bertram Lenox Simpson)의 보도에 따르면, 독일군도 북경에 도착하자마자 약탈에 뛰어들었고, 병사들은 "독일 황제의 칙령 가운데 이렇게 하라는 명령이 있어 이를 따랐을 뿐이라고 직접 말했다"16)고 한다.

연합군은 북경을 구역을 나누어 점령했다. 그러나 자금성에 대해서는 점령하지 않기로 약속했는데 이는 청 정부를 여전히 인정한다는 뜻이었다. 그러나 각국의 지휘관과 병사들은 각종 기회를 이용해 자금성에 들어가 보물들을 약탈해 갔다. 발더제는 자금성 안 중남해中南海의 의란전儀鸞殿에 그의 사령부를 설치했다. 의란전은 서태후가 거처하던 곳으로 진기한 보물이 많았는데 발더제가 철수하면서 이곳을 불태웠다. 연합군은 가는 곳마다 의화단과 기타 군중들을 학살했다. 당시 북경에 거주하던 한 중국 문인은 다음과 같이 기록했다.

---

14) 『의화단운동사논총』(삼련서점, 1956년판), 127쪽에 실린 邵循正의 글에서 인용.
15) 『의화단자료』 제3책, 31~31쪽.
16) 『의화단자료』 제2책, 388쪽.

성이 함락되던 날 서양 군인들이 죽인 사람의 수는 이루 헤아릴 수 없다.……
거리에는 시체가 겹쳐 누워 있었다. 서양 군인들이 중국인들에게 삼태기에
담아 옮겨 묻게 했는데, 일을 마치면 시체를 메고 간 사람들까지 모두 죽여
구덩이에 묻었다.17)

영국 기자 심슨도 자신이 직접 목격한 사실을 다음과 같이 기술했다.

프랑스 보병 선발대가 길에서 황급히 탈출하는 의화단과 병사, 민간인이 뒤섞인
중국인 무리와 마주쳤다. 프랑스 군인들은 기관총을 들이대어 그들을 통하지
않는 좁은 골목으로 몰아넣고서 약 10분에서 15분 동안 아무도 살아남지 않을
때까지 마구 총을 쐈다.18)

　연합군이 천진과 북경을 점령한 후 이 지역 부근에는 이미 청의 관군은 없었지만 여러 지역에서 의화단이 여전히 활동하고 있었다. 침략군은 먼저 이 지역 곳곳에서 약탈과 방화를 저질렀다. 예를 들면 8월에 연합군이 천진에서 남서쪽으로 20킬로미터 떨어진 독류진獨流鎭에 갔는데, 이곳은 의화단 활동의 중심지였던 탓으로 그들은 이 마을을 불태웠다. 또 연합군이 북경 동쪽의 통주通州, 무청武淸과 남쪽의 양향良鄕, 탁주涿州 및 서쪽의 삼가점三家店 등지를 약탈할 때 모두 의화단의 격렬한 저항에 부딪혔다.
　연합군 각국은 천진과 산해관을 잇는 철로를 차지하려고 경쟁했다. 천진에 도착한 이홍장은 이 철로를 지키기 위해 주둔하고 있던 부대에 점령하러 오는 연합군에게 저항하지 말라는 명령을 내렸다. 연합군은 그들끼리 다툰 끝에 산해관의 포대와 기차역은 각국이 공동으로 점령하고, 산해관 요새의 사령관은 영국인이 맡으며, 천진에서 산해관까지의 철도는 러시아인이 관리하기로 합의했다. 이 철로

---

17) 『의화단자료』 제2책, 470~471쪽.
18) 「庚子使館被圍記」, 『의화단자료』 제2책, 358쪽.

가운데 진황도秦皇島와 북당北塘은 이미 독일군이 점령했다.

연합군은 의화단을 토벌한다는 명목으로 하북성 중부 지역으로 진군했다. 프랑스 군대가 헌현獻縣에 도착했는데, 이곳은 직예성 남동부 천주교의 중심지였다. 프랑스군은 이곳에서 반교회 투쟁에 적극적이었다고 알려진 몇몇 마을을 파괴한 데 이어 서쪽으로 보정부保定府까지 진격했다. 또 독일과 프랑스, 영국, 이탈리아 연합군이 북경과 천진을 출발해 보정부에 도착했다. 보정은 직예성의 수도인데, 이때 성에 있던 청나라의 최고 관리는 포정사布政使 정옹廷雍이었다. 그는 유록裕祿이 죽은 후 직예 총독을 대리했다. 그의 군대는 이미 조정의 명을 받아 의화단 진압에 전력을 다하고 있었다. 연합군 총사령관 발더제는 "연합군이 진격할 때 중국군이 의화단과 전투한 흔적을 발견할 수 있었다. 성의 마을 입구마다 연합군을 환영하는 표시로 의화단 우두머리들의 머리를 잘라 매달아 놓았다"[19]고 말했다.

윤8월 20일, 연합군이 보정에 도착했을 때, 정옹과 보정에 있던 여러 관리들은 그들을 맞아 성 안으로 안내했다. 이홍장이 윤8월 18일 북경에 도착한 날 가장 먼저 정옹에게 급히 편지를 보내 연합군이 보정에 도착하면 "백기를 들고 영접하고", "병사들에게 경거망동으로 무력 도발하여 불상사를 일으키지 말 것을 엄격히 단속하라"[20]고 통지했다. 그럼에도 연합군은 보정에 진입한 후 약탈과 방화를 자행했을 뿐만 아니라 의화단을 방임했다는 이유로 주요 관리들을 체포했으며, 정옹과 몇몇 관리들을 총살하여 효수했다. 이들은 연합군을 "예의를 갖추어 영접"했지만 죽음을 면치 못했다. 이 사실을 전해들은 청 조정은 큰 충격에 빠졌다.

연합군은 보정에서 정정正定 일대까지 남진했다. 그들은 계속해서 부대를 나누어 하북성 중부 각지를 소란스럽게 한 것 외에도 산서성으로 진군할 듯한 태세를 보였다. 연합군의 요구에 따라 직예성 경내에 있던 청군은 모두 서쪽으로 자진 철수했다. 9월에는 독일과 이탈리아, 오스트리아 3국 연합군이 선화宣化를 거쳐

---

19) 『의화단자료』 제3책, 30쪽.
20) 『의화단당안사료』 하책, 702쪽.

장가구張家口에 침입했다. 비슷한 시기에 독일과 프랑스, 영국, 이탈리아 4국 연합군이 역주易州를 거쳐 자형관紫荊關과 광창廣昌(지금의 淶源)을 점령하자 청군은 산서성 영구靈丘와 평형관平型關으로 후퇴했다. 12월에는 독일과 프랑스 군대가 정정에서 서쪽으로 확록獲鹿까지 진격하자 청군은 낭자관娘子關으로 퇴각했다. 이듬해 3월 초 프랑스군은 또 낭자관을 점령했다. 어느 천주교 성당이 편찬한 책은 당시의 정세를 다음과 같이 자세히 기술해 놓았다.

> 남쪽은 정정正定, 북쪽은 장가구張家口, 동쪽은 산해관山海關(여기에다 서쪽은 낭자관까지 넣어야 한다.─저자)에 이르기까지 모두 연합군 세력권 안에 들어 왕래하고 순찰하는 발자취가 두루 다 퍼졌다. 무릇 의화단의 소굴이면 관청이든 민가이든 막론하고 보이는 대로 불태워 버렸다. 온 마을이 약탈당하는 경우도 많았다.[21]

이홍장도 조정에 올린 보고에서 연합군이 북경에 진입한 이후 "강화회담을 받아들이지 않고 질질 미루면서 군인들이 사방으로 노략질하고 지방 관리들에게 은전을 강요하고 있다"[22]고 말했다.

서태후를 비롯한 청 조정은 윤8월 8일 태원太原에서 서안西安으로 옮기고, 이홍장과 혁광이 북경에서 하루빨리 침략국과 강화 협정을 체결하기만을 기다렸다. 그들은 침략군이 계속해서 깊숙이 침투하는 것을 두려워하면서도 그들의 노여움을 사서 '평화국면'에 방해가 될까 우려하여 자국 군대가 어디에서든 그들과 맞서는 것을 제지했다. 조정은 이때 산서와 하남 지방 관리들에게도 같은 내용의 훈령을 내렸는데, 그 내용인즉 이제 각국과 강화협상을 하고 있으므로 절대로 결렬되게 방해해서는 안 된다는 것이었다. 따라서 만약 적병이 침범하면 먼저 관리를 보내 설득해야지 "경솔하게 행동해서는 안 되며, 물론 거침없이 공격하게 해서는 절대로 안 된다"[23]고 했다. 이것은 철저하게 양보하는 방침이었다. 북경에 있던 이홍장도

---

21) 헌현 천주당 출판, 『聖敎史略』; 범문란, 『중국근대사』(1951년판), 471쪽에서 인용.
22) 『의화단당안사료』 하책, 775쪽.

하남 순무에게 전보를 보내 "서양 군대가 하남에 도착하면 소와 양 같은 식품을 풍족하게 준비하여 예의를 갖추어 맞이하라"24)고 지시했다.

당시 수도권과 직예성에 진입한 8개국 연합군은 그 수가 점차 늘어났지만 가장 많을 때에도 10만 명 남짓이었고, 또 국가 간 갈등으로 발더제가 통일된 지휘를 할 수 없었다. 연합군은 북경과 천진에서 산해관에 이르는 지역을 점령한 뒤로는 내륙 깊숙이 침입하기 어려웠다. 그들이 그렇게 위풍당당하게 보이고 가고 프면 어디에든 다 갈 수 있었던 것은 사실상의 동맹군이 있었기 때문이다. 청 통치자들은 이미 의화단을 소탕하는 일에 전력을 기울였을 뿐만 아니라 침략자들에 대해서도 절대적인 순응적 태도를 취했기 때문에 이미 침략군에게 없어서는 안 될 동맹군이 되어 있었다.

의화단은 침략자와 청 통치자들의 합동 진압으로 인해 비록 실패했지만 침략자들을 증오하는 수백만의 중국 인민은 여전히 존재했다. 만약 연합군이 병력을 분산시켜 더 많은 곳으로 침입했다면 인민들의 적개심을 더욱 불러일으켜 이미 의화단운동에서 보여 준 격렬한 저항을 다시 맛보게 해 주었을 것이다. 청의 통치자들은 계속 물러설 뿐이었으며, 이에 따라 중국 통치자로서의 지위는 더욱 약화될 수밖에 없었는데, 이것은 제국주의 열강의 동맹이자 도구로서의 역할도 더욱 약화될 것이었기 때문에 이런 상황은 제국주의 열강도 피하려고 했다. 이에 따라 연합군은 자신들의 군사 활동을 직예성 경내로 제한하고, 나머지 다른 광대한 지역에서 중국 인민을 탄압하는 일은 청 통치자들이 스스로 하게 했다. 열강들의 강화 조건을 성실히 받아들이도록 청 통치자들을 혼내 주는 데는 이 정도의 군사 활동으로도 충분했기 때문이었다.

여기에서 러시아가 동북 3성에 대해 단독으로 벌인 군사 침략에 대해서도 서술할 필요가 있다. 러시아는 천진과 북경이 잇따라 제국주의 열강에 점령되는

---

23) 『의화단당안사료』 하책, 747쪽.
24) 『의화단당안사료』 하책, 763쪽.

상황을 중국의 동북 지역을 점령할 수 있는 좋은 기회로 여겼다. 의화단운동은 5, 6월 사이에 동북 3성으로 퍼졌는데, 그 중심지가 성경盛京(遼寧)이었다. 영국인과 프랑스인, 미국인이 세운 교회와 러시아가 건설한 철로가 대중들 증오의 집중적인 표적이 되었다. 봉천奉天(瀋陽)과 각지의 교회가 불에 탔다. 러시아가 건설한 동청東淸철로(시베리아에서 흑룡강성, 길림성 경계를 넘어 블라디보스토크를 잇는 철로)는 거의 전 구간이 개통되었고, 강점한 여순旅順과 대련大連에서 북쪽으로 건설된 남만南滿철도도 개원開原까지 건설되었다. 러시아가 중국 영토에서 중국의 노동력을 동원하여 철로를 건설한 것이 이미 대중들의 폭넓은 분노를 불러일으켰다. 군중들은 자발적으로 일어나 북쪽으로 개원까지, 남쪽으로 해성海城까지의 총 500리의 철로를 파손했다.25)

천진이 함락된 후 조정은 동북 3성의 장관들에게 철로를 파손한 것은 모두 의화단들의 소행이며 정부는 단지 "진압하지 못한" 책임만 있을 뿐이라는 것을 러시아 측이 이해하도록 하고, 만약 전쟁이 일어나면 "의화단민들을 앞장세우라"고 명령했다. 이런 비열한 방침은 동북 3성의 병사들에게 러시아군이 쳐들어오면 저항하지 말 것을 요구한 것임이 분명했다.

연합군이 산해관에서 천진을 출발해 북경으로 진격하고 있을 때와 거의 같은 시기에 러시아군도 동북 3성을 전면 침공했다. 그들은 북쪽과 동쪽에서 흑룡강성과 길림성으로 진입하는 한편 여순과 대련 지역에서 철도를 따라 북쪽으로 공격했다. 불과 두 달여 만에 러시아군은 동북 3성의 거의 모든 주요 도시를 점령했다. 점령 과정에서 러시아군은 곳곳에서 중국 민간인을 잔혹하게 살육했다. 6월 하순 러시아군은 아이훈(瑷琿)을 공격하던 중 흑룡강 북안의 해란포(블라고베셴스크)에 거주하던 중국인 5천여 명을 강 건너편으로 내쫓았는데 강을 건너던 사람 거의 모두가 익사했다. 이어 러시아군은 강동 64둔屯에서도 중국 주민을 내쫓거나 학살했는데 당시 2천여 명이 살해되었다. 제국주의가 중국 침략을 한 이래 보기 드문 참극이었다.

---

25) 『의화단당안사료』 상책, 307쪽.

러시아 정부가 오랫동안 품고 있던 중국 동북부 지역 독점의 야욕이 이미 다 실현된 듯 했지만 공개적인 합병은 적합하지 않다는 판단을 했다. 당시 여순과 대련 지역을 점령하고 있던 알렉세예프 러시아 군사령관은 다음과 같이 말했다.

> 관동성關東省(러시아인은 점령한 여순과 대련 지역을 관동성이라 불렀다.)에서의 지난 시도는 러시아가 직접 중국을 통치할 조건이 아직 성숙되지 않았음을 충분히 보여주었다. 이처럼 넓은 지역(동북 3성 전체를 가리킨다.)에서 같은 실수를 반복하는 것은 정말 모험이다.26)

이 말은 '이화치화以華治華', 곧 중국인을 내세워 중국인을 통치하게 해야 한다는 것이다. 게다가 러시아가 중국 동북 지역을 공개적으로 합병할 경우 열강들의 거센 반발이 불가피할 것이고, 열강들 또한 중국의 각 지역을 합병하려 들 것인데, 이것은 동북 지역을 합병하는 것만으로 만족할 수 없었던 러시아가 원하는 바가 아니었다. 이에 따라 러시아는 형식적으로 청의 동북 지역 행정기구를 부활시키기로 했다. 알렉세예프는 봉천을 탈출한 성경장군 증기增祺를 찾아내 '봉천반환'의 임시의정서에 서명할 것을 요구했다. 이 협정에 따라 성경장군은 봉천으로 돌아와 그 지위를 회복했지만, 사실상 요녕성 전체가 여전히 러시아군의 통제 하에 있었고, 성경장군은 러시아 관동사령관의 지시를 받는 부하가 되었다. 길림성과 흑룡강성에서도 같은 일이 벌어졌다. 러시아 정부는 자체적으로 '러시아 정부의 만주 감리원칙'(俄國政府監理滿洲原則)을 제정해 발표했는데, 이 원칙에 의하면 동북 3성은 사실상 러시아가 군사적으로 점령한 식민지가 됐지만 명목상 행정 관할권은 중국에 속했다. 일본과 영국, 미국 등의 반대로 러시아의 동북 지역 점령 문제는 이것으로 해결되지 못했다. 이후의 경과는 아래에서 살펴볼 것이다.

---

26) 크리스토비츠, 『원동의 러시아인』, 152쪽.

4. 제국주의 열강들의 '문호개방' 정책과 신축조약

　이홍장과 경친왕 혁광은 제국주의 열강들이 점령한 북경에 강화대신의 자격으로 머물렀지만 실제로는 그들과 각 침략국 대표들 사이에 별다른 '강화'를 위한 협상이 없었다. 있었다면 침략국들 사이의 '의논'만 있었을 뿐이다. 침략국들은 청 정부에 대한 처우와 강화 조건의 문제를 놓고 거의 1년 동안 서로 협상하고 암투를 벌였다. 이홍장과 경친왕이 강화를 위해 한 일은 각 침략국의 '의논' 결과를 서안에 있던 조정에 전하고 마지막에 가서 서명을 한 것뿐이었다.
　중국을 분할할 것인가 말 것인가 하는 문제가 제국주의 열강들이 고려한 가장 중요한 문제였다. 당시 중국에서는 영국과 러시아가 가장 세력이 컸는데 이들은 사실상 중국 분할을 준비했다. 영국은 장지동을 호남과 호북에서 '독립'하게 하고, 장강 중하류 지역에서 그들의 군사력을 강화하려 책동했다. 그리고 이홍장까지도 광동과 광서 지역에서 '독립'하도록 책동했다. 러시아는 앞서 말한 바와 같이 이미 동북 전역을 자신들의 군사적 통제 하에 두었고, 또 몽고와 신강까지도 손에 넣겠다는 야심을 가지고 있었다. 그들은 중국을 분할해야 할 상황이 발생할 경우 최대한 많은 몫을 챙길 준비가 되어 있었다. 그러나 다른 한편으로는 양국이 중국 분할을 찬성하지 않는다는 뜻도 밝혔다. 그들이 중국 분할을 찬성하지 않는다는 말도 거짓은 아니었다. 만약 중국 분할이 실제로 시행되면 제국주의 열강들 사이에 필연적으로 발생할 치열한 쟁탈전에 대처하기 위해 많은 노력을 기울여야 하고, 중국에서 이미 획득한 거대한 권익도 훼손되지 않는다는 보장이 없었을 뿐만 아니라 심지어 상실될 위험까지 있었기 때문이다.
　영국과 러시아 외에도 중국에서 이미 어느 정도 '세력 범위'를 획득한 독일과 일본, 프랑스도 이때에 마찬가지로 한편으로는 분할 준비를 하고 있었지만 다른 한편으로는 분할에 반대했다.
　의화단운동의 경험을 통해 제국주의 열강들은 중국을 분할하는 것이 대단히 위험하다는 생각을 가졌다. 분할이 시행되면 중국의 광범위한 인민들의 반발을 더욱 불러일으켜 제국주의 열강들이 의화단과 같은 투쟁에 직면하게 된다는 점을 간과할 수 없었기 때문이다. 연합군의 총사령관인 발더제는 독일 황제에게 올린 보고서에서 중국 분할 문제에 관한 자신의 견해를 밝혔다. 그는 각국이 중국을 어떻게 분할할 것인가에 대한 타협을 이룰 수 없다는 점을 지적하였고, 또 중국에서의 경험에 비추어 볼 때 중국의 황실과 관료 그리고 상류계급이 부패하고 무지하지만 중국은 4억 인구를 가지고 있고 이번 의화단운동에서 보여 주듯이 대중들이 아직 전투정신을 잃지 않았기 때문에 분할하는 방법은 바람직하지 않다고 주장했다.[27]

영국인 하트는 당시 쓴 중국 문제에 대한 평론에서 중국 분할은 피하기 어려운 일이지만 당장 그렇게 할 수 있는 일은 아니라고 보았다. 그는 의화단운동을 통해 중국인들은 지금 "긴 잠에서 깨어나 점차 '중국은 중국인의 중국'이라는 자각을 가지게 되어…… 앞으로 이런 정신은 반드시 더욱 사람들의 마음에 깊이 파고들어 전국으로 퍼져 나갈 것"이라고 말했다. 그는 당장 분할을 시도하면 이러한 정신만 재촉할 뿐이므로 가장 좋은 방법은 중국의 현 상태를 그대로 유지하면서 열강들이 청 정부를 내세워 중국인들이 중국은 망하지 않는다는 생각을 갖도록 하는 한편 의화단운동에서 보여 준 그런 정신을 점차 소멸시켜 나가도록 해야 한다고 주장했다.[28]

미국은 당시 중국 분할에 반대하며 기존의 중국 정부를 그대로 유지하자고 주장한 주요 국가였다. 그들은 중국에 대한 이러한 정책을 '문호개방' 정책이라고 불렀다. 의화단운동이 일어나기 전인 1899년(광서 25) 8월(양력 9월) 미국 정부는 영국과 러시아, 독일, 일본, 이탈리아, 프랑스 각국에 중국에서의 '문호개방' 정책 시행에 관한 외교 각서를 보냈다.

---

27) 범문란, 『중국근대사』 상편, 502쪽에서 인용.
28) 양계초가 「滅國新法論」이란 글에서 개괄한 하트의 글, 『음빙실문집』 6, 44쪽 참고. 『黃禍論역사자료선집』(중국사회과학출판사, 1979년판)에 하트의 글 전문이 수록되어 있다.

미국은 1898년 스페인을 패배시키고 괌과 필리핀을 빼앗은 뒤 태평양으로 확장할 야망을 품고 중국을 제패하겠다는 최종적 목적을 가지고 있었다. 미국은 열강들이 중국에서 세력권을 나눈다는 기정사실에는 반대할 수 없었지만 '문호개방'이라는 명분으로 어느 나라의 세력권도 자기들에게 문을 닫을 수 없도록 할 것을 요구했다. '문호개방' 정책은 열강들이 현재의 중국 정부를 인정하고 중국 영토를 온전히 유지하여 중국에서의 모든 권익을 함께 누리는 이른바 '이익균점'의 원칙을 지킬 것을 요구했다. 미국은 이 정책을 내세움으로써 우월한 경제력을 바탕으로 점진적으로 중국 내 입지를 강화하는 데 도움이 됐고, 열강들의 직접적인 분할을 두려워하고 있던 청 정부로부터 감동도 얻어 낼 수 있었다. 동시에 이 정책은 중국을 침략한 주요 제국주의 국가들도 동의할 수 있는 정책이었다. 그들은 미국의 외교 각서에 대한 답장에서 모두 찬성하거나 최소한 반대하지는 않았는데, 누구도 중국을 독차지할 힘이 없는 상황에서 열강들이 중국을 공동 관리함으로써 중국에 있는 자신들의 세력이 배척될 위험이 없고, 다양한 기회를 이용하여 발전할 가능성도 있는 것이 매우 유리하다고 여겼기 때문이다.

침략전쟁의 불길이 천진에서 타올랐던 1900년(광서 26) 6월 미국은 각국에 문호개방에 관한 두 번째 외교 각서를 보냈다. 미국은 이 각서에서 "중국의 영토와 행정의 실체를 유지하고 조약과 국제법에서 보장되는 모든 우호국의 권리 일체를 존중한다"는 등의 내용을 선포했다. 이것은 제국주의 열강들이 공동으로 청 정부의 전국적 통치를 계속 보장함으로써 중국 정부가 이미 체결된 모든 불평등조약과 제국주의 세계질서를 성실히 준수하도록 하고 각 국가의 중국 내 권리를 보장할 것을 요구한 것이다. 미국의 제1차 각서는 주로 중국의 조계지와 세력권에 대한 각국의 '개방' 문제를 주로 다루었지만, 이번의 각서는 전체 중국에 대한 '개방'으로 확대됐다.

미국의 제2차 문호개방 외교 각서 이후 한 달여 만에 열강의 군대가 북경을 점령했다. 각국이 강화 방침을 놓고 논쟁할 때 영국과 독일, 일본, 프랑스, 러시아 등이 모두 저들의 이익을 위해 청 정부를 보전하는 이른바 '이익 균등'과 '중국 보전'의 원칙에 동의했다. 이렇게 하여 미국이 주창한 '문호개방' 정책은 열강들이 인정하는 원칙이 되었고, 이때 열강들이 연합하여 청 정부에 제시한 조건의 기초가 되었다. 열강들은 마침내 이번에는 누구도 영토 분할의 요구를 제기하지 않기로 서로 약속했다.

미국과 러시아, 프랑스는 모두 청 정부를 유지시키려면 서태후가 이 정부의 우두머리가 되어야 한다고 주장했다. 영국과 독일, 일본은 서태후가 광서제에게 권력을 돌려주어야 한다는 의견을 밝힌 적이 있었지만 이번 강화에서 이를 철회했다. 열강들은 사고를 쳤지만 결국 잘못을 뉘우치고 '회개'한 서태후(청 조정이 동의하고 서명한 강화 기본 원칙에 '회개의 뜻을 표명한다'는 말이 나온다.)를 계속 공동으로 유지시키기로 했다. 강화가 아직 발효되기 전에 각국은 문제를 일으킨 핵심 인물들을 처벌해야 한다고 요구했는데, 독일이 특히 이를 강하게 주장했다. 이들은 곧 의화단을 지지했던 청 고위 관료들을 가리켰다. 논의를 거듭한 끝에 열강은 사형 집행을 요구하는 11명의 조정 대신 명단을 제출했는데, 이 가운데 그의 아들이 이미 황위 계승자로 정해져 있던 단왕端王 재의載漪의 신분이 가장 높았다. 선전포고 조서를 내린 서태후는 열강들이 자기에게 죄를 들씌울까 대단히 걱정했다. 그런데 열강들이 단왕까지만 추궁한 것을 보고 만족했고, 자신이 여전히 열강들이 필요로 하는 사람이라는 것을 알게 되었을 때는 상대방의 어떤 요구도 기꺼이 받아들일 수 있었다.

1900년(광서 26) 11월 초 열강들은 그들이 합의한 강화대강講和大綱 12조를 제출하였다. 이 원칙에 따라 세부 내용과 절차는 추후 결정하기로 했다. 서안에 피난해 있던 조정은 이 대강에 서명한 후 내린 칙령에서 "중화의 물력物力을 헤아려서 우방의 환심을 사도록 하는"[29] 것이 조정의 입장이라고 밝혔다. 이 말은 바꾸어 말하면, 중국의 재력을 있는 대로 다 내놓아 무력으로 북경을 점령한 '우방'에 빌붙음으로써 '우방'이 청 조정을 확실히 '보전'할 가치가 있다고 느낄 수 있게 해 주려고 한 것이었다.

세부 항목을 협상하는 과정에서 가장 큰 문제는 '배상금'의 액수였다. 제국주

---

29) 『의화단당안사료』 하책, 945쪽.

열강들은 중국이 이번 출병 비용과 그들이 입은 기타 '손실'을 반드시 '배상금'으로 지불해야 한다고 주장했다. 그 액수는 최종적으로 은화 4억 5천만 냥으로 확정되었는데, 40년 동안 매년 원리금 상환을 해야 하며, 이자까지 합하면 총 9억 8천2백여만 냥이 되었다. 관습상 이해의 간지干支를 붙여 '경자배상금庚子賠償金'이라 불렀다. 또한 각 성의 지방 배상금까지 합치면 총액은 10억 냥 이상이 되었다. 이는 최소한 청 정부의 12년간 재정 총수입과 맞먹는 액수였다.

12개 조의 대강에 따라 열강들이 제안한 조약이 1901년(광서 27) 7월 25일(양력 9월 7일)에 체결되었다. 흔히 이를 신축조약辛丑條約이라 한다. 이 조약은 관세와 염세 및 상관세常關稅(내지 관세)를 위 배상금의 담보로 설정했다. 아직도 갚아야 할 이전의 차관이 남아 있었기 때문에 이러한 세금 수입만으로는 매우 부족했다. 이에 청 정부는 경자배상금을 지불하기 위해 각 성에 매년 2천만 냥을 할당했다.

배상금 문제 외에도, 신축조약은 청 정부가 제국주의에 반대하는 모든 대중의 행동과 조직을 강력하게 진압할 책임을 지웠으며, 이와 관련된 업무를 소홀히 하는 대소 관리들을 처벌해야 한다고 규정하였다.

또 신축조약은 북경의 동교민항 일대를 외국 공사관 구역으로 획정하고, 각국이 군대를 동원하여 자국의 공사관 구역을 '보호'할 수 있는 권리를 인정하여 사실상 '나라 속의 나라'(國中之國)로 만들었다. 나아가 청 정부에게는 대고大沽의 포대와 대고에서 북경까지의 연선에 설치한 모든 포대를 철거하도록 하고 천진 주변 20리 내에 중국 군대가 주둔할 수 없도록 금지시키면서도, 제국주의 열강에게는 북경에서 연해로 가는 통로를 확보하기 위해 각지에 군대를 주둔시킬 권한을 주었다. 이 조약으로 청 정부는 열강들의 군대가 북경에서 천진을 거쳐 산해관에 이르는 철도 연선의 12곳에 주둔하고 있던 것을 기정사실로 인정하였다. 이리하여 북경에서 연해 지역으로 가는 길은 제국주의 군대 앞에 활짝 열리게 되었고, 북경성 안에도 외국 군대가 주둔해 청 정부는 완전히 열강들의 총검 아래 감시를 받게 되었다.

신축조약에는 출병한 독일과 러시아, 일본, 미국, 프랑스, 영국, 이탈리아, 오스트리아-헝가리제국 이상 8개국 외에도 벨기에와 스페인, 네덜란드의 3개국이 함께 서명했다. 청 정부를 대표해 서명한 사람은 경친왕 혁광과 이홍장이다. 이홍장은 이 조약에 서명한 후 두 달 만에 병사함으로써 중국을 침략한 제국주의자들의 공범이자 주구로서의 일생을 마감했다.

신축조약의 체결로 청 조정은 전국의 통치자 신분으로 북경에 돌아왔고, 중국은 형식상으로 여전히 통일된 독립국가였다. 그러나 당시 한 미국인의 말처럼 중국은 "이미 독립주권국가로서의 속성을 극히 일부만 유지할 정도로 매우 낮은 단계의 국가 수준에 이르렀다."[30] 제국주의 열강들은 신축조약을 통해 청 조정에게 중국이 열강들의 공동 관리 하에 있는 반식민지국가에 지나지 않는다는 것을 인정하게 하였다. 미국이 제창하고 열강들이 공인한 '문호개방' 정책이 '보전'하려 했던 중국은 바로 이런 중국이었다.

신축조약에 토지를 할양한다는 조항은 없었지만, 열강들이 천진을 군사 점령한 기간에 러시아는 천진에서 강제로 조계지 하나를 빼앗았고 뒤를 이어 이탈리아와 벨기에, 오스트리아도 각각 조계지 하나씩을 차지했다. 그 이전 천진에 이미 영국과 프랑스, 미국, 독일, 일본의 조계가 있었다. 미국의 조계는 후에 영국과 합병했다. 이리하여 중국에 반환된 천진은 9개국의 조계가 있는 도시가 되었다.

러시아는 일방적으로 규정한 '러시아 정부의 만주 감리 원칙'과 성경장군 증기를 위협해 맺은 '봉천 반환 임시협정서'(奉天交地暫且章程)에 따라 동북 3성을 군사적으로 통제하였다. 그러나 원래 지방 관리에게 이런 협정을 체결할 권리가 없었다. 영국과 일본, 미국이 강하게 반발하자 청 조정도 이를 인정할 수 없다고 했다. 러시아는 반드시 청 조정과 공식적인 협정을 맺어 만주 독점에 대한 '합법적'인 근거를 마련함으로써 이에 반대하는 영·일·미의 입을 막아야겠다고 생각했다. 그리하여 열강들이 북경에서 '강화대강'을 제시하고 있을 바로 그때에 청 조정은 러시아의 요청에 따라 러시아 주재 공사 양유楊儒를 대표로 삼아 모스크바에서

---

30) Morse, 『중화제국대외관계사』 제3권, 383쪽.

담판을 벌였다. 러시아 정부가 양유에게 제시한 조건의 초안 내용을 보면, 러시아가 동북 3성을 형식적으로만 중국에게 돌려줄 뿐 실제로는 이 기회를 틈타 청 정부에게 자신들이 동북 전체는 물론 몽고와 신강 지역에서도 독점적 권익을 가지고 있음을 인정하게 만들겠다는 의도가 분명하게 드러나 있었다.

러시아가 비밀리에 제시했던 협정 초안의 내용이 새어 나가자 제국주의 열강들, 그중에서도 영·일·미 3국이 강력하게 반대하고 나섰다. 그들은 청 조정이 러시아와 이 협정을 맺으면 중국을 분할하는 국면이 조성될 것이라고 경고했다. 이런 상황에서 청 조정은 감히 러시아의 요구를 받아들일 수 없었다. 결국 러시아는 모스크바에서 벌인 양유와 협상에서 아무런 성과도 얻지 못했다. 신축조약이 조인된 후에도 러시아 군대는 철수를 거부하며 여전히 동북 3성 경내에 주둔했다.

5. 의화단의 역사적 공적과 자산계급의 의화단에 대한 태도

천진과 북경이 잇따라 침략군에게 점령당하자 청 통치자와 제국주의 침략자들이 전면적으로 손을 잡고 중국 인민의 반제국주의 투쟁을 진압하는 국면이 조성됐다. 청 통치자들은 어제까지도 조정 문서에서 의화단을 '의민義民'이라 칭했지만 오늘은 "철저하게 토벌해야" 할 '도적'이라고 불렀다. 그들이 의화단을 우롱한 이유는 그들을 팔아먹기 위해서였다. 의화단은 이런 속셈을 제대로 간파하여 대처하지 못했기 때문에 결국 국내외 반동파들의 난도질 속에 완전히 유린당했다.

직예성 농촌에 흩어져 있던 의화단은 투쟁을 계속했지만 더 이상 그들의 힘을 집결시킬 수 없었다. 직예성과 북방의 여타 지역에서 맹렬했던 의화단운동은 실패했다. 이후 일부 활동가들은 사천 지역으로 가 원래 투쟁의 전통을 갖고 있던 현지의 민간 회당과 결합했다. 1901년(광서 27) 4월 사천 동부 일대에 의화단의 게시물이 등장했는데, "청 타도, 서양 축출, 한족 부흥"(滅淸·剿洋·興漢)이라는 구호를 내걸고 인민 봉기를 호소했다. 이듬해 자양현資陽縣으로부터 사천 동부 각지, 그리고 사천 북부와 남부 일부 지역에 이르기까지 관군에 저항하며 교회를 불태우는 군중투쟁이 일어났다. 동시에 직예성 남부의 광종廣宗과 거록鉅鹿에서도 경정빈景廷賓이 이끈 무장봉기가 '청 타도, 서양 축출'(掃淸滅洋)이라는 구호를 내걸고 일어났다. 이 봉기는 산동성과 하남성 경계 일부 현으로까지 확대되었다. 사천성 동부와 직예성 남부에서 일어난 이 봉기는 비록 오래가지 못하고 관청의 피비린내 나는 진압에 실패했지만, 그들이 내세운 새로운 구호에 주목할 필요가 있다. 이 두 차례의 투쟁은 의화단운동의 여파라고 할 수 있지만, 반제국주의 투쟁과 이미 완전히 제국주의의 도구가 되어 버린 청 통치계급에 반대하는 투쟁이 상호 결합한 첫 번째 봉기라는 의미를 가지고 있다.

의화단운동은 반半식민지·반半봉건 중국에서 수많은 농민들이 봉건세력과 맞서 투쟁한 강대한 역량이었을 뿐만 아니라 제국주의와 투쟁한 강력한 역량임도 보여 주었다. 의화단운동은 비록 이 두 방면의 투쟁 관계를 잘 처리하지 못했지만, 그 역량이 힘차게 분출하였을 때 청 조정이 생각조차 할 수 없었던 대외 선전포고를 하도록 강제했다. 제국주의 열강들은 중국이라는 거인을 마음대로 도살할 수 있는 대상으로 여겼는데, 의화단운동이 중국 사회의 밑바탕에 거대한 저항 세력이 잠복해 있음을 제국주의 열강들에게 보여 주어 공포에 떨게 했다. 의화단운동은 비록 실패했지만, 당시 제국주의 열강들이 직접 중국을 분할하지 못하도록 막는 역할을 하였으며, 이후 중국 인민의 투쟁물결이 더욱 고조되고 완전한 승리에까지 이어지는 반反제국주의·반反봉건주의 투쟁의 선구자 역할을 했다.

의화단운동은 선진계급의 영도가 없는 빈농 위주의 자발적인 대중운동이었다. 이런 점에서 의화단운동은 중국의 봉건사회에서 오랫동안 반복된 농민혁명과 농민전쟁의 연속이자 동시에 이러한 농민혁명과 농민전쟁의 마지막이었다. 중국은 더 이상 세계질서 밖에 존재하는 고립된 봉건주의 중국이 아니었다. 세계는 이미 제국주의 시대로 접어들었고, 중국은 이미 반식민지·반봉건의 중국이 되었다. 의화단운동은 반제국주의 투쟁을 부각시켰지만 봉건주의를 반대하고 민족의 진보를 쟁취하는 과업을 결합시키지 못했고, 또한 봉건주의의 후진성과 배외주의의 독소에 심하게 물들었다. 의화단운동의 실패는 이처럼 단순한 자발적 농민혁명과 농민전쟁은 더 이상 시대적 요구에 부응하지 못한다는 것을 증명했다. 이후에는 더 이상 태평천국운동이나 의화단운동과 같은 낡은 방식의 농민운동이 역사의 중심에 설 수 없었다.

반식민지·반봉건의 중국에서 제국주의와 봉건주의에 반대하는 농민들의 무궁무진한 역량은 역사상 가장 선진적 계급의 지도 아래에서만 충분히 발휘될 수 있었다. 중국 무산계급은 공산당을 통해 수많은 농민대중들을 가장 잘 동원하고 단결시킬 수 있었으며, 이 농민들의 운동을 태평천국이나 의화단과 같은 자발적 운동이 따라올 수 없는 높은 수준으로 끌어올릴 수 있었기 때문에 중국 무산계급은 중국 민족·민주혁명의 영도자가 될 수 있었으며, 이 혁명을 최후의 승리까지 이를 수 있게 했다.

19세기 말까지는 아직 중국 무산계급이 계급적 자기인식을 갖지 못했고 정치무대에도 등장하지 못했다. 당시 정치 무대에 등장하기 시작한 자산계급은 그들이 대표하는 생산방식이나 정치사상의 측면에서 볼 때 농민들에 비해 선진계급이었다. 그렇지만 자산계급은 여러 가지의 약점 때문에 농민혁명의 영도가 될 수 없었다. 의화단운동 당시 중국 자산계급의 정치적 대표자들은 항상 의화단의 약점만 지적했을 뿐, 의화단의 위대한 혁명적 역할을 간파한 사람은 거의 없었다.

무술정변 이후 외국으로 탈출한 강유위康有爲와 양계초梁啓超는 보황당保皇黨을 조직해 광서제의 보위를 강령으로 내세웠다. 북방에서 의화단운동이 일어났을 때 그들은 국내에서 활동을 재개할 좋은 시기라고 판단했다. 당재상唐才常이 이들을 대표하여 일본에서 귀국했다. 1900년(광서 26) 6월 그는 상해에서 의화단사변을 맞아 인민들은 스스로 "황색 인종을 보존하고 나라를 구해야 한다"(保種救國)는 구호를 내걸고서 수백 명을 초청하여 회의를 열었는데, 이를 '국회國會'라고 불렀다. 회의에 참석한 사람들은 대부분 상류층의 자산계급 성향의 인물들이었다. 당재상은 이때 '국회'의 3강령을 제시했다. 첫째, 중국의 자립권을 보전하고, 새로운 자립

중국을 창조한다. 둘째, 만청滿淸 정부에 청을 통치할 권리가 있음을 인정하지 않는다. 셋째, 광서제의 복위를 요구한다. 여기에서 그들이 청 정부를 인정하지 않겠다고 하면서도 광서제에게 서태후의 권력을 돌려받으라고 한 것은 자가당착이 아닐 수 없다.

당재상은 공개적으로 '국회'를 소집한 것 외에도 비밀리에 자립회自立會라는 조직을 만들어 장강 중하류 각지의 가로회哥老會와 연락하여 자립군의 이름으로 봉기를 일으킬 준비를 했다. 그는 화교들로부터 모은 거액의 자금을 바탕으로 많은 가로회 우두머리들을 끌어들이고, 또 청의 관병들도 일부 매수했다. 이에 따라 자립군은 겉보기에 신속하게 큰 역량을 갖추게 되었다. 당재상은 그해 7월 무한武漢을 중심으로 호북湖北과 호남湖南, 안휘安徽, 강서江西에서 동시에 무장봉기를 일으키기로 하고 자신은 무한에 있었다. 계획한 봉기가 일어나기 전에 안휘성 대통大通의 자립군 조직이 청 당국에 발각되어 먼저 무너졌다. 이어 무한에서는 당재상이 매수한 일부 청군 장교들이 밀고했다. 호광 총독 장지동은 자립군의 총 지휘부에 대한 수사를 명령한 뒤 당재상과 20여 명을 체포하여 즉시 처형했다. 호북성에서도 자립군에 가담한 가로회 우두머리 여러 명을 처형했으며, 호남과 안휘 지역에서도 이 때문에 많은 사람들이 처형되었다. 강유위와 양계초 일파가 시도한 유일한 무장봉기는 이렇게 하여 실패했다.

당시 강유위는 화교들로부터 모금하는 편지에서 자신이 승리할 자신이 있다고 허풍을 떨었고 또 외국의 지지도 받을 수 있다면서 믿으라고 했다. 그의 방침은 근본적으로 제국주의를 반대하지 않았다. 그는 그의 운동을 의화단과 구별하려고 노력했을 뿐만 아니라 그의 군대가 북상하여 외국 침략군을 도와 의화단을 공격하겠다고 약속했다.

당재상의 봉기는 혁명이 아닌 보황保皇과 유신이라는 기치를 내걸었다. 그러나 이 봉기가 실패하자 강유위의 주장을 받아들이던 애국지식인들이 분화하여 일부는 청 지배에 반대하는 혁명으로 방향을 틀었다. 당재상은 회당會黨의 힘에 의지하여 봉기를 일으키려 했는데, 이후 혁명당의 인물들도 이를 본받았다.

양계초는 의화단운동 때 발표한 글에서 중국이 쇠약해진 이유 중 하나로 '우매함'을 꼽았다. 그는 "오늘날 논자들은 권법 무리들이 일으킨 환란이 모두 그 우매한 무리들이 불러온 것이라고 하지만 전국의 백성들 가운데 권법 무리들과 같은 식견을 가지지 않은 자가 또한 몇 명이나 되느냐?"[31)]고 물었다. 이것은 완전히 귀족나리님의 태도로 인민대중을 대한 것이다. 더욱 황당한 것은 같은 글에서 그는 중국인의 큰 병이 '무동無動' 곧 '움직이지 않는 것'이라고 지적하면서 다음과 같이 말했다.

> 탐관오리가 억압해도 움직이지 않고, 포학한 정치에 상해를 입어도 움직이지 않고, 외국인이 침략하고 거만해도 움직이지 않고, 만국의 부강한 모습이 눈앞에 찬연해도 움직이지 않고, 열강들이 분할하려는 치욕의 불이 발등에 떨어져도 움직이지 않는다.[32)]

의화단으로 대표되는 중국 하층의 인민대중들이 제국주의의 침략과 압박에 강하게 맞서다가 비록 큰 약점을 지닌 채 결국 패배했지만, 위대한 역사적 공훈을 지닌 투쟁이 한창 진행 중이었는데, 양계초와 같은 자산계급 언론인이 보기에 이러한 투쟁을 하는 사람들은 어리석은 비적일 뿐이었다. 수많은 인민들이 일어나 투쟁하고 있고 그 어떤 힘으로도 억누를 수 없는 격렬한 진동이 일어나고 있었지만, 양계초가 본 것은 '무동'이었다.

강유위와 양계초 일파는 이 무렵 제국주의·봉건주의 세력과 밀접한 관계를 맺고 있던 상층 민족자산계급을 대표했다. 그들은 정치상에서 자산계급 개량파였다. 민족자산계급 중 다른 일파, 즉 손문係文(호 中山)을 비롯한 자산계급 혁명파가 이때 이미 모습을 드러냈다. 손문은 일찍이 청일전쟁 시기에 호놀룰루 화교사회에서 '흥중회興中會'라는 조직을 세워 정치활동을 시작하였다. 그러나 초기 손문을

---

31) 「中國的弱溯原論」, 『음빙실문집』 5(중화서국, 1932년판), 22쪽.
32) 전게서, 26쪽.

필두로 한 자산계급 혁명파의 활동은 국내에 큰 영향을 미치지 못했고, 그들과 자산계급 개량파와의 정치적 경계도 아직 명확하지 않았다. 손문 일파는 당시 의화단운동의 반제국주의 혁명의 성격에 대해서도 잘 알지 못하고 있었다.

20여 년 후 손문은 의화단에 대해 공정한 평가를 했다. 그는 의화단의 배외주의는 "유럽과 미국의 신문화에 대한 반동"을 드러낸 것이라고 평가함과 동시에 반침략의 전투정신을 다음과 같이 높이 평가했다.

> 그 영웅적 기개는 도저히 당해 낼 수 없었고 실로 놀랍고 탄복할 만했다. 따라서 혈전을 겪고 나서야 외국인들은 비로소 중국에 민족정신이 있고, 이런 민족은 소멸할 수 없다는 것을 알게 되었다.[33]

그러나 의화단운동 당시 자산계급 성향을 대표하는 언론계에서는 의화단을 청 통치자들의 지지를 받는 후진적이고 나라를 망치는 운동으로 보는 견해가 일반적이었다.

당시 애국지식인들 가운데 의화단운동에 대해 긍정적 평가를 한 인물들이 없지는 않았다. 1901년(광서 27) 중국 유학생들이 일본 요코하마에서 펴낸 잡지 『개지록開智錄』에 「의화단의 중국에 끼친 공로를 논함」(義和團有功中國說)[34]이라는 제목의 글이 실렸다. 저자가 누구인지 서명되어 있지 않았지만 들리는 말에 의하면 황조黃藻라는 사람인데,[35] 다음과 같이 썼다.

> 세계에서 가장 놀랍고, 당혹스럽고, 밉살스러우며, 괘씸한 자는 오늘날 소위

---

33) 『손중산전집』(인민출판사, 1981년판), 758~759쪽.
34) 張枬 등, 『辛亥革命前10年時論選集』 제1권(삼련서점, 1960년판), 58~62쪽.
35) 『개지록』에서는 이 문장의 저자의 이름을 밝히지 않고 있다. 1903년에 출판된 『黃帝魂』이란 논문집에도 이 글이 수록되어 있는데 역시 저자 이름은 밝히지 않고 있다. 章士釗에 의하면 『황제혼』의 편집자는 黃藻이며 그(황조)가 이 글을 썼다고 한다.(장사교의 『疏黃帝魂』. 중화서국에서 1961년 출판된 『신해혁명회억록』 제1책, 238~239쪽에 수록)

문명국보다 더한 것이 없다.…… 누를수록 더욱 반발이 일어나는 것은 당연한 이치이다. 그러므로 북부 산동과 직예의 인민들이 매일같이 외국인의 모욕을 당한다고 울부짖고 하늘도 역시 막아 주지 않는다고 불평하였는데, (이처럼) 백성들이 기개를 품고 함께 뭉쳐 일어난 것은 천명을 따르고 인도를 다한 것이다. 다행히 성공했더라면 열강을 몰아낼 수 있었을 것이고, 불행하게 실패했지만 국민의 배외사상을 불러일으킬 수 있었다. 이것이 의화단의 공헌이다.…… 의화단은 비록 여지없이 패배하고 멸시 당했지만 중국이 매우 굳센 뿌리를 가지고 있음을 보여 주었고, 국민독립의 씨앗을 뿌린 공적을 우리 중국 사람들이 어찌 모를 수 있겠는가?

의화단은 소위 '문명국'의 압박에 맞서 일어난 것이며, 이들의 용맹한 투쟁이 중국을 분할하려던 열강들로 하여금 우려하지 않을 수 없게 만들었다고 이 글은 지적했다. 이 글은 의화단의 약점을 구체적으로 분석하지 못했고 또 의화단에 대한 잘못된 시각을 일부 담고 있지만, 의화단이 중국에 화를 불러온 것이 아니라 중국에 공로를 끼친 것으로 본 것은 당시 언론계에서 극히 이례적이었다.

제4부
자산계급이 주도한 신해혁명

신해혁명이라는 격렬한 진통을 겪고도 기대했던 독립과 민주를 얻지는 못했지만, 그 진통이 허사가 된 것은 아니었다. 2천 년 넘게 이어져 온 군주제를 무너뜨리고 중국 땅에 민주공화국의 깃발을 세운 것은 결코 작은 일이 아니다. 이때 이후로 민주의 조류를 거스르며 제정을 회복하고 독재 통치를 행하려는 사람과 정치집단은 인민의 반대에 부딪혀 그 누구도 성공하지 못했다.

제1장

제3차 혁명 고조의 배태

1. 러일전쟁과 제국주의의 중국 경제침략

　　제국주의 열강들이 '신축조약辛丑條約'을 체결할 때는 중국을 침략하기 위한 공동의 이익을 위해 잠시 의견의 일치를 보였다. 그러나 그 일치는 곧바로 상호 알력과 충돌로 대체되었다.

　　신축조약 4년 후 중국 동북 지역의 지배를 놓고 러일전쟁(1904~1905)이 일어났다. 이 전쟁에서 일본의 배후에는 영국과 미국이 있었다. 영국과 일본은 1902년 1월 '영일동맹조약'을 맺었다. 조약은 "청 제국의 독립과 영토 보전을 유지하고 모든 국가가 청 제국 내에서 상업과 공업의 기회를 균등하게 획득할 수 있도록 보장한다"고 명시하고 있다. 이것은 바로 앞에서 말한 문호개방주의다. 곧 모든 제국주의 국가에 문호를 개방하는 반半식민지 국가 지위의 중국을 보장한다는 것이었다. 이 영일동맹의 창끝은 러시아를 겨냥한 것인데, 당시 러시아는 동북 3성을 사실상 독점하고 있었다. 러일전쟁 중에도 미국은 열강들에게 통첩을 보내 문호개방주의를 재확인하고, 중국의 보전을 유지하는 것이 각국이 상업적 기회를 균등하게 얻기 위한 필요한 수단임을 밝혔다.

러시아가 무력으로 중국의 동북부를 점령하자 청 정부는 수모를 참으면서 다른 열강들의 반대를 등에 업고 러시아와 협상해 점진적으로 군대를 철수시킬 구상을 가지고 있었다. 1902년(광서 28) 3월 러시아는 청 정부와 철군 협정을 맺고 3차에 걸쳐 6개월 간격으로 동북 전 지역에서 군대를 철수하기로 약속했다. 그해 9월 러시아는 약속대로 성경盛京(遼寧) 남서부의 군대를 철수시켰지만, 1903년 3월 제2차 철군 기간이 다가오자 성경의 다른 지역과 길림吉林에 있던 군대를 철수시키기는커녕 철군의 선결 조건으로 7개 항의 요구를 내놓았다. 요구의 핵심 내용은 동북 3성뿐만 아니라 몽고도 러시아의 독점 세력권임을 청 정부가 인정하라는 것이었다. 러시아의 이러한 침략 야욕은 러·일 간의 전쟁을 불러왔다. 영국과 미국은 일본의 힘으로 러시아의 중국 동북부에 대한 독점을 깨뜨리고 극동에서 러시아의 세력을 약화시키고자 했다. 동북에서 러시아의 지위를 대체하고자 했던 일본은 러시아에 선전포고를 할 때 "청 제국의 독립과 영토 보전" 및 모든 국가의 "청 제국 내에서 상업과 공업의 기회균등"을 부르짖었다.

러일전쟁은 1904년 2월에 발발했다. 전쟁이 일어나기 전 청 조정의 일부 관리들은 일본과 연합하여 대러 전투를 벌일 것을 주장하였다. 그러나 청 정부는 대외 전쟁을 치를 힘이 없었고, 일본도 중국의 참전을 원치 않았다. 일본 정부는 다만 청 정부에 동북 지역을 전쟁터로 내주고, 중국 내에서 일본과 러시아가 싸우는 것을 보고만 있을 것을 요구했다. 이에 청 정부는 요하遼河 동쪽을 교전 지역으로 선포하고 '국외중립局外中立'의 지위에 있다고 자처했다.

러시아는 육전과 해전 모두에서 패배했고, 일본도 지칠 대로 지쳤다. 미국의 조정 아래 양측은 화의해 전쟁은 1905년 9월 '포츠머스조약'으로 끝났다. 포츠머스조약으로 요동반도 남단의 러시아가 점령했던 여순旅順 항구와 대련大連 및 그 인근 해역, 그리고 장춘-여순 철도가 모두 일본에 넘어갔다. 러·일 평화협정이 체결된 후 일본 정부는 대표단을 북경에 파견해 러시아가 만주 남부에서 가졌던 특수한 지위를 일본이 그대로 계승한다는 동의를 청 정부로부터 받아냈다. 청은 경친왕慶親王 혁광奕劻과 외무부 상서 구홍기瞿鴻禨, 북양대신 원세개袁世凱를 대표로 삼아 1905년

(광서 31) 11월 일본의 요구를 그대로 받아들여 '중일회의동삼성사의정약中日會議東三省 事宜正約' 3조와 부속 약관 12조를 체결했다. 청 정부는 포츠머스조약 중 관련 규정을 "일괄적으로 승낙"했을 뿐만 아니라 일본에 별도의 권익을 추가로 주기로 합의했다.

러일전쟁 중 영국은 티베트를 무력 침공했다. 영국군 1천여 명은 1903년 10월 인도-티베트 국경을 넘어와 이듬해 2월 장무(江孜)를 함락시키고, 6월 라싸(拉薩)를 점령했다. 영국군들은 무력으로 티베트의 일부 종교 지도자를 위협하여 '라싸조약' 을 체결하였다. 이 조약은 청 정부를 제쳐 두고 체결된 것이고, 티베트를 중국으로부 터 완전히 분리시켜 영국의 지배 아래에 놓이게 하는 내용이었기 때문에 청 정부는 반대할 수밖에 없었다. 따라서 라싸에 주재하고 있던 주장대신駐藏大臣 유태有泰에게 서명을 거부하도록 명령했다. 이후 1905년과 1906년 인도와 북경에서 청 정부가 영국 대표와 두 차례 협상을 벌였지만 라싸조약의 내용을 완전히 폐기하지는 못했다. 그러나 티베트를 분리하려는 영국의 음모는 실현되지 못했다. 티베트를 침공한 영국군은 1907년 말에야 완전히 철수했다.

영국의 이번 티베트 침공은 러시아 세력의 확장을 견제하려는 의도에서 나왔다. 러시아는 이미 1880년대부터 티베트로 세력을 확장하기 시작했고, 특히 1900년에는 티베트의 종교 지도자 달라이 라마 13세와 결탁하여 티베트를 독점하려 했다. 러일전쟁에서 패했기 때문에 러시아는 티베트에 대한 야심을 포기할 수밖에 없었다.

중국 영토를 전장으로 삼아 러·일 양국이 전쟁을 벌이고, 영국이 티베트를 무력 침공하는 일이 발생했지만, 대체로 신축조약 이후 한동안 제국주의 열강들은 전쟁보다는 주로 비교적 평화적이고 은밀한 수단으로 중국을 압박하고 침략했다. 이렇게 한 배경은 먼저 의화단운동을 통해 무력으로 중국을 정복하는 것이 결코 쉽지 않다는 것을 알게 되었고, 다음으로 청 통치자들을 다시 양순한 하수인으로 만들었기 때문이다.

신축조약이 체결된 후 2년 동안 청 정부는 영국, 미국, 일본과 새로운 소위 '통상행선속약通商行船續約'을 체결했다. 이 조약은 중국의 주권을 희생해 외국 선박 이 중국의 장강 상류와 기타 내륙을 항행하는 것을 보장하고, 외국 자본이 중국 본토에 공장을 설립하고 광산을 개발하는 것을 승인했으며, 외국 상품이 싼값으로 중국 내지에 유통되는 데 매우 유리한 조건을 제공했다. 대외무역에서 1901년부터 1903년까지 3년을 예로 들면, 연평균 수입액은 4억 7천3백만 원인데 수출액은 3억 1천1백만 원으로 수입이 1억 6천2백만 원 초과했다. 10년 전인 청일전쟁 직전 3년(1891~1893)과 비교하면, 수입이 두 배 이상 늘었지만 수출은 86% 증가한 데 그쳐 수입이 두 배 이상 늘어난 셈이다.

중국 연해 지역과 내륙 하천의 해운업은 대부분 외국 회사가 장악했다. 1877년 각 통상항을 드나든 선박의 총톤수는 외국 선박이 62.7%(672만 톤), 중국 선박이 37.3%(4백만 톤)를 차지했는데, 1907년에는 외국 선박이 84.9%(6천2백여만 톤), 중국 선박이 15.1%(1천1백여만 톤)밖에 차지하지 못했다. 중국의 대형 선박회사는 여전히 초상국招商局 하나뿐이었다. 1900년을 전후해 많은 곳에 선박회사(대부분 향신과 상인들이 설립했고 관영도 있었다.)가 설립되었지만 규모가 작아 몇 달 또는 몇 년 만에 문을 닫는 경우가 많았다.

외국 해운회사 가운데 가장 중요한 곳은 영국계 태고공사太古公司와 이화양행怡和洋行이었다. 청일전쟁 이후 일본과 독일, 프랑스, 미국, 네덜란드 등의 해운회사들도 중국에서 항운업을 경영했다. 대외무역의 절반이 장강 연안 지역에서 이루어졌기 때문에 상해에서 한구漢口를 거쳐 의창宜昌까지 곳곳에서 외국 해운회사들 사이에 치열한 경쟁이 벌어졌다. 영국계의 태고공사와 이화양행, 그리고 일본계의 일청공사日淸公司가 승자가 됐다. 중국 관청이 직접 운영한 초상국은 갈수록 열세에 처했다. 1903년 초상국이 장강 유역에서 담당한 물동량은 영국과 일본 양국 해운회사의 3분의 1이었고, 1911년에는 6분의 1에 불과해 장강은 사실상 외국 선박의 천하가 됐다.

앞부분(제3부 제1장 3절)에서 1900년 이전 열강들이 철도부설권을 놓고 다툰 상황에 대해 언급했다. 실제로 많은 철도의 부설은 1900년 이후 이루어졌는데, 청이 멸망한 1911년까지 중국 땅에는 9천6백여 킬로미터의 철도가 있었다. 이 가운데 동북 지역의 동청東淸철로와 남만南滿철로는 각각 러시아와 일본이, 산동의 교제膠濟

철로는 독일이, 운남의 전월滇越철로는 프랑스가 직접 운영하였다. 식민지적 성격의 이 철도는 전체 철도의 약 39%인 3천7백여 킬로미터에 이른다. 당시 북경-봉천奉天(瀋陽), 북경-한구漢口, 석가장石家莊-태원太原, 상해-남경南京, 개봉開封-낙양洛陽, 천진天津-포구浦口 등의 철로가 개통되었는데, 이 노선들은 차관으로 부설했기 때문에 외국의 통제를 받았다. 외국의 통제 아래 있는 이러한 철도는 약 5천2백 킬로미터로 전체 철도의 54%에 이르렀다. 위의 두 부분이 모두 93%를 차지했고, 7%인 6백6십여 킬로미터의 철도만 중국이 자주적으로 운영했다. 그중에는 청 정부가 출자하고 자국의 기술로 건설한 북경-장가구張家口 사이의 철도와 민간 자본으로 건설한 약간의 단거리 철도, 예를 들어 조주潮州-산두汕頭 구간의 철도와 이미 외국에 팔았다가 다시 사들인 노선이 포함되어 있다.

　　제국주의 열강은 1900년 이후 몇 년 동안 더욱 격렬하게 광산채굴권을 빼앗았다. 먼저 이홍장이 설립해 이윤이 많았던 개평開平탄광은 8개국 연합군이 천진과 북경에 접근할 무렵 영국 자본의 지배하에 놓였다. 제국주의는 다양한 형태로 중국 각지의 광산채굴권을 강점하였다. 어떤 국가는 산동에서의 독일 선례를 원용하여 철로 부근의 광산채굴권을 손에 넣었다. 예를 들어 일본의 남만철도공사는 봉천성의 무순撫順과 연대煙臺의 탄광을, 러시아의 동청철도공사는 만주리滿洲里와 잘라이누르의 탄광을 각각 손에 넣었다. 또 어떤 국가는 청과 합작해 광산을 개발해 놓고서 실제로는 자신의 지배 아래 두었다. 일부 중국 상인이 경영하던 광산은 자금 부족으로 외국인에게 임대하거나, 돈을 빌렸다가 외국인의 손에 넘어갔다. 제국주의 열강들은 청 정부를 협박하여 특정 광구 또는 특정 지역의 채굴권을 양도하게 했다. 청 말기 전국 석탄 생산량은 재래식 방법으로 채굴한 것이 근 4백만 톤, 기계로 채굴한 것이 약 5백만 톤이었는데, 그 가운데 90% 이상이 제국주의의 통제 아래에 있는 탄광이었다.

　　해운과 철도, 광업뿐만 아니라 제국주의 각국의 산업 투자도 급증했다. 면직물 산업의 경우, 1900년 이전에 영국과 미국, 독일 및 일본의 자본이 상해에 8개의 대규모 공장을 설립했다. 청 말기 외국 자본은 상해의 방직산업에서 절대적인 우위를 차지했으며, 전국에서도 거의 절반을 차지했다. 조선업의 경우, 영국 자본인 야송선창耶松船廠이 1900년 상생祥生과 화풍和豊 두 조선소를 합병해 대대적으로 확충하면서 당시 상해의 조선공업을 독점했다. 담배제조업의 경우, 1902년 설립된 영미담배회사가 10년 동안 1개 공장에서 4개로, 노동자는 1백여 명에서 거의 1만 명으로, 자본금은 10만 5천 원에서 1천1백만 원으로 증가하여 당시 중국 전체 담배제조업 자본의 7배를 넘었다.

1901년부터 청 왕조의 마지막 해(1911)까지 중국에서 광공업 기업을 설립한 외국 자본금 총액은 대략 7천만 원 이상이었다. 그러나 이 자본의 상당 부분은 그들의 나라에서 가져온 것이 아니라는 점을 지적해야 한다. 무일푼 외국의 불량배들이 중국에 와서 제국주의의 특권을 이용해 '모험가' 행세를 하다가 불과 몇 년 사이에 백만장자가 되었다. 그들의 자본과 재산은 중국 땅에서 교묘하게 착취하여 얻은 것이었다. 제국주의가 소량의 투자에서 거대한 세력으로 발전할 수 있었던 것은 바로 이 때문이었다.

청 통치자들은 제국주의가 '평화로운' 경제침략 방식을 취한 것에 만족했지만, 제국주의가 이러한 침략 방식이 중국 인민의 반발을 불러일으키지 않을 것이라고 생각했다면 큰 오산이었다. 이제 우리는, 청 통치자들이 자신들의 지배적 지위를 유지하기 위해 제국주의의 요구에 애써 부응했다면, 중국 인민들은 이 시기 중국 민족자본주의가 더욱 발전함에 따라 의화단과 다른 형태로 새로운 투쟁을 전개하는 모습을 볼 수 있게 될 것이다.

2. 서태후의 '변법'

무술정변에서 서태후는 광서제의 모든 권력을 박탈하고 그가 들었던 변법유신의 깃발을 꺾어 버렸다. 그러나 의화단운동과 8개국 연합군의 북경 점령이라는 일련의 사변을 거치면서 서태후도 자기 나름의 '변법'을 주장하고 '신정新政'을 시행하는 기수로 꾸미려 했다.

서태후는 원래 광서제 대신 단왕端王 재의載漪의 아들 부준溥儁을 황제로 삼으려 했다. 그러나 단왕 재의는 '신축조약辛丑條約'을 맺은 열강들의 요구에 따라 참감후斬監候(판결 즉시 집행하지 않는 사형수 죄인)를 받고 영원히 감금되었기에 그의 아들도 황제 후보의 자격을 잃었다. 따라서 광서제의 황위는 유지된 셈이었지만, 그는 조정에서 아무런 발언권이 없었고 모든 실권은 여전히 서태후에게 있었다.

조정이 아직 서안에 머무르고 있을 때, 서태후는 이미 '변법'을 부르짖기 시작했다. 1900년(광서 26) 12월 10일(양력 1901년 1월 29일)의 조서는 황태후와 황제가 한마음 한뜻으로 '나라를 부강하게 하고 백성들을 이롭게 하기'(强國利民) 위해 변법을 시행할 것이라고 밝혔다. 1901년 3월 초에는 경친왕慶親王 혁흔奕訢과 대학사大學士 이홍장李鴻章에게 자강自强을 도모하기 위해 '독판정무처督辦政務處'를 설립하라는 칙령을 내렸다. 이어 7월에는 내년부터 과거시험에서 팔고문八股文 사용 금지를 명령했고, 8월 초에는 경사대학당京師大學堂(백일유신 중에 창립된 경사대학당은 정변 이후에도 존속)을 정비하고, 각지의 기존 서원을 학당으로 개조하여 각 성도省都에 대학당, 각 부에 중학당, 각 현에 소학당을 설립하도록 명령했다. 그리고 각 성에서는 학생을 선발해 관비로 외국 유학을 보낼 것을 지시했다. 이러한 신정은 대부분 백일유신 중 광서제가 시도했던 것이지만 정변 후 서태후가 모두 폐지한 것들이다. 다만 각 성에서 관비 유학생을 파견하는 것은 백일유신 때에는 거론되지 않은 새로운 정책이었다.

조정은 서안을 떠나기 나흘 전인 1901년 8월 20일 서태후의 명의로 "변법은 대단히 중대한 일로서…… 조정은 뜻을 굳혀 반드시 관철할 것이다.…… 오직 변법을 통해 자강(變法自强)을 도모할 뿐…… 다른 대안이 없다"1)고 포고했다.

제국주의 열강들의 요구로 1901년 6월 각국사무총리아문을 외무부로 개편했다. 이와 관련하여 "지금은 평화조약을 다시 맺을 때이니 국교를 최우선으로 하라"2)는

---

1) 『의화단당안사료』 하책, 1327~1328쪽.

칙명이 내려졌다. 조정은 11월 하순 북경으로 귀환했는데, 북경에 거의 도착할 무렵 칙령을 내리기를, 북경에 도착하는 대로 "각국 북경 주재 공사들을 조속히 알현토록 해 국교를 돈독히 할 것"이며, 황제가 각국 공사를 접견할 뿐만 아니라 황태후도 각국 공사의 부인을 접견할 것이라고 했다. '알현'의 수용 여부는 과거 오랫동안 논란이 됐던 사안이다.

어찌 되었건 서태후가 신정을 선언한 것은 북경으로 돌아올 때 제국주의 열강 앞에 자신의 정권이 결코 완고하고 수구적인 정권이 아니라 제국주의의 요구에 부응할 수 있는 새로운 정권임을 보여 주기 위한 것이었다. 대외 선전포고 조서를 내렸던 서태후가 변법자강을 하겠다고 하는데 왜 제국주의 열강들은 걱정을 하지 않고 오히려 안심한 것일까? 왜냐하면 그녀가 말하는 변법자강이 양무파 봉건 관료들의 케케묵은 정책과 다를 바 없었기 때문이다.

1900년 12월 10일 변법 시행을 선포한 조서에서 "역적 강유위 일파가 주장한 신법은 변법이 아니라 법을 어지럽힌 것"[3]이라고 말하여 강유위 일파의 '죄행'을 재확인하며 그들과 경계선을 분명하게 그었다. 이 조서에서 '삼강오상三綱五常'은 만세에 불변하지만 '치법治法'은 바꿀 수 있다고 했는데,[4] 이는 봉건주의의 근본 원리는 변할 수 없으나 통치 방법은 일부 바꿀 수 있다는 것이다. 이는 양무파들이 주장한 '중학위체中學爲體·서학위용西學爲用'과 그대로 일치하는 것이었다.

장강 유역에서 중국과 외국 사이 '상호 보호'(互保)를 주장했던 유곤일劉坤一과 장지동張之洞 두 총독은 조정의 구호에 부응하여 1901년 5월과 6월 사이에 연명으로 3차례에 걸쳐 상주문을 올렸다. 이들은 변법의 첫걸음이 '인재 육성과 학교 설립'에서부터 시작되어야 한다고 주장하면서 '문무학당文武學堂'을 설립하고, 팔고문 중심의 과거제와 구식 무과시험을 폐지하며, 외국 유학을 장려할 것을 제시했다. 이들은 또 '중법中法 정비'와 '서법西法 채택'이라는 제반 조치를 내놓았다. 그들이 말한

---

2) 『의화단당안사료』 하책, 1256·1342쪽.
3) 『의화단당안사료』 하책, 915·914쪽.
4) 『의화단당안사료』 하책, 915·914쪽.

'서법 채택'은 서양 방식으로 군대를 훈련시키고, 전람회 등의 방법으로 공업과 기술을 장려하며, 나아가 은화를 주조하고, 납세필증을 발행하는 등에 불과했다. 그들은 또한 그들이 제시한 방법은 강유위의 주장과 "완전히 다르다"며 "대부분은 지난 30년 동안 조정의 결정에 따라 계속해 오던 것"이라고 밝혔다. 서태후는 이들의 상주문을 높이 평가하면서 "말한 대로 언제든지 방법을 강구하여 중요한 것부터 실행해 나갈 것"이라고 했다.

이홍장이 죽은 뒤 원세개가 직예 총독 겸 북양대신의 자리를 이어받았다. 유곤일도 1902년에 죽자 원세개와 장지동이 각 성의 총독과 순무 가운데 중심인물이 되었다. 두 사람은 1905년(광서 31) 연명으로 상주를 올려 과거제도를 폐지하고 신식 학교를 널리 설립하자고 주장했다. 이들은 "최근 몇 년 동안 각국은 우리들이 유신하기를 바라고 변법을 권유하고 있다"고 말하면서 과거제도는 외국인들이 하찮게 여기고 있고 학교를 설립하는 것만이 신정 가운데 중요한 일이므로 이 방면에서 개혁을 실행해야 각국이 "우리를 주목하고 성실하게 대할 것"이라고 주장했다.5) 이들이 과거제도의 폐지를 주장한 것은 봉건주의 정권이 유신이란 탈을 써야 제국주의의 신뢰를 얻을 수 있다는 데 초점이 맞추어져 있었음을 알 수 있다.

8개국 연합군 전쟁 이전에 서태후는 봉건적 수구파 관료 집단과 매판적 성격의 양무파 관료 집단을 균형적으로 사용했다. 이 전쟁을 거친 후 서태후는 조정을 양무파로 만들었다고 말할 수 있다. 이때부터 수구파와 양무파라는 두 관료 집단의 구별이 없어졌다.

서태후가 변법을 외친 것은 국내의 위기에 대처하기 위해서였다. 신축조약 체결로 외국으로부터의 위기는 벗어났지만 국내의 위기는 더욱 심각해졌다. 억압받고 착취당하는 수많은 하층 대중들 속 곳곳에 불씨가 잠복해 있었을 뿐만 아니라 각지의 향신과 중소지주, 상인, 신흥 자산계급을 포함한 상층 사회에 속하는 일부

---

5) 『養壽園奏議輯要』 제35권, 2~3쪽.

계급과 계층도 청 정권에 대한 불신감이 전례 없이 커졌다. 이러한 계급과 계층들이 이 정권을 여전히 희망적이라고 느낄 수 있도록 하기 위하여, 서태후는 3년 전 광서제가 연주했던 곡을 다시 연주하지 않을 수 없었다. 서태후의 조정이 북경으로 돌아온 후 3년 동안 시행한 '신정' 가운데 주목할 만한 것은 크게 다음 3가지가 있다.

첫째, 민간 자본의 산업 투자를 제창하고 장려했다. 1903년(광서 29) 8월 조정은 상부商部를 만들어 1년 전 영국과 프랑스, 벨기에, 미국, 일본을 시찰하고 돌아온 황족 재진載振을 상서尙書로 임명하고, 광공업과 철도는 모두 이 상부(3년 뒤 농상공부로 개칭)에서 담당하게 했다. 상부는 출범 직후 상법 제정에 착수해 회사 장려법인 '장려공사장정獎勵公司章程'을 내놓았다. 민간 자본의 자유로운 발전을 허용하자는 것은 원래 유신파의 주장이었다. 청은 청일전쟁 때까지 신식 기업을 정부가 틀어쥐고 놓지 않는 정책을 시행했다. 외국 자본이 이미 중국의 공업과 광업 각 부문에 깊숙이 침투하여 관청이 통제 불능의 상태가 되자 청 조정이 비로소 민간 자본을 장려하였는데, 이는 비록 자산계급에 대한 양보였지만 때가 너무나 늦었다. 게다가 그 방법이 자본을 투입하여 회사를 설립한 상인에게 투자금의 규모에 따라 차등적으로 관직을 주는 방식이어서 민간 자본을 보호하는 조치는 사실상 전무했다.

둘째, 과거시험 제도를 폐지하고 학교를 설립하며 외국 유학을 권장했다. 1902년 조정은 재차 각 성이 학생을 선발하여 서양 각국으로 보내 전문적인 지식을 배우도록 명령했으며, 1903년에는 '학생장정'을 공포했다. 당시 각급 학교를 졸업한 사람에게 공생貢生, 거인擧人, 진사進士 등의 칭호를 수여하는 제도가 시행되고 있었다. 1905년 원세개와 장지동의 건의로 과거시험 제도가 폐지되었다. 정세에 밀려 봉건 통치자들이 결국 민간 자본주의 경제에 합법적인 지위를 부여한 것과 마찬가지로 자산계급이 추구하는 '서양 학문'(西學)에도 합법적 지위를 부여하지 않을 수 없었다.

셋째, 군제를 개혁하여 점차 구식의 녹영綠營과 방용防勇의 부대를 해산하고 신식 군대를 조직했다. 청 말기 각 성省의 '신군新軍'이 바로 이때부터 생겨났다.

원세개가 통솔하던 북양육진北洋六鎭이 가장 먼저 창설된 신식 군대였다. 청 정부는 신군의 장교와 병사를 양성하기 위해 각 성에 무비학당武備學堂을 세우도록 명령하고, 1904년부터 매년 약 100명씩 일본에 보내 군사교육을 받도록 했다.

이러한 신정은 청의 지배를 강화하는 효과를 내지 못했을 뿐만 아니라 사회 각 계급과 계층이 국가의 새로운 기상을 느끼도록 하기에도 역부족이었다. 광서제가 강유위 일파에 기대어 일으킨 유신운동의 기세가 사회 상층부의 여러 계급과 계층에 큰 반향을 일으켰다면, 신축조약의 엄청난 굴욕과 무거운 배상금을 배경으로 한 이때의 호소는 더 이상 사람들의 마음을 감동시킬 수 없었다.

봉건 통치의 부패하고 어두운 모든 것은 그대로였다. 매년 거액의 '경자배상금'을 지불하기 위해 전국 각 성에서는 기존의 부세를 가중하여 징수할 뿐만 아니라 또 새로운 명목으로 온갖 잡세를 새로 끊임없이 만들어 내놓았다. 각 성의 관리들은 중간에서 횡령하는 것 외에도 신정을 명목으로 스스로 세금을 인상했다. 1903년 자산계급 혁명파의 선전가 가운데 한 사람인 진천화陳天華는 청 정부에 대해 다음과 같이 말했다.

> 경자년에 이르러 엄청난 재난이 닥치고 나서야 비로소 수구만으로는 안 된다는 것을 알게 되어 겉으로만 약간의 신정을 시행하였다. 하지만 실은 언제 시행했던가? 그저 그것으로써 국민의 눈과 귀를 가리고 서양인의 환심을 사는 데 그쳤을 뿐 한 가닥의 빛을 뿌리기는커녕 오히려 그 어둠이 몇 배나 더 짙어졌다.[6]

1905년(광서 31)에 이르러 서태후는 뜻밖에도 일부 관료들의 건의에 동의하여 입헌을 고려하였고, 이듬해에 예비 입헌을 선포했다. 백일유신의 광서제보다 조금 더 멀리 나아가는 것 같았다. 예비 입헌의 진상은 아래에서 다루기로 하고, 여기서는

---

6) 「警世鐘」, 『중국근대사자료총간: 신해혁명』(이후 『신해혁명자료』라 약칭한다.) 제2책 (상해인민출판사, 1957년판), 113쪽.

청 조정이 의화단과 8개국 연합군의 고비를 넘긴 후 제국주의의 지원에 의해 북경으로 다시 돌아올 수 있었지만 심각한 국내 위기에 직면했다는 점을 지적해야 한다. 당시 착취당하고 억압받는 하층민들이 이대로 살 수 없다고 느꼈을 뿐만 아니라 통치자와 착취자들도 이대로 통치를 계속 이어 갈 수 없다는 것을 느꼈다. 서태후가 변법을 결심하고 입헌을 준비하기 시작한 것은 제국주의자들에게 환심을 사기 위한 것이기도 하지만 통치자들이 이미 예전처럼 통치할 수 없다고 느낀 상황의 반영이기도 했다.

3. 손문의 초기 활동

제3차 혁명의 고조가 제2차 혁명의 고조에 잇따라 왔다. 1905년 동맹회同盟會의 결성은 제3차 혁명의 절정을 알리는 신호탄으로, 의화단운동이 국내외 반동 세력의 합동 진압으로 실패한 지 불과 5년 만이었다.

변법유신운동과 의화단운동을 거치면서 중국의 대내외 갈등은 해결되기는커녕 몇 배로 격화되었다. 이 모순은 중국 인민과 외국 제국주의, 그리고 중국 인민과 봉건주의 지배 세력과의 모순이 핵심이었다. 청 통치자들은 제국주의 앞에서 예의를 갖추는 노예가 되었고, 제국주의의 침략과 통치의 도구가 되었기 때문에 중국 인민의 제국주의와 봉건주의 사이의 모순은 청 통치자에 대한 투쟁으로 집중되어 표출되었다.

8개국 연합군과 신축조약 및 그 이후의 사회정치적 정세는 민족자산계급의 중하위층을 빠르게 애국운동과 사회정치운동으로 나아가도록 떠밀었다. 그들의 정치적 대표는 자산계급 혁명파였다. 자산계급 혁명파는 제1차 혁명 고조기와 제2차 혁명 고조기에는 없었던 자산계급 민주주의의 혁명 강령과 혁명 이상, 혁명 조직을 가져왔고, 그것이 혁명의 지도력이 되었다.

자산계급 혁명파의 대표적 인물은 손문(1866~1925)이다. 손문의 호는 중산中山으로, 광동성 향산현香山縣(현 中山市) 취정촌翠亨村의 빈농 가정 출신이다. 그의 형 손미孫眉(孫德彰)는 1871년(동치 10) 생계를 찾아 호놀룰루로 갔다. 손문도 1878년(광서 4) 13세 때 호놀룰루에 갔는데, 그 이전에 고향의 구식 서당에서 몇 년 동안 공부하였다.

호놀룰루는 태평양에 있는 하와이 제도의 수도였다. 미국 식민주의자들은 선교사들을 앞세워 19세기 초엽부터 이 섬나라에 침입하기 시작했다. 노동력이 부족해지자 1865년부터 중국에서 '쿠리'(苦力)를 받아들이기 시작했는데, 상업을 목적으로 간 중국인도 있었다. 손미는 그곳에 도착하여 농업 노동자로 일하다가 약간의 돈을 모은 후 독립하여 황무지를 개간하고 농장을 경영하였으며, 1870년대 말부터 1880년대 사이에 점차 농목업 자본가로 성장했다.

손문은 하와이에서 5년간 형의 후원으로 영국 교회와 미국 교회가 운영하는 두 곳의 중학교에서 차례로 공부한 후 홍콩으로 옮겨 계속 공부하였다. 1884년에서 1885년에 걸친 청불전쟁 이후 그는 의학을 공부하기 시작하여 외국 교회에서 운영하는 광주 박제의원博濟醫院 부설 의학교醫學校에 이어 홍콩의 아려의학원雅麗醫學院에서 공부했다.

이로부터 알 수 있듯 손문은 청소년기에 봉건적 전통 교육의 영향을 거의 받지 않았다. 그는 서양 국가에서 식민지 지식인을 양성하는 교육을 받았지만, 이를 통해 봉건사상과 대립되는 자산계급의 사회정치사상과 자연과학 지식을 받아들였다. 그는 자본주의 사회에 대한 실제 경험이 동시대의 강유위보다 훨씬 많았다. 그의 출신도 관료 집안 출신인 강유위와 달랐다.

손문은 청년 시절 같은 광동 출신의 선배인 홍수전洪秀全의 활동을 우러러보았다. 그는 광주와 홍콩에서 의학을 공부하면서 종종 친구들과 시사와 정치에 대해 토론했고, 홍수전의 추종자들인 홍문洪門과 왕래하는 친구를 통해 홍문의 전통적인 반청사상을 받아들였다. 홍문은 천지회天地會와 삼합회三合會 계통의 비밀 결사인 회당會黨 조직이었다. 홍콩에서 손문은 미국인이 광주에서 운영한 격치학원格致學院 1기 졸업생이자 아려의학원으로 전학하여 공부한 진소백陳少白과 광주 여도국輿圖局

제1장 제3차 혁명 고조의 배태 _533

에서 측량기사로 일하다가 홍콩 화민정무사서華民政務司署 서기로 있던 우열尤烈, 마카오 대상인의 아들인 양학령楊鶴齡 등과 친밀하게 교제했다. 이들 네 청년이 청 왕조의 부패한 통치를 공공연하게 비판했기 때문에 주변의 친구들로부터 '사대구四大寇'(네 명의 위험한 인물)로 불렸다.

1892년(광서 18) 27세 때 손문은 아려의학원을 졸업한 후 먼저 마카오에서, 이어 광주에서 개업했다. 1894년 여름 그는 소년 시절 의기투합했던 동향 친구인 육호동陸皓東과 함께 북쪽으로 여행을 떠났다. 그들은 광주에서 상해를 거쳐 천진에 도착했다. 그는 그곳에서 여행을 떠나기 전에 미리 준비한 장문의 서신을 어떤 사람을 통해 이홍장李鴻章에게 전달했는데, 그 속에 다음과 같이 적었다.

> 유럽이 부강한 근본은 전함이 견고하고, 대포가 맹렬하며, 요새가 튼튼하고, 군대가 강하기 때문이 아니라, 백성들이 그 재주를 다하고, 땅이 그 이익을 다하며, 물자가 그 쓰임새를 다하고, 물품이 막힘없이 유통되기 때문이다. 이 네 가지가 부강해지는 큰 줄기이며 치국의 근본이다.

이 서신의 기본 주장은 봉건 관료의 양무론보다는 한 걸음 더 나아갔지만, 같은 시기 강유위가 황제에게 올린 상주문 수준을 넘어서지 못했다. 손문은 위대한 자산계급 혁명가이지만, 그의 사상은 여러 단계를 거치며 발전했다. 그는 자산계급 개량주의에서 자산계급 혁명 민주주의로 발전하는 과정을 거쳤다. 청일전쟁 때만 해도 개량주의에서 크게 벗어나지 못했고, 그 이후에야 비로소 민주주의 혁명사상이 싹트기 시작했다.

손문이 이홍장에게 상서했을 때는 청일전쟁 직전이었다. 그의 서신은 이홍장으로부터 아무런 반응을 얻지 못했다. 그와 육호동은 북경을 여행한 후 무한武漢을 거쳐 남쪽으로 돌아왔다. 청일전쟁이 발발했을 때, 손문은 호놀룰루로 다시 가 그곳에서 '흥중회興中會'라는 조직을 결성하였는데, 이때가 1894년(광서 20) 10월이었다.

호놀룰루 흥중회에는 현지 화교 상공인 20여 명이 참여했는데, 여기에는 이미 상당한 자본가가 되어 있던 손미와 호놀룰루에서 출세한 농업 자본가로 삼합회에 참가한 등음남鄧蔭南, 현지 은행 지배인인 하관何寬 등이 포함되었다. 호놀룰루 흥중회는 장정章程에 구국을 취지로 밝혔으며, 중국의 처지에 깊은 우려를 표시하면서 이름은 밝히지 않은 채 청 통치자들이 나라를 망친다고 질책했다. 또 "이 회는 중화를 진흥시키고 국체를 유지하기 위해 설립된 모임이며…… 중외中外의 화인華人들과 연락하여 이 모임을 창설하고 민지民志를 펼치고 나라의 근본을 일으킬 것"[7]이라고 회의 설립 취지를 밝혔다. 그러나 교민들 사이에서 결성된 이 작은 조직은 어떻게 하면 나라를 구할 수 있는지에 대한 명확한 지침을 내놓지 못했다. 이 소조직이 결성된 후 손문은 곧바로 홍콩으로 돌아왔고, 1895년 정월에 또 홍콩에 흥중회를 설립했다.

홍콩 흥중회에 참가한 사람들은 손문과 홍콩에 있던 그의 옛 친구 진소백, 육호동 외에 보인문사輔仁文社라는 조직에 속한 인물들도 있었다. 보인문사는 1890년에 설립되었고, 주요 인물로는 신사선양행新沙宣洋行의 해운 담당 부사장인 양구운楊衢雲과 오스트레일리아의 유명한 화교 상인의 아들인 사교태謝纘泰, 병기선무공사丙記船務公司 임원인 유연빈劉燕賓 등이 있었다. 양구운이 홍콩 흥중회 회장으로 선출되었다. 그와 보인문사의 몇몇 사람들은 홍문회당洪門會黨과 비교적 깊은 관계를 맺고 있었다.

홍콩 흥중회의 규약에도 혁명을 명확하게 선포하지는 않았지만, 입회하는 사람은 반드시 다음과 같이 "만주 오랑캐를 몰아내고, 중국을 회복하며, 합중合衆의 정부를 창설함에 있어서 딴 마음을 품으면 천지신명이 살필 것"[8]이라고 선서를 해야 했다. 홍콩 흥중회는 설립되자마자 광주에서 봉기를 일으킬 준비를 했다. 손문은 광주로 가 병원 간판을 내걸고서 군사 준비를 하였으며, 농학회農學會라는 조직을 설립해 엄호했다. 양구운은 홍콩에서 지원 역할을 맡았다. 봉기 일자를

---

7) 『손중산전집』 제1권(중화서국, 1981년판), 19쪽.
8) 鄒魯, 『中國國民黨史稿』 제1편(중화서국, 1960년판), 14쪽.

9월 9일로 잡았는데, 사전에 광동성 당국에 발각되었다. 당국은 봉기 조직과 홍콩에서 광주로 밀반입된 총기를 찾아냈다. 손문의 오랜 친구인 육호동과 봉기에 참가하기로 한 회당의 두목 구사丘四, 주귀전朱貴全 등이 체포되어 모두 처형당했다. 손문은 운 좋게 도피했다. 이번 봉기의 역량은 기본적으로 삼합회에 의존했다. 양구운은 홍콩에서 3천 명의 회당을 소집하여 광주로 갈 예정이었고, 그 외에 광주 인근 각지의 회당 조직에도 연락했다. 그러나 임시로 소집된, 그것도 돈을 주고 고용하는 성격을 띤 회당의 역량은 그다지 믿을 만하지 못하였다. 무리들은 관청의 조사가 시작되자 바로 흩어졌다.

청 당국은 이번 봉기의 주모자를 체포하는 데 현상금을 걸었다. 손문의 이름은 수배 문서에 홍수나 맹수와 같은 인간이라는 뜻의 '손문孫汶'으로 적혀 있었다. 1896년 정부 측은 손문이 영국 런던에 머무르고 있다는 사실을 탐지해 냈다. 손문은 광주봉기가 실패한 후 홍콩에서 일본으로 건너갔고, 다시 호놀룰루를 거쳐 미국으로 갔다가 또 영국으로 건너갔다. 런던 주재 청나라 대사관은 손문을 유인하여 대사관으로 끌어들인 후 그를 몰래 송환하려고 계획했는데, 그는 영국 친구의 구조로 가까스로 벗어날 수 있었다. 이 사건을 통해 손문은 국제적으로 중국의 혁명가로 이름을 떨치기 시작했다.

손문은 해외 각지로 망명할 때도 홍중회라는 이름으로 화교들 속에서 조직과 선전 업무를 펼쳤지만 성과는 미미했다. 1898년 그는 다시 일본으로 건너갔다. 이때만 해도 일본에는 유학생이 드물었고, 화교 1만여 명 중 그를 후원한 사람은 백여 명에 불과했다. 국내 지식계에서는 이때가 바로 강유위康有爲의 전성기였다. 무술정변 후 강유위와 양계초梁啓超는 모두 일본으로 망명했다. 손문과 진소백은 강유위와 협력을 논의하려고 했지만 거절을 당했다. 이후 1899년 손문과 양계초가 서로 긴밀한 사이가 되자 양계초는 양측이 합병하여 통일된 조직을 만들기로 합의까지 하였으나 강유위와 그의 제자 서근徐勤이 완강히 반대해 뜻을 이루지 못했다.

손문의 홍콩 동지들은 계속해서 회당과 연계했다. 의화단운동이 일어나자 손문은 다시 홍콩으로 가서 양광 총독 이홍장과 협력하여 먼저 양광 지역을 독립시킬 계획을 실행하려고 했다. 이 계획은 본래 영국이 책동한 것이었지만 일찌감치 포기했고, 이홍장도 조정의 부름을 받고 북상했다. 1900년 8월부터 윤8월 사이에 손문이 세운 계획에 따라 광동 혜주惠州에서 회당 조직을 동원한 무장봉기를 일으켰으나 곧 실패했다. 혜주봉기를 이끈 사람은 손문의 오랜 친구인 정사량鄭士良이었다.

혜주봉기 후 손문은 다시 국외로 망명했다. 그는 일본에서 2년 동안 머물렀고, 다시 베트남으로 갔다가 호놀룰루를 거쳐 미국으로 건너갔다. 이 시기에 그는 유학생과 화교들에게서 많은 동조자를 얻었다. 훗날 손문이 말한 바에 따르면, 1895년 광주봉기가 실패한 후 그와 봉기에 참가한 사람들은 곳곳에서 저주와 욕설을 들었고 모두가 다 독사와 맹수 대하듯 했는데, 1900년 혜주봉기가 실패한 후에는 일반인들로부터 악담을 거의 듣지 않았고 식자층 사람들은 그들의 실패를 매우 아쉬워했다고 한다.

1904년 손문은 미국의 어느 신문에 「중국 문제의 진정한 해결」이란 글을 발표했다. 그는 이 글에서 청 왕조의 통치를 무너뜨려야만 "새롭고 개명하며 진보적인 정부로 대체할 수 있고", "한물간 만청滿淸 군주제를 '중화민국'으로 바꾸어야만 비로소 진정으로 중국 문제를 해결할 수 있다"고 주장했다. 그는 또 "중국은 지금 위대한 민족운동의 전야에 놓여 있으며", 청 통치를 무너뜨리는 것이 어려운 임무이지만 실현 불가능한 것은 아니라고 주장했다. 이어 "문명세계의 인민, 특히 미국의 인민들에게" 다음과 같이 호소했다.

> 당신들에게 도의적이고 물질적인 동정과 지원을 요구한다. 왜냐하면 당신들은 일본에서 서양 문명의 개척자였기 때문이고, 당신들은 기독교의 민족이기 때문이고, 우리는 당신들의 정부를 본받아 우리의 새 정부를 만들어야 하기 때문이고, 특히 당신들은 자유와 민주주의의 전사이기 때문이다.[9]

---

9) 『손중산전집』 제1권(중화서국, 1981년판), 254·255쪽.

손문은 사실상 서양의 자산계급에게 호소한 것이다. 서양 자산계급은 이미 부패하고 몰락하여 동양 민족의 독립과 진보를 지지할 능력이 없었는데, 이 점을 당시 손문은 이해하지 못했던 것이다. 그러나 자산계급 민주혁명파로서의 손문의 입장은 이미 확고했다.

　자산계급 민주주의 혁명의 활동가로서 손문의 사회적 영향력은 1900년 이후 급속히 확대되었다. 이것은 당시 국내 자산계급과 소자산계급의 애국주의 정치운동이 한창 일어나면서 그들 가운데 많은 선진적 지식분자들이 이미 개량주의 사상에 만족하지 못하고 혁명을 지향했기 때문이다.

4. 자산계급 애국운동

　의화단운동과 8개국 연합군전쟁 이후에도 민족자본주의 경제는 계속 발전하는 추세를 보였다. 매년 전국에 설립된 자본금이 1만 원元 이상의 공업 및 광업 기업은 청일전쟁 이후 6년 동안 총 104개(1895~1900)가 있었고 자본 총액은 2천3백만 원 이상이었는데 연평균 투자액은 3백8십만 원 이상이었다. 이후 1901년부터 신해혁명 전 해인 1910년까지 10년간 370개, 자본 총액 8천6백2십만 원, 연평균 8백6십2만 원을 투자했다. 특히 1906, 1907, 1908년 3년간 신설된 광공업 기업과 그 자본 총액은 각각 68개, 2천3백만 원과 58개, 1천4백만 원, 그리고 52개, 1천6백만 원이었다. 이것은 급속한 발전이라고 할 수 있다.

　이러한 민족자본기업은 대부분 규모가 크지 않았다. 위의 370개 기업 중 자본금 5만 원 미만인 기업이 153개, 자본금 50만 원 이상인 기업이 42개였다. 각지에는 자본금 1만 원 미만인 공장이 적지 않았는데, 위의 통계에 포함되지 않았다. 이러한 소규모 공장은 대부분 사실 수공업 공장에 지나지 않았다.

　일부 대기업들은 이 시기에 빠르게 발전했다. 두드러진 예로 장건張謇이 설립한 남통대생南通大生 방사공장은 1899년 생산에 들어갔고, 당시 자본금은 70만 원이었으나 1908년에는 280만 원으로 증가했다. 그가 10여 년간 잇달아 창업해 투자한 기업은 20여 개로 자본금은 모두 900여만 원이다. 빠르게 발전할 수 있는 대기업은 봉건 관리, 제국주의 또는 이 두 측면 모두와 관련이 많았다. 많은 중소 기업인들은 제국주의 자본의 압력을 받았을 뿐만 아니라 봉건주의의 박해에도 저항할 수 없어서 그 처지가 대부분 매우 어려웠다.

신식기업은 여전히 매우 적었지만 몇 개 도시에 집중되어 있었기 때문에 사회적 영향은 매우 컸다. 많은 사람들은 실업을 진흥시키는 것이 나라를 구하는 중요한 방법이며, 실업을 진흥시키기 위해서는 중국에서의 제국주의의 특권을 반대하고 없애야 한다고 주장했다.

이때 의화단과는 다른 새로운 형태의 애국대중운동이 일어나기 시작했는데, 바로 자산계급과 소자산계급 위주의 애국운동이다. 강유위 일파가 당초 결성한 보국회保國會 등 조직은 이미 자산계급 애국운동에 속했지만 투쟁의 칼끝은 제국주의를 겨냥하지 않았고, 지주계급 중 자산계급적 성향의 일부, 특히 지식인만 끌어들였다. 1900년 이후 몇 년 동안 중하층 민족 자산계급, 상인, 학생들이 제국주의에 반대하는 애국운동에 무리지어 참여하였고, 이러한 애국운동은 자산계급 민주주의 혁명운동과 연계되기 시작했다. 이것은 전례 없는 현상이었다.

제국주의가 중국의 광산과 철도를 빼앗는 것에 반대하여 해당 성에서 권리 환수 운동을 전개했는데 민족 자산계급의 상공계는 이 운동에서 매우 활발했다. 그들은 청 정부가 이미 제국주의에 넘긴 광권과 도로권을 회수하고, 회사를 설립해 자기 자본으로 광산을 만들어 길을 닦을 것을 요구했다.

1905년경 산서, 하남, 안휘, 산동, 운남, 사천, 길림, 흑룡강 등의 성에서 외세의 광권礦權 침탈을 반대하는 운동이 일어났다. 영국의 복공사福公司가 이미 하남성 북부의 수무修武에서 채광했기 때문에 유일하남동향회留日河南同鄉會는 「하남 향우에게 신속히 광산 운영을 촉구하는 글」(告河南同鄉迅速辦鑛務書)을 발표했다. 이 선언문은 신속한 광업회사 설립을 주장하면서 다음과 같이 말했다.

오늘날 먼저 광산이 있는 곳에 보광회保鑛會를 설립하고, 인근 인민은 모두 입회하여 영원히 외국인에게 광산을 팔지 못하도록 서약하고, 감히 이를 어길 경우 엄벌에 처한다. 만약 간사하고 교활하고 사기 치는 소인배가 있어 작은 이익을 탐하여 큰 해를 고려하지 않고, 본회에 들지 않으며, 땅을 서양인에게 팔려고 한 짓이 본회의 조사에서 발견되면, 곱절 벌을 가하여 사형에 처한다.…… 지방 관리와 총독, 순무, 사도가 감히 서양인에게 아첨하여 땅을 팔도록 백성들에게 강요하면, 하남 출신 중앙 관리에게 상주하는 한편 하남성의 신사와 상인 및 학생들이 고소할 것이다. 그러면 탐관오리와 민족반역자들이 비록 부귀를 꾀하여 백성들의 광산을 훔쳐 팔려고 해도 아마 감히 하지 못할 것이다.[10]

통속적이고 알기 쉬운 문자를 사용한 이 선언서는 애국과 고향 보호의 정서를 폭넓은 대중들에게 고양시키고 선동하려 한 것이 분명하다.

월한철로粵漢鐵路 부설권 회수 운동은 관련된 여러 성에 큰 영향을 미쳤다. 1903년 광동과 호남, 호북 3성 모두 신사와 상인들이 조직을 설립하여 청 정부가 미국의 합흥공사合興公司와 체결한 계약을 파기하고 철도를 민영으로 회수할 것을 주장하였다. 재일본 유학생들은 이 운동을 지원하기 위해 악鄂·상湘·월粵 3성 철도연합회를 조직했다. 2년간의 투쟁 끝에 마침내 청 관청으로 하여금 합흥공사와 교섭하여 배상금을 지불하고, 이미 건설한 광주에서 삼수三水까지의 짧은 구간의 철도와 합흥회사가 누린 각종 특권을 회수하도록 했다. 이미 청 정부가 제국주의에게 팔아넘긴 경한京漢·진진津鎭·도청道淸·호항용滬杭甬·천한川漢 등의 철도가 통과할 예정이었던 각 성에서도 환수 운동이 잇따랐다.

각 성에서 행해진 이러한 운동은 제국주의의 침략으로부터 고향을 지키려는 성격을 띠고 있었다. 따라서 자산계급 하층 외에도 자산계급 상층, 심지어 일부 지주 신사들과 지방 관리들도 이 운동에 참여하였으며 하층민들도 이 운동에

---

10) 왕경우 편, 『중국근대공업사자료』 제2집 하책, 748쪽.

참여했다. 이 운동은 청 당국에 요구하고 청 당국을 통해 관련 제국주의 국가들과 교섭하는 방식을 취했기 때문에 그 자체가 반란이나 혁명적 행동은 아니었다. 그러나 이 운동은 당시 정치적 영향이 매우 컸다. 이것은 많은 대중들에게 제국주의 침략 반대의 절박성을 느끼게 하는 한편 청 정부의 매국 정책에 대한 증오를 심화시켰다.

1903년에는 프랑스와 러시아에 대한 거부 운동이 일어나기도 했다. 이해 봄 광서성에서는 왕화순王和順과 육아발陸亞發 등이 이끄는 회당會黨 봉기가 일어났다. 이들의 세력은 빠르게 확대되어 광서성 서부 10여 개의 주와 현을 장악하고 호남까지 파급되는 기세를 보였지만 청군의 진압은 효과를 보지 못했다. 광서순무 왕지춘王之春은 프랑스로부터 자금과 군대를 빌려 난을 평정하려 했는데, 이 소식이 재일 유학생들에 의해 상해로 전해졌다. 상해의 장원張園(당시 상해 조계의 한 오락장으로 빌릴 수 있었으며, 회의장도 있었다.)에서 4, 5백 명이 참석한 가운데 회의를 열고 왕지춘을 반대하는 공개 전보를 보내기로 결정했다. 이 회의에 참석한 사람들은 일반적으로 회당 봉기는 찬성하지 않았지만, 프랑스를 거부하고 왕지춘을 반대하는 이들의 운동은 객관적으로 광서 봉기와 협력하는 의의를 가지고 있었다. 양무파 관료인 왕지춘이 프랑스의 도움을 구걸하는 음모가 밝혀져 실현되지 못했다. 2년 후 청은 광서와 호남, 호북 3성의 병력으로 광서 회당 봉기를 진압했다.

같은 해 4월 장원에서는 동북 지역에서 러시아가 철군을 거부하는 것에 항의하는 회의가 다시 열려 북경 외교부에 전보를 발송하는 안을 통과시켰다. 여기에서 "러시아인이 몇 가지 계약을 만들어 놓고 서명하도록 강요했다는 소식을 접했는데 이것을 윤허한다면 내적으로 주권을 잃고 외적으로 큰 도발을 불러올 것이므로 우리 전 인민은 도저히 받아들일 수 없다"고 말했다. 또 각국 외교부에 전보를 보내 "정부가 러시아와 조약을 맺더라도 인민들은 이를 인정하지 않을 것이며, 만약 이로부터 민심이 격동해 전국 각지에서 서양인들을 적대시하는 일이 일어나도 이것은 모두 러시아의 탓이지 우리나라의 책임이 아니다"[11)]고 밝혔다. 북경의 경사대학당京師大學堂 학생들도 회의를 열고 러시아에 항의했으며, 도쿄 유학생들은 귀국하여 러시아 침략에 맞설 의용대를 조직하기로 결의했다.

상해의 프랑스-러시아 거부 운동의 주요 추진자는 중국교육회와 애국학사愛國學社였다. 자산계급 혁명의 활동가이자 교육자였던 채원배蔡元培(蔡孑民, 1868~1940)와 그의 동지들은 1902년 상해에서 중국교육회를 설립하여 교과서를 편집하고 서보를 출판하며 학교를 직접 운영할 계획을 세웠다. 관립 남양공학南洋公學(交通大學의 전신)의 일부 학생들이 학교 당국의 억압적 통제에 반대하다가 퇴학 당하자 교원이었던 채원배는 그들에 동조해 교직에서 물러났다. 중국교육회는 이들을 바탕으로 애국학사를 설립했다. 애국학사는 학교이기도 하지만 애국단체의 성격도 갖고 있었다. 학사의 회원들은 장원에서 자주 회의를 열고 연설을 했다. 교육학회와 애국학사 참가자들은 점차 두 갈래로 갈라져 일부는 자산계급 혁명파가 되고, 일부는 청 당국에 입헌 청원을 하는 방향으로 나아갔다. 프랑스-러시아 거부 회의 참석자들도 기본적으로 이 두 부류의 사람들이었는데 당시만 해도 이 차이는 뚜렷하지 않았다. 청 정부가 보기에 이들은 모두 정부의 정책에 반기를 드는 반란파였다. 이에 청 정부는 장원에서 집회를 여는 사람들을 "프랑스와 러시아를 거부한다는 명분을 내세우지만 사실은 사회를 어지럽히려 든다"고 말했다.

애국학사는 신문 『소보蘇報』와도 관련이 있다. 『소보』는 본래 평범한 신문이었는데 1903년 초부터 애국학사의 교사와 학생들이 기고하여 애국운동과 반청혁명운동을 고취하는 언론기관이 되었다. 이해 윤5월에 청 정부는 상하이 조계 당국과 결탁하여 『소보』를 금지하고 애국학사도 이때 해체되었다. 중국교육회는 그래도 존속했다. 이해 겨울 중국교육회의 채원배는 또 '러시아거부동지회'를 조직하고 『아사경문俄事警聞』이란 신문을 발행하여 러·일전쟁이 발발할 때까지 러시아 제국주의에 반대하는 선전을 전개하였다.

1905년(광서 31)에는 전국 각 도시에서 미제국주의에 대한 반대 운동이 일어났다. 이 운동은 상인들의 미국 제품 불매운동이 주류를 이루었는데, 이는 과거에 볼

---

11) 馮自由, 『中華民國開國前革命史』 상편, 129쪽.

수 없었던 새로운 형태였다.

앞에서 말한 바(제2부 제4장 4절 참조)와 같이 19세기 중엽 미국은 중국의 쿠리(苦力)를 대량으로 받아들였다. 1877년 미국의 경제위기 때 캘리포니아주에서 중국인 배척 운동이 일어났다. 미국 자산계급은 자본주의 경제 위기를 중국 노동자가 너무 많은 탓으로 돌려 배중(排中)운동을 부추겼다. 1880년(광서 6)부터 미국은 청 정부와 중국인의 입국을 제한하는 조약을 여러 차례 체결할 것을 요구하는 한편 국내에서 중국인에 대한 각종 금지 조항을 공포했다. 1894년 미국과 청 정부는 10년 동안 "양국 정부가 협력하여 중국 노동자의 미국 입국 금지 조치를 취하는" 조약을 체결했다. 이 때문에 미국의 중국 노동자와 상인들은 가혹한 대우를 받았을 뿐만 아니라 많은 도시에서 인종 차별적인 중국인 배척의 만행으로 수백 명이 죽었다. 1907년 출간된 한 미국인 선교사의 책에 다음과 같이 기록되어 있다.

> 중국 의화단의 가장 잔학한 모습과 비교할 때, 기독교의 미국 도시와 농촌에서 중국인에 대한 만행은 더하면 더했지 덜하지 않았다. 그러나 전자에 대한 보복은 엄청난 군사적 토벌과 막대한 배상금이었지만, 후자는 처벌받은 일이 거의 없었다.[12]

1904년 미국은 중국 노동자의 입국 금지 조약을 계속 유지할 것을 요구했다. 미국 샌프란시스코와 각지의 화교 단체들이 앞장서 계약 파기를 주장했다. 그들의 외침은 중국 내 각지의 호응을 얻어 미국의 중국인 배척 만행을 고발하고 미제국주의의 경제침략에 반대하는 전대미문의 대운동으로 빠르게 발전되었다.

미국에 있는 화교들은 광동 출신이 대부분이어서 이 운동은 광주(廣州)에서 먼저 일어났다. 얼마 후 자산계급의 힘이 강한 상해가 운동의 중심이 되었다. 1905년 6월 상해 상무총회는 회의를 소집하여 미국 제품을 사용하지 않고 미국 제품을

---

12) A. H. Smith, *China and America To-day*(1907), 165쪽.

구매하지 않기로 결정했다. 철강업과 기계업, 방직업, 석유업, 제분업 등 재계의 유력자들이 이 결정의 이행을 승인하는 서명을 했다. 신문과 출판물은 이 운동을 지지하는 여론을 조성했다. 이 운동은 전국의 많은 곳으로 급속히 확산되었다. 상해와 남경, 북경, 천진, 보정 및 기타 각지의 학생들이 잇달아 집회를 열고 이에 호응하여 운동의 기세를 드높였다. 미국 제품 불매운동에서 많은 사람들은 "공업을 진흥하여" 국산품으로 수입품을 대체할 것을 주장했다. 이런 운동은 민족자산계급에게 매우 유리했다.

중국에서 갑자기 이런 거대한 규모의 새로운 형태의 애국운동이 일어나자, 맨 먼저 공격을 당한 미국이 크게 놀랐을 뿐만 아니라 다른 나라들도 불안을 느꼈다. 제국주의의 요구에 청 정부는 각 성의 총독과 순무에게 "만약 무지한 무리들이 부추겨 문제를 일으키면, 엄하게 조사하고 구명하여 위험을 없애야 한다"면서 배척운동을 금지하도록 명령했다. 직예총독直隸總督 원세개袁世凱, 양강총독兩江總督 주복周馥, 양광총독兩廣總督 잠춘훤岑春煊 등 지방의 고위 관료들은 모두 조치를 취해 이 운동을 제한하거나 저지했다.

민족자산계급이 주체가 된 이 애국운동은 발생한 지 얼마 되지 않아 분화되었다. 장건張謇과 탕수잠湯壽潛, 왕강년王康年 등과 같은 민족자산계급 상층의 일부 대표 인물들은 이 운동을 파괴하고 비방하는 갖가지 주장들을 펼치며 사실상 이 운동을 해산시킬 조치를 제안했다. 형세에 못 이겨 서명하고 운동에 참여한 일부 매판상인들은 미국산 석유와 면직물 등을 몰래 들여와 팔기도 했다. 상해상무총회 회장 증주曾鑄는 운동 초기에 적극적으로 주도적 역할을 했지만, 7월에 이르러서는 「유별천하동포서留別天下同胞書」를 발표하고서 이 운동에 더 이상 관여하지 않겠다고 선언했다. 그는 운동은 계속 진행되어야 하지만 "미국산 상품 배척 방법은 여전히 모든 사람이 미국 제품을 사용하지 않는 방법을 취해야지 절대로 폭동을 일으켜서는 안 된다"고 말했다.

그렇지만 이 운동은 민족자산계급의 중하층과 학생 대중의 지지로 인해 거의 1년 동안 유지되었다. 이 운동은 폭동으로 발전하지 않았고, 미국과의 조약 파기에도 이르지 못했다. 이는 일부 급진적인 애국주의자들로 하여금 국민의 애국 정서를 어떤 방향으로 인도해야 하는지를 생각하지 않을 수 없게 만들었다.

5. 지식계의 혁명 사조

1903년(광서 29) 무렵 지식계에 혁명의 물결이 일기 시작했다. 일부 젊은 지식인들은 출판물을 통해 혁명 여론을 조성하고, 일부는 비밀스러운 혁명 단체를 조직하기도 했는데, 이들은 주로 재일 중국인 유학생들이었다.

일찍이 1900년 이전부터 일본에 유학하고 있던 일부 지식인들은 잡지를 출판하면서 18세기 루소와 몽테스키외 등의 프랑스 자산계급 혁명을 촉진한 저서들을 번역해 실었다. 그러나 1900년까지만 해도 재일 유학생의 수가 100명이 채 되지 않았고, 이들 중 일부가 선전했던 자산계급 혁명사상은 국내에 별다른 영향을 미치지 못했다.

1901년부터 일본으로 유학 가는 사람이 급증하여 1904년에는 3천여 명에 이르렀다. 이러한 상황은 앞서 언급한 청 정부가 해외 유학을 주창했던 것과 관련이 있지만, 관비 유학은 10분의 2, 3에 불과했고 대부분은 자비 유학이었다. 일본 유학 비용은 당시 사람들의 말에 따르면 은화 300냥으로 비교적 적게 들었기 때문에 유럽이나 미국보다 일본으로 유학을 가는 유학생이 훨씬 많았다. 관비나 자비 유학을 떠날 수 있는 사람들은 대부분 지주와 부농 가정 출신의 청년들이었다. 당시 많은 중소 지주와 부농들은 경제적으로 파탄의 위기에 빠졌다. 과거시험을 통해 관직으로 진출하는 길이 곧 끊어질 것 같자 이들 가정 출신 청년들은 활로를 찾기 위해 국내에서 운영하는 신식 학교에 몰려가거나 방법이 있는 사람들은 외국으로 유학을 떠났다. 이 가운데 일부 사람들이 자산계급의 새로운 학문을 접하고 국가 위기의 심각성을 느끼면서 나라를 구하려면 청 정권이나 강유위와 양계초의 개량주의에 의존할 수 없다는 것을 깨달았다. 그들은 봉건적 구사회가 이미 절체절명의 위기에 직면했음을 느끼고 새로운 활로를 모색하려고 했다. 따라서 그들은 자산계급 혁명사상의 옹호자이자 선전자가 되었다.

1903년 일본 유학생 진천화陳天華(1875~1905)는 『맹회두猛回頭』와 『경세종警世鐘』이라는 두 권의 통속 소책자를 썼는데 중국 내에 널리 퍼져 영향이 매우 컸다. 진천화는 호남성 신화현新化縣 출신으로 신화실업중학당新化實業中學堂의 자금으로 유학을 갔다. 이 두 책자의 중심에는 제국주의 침략에 따른 중국의 위태로운 정세를 지적하고 이를 개변하기 위한 투쟁을 환기시키는 내용이 담겨 있었다. 그는 열강들은 "우리 18개 성을 모두 그들 각 나라의 세력권 안에 넣고 조금의 자유도 허락하지 않았다. 중국의 관청은 그들의 노예와 같고, 중국 백성도 그들의 소나 말과 같다.…… 우리 중국은 분할되지는 않았지만 분할된 것과 큰 차이가 없는 현실"이라고 말했다. 그러면서 그는 열강들이 중국을 분할하지 않은 이유가 다음과 같다고 주장했다.

> 나라의 수가 많아 일시적으로 균등하게 분할하기 어려운 데다가 중국은 지역이 너무 넓어 각국의 세력이 미치지 못하는 곳이 있기 때문에 차라리 만주족 정부를 남겨 두어 대신 관리하게 하고, 저들이 만주족 정부를 통제하기만 하면 중국을 분할하는 것보다 어찌 편치 않겠는가?

이에 그는 독자들에게 다음과 같이 호소했다.

> 여러분들, 당신은 지금도 조정이 여전히 만주족의 조정이라고 생각합니까? 얼마나 오랫동안 서양인들의 조정이 아닙니까! 여러분들이 믿어지지 않으신다면, 최근 조정에서 한 일을 보십시오. 어느 하나 서양인들의 명령을 받들지 않은 것이 있습니까? …… 우리가 만약 이러한 도리를 명확히 깨닫지 못하고 모든 일을 조정에 맡긴다면, 비록 말로는 서양인의 백성이 되기 싫다고 하면서도 얼마나 오랫동안 그랬는지 아직 모르고 있는 것입니다. 물론 조정은 거역할 수 없지만, 이와 같은 서양인의 조정도 거역하지 말아야 하겠습니까?

이로써 진천화는 사실상 제국주의의 침략에 저항하기 위해서는 반드시 청 통치에 반대해야 한다는 결론을 내렸다. 그는 전 인민에게 "반드시 악전고투해야만 중국을 구할 수 있다"고 호소했다. 그러나 그는 의화단처럼 배외주의를 내세우고 양무洋務를 배척해서는 안 된다고 주장했다. 그는 "서양인을 거부하려면 서양인의 장점부터 먼저 배워야 한다"고 말했다. 이는 60년 전 위원魏源이 "오랑캐의 장점을 배워 오랑캐를 이긴다"(師夷長技以制夷)라고 했던 말을 되풀이하는 듯하지만, 당시의 선진 지식계는 외국에서 무엇을 배워야 하는지에 대한 인식이 훨씬 높은 수준에 이르렀다. 이 두 권의 책자에서 진천화는 아직 민주정치를 명시적으로 거론하지는 않았지만 다음과 같이 말했다.

> 국가는 배와 같다. 황제는 조타수이고, 관부는 선원이며, 백성은 자본을 출자하는 주인이다.…… 조타수와 선원이 일을 제대로 할 수 없다면, 주인은 반드시 이 조타수와 선원을 교체하고 다른 사람을 쓰는 것이 도리일 것이다.

2년 뒤 진천화는 마침내 「중국이 민주정치체제로 전환해야 함에 대하여」(論中國宜改行民主政體)라는 글을 발표했다.

1903년 이미 민주혁명을 외친 대표적인 작품은 추용鄒容(1885~1905)이 지은 『혁명군革命軍』이라는 소책자이다. 추용의 아버지는 중경重慶의 상인이었다. 그는 자비로 일본에 갔는데 불과 1년 남짓 머물다가 1903년 청 정부가 일본에 파견한 유학생 감독관을 모욕한 일로 강제 귀국 당했다. 그는 요문보姚文甫라는 관원의 변발을 잘라 유학생회관 앞에 걸어 놓았던 것이다. 귀국 후 그는 상해에서 장병린과 애국학사의 일부 활동가들과 친분을 쌓고 러시아 거부 운동에 참가하였다. 바로 이 무렵 『혁명군』을 지었다.

18세의 이 청년은 2만 자 정도의 이 소책자에서 열정적으로 혁명의 찬가를 부르며 혁명으로 청 통치를 무너뜨리고 세계에서 중국의 독립적 지위를 확보하자고 주장했다.

우리 중국이 오늘 만주인의 굴레에서 벗어나려면 혁명을 하지 않으면 안 된다. 우리 중국이 독립하려면 혁명을 하지 않으면 안 된다. 우리 중국이 세계열강과 어깨를 나란히 하려면 혁명을 하지 않으면 안 된다. 우리 중국이 20세기의 새로운 세계에서 오래 존속하려면 혁명을 하지 않으면 안 된다. 우리 중국이 지구상의 이름난 나라, 지구상의 주인이 되자면 혁명하지 않으면 안 된다.……
이에 나는 지금 혁명을 천하에 큰 소리로 선포한다.

추용은 서양 자산계급 혁명의 성과를 찬미하고 자산계급의 자유·평등의 사상을 고취했다. 그는 혁명을 '야만의 혁명'과 '문명의 혁명'으로 나누었는데, 그가 말한 '문명의 혁명'은 사실 자산계급이 이끄는 혁명이다. 그는 청 정부가 부패하고 후진적이며 나라를 팔아먹는 정부임을 마음껏 폭로하면서, 이 정부를 무너뜨린 뒤 서양 자산계급의 헌법에 따라 중화공화국을 세우자고 주장했다. 그는 "중화공화국은 자유 독립국이다"라는 말과 함께 "중화공화국 만세", "중화공화국 4억 동포의 자유 만세"를 외치며 글을 맺었다.

장병린이 서문을 쓴 추용의 『혁명군』은 1903년 5월 상해에서 출간되었다. 비슷한 시기에 장병린은 「강유위를 반박하는 글」(駁康有爲書)을 발표했다. 장병린(1869~1936)은 당시 이미 저명한 학자이자 저술가였다. 그는 무술유신戊戌維新 때 양계초梁啓超의 친구였으나 청 통치에 반대하는 사상이 있었기 때문에 점차 정치적 주장에서 강유위·양계초 일파와 갈라졌다.

장병린은 1899년 일본에서 손문과 알게 되었다. 1902년 그는 재일 유학생들과 함께 도쿄에서 '지나支那 망국 242년 기념회'를 개최했는데, 그가 이 기념회를 위해 쓴 선언서는 청 통치에 반대하는 취지를 강하게 드러냈다. 1903년 그는 상해에서 중국교육회와 애국학사에 참여했다. 강유위는 이때 "중국은 입헌을 제정할 수 있을 뿐 혁명은 할 수 없다"는 내용의 「남북미주의 화상들에게 보내는 글」(與南北美洲諸華商書)을 발표했다. 이에 맞서 장병린은 「강유위를 반박하는 글」(駁康有爲書)을 발표했다.

장병린은 여기에서 주로 만주족의 통치를 반대함으로써 혁명의 필요성을 논증하는 한편 혁명의 결과는 필연적으로 민주주의를 실시해야 한다고 보았다. 반면 강유위는 "오늘날 중국의 민도民度는 공리公理가 불분명하고 낡은 습속이 그대로 있기" 때문에 혁명은 반드시 혼란을 초래해 좋은 결과가 없을 것이라고 단정했다. 이러한 논점을 반박하며 장병린은 "백성의 지혜는 경쟁을 통해 생겨난다. 지금 백성의 지혜는 다른 어떤 것에 기대어 개척할 것이 아니라 오직 혁명을 통해 개척해야 한다"고 주장했다. 그는 혁명을 제창하는 지금 반드시 '합중공화合衆共和'여야 하며 "합중공화를 통해 민심을 결집시켜 일을 성사하면 반드시 민주가 될 것이다. 민주의 홍기는 시세에 의해 강요되는 것이고 또 경쟁을 통해 이런 지혜가 생기는 것"이라고 말했다. 그는 혁명을 '민지民智'와 '인심의 지혜', 곧 사람들의 사상적 각성을 발전시키고 진보시키는 동력으로 보았다. 이런 점에서 그는 추용과 마찬가지로 열정적으로 혁명을 노래했으며, 혁명을 통해 '공리'를 널리 드러낼 수 있고, '낡은 습속'도 없앨 수 있다고 주장했다.

장병린의 글은 『소보蘇報』에 발표되었다. 그는 『소보』에 청 통치에 반대하며 혁명을 선동하는 다른 평론의 글도 실었다. 이 때문에 『소보』는 발행을 정지당했고, 추용과 장병린 및 몇몇 관련자들은 영국 조계 당국에 체포되었다. 젊은 혁명가 추용은 끝내 조계의 감옥에서 죽었으며, 장병린은 3년 동안 감옥에 갇혔다가 1906년에 출소했다.

1903년부터 국내(주로 상해)와 재일 유학생들 사이에서 혁명 관련 출판물이 급증했다. 상술한 진천화와 추용, 장병린의 저서는 이 무렵 지식계에 일어난 혁명사조를 대표하는 것이라고 할 수 있다.

무술유신 때 여론에서 큰 역할을 한 양계초는 일본에 간 후 요코하마에서 『청의보淸議報』(旬刊)와 『신민총보新民叢報』(半月刊)를 연이어 발간했다. 양계초와 그의 스승 강유위는 외국에서 보황회保皇會라는 이름으로 활동했는데, 이른바 보황保皇은 광서제를 보호하고 서태후를 반대한 백일유신의 신정新政을 회복하고 입헌군주를 취지로 한다는 뜻이다. 그들은 혁명적인 방법으로 청 통치를 전복시키는 것에 반대했다. 양계초의 간행물은 청 정부의 엄금에도 불구하고 국내 지식계와 유학생들 사이에서 널리 유포되어 큰 반향을 불러일으켰다. 양계초는 유창하고 알기 쉬운 문장으로 많은 글을 발표해 서양 자산계급의 철학과 사회정치학설, 경제학설을 소개하고, 서양 자산계급의 민족운동과 혁명운동 중의 대표적 인물을 찬양하며, 중국의 봉건 전통과 배치되는 각종 사회사상과 도덕관념을 고취하였다. 그가 이 방면에서 벌인 선전 활동은 양과 질에서 같은 시기 자산계급 혁명가들을 능가했다. 그의 글을 읽은 사람 중에는 입헌군주제에 찬성하는 사람도 있었지만, 양계초를 거쳐 당시 일어나고 있던 혁명의 물결로 급속히 옮겨간 사람도 적지 않았다. 무술정변 이후 1903년까지 양계초가 생산적인 사상계몽 활동을 통해 사서·오경과 공자·맹자, 노자·장자만 알고 있던 많은 사람들, 특히 청년들의 시야를 넓혀 주고, 그들에게 봉건 문화와 자산계급 문화의 대비를 통해 자기 민족의 후진성을 느끼고 구국과 혁명의 열정을 더욱 불태우도록 도와주었음은 인정해야 할 것이다.

그런데 중국이 과연 어떤 개혁을 해야 하는지에 대한 양계초의 글, 특히 1902년부터 1903년까지의 글은 모순된 관점을 보여 주었다. 그는 청을 무너뜨리고 민주적 혁명을 실행하는 데 회의적이고 반대하면서도 중국을 구하려면 일대 변혁을 거치지 않으면 안 된다고 했다. 그는 신문과 잡지를 통한 선전 활동이 실제 행동보다 더 치열해야 한다는 이유로 이런 모순을 설명했다. 따라서 자산계급 혁명파는 그의 입헌군주제와 '보황'의 주장에 대해 매우 불만족스러워했고, 한편으로 스승 강유위와 그의 개량주의적 입장을 견지한 동지들은 그의 발언이 너무 멀리 나아갔다고 느끼며 충고나 경고를 하지 않을 수 없었다. 양계초에게서 드러난 이러한 모순은 자산계급 혁명사상이 자산계급 개량주의사상을 대체하며 선진 지식계의 주도적 사상이 되어 가고 있음을 반영한 것이다.

6. 지식계에 등장한 혁명 조직

손문의 흥중회興中會가 호놀룰루와 홍콩에 설립될 때, 회원 대부분이 교민 중의 상인과 농장주였으며, 교민 중 일부 노동자도 있었다. 1895년의 광주廣州 봉기와 1900년의 혜주惠州 봉기를 일으켰을 때 모두 회당의 힘에 의존했다. 그때만 해도 국내 지식인과 유학생이 손문의 조직에 참여한 사람은 아주 드물었다.

1902년 흥중회에 참가한 자산계급 분자는 광주에서 비밀 회당을 주력으로 삼아 봉기를 일으키려 하였다. 홍수전洪秀全의 조카인 홍전복洪全福(본명 洪春魁)은 젊은 시절 태평천국전쟁에 참전했다. 그는 태평천국이 실패한 뒤 홍콩으로 피신해 선박의 요리사로 일했고, 30여 년의 해상노동 생활을 거쳐 홍콩에 정착했다. 그는 삼합회三合會와 매우 긴밀히 교류했으며 어느 정도 영향력도 가지고 있었다. 홍콩 흥중회의 회원인 사찬태謝纘泰(그의 아버지는 호주의 화상으로 홍전복과 오랜 친구)와 이기당李紀堂(홍콩 부상의 아들)은 홍전복의 비밀 회당에서의 영향력을 이용해 다시 봉기를 일으킬 계획을 세웠다. 이들은 봉기 성공 후의 국호를 '대명순천국大明順天國'으로 결정했고, 격문에서 만주족 왕조 반대를 강조하며 유럽의 군주와 인민이 함께 통치하는 '군민공주君民共主'의 정치체제를 시행할 것이라고 밝혔다. 이는 회당의 색채가 짙고 민주혁명의 분위기가 덜한 봉기였다. 이 봉기에 대해 손문은 들은 바가 없었다. 홍전복와 사찬태, 이기당 등은 이 봉기에 대비해 홍콩과 광주에 조직을 설치하고 총기를 구입해 광주로 반입했다. 이들은 광주 인근 각지의 호걸들과 협력해 1901년 섣달 그믐날(양력 1902년 2월)에 방화를 신호로 광주의 각 관청을 단숨에 점령하려고 했다. 그러나 조직 내부의 어떤 사람이 청 정부에 밀고하는 바람에 봉기를 일으키기로 한 날 광주에 있던 그들의 조직이 청 정부에 의해 일망타진되었다. 이 봉기는 요람에서 참살되고 말았다. 홍전복은 이름을 바꿔 싱가포르로 도주했는데 몇 년 뒤 병사했다. 사찬태는 이후 영국인과 함께 홍콩에서 영어로 된 '사우스차이나 모닝포스트'(SCMP)를 운영하면서 흥중회의 일에 더 이상

관여하지 않았다.

지식계에서 혁명 사조가 발전함에 따라 지식인을 주체로 하는 혁명 단체가 출현하였다. 1903년 재일 유학생들의 러시아 거부 운동(러시아군의 동북 점령 반대 운동)에서 일부 학생들이 군사훈련을 하고 군사 활동을 배우려는 취지로 군국민교육회軍國民敎育會를 조직했다. 그러나 군국민교육회는 느슨한 군중조직에 불과해 오래 가지 못했지만 이들 중 일부는 귀국하여 계속 활동했다. 1904년 초 귀국한 유학생들에 의해 화흥회華興會와 광복회光復會라는 두 개의 혁명 단체가 결성되었다.

화흥회는 호남성 출신 유학생인 황흥黃興과 유규일劉揆一, 양육린楊毓麟, 진천화陳天華 등이 1903년 섣달 그믐날(양력 1904년 2월 15일)에 장사長沙의 명덕학당明德學堂 한 교리의 집에서 발기회를 가졌는데, 본 성의 각지와 여타 성에서 온 100여 명이 참석했고 대부분이 학계 인사들이었다. 이들은 황흥을 회장으로, 송교인宋敎仁·유규일을 부회장으로 내세웠다. 황흥(1874~1916)은 호남성 선화善化(지금의 長沙縣) 사람으로 현학縣學 생원生員 출신이고 무창武昌의 양호서원兩湖書院을 수료하였다. 1901년 관비로 일본에 유학하여 사범학교에 들어가 군사학도 조금 배웠다.

광복회는 1904년(광서 30) 10월 상해에서 설립되었다. 강소와 절강, 안휘 3성의 학계 인사들이 참석했다. 옥중에 있던 장병린도 창립회원에 이름을 올렸다. 일본에서 막 귀국한 공보전龔寶銓이 이 조직의 설립을 추진한 주요 인물이며, 중국교육회를 이끌던 채원배蔡元培가 회장으로 추대됐다. 이 조직이 결성된 이후 주요 역할을 한 중심인물은 도성장陶成章이다. 절강성 소흥紹興 출신인 도성장(1878~1912)은 젊은 시절 숙사塾師를 지냈고, 1900년 얼마 전부터 신학문을 접하면서 청 통치에 반대하는 사상을 가졌다. 1902년 관비로 일본 유학을 가 성성학교成城學校에서 군사학을 배우려고 했으나 청 관헌의 제지를 받았다. 1903년 귀국하여 활동했다.

화흥회와 광복회는 모두 자산계급 혁명 정당의 성격을 가지고 있었고, 발기인과 참가자들은 청을 전복시키려는 목적을 가지고 있었으며, 그들의 최고 이상은 자산계급 민주공화국을 건설하는 것이었다. 황흥은 화흥회 창립회에서 혁명을 일으킬 장소와 방법에 대해 발언했는데, 그는 17~18세기 영국과 프랑스의 혁명 경험을 인용하면서도 중국 혁명은 상황이 달라 수도에서 시작할 것이 아니라 "한 성을 차지하고 여러 성에서 분분히 일어서는 방법을 채택해야 한다"고 주장했다. 그는 호남의 "군대와 학계의 혁명사상이 나날이 높아지고 있으며 시민들도 은연중에 그 영향을 받고 있다"고 보았으며, 강호 비밀결사인 홍회당洪會黨 회원들도 만주족 통치 반대의 취지를 갖고 있어 일단 봉기가 일어나면 "호남성을 탈취하여 근거지로 삼기 어렵지 않다"고 말했다.

자산계급 혁명가로서 등장한 젊은 지식인들은 반란을 일으키고 혁명을 일으키려면 대중의 힘이 없이는 안 된다는 것을 알고 있었다. 그들은 스스로 하층사회를 이끌 수 있다고 생각했지만 사실은 하층사회를 이해하지 못했다. 그들은 농민과 노동자들 사이에서 힘든 동원과 조직 작업을 할 의향이 없었다. 그들은 오늘 혁명단체를 조직하여 내일 봉기를 일으켜 모레 성공을 거두려고 했다. 그들은 당장 이용할 수 있는 힘이 필요했다. 따라서 가로회哥老會나 삼합회三合會 같은 기성조직이 이들의 눈에 띄는 힘이 됐다. 당시 지식인 혁명가들은 혁명은 '중등사회'가 이끌어야 하고 '하등사회'의 힘을 사용해야 한다고 말하곤 했는데, 이른바 '하등사회'란 가난과 실업, 강호를 떠도는 유민이 주체가 되는 비밀 회당을 가리킨다.

화흥회는 결성 9개여 월 후 장사에서 봉기를 일으키려 했다. 1904년(광서 30) 10월 10일(양력 11월 16일)은 서태후의 칠순 생일로, 성안의 문무 관료들이 이날 모여 기념식을 할 때 미리 설치한 폭탄을 터트리면 성안에서는 무비학당 학생들이 봉기를 일으키고, 가로회는 성 밖 각지에서 호응하여 장사로 진군할 계획이었다. 화흥회의 부회장 유규일도 일본에서 돌아온 유학생으로, 원래 호남 가로회의 우두머리인 마복익馬福益과 잘 알고 지내던 터라 그는 적극적으로 가로회의 힘을 활용할 것을 주장하였다. 이를 위해 황흥과 유규일은 마복익을 만나 협력 방법을 협의했다.

1904년 봄 황흥과 유규일은 함께 상담湘潭에서 마복익을 처음 만났다. 그들은 봉기와 관련된 제반 일을 의논하여 황흥이 봉기를 주동하고 유규일과 마복익이 정·부 총지휘를 맡기로 합의했다. 이해 8월, 황흥과 유규일 및 기타 몇몇 화흥회 활동가들은 유양劉陽에 이르러 마복익과 그의 부하 주요 두목들을 만났다. 황흥은 마복익에게 장총 20정, 권총 40정, 말 40필을 주었다. 이때 화흥회는 이미 사람을 보내 상해에서 총기를 사들이고 있었기 때문에 대량의 총기가 운반되면 앞당겨 봉기를 일으키려 했다. 그러나 화흥회에 숨어 있던 한 내부 간첩이 이 회동을 청 관청에 밀고했다. 당국은 즉각 관련자들을 체포하기 시작하여 회당의 작은 두목 몇 명이 체포되었다. 황흥은 기독교회에 있는 친구의 도움으로 장사를 탈출하여 상해로 갔고 유규일 등도 탈출했다. 이 실패한 봉기를 위해 황흥과 유규일 등은 가산을 털어 4~5만 원의 경비를 마련했다.

마복익은 공식 수배를 받고 광서로 도망갔다가 1905년 초 호남으로 돌아와 다시 봉기를 일으키려고 상해로 사람을 보내 황흥과 연락하게 했다. 하지만 얼마 지나지 않아 그는 상향湘鄕에서 체포되어 3일 만에 처형되었다. 마복익은 가혹한 형벌을 받았으나 죽을 때까지 굴하지 않았다. 일본 유학생들이 그를 위해 추모제를 열었다.

광복회는 창립된 후 화흥회와 연계를 가졌고, 장강 하류에서 봉기를 일으켜 호남의 화흥회와 호응하기로 했다. 화흥회의 봉기가 무산되자 광복회의 협력 작업도 중지되었다. 광복회도 회당과 연결하는 작업을 시도했다. 도성장과 공보전 및 일본 유학생 위란魏蘭 등은 1904년 절강 서부와 절강 동부의 많은 지역을 여행하면서 여러 회당 조직과 연결했다. 도성장은 이때 회당과 접촉한 경험을 바탕으로 『교회원류고敎會源流考』라는 책까지 썼는데, 이 방면의 상황을 체계적으로 논술한 최초의 저서이다. 절강성 남부 여수麗水 일대의 한 회당 우두머리이자 권법 사범 출신인 왕금보王金寶는 화흥회의 영향을 받고 봉기를 꾀했다가 체포되어 1904년 10월에 처형됐다.

마복익과 왕진보 같은 사람들에게서 유민 무산계급의 대표로서 회당 인물들의 혁명성을 볼 수 있다. 자산계급과 소자산계급 혁명가들은 문화적이고 높은 수준의 사상을 가지고 있으며 사회적 신분과 지위도 비교적 높고 재력도 있었기 때문에 혁명을 요구하는 회당 사람들을 자기편으로 끌어들일 수 있었다. 그러나 그들은 몇몇 회당 지도자들과의 연락에 만족하였고, 일시적으로 회당 출신들의 감투정신을 이용했을 뿐 힘든 대중동원작업을 하지 않았다. 그러므로 그들은 회당 작업을 통해 하층민들 사이에 확고한 혁명의 기초를 마련할 수 없었던 것이다.

화흥회와 광복회 외에 무한武漢의 지식계에도 혁명 조직이 있었다. 그곳 지식계의 일부 혁명 청년들은 현지 군대를 대상으로 공작하는 것을 중시하면서 병사 및 하급 장교들과 연락을 취했다. 이들은 1904년 4월 과학보습소科學補習所라는 눈에 잘 띄지 않는 조직을 만들었다. 그들은 화흥회와 연계되어 있었기 때문에 화흥회의 봉기 계획이 발각되었을 때, 그들도 연루되어 과학보습소가 해산되었다. 그 구성원들은 나중에 일지회日知會 등의 이름으로 다시 조직을 구성했다. 이들 조직은 청 통치를 무너뜨린 신해혁명이 무한에서 먼저 일어난 것과 관련이 있다. 앞으로 우리는 이 조직에 대해 이야기할 기회가 있을 것이다.

위에서 서술한 여러 상황에서 볼 수 있듯이 1903년에서 1904년 사이에 지식인들이 주도하는 자산계급과 소자산계급 중심의 새로운 혁명의 시기가 빠르게 준비되고 있었다.

제2장

동맹회 초기

1. 동맹회의 성립과 그 강령

　　1904년(광서 30) 손문孫文은 미국에 있었고, 이듬해 유럽의 몇 개 국가에 갔다가 다시 일본에 갔다. 그는 미국의 화교 상인들 사이에서 비교적 폭넓은 관계를 맺고 있었다. 벨기에와 독일, 영국, 프랑스에서도 그가 이끄는 혁명 조직에 기꺼이 참여하려는 유학생들이 있었지만 그 수는 매우 적었다. 당시에는 일본에 중국 유학생이 매우 많았는데, 그들은 손문을 열렬히 환영했다. 1천 명에 가까운 사람이 참석한 환영 연설에서 손문은 몇 년 전에 그가 민족주의를 제창할 때 그에 호응한 사람은 회당뿐이었고 '중류사회 이상'이 극히 적었지만, 지금은 상황이 크게 달라졌다고 하면서 청의 전제 통치를 무너뜨리고 민주공화국을 창건하여 중국을 급속히 발전시킬 자신이 있다고 말했다. 그는 중국은 "입헌군주만 할 수 있을 뿐 단계를 뛰어넘어 공화국이 될 수는 없다"고 생각하는 것은 잘못된 것이라고 지적했다.

　　중국의 영토와 인구를 각국은 미치지 못한다. 우리들이 중국에서 태어난 것은
　　정말 행복하다. 각국의 현자와 호걸들이 중국과 같은 무대를 얻어 이용하려고

해도 얻을 수가 없다. 우리는 이렇게도 큰 무대를 가지고 있으면서도 오히려 의지할 곳이 없고 세월을 헛되이 보내어 한 치의 공도 이루지 못했다. 이 훌륭한 산하는 여전히 만주족이 차지하고 있어 아직까지도 이를 되찾아 위대한 공화국을 세워 세계에 알릴 수 없으니, 어찌 부끄럽기 짝이 없지 않겠는가?1)

당시 이미 존재한 각 혁명 소집단은 흩어져 활동하여 혁명 발전의 요구에 부응할 수 없었지만, 객관적인 정세는 각 혁명 단체의 힘을 모아 정치사상적으로 명확한 혁명 강령을 제시할 것을 요구했다. 이번에 일본을 찾은 손문은 먼저 화흥회의 구성원인 황흥黃興 등과 연합하여 공동으로 이러한 혁명 조직을 건설할 것을 논의했다. 1905년(광서 31) 6월 28일(양력 7월 30일) 일본 도쿄에서 당黨을 조직할 준비회의가 열렸는데 70여 명이 참석한 가운데 손문은 혁명동맹회 설립을 제안하고, 논쟁 끝에 중국동맹회로 이름을 정하고 "구제달로驅除韃虜(만주족 축출), 회복중화恢復中華(중화 회복), 창립민국創立民國(공화국 창립), 평균지권平均地權(토지 소유의 균등)"이라는 16자를 취지로 할 것을 결정했다. 7월 20일 동맹회는 수백 명이 참가한 가운데 정식 창립대회를 개최하였다. 당시 감숙성甘肅省 출신 유학생이 없었던 관계로 이를 제외하고는 전국 각 성의 출신이 다 있었다. 이 대회에서 황흥 등이 작성한 초안의 규정을 통과시키고, 손문을 총리로 선출하였으며, 실무를 담당할 집행기구도 확정했다.

동맹회는 기존의 홍중회나 화흥회, 광복회 등 지역성을 띤 작은 단체들이 연합하여 전국적인 조직으로 변모했다. 조직 형태, 인적 구성 및 강령은 자산계급 혁명의 정당임을 보여 준다.

동맹회 설립 당시 지도부에 총리 외에도 선거를 통해 선출된 평의부評議部와 사법부 및 총리가 지명한 사람으로 구성된 집행부가 있었다. 이러한 조직 형태는 분명 서양 자산계급 국가의 '3권 분립'의 원칙에 근거한 것이다. 평의부는 의회의

---

1) 『손중산전집』 제1권(중화서국, 1981년판), 282쪽.

성격을 띠었다. 서양 자산계급의 의회 제도는 동맹회의 혁명가들이 동경하는 목표로서 동맹회의 조직 형태도 이를 반영했다. 그러나 평의부와 사법부는 별다른 역할을 하지 못했다. 동맹회는 일본 도쿄에 본부를 두고 국내에는 동·남·서·북·중 5개 지부를 두었으며, 해외 화교 중에는 남양·유럽·미주·호놀룰루 4개 지부를 두었다. 국내 지부 산하에 각 성마다 분회를 설치하고 그 책임자를 선정했다.

창립 1년 만에 1만여 명이 참가했는데 유학생과 국내 지식인이 큰 비중을 차지했다. 이는 해외 교민들을 중심으로 설립한 흥중회보다 국내 사회와의 연계가 크게 확대되었다. 동맹회에 참가한 구성원들은 일반적으로 민족 자산계급의 중하위층을 대표하며, 그들은 자산계급과 소자산계급의 혁명파이다. 그러나 이들 중 상당수는 지주 가정 출신으로 혁명의 목적과 방법 등에 대해 사실상 서로 다른 견해를 갖고 있었다.

손문이 동맹회의 지도자가 될 수 있었던 것은 그가 혁명 경력이 오래 되었고 명망이 높았기 때문일 뿐만 아니라, 당시 가장 급진적인 자산계급 민주혁명 강령의 제창자였기 때문이다. 동맹회 결성 준비회의에서 이 조직의 명칭을 논의할 때 '대만동맹회對滿同盟會'라고 부르자는 제안이 나왔는데, 손문은 "혁명의 취지는 오로지 만주족 축출에만 있는 것이 아니라 그 궁극적인 목적은 전제를 철폐하고 공화국을 창립하는 것"이라는 이유로 이를 받아들이지 않았다. 손문의 '평균지권' 주장에 회의적인 시각도 있었지만 이 점은 여전히 동맹회의 강령에 포함되었다. 손문은 동맹회의 기관지 『민보民報』 발간사(1905년 10월)에서 '삼민주의三民主義', 즉 민족주의·민권주의·민생주의를 처음으로 제시했다. 당시 그는 민족주의를 '만주족 축출과 중화 회복'으로 해석하였고, 민권주의는 '공화국 창립'을 가리켰으며, 민생주의는 '토지 소유의 균등'이었다. 그와 그의 일부 동지들은 '토지 소유의 균등'을 '토지국유'와 동일시하였다. 매호 『민보』마다 '본사 요강'을 게재하여 '본지의 주의'를 총 6개조로 선포하였다. 그중 국내와 관련된 것이 3가지다. 첫째는 현재의 악덕 정부 전복, 둘째는 공화정의 건립, 셋째는 토지의 국유화였다.

혁명적 폭력으로 청의 통치를 무너뜨린다는 것이 동맹회의 기본 주장이었다.

동맹회는 결성되자마자 국민군 조직 계획을 확정하고 군정부의 선언까지 미리 정했다. 비록 실천 과정에서 어떻게 무장투쟁을 할 것인가에 대해 동맹회 회원들은 점차 다른 견해를 가지기도 했지만, 총론적으로 말하자면 당시 자산계급 혁명파에 속했던 모든 사람들은 중국이 제국주의 열강들에게 도살되고 분할되는 운명에서 벗어나 독립하고 강성하려면 청 정부를 뒤엎어야 하며, 청의 통치를 뒤엎으려면 무장투쟁밖에 없다는 데 의견을 같이했다.

동맹회는 민족주의의 기치 아래 청 통치에 반대하는 운동을 고취하였다. 청 통치는 실질적으로 만주족의 통치가 아니라 대지주계급을 대표하는 봉건적 전제주의의 통치였다. 이 점을 자산계급 혁명가들이 충분히 인식하고 있은 것은 아니다. 이들 중 일부 사람들이 선전한 민족주의는 편협한 만주족 배척주의로 변모해 대한족주의의 악취까지 풍기고 있었다. 손문은 이 문제에 있어서 비교적 정확한 태도를 취하고 있었다. 그는 1906년 『민보』 창간 1주년 기념일 경축대회 강연에서 "민족주의는 결코 다른 인종을 만났다고 해서 그를 배척하려는 것이 아니다.······ 사람들은 민족혁명이 만주족을 멸하는 것이라고 말하는 것을 들었겠지만 이 말은 크게 잘못된 것"이라고 말했다.

손문은 그가 주장하는 민권주의는 바로 수천 년의 군주전제정체를 척결하는 것이며, 이는 '정치혁명의 근본'이라고 강조했다.

> 우리는 만주족 정부를 전복하고 만주족을 몰아내는 측면에서 민족혁명이라고 말하고, 군주정치체제를 전복하는 측면에서는 정치혁명이라고 말하는데, 이것을 두 번에 나누어 하는 것이 아니라 정치혁명의 결과는 민주적 입헌정체를 수립하는 것이다. 지금과 같은 정치를 말한다면 한족이 군주라고 해도 혁명하지 않을 수 없다.

손문이 말하는 정치혁명은 사실상 자산계급 공화국을 건설하려는 것이다. 그를 포함한 동맹회의 구성원들은 수천 년 동안의 군주전제가 실질적으로 지주계급의 통치이며, 농민에 대한 지주계급의 봉건적 착취제도의 기초 위에 세워졌다는 것을 이해하지 못했다. 이 기초를 건드리지 않고는 자산계급 혁명의 승리를 보장할 수 없었다.

'평균지권' 또는 '토지국유' 주장은 봉건주의에 반대하는 토지제도의 문제를 거론한 것이지만, 손문과 일부 동맹회 회원들은 이를 '정치혁명' 이외의 또 다른 혁명, 즉 사회주의혁명이라고 여겼다. 이들의 표현대로라면 민생주의는 곧 사회주의이다. 그들은 서양의 소셜리즘(Socialism)을 사회주의 또는 민생주의라고 번역할 수 있다고 보았다.[2] 도대체 사회주의가 무엇인지 그들의 마음속은 매우 혼란스러웠다. 『민보』에서 마르크스를 거론하고 『공산당 선언』의 내용을 단편적으로 소개하기도 했지만, 그들은 마르크스주의를 이해하지 못했다. 기껏해야 마르크스주의를 병존할 수 있는 각종 사회주의 학설 중의 하나로 간주했다. 그들은 무정부주의, 사회개량주의, 서양 자산계급 정부가 시행하는 사회개량 정책, 심지어 식민지에서 제국주의가 시행하는 일부 토지정책까지도 사회주의로 간주했다.

중국의 자산계급 혁명파는 이미 서양 자산계급 국가의 경험에서 자본주의 사회가 그렇게 지선지미한 것이 아니라는 사실을 알아차렸다. 자본주의의 발전으로 인하여 필연적으로 첨예한 계급투쟁과 많은 사회문제가 발생하여 새로운 혁명을 야기하게 된다는 사실이 동맹회 회원들에게 반영되면서 두 가지 상반된 주장이 나왔다. 그 한 가지는 장병린이 대표할 수 있는 관점이다. 그는 당시 발표한 몇몇 글 중에서 미래의 혁명을 피하기 위해서는 상공업 발전에 따라 자라난 서양 자본주의의 길을 답습하지 않는 것이 가장 좋다고 말했다. 동맹회 시기 장병린의 혁명사상은 민족자산계급의 관점과 농민 소생산자나 소기업인의 관점 사이에서 맴돌았다. 자본주의를 발전시키지 않거나 적게 발전시키는 것이 좋다고 생각했을 때, 그는 소생산자와 소기업인의 관점을 더 많이 반영했던 것이다.

손문으로 대표되는 다수의 동맹회 회원들은 다른 관점을 제시하였다. 그들은

---

2) 『민보』 4호의 朱執信과 馮自由의 글을 참조.

사회주의나 민생주의라는 이름으로 중국에서 자본주의를 발전시키겠다는 자신들의 이상을 표현했고, 또 그들이 말한 사회주의를 조속히 실행하기만 하면 자본주의 발전의 재앙을 예방할 수 있을 뿐만 아니라 다음 혁명도 피할 수 있다고 생각했다. 1905년 손문은 『민보』 발간사에서 "구미 각국의 민족주의·민권주의는 이미 해결된 문제"라며 이제는 "민생주의가 약동하는 시대"이므로 "20세기는 민생주의의 시대가 될 수밖에 없다"고 말했다. 그는 중국은 "그 재앙이 싹트기 전에 이미 보았기에 성심성의껏 정치혁명과 사회혁명을 한꺼번에 이룰 수 있을 것"[3)]이라고 여겼다. 1년 뒤 그는 『민보』 창간 1주년 경축대회 연설에서 구미 각국에서 '문명 진보'의 결과로 '사회혁명'이 일어났는데, 이는 중국이 '앞서간 수레를 거울삼을 수 있다'(前車之鑒)고 말했다. 그가 말한 '문명 진보'는 사실상 자본주의의 발전을 가리킨다. 그는 "문명은 빈민에게 이롭지 않으므로 복고만 못하다"는 견해에 찬성하지 않고, "문명의 진보는 자연스러운 결과이므로 도피할 수 없다"고 주장했다. 이에 대해 그는 또 다음과 같이 말했다.

> 문명에는 선과善果도 있고 악과惡果도 있으니 그 선과를 취하고 그 악과를 피해야 한다. 서구 각국에서는 선과는 부자들이 다 누리고, 빈민들에게는 악과만 돌아갔다. 항상 소수의 사람들만이 문명의 행복을 독차지했기 때문에 이처럼 불평등한 세상이 되었다. 우리의 혁명은 인민의 국가를 만들 뿐만 아니라 사회의 국가를 만들어 내야 한다. 이러한 국가는 결코 구미가 따라 할 수 있는 일이 아니다.[4)]

손문은 사실 자본주의 제도하의 사회혁명이 어떤 내용인지 잘 알지 못했고, 사회혁명은 그가 말한 '평균지권'이라고 여겼다. 당시 그가 말한 평균지권은 먼저 국가가 토지의 가격을 책정하고 나중에 땅값이 오르면 국가가 원래 정한 낮은

---

3) 『손중산전집』 제1권, 288~289쪽.
4) 『손중산전집』 제1권, 327~328쪽.

가격으로 사유지를 매입함으로써 국가가 전국 토지의 주인이 되어 국가가 지세를 받는 것을 의미했다. 따라서 이는 곧 토지국유화를 실시하는 것이다. 그는 순진하게도 자신의 구상대로 '민족혁명'과 '정치혁명'을 실행하는 동시에 또는 그 이후에 '사회 혁명'을 실시하면 '소수 부자의 전제' 현상이 영원히 발생하지 않을 것이라고 선전했다.

손문의 이러한 평균지권 주장은 공업자본가와 상업자본가의 존재를 전제로 한 것이어서 철저히 집행한다고 해도 '소수 부자의 전제'가 소멸되지 않을 뿐만 아니라 자본주의의 발달로 인해 지주는 상공업 자본가들로부터 막대한 지세를 분배받을 수 없게 되거나 토지소유권을 잃게 될 것이다. 따라서 이 강령은 봉건주의의 족쇄를 끊고 자본주의 발전을 위한 여건을 조성하는 것이다. 자산계급에 의하여 토지 국유를 실시하는 것은 결코 사회주의가 아니라 자본주의의 급속한 발전을 위한 길을 여는 것이다.

손문과 그 동지들은 봉건적 착취제도를 바탕으로 한 중국 사회의 실체를 명확하게 인식하지 못했기 때문에 실제로는 자본주의 발전을 목적으로 한 반봉건적 민주주의의 강령을 내세웠다. 그들은 서구 무산계급 혁명운동이 일어난 사실을 보고 사회주의 환상의 외피를 덧씌운 자신들의 민주주의 강령이 착취당하는 노동자들 전체에 복을 줄 수 있다고 자처하면서 중국에서 자본주의를 당당히 발전시켜야 한다고 생각했다. 이런 상황은 중국 자산계급이 막 일어나기 시작한 단계의 표현이다. 그러나 중국 자산계급은 매우 연약한 계급이다. 자산계급에서 가장 급진적인 민주혁명파는 철저한 반봉건적 강령을 실현하기 위해서는 농민대중이라는 가장 강력한 반봉건적 힘이 동원되어야 한다고 느꼈지만, 이미 중국의 수많은 농민들 사이에 존재했던 토지를 균등하게 나누자는 혁명적 요구를 외면한 채 외국으로부터 헨리 조지와 같은 자산계급 학자의 이른바 단일세 추진으로 토지국유를 실행한다는 설을 옮겨왔다. 그들은 평균지권과 토지 국유 강령을 내세웠지만, 그것을 실현할 능력이 없었다.

당시 역사적 조건 아래 역량을 집중하여 청 통치를 전복시키는 것도 바로 그 뒤에 있는 제국주의를 타격하는 것이기도 했다. 동맹회 구성원들은 중국이 반식민지적 지위에 빠져 있다는 사실에 분개하고 혁명으로 중국의 독립을 열망했다. 일부 동맹회 회원들은 청 정부가 이미 제국주의의 도구가 됐다고 명시했다. 청을 '서양인의 조정'이라고 한 진천화陳天華는 동맹회 발기인의 한 사람이다. 『민보』의 일부 내용도 청 정부가 외국 제국주의가 이용하는 꼭두각시가 됐다고 지적했다.

그러나 동맹회는 제국주의에 반대하는 강령을 명확히 제시하지 않았다. 『민보』가 선언한 '본 잡지의 주의' 6개 조항 중 3개는 외국에 대한 것이었다. 첫째는 "세계의 진정한 평화를 유지하고", 둘째는 "중국과 일본 양국의 국민 연대를 주장하며", 셋째는 "중국의 혁신 사업에 세계 열국이 찬성할 것을 요구한다"는 것이다. 이 세 가지 조항의 의미가 적어도 모호하다는 지적을 피하기 어렵다. 동맹회가 결성되었을 때 사전에 제정한 '국민군國民軍'의 『대외선언』에는 "외국인이 청 정부를 도와 국민군 정부를 방해할 경우 모두 적으로 간주한다"는 조항이 있었지만, 또 "중국이 이전에 각국과 체결한 모든 조약은 계속 유효하고", "외채의 상환은 종전대로 맡되 여전히 각 성의 양관洋關에서 전액 부담하며", "모든 외국인의 일체 기득권을 보호한다"는 조항도 있었다. 자산계급 혁명파가 제국주의자들에게 그들의 '찬성'을 얻기 위해 중국에 가해진 모든 족쇄를 인정할 수 있음을 분명히 한 이상, 자산계급 혁명파가 반제국주의 방면에서 단호하고 철저한 강령을 갖기를 기대할 수 없는 것은 당연하다.

혁명은 어떤 힘에 의거해야 하는가? 동맹회의 구성원들은 일반적으로 혁명은 '중간사회'가 이끌어야 한다고 생각했다. 그러나 프랑스의 18세기 자산계급 혁명은 너무 많은 혼란을 초래했던 반면, 중국의 혁명은 완전히 "질서 있게 진행될 수 있다"고 생각하는 사람도 있었다. 하층민들의 힘을 최대한 적게 동원하려는 것이 이들의 바람이었는데 이것은 자산계급 혁명파 중 우익의 관점이다. 다른 이들은 혁명이 '평민의 혁명', '일반 인민의 혁명'이 되어야 한다고 주장하였다. 예를 들어 손문은 "우리는 반드시 평민에 의한 혁명을 해 국민의 정부를 건설할 것이며, 이는 우리 혁명의 목적일 뿐만 아니라 우리가 혁명할 때 결코 없어서는 안 될 필수 요소"라고 말했다. 이른바 '평민의 혁명', '일반 인민의 혁명'은 비록 매우 모호한 개념이지만, 이것은 급진적 자산계급 혁명파가 가진 관점이다. 이러한 관점을 가진 사람들은 자산계급과 소자산계급 혁명파를 통해 혁명의 지도권을 장악하려고 시도했지만, 적어도 주관적으로는 하층 인민대중의 힘을 동원할 것을 요구하고, 스스로를 전체 '평민'과 '일반 인민'의 대표자 지위에 있는 것으로 자처했다.

동맹회가 결성되자마자 혁명의 선전과 실천을 위한 일련의 사업이 전개되었다. 동맹회의 강령은 비록 이런저런 약점이 있었지만, 당시의 역사적 여건상 비교적 완비된 민주주의의 혁명 강령이다. 그것은 자산계급과 소자산계급의 정치경제적 요구를 반영하고 민족 독립과 민주적 권리를 요구하는 중국 인민의 공통된 염원과 중국 사회의 발전 경로에 대한 절박한 요구를 반영했다. 이 강령에 따른 모든 작업은 중국 역사상 유례가 없는 신선한 기운을 가져왔다. 얼마 전까지만 해도 선진적인 위치에 있던 강유위와 양계초로 대표되는 자산계급 개량주의를 사상적으로 누른 것은 동맹회의 중대한 업적이다. 이 승리는 청 통치를 무너뜨리는 혁명투쟁의 사상적 토대를 마련하였다. 그러나 이 문제를 서술하기 전에 청 조정의 이른바 예비 입헌과 강유위·양계초 일파가 이때 어떻게 행동했는지부터 살펴보기로 한다.

2. 청 조정의 입헌 준비와 자산계급 입헌파

1905년(광서 31) 6~7월 사이에 청나라 조정은 "장래의 입헌을 위한 준비"라며 대신들을 외국에 보내 '정치 고찰'을 하기로 결정했다. 이때 외국 주재 공사와 조정의 관리들 그리고 최고 실력자 직예 총독 원세개를 포함한 일부 지방 총독과 순무들이 조정에 '정체 변경'을 요청했다. 그들이 말하는 '정체 변경'이란 청 조정에서 헌법을 공포하여 입헌군주제를 실시하자는 것이었다. 그들은 이런 방법으로 혁명의 위기를 제거하고 대지주와 대매판계급이 통치하는 국체를 유지하려고 했다. 서태후는 마지못해 이 요청을 받아들였다. 1901년부터 몇 년 동안 '변법'과 '유신'을 외쳤지만 별 효과를 거두지 못하자 다시 새로운 술수를 부리지 않을 수 없었다. 그러나 입헌이 시행되면 청 황실과 만주 귀족들의 권력이 어떤 방해를 받을지 서태후도 알 수 없었던 터라 대신들을 외국에 보내 시찰하게 한 것이다.

파견을 명령받은 5명의 대신은 8월 26일 북경 기차역에서 오월吳樾의 폭탄 공격을 받았다. 이 공격에서 차벽만 폭파되고 오월 자신이 폭사했다. 보정고등학당保定高等學堂 학생이었던 오월은 혁명 서적의 영향을 받아 암살의 방법으로 청 정부에 항거하기로 결심했다. 그는 동맹회와 관계는 없었지만 그 회원과 친분이 있었다. 그는 유서에서 만주족 정부의 입헌을 절대 믿을 수 없다며 "만주족 정부는 실로 중국 부강의 가장 큰 장애물로, 구국하려면서 만주족 정부를 받드는 것은 섶을 안고 불을 끄는 격"5)이라고 했다.

이번 폭탄 사건으로 5대신의 출국이 11월로 연기되었다. 5대신 중 만주 귀족이 2명, 한족 관료가 3명이었다. 그들은 많은 수행원들과 함께 먼저 일본으로 간 다음, 두 갈래로 나누어 미국과 영국·프랑스·독일·러시아 등으로 갔다. 이듬해 6월 귀국한 이들은 곧바로 '입헌 선포'를 하면서도 입헌 시행 시기를 15년 또는 20년 이후로 미루자는 주장을 조정에 제기했다. 이런 주장은 서태후의 의지에 맞춰 나온 것이어서 당연히 즉각 받아들여졌다. 1906년(광서 32) 7월 13일 황태후와 황제가 "헌정을 본받을 준비를 하라"는 칙령을 발표하였다. 헌정을 본받아야 한다면서도 지금 규제가 미비하고 민지도 미개하기 때문에 언제 입헌할지는 아직 정할 수 없으므로, 먼저 관제를 정하는 것부터 시작한 뒤 법률을 제정하고 교육 확대와 재무 정비, 군비 정돈, 치안제도 실시 등을 시행하며 입헌을 준비하라고 지시했다. 이해 9월 중앙관제를 개편하며 탁지부度支部와 법부法部, 우전부郵傳部, 민정부民政部, 농상공부農工商部 등의 새로운 명칭을 사용했다. 각 부에는 상서尚書 1인(장관에 해당)과

---

5) 『신해혁명자료』 제2책, 433쪽.

시랑侍郎 2인(차관에 해당)을 두도록 하고, 만족과 한족의 구분을 두지 않도록 했다. 그러나 실제로 군기대신과 각 부의 상서를 맡은 13명의 관리 중 한족은 4명에 불과했다.

청 조정은 혁명을 저지하기 위한 목적으로 예비 입헌을 선포했다. 해외 시찰에 나선 5대신 중 우두머리인 만주 귀족 재택載澤은 상주문에서 "내란을 없앨 수 있음"을 입헌의 "큰 이익" 중의 하나로 꼽았다. 또 다른 만주 귀족인 단방端方은 상주문에서 그가 국외에서의 "공개적인 방문과 은밀한 조사"를 통해 혁명당의 영향력이 대단히 크다는 것을 알게 되었다고 적극적으로 진술하면서 "손문의 연설을 경청하는 사람들이 수천 명에 이르고 혁명당보를 구독하는 사람도 수만 명이 넘으며…… 앞을 다투어 그들을 환영하고 변화를 요구하는 인심이 이미 극에 이르렀다"고 하였다. 그는 냉엄한 탄압만으로는 소용이 없으며 혁명의 위기를 다른 방법으로 해소해야 하므로 입헌을 선언하면 "정치적으로 새로운 희망을 불어넣을 수 있을" 뿐만 아니라 변란을 일으키는 무리들을 해체시키는 목적도 달성할 수 있다고 본 것이다.

강유위와 양계초 일파의 보황당인들에게 있어서 청나라의 입헌 약속은 확실히 "정치적으로 새로운 희망을 불어넣는" 역할을 했다. 강유위와 양계초는 1899년(광서 25)부터 해외 화교사회에서 '보황회保皇會'라는 이름으로 활동했다. 이들은 광서제를 서태후로부터 핍박을 받은 가장 현명한 성군이라고 표현했고, 자신들은 광서제와 특별한 관계를 맺고 있으며 황제의 은밀한 부탁으로 해외에 나와 활동한다고 떠들었다. 이들은 화상華商 가운데 아직도 황권을 받들고 있는 세력들과 서태후의 역행에 대한 분개를 교묘히 이용하여 상당수의 화상들을 보황회의 깃발 아래 끌어들었다. 심지어 손문이 최초로 홍중회를 설립한 호놀룰루에서도 양계초는 강유위의 명을 받아 활동하면서 손문의 형인 손미를 포함한 그곳의 많은 상인들을 모두 보황회에 참가시켰다. 강유위와 양계초의 정치적 입장은 분명히 손문을 비롯한 자산계급 혁명파와 근본적으로 대립된다. 자산계급 혁명파의 힘이 갈수록 커짐에 따라 그들은 갈수록 공개적으로 혁명에 대한 그들의 결연한 반대 입장을 표명했다.

청 정부가 1906년(광서 32) 7월 13일에 "헌정을 본받을 준비를 하라"는 예비입헌칙령을 내렸다. 이에 대해 미국에 체류하고 있던 강유위는 즉각 열렬한 반응을 보였다. 그는 각지의 보황회 회원들에게 '포고'를 보내 청의 예비입헌칙령은 그가 수년간 운동한 결과라고 주장했다. 그는 서태후와 광서제는 이제 "서로 좋은 사이가 되었으며", 황제가 "날로 권력을 갖게 되었기" 때문에 보황의 목적을 달성했으며, '보황회'라는 명칭을 '국민헌정회國民憲政會'로 바꾼다고 했다. 강유위는 회명 변경을 발표하면서 혁명당의 주장에 대해 폭언을 퍼부었다. 그는 "중국이 입헌군주제만 가능할 뿐 공화제는 시행할 수가 없으며", "혁명을 하면 내외 분쟁과 외국에게 분할되는 국면을 초래할 수밖에 없다"고 주장해 왔다. 얼마 후 강유위는 또 국민헌정회를 제국헌정회帝國憲政會로 개칭하였다. 그는 청 통치자들에게 충의를 표하며 청의 입헌 시행에서 정치적 활로를 찾을 수 있기를 간절히 바랐다.

청의 입헌은 공염불에 불과했기 때문에 강유위의 국민헌정회 설립에 대해 일본에 체류하고 있던 그의 대표적 제자인 양계초마저 호응하기를 꺼렸다. 강유위의 직접적인 영향은 미주의 일부 화상들에게만 있었는데, 그 영향이 점차 확대된 것이 아니라 오히려 축소됐다.

양계초가 보인 논조와 방법은 그의 스승과 달랐다. 그는 청의 예비입헌칙령에 대해 강유위처럼 즉각 환호하고 찬양하지 않았으며, 그가 편집하는 『신민총보新民叢報』에도 강유위의 포고문을 싣지 않았다. 도리어 그는 간행물에서 청의 예비입헌이 진정으로 정치를 혁신할 수 없다고 공격했다. 혁명당이 탄생한 것은 현 정부의 부패 때문이므로 이와 같은 입헌이라는 허명으로 실시하는 타락된 정치는 혁명당에 구실을 제공할 뿐이라는 것이다. 따라서 청 정부가 입헌을 성실히 시행해야만 혁명당이 더 이상 존재할 수 없다는 목적을 달성할 수 있다는 뜻을 분명히 했다. 양계초는 청 정부가 진정으로 입헌을 시행하려면 '인민'들의 지지를 적극적이고 성실하게 요청해야 한다고 주장했다. 이러한 주장에 입각하여 양계초는 1907년 하반기 일본에서 '정문사政聞社'라는 단체를 설립했는데, 이 단체는 직접 '국민'의 의식 수준을 높여 입헌정치를 추진하겠다고 했다. 양계초는 이 단체의 지도부에 이름을 올리지는 않았지만 이 단체의 정신적 지주였다. 정문사의 '선언서'는 그가 집필한 것인데, 정문사가 정당으로 발전해 국내 각지에서 활동할 수 있도록 하겠다는 뜻을 밝혔다. 양계초는 청의 탄압을 우려해 선언문에서 "정문사가 행하는 방법은 항상 질서 있는 행동을 하는 것이고, 정당한 요구를 제기하는 것이다. 황실에 대해서는 결코 존엄을 건드리지 않으며, 국가에 대해서는 결코 치안을 어지럽히지 않는다"[6]고 말했다.

국내에서도 청 정부의 예비입헌 선포는 여러 지방의 지주와 신사, 자본가들로부터 상당한 호응을 얻었다. 우선 상해에서는 장건張騫과 정효서鄭孝胥, 탕수잠湯壽潛(湯震), 증주曾籌 등이 '예비입헌공회預備立憲公會'를 조직했다. 장건은 장원 급제한 방직업 자본가로, 그는 관가와 밀접한 관계가 있었다. 정효서는 거인 출신으로 일본 나가사키의 청국 영사를 지냈고, 광서와 광동, 호남에서 변방독판과 안찰사 등의 관직을 지냈는데, 당시는 신사 출신 상해 실업계의 거물이었다. 탕수잠은 안휘성 청양靑陽의 지현知縣으로 있다가 관직을 사임한 후 절강성의 유명한 신사가 되었고, 절강의 신사들이 자금을 모아 철도 부설을 시도할 때 그를 대표로 추대했다. 증주는 앞서 말한 미국 제품 불매운동을 이끌었던 상해 총상인회 회장이다.

상해의 예비입헌공회에 이어 호북에는 탕화룡湯化龍이 이끈 헌정준비회憲政準備會가, 호남에는 담연개譚延闓가 이끈 헌정공회憲政公會가 설립되었다. 탕화룡은 진사를 거쳐 관비로 일본에 유학해 귀국한 뒤 한구漢口 은행협회와 호북상인단체연합회의 유력자가 되었다. 담연개는 호광총독을 지낸 담종린譚鐘麟의 아들로 진사를 지냈으며, 호남에서 학당을 열고 본 성의 광업자본가들과도 밀접한 관계를 가지고 있었다. 그 밖에 광동성에는 또 청일전쟁 때 대만에서 도망 온 신사 구봉갑丘逢甲 등으로 구성된 자치회도 있었다. 이들 조직의 성격과 취지는 모두 정문사와 유사했다. 주요 구성원은 자산계급화된 지주계급 분자들이다. 이들은 비록 실권을 가진 관직에 있지는 않았지만 신사 출신 실업가들로 관료사회와 긴밀한 관계를 맺고

---

6) 『신해혁명자료』 제4책, 105쪽; 『음빙실문집』 20, 19쪽.

있었다. 청 조정이 예비입헌을 선언하자 이들은 정치무대에 진출할 수 있는 희망을 보았으며, 청의 통치 현실에 만족하지 않고 개혁을 요구하면서도 혁명은 반대하는 입헌파였다. 이들은 바로 강유위·양계초 일파의 국내 기반이기도 했다.

정문사는 1908년(광서 34) 초 상해에서 간행물을 출판하고 사무소를 설치하여 각 지역의 입헌 단체와 연결했다. 그러나 청 정부는 이해 7월 이들의 활동을 금지시켰다. 정부는 강유위·양계초 일파가 입헌운동의 중심이 되는 것을 원치 않아 정문사에 대해 엄중한 조치를 취했지만, 위에서 언급한 각 지역 입헌파들의 조직에 대해서는 제지하지 않았다.

3. 혁명파와 입헌파 사이의 논쟁

손문은 국외로 망명한 강유위·양계초 일파와 협력하려 했지만 그것이 불가능하다는 것을 알고서 1904년 "혁명과 보황은 절대로 다른 두 갈래의 길로서 마치 흑백을 혼동할 수 없고 동서의 위치를 바꿀 수 없는 것과 같다"[7]고 단호히 밝혔으며, 양계초를 만난 후 "정사를 논하는데 마치 상대가 적국과 같았다"고 말했다.

한편 양계초는 1903년 미국에 갔다가 일본으로 돌아온 후 "보황의 강령을 분명하게 밝히며, 혁명을 거부하기 위해 이색분자와 선전宣戰하는 것"[8]이 자신을 임무라고 선언했다.

1905년에 동맹회가 결성되어 일본에서 기관지 『민보民報』의 발간을 통해 혁명의 주장을 체계적으로 선전하기 시작했다. 강유위·양계초의 보황당도 청 조정에서 '입헌 준비'를 선언하자 입헌군주제의 이점을 고취하는 데 힘을 쏟았다. 따라서 1906년에서 1907년 사이에 한편에서는 『민보』를 중심으로, 다른 한편에서는 양계초

---

7) 『손중산전집』 제1권(중화서국, 1981년판), 232쪽.
8) 「答和事人」, 『음빙실문집』 11, 45쪽.

주필의 『신민총보新民叢報』를 중심으로 혁명파와 입헌파 간에 첨예한 논쟁이 벌어졌다. 자산계급 혁명파의 사상과 주장에는 비록 많은 약점이 있었지만, 전체적으로 말하자면 그들은 중국을 역사 발전의 궤도에 따라 앞으로 나아가게 하려고 하였고 입헌파와의 논쟁에서 크나큰 승리를 거두었다. 이 승리는 자산계급 혁명파가 사상과 실천에서 가장 선진적인 정치세력이 되었음을 보여 준다.

이 논쟁의 중심 문제는 청 정부를 폭력혁명으로 전복하고 민주적 공화국을 건설할 것인가 하는 것이다. 이는 실질적으로 이른바 '국체'와 '정체'의 문제에 관한 것이다. 모택동毛澤東은 1940년 『신민주주의론』에서 "이 국체 문제는 청나라 말부터 수십 년간 소란스러웠으나 해명하지 못했다. 사실 그것은 단지 사회 각 계급이 국가 내에서 차지하는 위상에 대한 문제일 뿐이며", 이어 "정체의 문제도 있는데 이것은 정권 구성의 형식적인 문제로서 특정 사회계급이 어떤 형태로 적을 반대하고 자신을 보호하는 정부 기관을 만들 것인가를 가리킨다"9)고 덧붙였다. 당시의 혁명파는 마르크스주의자들처럼 국체와 정체의 의미를 명확히 설명하지는 못했지만, 그들이 논쟁한 것은 정체일 뿐만 아니라 국체이기도 했다.

양계초가 편집장을 맡은 『신민총보』는 "우리의 목적은 현 정부를 개조하는 것이지 국가의 근본을 흔들려는 것이 아니"라며 "혁명당은 현 정부의 부패로 국가의 근본 조직을 바꾸려 한다"고 말했다. 이 '국가의 근본'은 사실상 국체이다. 입헌파는 국체의 변화를 바라지 않고, 다만 정체의 변화를 요구했던 것이다. 즉 청 황제로 대표되는 대지주와 대매판계급의 지배를 계속 유지하면서 다만 그 정부 조직의 형태만 바꾸어 헌법을 공포하고 의회를 소집하여 이른바 책임정부를 수립함으로써, 상층 민족자산계급이 어느 정도 정권에 참여할 수 있도록 하자는 것이다. 이것이 당시 입헌파의 공통된 주장이다.

입헌파는 청의 통치를 수호하는 입장에 섰음으로 당연히 혁명파의 맹공을 불러일으켰다. 청 정부는 이미 극도로 부패했고, 이미 외국 제국주의의 도구가

---

9) 『모택동선집』 제2권(인민출판사, 1991년판), 676~677쪽.

되었으며, 이미 중국이 전진할 때 반드시 제거해야 할 장애물이 되었다. 자산계급 혁명파는 반박할 수 없는 사실에 근거하여 청 통치자의 죄상을 성토함으로써 입헌파 입장의 반동성을 충분히 폭로하였다.

자산계급 혁명파는 주로 민족주의 구호 아래 청의 통치를 반대했는데, 이것은 그들의 입론 중 한 약점이었다. 양계초는 이 약점을 파고들어 혁명파를 편협한 '배만복수주의排滿復仇主義'로 몰아붙였다. 그러나 양계초는 혁명파에게 이런 비난을 하면서도 청 통치자들이 만주 귀족의 특권을 지키려고 안간힘을 쓰고 있는 것은 비난하지 않았고, 날마다 외국 제국주의의 보호를 구걸하고 있는 사실은 전혀 언급하지 않았다. 더구나 급진적 자산계급 혁명파는 청의 통치를 전복시킬 뿐만 아니라 2천 년 동안의 군주정치를 종식시킬 것을 분명히 했다. 그들은 비록 명쾌하게 말할 수는 없었지만 청의 통치를 전복시킴으로써 국체를 바꾸는 혁명을 실행하려 했다. 따라서 그들은 이 논쟁에서 입헌파가 저항할 수 없는 우위에 서게 된 것이다.

양계초로 대표되는 입헌파는 청의 통치를 변호하는 불리한 지위에서 벗어나기 위해 또 다른 방면으로 혁명파를 진격했다. 그들은 청 통치를 전복시키고 공화를 실현하려면 폭력혁명(양계초는 폭동혁명이라 했다.)을 해야 하는데, 지금의 국민은 공화를 실행할 능력이 없고, 혁명은 내란만 초래할 것인 데다가 외국의 간섭까지 불러일으켜 중국이 분할되는 국면을 조성할 수 있기 때문에 이런 혁명은 실행될 수 없고 위험할 뿐이라고 했다. 이로써 입헌파는 혁명이 국가를 구하기는커녕 망하게 할 뿐이라는 것을 증명하려 했다.

혁명파의 관점은 위의 주장과 상반되었다. 그들은 중국 인민은 결코 구미 각국의 인민보다 열등하지 않으므로 몰락하고 부패한 통치자에게 희망을 걸 것이 아니라 인민에게 희망을 걸어야 한다고 생각했다. 혁명은 물론 "사람을 죽이고 피를 흘리는 참사"를 면하기 어렵지만 권력자가 허심탄회하게 개혁할 수 없다면 "개혁의 권한과 힘을 불가피하게 아랫사람에게 맡길 수밖에 없는데", 이런 상황에서 유혈 참화를 두려워해 혁명을 감행하지 못한다면 종양을 발견하고도 수술을 감행하지 못하는 것과 같다고 했다. 혁명파는 또 혁명을 사랑하는 것과 평화를 사랑하는 것이 일치하다고 지적했다. "혁명은 세상을 구하는 성약聖藥이니, 영원히 혁명이 없으면 영원히 기나긴 밤이 될 것이며", "우리는 평화를 사랑하기 때문에 혁명을 사랑한다"고 말했다. 혁명파는 외국 제국주의의 군사적 간섭을 내세운 입헌파의 엄포에 맞서 청의 지배로 열강들이 중국의 주인이 되고 중국이 분할될 위기에 처했으므로 오직 혁명만이 새로운 사회질서를 창출할 수 있고, 중국이 망국의 재앙을 피할 수 있다고 주장했다.

혁명파는 혁명 과정에서 각 계급의 관계에 대한 문제를 더 이상 설명할 능력이 없었고, 중국 혁명과 제국주의 열강과의 관계 문제도 설명할 능력이 없었다. 그들은 단순히 "서양에서 혁명이 성공한 까닭은 '중등 사회'가 이끌었기 때문"이라며, 이로부터 중국의 혁명도 '중등 사회'에서 주도하면 반드시 성공할 것이며, 이러한 혁명은 문명적이고 질서 있고 건설적이기 때문에 과거의 농민혁명과는 다를 것이라고 여겨 진정으로 농민대중의 힘을 동원할 생각을 하지 않았다. 그들은 제국주의 각국이 서로 견제하고, 그들이 벌인 혁명도 의화단과 같은 배외운동이 아니기 때문에 열강들의 무력간섭이 없을 것으로 보았다. 설사 무력간섭이 닥쳐도 중국은 수많은 사람과 드넓은 영토에 의지해 단호히 저항할 수 있을 것이라는 견해도 내놓았지만, 그들은 열강들이 간섭하지 않을 것이란 전제 아래 혁명의 성공을 희망한 것이다. 그들은 제국주의 열강들이 무력간섭 외에도 다른 경로를 통해 중국 혁명을 파괴할 수 있다는 것을 알지 못했다. 이 모든 것이 자산계급 혁명파의 약점을 드러낸 것이다. 그러나 어쨌든 대중이 두렵고 제국주의가 두려워 혁명을 포기하려는 입헌파에 비해 혁명을 주장하는 그들의 입론은 훨씬 빛났다.

이 논쟁은 또한 봉건적 토지제도를 바꿀 것인가 말 것인가 하는 문제와도 관련이 있다. 입헌파는 특히 혁명파의 '사회혁명'과 '평균지권'의 주장을 증오했다. 양계초는 혁명파들이 토지의 국가 소유가 사회주의의 실현이라고 생각하는데, 이는 "사회주의가 무엇인지를 알지 못한 것"이라고 비판했다. 왜냐하면 "모든 생산기관을 다 국유화해야만 원만한 사회혁명이라고 할 수 있기" 때문이라고 말했다. 그는 중국은 지금 "자본가를 장려"해야 하기 때문에 사회주의를 아직 운운할 수 없다고 보았다. 양계초가 이런 말을 할 때 사회주의에 대한 지식이 혁명파보다 조금 더 정확한 것같이 보였지만 그렇다고 해서 이 문제에 대한 논쟁에서 우위를 차지할 수는 없었다. 자산계급 혁명파가 진정으로 사회주의를 실천하려는 생각을 갖지 않았는데 양계초는 사회혁명에 반대하는 기치 아래 봉건적 토지제도를 수호하기 위해 투쟁하였고, 그들의 반봉건적 투쟁이 농민대중을 동원할까 두려워했던 것이다. 양계초는 '평균지권'이 "일반 하층사회의 동정을 사기 위해 이용한 것"이라고 혁명파들을 비난했으며, 비수로 가슴을 가리켜도 '사회혁명'과 '토지국유제'를 반대할 것이라고 목소리를 높였다. 그와 다르게 자산계급 혁명파는 자신들의 견해에 따라 '사회혁명'과 '평균지권'의 필요성을 논술했다. 입헌파는 봉건주의 정치제도와 봉건주의 사상에 맞서 투쟁하기도 했지만 봉건주의 경제기반은 감히 건드리지 못했기 때문에 사회혁명에 대한 이야기를 들기만 해도 두려워했던 것이다. 이 점에서 자산계급 혁명파의 주장은 분명히 더 선진적인 위치에 서 있었다.

이러한 혁명파와 입헌파의 논쟁에서 누가 이기고 졌는가에 대해『신민총보』는 1907년 다음과 같이 스스로 결론을 내렸다.

> 수년간 혁명론이 전국에서 성행했는데, 지금은 법이론과 정치이론으로 날개를 달아 그 기치가 더욱 선명해지고, 그 장벽이 더욱 삼엄해졌으며, 그 세력이 더욱 커져 행상인과 심부름꾼까지도 혁명을 말하지 않는 이가 없고 파괴를 일삼지 않는 이가 없다.…… 혁명당은 정부를 집권이라 지칭하고 입헌을 매국이라 매도하여, 이에 대해 의문을 품은 인사들도 감히 입헌파를 지지할 수가 없었다. 결국 혁명당은 공공연히 실제적 활동을 벌이고 있는 데 반해 입헌당은 입으로 고취하는 데에만 매달려 그 기세가 위축되고 입도 재갈이 물렸다.[10]

---

10) 與之,「중국 현재의 당파와 장래의 정당」,『신해혁명전10년간시론선집』 제2권 하책, 607~608쪽. 원래는『신민총보』제92기에 실려 있었다.

4. 1906년 호남·강서 접경 지역의 봉기

동맹회는 출범 후 처음 3년간 입헌파와 논전을 벌이면서 여러 차례 무장봉기를 일으켰다. 먼저 1906년 호남의 예릉醴陵과 유양瀏陽, 강서의 평향萍鄕에서 봉기가 일어났다. 이 봉기는 주로 현지의 구식 회당인 가로회哥老會가 중심이었지만, 동맹회 회원들이 내부에서 지도적 역할을 했다.

이 지역에서 활동한 가로회의 일부 두목들은 이미 죽은 마복익馬福益의 부하였다. 마복익은 황흥黃興·유규일劉揆一의 화흥회華興會와 협력하다가 관청에 체포되어 처형되었다. 1906년 여름, 일본에 유학 중이던 동맹회 회원 유도일劉道一(유규일의 동생)과 채소남蔡紹南이 호남으로 돌아왔다. 그들은 장사長沙 명덕학당明德學堂의 학생인 위종전魏宗銓을 통해 예릉과 유양, 평향 일대의 가로회 조직과 관계를 맺었다. 강서성 평향의 상율시上栗市(평향 현성 북쪽으로 90리, 호남의 瀏陽과 가깝다.)에 집이 있는 위종전은 부상富商의 아들로 일찍이 현지 가로회와 교제하였고 명덕학당에서 동맹회의 혁명사상 영향도 받았다. 유도일과 채소남은 그를 고향으로 보내 '전승지필점全勝紙筆店'을 열게 하고, 가로회의 연락 거점으로 삼았다. 이들은 구식 회당의 방식으로 이 일대의 가로회 두목 100여 명으로 홍강회洪江會를 결성했다.

홍강회는 공춘대龔春台를 '대가大哥'(큰형님)로 추대했다. 농민 출신인 공춘대는 폭죽공과 군인으로 일했는데 문맹의 현지 가로회 두목이다. 채소남과 위종전은 상율시에 남아 공춘대의 회당 업무를 도왔다. 유도일은 장사長沙에서 대외연락 업무를 담당했다. 홍강회의 조직은 완전히 가로회의 전통에 따라 각 곳마다 '마두관碼頭官'을 두었다. 입회할 때는 수탉의 피를 섞은 술을 마시면서 "중화민국의 취지를 따르고 형님의 명령에 복종하며 한마음 한뜻으로 멸만흥한滅滿興漢할 것을 선서한다. 만약 이 결의를 어기면 죽임을 면치 못할 것"이라고 맹세했다.

가로회의 원래 기반을 바탕으로 많은 빈농을 흡수하여 홍강회의 조직은 빠르게 발전했는데 몇 달 안에 예릉과 유양, 평향 외에 평향 동쪽에 있는 의춘宜春과

만재萬載, 분의分宜까지 그 세력이 확산되었다. 평향의 안원安源에는 큰 탄광이 있는데, 당시 탄광 노동자 수가 약 5천 명이었다. 이 탄광의 작업반장인 초극창肖克昌은 가로회의 두목이자 홍강회 창립 당시의 회원이었다. 따라서 안원 탄광에서는 노동자의 절반 이상이 점차 홍강회에 가입하게 되었다.

홍강회의 지도자들은 이미 조직을 튼튼히 다졌다고 생각하여 그해 음력 연말에 무장봉기를 일으키기로 결정하였다. 10월 19일 예릉의 홍강회 조직이 예정한 일자보다 빨리 갑자기 봉기를 일으켜 홍강회 총지도부를 매우 당황하게 만들었다. 공춘태와 채소남, 위종전은 즉시 유양의 고가대高家臺 심산에 각지 부두관을 소집하여 대책을 협의하였다. 이때 많은 홍강회 사람들이 소문을 듣고 찾아와 군중대회를 열었다. 아직 회의에서 대책 결정을 내리지 못하고 있을 때 홍강회의 한 두목인 요숙보廖叔保가 2, 3천 명을 모아 '대한人漢'이라고 적은 백기를 내걸고 마석진麻石鎭에서 반란을 선포하자 마석진의 농민들이 적극적으로 참여했다. 이런 상황에서 홍강회의 지도자들은 전체 회원대중에게 봉기를 호소하지 않을 수 없었다.

봉기 군중은 10월 21일 신속히 상율시를 점령하여 군사지도부를 구성하고, 공춘대를 중화국민군中華國民軍 남군南軍 선봉대 도독都督으로, 채소남과 위종전을 좌·우 통령統領으로 불렀다. 이들은 도독의 명의로 격문을 띄워 '중화민국 정부 명령'을 받들어 태평천국의 사업을 계승한다고 자처했다. 격문은 청 통치의 '10대 죄악'을 열거한 뒤 다음과 같이 선언했다.

본 도독은 동포의 행복을 위할 뿐 제왕이 되겠다는 생각이 조금도 없으므로 국가를 자신의 사유재산으로 여기며 봉기한 중국 역대의 미개한 영웅들과는 비교가 되지 않는다. 본 도독이 만들고자 하는 나라는 만주족 오랑캐를 몰아내어 소수 이민족의 권리 독점을 막을 뿐만 아니라 수천 년의 전제정치체제를 타파함으로써 군주 한 사람이 위에서 특권을 독점하지 못하게 할 것이다. 반드시 공화국을 창건하여 4억 동포들과 평등한 이익을 누리고 자유와 행복을 얻게 할 것이다. 사회문제는 새로운 법을 제정하여 토지소유권을 인민과 균등하게 할 것이며, 부익부를 초래하는 불평등 사회를 막을 것이다. 이런 행복은 만주족의 오랑캐 지배 아래에서는 일찍이 있지 않았던 꿈일 뿐만 아니라 현재 구미 여러 나라의 인민들도 온전히 누리지 못하고 있다.[11]

이 격문은 전적으로 손문의 말을 사용했기 때문에 기본적으로 구식 회당에 의지한 이번 봉기가 새로운 면모를 갖추게 되었다.

호남성과 강서성 접경의 여러 현에서 봉기에 참가하기 위해 몰려온 군중들의 수가 일시에 3만여 명에 달했다. 그들은 지역의 군대에서 2, 3천 정의 총을 빼앗아 무장했으며, 나머지는 대검과 창으로 무장했다. 비록 그들은 몇 개 현의 농촌 지역과 몇 개의 읍만을 차지했지만, 조성된 기세는 두 성의 성 소재지를 진동시켰다. 사전에 청 관부는 안원安源 탄광에서 봉기가 일어날까 봐 방비가 아주 심했다. 사건 발생 후 며칠 만에 관부는 홍강회의 안원 지도자 초극창을 유인해 처형했다. 일부 광부들이 감시를 피해 봉기에 참가했지만 탄광 전체가 동원되지는 못했다. 그랬더라면 봉기의 기세는 더욱 커졌을 것이다.

강서 순무 오중희吳重熹와 호남 순무 잠춘명岑春蓂은 즉시 병력을 동원해 평향과 유양 각지에 있는 봉기군을 공격했다. 봉기부대가 모였다 흩어졌다를 반복하며 기회를 노려 반격했기 때문에 관군이 고전을 거듭했다. 이에 호광 총독 장지동張之洞은 호북에서, 양강 총독 단방端方은 강소에서 군대를 파견해 합동작전을 펼쳤다. 관군이 우세한 군사력으로 대응하면서 봉기는 10월 말에 진압되었다.

이번 봉기에서 적어도 1천여 명의 군중이 관군에 의해 학살되었다. 봉기의 지도자인 채소남은 전쟁 중 적에게 잡혔고, 위종전은 부대가 흩어진 후 평향의 친척집에 숨어 있다가 관군에게 붙잡혀 차례로 처형되었다. 공춘대는 위급한 와중에 부대를 탈출해 강호를 떠돌다가 신해혁명 때 봉기부대에 다시 등장했다. 청

---

11) 陳春生, 「丙午萍醴起義記」, 『신해혁명자료』 제2책, 477쪽. 봉기가 일어났을 당시 이 격문이 존재했는지는 의문시된다. 어떤 사료 연구자는 이 격문이 사후에 동맹회 회원에 의해 작성된 것으로 본다.

정부는 이번 봉기가 단순히 '도적무리'(會匪)가 일으킨 사변이 아니라 손문이 이끄는 동맹회와 관련이 있다는 사실을 곧 깨달고서 사태의 심각성을 더욱 느꼈다. 양강 총독과 강서 순무는 사변 경과를 정리한 상주문에서 "이번 비적의 난은 깊은 소굴과 날카로운 총기를 아직 갖추지 못했지만, 그 군대는 혁명을 명분으로 선동하여 호응을 이끌어 내려고 하였으며", "역적 손문이 몰래 뒤에서 결탁한 것이어서 만일 오랫동안 평정하지 못하고 정밀한 총기까지 밀입국하여 들여오게 되면 그 후환을 어찌 상상이나 할 수 있겠습니까?"라고 말했다.

장사에 있던 유도일은 도쿄의 동맹회 본부에 연락을 취하려다 암호로 보낸 전보가 발각되어 바로 체포된 뒤 처형되었다. 유명한 동맹회 회원인 우지모禹之謨도 호남에서 체포되어 처형당했다. 그는 일본에서 유학하고 돌아온 뒤 호남에서 수건 공장과 학교를 운영했고, 1905년 미국 제품 불매운동과 철도부설권 회수 운동에 적극 가담해 학계와 실업계의 저명인사가 되었다. 정부 당국은 이번 봉기가 일어나기 4개월 전에 여러 구실로 그를 체포하여 10년 징역형을 선고하고 정주의 감옥에 감금했다. 정부는 그를 이번 봉기의 책동자로 의심하여 갖가지 혹형을 가하고 결국 그를 교수형에 처했다.

도쿄의 동맹회 본부는 이번 봉기를 신문에서야 알았다. 손문과 황흥은 즉시 일부 회원들을 귀국시켜 호남과 호북, 강소, 안휘, 강서 등 여러 성에 파견하여 이번 봉기에 대응할 세력을 조직하려 하였다. 하지만 이들은 거의 모두 각지의 관청에 적발되었다. 그들이 체포된 후 변절하고 투항한 사람도 있었다. 이를테면 동맹회 본부에서 간사를 맡고 있었던 손육균孫毓筠은 대학사 손가내孫家鼐의 종손자인데, 그는 남경에서 체포된 후 즉시 양강 총독 단방에게 동맹회의 모든 조직 상황을 자백하고 목숨을 부지했다. 대부분은 영웅적 모습으로 최후를 맞았다. 예를 들어 노점상 출신으로 군대 경험도 있던 양탁림楊卓林은 일본에서 유학할 때 동맹회에 가입하였다. 그는 이번에 귀국하여 강소와 절강의 회당과 연락하려다가 상해에서 단방이 파견한 회당 두목으로 사칭한 두 밀정을 알게 되어 그들에게 속아서 양주陽州로 유인당한 뒤 체포되었다. 그는 끝까지 혁명의 입장을 굽히지 않은 채 의연하게 죽음을 맞았다.

 단명한 이번 봉기는 동맹회가 결성된 후 동맹회 회원들이 이끌었거나 최소한 그들과 연계된 최초의 봉기였다. 이 실패한 봉기에서 일부 자산계급과 소자산계급 혁명가들은 비록 매우 용감하게 행동했고 또 하층 민중으로부터 믿을 만한 혁명역량을 찾기 위해 노력했지만, 그들은 군중을 동원하고 조직하는 일에 힘을 쏟지 않았기 때문에 여전히 기존의 구식 회당 조직에 의존할 수밖에 없었다. 바로 이러한 점이 이번 봉기나 이후 동맹회가 지도한 여러 차례의 봉기에서 나타나는 특징이다.

5. 1907년~1908년 손문이 이끈 6차의 무장봉기

 1907년부터 1908년까지 손문의 책동과 직접적인 지도 아래 동맹회는 광동과 광서, 운남에서 6차례의 무장봉기를 일으켰다. 손문은 신해혁명 이전에 "10차례 혁명의 실패", 즉 10차례 무장봉기의 실패를 경험했다고 말했다. 이 10차례 속에는 앞 절에서 말한 1906년 호남성과 강서성 접경 지역에서 일어난 봉기가 포함되어 있지 않다. 그가 주도했다 실패한 1, 2차 봉기는 1895년과 1900년에 있었으며, 3차에서 8차까지가 동맹회 결성 후인 1907년에서 1908년까지 일으킨 봉기이다.

 1907년 음력 4월경 손문이 광동성의 황강黃岡과 혜주惠州의 칠녀호七女湖에서 일으킨 두 차례의 봉기가 그가 말한 제3차, 제4차의 무장봉기이다.

 광동성 조안潮安 출신인 허설추許雪秋는 부상富商 출신의 싱가포르 교민으로 1906년 동맹회에 가입했다. 손문은 그가 광동의 조산潮汕 일대에서 많은 회당과 관계를 맺고 있어 그들의 힘을 동원할 수 있을 것으로 보고, 그에게 중화국민군 동군 도독의 직함을 주어 산두로 보내 활동하게 했다. 손문의 원래 구상은 혜양惠陽과 광동 서부의 흠주欽州와 염주廉州 등지의 봉기 준비가 무르익었을 때 조산에서 봉기를 일으켜 서로 협력하려 했는데, 허설추는 이미 봉기해 버린 회당을 통제할 수가 없었다. 4월 11일 황강에서 여축余丑 등이 이끈 회당의 무리가 스스로 봉기해 이 작은 도시인 황강을 점령했다. 황강은 조주부潮州府 요평현饒平縣에 속하며 광동과 복건 사이를 잇는 필수 관문이다. 회당이 황강을 점령하자 청의 지방 당국은 군대를 파견하여 쟁탈전을 벌였다. 14일 양측은 황강 서쪽에서 한 차례 격전을 벌여 서로 많은 살상자를 낳았다. 황강으로 후퇴한 회당은 자신들이 "무기가 불량하고 탄약과 식량이 부족하여 오래 버텨 봐야 무익하다"고 판단하여 뚫고 나갈 생각은 하지 않은 채 스스로 '해산'을 선언했다. 산두에 있던 허설추도 더 이상 활동을 하지 않았다.

상황이 이렇게 되자 손문은 또 홍콩과 싱가포르에서 여관업을 하던 상인 등자유鄧子瑜를 시켜 혜주에서 현지 회당의 힘을 빌려 봉기하도록 지시했다. 봉기부대는 4월 22일부터 행동을 개시해 귀선歸善(지금의 혜양현 내)과 박라博羅 사이에서 혜주 관부의 순방영巡防營과 열흘간 교전하다가 자진 해산했다.

같은 해 7월(양력 8, 9월 사이) 손문은 광동 서부의 흠주와 염주 지역(현 광서장족자치구 소속)에서 무장봉기를 일으켰다. 이 봉기에서 손문은 왕화순王和順에게 중화국민군 남군 도독이라는 직함을 주었다. 왕화순은 광서 회당 봉기의 지도자 중 한 명이었는데 실패 후 홍콩을 거쳐 베트남 사이공으로 망명했다. 손문은 1907년 초 베트남으로 가 그를 동맹회에 끌어들였다. 그해 여름 흠주와 염주의 농민들이 자발적으로 설탕세금 징수에 저항하고 기근 때의 곡물 가격 인상을 반대하며 나섰다. 흠주의 나려那黎와 나팽那彭, 나사那思 세 마을 농민들은 유사유劉思裕를 두목으로 추대하고 만인회萬人會를 조직했다. 이에 양광 총독은 통령 곽인장郭人漳과 표통標統 조성趙聲에게 군대를 이끌고 가 진압하도록 했다. 손문은 그들 군대에 사람을 보내 혁명의 기치를 세우도록 설득했다. 그들은 말로 동의했을 뿐 실행에 옮기지 않았다. 마침내 왕화순은 7월 하순에 200여 명을 이끌고 흠주의 방성현防城縣을 습격했다. 이 작전은 비록 현지 농민대중의 지지를 얻었지만, 그는 유사유의 만인회를 포함한 자발적으로 항거 투쟁에 나선 농민들을 조직하지 않고, 오직 곽인장과 조성의 '반정反正'만을 기대했다. 이 기대는 무너지고 왕화순은 고군분투하면서 흠주 이북의 영산靈山을 공격했지만 성공하지 못했다. 8월 10일경 그는 부대를 해산시키고 자신은 베트남 경내로 들어갔다. 이것이 손문이 말한 그의 다섯 번째 실패이다.

흠주·염주에서 패한 뒤 손문은 광서 변경의 진남관鎭南關(현 友誼關)에서 활동했다. 손문의 지시로 청군에 잠입해 있던 황명당黃明堂과 관인보關仁甫 등이 회당과의 관계를 통해 진남관의 수비병들을 매수했다. 10월 27일(양력 12월 2일)에 그들은 진남관의 포대 3곳을 한꺼번에 점령했다. 손문과 황흥 등 동맹회 지도자들이 직접 포대를 찾은 뒤 베트남으로 돌아와 병력 증강을 위해 돈을 모아 총기를 구입하여 진남관에서 북으로 진격을 준비하고 있을 때 포대가 이미 함락되었다는 소식이 전해왔다. 이것이 여섯 번째 실패이다.

진남관 전투 후 청 정부는 프랑스와 교섭하여 손문이 더 이상 베트남에 머물지 못하게 하였다. 손문이 베트남을 떠날 때 광동의 흠주와 운남의 하구河口에서 두 차례 봉기를 시도했는데, 이것이 1908년의 일곱 번째와 여덟 번째 실패이다.

제7차 군사행동은 황흥이 지도했다. 그는 전년도 방성 전투와 진남 전투에 참가한 회당 조직원과 베트남의 화교 중에서 200여 명을 모아 손문이 구입해 준 무기로 무장해 봉기를 일으켰다. 1908년 2월 26일(양력 3월 28일) 이 부대는 중국·베트남 국경을 넘어 흠주 방면으로 출발했다. 도중에 청의 지방 군대와 만나 몇 차례 작은 승리를 거두었다. 이때 곽인장郭人漳의 부대는 여전히 흠주에 주둔하고 있었고, 그는 황흥과 사전에 탄약을 대주고 기회를 타 반정하기로 약속했다. 그러나 황흥의 부대가 흠주에 들어오자 곽인장은 또 한 번 약속을 어기고 그의 우세한 병력을 앞세워 황흥의 부대를 포위해 공격했다. 황흥의 부대는 40일 동안 수십 개의 향과 진을 돌았지만, 상황을 타개하지 못하고 스스로 해산을 선언했다. 황흥은 다시 베트남으로 들어갔고, 그 부하들은 대부분 여러 산속으로 흩어졌다.

제8차 군사작전의 지휘자는 원래 회당의 우두머리였던 황명당과 왕화순, 관인보였고 이들 역시 위 제5차, 제6차 군사행동에서 주요 역할을 담당했다. 그들의 이번 작전은 운남의 하구에서 이루어졌는데, 이곳은 베트남의 라오까이(老街)와 인접해 있었다. 3월 29일(양력 4월 29일) 그들은 부하 100여 명을 이끌고 하구를 기습했는데, 청 수비군의 일부를 미리 매수하여 내응하기로 했기 때문에 하구성을 일거에 점령하였다. 그들은 군대를 둘로 나누어 철도를 따라 몽자蒙自 방향과 신가新街와 만모蠻耗를 거쳐 개구個舊 방향으로 진격했지만 모두 도중에서 멈춰 더 이상 나아가지 못했다. 청은 운귀雲貴 총독 석량錫良을 통해 군대를 파견하는 것 외에 광서 방면에서도 군대를 동원시켜 포위 공격을 했다. 4월 하순에 청군의 여러 부대가 모두 출동하고 또 봉기부대 중 일부 항복한 병사들이 배반하여 남은 병력은 하구로 후퇴한 뒤 베트남으로 들어갔다. 프랑스는 그들을 무장 해제시킨 뒤 국경 밖으로 추방했다. 이 전투는 한 달가량 치러졌는데 동맹회 측은 유능한 군사지도자의 부재와 경비 부족 때문에 실패한 것으로 보았다.

 1908년의 이 두 차례의 봉기는, 흠주에서는 기대할 수 없었던 청군 장수의 '반장'에 희망을 걸었고, 하구에서는 돈으로 회당과 청군의 항복한 병사를 매수했는데, 이 모두 대중적 기반이 결여된 단순한 군사모험적 성격의 행동이었음을 드러냈다.

6. 1907년~1908년 광복회의 봉기

 1904년 결성된 광복회의 회원 다수가 동맹회에 참여했지만, 이들은 사실상 독자적으로 활동했다. 1907년 광복회 회원들이 봉기를 책동했는데, 이 봉기의 주요 인물은 절강의 추근秋瑾과 안휘의 서석린徐錫麟이다.

 유명한 여성 혁명가 추근(1875~1907)은 지주 집안 출신으로 부모의 뜻에 따라 부상의 아들이자 관료인 사람과 결혼했지만 서로 뜻이 맞지 않아 남편과 결별했다. 그는 청 정부의 부패와 제국주의의 중국 침략 만행을 보고 구국사업에 헌신하기로 결심했다. 1904년 그녀는 봉건 가정의 속박을 뚫고 스스로 여비를 마련하여 일본으로 유학을 떠났다. 이는 당시로는 세상을 놀라게 하는 행동이었다. 그녀는 광복회와 동맹회에 가입했고, 동맹회의 절강성 주맹인主盟人으로 추대됐다. 그녀는 또 홍문洪

門 조직에도 참여했다. 1906년 초 귀국하여 먼저 상해에서 광복회 회원들과 함께 활동하면서 학교 운영에 참여하고 『중국여보中國女報』라는 잡지도 창간하였다.

광복회의 도성장陶成章 등의 소개로 추근은 절강 각지의 회당과 많은 관계를 맺었다. 호남성과 강서성 접경 지역에서 봉기가 일어났을 때, 추근은 그녀의 고향인 절강성 소흥紹興으로 돌아가 절강성을 거점으로 군사행동을 일으키려 하였다. 소흥에 있는 대통학당大通學堂은 1905년 도성장과 서석린 등이 설립했는데, 그들은 이 학교를 이용하여 절강 각지의 회당과 교류하고 학교 안에 총기와 탄약도 숨겨 놓았다. 추근은 이때 대통학당의 교장이 되었다. 호남성과 강서성 접경 지역에서의 봉기가 실패로 끝나자, 그녀는 독립적으로 봉기를 일으키기로 결심했다. 그녀는 절강성 서부 각지로 돌아다니며 많은 회당 조직들과 만나 봉기에 참가할 것을 권유하며 자신의 지휘를 받도록 하였다. 추근은 광복군의 조직체계를 수립하고, 광복군의 통령은 당시 안경安慶에 있는 서석린徐錫麟이 맡고, 자신은 부통령副統領을 맡았다. 군사행동 계획은 먼저 금화金華에서 봉기를 일으키고, 소흥 방면의 회당들과 협동하여 항주를 습격하는 것이었다. 만약 항주를 공략하지 못하면 절강의 각지 군대를 집결시켜 절강 서부에서 강서와 안휘 방면으로 진격하려고 했다. 추근은 원래 1907년 4월에 봉기할 계획이었으나 준비가 미비해 5월 하순으로 미루었다. 그러나 봉기 계획이 누설되어 각지에서 광복군에 참가할 예정이었던 두목들이 다수 체포되어 처형당하는 상황이 벌어져 예정대로 봉기를 진행할 수 없게 되자, 추근은 안경에 사람을 보내 서석린에게 이 사실을 알렸다.

서석린(1873~1907)은 소흥부 학교에서 산수 교사를 지냈다. 1904년 한 차례 일본을 방문한 후 혁명사상의 영향을 받아 1905년 광복회에 참가하고 소흥에서 활동하였다. 광복회의 도성장 등은 일찍이 청 관부 깊숙이 들어가 군권을 장악해 관부 내부에서 혁명을 일으킬 계획을 세워 돈을 주고 관직을 사기로 의견을 모았으며, 서석린은 이 계획을 실행한 인물이었다. 서석린은 돈을 내고 도원道員이라는 관직을 산 후 안휘 순무 은명恩銘의 신임을 얻어 안경安慶의 경찰학교 교장이 되었고, 이어 경찰서장에 임명되었다. 1907년 추근의 소식을 접한 그는 모험적인 계획을 실행하기로 결심했다. 5월 26일이 경찰학교 졸업식 날이었다. 이날 순무 은명과 기타 성 정부의 관리들은 관례대로 졸업식에 참석해 사열을 해야 했다. 서석린은 은명의 탁상 근처에서 업무보고를 하다가 갑자기 권총을 뽑아 은명을 쓰러뜨렸다. 그와 함께 행동한 사람은 26세의 진백평陳伯平과 24세의 마종한馬宗漢 두 사람뿐이었다. 그들은 추근과 서석린 사이에 연락을 담당한 사람들이었다. 그들도 이때 총을 들고 현장에 있었는데 서석린과 함께 행동했다. 30여 명의 학생들이 이들을 따라 무기고를 점령했다. 이들은 그곳에서 순방영 부대의 공격에 맞서 몇 시간 동안 저항했지만 끝내 진압되었다. 진백평이 전사하고, 서석린과 마종한은 체포되어 모두 극형에 처해졌다.

청 관부는 서석린의 거처에서 광복군의 포고문을 찾아내면서 이 작전에 거대한 조직적 배경이 있음을 알아냈고, 곧 추근과 서석린의 관계도 알아냈다. 추근은 이때에도 소흥의 대통학교에 있었는데 안경의 사건을 알게 된 후 학교에 연락하러 온 회당들과 다시 봉기 날짜를 6월 10일로 바꾸었다. 6월 4일 성 정부에서 소흥으로 파견한 군대가 대통학교를 포위하자 몇몇 학생들이 총을 쏘며 저항했다. 추근과 함께 교사와 학생 6명이 체포되었다. 적들의 고문 앞에서 추근은 단호하게 어떤 대답도 거부했고, 다음 날 곧 처형되었다. 절강 순무가 탕수잠湯壽潛에게 추근을 어떻게 처리해야 할지를 물었을 때, 그는 "이런 사람을 죽이지 않고 무엇을 할 것이냐"고 답했다. 이 입헌파 신사의 입장에서는 관료 집안 출신의 부인이 혁명을 떠들고 강호의 강도들과 왕래했으니 죽여 마땅한 것이었다.

이번 광복군 봉기 계획에 연루되어 당국에 의해 사살된 혁명당원과 회당분자는 1백여 명에 달했다. 추근이 사망한 후 몇 달 사이에 소흥과 여수, 금화 등지에서 광복군 봉기에 참가할 예정이던 일부 회당 사람들이 자발적으로 산발적인 봉기를 일으켰으나 순간의 불꽃에 지나지 않았다.

서석린과 추근이 처형된 이듬해인 1908년에 이들의 영향으로 웅성기熊成基가 다시 안경에서 봉기를 일으켰다. 웅성기(1887~1910)는 강소 감천甘泉(현 邗江縣) 출신이다. 19세 때 청의 신식 군대인 신군新軍에 참가하여 강남 포병 소대장을 지냈고,

곧 안휘 포영炮營의 대관隊官(연대장)으로 자리를 옮겼다. 그는 신군에서 혁명사상을 받아들여 서석린의 사업을 계승하기로 결심했다. 1908년 10월 그는 광서제와 서태후가 잇따라 죽자 인심이 흉흉한 틈을 타 마포영 신군 1천여 명을 이끌고 봉기를 일으켜 안경을 공격하였다. 혁명군은 청군과 하루 밤낮을 싸웠지만 승리하지 못하고 어쩔 수 없이 집현관集賢關으로 후퇴한 뒤 전략을 바꾸어 여주廬州를 근거지로 삼기로 했다. 청군의 추격에 웅성기는 부대를 이끌고 저항했지만, 부대가 여주에 도착했을 때는 이미 1백 명도 채 되지 않았고, 그중에는 적과 내통하여 웅성기를 해치려는 사람도 있었다. 젊은 웅성기(이때 겨우 21세)는 경험이 부족하여 정세를 장악하지 못하고 홀몸으로 도망쳐 봉기가 실패했다. 이번 봉기에 참가한 병사와 학생들 중 당국에 잡혀 처형된 사람이 적어도 300명이 된다. 1910년 웅성기는 하얼빈에서 체포되어 처형됐다.

서석린과 추근의 광복군 봉기는 주로 회당의 힘에 의존했지만 웅성기는 신군 병사들을 의지했다. 당시 혁명파는 구식의 회당을 혁명의 주력으로 삼을 수 없다는 사실을 점차 깨닫고서 신군으로부터 혁명의 동력을 찾는 쪽으로 방향을 틀었다. 웅성기는 신군 병사들을 동원하여 봉기를 일으킨 최초의 인물이다.

7. 개별적 암살 활동

손문과 황홍에서 추근과 서석린에 이르기까지 이들 자산계급과 소자산계급 혁명가들은 혁명을 무장투쟁과 불가분의 관계라고 여겼다. 그들은 청나라의 이른바 입헌을 멸시하고, '정치혁명'이 권고나 요청의 방법으로 가능하다는 말도 절대로 믿지 않았다. 그들은 중국 농민혁명의 우수한 전통을 계승했다. 그러나 어떻게 효과적으로 무장투쟁을 조직하고 진행해야 하는지에 대해서는 그들이 풀지 못한 문제였다.

손문은 "황강黃岡으로부터 하구河口 등에 이르기까지의 전투는 모두 동맹회 간부들이 직접 일으킨 것이었지만 잇따라 여섯 차례 실패했다. 여섯 번의 실패에 실망한 정위精衛는 여러 동지들과 북경에 들어가 적의 두목과 필사적으로 싸울 것을 약속했다"[12]고 말했다. 군사봉기의 여러 차례 실패는 적어도 일부 동맹회 회원들 사이에서 비관적이고 절망적인 분위기를 조성했다. 『민보』에 정론을 쓴 것으로 유명한 왕정위汪精衛는 이런 정서를 안고 개인적 암살작전으로 방향을 바꾸었다. 그는 북경에 가서 암살작전을 수행하다가 관부에 체포된 후 수치스럽게 항복했다. 이는 1910년의 일이다.

당시 소자산계급 혁명가들 중 많은 사람들은 암살이 가장 좋은 수단이라고 생각했다. 1905년 북경의 전문역前門驛에서 외국으로 시찰을 떠나는 5대신을 폭탄으로 암살을 시도한 오월吳樾은 「암살시대」라는 글을 남겼는데, 여기에서 그는 개인의 힘으로 혁명을 이끌어 낼 수 있는 것은 암살뿐이라고 주장했다.

1900년 20세의 청년 지식인이자 홍중회 회원인 사견여史堅如(그는 광주 格致書院의 학생이다.)가 광주에서 폭탄을 몰래 설치하여 순무아문을 폭파하고 순무 겸 서총독署總督인 덕수德壽를 살해하려다가 체포되어 희생되었다. 그는 이 거사를 통해 손문과 정사량鄭士良이 혜주惠州에서 일으킨 봉기에 호응하려고 했다. 이후 1904년 상해에서 만복화萬福華가 매국노로 여론의 비난을 받던 전 광서 순무 왕지춘王之春을 저격하였고, 또 왕한王漢이 하남성 창덕역彰德驛에서 조정에서 파견한 전원專員이자 호부시랑인 철량鐵良을 저격했다. 이들 모두 성공하지 못했고, 만복화는 체포되고, 왕한은 자살했다. 만복화는 황흥과 유규일의 친구이고, 왕한은 무한의 혁명가들과 연결이 있었지만 이들의 암살 행위는 모두 독립적이고 자발적으로 이루어진 것이다.

동맹회가 결성되자 회원인 유사복劉師復은 1907년 광주에서 폭탄으로 수사제독 이준李準을 암살할 계획을 세웠다. 이 계획은 동맹회 조직의 지지를 받았다. 당시 조주와 혜주의 봉기를 준비하고 있었는데, 그들은 이준을 죽이는 것이 봉기의

---

12) 『손중산전집』(인민출판사, 1981년판), 205쪽.

성공에 도움이 될 것이라고 생각했다. 그러나 유사복의 계획은 실현되지 못했다. 그는 자택에서 폭탄을 제조하다가 폭발하여 부상을 입었고 또 이로 인해 체포되었다. 2년 후, 그의 친구가 그를 구조하여 출옥시켰다. 그는 홍콩에 가서 몇 명을 모아 지나支那 암살단을 결성했다. 이때 그의 사상은 이미 무정부주의에 빠져 있었다. 동맹회 이외의 작은 조직이 된 이 암살단은 2년 동안 참가자가 12명에 불과했고, 몇 차례 암살을 계획했다.

위에서 볼 수 있다시피 암살은 주로 두 부류의 사람들이 감행했다. 하나는 혁명 단체 밖에 있는 사람들이다. 유사복의 암살단이 이런 경우에 속한다. 다른 하나는 혁명의 실패를 견디지 못하고 위험을 무릅쓰는 사람들이다. 왕정위가 대표적이다. 요컨대 개인적 암살 수단에 대한 숭배는 소자산계급 혁명분자들이 대중의 힘을 찾지 못하거나 또는 불신을 드러내는 것이다.

동맹회는 혁명 조직으로서 개인의 암살을 주요 수단으로 삼지 않았는데, 이는 중국의 오랜 농민혁명의 전통과 관련이 있다. 농민대중 중에서 암살은 줄곧 개인의 복수에만 사용되었다. 예를 들어 1870년 강호 호걸인 장문상張文祥이 그와 원한이 깊은 양강 총독 마신이馬新貽를 단도로 찔러 죽인 사건이 당시 세상을 떠들썩하게 했다. 농민들이 천하를 탈취하기 위해 봉기했을 때 항상 대중을 모아 동맹을 맺고 반기를 들었지 개인적 암살을 수단으로 삼지 않았다.

제3장

신해혁명의 전야

1. 청 왕조의 통치 근간을 뒤흔든 농민대중의 자발적 투쟁

1907년(광서 33) 9월 황제의 조서에는 "지금은 시세가 어렵고 민심이 흔들리고 있으며", "근년에 각 성마다 비적들이 몰려들고…… 한 지역에서 일어난 사건이 전체 국면에 영향을 미치고 있다"고 했다. 또한 10월의 조서에서는 "지금 민심이 불안하고 난당亂黨이 늘어나고 있다"고 했다. 여기에서 말하는 '난당'과 '비적'은 혁명당의 활동 외에도 곳곳에서 봉기하는 민중의 자발적인 저항 투쟁을 가리킨다. 저 높은 곳에 앉아 있는 조정에서도 '민심이 흔들리고 있다'거나 '민심이 불안하다'라고 한 것을 보면 "산에는 비가 곧 내리려 하고 누각에는 바람이 몰아치려는" 듯한 형세였음을 알 수 있다.

의화단 방식의 반외세·반교회 투쟁은 계속되고 있었다. 1907년 8월의 조서에서 "최근 몇 년 동안에도 여러 성에서 교회당을 불태우고, 성직자를 죽이는 일이 여전히 되풀이되고 있다"[1]고 했다. 예를 들어 1905년 광동 염주廉州(지금의 광서성

---

1) 『광서조동화록제』 5책, 총제 5743쪽.

蒲)에서 미국인이 운영하는 교회가 불타고 5명이 살해되었다. 같은 해 티베트인들은 파당巴塘(지금의 四川省 甘孜 藏族自治州)에서 프랑스 교회를 불태웠다. 1906년과 1907년 강서의 남창南昌과 요주饒州(鄱陽), 남강南康, 그리고 하남의 서평西平과 복건의 장포漳浦, 사천의 개현開縣 등지에서 모두 교회 관련 사건이 발생했으며, 그중 일부는 민중 봉기의 성격을 띠기도 했다. 강서 요주의 민중들은 '홍련회紅蓮会'라는 이름으로 반기독교 활동을 했으며, 성의 경계를 넘어 안휘성의 휘주徽州(현재의 歙縣)로 들어가 활동하기도 했다. 하남성 서평의 대중들은 반기독교의 기치를 내걸고 차하산嵖岈山까지 진출했다가 하남성과 호북성 관군의 포위 공격을 받아 수백 명이 사망했다.

자산계급 혁명파는 자발적으로 이루어진 다소 낮은 수준의 반제국주의 투쟁에 대해 '야만적 배외주의'라고 규정했다. 예를 들어, 진천화陳天華가 지은 아주 영향력이 컸던 선전책자 『경세종警世鐘』에는 다음과 같이 적혀 있다.

> 이 야만적이고 배타적인 방식에는 어떠한 규칙이나 취지도 없다. 그저 갑자기 수천 명의 사람들이 몰려가서 교회 몇 곳을 불태우고, 성직자와 신도 몇 명을 죽이며, 여행 중인 외국인이나 교역하는 서양 상인을 죽이면 일이 다 끝나는 줄로 여긴다.

진천화는 "외국인의 장점을 배워야 한다"며 서양에 대한 학습을 주장했던 인물이지만, 국가의 주권은 반드시 지켜야 하며 필요하면 전쟁도 마다하지 말아야 한다고 했다. 그는 "서양군과 교전할 때는 후퇴 없이 전진하여 적을 모조리 죽이고 싶은 것은 당연한 일이지만, 군인 이외의 민간인까지 서양인이라고 모두 해쳐서는 안 되며, 서양의 병사라고 할지라도 항복하거나 생포하면 죽이지 말아야 한다"고 말했다.

진천화는 자신의 이런 입장을 '문명적 배외주의'라고 주장했는데, 이 개념이 명확하지는 않지만, 자산계급 혁명파가 반제국주의 투쟁을 높은 단계로 끌어올리려 했다는 점은 잘 보여 준다. 당시 국가의 통치권이 매국적인 청 정부의 손에 있었기 때문에 혁명파는 (반외세 활동에 앞서) 우선 청의 통치를 반대하는 것에 역량을 집중하고자 했다. 이렇게 볼 때 '야만적 배외주의'의 방법을 사용하지 않은 것은 나름 합당한 이유가 있었다.

전국적으로 보면, 1907년 이후 외국인 교회에 대한 단순한 형태의 공격은 크게 감소했다. 민중들의 자발적인 투쟁 방식 중 두 가지 유형이 두드러졌는데, 하나는 굶주린 민중들이 궐기하여 곡식을 탈취하고 세곡 운반에 저항하는 유형이었고, 다른 하나는 청 정부 측이 추진하는 이른바 '신정新政'에 대해 저항하는 유형이었다. 이들 투쟁의 날카로운 기세는 청 통치 집단을 겨냥한 것이었다. 지역에 따라서는 민중들이 이러한 투쟁을 진행함과 동시에 서양 세력을 공격하기도 했다. 당시 주위 상황은 민중들이 반봉건 투쟁과 반제국주의 투쟁을 낮은 수준에서 자발적으로 결합시키도록 만들었다.

기아에 허덕이는 농민들은 무리를 지어 소작료와 조세를 거부하고 세곡 납부에 저항했으며, 지주와 대부호에게서 쌀을 탈취하고, 심지어 도시로까지 진출하여 쌀을 약탈하는 행태가 해마다 많은 곳에서 끊임없이 발생하였다. 이는 민생이 이미 궁지에 몰렸고, 최소한의 생존 조건을 위한 투쟁이 불가피하게 되었다는 가장 뚜렷한 증거이다. 예를 들어 1909년(宣統 원년)에 항가호杭嘉湖 지역의 농민들이 흉년을 이유로 세곡 징수의 면제를 요구했으나 관부가 이를 거부하였고, 이에 민중들이 폭동을 일으켰다. 1910년(선통 2) 호북, 안휘, 강소, 봉천 등의 성에서는 곡식을 탈취하고 세곡 운반에 저항하는 폭동이 곳곳에서 일어났는데, 그중 가장 큰 소요가 발생했던 곳은 호남의 장사長沙였다.

호남성 곳곳은 1909년부터 흉년이 들었는데, 동정호洞庭湖 인근 현의 수해가 특히 심각하였다. 호남성의 곡물은 원래도 다른 성으로 운송되어 판매되기는 했지만, 당시 호남 순무 잠춘명岑春蓂은 흉년과 식량 부족 상황을 고려하지 않은 채 영국과 미국, 일본 상인들의 뇌물을 받고 그들이 계속해서 곡물을 성 외부로 반출할 수 있도록 허락하였다. 그래서 대량의 식량이 상강湘江을 통해 반출되었다. 그 결과 장사 지역의 곡물 가격은 리터당 20~30원에서 70원으로 급등했다. 장사

4개 향의 농민들 중 지주와 부호에게 걸식하는 사람들이 나날이 늘어나면서 굶주린 농민들이 끊임없이 장사로 몰려들었다. 이듬해 3월 초에는 곡물 가격이 1리터당 80원까지 올랐다.

도시로 몰려든 농민들과 성내 수공업 노동자, 토목 노동자, 기타 빈민들이 순무의 관아 앞으로 몰려들자, 잠춘명은 순방영에 발포 명령을 내렸다. 이에 군중들은 불을 질러 순무의 관아를 불태웠고 70여 명이 관군에게 살해되었다. 군중의 분노는 급격하게 제국주의 열강으로 옮겨붙었고, 그들은 도시 외곽으로 흩어져 영국 상인의 이화양행怡和洋行과 태고양행太古洋行, 미국의 미부양행美孚洋行, 독일의 서기양행瑞記洋行, 일본의 삼정三井과 동신東信 등 회사들의 사무소와 전용 부두, 잔교, 선박, 창고 등의 시설과 프랑스, 영국, 미국 등의 교회당을 불태웠다. 이 소란으로 잠춘명은 순무에서 물러날 수밖에 없었고, 원래 포정사였던 장갱량莊賡良이 순무의 직을 승계했다. 그는 부임 후 호남성의 군대를 정비하고 호북에서 파견된 순방영 2개 대대의 지원을 받아 장사 성내에서 가혹한 진압을 실시했으며, 군사를 각 향에 파견하여 걸식하는 굶주린 백성들을 가차 없이 총살하거나 즉결 처형하였다. 이번 장사사변에서는 영국 군함 2척, 미국 군함 1척, 일본 군함 4척이 상강으로 들어와 청 정부를 지원했다.

호남에 동맹회 조직이 있었지만 이번 대중적이고 자발적인 투쟁에는 참여하지 않았다. 신군 제49연대 소속 대대장 진강陳強과 소대장 진작신陳作新은 동맹회 회원이었으나, 그들의 부대는 순무 관아가 성난 군중들에게 포위당했을 때 명령을 받고 장사성으로 출동하여 경계 작전을 수행하였다. 진작신이 이번 기회를 활용하여 봉기를 일으키자고 주장했으나, 진강은 감히 결단하지 못했을 뿐만 아니라 오히려 다른 구실을 만들어 진작신을 해임시켰다.

지금부터는 청 정부의 이른바 '신정'에 반대한 군중들의 투쟁을 소개하려 한다. 청은 1902년(광서 28)에 신정을 선포했는데, 이는 처음부터 시늉만 하여 대중을 속이는 것이었지만, 그렇게 신정을 실시할 때마다 자금을 마련해야 했으므로 인민들은 세금을 더 내야 했다. 당시 각지에서 실시된 신정은 학교 설립, 경찰 설치,

철도 건설, 호구 조사, 문패 달기 등이었는데, 이러한 신정은 민중의 의심과 반발을 불러일으켰다. 왜냐하면 민중은 이 신정 때문에 세금 수탈이 가중되는 것을 목격했고, 또한 그들의 경험에 비추어 볼 때 매국밖에 모르는 이 정부가 인민에게 이익이 되는 좋은 일을 할 리가 없었기 때문이다.

1906년에서 1907년 기간 동안 섬서 부풍扶風의 민중들은 철도 토지세(통상적인 토지세 외에 '신정' 즉 여기에서는 철도 건설에 필요한 자금을 충당하기 위해 소유 토지 면적에 따라 추가로 징수하는 세금)에 반대하며 항쟁을 전개했다. 그들은 부풍성을 포위하였으나 관군에게 학살당했다. 그들 중 일부는 서안西安의 동쪽으로 달아났는데 그들이 지나간 길을 따라 소식을 들은 민중들이 연이어 참가하였다. 섬서 순무의 보고에 따르면 민중들은 "학당을 서양 학교라 보고, 전선은 서양인이 세운 것이며, 세금은 서양인들이 매기는 세금이라고 했다." 이는 사실상 정부가 하는 모든 것을 제국주의의 이익을 위한 것으로 간주했다는 것이다. 민중들은 화음華陰에서 학당과 세무서를 파괴했고, 또 동주부同州府(大荔)에 들어가 교회당 두 곳과 관전국官錢局, 관염국官鹽局을 파괴했다.

호구조사는 1908년 8월 조정에서 명령한 일이었다. 이 조사는 전국 곳곳에서 격렬한 반발에 부딪혔다. 예를 들어, 광동의 조주潮州와 염주廉州에서는 농민들이 무장한 채 문패 설치를 거부하는 사건이 발생하였다. 염주의 민중들은 이 때문에 일부 지주 향신들의 집과 미국의 교회당을 불태우기까지 했다. 운남의 소통부昭通府에서는 호구조사와 문패설치를 실시하면서 경비를 백성들에게 세금을 걷어 충당하려 하였고, 이에 농민 수천 명이 이러한 논의를 주도했던 몇몇 지주 향신의 집을 허물어 버렸다.

'지방자치'도 '신정'의 일종이라고 할 수 있다. 이른바 지방자치란 각지에 지주 향신들이 좌지우지하는 '자치국'을 설립하고 관리 출신의 향신이 결합해 대중에게 더 많은 협박을 하는 것에 불과했다. 예를 들어, 1910년(선통 2) 하남의 엽현葉縣과 직예直隷의 역주易州에서는 관리 출신 향신들이 '자치 운영'이라는 명목으로 세금을 거두는 것에 반대하여 민중 봉기가 일어났다. 같은 해 5월과 6월 산동성 내양현萊陽縣

의 관리가 호구조사를 하고 '지방자치연구소'를 세우는 등 기타 '신정'을 시행한다는 명목으로 토지세와 재산세, 인두세 등을 강제 징수하다 농민 폭동을 유발했다. 민중들은 낙향 후 시골에서 행패를 부리는 관리들의 총기를 빼앗은 뒤 화승총으로 무장하고 수만 명을 집결시켜 성에 파견된 관군과 전투를 벌였다. 그러나 이들의 지도자들은 반란까지 일으키려는 뜻이 없었고, 이 때문에 이러한 봉기들은 결국 수많은 민중들의 죽음으로 마무리되었다.

여기에서 우리는 자발적 항쟁을 일으킨 군중들이 학당 즉 학교를 대하는 태도를 살펴볼 필요가 있다. 학교 설립은 청나라의 중요한 유신 조치였다. 그러나 각지의 학당들은 대부분 지주 향신들의 통제 아래에 있어 진정으로 '신학문'을 추구하지 않았으며, 설령 이를 신학문을 강의한다 하더라도 빈궁한 민중과는 무관했다. 따라서 민중들의 눈에는 학당도 관리 출신 향신들이 돈을 거두어들이는 수단 중 하나에 불과했다. 따라서 위에서 언급한 섬서 화음華陰, 직예 역주와 같은 많은 지역에서 민중들이 학당을 파괴하는 사건이 발생했다. 기록에 따르면, 이런 현상은 절강에서 더욱 두드러졌다. 1907년 절강 순무는 "해녕海寧, 해염海鹽, 동향桐鄕 등지"에서 민중들이 "소동을 크게 일으켜 교회와 학당을 파괴하였다"고 중앙에 보고했다. 1910년에는 소흥紹興, 엄주嚴州(建德), 처주處州(麗水) 등의 부府에 속한 여러 주·현의 학당들이 농민들에 의해 파괴되었고, 자치사무소와 순경국 등도 함께 파괴되었다.

요컨대 이른바 신정에 의해 촉발된 대중의 저항 투쟁은 청 통치자들이 이미 어떠한 방법으로도 부패하고 매국적이며 인민에게 재앙만 가져다준다는 그들의 인상을 바꿀 수 없었음을 매우 잘 보여 준다.

역사 연구자들은 『동방잡지』의 「중국대사기」와 고궁 보관 서류에 근거하여 청나라 멸망이 임박한 몇 년 동안 각지 민중들의 자발적 투쟁에 관한 자료를 정리한 바 있다. 다소 불완전하게나마 이들 자료를 통해 세곡 수탈 및 각종 신정에 저항하는 투쟁이 1910년에 가장 빈번하게 그리고 가장 광범위하게 발생했음을 확인할 수 있다. 1910년은 신해혁명이 발발하기 1년 전이다.

자산계급 혁명파는 이런 투쟁에서 대중의 역량을 제대로 인식하지 못했다.

1907년 손문이 흠주欽州의 방성防城에서 봉기를 일으켰을 때 설탕세에 반대하는 현지 농민들의 자발적 투쟁을 간과한 것이 단적인 예이다. 사실 도처에서 벌떼처럼 일어났던 자발적 민중 투쟁의 대다수는 농민들의 투쟁이었고, 이런 투쟁은 또 청의 통치 근간을 심각하게 흔들고 청 통치자들에게 불안감을 안겨 주었다. 객관적으로 보면, 자산계급 혁명파는 이들 덕분에 1911년 신해혁명으로 청의 통치를 일거에 무너뜨릴 수 있었던 것이다. 그러나 그들은 이러한 힘을 자각적으로 조직하고 동원하지 못했다. 이는 그들이 비록 청의 지배를 무너뜨리기는 했지만 민주혁명을 성공시키지 못한 근본 원인이기도 했다.

2. 자의국과 자정원 그리고 원세개

청 정부는 1906년(광서 33) '입헌 준비'를 선포한 뒤 자산계급을 자기편으로 끌어들이기 위해 자본가들을 우대하는 규정을 만들었다. 1907년 6월의 조칙에서 다음과 같이 말했다.

> 농업과 공업, 상업, 광업 관련 기업을 만드는 자와 독자적 혹은 합동으로 기업을 경영하여 실질적으로 성과를 내는 자는 우대하고 포상하라. 자본금이 천만 원이 넘거나 노동자 수가 천 명을 넘으면 마땅히 파격적으로 우대하고 상으로 관직을 내리는 것도 아까워하지 말라.[2]

이 조칙에 따라 농상공부는 19개 항의 규정을 발표했는데, 그 안에는 구체적으로 '자본의 크기와 고용한 노동자의 수'에 따라 여러 등급의 관작官爵을 수여하는 세부 규정이 포함되어 있었다. 예를 들어 자본금이 2천만 원 이상일 경우는 '특상

---

2) 『광서조동화록』 제5책, 총제 5709쪽.

1등 자작, 자본금이 7백만 원 이상일 경우는 '특상 3품 경' 등을 수여했으며, 자본금이 10만 원 이상 30만 원 미만일 경우는 가장 낮은 '5품 관작'을 상으로 내리도록 상주한다는 내용이 있다. 이 규정이 공포된 후 농상공부는 다시 자본이 비교적 적은 소상공인에 대한 보충 규정을 추가로 제정했다.

자본가에게 관작을 상으로 내리는 정책은 그들의 정치적 지위를 높여 해당 관리들과 대등한 자격으로 교류할 권리를 갖게 해 주었지만, 과중한 기부금과 세금, 갖가지 내국관세, 외국 상품의 덤핑, 외국 자본의 중국 내 특권 등이 여전히 민간 자본의 발전에 각종 장애요인이 되었다.

자산계급에 대한 일종의 양보로서 청 당국은 또 자정원資政院을 설치하고 각 성에 자의국各議局을 세울 것을 선포하였다. 1907년 8월 조칙에서는 "중국은 아직 상·하원을 한꺼번에 세울 수 없으니 먼저 자정원을 설치하여 의회의 기초를 닦을 것"[3]이라고 밝혔다. 한 달 후에는 다시 각 성의 총독과 순무에게 성도에 자의국을 설치하고, 각 부府·주州·현縣에 의사회를 설치할 준비를 하도록 명령했다. 이듬해 6월에는 자의국 정관을 발표하고 각 성은 1년 이내에 자의국을 설립해야 한다고 규정했다. 또한 8월에는 9년 안에 입헌 준비를 완료하겠다고 발표했다. 당시 조칙에서 "올해부터 시작해 9년 이내에 모든 준비를 끝내도록 하라. 그때가 되면 바로 흠정헌법을 공포하고 의회를 소집할 것"이라고 했다. 결국 자정원과 자의국은 입헌 준비작업이 완료되기 이전의 임시적 기구인 셈이다.

1908년 10월 서태후가 병사했다. 그녀는 거의 반세기 동안 중국을 통치했다. 그 기간 동안 중국은 주권의 많은 부분을 상실하고 제국주의 열강의 지배를 받는 반식민지 국가로 전락되었다. 그녀는 궁정 쿠데타부터 온갖 간교한 음모와 수단을 다 동원하여 통치 집단에서 최고 지위를 유지했다. 그녀는 대지주계급의 통치 이익을 수호하기 위해 중국 사회의 후진성을 힘껏 유지했고, 이와 동시에 중국이 외국 제국주의의 침략 하에서 극도의 수치스러운 굴욕을 겪게 하였다. 말년에는

---

3) 『광서조동화록』 제5책, 총제 5736쪽.

혁명의 위기에 대처하기 위해 거짓된 유신과 입헌 연극까지 꾸몄다. 서태후와 같은 사람을 자신들의 대표자로 세웠다는 것에서 대지주계급이 얼마나 회생 불가능한 수준으로 타락했는지 알 수 있다.

서태후가 병으로 죽기 바로 전날 광서제도 갑자기 서거했다. 이틀 전 서태후는 광서제의 조카인 부의溥儀를 황제의 후계자로 궁궐에 들이고, 부의의 아버지인 재풍載灃을 섭정왕으로 삼았다. 그리하여 세 살의 부의는 청나라의 마지막 황제가 되었다. 그의 연호는 선통宣統이고, 실제 통치는 재풍이 주도하였다.

서태후 생전의 안배에 따라 선통 원년인 1909년 9월 각 성에 자의국이 설치되었다. 북경의 자정원은 1910년 9월에 설립됐다. 자정원과 자의국은 의회제도를 위한 준비라고는 하지만 자문기관의 성격일 뿐 자산계급적 민주제도를 시행했다고는 할 수 없다. 그러나 이들 기구는 전통적인 봉건주의 정치체제에서는 존재했던 적이 없었던 것이며, 얼마 뒤 신해혁명에서 각 성의 자의국은 특수한 역할을 수행했다.

성마다 자의국의 의원 수는 다양했다. 의원 수가 가장 많은 곳은 순직順直(順天府와 直隷省을 포함)으로 140명이었으며, 가장 적은 곳은 길림吉林, 흑룡강黑龍江, 신강新疆으로 겨우 30명에 불과했다. 의원은 선출된 셈이었지만, 그렇다면 선거권과 피선거권은 누구에게 있었을까? 규정을 보면 다음과 같다. "본 성을 본적지로 하는 만 25세 이상의 성인 남성이면서 본 성에서 3년 이상 교육 및 공익에 종사하고 성과가 있는 자, 또는 중학교나 그 이상의 학교를 졸업한 자, 또는 거인이나 공생 및 생원 출신자, 또는 실무직으로 문관직 7품, 무관직 5품 이상을 지냈으면서 면직된 적이 없는 자, 또는 본 성에 5천 원 이상의 자본금이나 부동산을 소유한 자"와 "본적지가 본 성이 아닌 자는 만 25세 이상의 남성이면서 본 성에 10년 이상 거주했고, 현재 거주지에 만 원 이상의 자본금이나 부동산을 소유한 자"만 선거권과 피선거권을 가지고 있었다. 여기에서 우리는 모든 여성이 배제되었고, 농민(빈농, 중농 및 대부분의 부농), 노동자, 수공업자, 점원, 소상인, 소기업 경영자까지도 모두 배제되었음을 알 수 있다. 사실상 지주와 향신, 대상인, 학계의 저명인사들에게만 의원 자격이 있었던 것이다.

정부의 통제 아래 진행된 이번 선거에서 각종 부정부패와 뇌물수수 행위가 난무했다. 입헌파 자산계급에 속하는 향신들이 이번 선거에서 특히 활약했고, 대부분 성의 자의국에서 그들이 다수 의석을 차지했다. 자의국은 실질적인 권력기관은 아니었지만 자산계급 입헌파가 합법적으로 정치활동을 할 수 있는 거점이었다. 그들은 우선 이 거점을 기반으로 청 정부에 입헌을 요구했고, 청 왕조가 혁명의 물결에 휩쓸려 버린 후에는 다시 이 거점을 기반으로 혁명의 열매를 탈취하였다.

자의국이 설립되기 전에 자산계급 입헌파는 여러 차례 조정을 대상으로 청원운동을 펼쳤다. 이는 정치운동은 위로 요구하는 방법으로만 이루어질 수 있다는 양계초의 주장에 완전히 부합하는 것이었다. 1908년 7월 장건張謇 등이 상해에서 조직한 예비입헌공회가 호남, 호북, 광동 등의 성에 있는 유사한 단체들과 연락하여 대표단을 북경에 파견해 청 정부에 조속한 의회 소집을 요청하였다. 청 정부가 9년의 준비 기간을 정한 것은 이번 청원과 관련이 있었다. 1909년 11월 장건이 이끄는 강소성 자의국이 주도하여 16개 성의 의원 대표들이 상해에서 회의를 열었다. 각 성의 대표들은 모두 9년의 준비 기간은 너무 길며 2년 이내에 국회를 소집해야 한다고 주장하였다. 이해 12월 16개 성 대표가 함께 북경으로 가 조정에 이러한 요구를 전달했으나 거절당했다. 이듬해 4월과 9월 각 성의 자의국은 지역 내 일부 상회 및 기타 단체의 대표들과 함께 '국민청원대표단'을 구성하여 북경에서 두 차례 청원을 진행했다. 9월에 청원서를 제출했을 당시 자정원이 이미 설립된 상태였다.

자정원은 200명의 '의원'으로 구성된 기구였다. 이 200명 중 절반은 황제가 지명한 '흠정의원欽定議員'이고, 나머지 절반은 각 성의 자의국 의원 중에서 추천되어 총독과 순무의 승인을 받은 '호선의원互選議員'이다. 자정원은 총재와 부총재를 두었는데, 조정에서 왕공대신을 이 자리에 임명했다. 자정원은 매년 9월부터 회의를 시작한다고 규정했다. 1910년(선통 2)에 첫 회의가 열렸다. 다음 해에 회의를 열 때는 이미 신해혁명이 발발한 상태였다.

1910년에는 각 성의 자의국 주도로 국회 조기 소집을 요구하는 목소리가 높아졌고, 자정원 역시 이러한 주장에 동조했다. 이에 청 조정은 당초 9년으로 예정했던 준비 기간을 3년으로 단축하고, '선통 5년' 즉 1913년에 의회를 창설하고 새로운 내각도 즉시 구성하겠다고 약속하는 한편 각 성의 대표단을 당일로 해산시키도록 민정부에 명령하였다.

실제로 새로운 내각이 1911년 3월에 출범했다. 기존의 군기대신은 내각총리대신으로, 협판대학사는 협리協理대신으로, 각 부 상서는 각 부 대신으로 개칭하였다. 새 내각을 구성한 13명의 대신 중 8명이 만주족이었고, 그중 5명이 황족이었다. 내각총리대신은 황제의 숙조부인 경친왕慶親 혁광奕劻이었다. 그는 여러 해 동안 총리각국사무아문을 주관하였는데, 이홍장과 함께 신축화약의 담판을 진행하였던 매국외교의 고수였으며, 또한 뇌물과 매관매직으로도 유명했다. 당시 사람들은 이 내각을 '황족내각'이라고 불렀다.

이 내각은 너무나 뻔뻔하여 입헌 요구를 받아들이는 척 기만도 할 수 없었음이 매우 분명하다. 자산계급 입헌파들도 이 내각에 대해 그들이 추구하는 정치적 이상의 방향이 조금이라도 반영되었다고 느낄 수 없었다. 어떻게 이런 내각이 구성되었을까? 그 주된 원인은 통치 집단 내부의 권력 암투에서 살펴보아야 할 것이다.

반동 통치 진영 내부의 각 파벌 세력은 자신들이 함께 탄 배가 전복될 위기에 처하자, 위기를 극복하기 위해 협력하면서도 여전히 그들 내부의 권력쟁탈전을 치열하게 벌일 수밖에 없었다. 만주족 황실을 중심으로 한 중앙 통치 세력은 혁명의 위기가 고조되어 가던 때인 만큼 통치 집단 내부 동요를 경계해야 한다고 느꼈다. 그들은 각 성의 총독과 순무들이 위기가 닥쳤을 때 다른 마음을 먹고 독자적 세력을 형성할 것을 우려했다. 이들이 누구보다 의심하고 두려워했던 이는 실력과 야심을 모두 가졌던 원세개였다.

원세개는 무술변법 때 광서제의 회유를 받아들이지 않고 유신파를 팔아먹었기에 서태후의 총애를 받았으며, 의화단운동에서는 유곤일劉坤一과 장지동張之洞의 편에 서서 완전히 제국주의자들의 이익에 따라 행동했기 때문에 또 제국주의자들의 마음에도 들었다. 1901년 이홍장이 사망하자 그는 직예 총독 겸 북양대신의 직을 이어받았다. 그가 훈련시키고 지휘했던 북양군 6진(1개의 진은 약 1만 3천 명)은 당시 최강의 병력으로 산해관山海關과 천진天津, 북경, 보정保定 및 동북의 금주錦州와 산동 제남濟南의 유현濰縣에 주둔했다. 그는 본직 외에도 많은 겸직이 있었다. 그의 본부는 천진에 있었으며 대세를 결정지을 수 있는 세력을 형성하고 있었다. 1906년 7월 조정에서 입헌 준비를 선포한 후 진행한 첫 번째 작업은 이른바 관제를 정비하는 것이었다. 그 핵심 목적 중 하나는 지방 총독과 순무의 권한을 축소하고, 군권을 중앙으로 집중시키는 것이었다. 원세개는 이러한 압력을 받아 그의 모든 겸직을 내놓고, 북양군 6진 중 4개 진의 지휘권을 신설된 육군부(만주족 관리 鐵良이 상서를 맡았다.)에 이양하여, 산해관과 천진 부근에 있는 2개 진만 지휘할 수 있게 되었다. 비슷한 시기에 또 다른 중요한 지방 실력자인 호광 총독 장지동도 그가 관할하던 부대를 육군부에 넘겼다. 1907년 7월 원세개는 외무부 상서 겸 군기대신으로 자리를 옮기면서 직예 총독 겸 북양대신이라는 실세 요직에서 물러나게 되었다. 이와 함께 장지동도 호광 총독직에서 해임되고 군기대신으로 전임되었지만 1909년 8월 북경에서 병사했다.

원세개는 형식상 군권을 박탈당했지만 북양육진 중 제1진을 제외한 진들의 장교들은 모두 그에게 충성하는 부하들로서 그와 밀접한 관계를 유지했다. 예를 들어 북경에 주재하는 제6진 사령관인 단기서段祺瑞는 그가 발탁한 인물이었다. 원세개는 중국을 침략한 주요 제국주의 열강들로부터 신뢰할 수 있는 사람으로 여겨졌다. 그는 일본 고문단에 의지해 군대를 훈련시켰으며, 주중 영국 공사 조던(John Newell Jordan)과 밀접한 관계를 맺고 있었다. 또한 그는 직예 총독 재임 마지막 몇 년 동안 이미 자신을 신정에 적극적으로 앞장서는 인물로 포장했다. 무술정변에 가담하여 담사동 등 유신지사들의 피를 손에 묻혔던 이 군벌은 또다시 자신의 면모를 바꾸어 가면서 더 큰 권력을 장악할 때를 기다리고 있었다.

서태후는 후사를 안배할 때 단기서의 제6진을 북경에서 내보내고 육군부 상서 철량의 지휘를 받는 제1진을 북경으로 진주시켰다. 원세개에 대한 그녀의 불안과 불신을 알 수 있는 대목이다. 서태후가 죽자 원세개에 대한 조정 권력자들의 경계심은 더욱 높아졌다. 새 황제가 등극한 지 두 달 만에 원세개는 모든 직책을 면직당했다. 조정에서 쫓겨난 원세개는 하남성 창덕彰德의 원상촌洹上村에 은거한다고 했지만, 사실 권토중래의 기회를 엿보고 있었다. 북양군의 장성들은 은밀히 그를 찾아와 중요한 일들을 논의했고, 사방으로 분주히 뛰어다니는 관료 출신 향신들도 자주 그를 찾아왔다. 따라서 조정 권력자들 입장에서는, 각 성의 자의국에서 불어오는 청원의 바람에 어떻게 대처할지의 문제는 입헌파 향신들에 국한된 문제가 아니었다. 이들 향신 뒤에는 지방 총독과 순무들이 있었고, 이들 총독과 순무 뒤에는 여전히 원세개의 그림자가 어른거리고 있었다. 1910년 운귀雲貴 총독 이경의李經義를 필두로 18명의 총독과 순무들은 두 차례에 걸쳐 조정에 전보를 보내 내각과 국회를 동시에 설치할 것을 청원하였다. 이들의 주장은 자의국의 향신들과 조율된 것이었다. 부랴부랴 '황족내각'을 구성했던 것은 원세개를 비롯한 지방 세력이 입헌을 틈타 권력을 찬탈하는 것을 막기 위한 조정 권신들의 조치였다.

3. 제국주의 열강들의 이른바 '기회균등'과 '이익균점'

러일전쟁(1904~1905)이 끝났을 때 유럽은 이미 영국과 독일의 대립을 중심으로 한 제국주의 전쟁의 위기에 휩싸여 있었다. 이로 인한 제국주의 열강 간의 관계 재설정은 극동에서의 상호 관계에 영향을 미치지 않을 수 없었다. 중국을 침략한 제국주의 열강들 사이에서도 마찬가지였다.

러일전쟁의 평화조약이 체결되기 전인 1905년 8월 영국과 일본은 다시 동맹조약을 맺었다. 러시아는 일본에 패한 뒤에도 여전히 세계적 범위에서 제국주의의 쟁탈전에 참여한 강대국 중 하나였지만 적어도 극동에서는 당분간 영국과 패권을 다툴 처지가 되지 못했다. 영국 또한 독일과의 전쟁을 준비하기 위해 러시아와 동맹 관계에 있는 프랑스에 접근했고, 러시아 또한 자기편으로 끌어들여야 했다.

1907년 6월에는 일본과 프랑스가 협정을 맺었다. 이 협정에서 일본과 프랑스는 중국과 아시아에서의 기득권을 상호 인정했다. 이어 그해 7월 일본은 러시아와 협정을 맺었다. 이 협정은 중국 만주(동북 3성)에서 양국의 세력권을 조정하는 것을 골자로 하고, 일본은 만주 북부를 러시아의 세력권으로, 러시아는 만주 남부를 일본의 세력권으로 인정하는 내용을 담고 있었다. 두 협정에 이어 같은 해 8월 영국과 러시아도 중국뿐 아니라 페르시아(이란)·아프가니스탄까지 대상으로 한 동양 내 제국주의 세력권을 조정하는 조약을 체결했다. 불과 석 달 사이에 성립된 이 세 협정은 원래 대립했던 영국·일본 동맹과 러시아·프랑스 동맹을 결합시켰다. 이렇게 해서 영국·러시아·일본·프랑스 4개 제국주의 국가가 힘을 합쳐 중국을 공동으로 도륙하는 형국이 조성되었다. 7년 뒤 유럽에서 발발한 제1차 세계대전의 영·프·러 3국 연합이 이를 기점으로 형성되기 시작했다.

미국 입장에서는 영·러·일·프 4개국이 협력해 중국을 공동 지배하는 정세가 달갑지 않았다. 미국은 당초 '문호개방정책'을 주창하고 '신축화약'을 체결하는 과정에서 선도적 지위를 차지하여 중국에서의 세력 확대를 노렸다. 미국이 일본을 지지하여 러시아를 물리치도록 했던 것은 원래 러시아가 독점하던 만주에 진출하기 위해서였다. 미국은 러일전쟁이 끝난 뒤 일본과 러시아로부터 각각 남만철도와 중동철도를 사들이려 했으나 성공하지 못했다.

러시아는 만주 남부에서 물러났지만 동청東清철로를 확고히 장악해 실제 철도 부지의 3배인 13만여 헥타르를 차지했다. 그들은 철로 주변을 직접 통치하는 식민지로 취급했으며, 흑룡강성의 전체와 길림성의 절반을 자신들의 세력권으로 삼았다. 또한 러시아는 당시 중국에 속했던 외몽골도 특수 이익 지역으로 간주했는데, 이는 1907년 러일 협정에도 반영되었다. 일본은 러시아를 대신하여 여순旅順·대련大連 및 남만철로의 주인이 되자 1906년 남만주철도주식회사와 관동도독부關東都督府를 설립했다. 전자는 일본 정부가 직접 관리하는 경제침략 기구이며, 후자는 이른바 관동주關東州(여순과 대련 지역을 지칭)에 대한 식민통치를 실시했을 뿐만 아니라 '남만주

철도 보호'를 명목으로 일본의 세력권으로 간주되던 만주 남부 각지를 관동군으로 장악했다. 이때부터 관동군과 만주철로는 일제가 제2차 세계대전에서 패망할 때까지 중국의 동북부를 군사·정치·경제적으로 침략하고 지배하는 무기가 됐다. 일본과 러시아는 만주를 남북으로 분할하면서 서로 대립하지 않을 수 없었지만, 다른 한편으로는 만주에 야망을 가진 제3국을 함께 배척하기도 했는데, 당시에는 주로 미국이 그 대상이었다. 1907년 러·일 간의 협정 역시 이러한 공통의 이해관계가 있었기 때문에 가능했던 것이다.

청나라는 지금껏 동북 3성을 자신들의 '발상지'로 간주하여 특별 지역으로 지정하고 한족의 자유로운 이주를 금지해 왔다. 그러나 청 정부는 그 '발상지'가 제국주의의 철마에 짓밟히는 것을 막을 수 없었다. 1907년 초 청 정부는 동북 3성을 관내 성들과 같은 체제로 바꾸고 총독과 순무를 두기로 했다. 사실 이 조치는 동북 3성을 일본과 러시아 이외의 제국주의 국가에 개방하는 것을 용이하게 한 것이다. 청 당국은 다른 제국주의 세력을 끌어들이는 것이 러·일 양국 세력을 견제할 수 있는 유일한 방법이라고 여겼다. 초대 동북 3성 총독 서세창徐世昌과 봉천성奉天省 순무 당소의唐紹儀는 모두 원세개 계파의 인사였고, 당소의는 최초의 미국 유학생 중의 한 사람이다. 미국은 이들을 통해 동북 지역에 철도를 건설하려고 시도했지만, 이 시도는 일본의 방해로 성공하지 못했다.

일본은 이미 미국의 극동 진출에 있어 가장 큰 장애물이 되었다. 따라서 미국과 일본이라는 두 제국주의의 갈등은 급속히 격화되었다. 이때부터 미·일 갈등은 반식민지 상태의 중국을 둘러싼 제국주의 국가들 사이 쟁탈전의 가장 중심적 요소가 되었다. 1907년경에는 태평양에서 미·일 간에 전쟁이 일어날지도 모른다는 전망까지 나왔다. 1908년 11월 루트(Elihu Root) 미 국무장관과 다카히라 고고로(高平小五郞) 주미 일본대사는 교환문 형식으로 중국 문제에 관한 루트-다카히라협정을 체결했다. 이 협정으로 양국 간의 갈등은 일단 소강 국면에 접어들었지만, 사실 양국 간 경쟁은 이후에도 계속되었다.

미국은 중국 동북부에 철도를 건설하여 일본·러시아 통제하의 철도와 경쟁하겠다는 생각을 버리지 않았다. 1909년 동북 3성 당국은 미국과 영국 자본의 참여로 금주에서 출발하여 치치하얼을 거쳐 아이훈에 이르는 철도를 건설하기로 합의했다. 이때 녹스(Philander Chase Knox) 미 국무장관은 열강들에게 이른바 '만주철도 중립' 계획을 제안했다. 이 계획은 일본과 러시아를 포함한 열강들이 공동으로 중국 정부에 차관을 제공하고, 중국은 일본과 러시아가 운영하던 철도를 매입하여, 이들 철도를 각국이 공동 운영하되 '중국을 지주'로 두는 것이었다. 구상 중인 금주-아이훈철로도 열강들의 공동 투자를 추진하기로 했다. 이는 러·일 양국의 독점을 깨고 미국 주도 아래 열강들이 공동 관리하겠다는 계획이다. 이 계획은 러·일의 반대에 부딪혔고, 이미 러·일과 협력 관계를 맺은 영국과 프랑스도 적극적으로 호응하지 않았다. 녹스의 계획은 실현되지 못했고, 금주-아이훈철로마저 좌초됐다. 일본과 러시아는 공동으로 미국을 배척하기 위해 1910년 7월 제2차 러·일 협정을 맺었다.

중국의 다른 지역에서도 제국주의 국가들은 자신들의 세력권을 유지하고 확대하기 위한 쟁탈전을 계속하였다. 영국은 장강 유역을 자신들의 세력권으로 간주해 왔지만, 그렇다고 해서 열강들의 침입을 완전히 배제할 수는 없었다. 1905년 영국과 프랑스 자본이 합작하여 이른바 화중철로공사華中鐵路公司를 설립했다. 이 회사의 주요 설립 목적은 호북湖北에서 사천四川에 이르는 철도를 부설할 권리를 얻기 위한 것이었는데, 이 철도가 부설되면 그들의 세력이 사천이라는 거대한 성에 더 깊숙이 침투할 수 있게 되는 상황이었다. 1909년에는 독일 은행단도 참가했다. 3국 은행단은 호광철로(川漢鐵路 및 粤漢鐵路 북쪽 구간 포함) 부설을 위해 청 정부에 공동으로 차관을 제공하기로 합의했다. 또한 미국 자본가들도 호광철로 참여 자격을 주장했고, 미국 정부 역시 이를 강력하게 지지하였다. 미국 자본가의 참여로 1910년 미국·영국·프랑스·독일 4개국 은행단이 구성되었고, 이 은행단은 1911년 4월 청 정부와 '호광철로 차입계약'을 체결했다.

미국은 4개국 은행단을 통해 재정적으로 청 정부를 전면 통제할 뿐만 아니라 동북 3성 진입 계획도 다시 실행하려 했다. 미국의 책동에 따라 1911년 3월 4국은행단은 청 정부와 "화폐제도 개혁과 동북 3성 산업 진흥"을 위한 차관협정을 체결하였다. 이 협정에 따르면 청 정부는 4국 은행단으로부터 1천만 파운드를 차입하고, 4국 은행단에게 동북 3성 투자의 우선권을 부여했다. 이 협정의 타결로 미국은 일본과 러시아를 상대로 의미 있는 승리를 거두었으나, 이때는 이미 신해혁명이 일어나기 직전이었다.

1911년 7월 영국은 일본과 제3차 동맹조약을 맺었다. 중국 문제는 세 차례에 걸친 영·일 동맹조약의 주요 내용 중 하나였다. 이번 동맹조약에는 1905년 제2차 영·일 동맹조약과 마찬가지로 "청 제국의 독립과 영토 보전을 보장하고 중국 내 열강들의 상공업의 기회균등 원칙을 보장함으로써 중국 내 열강들의 공동 이익을 유지한다"는 조항이 들어 있었다.

사실 청말 중국과 제국주의 열강들 사이에 체결된 여러 협정들에는 모두 이와 유사한 조항이 들어가 있었다. 예를 들어 1907년의 프·일 협정은 "중국의 독립과 영토의 보전 및 중국 내 열강의 상공업상 기회 균등과 시민을 동등하게 대우한다는 원칙을 존중한다"고 했다. 프·일 협정은 이면 문서를 통해 중국 내 세력권을 상호 인정하고 있다. 프랑스는 광동, 광서, 운남 등 3성을, 일본은 복건과 동북을 세력권으로 설정하고 있다. 같은 해 러·일 협정은 양국의 동북 3성 내 세력권 분할에 대한 규정을 이면문서로 명시하고 있으면서, 공개된 협정에서는 "체결 당사국은 중국의 독립과 영토 보전 그리고 중국 내 각국 산업의 기회 평등주의를 인정하며, 각자 모든 평화적 방법을 사용하여 현 상황의 존속을 지원하고 위의 원칙을 존중할 것을 약속한다"라고 했다. 1908년 미·일 간의 루트-다카히라협정도 거의 비슷한 표현을 사용하여 "양국 정부는 가능한 모든 평화적 수단을 통해 중국의 독립과 영토 보전 및 중국 내 열강들의 상공업 기회균등주의를 유지함으로써 열강들의 공동 이익을 보장할 것을 결의한다"라고 했다.

이러한 제국주의 열강 간 협약이 형식적으로는 중국의 독립과 완전한 보전을 유지한다면서 실제로는 열강들이 중국을 공동 분할하고 통제하는 반식민지로 만들겠다는 약속이라는 점이 매우 명백하다.

프·일 협약, 러·일 협약의 내용을 알고 분개한 청나라 관리도 있었다. 강소도감찰어사 사이진史履晉은 "중국의 자주와 영토의 보전을 누가 모르기에 일본의 보호를 받아야 하는가?" "중국의 강역이 열강이 주고받는 물건으로 되었는데, 정말 우리나라에 사람이 없단 말인가? 이런 상황에도 그저 침묵만 지키고 있다면, 우리 스스로 어떻게 정당화할 것인가?"라고 분노를 표했다. 그러나 이는 품계가 낮은 관료들의 견해일 뿐, 고위 관료였던 장지동은 그렇게 보지 않았다. 그는 열강들이 중국에서 세력권 분할 협정을 하는 것을 두고 "힘에 기대어 뜻을 이루려 하고 글솜씨를 자랑하며 멋대로 떠드는 것일 뿐 심각하게 생각할 것이 없으며", 따라서 "너무 두려워할 필요가 없다"고 말했다. 청나라 외무부는 일본·프랑스 양국에 각서를 보내 "중국 영토 내의 평화와 안전의 유지는 중국의 역할이지 다른 나라가 간여할 것이 아니다"라고 했지만, 이는 그저 체면만 세우는 형식에 불과한 항의였다. 그나마 이후 유사한 협정에 대해서는 이런 항의조차 없었다.

청나라 집권층은 이미 열강들이 자기들끼리 중국 영토의 보전을 약속하고 문호를 개방하며 이익 균등의 원칙을 들먹이는 것을 수치스럽게 여기지 않았을 뿐만 아니라 오히려 매우 환영했다. 1911년 조정은 동북 3성 총독 석량錫良과 봉천封天 순무 정덕전程德全에게 동북 3성은 "상업지역을 넓혀 외국인들을 불러 모아 드러나지 않게 독점 행위를 막고, 외채를 증가시키고 외국 자본을 국내로 유입시켜 암암리에 견제 정책을 시행하라"4)는 칙령을 내렸다. 바로 이러한 이유로 청 외무부는 미국의 '이익균점과 문호개방'을 동북 3성에 적용하자는 주장에 전적으로 동의했다. 외무부는 우전부와 탁지부에 녹스의 계획을 회람시켜 의견을 구하는 서한에서 다음과 같이 말했다.

> 미국이 각국과 공동으로 동북 지역 철도를 운영하자고 제안했는데, 이 제안이 성사되면 중국의 통치권이 더 이상 제약을 받지 않게 될 뿐만 아니라 각국의

---

4) 『청선통조외교사료』 제9권, 33쪽.

이익이 평준화되어 일본과 러시아뿐만 아니라 영국과 미국도 이익을 독점하지 못할 것이다. 지금 동북 지역의 상황을 고려하면 이보다 좋은 것이 없다.[5]

비록 미국의 계획이 러시아와 일본의 저항에 막혀 실현되지 못했지만, 청은 이러한 방침을 동북 지역뿐만 아니라 사실상 전국 모든 곳에 적용하려고 했던 것이다.

제국주의 열강들은 기본적으로 중국에서 자산계급 민주혁명이 일어나는 것을 원하지 않았다. 많은 동맹회 인사들은 자신들이 가고자 하는 길이 서양 자산계급이 걸어온 길이기에 서양 자산계급 국가들의 동정을 받을 수 있다고 생각하였다. 그들은 순진하게도 제국주의 열강들이 부패하고 몽매한 청 정권을 버리고 자신들의 혁명을 후원하고 지지해 주기를 바랐던 것이다. 제국주의 국가들이 간혹 중국 내 혁명운동을 동정하는 태도를 보이기는 했지만, 그 본질은 혁명운동이 중국 침략의 지렛대가 될 수 있다고 보았던 것일 뿐이다.

일본은 공개적으로는 청 정부를 지지했지만 흑룡회黑龍會나 현양사玄洋社와 같은 군국주의 우익단체들을 통해 동맹회의 혁명운동에 개입하였다. 그들은 일찍이 동맹회 설립을 지지했고, 또한 여러 차례의 봉기 때 조직원들을 동원하여 무기의 구입과 운송을 도왔다. 1907년 3월 초 일본 정부는 청의 요구를 공식적으로 받아들여 손문의 일본 체류를 불허하고 이듬해 9월에 『민보』 출판도 금지했지만, 우익단체들은 동맹회와 계속 관계를 유지했다.

프랑스 정부도 손문의 혁명 활동에 관심을 보였다. 손문이 1907년 베트남에 거주하면서 중국 내 봉기를 일으킬 수 있었던 것은 프랑스 식민지 당국이 묵인했기 때문이다. 심지어 진남관鎭南關전투에는 프랑스의 전직 장교도 참가했다. 이 봉기가 있은 후 프랑스도 청 정부의 요청을 받아들여 손문을 베트남에서 추방했지만, 동맹회의 다른 간부들은 베트남에서 활동할 수 있도록 허락했다.

---

5) 『청선통조외교사료』 제12권, 20쪽.

1902년 이후 홍콩의 영국 당국은 손문이 홍콩으로 오는 것을 더 이상 허용하지 않았다. 손문은 비록 영국과 미국에 친분 있는 이들이 좀 있었지만, 그의 혁명 활동은 영국과 미국 정계의 후원을 크게 받지 못했다. 영국과 미국 정부가 청 치하의 통일된 중국의 틀을 유지하는 것이 그들에게 가장 유리하다고 보았으며, 이러한 통치 질서가 혁명에 의해 무너지는 것을 결코 원하지 않았기 때문이다.

요컨대 세계를 재분할하는 제국주의 전쟁이 임박하고 있을 무렵, 중국에 대한 제국주의 열강들의 기본 정책은 청 정부를 유지하고, 당분간 중국 내 세력 균형을 유지하는 것이었다. 제국주의자들이 원하는 것은 반식민지 상태의 중국이지, 독립적이고 민주적인 중국이 결코 아니었다.

4. 철도부설권 확보를 위한 애국운동

제4부 제1장 제4절에서 이미 언급한 바와 같이 제국주의가 중국의 철도와 광산을 탈취하는 것에 반대하여 각지에서 철도부설권 회수운동이 전개되었다. 이 중 상당수가 상층 민족자산계급에 의해 주도되었다. 청 왕조가 멸망하기 직전 몇 년간 일부 지역에서는 철도부설권 회수운동이 고조되었고, 이는 청 왕조의 붕괴를 촉진하는 중요한 요인이 되기도 한다.

1905년에서 1906년 사이 절강성과 강소성의 대상인들은 각기 자본금을 모아 민영 철도회사를 설립하고, 강소성 경내에서는 상해-가흥嘉興을, 절강성 경내에서는 가흥-항주-영파寧波를 연결하는 철도를 부설하려고 시도했다. 그러나 영국이 간섭하고 나섰다. 영국은 1898년 청의 독판철로대신督辦鐵路大臣 성선회盛宣懷가 영국 회사인 이화양행과 체결한 소항용철로蘇杭甬鐵路 가계약서를 근거로 이 철도의 부설권이 영국에 있다고 주장하였다. 성선회가 체결한 가계약서의 내용이 매우 모호하고, 또한 이미 7~8년이나 지나서 법적 효력을 가지고 있다고 말할 수 없었다.

그러나 영국 공사가 이를 고집하자, 청 당국은 감히 맞서지 못하고 영국에게 방법을 약간 바꾸도록 간청하는 수밖에 없었다. 곧 청 당국은 영국 자본가가 우전부에 자본을 빌려주고, 우전부가 다시 그 자본을 강소성과 절강성의 철도회사에 빌려주는 방식을 요청했다. 1907년 9월 관련 조칙에 따르면, 이렇게 해야만 "큰 신의에 따라 국교를 온전히 할 수 있다"고 했다. 조칙에서는 또 이미 영국 회사와 합의를 마쳤는바 "강소와 절강의 대상인들에게 주식 매입을 일부 허락하는 배려를 할 것"이라고 했다. 결국 이것은 영국 자본을 위주로 하되 '강소와 절강의 대상인'들에게 약간의 지분 소유만 허락하는 것에 불과했다.

청 정부가 영국의 압력에 쉽게 굴복하자 강소성과 절강성 철도회사와 재계, 학계는 거세게 반발했다. 그들은 잇달아 반대집회를 열었다. 절강성은 차관 도입에 반대하는 '국민거관공회國民拒款公會'를 설립하고 성 단위의 연합총회를 개최하여 대중의 적극적 투자를 통해 철도경영권을 사수하자고 호소했다. 절강철도회사 사장 탕수잠湯壽潛은 군기처에 전보를 보내 성선회를 비판하고 그의 파면을 요구했다. 그러나 조정은 오히려 "탕수잠을 즉시 해직하고 철로 부설에 간섭하지 말 것"을 명령했다. 절강철도회사는 '전체 주주'의 명의로 탕수잠의 말은 그의 사견이 아니라 전체 주주의 입장을 대변하는 것이며, 사장은 전체 주주가 추천한 것으로 조정은 그를 해임할 권리가 없다고 하였다. 이는 철도부설권 문제가 자산계급과 봉건매판 세력을 대표하는 청 집권층 간의 첨예한 대립을 초래했음을 보여 준다.

이 시기 청 정부는 이미 철도의 중요성을 잘 알고 있었기 때문에 자신들의 통제를 벗어난 '민영' 철도를 원하지 않았다. 왜냐하면 이는 자산계급 및 지방 세력을 강화시킬 것이기 때문이다. 제국주의 세력도 청 정부를 통해 중국 경제의 물류 동맥을 장악하려 했기에, 양측의 태도가 이처럼 일치되었던 것이다.

민족자산계급은 결코 큰 경제력을 가지고 있지 못했기 때문에 자체적으로 충분한 자본을 모아 철도와 같은 사업을 하기는 매우 어려웠다. 게다가 상층 자산계급은 봉건적 사회구조와 밀접한 연관이 있었다. 그래서 그들이 경영하는 철도회사도 관방의 부패한 관습에서 벗어나지 못하고 낭비와 횡령, 착복 등 여러 폐단을 면할 수 없었다. 총독과 순무 이하 각층의 지방 관료들도 민간기업에 상습적으로 개입하여 자본주의적 경영을 더욱 어렵게 만들었다. 강소성과 절강성의 철도회사는 투쟁 끝에 일정 기간 민간기업의 성격을 견지할 수는 있었지만 철도는 제대로 부설되지 못했다. 다른 성의 민영 철도회사도 대부분 이런 상황이었다. 그러자 청 정부는 민영기업이 관영기업보다 못하다고 판단했다. 그래서 청 정부는 민영기업의 무능을 핑계로 합병을 시도했으며, 이에 맞서 자산계급은 청 정부의 소위 국가 경영이라는 것은 실상 외채를 빌려서 외국인에게 주권을 파는 것이라고 강력하게 비판했다. 이처럼 철도 문제를 둘러싼 갈등은 더욱 격렬해졌다.

만약 철도부설권 갈등의 상대가 상층 자산계급에 국한되었다면 청 당국은 대처하기 어렵지 않았을 것이다. 혁명의 기운이 고조될 무렵 상층 자산계급이 주도한 철도부설권 투쟁은 청 통치자들이 가장 두려워하는 하층민의 동요로 연결될 가능성이 높았다. 강소성과 절강성의 철도부설권 쟁탈전에서는 이것이 중요한 문제로 대두되지 않았지만, 조금 뒤 사천성에서는 그들이 우려하는 상황이 발생했다.

1909년 호남성과 호북성에서도 철도부설권 쟁취 운동이 일어났다. 호남성은 일찍이 1906년에 민영 철도회사를 설립하고 전 성에서 모집한 주식을 바탕으로 1909년에서 1910년 사이에 장사-주주株州 간 55킬로미터의 철도를 부설하였다. 호북성에서도 1906년 본 성 경내의 월한粵漢철로와 천한川漢철로를 건설하기 위해 호광 총독 장지동張之洞의 주도 하에 주식을 모집한 바 있다. 당시 장지동은 각 성의 대상인들이 철도에 투자하고 경영하는 것에 찬성하였다. 1909년 장지동은 군기대신으로 전임됨과 아울러 월한철로와 호북성 경내를 통과하는 천한철로 부분의 대신독판大臣督辦으로 임명되었다. 그는 철도 부설은 외국의 힘에 의지하지 않으면 안 된다고 보았다. 그가 추진한 영국, 프랑스 등과의 차관 협상이 거의 마무리될 무렵 호북성과 호남성의 재계와 학계에서 반발이 터져 나왔고, 외채 차입을 거부하고 '민간 경영·직접 경영'을 요구했다. 호남성의 경우 철도회사 경영에 참여하는 대상인들 외에 신설된 자의국의 담연개譚延闓 의원 등도 이 운동에 적극 참여했다. 호북성에서는 자의국 의원, 교육회, 헌정준비회, 무창과 한구 총상회 등의 단체들 대표, 그리고 이 사안과 관련하여 일본 유학생들이 파견한 대표가 함께 모여 철도협회를 조직했다. 또한 그들은 월한·천한철로공사를 설립하여 주식을 모집하였다.

이때 혁명당 인사 첨대비詹大悲(1887~1927)는 한구에서 『대강보大江報』를 발행하고 있었는데, 이 신문에 철도국유에 반대하는 글을 싣고 중국의 평화적인 개혁은 더 이상 불가능하다고 주장하였다. 그는 「거대한 혼란이 중국을 구하는 약석藥石이다」라는 제목의 글을 발표하여 혁명을 호소하였다. 호광 총독 서징瑞澂이 신문의 발행을 금지하고 첨대비와 그를 도와 신문을 발행한 하해명何海鳴을 체포하자 각계 인사들의 항의와 집회를 초래했다. 각계에서 추천한 대표들은 북경에 가서 청원하고 단식 투쟁을 벌이기까지 했다. 호남과 호북 재계의 반대에도 불구하고 결국 청 정부는 1911년 4월에 미·영·프·독 4개국 은행단의 뜻에 따라 철도 부설을 위한 차관 계약을 체결했다.

이 계약이 체결되기 바로 열흘 전인 1911년 4월 11일 조정은 철도국유화 정책을 확정하는 조칙을 발표하였다. 이 조칙은 광동, 사천, 호남, 호북의 민영철도가 몇 년 동안 아무런 효과가 없었기 때문에 "주요 철도를 모두 국유로 변경하는 정책을 세상에 명확히 알린다. 지금까지 각 성에서 회사를 설립하고 주식을 모아 민간에서 경영한 모든 주요 철도가 이미 지연된 지 오래되었으므로, 국가에서 즉시 회수하여 서둘러 철도를 부설한다"[6]라고 하였다. 이것은 명백히 4개국 은행단이 월한·천한철로를 통제하는 길을 직접 열어 준 것이다. 광동성과 호남성, 호북성, 사천성의 재계와 학계에서는 즉시 이에 반대하였고, 특히 사천성에서는 큰 풍파가 일어났다.

비록 1949년 중화인민공화국이 성립될 때까지 사천이라는 이 큰 성에는 한 치의 철도도 없었지만, 1903년에 이미 철도회사가 있었다. 이 회사는 당시 사천 총독 석량錫良이 발기해 관영으로 시작되었지만, 1907년에 민영으로 전환되었다.

---

6) 『우재존고』 제17권, 「주소」 17, 4쪽.

이 회사는 동쪽의 의창宜昌에서 만현萬縣과 중경重慶을 거쳐 서쪽으로 성도成都에 이르는 철도를 건설하는 것이었지만, 관영 시절과 민영 시절을 막론하고 모두 탁상 계획에 그쳤다. 이 회사는 약 1천6백만 원의 자본금을 모금했다. 이 자본금은 주로 "무릇 농가에서…… 임대료가 10석 이상인 사람은 매년 실제 수입의 3%를 징수한다"는 이른바 '임대료 주식'에서 나온 것이다. 이러한 주식 모집 방법으로 인해 사천성 전체의 대·소 지주들이 모두 회사의 주주가 되었지만, 실상 관청과 연결된 소수의 향신들이 회사를 장악하고 있었다.

1911년의 이른바 철도국유화 정책에 따라 사천의 철도회사도 청산되어야 할 상황이었다. 사천 총독 왕인문王人文은 북경 정부에 "회사를 설립한 지 8년이고 장부가 산더미처럼 쌓여" 일시에 청산할 방법이 없다고 보고했다. 왕인문의 태도는 회사 편에 기운 것이었지만 청 정부는 철도국유화 정책을 반드시 시행해야 한다는 입장을 고수했다. 따라서 철도회사를 장악했던 향신들과 정부 간 심각한 이해 충돌이 빚어졌다.

철도국유화 정책이 발표되고 한 달여 만인 5월 21일 사천성 도시철도회사는 주주총회를 열었는데, 실제로는 관련된 향신과 상인, 학계 거물 인사들의 회의였다. 이 회의에서 '보로동지회保路同志會'를 설립하기로 결정했다. 보로동지회의 회장과 부회장에 자의국의 포전준蒲殿俊 의장과 나륜羅綸 부의장이 추대되었다. 보로동지회는 철도국의 자금을 사용하여 폭넓은 홍보 활동을 수행했다. 이들은 신문 출판과 인쇄물 배포, 성 전역에 연사 파견, 다른 성 및 북경에 대한 청원활동을 전개했다. 보로동지회는 "철도부설권 보호와 차관 협정 폐기"를 주장했다. 즉 철도가 외국인에게 넘어가지 않도록 4개국과 맺은 차관 협정을 파기할 것을 요구했다. 보로회는 "철도 국유화"를 반대하는 것이 아니라 "명의는 국유이지만 실상은 외국에 넘어가는 것"을 반대한다고 분명히 밝혔다. 이로써 철도부설권 쟁취운동은 매국을 반대하고 국가 주권을 수호한다는 강력한 애국주의 색채를 띠게 되었다.

철도부설권 쟁취운동을 최초로 전개한 포전준과 나륜 등 입헌파 향신들과 상층 자산계급들은 이 운동을 합법적인 범위에서 전개하려고 애썼다. 이들은 이미 서거한 광서제를 호신부護身符로 들고 나오면서, 광서제의 신위를 가운데 놓고 양옆에 광서제의 조서에 나오는 "모든 통치는 여론에 따라야 한다", "철도의 민간경영을 허락한다"는 문구를 적은 노란 쪽지를 대량으로 살포했다. 곽말약郭沫若은 회고록에서 "집집마다 이런 노란 쪽지를 자기 문 앞에 붙이고, 아침저녁으로 향을 피워 예배를 드렸고", "거리마다 거리 한복판에 성위대聖位臺라 하여 광서제의 위패를 모셨다"[7]고 당시 성도의 모습을 전했다. 보로동지회는 성 전역에서 강연회를 추진하면서도 강연회에 대한 여러 구체적인 규정을 제정함으로써 강연회가 과열되지 않도록 안배했다. 또한 동지회 문건에도 "본 동지회가 가장 중시하는 것은 첫째 폭동을 막고, 둘째는 질서를 유지하는 것"이라고 명시했다. 한편으로 청 정부의 압력에 대항하기 위해 민중의 힘을 동원하고, 다른 한편으로는 민중운동을 '조정에 대항'하지 않는 범위로 제한하는 것이 바로 입헌파 자산계급이 안고 있는 모순이었다.

7월 1일 성도 전체에서 철시와 수업 거부가 일어났다. 성도 이외 지역에서도 연이어 보로회가 설립되었다. 안해顔楷를 회장, 장란張瀾을 부회장으로 하는 천한철로주주회는 대중의 압력에 못 이겨 7월 9일에 통고문을 내고 "당일부터 소작료와 토지세 납부를 거부한다. 이미 납부한 것은 어쩔 수 없지만 아직 납부하지 못한 것은 납부할 필요가 없다"[8]고 했다. 향신들은 여전히 반란을 일으킬 생각은 아니었다. 이들이 내세운 가장 수위가 높은 구호는 "사천 사람들이 스스로 지키자"(川人自保)였다. 그러나 조정은 새로 부임한 지 얼마 되지 않은 사천 총독 조이풍趙爾豐의 보고에 근거하여, "사천인들이 소작료와 토지세 등 세금을 내지 않는 것 등은 이미 법이 안중에 없는 것이며, 스스로 지키겠다는 것은 독립을 뜻하는 것으로, 그 죄는 더욱 피할 수 없다"고 하였다.

7월 15일 새벽 조이풍은 갑자기 포전준과 나륜, 안해, 장란 등 그가 '원흉'으로

---

7) 「反正前後」, 『沫若文集』 제6권(인민출판사, 1958년판), 229~230쪽.
8) 『사천보로운동사료』, 294쪽.

여긴 아홉 명의 향신들을 체포했는데, 이는 향신들이 예상하지 못한 일이었다. 조이풍은 원래 이들을 압박하여 운동을 진정시키려고 했지만, 그의 기대와는 달리 이 조치는 오히려 갈등을 크게 격화시켰다. 바로 그날 정오에 수천 명의 군중들이 총독 관아로 몰려와 체포된 이들을 석방하라고 요구했고, 조이풍이 군중에게 발포 명령을 내려 30여 명이 죽었다. 이 사건을 기점으로 사천 각지의 보로운동은 온건파 향신 지도자들이 세운 범위를 넘어서기 시작했다.

당시 동맹회 회원들 가운데 사천에서 활동하는 사람들이 있기는 했지만 조직적 체계를 이루지는 못했다. 1906년 이래 사천의 동맹회 회원들은 북부의 강유江油, 남부의 서주敍州(지금의 宜賓)와 노주瀘州, 동부의 광안廣安, 동남부의 검강黔江에서 여러 차례 봉기를 시도했지만 주로 회당에 의존하였기 때문에 별다른 성과를 거두지 못했다. 사천의 도시와 농촌 지역에는 '포가袍哥'로 불리는 회당 조직이 상당한 세력을 가지고 있었다. 조이풍이 성도 참사를 일으킨 후, 성도 부근 각 현의 보로동지회는 회당 사람들을 주축으로 무장을 갖추고 동지군이라 칭하였으며, 일부 동맹회 회원들도 참가하였다. 동맹회 회원인 용명검龍鳴劍은 성도의 보로회 초기부터 활동에 참가했다. 이때 그는 영현榮縣에 가서 회당 조직과 연합하여 동지군을 결성하였다. 조이풍은 무력 진압으로 동지군을 성도에 진입하지 못하게 했지만, 사천 여러 지역의 소동을 모두 잠재울 수는 없었다. 용명검이 이끄는 동지군은 성도에 도착하기 전 인수仁壽와 성도 사이에서 조이풍의 부대와 싸워 패배하여 가정嘉定(지금의 樂山) 쪽으로 물러났다. 용명검이 병사하자 잔여 부대는 또 다른 동맹회 회원인 왕천걸王天傑의 인솔 아래 영현으로 돌아갔다. 동맹회에서 파견되어 사천동맹회의 업무를 주관하던 오옥장吳玉章은 왕천걸 등과 함께 영현의 정권을 탈취하고 독립을 선언했다. 이는 무창봉기武昌蜂起 보름 전의 일이었다.

입헌파 자산계급이 주도한 사천의 철도부설권 쟁취운동은 7월 15일 총독 관아 앞에서 울린 총소리와 함께 사실상 종말을 고한 후 무장투쟁으로 전환되어 성 전역으로 들불처럼 번져 나갔다. 무창봉기 이후 사천성 내 정치 파벌 간 투쟁은 또 새로운 국면을 형성하였다. 이는 뒤에서 언급하겠다.

5. 동맹회의 내부적 분열과 두 차례 광주봉기의 실패

일반적으로 자산계급과 소자산계급 혁명가들의 사상과 행동은 혁명 정세의 전개에 제대로 적응하지 못했다. 혁명의 여건이 성숙되어 갔지만, 그들 중 많은 사람은 즉시 성공을 기대할 수 없다는 이유로 초조해하며 실망하였다. 동맹회는 본래 몇몇 소규모 단체가 연합하여 결성된 것으로, 기존 단체의 정체성이 완전히 사라지지 않았다. 이로 인해 내부적으로 갈수록 의견 차이와 파벌 갈등이 심화되고 조직의 분열까지 발생했다.

장병린을 중심으로 한 광복회가 가장 먼저 동맹회와 분열되었다. 장병린은 1906년 5월 상해에서 출옥한 뒤 일본에 건너가 동맹회 회원들과 학생들로부터 열렬한 환영을 받았다. 동맹회의 기관지『민보』는 장병린이 편집장을 맡게 되었다. 당시 손문 이외에 황홍黃興과 장병린도 동맹회에서 명망 있는 지도자였고, 장병린은 '학문을 갖춘 혁명가'로서 지성계에서 신망이 높았다. 1907년 손문과 황홍이 잇따라 일본을 떠나자 장병린과 도성장陶成章은 도쿄에서 일부 동맹회 회원들을 선동하여 총회를 개최하고, 손문의 총재직을 파면하고 황홍을 후임으로 추대할 것을 주장했다. 그러나 황홍의 측근이자 도쿄에서 동맹회 업무를 주관했던 유규일劉揆一이 이에 찬성하지 않았다. 이 시도는 무산되었지만, 이때부터 손문과 장병린은 더 이상 함께할 수 없었다.

1908년 도성장을 비롯한 광복회의 몇몇 인사들은 싱가포르와 네덜란드령 동인도(인도네시아) 각지에서 활동하면서 광복회의 조직을 부활시키고 동맹회의 지도에 반대한다는 뜻을 표명했다. 그리고 여전히 일본에 남아 있던 장병린을 그들의 명목상의 지도자로 내세웠다. 손문의 지휘를 받아 조주潮州에서 봉기를 일으켰던 허설추許雪秋와 같이 원래 광복회에 속하지 않았던 사람도 손문에 대한 공격에 가담했다. 광복회 일파는 손문이 네덜란드령 동인도 각지의 화교들로부터 모금하기 위해 파견한 사람들과 서로 배척했다. 혁명 활동가로서 장병린과 도성장은 주로 영세 수공업자들을 대표하는 경향이 강했다. 그들이 손문과 대립한 데에는 일부 인사 문제와 관련된 분쟁도 있었지만, 보수적인 영세 수공업자들의 대표로서 자산계급 혁명파의 주도를 거부한 측면도 있다.

장강 유역 여러 성들의 동맹회원 중 일부는 손문이 화남 지역 봉기에만 주력하는 것에 불만을 품고 1907년 가을 일본에서 '공진회共進會'를 결성했다. 공진회 회원들은 동맹회에서 탈퇴한 것은 아니지만 사실상 동맹회와 병립하는 조직이 됐다. 그 정관에 "만주족 오랑캐의 축출(驅逐韃虜), 중화의 회복(恢復中華), 민국의 건립(建立民國), 인권의 평등(平均人權)"이라는 네 구절을 취지로 내세웠다. 이 중 마지막 구는 동맹회가 말한 '평균지권平均地權'을 더 이해하기 어려운 '평균인권'이라는 말로 고친 것이었다. 공진회의 조직 형식은 구식 회당처럼 산당山堂을 열고 향을 살라 맹세한 뒤 가입하는 방법을 답습했다. 일부 회원은 얼마 후 일어난 신해혁명에서 큰 역할을 했지만, 이들의 조직문화는 전반적으로 동맹회보다 낮은 수준에 머물렀다.

무정부주의자를 자칭하는 동맹회 회원도 있었다. 1907년 일본에서는 유사배劉師培(劉申淑)와 하진何震 부부가 『천의보天義報』라는 잡지를 만들었고, 유사배는 『민보』 편집장이었던 장계張繼와 함께 '사회주의 강습소'라는 이름을 내걸고 무정부주의를 선전했다. 유사배는 간행물에서 민족주의든 민주주의든 모두 인민의 고통을 증가시킬 뿐이므로 "정부가 존재하지 않고, 인민이 공동 생산하며, 통치와 피지배의 구분이 없는" 제도가 가장 좋은 제도라고 주장하였다. 그러나 그의 고매한 논의에는 이미 반동사상의 그림자가 어른거리고 있었다. 그는 역사상 중국의 전제 정부들이 사실상 자본주의 체제보다 더 뛰어난 '방임정치'이므로 중국에서 무정부주의를 실천하는 것은 쉬울 것이라고 하면서, 심지어 "(무정부주의를 위해서) 정부가 존재해야 한다면 수구가 유신보다 낫고 전제가 입헌보다 낫다"고까지 말했다. 유사배 부부가 무정부주의를 설파한 것은 1907년인데, 이듬해 그들은 한 인척의 소개로 양강 총독 단방端方에 포섭되어 기꺼이 청 정부의 밀정 노릇을 했다. 또한 1907년 프랑스에서는 무정부주의를 다룬 『신세기』란 잡지가 창간되어 1910년까지 간행되었는데, 오치휘吳稚暉와 같은 주요 필진들 다수가 훗날 국민당의 반공 극우파가 됐다.

　청 당국은 혁명당 내부에 대한 매수공작을 벌이기 시작했다. 양강 총독 단방은 일본 유학생들을 상대로 이런 활동을 전개했다. 민정부 상서를 맡고 있던 숙친왕 선기善耆는 동맹회에 참가했던 정가정程家檉을 참모로 받아들이고 그에게 1만 원을 보내 동맹회와 연결을 유지하도록 했다. 왕정위汪精衛가 바로 선기를 통해 변절한 인물이다. 앞에서 이미 언급했듯이 왕정위는 몇 차례의 봉기에서 실패한 후 절망적인 마음으로 암살에 나섰다. 1910년(선통 2) 그는 황복생黃復生 등 몇 사람과 북경에 잠입하여 섭정왕 재풍을 폭사시킬 계획을 세웠으나, 성공하지 못하고 발각되었다. 왕정위와 황복생이 체포되자 선기가 이 사건을 직접 처리했는데, 그는 이 두 혁명당원을 관례대로 처형하는 대신 감금이라는 명목하에 좋은 대우를 해 주었다. 1년 후 신해혁명이 일어나고 왕정위는 석방되었지만, 그는 이미 변절한 이중간첩이 되어 있었다.

　이처럼 혁명 인사들은 연이은 좌절 앞에서 낙담하고 사상적으로 분열되어 있었으며, 조직 또한 분열되어 있었다. 따라서 다가오는 청 왕조의 멸망이라는 거대한 사태를 견고하고 통일된 대오로 맞이할 수 없었다.

　1909년 손문은 서유럽과 미국으로 건너가 화교들로부터 경비를 조달하고자 했다. 황흥과 호한민胡漢民은 홍콩에 동맹회 남방지부를 설치하고 주로 광주 신군과 연계 공작을 하면서 신군의 힘을 이용하여 봉기를 일으키려고 시도했다. 원세개의 북양육진에 이어 각 성에도 연이어 신군이 창설됐다. 청은 전국적으로 신군 36진을 창설할 계획이었지만, 실제로 청 말까지 창설된 신군은 14진鎭, 20협協이었다. 청 신군의 편성을 보면, 진은 사단에 해당하고 협은 여단에 해당하며, 1진 예하에 2협을 두었다. 신군의 장교와 병사들 중에는 소수지만 지식인도 있었고, 그들은 자산계급 혁명파의 사상을 비교적 쉽게 받아들일 수 있었기 때문에 동맹회는 점차 각지 신군과의 연결 공작에 더 많은 관심을 기울였다. 광주 신군에는 3개 연대가 있었는데, 일찍이 양강 총독 단방의 밑에서 포병장교로 근무하다가 동맹회에 가입한 예영전倪映典은 동맹회 남방지부의 명을 받아 광주에 조직을 만들고 신군의 장교와 병사들을 혁명에 참여하도록 끌어들였다. 당초 1910년 정월에 봉기하기로 계획이 되어 있었지만, 정보가 새어 나간 탓에 1월 3일 예영전은 약 1천여 명의 신군을 이끌고 서둘러 봉기를 선포할 수밖에 없었다. 그들은 성도인 광주로 진격하여 양광 총독 원수훈袁樹勛이 집결시킨 10배의 병력에 맞서 싸웠다. 이틀간의 고군분투 끝에 예영전은 전사하고, 봉기에 가담한 병사들 중 사상자나 체포된 자가 총 300여 명이 되었으며, 나머지는 뿔뿔이 흩어졌다. 이것이 바로 손문이 말한 '우리 당의 9번째 실패'였다.

이때 손문은 미국 샌프란시스코에 있었다. 그는 실패 소식을 듣고 태평양을 건너 호놀룰루를 거쳐 동아시아로 왔다. 그는 말레이시아 페낭에서 황흥 등과 만났다. 손문은 당시 상황을 묘사하며, "앞으로 갈 길에 대하여 모두 걱정했고 장래의 계획을 물으면 한숨을 쉬며 서로 마주 보고 말이 없었다"고 말했다. 손문은 이들을 격려하며 다시 힘을 합쳐 진용을 재정비하고 광주에서 다시 한번 봉기를 일으키기로 결정했다. 그들은 이번 봉기가 실패하지 않도록 하기 위해서는 무엇보다도 충분한 경비가 마련되어야 한다고 생각했다. 그들은 과거 회당 조직에 의지하거나 최근 신군의 힘에 의존했을 때 실패했던 것을 거울삼아 이번 봉기는 각 지역 동맹회 회원 중 가장 단호한 500명을 규합하여(후에 800명으로 늘어났다.) '선봉選鋒', 즉 봉기의 핵심 전력으로 삼기로 했다.

손문이 다시 미국에 건너가 화교들에게 모금한 결과 동남아시아 각지와 미국의 화교들로부터 모두 20만 원에 가까운 경비를 모금할 수 있었다. 황흥 등은 홍콩에서 '통주부統籌部'를 조직하여 이번 봉기를 조직하는 지도부로 삼았다. 황흥이 통주부 부장, 조성趙聲(趙伯先)이 부부장으로 추대되었다. 조성은 회시에 합격했고, 강소 신군과 광동 신군에서 연대장을 지냈으며 동맹회와 연계를 가지고 있었다. 이때 그는 곽인장郭人漳(광동 순방영 사령관)과의 알력으로 광동군에 더 이상 발을 붙일 수 없어 홍콩으로 망명했다. 그는 군부 내 사정을 잘 알고 있었고, 군부에는 그가 지휘했던 옛 부하들이 여전히 있었기 때문에 1910~1911년 동맹회 남방지부南方支部가 조직한 봉기의 주요 지도자 중 한 명이 되었다.

그들의 봉기 계획은 800명의 '선봉'들이 먼저 광주 성내에서 양광 총독부와 해군사령관 지휘소 등 주요 관청을 점령하고 성내의 총기를 획득한 다음 성문을 열고 교외에 주둔한 신군을 끌어들이는 것이었다. 그들은 또 광주를 점령한 후, 황흥이 한 부대를 이끌고 호남을 거쳐 호북으로, 조성이 한 부대를 이끌고 강서를 거쳐 남경으로 향할 생각이었다. 황흥과 조성 등 실제 작전에서 한 방면을 담당할 지휘관이었던 그들은 각자 자신이 가장 신뢰하고 용감하다고 생각되는 사람들을 모아 선봉으로 삼았다. 선봉으로 지정된 이들은 광동 각지와 복건, 광서, 강소, 절강, 호남, 사천, 운남 등의 성과 동남아시아 각지에서 홍콩으로 소환되었다. 또한 이들이 광주성 안에서 머물 수 있도록 하기 위하여 사전에 성내 상점과 거주자의 명의로 여러 거점을 마련했다.

그러나 외지 출신들로 일거에 광주를 점령하려고 한 것 자체가 이미 군사적 모험이었는 데다가 실제 1911년 3월 29일에 봉기 계획을 실행한 것은 800명 '선봉' 중의 일부밖에 되지 않았다. 그리고 전체 봉기를 지휘할 통일된 강력한 지도부가 없었고, 거사 시간도 계속 바뀌었으며, 각 방면의 지휘를 맡았던 이들 중 일부가 연기를 주장하는 바람에 이미 광주에 도착했던 수백 명의 '선봉' 중 대부분이 홍콩으로 철수했다. 이때 광주성 안에 있었던 황흥은 적들이 이미 눈치채고 경계도 점점 더 엄격해지는 상황에서 더 이상 연기하면 해산하는 것과 다름없다는 생각에 3월 29일 거사를 강행했다. 이날 오후 5시 반 황흥이 이끄는 160여 명의 봉기군이 어깨에 흰 수건을 두르고 손에 총과 폭탄으로 무장한 채 양광 총독부를 급습했다.

봉기군은 소수의 수비대만이 지키고 있던 총독부에 쳐들어갔으나, 상급 관리는 한 명도 잡지 못했다. 총독 장명기張鳴岐는 이미 관아를 탈출하여 해군사령관 지휘소로 옮겨 갔다. 그는 해군 제독 이준李俊과 함께 병력을 배치해 봉기의 영웅적 용사들을 포위 공격했다. 황흥은 그의 부하들을 세 갈래로 나누어 성 밖으로 진출하여 신군과 순방영 내 봉기에 참가할 예정이었던 병력들과 합류하려 했지만, 성내 곳곳에서 적의 반격을 받아 뿔뿔이 흩어져 싸우는 형국이 되었다. 어떤 사람은 전사하고, 어떤 사람은 포로가 되고, 어떤 사람은 형세가 절망적인 것을 보고 변장을 하고 도망갔다. 황흥도 그날 밤 부상을 입고 숨어 있다가 광주를 탈출했다. 소수의 봉기군은 봉기 이튿날까지 적들과 시가전을 벌이기도 했다. 진형명陳炯明과 요우평姚雨平이 이끄는 다른 '선봉'들은 광주에 도착했지만 수수방관했다. 조성은 150명을 거느리고 있었지만, 그중 대다수는 봉기 당시 홍콩에 있었고, 조성이 30일에야 광주에 도착했지만 이때는 황흥의 봉기가 이미 실패로 끝난 뒤였다.

봉기 작전에 참가한 용사들은 모두 매우 용감하게 행동했다. 청 당국이 남긴 심문 자료를 보면, 일본 유학생 임각민林覺民과 유배륜喩培倫 등 포로가 된 이들은 모두 당당하게 지조를 지키다가 처형당했다. 이후 어떤 이가 이 전투에서 사망한 72명의 시신을 수습하여 황화강黃花崗에 합장했는데, 실제 희생자는 이보다 더 많았다.

이 봉기는 손문이 말한 "우리 당의 열 번째 실패"였다. 이번 봉기에서 당 구성원들은 자신들이 동원할 수 있는 최대의 재력과 인력을 투입해 적들과 결사항전을 벌인 것이었기 때문에 패배로 인한 심리적 타격이 극심했다. 그들은 광주에서조차 봉기가 실패한다면 전국 어디에서도 가망이 없다고 비관하게 되었다.

6. 일지회에서 문학사까지

중국 일부 지역에서는 혁명파들이 대중 동원을 비교적 심도 있게 진행하고 있었다. 무한의 경우가 그러했다. 앞에서(제4부 제1장 6절 참조) 언급했듯이 1904년(광서 30) 무한에는 '과학보습소科學補習所'란 이름을 내건 혁명 조직이 있었다. 이 조직은 황흥이 이끈 화흥회가 호남에서 추진하다가 무산된 봉기에 연루되어 활동을 중단했다. 과학보습소의 주요 구성원은 현지 신군의 병사들이었고 학계 인사들도 일부 참가하였다. 호광 총독 장지동은 당시 호북성에 신군 제8사단(통제는 張彪)과 제21혼성여단(통령은 黎元洪)을 편성하고 또 무한에 육군 소학당과 육군 중학당을 설립했다.

혁명파에서는 일부 지식인 청년들을 신군에 잠입시켰다. 예를 들면, 장난선張難先과 호영胡瑛은 제8사단 공병대의 병사가 되었고, 유정암劉靜庵은 여원홍의 문서병으로 복무하면서 신군 병사들 사이에서 혁명사상을 선전하며 혁명 동지를 모집했다.

과학보습소 출신 중 일부는 나중에 '일지회日知會'라는 이름으로 활동하기도 했다. 일지회는 본래 지역 기독교회에서 교인들이 신문을 읽을 수 있도록 한 단체이다. 이미 군대를 떠난 유정암(1875~1911)은 1905년에 이 단체의 대표가 됐다. 그와 몇몇 혁명 동지들은 이 공개적이고 합법적인 단체를 이용하여 혁명 서적과 신문을 배포하고 강연회를 개최하였다. 그들의 비밀 조직도 일지회라는 이름을 썼다. 그들은 여전히 신군 내에서의 공작활동에 각별한 주의를 기울였다. 1906년 가을 유정암 등이 체포되어 투옥되면서 일지회의 활동은 중지되었다. 1908년 광서제와 서태후가 죽자 전반적인 정세가 요동쳤다. 신군 내 혁명 성향의 병사들은 이때 '군치학사群治學社'라는 조직을 만들었고, 1910년 이 조직을 다시 개편하여 '진무학사振武學社'라고 불렀다. 이 두 조직의 약관은 '학문 연구'와 '자치 제창', '군사학 강학'이 었지만, 실제로는 혁명사상을 전파하고 혁명역량을 조직하고 축적하는 역할을 하였다.

군치학사와 진무학사의 2년간의 활동을 통해 두 가지 특징을 확인할 수 있다. 첫째, 그들은 신군에서 깊은 수준까지 활동을 전개했다. 동맹회는 다른 곳 예컨대 광동에서 신군의 역량을 활용하기는 했지만, 보통 몇 명의 장교를 혁명 조직으로 흡수하는 것에 만족했다. 일단 봉기가 시작되어 장교가 앞장서기만 하면 사병들이 뒤따를 것이라고 생각했던 것이다. 그러나 군치학사와 진무학사는 직접 병사들을 조직했다. 일부 혁명 지식 청년들은 군인이 되어 병사들 사이에서 중추적인 역할을 하였는데, 진무학사 회장으로 추대된 양왕붕楊王鵬이 바로 혁명의 목적을 위해 군에 투입된 지식 청년이다. 둘째, 호남의 경솔한 봉기로 인해 과학보습소나 일지회까지 연루되었던 교훈을 거울삼아 봉기에 신중한 태도를 취하였다. 그들은 군대 안에서 활동하고 있었기에 엄밀한 조직의 필요성을 더 절감했다. 진무학사의 주요 구성원들은 여원홍의 제21혼성여단 소속이었고, 여원홍은 점차 그들의 존재를 눈치채게 되었다. 이에 양왕붕이 1910년 겨울 군대에서 쫓겨나 무한을 떠났다. 그러나 조직 전체는 여전히 보존되어 있었기 때문에, 이듬해 음력설에 이 조직은 '문학사文學社'로 이름을 바꾸어 다시 활동을 이어갔다.

문학사의 회장은 장익무張翊武(1885~1913)였고, 부회장은 왕헌장王憲章(1885~1914)이었다. 장익무는 호남 출신으로 상덕사범학교常德師範學校와 상해의 중국공학中國公學을 다녔는데, 모두 동맹회 혁명사상의 영향 아래에 있던 학교였다. 그는 1909년 동지 유요징劉堯澂과 함께 호북으로 건너가 군치학사와 연계를 맺고 함께 여원홍 휘하의 제41연대(標)에 입대하였으며 진무학사의 활동에도 참여했다. 왕헌장은 귀주 출신으로, 처음에는 권력이 있으면 나라를 위해 좋은 일을 할 수 있다고 여기고 돈으로 관직을 사려고 하였으나 후에 혁명사상의 영향으로 이를 그만두고, 무한 신군 내부에 지사들이 많다는 말을 듣고 장표張標 휘하의 제30여단에 입대하였다.

문학사는 군치학사와 진무학사의 전통을 이어받아 군대에서 적극적이지만 신중하게 회원을 모집해 나갔다. 그 결과 장표의 제8사단과 여원홍의 제21혼성여단 예하의 각급 부대에는 대부분 문학사 회원이 침투해 있었다. 문학사에는 군 외의 인사도 참가했는데, 당시 무한에서 『대강보大江報』를 발간했던 첨대비詹大悲는 문학사 발기인이자 책임자 중 한 명이었다. 그는 철도부설권 쟁의 과정에서 체포되는 바람에 문학사에는 영향을 미치지 못했고 무창봉기 이후에야 풀려났다.

문학사와 그 전신 조직들은 동맹회의 사상적 영향을 받았고 개별적으로 동맹회에 참가하기는 했지만, 그들의 활동이 동맹회와 직접 연결되어 있었던 것은 아니다. 일부 동맹회 회원들로 구성된 공진회는 1908년 호북성에서 활동을 개시하며 무한에 비밀 조직을 설립했다. 그들은 군치학사와 연관을 맺기는 했지만, 처음에는 신군을 대상으로 한 활동에 그다지 주의를 기울이지 않았다. 그들은 주로 회당과 연락하여 즉시 봉기를 일으키려고 하였다. 그러나 회당은 공진회의 구속을 거부했기에 봉기 계획은 실행될 수 없었고, 호북에서의 공진회 활동도 둔화되었다. 1910년 하반기에 이르러 공진회는 무한에서 다시 활동을 개시했다. 이때는 학계 인사를 흡수하고 각지에서 회당과 접촉하는 외에 신군을 상대로도 활동하면서 일지회, 군치학사,

진무학사 그리고 당시에도 문학사에 참여하고 있던 인사들을 끌어들였다. 문학사와 공진회는 신군의 각급 부대에서 자체 조직을 발전시켰는데, 상호 연계하기도 했지만 약간의 마찰과 갈등도 있었다. 그러나 신군에서는 문학사가 더 강력한 영향력을 가지고 있었기에, 공진회 입장에서는 봉기를 일으키려면 문학사와 협력할 수밖에 없다고 보았다.

1911년 초 동맹회는 광주봉기를 준비하면서 장강 유역의 여러 성들에도 호응을 촉구했다. 무한의 공진회와 문학사도 들썩였다. 광주봉기가 실패하자 상해의 동맹회 회원인 송교인宋敎仁 등은 동맹회중부총회同盟會中部總會를 결성하여 장강 유역 여러 성에서의 봉기를 계획했다. 그들은 무한의 공진회뿐만 아니라 문학사와도 연락을 취했다. 그러나 동맹회중부총회는 일반적인 봉기 구호만 외쳤을 뿐 보다 깊이 있는 대중동원 작업은 전혀 전개하지 않았다.

1911년 무창봉기는 문학사와 공진회의 협력으로 일어났다. 특히 문학사 회원들이 오랜 기간 신군에서 닦아 온 토대가 봉기 성공에 결정적인 역할을 했다.

제4장
무창봉기와 무창정권

1. 혁명적 병사들이 하룻밤 사이에 거둔 승리

　1911년(선통 3) 8월 19일 무창의 혁명적 병사들의 봉기는 하룻밤 사이에 성공했고, 이는 청 왕조 통치에 종말을 고했다. 무한의 공진회와 문학사는 봉기를 위한 협력 방안을 논의했지만, 그 과정은 결코 순탄하지 않았다. 그들은 힘겨루기를 하면서 주도권 자리를 두고 다투었기에 협의가 제대로 이루어지지 않았다.

　몇 달간의 협상 끝에 두 조직은 1911년 8월 마침내 통합을 결정했다. 8월 3일(양력 9월 24일)의 합동회의에서는 양측 책임자와 각 연대와 대대의 대표 60여 명이 참석하여 봉기 계획을 토의 및 결정하고 군사와 정치 방면의 책임자를 선출하였다. 장익무蔣翊武가 혁명군 '총지휘'(임시총사령이라는 설도 있음)로, 손무孫武는 '참모장'으로 추대됐다. 정치 책임자로는 유공劉公이 '총리'로 추대됐다. 유공과 손무는 무한武漢 지역 공진회의 주요 지도자였다. 그러나 실제 봉기는 원래 계획대로 진행되지 않았고, 당초 지도부의 지도하에 진행되지도 않았다.

　봉기 날짜는 당초 8월 15일(양력 10월 6일)로 결정되었지만 준비가 늦어진 관계로 8월 20일(양력 10월 11일)로 연기되었고, 봉기에 관한 정보도 새어나가 관청의 경비가 강화되었다.

8월 18일(양력 10월 9일) 손무가 한구漢口 러시아 조계 내의 지부에서 폭탄을 제조하던 중 화재가 발생했고, 이 소리를 들은 러시아 경찰관들이 수색에 나섰다. 화상을 입은 손무와 현장에 있던 다른 사람들은 도주했지만 지부에 있던 문건들은 모두 경찰에게 압수되었다. 인접한 곳에 거주하던 유공의 자택도 연달아 수색을 당하여 유공은 도주했지만 그의 아내와 동생, 기타 몇몇 사람들이 체포되었다. 러시아 조계 경찰서는 압수한 물품들과 체포자들을 즉각 청의 관청에 넘겼다. 무창 본부에 있던 장익무와 다른 군사 책임자들은 이 사실을 알고 매우 긴장했다. 그들은 즉시 행동하지 않으면 앉아서 죽기를 기다리는 꼴이라 판단하여 각 연대와 대대의 동지들에게 바로 그날 밤 12시에 중화문 밖에서 포성을 울리는 것을 신호로 봉기하겠다고 알렸다. 그러나 중화문 밖에 주둔한 포대에 명령이 전달되지 않는 바람에 포성이 울리지 않아 봉기는 이루어지지 않았다. 바로 그날 밤 장익무가 있던 본부가 군경의 습격을 받았다. 장익무 외 몇 명은 도망쳤지만 나머지 여러 명이 체포되었다.

체포된 사람들 가운데 문학사 회원 유요징劉堯澂과 팽초번彭楚藩, 양굉승楊宏勝 등 3명은 그날 밤 심문에 굴하지 않다가 다음 날인 19일 아침 처형됐다. 그러나 몇몇은 심문이 시작되자마자 곧바로 변절했다. 관청은 압수한 문서들과 변절자들의 진술로부터 혁명 조직의 전모를 파악하게 되었다. 호광 총독 서징瑞澂은 계엄령을 선포하고 그나마 신뢰할 수 있는 순방영과 수비대, 교련대를 동원하여 동시다발적으로 체포 작전을 펼쳤다. 무창武昌과 한구의 모든 거점에서 30명 이상의 혁명당원들이 체포되었다. 압수된 명부에는 다수의 신군 병사들이 확인되었다. 따라서 서징은 명령을 내려 신군영의 문을 봉쇄하고 병사들의 출입을 금지하였으며, 병사들의 탄약을 모두 압수하고 각 연대와 대대의 장교들에게 순찰을 맡으라고 지시했다.

19일 서징은 조정에 "다행히 사전에 적발하여 즉각 진압할 수 있었다"고 보고했다. 그러나 그는 지도부를 잃은 혁명 병사들이 바로 그날 밤 무창성 안팎에서 자발적으로 행동을 개시하리라고는 전혀 예상하지 못했다.

장표가 통솔하던 제8사단과 여원홍이 통솔하는 제21혼성여단에는 총 1만 8천여 명의 병력이 있었다. 당시 일부 병력은 보로군保路軍 봉기를 진압하기 위하여 단방을 따라 사천으로 이동했고, 또 일부는 호북성 외현과 한구, 한양漢陽 등에 주둔하고 있었다. 무창에 남아 있던 병력은 14개 대대로 성 안팎에 약 7천 명이 주둔하고 있었다. 이들 중 약 3분의 1의 병력이 문학사 등의 조직에 가담하고 있었다.

19일 저녁 중화문 안에 주둔하고 있던 제8사단 소속 공병 제8대대의 병영에서 최초로 병사들이 반란을 일으켰다. 당시 이 대대에는 혁명 조직에 가담한 병사들이 비교적 많았는데, 이들은 웅병곤熊秉坤을 중심으로 병사들과 군중들을 이끌었다. 병사들은 일단 병영 내의 탄약을 탈취한 후 각종 탄약을 보관하던 무기고가 있는 인근 초망대楚望臺로 몰려갔다. 초망대를 수비하던 본 대대 좌대 병사들도 이에 동조하였다. 혁명에 반대하던 장교들이 도주하면서 무기고는 봉기군에 손쉽게 점령당했다. 당시 봉기 병력은 300여 명이었는데, 이 중 다수가 혁명 조직에 참가하지 않은 사람들이었다. 그래서 웅병곤이 혁명 조직 내에서는 대대를 대표하는 직위를 가지고 있었음에도 사태를 장악할 수 없었다. 사변이 발생했을 때 한 병사가 피신한 좌대 중대장 오조린吳兆麟을 찾아냈고, 혁명 조직에 참가하지 않았던 병사들을 중심으로 오조린을 총지휘자로 삼아야 한다는 요구가 제기되었다. 오조린은 한때 일지회 간사를 역임했던 적이 있었지만 이후에는 혁명 조직에 한 번도 참여하지 않았다. 웅병곤 등은 장교가 지휘를 맡아야 한다는 다수 병사들의 정서를 따를 수밖에 없었고, 이에 오조린은 봉기군의 지휘자가 되었다. 그는 일부 병력에게 인근에 주둔 중인 혁명에 적대적인 부대를 경계하도록 명령하는 한편, 여타 혁명에 참여할 수 있는 부대들과 연락을 시도했다. 공병부대와 군수부대, 육군 측량학교 등에서 수백 명이 즉각 호응해 초망대에 집결했다. 특히 포병대 병사들이 대포 세 문을 끌고 성내로 진입하여 봉기에 참여하면서 병사들의 사기는 더욱 진작되었다.

이날 자정, 집결한 봉기군은 호광 총독 관서를 향해 진격했다. 초망대에서 포성이 울리자 무창 신군의 각 부대에서 더 많은 병사들이 봉기에 참여했다. 날이 밝자 봉기에 참가한 병력은 약 2천 명에 이르렀다. 신군의 영관급 이상 장교

대부분은 부대 내부의 동요를 감지하고 목숨을 보전하기 위해 자신들의 부대를 이탈했다. 제21혼성여단의 통령 여원홍은 처음에는 진압을 시도했지만, 자신의 부대가 통제 불능이 되자 참모의 집으로 피신했다. 봉기군 병사들은 총독 관서 부근에 불을 질러 표적으로 삼은 후 총독 관서를 포격하였다. 겁에 질린 호광 총독 서징과 총독아문 사무총판 철충鐵忠 등의 관리들은 귀중품을 챙긴 후 가족들과 총독 관서의 뒷벽을 부수고 성을 탈출하여 장강에 정박하고 있던 군함으로 달아났다. 제8사단 통제 겸 순방영 제독 장표는 그나마 그의 사령부에서 완강히 저항했다. 제8사단 사령부는 총독 관서와 인접해 있었다. 봉기 병사들은 세 차례 공격 끝에 마침내 날이 밝기 전 총독 관서와 제8사단 사령부를 공략했다. 장표는 무창을 떠나 강을 건너 한구로 도망쳤다. 번대藩臺의 관서도 거의 같은 시각에 점령당했다.

　만 하루가 지나 8월 20일(양력 10월 11일) 아침이 되자 무창은 봉기군에 의해 장악되었다. 그러나 이 승리는 특별한 지도자 없이 병사들이 쟁취한 것이었다. 동맹회의 지도자들은 외국이나 상해, 홍콩 등에 있었고 이번 봉기를 주도한 문학사와 공진회의 지도부들도 모두 현장에 없었다. 장익무와 유공, 손무 등은 모두 며칠 뒤에야 나타났다. 다년간 전국 각지에서 혁명당원들의 선전과 조직화가 없었더라면, 그리고 앞사람이 쓰러지면 뒷사람이 이어서 나아가는 끈질긴 투쟁이 없었더라면, 10월 10일(이하에서는 주로 양력으로 표기함)의 무창봉기도 없었을 것이다. 하지만 이날 밤의 승리는 무창의 혁명 병사들이 적극적으로 주도해 쟁취한 것이었다. 혁명 병사들은 분명히 독자적으로 승리했다. 그렇지만 그들은 이 승리를 지켜내기 위한 더 엄혹한 시련에 직면했다.

2. 신정권의 수립과 그 변천

　당시 혁명 병사들의 마음속에는 한 가지 매우 분명한 생각이 있었다. 바로 혁명을 통해 청의 통치를 대체할 새로운 정권이 수립되어야 한다는 것이다. 호북성의 성도인 무창을 점령한 이상 청 왕조에 대해 '독립'을 주장하는 호북성 차원의 정권을 수립함으로써 다른 성의 호응을 이끌어내 청의 통치를 완전히 붕괴시키고 중화민국을 건설하는 목적을 달성해야 했다. 따라서 이들의 당면 과제는 바로 이 호북성의 정권을 어떻게 수립할 것인가 하는 것이었다.

한 참모의 집에 숨어 있던 제21혼성여단 통령 여원홍은 11일 새벽 봉기군 병사들에게 발각됐다. 병사들은 그에게 초망대에 갈 것을 강요했다. 지휘를 맡고 있던 오조린은 그를 상관으로 예우하며 맞이했다. 이날 오후 혁명군의 핵심 인사들은 자의국에서 신정부 수립 문제를 협의하기 위한 회의를 열었다. 여원홍은 병사들의 위협을 받으면서 회의장에 도착했다. 자의국 의장 탕화룡湯化龍, 부의장 장국용張國溶과 하강수夏壽康, 비서장 석산엄石山儼 등 몇몇 의원도 병사들의 거듭된 독촉에 마지못해 회의에 참석했다. 탕화룡은 회의의 의장으로 추대되었다. 이 입헌파 유지는 방금 전쟁터에서 돌아온 병사들 앞에서 혁명에 찬성하지 않을 수 없었다. 이 회의에서 오조린은 여원홍이 호북 군정부軍政府의 도독都督을 맡을 것을 제안했다. 자의국 유지들뿐만 아니라 현장에 있던 병사들도 그의 건의에 찬동했다.

여원홍(1864~1928)은 호북성 황피黃陂 출신으로 북양수사학당을 졸업하고 이홍장의 북양해군에서 복무했다. 청일전쟁에서 북양해군이 전멸한 뒤 그는 장지동의 부하가 됐다. 장지동은 그를 높이 평가하여 일본에 유학시키고 점차 중용했다. 그러다가 1905년 제21혼성여단이 창설될 때 장지동에 의해 여단장(協統)에 임명되었다. 그는 혁명운동과 아무런 관계가 없었고 오히려 이때까지는 혁명을 적대시한 구식 군인이었다.

봉기에 참가했던 한 혁명가의 회고록에 따르면, 봉기에 참가한 부대 가운데 "비혁명분자이면서 일시적으로 혁명에 참여한 사람이 다수"였고, "자의국에서 도독을 추대할 때 새로 참가한 사람들이 혁명당파 사람들보다 많았다"고 했다. 이런 상황이 여원홍에게 집권의 기회를 준 것은 분명하다. 다수의 병사들은 정부를 수립하려면 여원홍처럼 지위가 높은 사람이 앞장서야 제격이라고 생각했다. 혁명당원들도 이러한 관습적 관성을 극복하지 못했던 것이다. 게다가 공진회와 문학사가 비록 통합되기는 했지만 여전히 파벌적 태도가 존재하여 양측이 모두 인정하는 지도자가 없었다.

도독이 선출된 다음 날인 10월 12일, 자의국에서 다시 회의가 열려 군정부 산하 4개 부서에 대한 인선이 결정되었는데, 탕화룽이 민정부장으로 취임 요청을 받았다. 도독의 직함을 떠안은 여원홍은 난감한 처지에 놓여 있었다. 당시 도독부는 자의국 안에 설립되었는데 그는 사실상 병사들에 의해 자의국에 연금된 상태였다. 그는 자신의 목이 떨어질까 봐 전전긍긍했다. 즉 반란에 가담했다는 죄목으로 청 정부에 의해 죽임을 당하거나 혁명에 순응하지 않는다고 병사들에게 살해될 판이었다. 그는 아무 말도 하지 않는 방법을 택했다. 비록 도독으로 취임하는 것을 거절하지는 못했지만, 아무런 주장도 내놓지 않았고, 자신의 명의로 발표된 문건들에 어떠한 의견도 내놓지 않았다.

여원홍이 도독으로 추대되던 날 참모부도 구성되었다. 군정부 수립 후 일주일 동안 유일하게 기능한 기구가 바로 이 참모부였다. 당시 정부 조직은 전혀 구성되지 못하고 있었기 때문에 참모부의 업무는 자발적으로 참여한 적극적 활동가들이 담당했다. 일부 신해혁명 참가자들의 회고록에 따르면, 당시 군정부에는 모든 중대사를 결정하는 '모략처謀略處'라는 기구가 있어 군정부의 핵심이었다고 한다. 그러나 자료를 조사해 보면, 모략처라는 기구는 사실 존재하지 않았으며, 모략처를 구성했다고 알려진 10여 명 역시 참모부 내의 적극적 활동가였다. 모략처의 수장으로 알려졌던 채제민蔡濟民(1887~1919)은 신군의 소대장(排長)이었고, 일지회와 문학사의 회원이었다. 10월 10일 밤의 봉기에서 그는 제29연대 혁명 병사들의 지휘자였다. 모략처 소속으로 알려진 인물들 가운데 소대장 몇 명을 제외하고는 모두 사병들이었다. 그들은 문학사나 공진회의 회원으로, 대부분 첫날밤 봉기에서 핵심적 역할을 했던 인물들이었다. 그들은 모두 정치 경험이 전무한 20대 젊은이들이었지만, 특수한 역사적 환경에서 특별한 역할을 수행했던 것이다. 당시는 혁명의 새싹이 막 움튼 상태였기에, 과연 이 싹이 정말로 성장할 수 있을 것인지에 대해서는 여원홍으로 대표되는 구식 관료와 군인들, 탕화룡으로 대표되는 입헌파 유지들, 심지어 혁명파의 기존 지도자들조차 확신이 없었다. 이 새싹을 키우는 일은 혁명군을 대표하는 이 젊은이들에게 주어졌다. 그들은 자신들도 자각하지 못하는 사이 혁명 정권을 장악했고, 가장 어려운 상황에서 혁명의 새싹을 키워 냈다.

무창이 광복되었다. 봉기날 참여하지 않았던 신군 병사들도 혁명에 참가했지만, 장강에는 여전히 청의 군함 3척이 정박해 있었고(도망친 호광 총독 서정이 바로 이 군함에 타고 있었다.), 한구 방면에는 장표와 그 잔당이 있었으며, 무창성 안팎에도 반혁명 세력이 도사리고 있었다. 11일 오후만 해도 사산蛇山으로 피신했던 제30연대 소속 만주족 출신 병사 100여 명이 혁명을 반대하는 장교의 지휘하에 자의국을 습격했다. 그들은 혁명 병사들에게 즉시 섬멸되었지만, 이 사건은 무창의 불안정한 정세를 잘 보여 준다. 이튿날 청군이 대규모로 반격할 것이라는 소문이 성안에 퍼졌고, 군정부 내의 일부 사무원들이 몰래 달아나기도 했다. 이런 상황 속에서 군정부 내에 실존했던 핵심 세력이 중요한 역할을 한 것이 분명하다. 이들은 무창에 산재해 있던 반혁명 무장 세력을 진압하였으며, 13일에는 포병 진지를 설치하고 장강에 있던 청 군함 3척을 포격해 멀리 후퇴시켰다. 이때 한구와 한양도 그곳에 주둔하던 신군 혁명 병사들의 봉기로 광복을 맞았다. 한양의 경우 감옥에서 갓 나온 이아동李亞東이 지부知府를 맡았다. 이아동은 일지회 회원이었으며, 1906년에 체포되었다. 한구에서는 광복 후 군정부의 분부分府가 설치되었고, 막 출소한 첨대비詹大悲와 하해명何海鳴이 정·부 주임을 맡았다. 이제 3개 대대의 병력만 남은 장표는 한구 교외의 유가묘劉家廟로 후퇴했다.

무한 외에도 호북 각지에서 혁명의 움직임이 일었다. 13일부터 18일 사이에 혁명당원들은 경산京山과 천문天門, 한천漢川, 황주黃州, 기춘蘄春, 의창宜昌 등지에서 차례로 광복을 선언했다. 따라서 무한의 양 날개와 장강의 상하류가 모두 안전하게 확보되었다.

군정부는 군부대를 확충하기로 결정하고 4개 여단을 창설했다. 무한의 도시와 농촌의 군중들이 앞다투어 지원하여 5일 만에 부대 정원이 찼다. 신군의 병사들은 신설된 4개 여단의 각급 장교를 맡았다. 이들 여단의 여단장은 오조린과 두석균杜錫鈞(원래 제30연대 소속 대대장이었으나 봉기 승리 후 귀순), 임익지林翼支(원래 제42연대 소속 병사로 문학사 회원), 장정보張廷輔(원래 제30연대 소속 소대장으로 문학사 회원)였다. 곧이어 제5여단도 창설되었는데, 무창봉기를 최초로 일으킨 공병 제8대대의 혁명 병사 대표인 웅병곤熊秉坤이 여단장을 맡았다.

낡은 관청들이 철폐되자 군중들은 환영했다. 신정부와 군대도 새로운 기상을 선보이며 각종 가혹한 잡세 폐지를 선언했다. 장교와 군정부 사무원들은 일률적으로 교통비 명목으로 월 20원을 받았으며, 병사들에 대한 대우도 개선되어 병사들은 월 10원을 받았다. 군대의 규율은 확립되었고 평등을 중시하는 사회적 분위기가 형성되어 '나으리', '대인'으로 불리거나 가마를 타는 것이 금지되었다. 한양의 병기공장들은 정상 가동되었고, 근로자들은 적극적으로 총기를 생산하여 민군에게 공급하였다. 상인협회는 군정부를 위해 대신 경비를 조달했다.

그러나 군정부는 군사적으로 적극적이고 능동적인 방침을 세우지는 못했다. 청 정부가 파견한 토벌대의 전초부대가 무창봉기 일주일 만에 한구 부근에 도달했고, 군정부는 민군을 배치해 이를 저지했다. 새로 편성된 부대들은 비록 훈련은 부족했지만 대체로 용맹하게 싸웠고 또 농민과 철도노동자들의 지지를 받았다. 민군은 10월 19일 적을 한구에서 40리 떨어진 섭구灄口 북쪽으로 퇴각시켰다. 첫 전투의 승리는 무한의 군대와 인민을 크게 고무시켰다.

무한 군정부가 성공 가능성을 보이자 몇몇 신군 내 고위직을 맡았던 장교들이 혁명에 가세했다. 여원홍과 관계가 있던 일부 관료와 정치인들도 가세했는데, 그들은 여원홍을 에워싸고 혁명에 방해가 되는 생각들만 쏟아 냈다.

혁명당 쪽의 몇몇 지도급 인사들도 나왔지만, 그들은 대체로 혁명에 제대로 기여하지 못했다. 장익무는 도주하던 중 무한으로 돌아왔는데, 당시 그와 접촉한 사람들의 회고에 따르면, 그는 여원홍이 도독이 되는 것을 걱정한 것이 아니라 여원홍이 거부하는 것을 걱정했다고 한다. 동맹회 회원이자 공진회의 지도적 인물이었던 거정居正도 상해에서 왔고, 동맹회 회원인 담인봉譚人鳳도 왔는데, 이들은 모두 혁명당의 유명 인사들이다. 그들은 무한에 도착하자마자 탕화룡湯化龍 측의 사람들과 결합했다. 유공과 손무도 잇따라 무창에 도착했다. 이들 모두 여원홍이 도독이 되는 것이 적절하다고 생각했고, 예외 없이 그가 진정으로 도독이 되기를 원하는지의 여부가 혁명 성패의 관건이라고 여겼다.

여원홍도 점차 '적극적'으로 변하기 시작했다. 거정 등의 주도 하에 10월 16일 여원홍이 단에 올라 황제黃帝에게 도독 취임을 보고하고 충성을 맹세하면서 병사들을 사열하는 의식을 진행하였다. 이 의식 이후 혁명가들은 여원홍이 마침내 진정으로 도독이 되기로 했다고 여기고 마음을 놓았다.

새롭게 편성된 조직 조례에 따라 성립된 군정부는 도독부로 불렸다. 도독은 군정부의 수장으로 막강한 권한을 부여받았다. 도독부에는 사령부, 군무부, 참모부, 정무부 4개의 부를 두었고, 사령부 총장은 도독이 겸임했다. 정무부와 산하 7개국은 전적으로 입헌파인 지방 유지들의 통제 하에 있었고, 참모부의 정·부장은 모두 구식 장교였으며, 군무부만 혁명당원들의 통제 아래 있었다.

입헌파 유지들뿐만 아니라 혁명 과정에 섞여 든 모든 구세력이 적극적으로 나서기 시작했다. 혁명 병사 대표가 참모부를 통해 사실상 정권을 잡았던 짧은 기간(일주일)이 지난 것이다. 이 한 주 동안 참모부에서 적극적으로 활동했던 사람들은 대부분 무창 군정부에서는 어떤 중요한 역할도 맡지 못했다. 그들 중 일부는 계속 군에서 활동했으나, 민국 초년에 원세개와 여원홍에 의해 직간접적으로 살해되었다.

호북성 군정부는 10월 26일에 다시 한번 개편되었다. 이날 공포된 「군정부개정 잠정조례」의 한 가지 특징은, 군정부 도독의 '부하' 중에 조사원 몇 명을 두는데, 도독이 이들을 자의적으로 임명하는 것이 아니라 "봉기자들의 공개 추대에 따라 도독에게 임명을 제청한다"고 규정했다는 것이다. 바로 이 조사원 제도를 기초로 하여 얼마 지나지 않아 총감찰처가 설립되었다. 총감찰처에는 총감찰 1인 아래에 검사부와 참의부 2부를 두었다. 총감찰처의 잠정 규정에 다음과 같이 규정했다.

총감찰은 최초 봉기를 조직했던 단체의 사람들이 공동으로 추천하여 대총통이 직접 임명하도록 제청한다. 조사·참의 2부 인원도 최초 봉기를 조직했던 단체의 사람들이 공동으로 추천하고, 총감찰과 함께 대총통에게 위임을 제청한다.

총감찰처는 무엇을 하는 부서인가? "총감찰처는 전국 대총통의 명령을 받들어 호북 군정부 각부의 인사행정을 감시하기 위해 설치되었고", "본처는 군정부 전체에 대한 감찰을 책임지며, 설령 도독이라도 직무상의 과실 등이 있으면 대총통에게 보고하여 처리하도록 한다"고 했다. 여기서 말하는 대총통이란 전국의 대총통을 지칭하는 것인데, 당시에는 전국적 단위의 정권이 존재하지 않았다. 따라서 이러한 규정은 총감찰처의 위상이 매우 높고, 또한 도독으로부터 임명받지 않기에 도독을 간섭할 권리가 있음을 분명히 밝힌 것이다. 또 호북 군정부의 각 부처 정·부장은 모두 감찰처가 "공개적으로 토의하여 추천한" 뒤 "도독에게 임명을 제청한다"고 규정했다.

「군정부개정잠정조례」에 조사원 제도를 규정하고, 나아가 총감찰처를 설치한 것은 혁명당원들이 도독인 여원홍의 권력이 비대함을 깨달았기 때문으로 보인다. 이들은 "최초 봉기를 조직했던 단체의 사람들"이라는 자격으로 도독 및 그를 위시한 군정부에 대한 감찰권을 얻으려 했다. 총감찰처가 설치된 후 공진회의 수장 중 한 명인 유공劉公이 총감찰을 맡았다. 그러나 총감찰처는 어떤 경우에도 조례에 규정된 역할을 제대로 수행하지 못했다. 총감찰처는 사실상 허울뿐인 기관이었고, 정권과 군권이 여원홍을 비롯한 구세력의 손에 완전히 넘어가는 추세를 전혀 반전시키지 못했다.

3. 반혁명 세력의 중심인물 원세개

무창봉기가 성공한 지 12일 만인 10월 22일(음력 9월 1일) 호남성과 섬서성에서도 봉기가 일어나 청 정부에 대한 독립을 선언했다. 봉기의 물결은 걷잡을 수 없이 퍼져 나갔고, 한 달 사이에 강서, 산서, 운남, 귀주, 절강, 강소, 안휘, 광서, 복건, 광동 등의 성과 특수한 지위를 지닌 상해, 그리고 조금 늦게 사천에서도 독립의 깃발이 세워졌다. 이 기간 동안 장강 중하류에 집중되어 있었던 청 해군 함정은 일부 중하급 장교들의 주도 하에 모두 혁명군에 가세하였다. 각 성의 봉기와 독립의 상황은 매우 복잡했지만, 그들은 모두 더 이상 청 정부의 통치를 인정하지 않았다.

무창봉기로 인해 촉발된 상황에 대처하기 위하여 북경의 조정은 긴급하게 여러 조치를 취하고 명령을 하달했지만, 그 조치와 명령들이 서로 모순되는 상황이 거듭되었다. 이는 종말을 앞둔 청이 매우 피동적인 상황에 몰렸음을 잘 보여 준다.

10월 12일 조정은 북양 6개 사단 중 2개 사단을 차출하여 육군대신 음창蔭昌의 통솔하에 하남을 거쳐 남하하여 '호북 토벌'을 명령했다. 그리고 불과 이틀 뒤인 14일에는 추가로 "원세개를 호광 총독에 임명하며, 아울러 토벌 임무를 수행하라"는 명령이 하달됐다.

무창의 신군이 하룻밤 사이에 거의 모두 배반하였다는 사실은 매우 위험한 신호였다. 각 성의 신군에서도 같은 상황이 벌어질 수 있음을 시사한 것이기 때문이다. 수도 인근의 북양 6개 사단(북양육진)은 가장 믿을 만한 병력이었지만, 이들 6개 사단은 원세개의 영향력이 대단히 컸다. 게다가 원세개는 각 성의 총독과 순무, 입헌파 유지들 사이에서도 큰 영향력을 갖고 있었다. 이 때문에 조정에서는 즉각 원세개를 기용해야 한다는 목소리가 나왔다. 섭정왕 재풍載灃은 원세개에 대해 의구심을 품고 있었지만, 황족 내각총리인 혁광奕劻은 이미 수년간 원세개의 뇌물에 매수되었기에 최선을 다해 원세개를 지지했다. 또한 혁광은 "동교민항(당시 북경의 외국대사관 구역—저자 주)에서도 원세개가 아니면 작금의 상황을 수습할 수 없다는 소문이 자자하다"는 것을 근거로 들고 나왔다. 다시 말해 원세개만이 제국주의가 신뢰할 수 있는 인물이라는 것이다.

하남 창덕彰德에 '은거'한 원세개는 병이 낫지 않았다는 이유로 호광 총독의 취임을 거부했다. 그 시기 음창이 이끌고 남하한 토벌대는 제4사단과 제5사단을 주력으로 하여 2개의 군으로 편성되었는데, 음창 자신이 제1군의 통솔을 겸하고 풍국장(馮國璋)이 제2군의 통솔을 맡았다. 풍국장은 원세개가 친히 발탁한 측근으로, 원세개의 은밀한 지시에 따라 의도적으로 군사행동을 늦추었다. 원세개의 계획은 혁명의 불길을 더욱 거세게 하여 청 조정이 그에게 권력을 넘겨주지 않을 수 없도록 하는 것이었다. 조정은 10월 20일에 원세개의 오랜 친구인 서세창 내각협리대신을 창덕에 파견하여 원세개의 복귀를 촉구하였다. 원세개는 여섯 가지 조건을 내걸었는데, 그 기본 내용은 전방 군사 지휘의 전권을 그에게 부여해 주고 책임내각을 조직하라는 것이었다. 즉 사실상 자신이 내각의 수장이 되겠다는 것이었다.

청 조정은 원세개의 조건을 점차적으로 수용할 수밖에 없었다. 원세개의 북양군 시절 또 다른 측근으로 당시 강북 제독을 맡고 있던 단기서(段祺瑞)가 호북으로 부임하여, 풍국장은 제1군 사령관으로 옮기고 단기서가 제2군 사령관을 맡았다. 이어 10월 27일 청 조정은 음창을 소환하고 원세개를 흠차대신에 임명하여 수륙 양군을 통솔하도록 명령하였다.

이때까지도 원세개는 창덕에 머물면서 나오지 않고 있었지만 그의 지시를 받은 풍국장의 제1군은 한구를 향해 맹렬한 공세를 퍼부었다. 이때 민군은 잘못된 인선을 저질렀다. 민군은 원래 제29연대장이었던 구식 장교 출신 장경량(張景良)을 전방 총사령관으로 삼았는데, 그는 겁을 집어먹고 적과 내통하였다. 덕분에 풍국장은 10월 28일 신속하게 한구 대지문(大智門) 기차역을 점령할 수 있었다. 한구 군정분부의 첨대비가 즉각 장경량을 처형하고 황흥이 29일 무창에 도착해 총사령관직을 맡았지만, 민군의 패배를 되돌릴 수는 없었다. 11월 1일 북양군은 한구를 완전히 점령했고 민군은 한양으로 후퇴했다. 원세개가 이처럼 공격을 감행한 목적은 청 정부에 오직 자신만이 작금의 사태를 수습할 수 있다는 것을 증명하고 아울러 혁명 진영에도 힘을 과시하려는 것이었다.

북경 조정은 즉각 헌정을 실시함으로써 혁명의 위기를 모면하려 하였다. 10월 30일(음력 9월 9일), 여섯 살짜리 소황제의 명의로 자신의 실정을 자책하는 조서가 발표됐다. 같은 날 "정치활동 금지를 해제함으로써 관용을 베풀고 민심을 다독일 것"이라는 자정원의 요청에 따라 "무술년 이래 정변으로 처벌 받았던 자, 그 전후로 정치혁명의 혐의로 도망쳤던 자, 그리고 협박에 의해 이번 사태에 참여했다가 스스로 복귀한 자들의 기왕의 죄를 모두 사면한다"고 선포했다. 11월 1일 조정은 경친왕 혁광을 수반으로 하는 내각의 해산을 선포하고, 원세개를 내각총리대신으로 임명하면서 "즉시 상경하여 내각을 조직하고 정치개혁에 관련된 모든 사무를 신속히 기획하라"고 명령했다. 그러면서 호북의 전방 부대는 여전히 원세개의 통제 아래 두었다.

원세개가 제시한 조건은 전면 수용되었다. 그는 10월 31일 창덕에서 신양信陽으로 가서 군대를 감독한 뒤 한구에 도착했다. 그는 조정의 명령대로 곧바로 상경하지 않은 채 총리대신 임명도 '겸손하게 사양'했다. 그는 우선 혁명 진영의 동정을 파악하려고 했다. 한편으로는 혁명을 이용하여 청 정부가 자신에게 권력을 넘기도록 강요하고, 다른 한편으로는 혁명 진영에서 자기 인물을 찾아내어 혁명을 좌지우지하려 했다. 그는 조정에 군사행동의 중지를 주청하는 한편 여원홍과 연락하여 '평화적 해결'을 제안하면서, 혁명 진영에 입헌군주제를 받아들이라고 요구했다. 여원홍은 청 황제의 지위를 보장하는 입헌군주제에 반대하면서 원세개에게 공화제를 지지하는 것이 청 왕조의 존속을 지지하는 것보다 유리하다는 점을 설득하며 그가 공화제를 찬성해 주길 희망했다. 여원홍은 자신과 '동지同志들'의 명의로 원세개에게 보낸 편지에서 "장래의 민국 총통선거에서 공은 어렵지 않게 중화공화국의 초대 총통이 될 것"[1]이라고 말했다.

이때 옥중에서 청나라 숙왕肅王에게 매수당한 바 있던 왕정위는 출소하자마자 원세개의 아들 원극정袁克定에게 다시 매수되었다. 그는 무창에 편지를 보내 원세개가 청나라에 충성을 다하는 사람이 아니므로 남방의 혁명당이 그를 초대 공화국 총통으로 추대한다면, 그가 혁명당과 함께할 의향이 있다고 말했다. 무창에 있던 황흥도 원세개에게 서한을 보내 청나라를 무너뜨리는 데 동참해 달라고 요청하면서,

---

1) 이 서신의 발송일자는 분명치 않다. 장국감 편, 『신해혁명사료』, 281쪽 참고.

그가 그렇게만 한다면 나폴레옹과 워싱턴이 될 수 있다고 했다. 무창 정부에 대한 원세개의 평화적 해결 제안은 당장 효과를 거두지는 못했지만, 이를 통해 그는 혁명 진영의 정치적 맥락을 짚어 내기 시작했다.

자정원의 주청에 따라 조정은 11월 3일(9월 13일) 「헌법신조憲法信條 19조條」를 반포했다. 이 '19조'에 따르면, 국호는 '대청제국'이라 칭하고 '황통皇統은 만세불변'이며 '황제는 신성불가침'이지만 '황제의 권력은 헌법에 규정된 것에 한한다'고 하였다. 또 19조에서 국회를 설립하고 "총리대신은 국회에서 추천하고 황제가 임명하며, 기타 국무대신은 총리대신이 추천하고 황제가 임명한다. 황족은 총리대신이나 다른 국무대신, 각 성의 장관이 될 수 없다"고 규정했다. 당연하게도 이러한 입헌이 민주공화국을 주장하는 혁명의 흐름을 잠재우기에는 부족했지만, 원세개 입장에서는 전권을 가진 총리대신이 되어 자신을 수반으로 하는 내각을 구성할 수 있는 합법적인 근거가 생긴다는 점에서 유리했다. 그리고 19조는 국회가 구성되기 전에는 자정원에서 그 직권을 대행한다고 규정했다. 자정원은 9일 원세개를 총리대신으로 선출하는 절차를 밟았으며, 원세개는 더 이상 사양하지 않고 11월 13일 한구에서 북경에 도착하여 사흘 뒤 내각을 구성했다. 그 내각에는 그의 측근인 옛 관료 외에도 입헌군주파로 유명한 유지와 사회 명사들도 포함되어 있었다.

원세개가 권력의 중심으로 급부상한 데는 제국주의 열강들의 지지가 큰 역할을 했다. 10월 12일 무창봉기 성공 후 수립된 신정권은 '중화민국 군정부 호북군 통수권자'의 이름으로 한구 주재 각국 영사들에게 외교 각서를 발송했다. 이 각서는 "청나라가 이전에 각국과 체결한 모든 조약은 계속 유효하다"고 밝혔다. 또한 "각국이 청나라를 도와 군정부를 방해한다면 모두 적으로 간주할 것이며", "이번 각서 이후 청 정부가 각국과 조약을 체결할 경우, 군사정부는 어떠한 경우에도 이를 인정하지 않을 것"이라고 밝혔다. 이 각서의 내용은 앞서 동맹회가 발표한 바 있는 '대외선언'과 대체로 일치했다.(제4부 제2장 1절 참조) 혁명파는 군정부가 이런 선언을 하면 각국이 혁명정부에 공감하고 그들을 '인정'할 것이라고 예상했지만, 무창봉기 직후의 상황은 이 예상이 환상에 불과함을 증명했다.

무창봉기 직후 북경 주재 러시아 공사는 한구에 있는 영사들에게 "혁명가들의 어떠한 공식 선언에도 답변을 거부하라"고 지침을 내렸다. 북경 주재 영국 공사도 한구 주재 영사들에게 "혁명당 지도부와의 공문서 왕래를 절대 불허한다"고 명령했다. 10월 18일 한구에 주재하는 영국·러시아·프랑스·독일·일본 5개국 영사(당시 한구에는 이들 국가의 '조계'가 있었다.)는 포고문을 통해 "본 영사 등은 중립을 지키며, 조계 규칙에 따라 무기를 소지한 무장인이 조계 내에서 발견되거나 조계 내에 각종 무기 및 폭약 등을 은닉해서는 안 된다"고 밝혔다. 혁명 진영 측에서는 이 포고에 매우 기뻐하였다. 그들은 소위 '중립엄수'가 열강들이 이미 그들을 청 정부와 대등한 지위에 있는 '교전단체로 인정'한 것이라고 해석하였다. 사실 이것은 완전히 오해였다. 원래 열강들은 중국 영토에 설치된 '조계'를 '국가 안의 국가'로 여겼기 때문에 이들이 말한 '중립'이란 사실 조계의 지위를 규정한 것에 불과했다.

무창봉기 6일 후 영국·미국·프랑스·독일·일본의 군함이 잇따라 장강에 진입하여, 13척이 혁명군이 점령한 무한 앞 강 위에 정박했으며, 나흘 뒤에는 그 수가 16척으로 늘어났다. 그리고 그중 1척은 혁명의 깃발이 올라간 의창으로 향했다. 경한京漢철도의 프랑스 기술자들은 모든 철도차량을 미리 북쪽으로 이동시켜 혁명군의 손에 넘어가지 않도록 했다. 제국주의 열강들은 중국에서 일어나고 있는 혁명의 성공을 원하지도 믿지도 않았다. 혁명진영은 외국과 적대하거나 배척할 뜻이 없다고 힘써 밝혔지만, 제국주의 열강들은 그들의 앞잡이가 되어 버린 청 정부를 향한 혁명의 칼끝이 그대로 자신들에게까지 향할까 걱정하지 않을 수 없었다.

제국주의 열강들은 청 왕조라는 배가 혁명의 풍랑 속에서 이토록 빨리 침몰해 갈 줄 예상하지 못했다. 그들은 당시 정세가 자신들의 이득을 해치는 방향으로 전개할 것을 우려하는 동시에 중국 내의 불안정한 국면으로부터 이득을 취할 기회를 모색하려고 안간힘을 쓰고 있었다. 러시아는 혁명을 동북 3성과 몽골, 신강에서 자신들의 입지를 강화하는 시기로 보고, 일본과 약속하여 만주에서 혁명이 일어나면 함께 출병하여 간섭하기로 했다. 또한 쿠룬(지금의 울란바토르)에 군대를 보내 그곳의 왕공과 결탁하여 외몽골의 독립을 꾀했다. 일본도 중국 정세에 대한 무력간섭을 염두에 두고 열강들에게 "중국에서의 각국의 권익을 보호하기 위해" 출병 여부를 타진했다. 그러나 영국과 미국 등은 이에 반대하며, 무력 개입이 반드시 필요하다면 열강의 합의 하에 공동으로 진행해야 한다고 주장했다.

이때 제국주의 열강들은 이미 제1차 세계대전을 앞두고 상호 갈등이 고조되고 있었기에 중국에서 공동 군사행동을 하기는 어려웠다. 그리고 중국에 대해 무력간섭을 할 경우 중국과 인접한 일본과 러시아가 가장 유리한 위치에 서게 된다는 것은 서방 열강들에게 달갑지 않은 일이었다. 물론 이러한 것들이 제국주의 열강들이 신해혁명에 대하여 무력간섭을 하지 않은 원인이 되기도 했지만 더욱 중요한 원인은 중국 내의 정세였다. 무창봉기 이후 혁명의 불길은 걷잡을 수 없이 전국으로 번져 나갔고, 청의 통치는 이미 인민들 사이에서 완전히 신뢰를 잃었다. 비록 혁명에 많은 문제점이 있었지만, 매국적이고 부패한 청나라 치하에서 더는 살아갈 수 없었던 수억의 인민들이 이 혁명을 떠받치고 있었다. 혁명과 인연이 없던 관료·정치인·장교·유지들이 혁명 깃발 아래로 몰려와 투기판을 벌이면서 혁명 대오가 흐트러지기는 했지만, 이러한 현상 역시 혁명이 더 이상 거스를 수 없는 흐름이 되었음을 반증해 주는 것이었다. 한 줌 외국 군대의 개입으로 이 혁명의 불길을 끄는 것은 불가능했을 뿐만 아니라, 그러한 개입이 오히려 이 혁명을 의화단운동보다 훨씬 광범위한 '반외세 운동', 즉 반제국주의 운동으로 발전시킬 위험도 있었다.

바로 이런 상황에서 원세개의 등장은 제국주의 열강들의 환영을 받았다. 제국주의 열강, 특히 영국과 미국은 청 정부가 원세개를 기용하도록 하는 데 큰 역할을 했다. 그들은 원세개에게 왕조를 구원하고 혁명을 약화시키는 역할을 기대했다. 그들은 내각총리대신에 취임한 원세개로부터 충분히 신뢰할 수 있는 '새로운' 정권의 가능성을 보았다. 제국주의 열강들은 원세개에 의존해 혁명이 초래한 위험한 정세를 수습하고, 이를 위해서라면 청 왕조라는 늙은 말을 완전히 내팽개칠 수도 있다는 지침을 이미 세운 것이었다.

한 미국 작가는 1912년에 쓴 중국 혁명에 관한 책에서 원세개가 북경에 도착했을 때 "그는 곧바로 이 제국의 실질적인 독재자가 되었다. 외국인들은 그의 복귀에 대놓고 안도했다"고 전했다. 그리하여 원세개는 중국을 침략한 제국주의 열강, 종말을 앞둔 청나라, 혁명 진영에 섞여 든 여원홍 부류의 인물 등 모든 반혁명 세력이 공통으로 희망을 걸었던 핵심 인물이 되었다.

4. 반혁명 세력의 손에 넘어간 무창정권

여원홍을 비롯한 반혁명 세력은 내부에서 무창정권을 찬탈했으며, 원세개는 외부에서 그들과 호응하고 협조했다. 당시 한구에는 군정분부軍政分府가 있었는데, 막 출옥했던 첨대비와 하해명이 주임과 부주임으로 있고, 나머지 책임자들도 대부분 문학사와 공진회의 회원들이 맡았다. '군정분부'라는 명칭은 여원홍을 도독으로 하는 무창 군정부에 대한 불신의 표현이었다. 한구 군정분부는 원세개 북양군의 공격을 가장 먼저 받으면서 전선을 지원하고 한구를 방어하는 데 큰 역할을 했다. 여원홍은 시기심에 이 군정분부를 없애고, '무한주둔호북군지부'(駐漢鄂軍支部)라는 정체불명의 명의만 주려고 한 적도 있었다. 북양군이 한구로 쳐들어왔을 때, 직접 지휘하는 군대가 없던 첨대비와 하해명은 한구를 떠나 구강 방면으로 도망갔다. 한구 군정분부의 구성원 중 한 사람인 온초형溫楚珩에 따르면, 여원홍과 첨대비의 갈등이 워낙 깊었기에 만약 첨대비가 도망가지 않았다면 필시 죽임을 당했을 것이라고 했다. 북양군의 한구 공략은 여원홍에게 적대적인 한구 군정분부를 제거하는 역할을 했다.

북양군이 한구에 쳐들어왔을 때 무창에 도착한 황흥黃興은 혁명당의 유명 인사로 호남성과 호북성에서 특히 명망이 높았다. 무창봉기가 일어난 후 황흥을 도독으로 모시자는 의견이 나왔을 정도였다. 그는 무창에 도착하자마자 강을 건너 한구에 가서 여전히 시가지를 지키고 있는 민군을 지휘하고 반격을 조직했다. 민군은 용맹한 시가전을 펼쳤지만 우세한 병력을 가진 북양군의 포위를 뚫지 못했다. 북양군의 사령관인 풍국장은 한구 시가지에 불을 지르라고 명령하여 남은 민군이 발붙일 수 없게 하였다. 그리하여 한구는 북양군에게 완전히 점령당했다. 그러나 한양은 여전히 민군이 수비하고 있었고 황흥은 총사령관으로서 한양에서 북양군과 교전을 지속했다.

혁명파 안에는 호북성의 여원홍 도독에 예속되지 않는다는 의미에서 황흥의 직함이 '남방 민군 총사령관'이어야 한다고 주장하는 이도 있었다. 이러한 주장은 여원홍의 권위를 약화시키는 것이었기에, 입헌파 유지 탕화룡 등이 극구 반대하였다. 그들은 일치단결을 위해서는 황흥이 여원홍의 위임을 받은 '민군 전시 총사령관'이어야만 한다고 여겼다. '전시'란 일시적인 의미를 담고 있다. 거정 등 이미 입헌파와 한통속이 된 일부 혁명당원은 이런 주장에 전적으로 찬성했다. 11월 3일 무창의 열마장閱馬場에 '배장대拜將臺'를 세우고 도독 여원홍이 황흥을 총사령관에 임명하는 의식을 거행했다. 이는 한漢의 유방劉邦이 한신韓信을 장수로 임명한 고사를 본뜬 것으로, 이 가소로운 의식은 마치 황흥을 높이는 것 같았지만 실은 여원홍의 권위를 높이려는 것이었다.

호남에서 지원해 온 2개 여단까지 포함된 황흥의 민군은 한양에서 북양군과 강을 사이에 두고 대치했다. 황흥의 계획은 전력을 다하여 양하襄河(즉 漢水)를 건너 한구를 탈환하는 것이었다. 11월 17일 한양의 민군은 황흥의 명령에 따라 진격하였으나, 각 부대 간 상호 협조가 제대로 이루어지지 않아 목표를 달성하지 못하고 적의 반격에 모두 패하고 말았다. 이때 원세개는 이미 북경에서 내각총리대신에 취임한 상태였다. 남쪽의 혁명 세력을 굴복시키기 위해 한구의 북양군은 11월 21일부터 민군을 향해 맹렬한 공세를 펴부었다. 황흥은 전 병력을 이끌고 필사적으로 한양을 사수했지만, 7일간의 격전 끝에 한양은 마침내 북양군에게 점령당했다. 11월 27일 민군 잔여 병력과 총사령관 황흥 본인은 모두 강을 건너 무창으로 후퇴했다. 북양군에게 패하여 낙담한 황흥은 곧 무한을 떠났고, 이는 사실상 다시 한번 여원홍을 도운 꼴이 되었다.

한구와 한양의 함락으로 무창 군정부 각 기관의 기회주의자들은 대부분 뿔뿔이 흩어졌다. 12월 1일 구산龜山에서 포격한 포탄이 도독부로 사용되던 자의국에 떨어졌다. 당시 여원홍은 혁명의 대세를 확인했고 반드시 '혁명'해야 한다는 입장이었지만, 목숨을 보전하기 위해 소수의 측근들을 이끌고 황급히 무창성을 빠져 나와 무창 하류 90리에 있는 갈점葛店까지 도망쳤다. 입헌파 유지들의 우두머리였던 탕화룡은 한양이 함락될 때 이미 상해로 달아났다.

이런 상황에서 사태를 수습했던 쪽은 혁명당원들이었다. 원래 문학사 회장이었던 장익무는 황흥의 뒤를 이어 총사령관 대리를 맡았다. 또한 혁명당원들은 총감찰인 유공劉公의 이름으로 민심을 달래는 포고령을 내고, 유공이 도독의 직권을 대행할 것이라고 선포하였다. 그들이 위기 속에서 보여 준 행동은 혁명 대오에 섞여든 기회주의자들과는 분명히 구별되는 것이었다.

원세개는 무창에서 여원홍의 위상을 손상시키고 싶지 않았다. 11월 26일 즉 한양이 북양군에 의해 공략되었을 때, 원세개는 북경에서 영국 공사 조던(John Newell Jordan)과 만나 쌍방이 만족하는 조건 하에서 무창 측과 휴전을 시도하겠다는 의사를 표명하면서, 영국이 이 의사를 여원홍에게 전달해 달라고 요구했다. 조던은 즉시 한구 주재 영국 영사 고페(Herbert Goffe)에게 전보로 이를 알렸다. 고페는 풍국장과 상의한 뒤 12월 1일 밤 영국 상인을 통해 휴전 조건을 무창에 보냈지만, 여원홍은 이미 무창에 없었다. 유공과 손무, 장익무 등은 휴전 조건을 받아들일 만하다고 판단하여 도독 여원홍의 명의로 휴전 조약에 도장을 찍었다. 이 조약은 3일간 휴전하며, 이 3일간 쌍방 모두 군대를 움직이지 않기로 규정했다.

여원홍은 이 휴전 협정에 몹시 만족스러워했다. 영국인과 원세개 측이 모두 그를 평화협상의 상대로 지목함으로써 무창정부뿐만 아니라 혁명 진영 전반에 걸쳐 그의 입지가 강화되었다. 비록 무창혁명파 중에는 여원홍이 급박한 시기에 무단으로 이탈했으므로 마땅히 규탄해야 한다고 생각하는 사람도 있었지만, 그 의견은 부결되었다. 혁명당에게 있어 여원홍의 실각은 원세개와 계속 싸워야 한다는 것을 의미했기 때문에 그를 버릴 용기가 없었다. 그들은 다시 여원홍을 무창성으로 맞이하였다.

3일간 휴전이 끝난 후 영국의 중재로 다시 3일간 휴전을 이어 갔고 추가로 15일간 휴전을 했다. 이 15일간의 휴전 협정 대상에는 전국 여러 성들이 포함되었다. 원세개는 여원홍이 모든 성을 대표해 이런 합의를 할 권리가 있음을 인정함으로써 여원홍의 위상을 한층 높여 주었다. 사실 이때부터 무한 안팎에서는 전투가 중지된 상태였다. 여원홍의 지위가 공고해지고 혁명파가 내부적으로 와해됨에 따라, 무창 정권 내에서 혁명파의 성장은 불가능해졌고, 결국 별다른 저항도 못해 보고 여원홍에 의해 차례대로 무릎을 꿇었다.

당시 혁명파들은 문학사, 공진회, 동맹회 등 혁명 조직의 역할이 어디까지나 봉기를 일으키는 것이라고 생각했다. 따라서 봉기가 성공하자 그 존재 이유를 잃었고, 무창봉기 다음 날 사실상 어떤 혁명정당도 존재하지 않게 되었다. 앞서 언급한 바와 같이 혁명파는 "최초 봉기를 조직했던 단체의 사람들"의 명목으로 자신들을 규합하여 정권에서 특수한 역할들을 수행하려 했다. 그러나 그들 사이에는 명확하게 공유하는 정강이 없었고 일정한 조직 형태를 갖추지 못한 데다, 성공이 확실시되자 그들 중 적지 않은 사람들이 자신들의 권리와 지위를 놓고 다투면서 구세력과는 한통속이 되고, 자신들의 조직을 분열시켰다. 전투가 사실상 중지된 이후 구식 관료와 군인, 그리고 입헌군주파의 유지들은 여원홍을 중심으로 더욱 결집했지만 혁명파 내부의 권력 다툼은 더욱 치열해졌다. 그리하여 혁명파는 결국 와해되어 버린 것이다.

무창 군정부에서 줄곧 혁명파가 장악해 온 기관은 군무부였다. 군무부의 부장인 손무孫武와 부부장 장진무張振武는 공진회 출신, 부부장 장익무蔣翊武는 문학사 출신이었는데, 당시 사람들은 그들을 삼무三武라고 불렀다. 삼무는 서로 우열을 가리기 위해 경쟁했고, 공진회의 유공劉公이 주도하는 총감찰처와 삼무 사이에도 갈등이 있었다. 장익무는 한구와 한양이 함락된 상황에서 총사령관을 맡아 전세를 안정시키는 데 어느 정도 역할을 하였으나, 휴전 국면에 접어들자 유공의 총감찰처에서 회의를 소집하여 장익무의 직위해제를 결정하였고, 여원홍은 당연히 이를 받아들였다. 이때 장익무는 군무부 부부장의 직책에서도 함께 면직되었다. 그 후 장익무는 반원세개 투쟁에 가담했다가 1913년 광서에서 피살되었다. 또 다른 군무부 부부장인 장진무도 손무와의 불화로 자리를 잡지 못했다. 여원홍은 그를 무기 구입의 명목으로 상해로 파견했다가, 1912년 8월 꼬투리를 잡아 북경에서 그를 살해했다. 군무부 부장 손무는 여원홍의 측근들과 결탁하여 여원홍에게 빌붙어 권력을 휘둘렀고, 혁명파들 중 다수가 그에게 분노했다. 1912년 2월 문학사 회원들을 중심으로 한 일부 장교들이 손무에 대항하여 무장 쿠데타를 일으켰다. 당시 사람들은 이를 호북의 '제2혁명'이라고 불렀지만, 사실 이는 혁명이라기보다는 새로운 집권층 내부의 충돌에 불과했다. 여원홍은 이 쿠데타를 이용하여 군에 있던 문학사 회원을 죽이거나 축출했으며, 동시에 손무도 직위해제시켰다. 손무의 타락은 이후에도 계속되었다. 원세개가 칭제稱帝했을 때, 그는 원세개로부터 '의용후義勇侯'라는 봉호를 받기까지 했다. 1912년 초 여원홍은 유공을 양양襄陽에 주둔한 북벌좌익군 총사령관으로 임명함으로써 상당한 권력이 있을 것으로 보였던 총감찰마저 무창에서 몰아냈다. 사실 당시의 이른바 북벌은 공염불에 불과했다. 얼마 지나지 않아 여원홍은 '군사전문가'가 아니라 '정치·법률전문가'라는 이유로 그를 군에서 축출했다.

 여원홍 입장에서는 혁명파 인물들이 비록 자신을 추대하고 적어도 반대하지는 않았지만, 혁명 최초의 봉기에 공로가 있다는 자격으로 사사건건 간섭하는 것은 못마땅했던 것이다. 봉기 후 반년도 안 되어 혁명파는 무창정권에서 자취를 감추었다. 그들 중 일부는 살해되었고, 일부는 도망쳤으며, 나머지는 반동 세력에 동화되었다. 혁명파는 사투 끝에 얻은 정권을 유지할 능력이 없었고, 자신들 손으로 추대한 여원홍에게 자신들의 운명을 내맡겨 버리고 말았다.

제5장
혁명의 조류에 휩싸인 각 성의 풍운

1. 단명으로 끝난 자산계급 혁명파의 정권

　이 장에서는 호북성 이외의 다른 성들의 봉기와 독립에 대해 알아보겠다.
　각 지방 대중들의 혁명 역량과 자산계급 혁명파의 역량이 균형적으로 발전했던 것은 아니었고, 또한 혁명역량의 문제를 떠나 사회 각 층(주로 봉건 지주계급 세력과 자산계급 입헌파 세력)이 서로 다른 방식으로 혁명에 대처했기 때문에, 각 성에서는 다양한 상황이 전개됐다. 일반적으로 성도省都의 상황은 그 성의 전 지역을 대표하거나 그에 영향을 미치지만, 실제로는 여러 성에서 성도 이외의 지역에서 다양하고 복잡한 상황이 발생했다. 여기에서는 주로 혁명의 조류 속에서 각 성의 정권이 변화하는 양상에 따라 몇 가지 유형으로 분류해 보겠다.
　첫 번째 유형은 호남湖南과 귀주貴州이다. 이들 성에서는 자산계급, 소자산계급 혁명파가 대중적인 봉기를 일으켜 구정권을 무너뜨리고 자신들이 중심이 된 정권을 수립했다. 그러나 그들의 정권은 오래 지속되지 못했고, 곧 자산계급 입헌파가 이끄는 반혁명 쿠데타에 의해 찬탈되었다. 자산계급 입헌파는 봉기 성공 직후에는 혁명파와의 협력 의사를 표명했지만, 곧이어 혁명파의 숨통을 끊는 역할을 했다.

먼저 호남성의 경우, 장사長沙 봉기의 지도자는 초달봉焦達峰(1887~1911)이었다. 그는 호남 유양瀏陽의 지주 집안 출신으로 18세에 가로회에 가입했고 장사고등보통학당에서 공부하면서 혁명사상을 받아들였다. 1906년 일본 유학 중 동맹회에 참가했고, 공진회의 조직자 중 한 명이다. 공진회는 원래 호남성과 호북성에서 동시에 봉기하기로 기약했었다. 1909년(선통 원년) 7월, 초달봉은 장사에 조직을 설립하기 시작하여 주로 회당과의 연락업무를 담당했고, 학계와 군 인사들을 대상으로 한 작업도 진행했다.

호남의 철도부설권 획득 운동은 사천의 경우와 마찬가지로 입헌파 유지들이 주도적 역할을 했다. 담연개譚延闓를 의장으로 하는 성 자의국은 철도부설권 획득 운동의 핵심 단체가 되었다. 매국적 정책을 견지하는 청 정부로 인해 일부 입헌파와 그들의 영향 아래 있는 대중들은 혁명파와의 연계에 전향적이었으며, 혁명파의 주장도 받아들였다. 무창봉기 소식이 장사에 전해지자 혁명파는 즉각 호응할 계획을 세웠다. 당시 장사에 주둔하고 있었던 신군 제25여단에서는 이미 많은 병사들이 혁명에 참가하고 있었다. 초달봉을 도와 군대를 대상으로 한 공작을 했던 주요 인물로 진작신陳作信이 있는데, 그는 호남 신군 소대장으로 근무하다가 혁명적 성향으로 면직당했던 바 있다. 초달봉, 진작신 등 혁명파는 성 자의국 의원인 동영董鍈, 좌학겸左學謙 등 입헌파 인사들과 회의를 열어 공동으로 봉기하는 방안을 논의했다. 이들 입헌파 인사들은 신군의 봉기에는 찬성하였지만 결코 "질서를 어지럽혀서는" 안 된다고 주장하며, 회당의 힘을 동원하는 것에도 반대했다. 그리고 봉기 후 순방영 지휘자인 황충호黃忠浩를 도독으로 추대할 것을 주장했다. 초달봉 등은 이에 반대했다. 호남 순무 여성격余誠格은 신군 내부의 동요를 감지하고서 황충호의 순방영에 의지한 채 신군 전체를 곧 장사성에서 철수시키기로 했다. 이것이 바로 혁명파가 유양瀏陽·예릉醴陵 일대의 회당 세력이 장사에 도착하기 전 봉기할 수밖에 없었던 이유이다.

무창봉기 12일 만인 9월 1일(10월 22일)에 초달봉과 진작신은 장사성 밖에 주둔한 신군 몇 개 대대의 병사들을 무장시키고 시내로 진입하여 순무 관아를 점령했다.

성을 지키던 순방영 병사들은 지휘관의 명령에 불응하여 발포하지 않았고, 봉기는 신속하게 성공했다. 혁명에 저항하던 몇몇 관원들이 봉기군에 의해 죽고, 순무 여성격은 도주했다. 곧바로 '중화민국 군사정부 호남도독부'가 설립되고 초달봉이 도독, 진작신이 부도독으로 취임했다.

이 젊은 소자산계급 혁명가들은 높은 혁명적 열정을 가지고 있었고, 기회가 있을 때 과감히 승리를 쟁취했다. 이처럼 승리를 쟁취한 상황에서 원래 입헌군주제를 주장했던 유지들의 혁명 참가를 거부하지 않은 것이 잘못된 일은 아니었다. 그러나 그들은 어떻게 진정으로 민주혁명을 주장하지 않는 이들과 협력하면서도 혁명의 열매를 지켜 나갈 것인지는 알지 못했다.

혁명파의 도독부 옆에 담연개를 원장으로 하는 참의원이 설립되었다. 사실 참의원은 과거의 자의국이었다. 참의원 규약에 따르면, 도독부의 명령은 먼저 참의원의 결정을 거쳐 도독이 날인하고 참의원이 각 부에 보내 집행하며, 만약 도독과 참의원의 의견이 불일치할 경우 참의원이 의견을 고수하면 도독은 반드시 양보해야 했다. 초달봉 등은 담연개의 참의원 자체 규약을 인정하였고, 참의원 구성을 바꿀 생각도 전혀 하지 못했다.

이것은 매우 의미 있는 일이었다. 신해혁명기의 혁명당은 자산계급적 의회제도를 이상적인 것으로 여겼는데, 그들은 실질적 권력을 가진 의회를 설립하여 행정기관이 의회에 책임을 지도록 하면 여원홍이나 원세개 등 누가 정권을 잡아도 상관없다고 여겼다. 동맹회의 저명한 활동가인 송교인宋教仁은 바로 이런 관점에서 봉기 후 무창에 가서 『악주약법鄂州約法』을 저술했던 것이다. 이는 중국의 첫 자산계급적 민주헌법이라고 할 수 있다.(물론 한 개의 성에만 적용되었다.) 그러나 『악주약법』은 결코 시행되지 못했다는 점에서 공허한 선언에 불과했다. 자산계급적 의회 민주주의 제도는 신해혁명 시기에 현실화되지 못했다. 오직 호남성에서 실질적 권력과 세력을 가진 의회인 참의원이 등장했다. 그러나 이 의회조차도 자산계급 민주혁명의 성과를 보장한 것이 아니라 오히려 이 혁명을 반대했다.

초달봉과 진작신이 비록 '호남의 여원홍'을 도독으로 추대하지는 않았지만 담연개의 참의원에 반대할 엄두는 내지 못했다. 그들은 명망 있는 유지들의 협력을 얻기 위해 자신의 지도력까지 희생시켰는데, 이는 결국 자신들을 '새장 속의 새'(동맹회 회원 譚人鳳의 말)로 만들었다. 담연개라는 무서운 인물은 초달봉이 도독으로 있을 때에는 의회를 통해 혁명파를 통제했고, 초달봉이 살해되고 자신이 도독으로 취임한 후에는 아예 참의원을 해산해 버렸다.

초달봉과 진작신의 신정권은 열흘밖에 유지되지 못했다. 담연개는 신군 제50연대 소속 대대장 매형梅馨과 결탁하여 11월 1일 쿠데타를 일으켜 초달봉과 진작신을 살해했다. 그 직후 담연개는 호남 도독으로 취임했다. 그는 양면 전술을 써서, 한편으로는 초달봉과 진작신의 피살을 쿠데타의 탓으로 돌리면서 후한 장례를 명령하고 직접 영전에 가서 애도를 표하였다. 그러나 다른 한편으로는 포고를 내어 이들을 '토비의 거물'이라며 비판했다.

초달봉과 진작신이 실패한 것은 그들이 유치하고 경험이 부족하여 담연개와 같은 사람들의 음모를 간파하지 못했기 때문이기도 하지만, 보다 근본적인 원인은 그들이 견고한 대중적 기반을 가지고 있지 못했기 때문이다. 이들은 일부 신군에 의존해 봉기했고, 봉기가 성공한 후 즉시 기존 신군을 바탕으로 신병을 모집해 군대를 확대했지만, 제대로 군을 장악하지는 못했다. 그들이 가진 가장 큰 대중 세력은 구식 회당 조직이었지만, 이런 부류의 세력은 신뢰할 만한 것이 못 되었다.

호북의 탕화룡은 담연개가 호남성의 도독으로 취임했다는 소식을 듣고 그에게 전보를 보내 "공이 나서셨다는 소식을 들으니 한없이 기뻤습니다"라고 했다. 담연개는 탕화룡과 마찬가지로 원래 자산계급 혁명파와 대립하는 입장에 서 있었고, 그의 손에는 혁명당원의 피까지 묻어 있었다. 이후 그는 장개석의 국민당에서 '원로'로 추앙받았다.

귀주에서는 혁명파와 입헌파 간 더욱 복잡한 싸움이 벌어졌다. 신해혁명 전부터 귀주에는 이미 정당의 성격을 띠고서 서로 대립하는 귀주 자치학사와 귀주 헌정예비회라는 두 사회단체가 있었다. 1907년에 설립된 자치학사에는 자산계급 혁명 성향의 지식인들을 주축으로 일부 관료, 지주, 유지, 자본가들이 참여하였고, 주요 지도자는 장백린張百麟이었다. 자치학사는 귀주 각지의 가로회 조직과 광범위하게 연결되어 있었다. 헌정예비회는 지방에서 세력을 지니고 관료들과 결탁하는 유지들로 구성되었는데, 그 중심인물인 임가징任可澄과 대감戴戡은 양계초梁啓超의 문하에서 활동하였으며, 그 외에도 일본에서 양계초를 정신적 지주로 하는 정문사政聞社 회원 출신들이 적지 않았다. 자치학사 지도자들의 경우 동맹회와 연계성은 있었지만, 혁명을 목적으로 학사활동을 한 것은 아니었다. 이들은 귀주성 자의국에 참여했고, 또한 경쟁을 통해 헌정예비회보다 많은 의석을 확보하고 있었다.

귀주성 성도의 봉기는 무창봉기 24일 후인 11월 3일에 발생했다. 이 기간에 이미 여러 성에서 독립을 선포했고, 특히 인접한 호남성(10월 22일)과 운남성(10월 30일)의 독립이 귀주를 크게 자극했다. 자치학사는 원래 무장봉기의 계획이 없었는데, 이때에 이르러 군대(신군, 순방영, 육군소학당 등) 측과 연계를 모색하고 있었다. 헌정예비회의 유지들이 순무 심유경沈瑜慶에게 사변 가능성을 밀고하면서 자치학사 지도자들을 처단하자고 주장했고, 심유경은 주저하고 있었다. 또한 하층 민중의 정서가 격앙되어 관공서가 탄압조치를 취할 가능성이 높아졌다. 이러한 정세는 자치학사의 지도자들이 행동에 나서지 않을 수 없도록 만들었다. 그들이 봉기 시점을 의논하고 있을 때, 육군 소학당 학생들이 자발적으로 봉기를 선포했다. 이들은 모두 18세 전후의 청년들로 200여 명이었다. 현지 최강의 병력은 신군 제1연대였는데, 연대의 병사들은 육군 소학당 학생들의 행동을 지지했다. 순무 심유경은 자신에게 신뢰할 만한 병력이 없음을 깨닫고 군권과 정권을 자의국에 넘기겠다고 선언했다. 이로써 봉기는 하룻밤 사이에 손쉽게 성공했다.

11월 4일 자치학사 수장들은 자의국에서 신정부 수립을 논의하기 위해 각계 인사를 소집했다. 그들은 입헌파를 포함한 각 당파 단체에서 추천된 대표들이 정부에 참가하는 연립내각을 구성한다는 원칙을 제시했다. 정부 도독은 양신성楊藎誠과 조덕전趙德全이 맡기로 했다. 양신성은 원래 신군 제1연대의 부연대장으로 봉기 이후 혁명에 참여했다. 조덕전은 신군의 중대장으로 자치학사와 깊은 관계가 있었다. 정부 도독은 군대를 통솔하고 별도의 추밀원이 정무를 총괄했다. 자치학사의 영수인 장백린이 추밀원장을 맡고, 입헌파 영수인 임가징이 부원장을 맡았다. 자치학사의 또 다른 지도자인 황택림黃澤霖은 순방 총통을 맡았다. 봉기 성공 후 자치학사와 연계된 가로회 조직이 성 각지에서 잇따라 무장하여 순방군으로 편성되었다. 이른바 순방 총통은 이들을 통솔하는 역할이었다. 기존의 자의국은 입법원으로 개칭됐고, 의원과 의장은 모두 기존의 구성원들이었으며, 자치학사가 우위를 점했다. 이렇게 하여 귀주에는 자치학사의 지도 아래, 즉 혁명파의 지도 아래 새로운 정권이 등장했다. 그러나 혁명파가 이끄는 정권은 공고하지 못했다.

첫째, 봉기 직전 자치학회는 귀주성 전체에 1만 4천여 명의 회원이 있었지만 봉기 승리 후 대중을 위한 정치적 조치를 시행하지 않아 대중과의 연결고리가 확대되기는커녕 오히려 축소되었다.

둘째, 자치학사 지도자들은 당시 혁명파에서 유행했던 이른바 '군민분치軍民分治'에 따라 군을 구식 장교들에게 맡기고 스스로 군권을 포기했다. 가로회 조직을 바탕으로 구성된 순방군은 결코 신뢰할 만한 혁명무력이 아니었다. 수많은 가로회 회원들은 혁명으로 얻은 합법적 지위를 이용하여 사회질서를 교란하는 행위를 벌여 혁명파의 명예를 손상시켰다. 또한 입헌파 유지들은 가로회와 대대적으로 연계하여 '공구公口'(당시 귀주의 가로회 조직은 '公'으로 불렸다. 예를 들면 '皇漢公', '斌漢公' 등)의 설립을 공개적으로 제창했다. 그래서 한때 성도와 여타 현에 공구가 난립하는 현상이 발생하기도 했다. 입헌파의 이러한 행위는 자치학사가 주도하는 정권을 교란하기 위한 것이었다. 이러한 상황은 가로회와 같은 후진적인 조직이 반혁명 세력에게 이용당할 수 있음을 명확히 입증했다.

셋째, 입헌파 처우 문제와 관련하여 최초 자치학사에는 배척과 협력이라는 두 가지 주장이 있었는데, 장백린은 후자를 지지했다. 그러나 그 협력이 결국은 반혁명 세력의 확장을 방임하는 꼴이 되었다. 봉기가 일어나기 전 청나라 순무는 입헌파의 건의에 따라 혁명을 진압하기 위한 보안영을 조직하고, 또 홍의興義 지방으로부터 대지주 유현세劉顯世가 이끄는 민단을 불러들였다. 봉기가 빠르게 확산되는 바람에 보안영과 유현세의 민군은 미처 무장을 갖추지 못했다. 자치학사 지도자들은 유현세와 보안영 간부 곽중광郭重光의 신정부 참여를 허용했을 뿐만 아니라 두 단체에 충분한 총기까지 지급했다. 퇴직한 관료였던 곽중광은 일부 대지주와 대상인들을 규합하여 '기로회耆老會'라는 조직을 창설했는데, 표면적으로는 친목모임이었지만 실제로는 정치공작 활동을 하였다. 혁명파에서는 기로회를 단속해야 한다는 주장도 나왔지만, 장백린은 "민주국가에는 집회와 결사의 자유가 있는데다, 보잘것없는 조직이 딴 뜻을 품는다 해도 무슨 대수냐"며 묵살했다. 곽중광은 자치학사의 정권을 전복하도록 기로회를 선동하는 등 입헌파를 위해 노력했다. 그 결과 기로회는 사실상 반혁명 세력의 핵심이 되었다.

자치학사 주도의 정권은 3개월 동안 유지되었다. 곽중광의 계책에 따라 입헌파는 황택림이 통솔한 순방군 중 일부 장병을 매수했다. 이들은 1912년 2월 2일 장백린과 황택림의 저택을 습격하여 황택림은 참살되고 장백린은 요행히 탈출하였다. 이때 도독 양신성은 이미 군사를 이끌고 귀주성을 떠나 있었고, 도독의 직권을 대행하던 부도독 조덕전은 입헌파와 결탁했다. 따라서 장백린은 홀로 귀주에서 도망칠 수밖에 없었다. 이처럼 자치학사의 주요 지도자들이 죽거나 도망가자 자치학사의 정권은 와해되기 시작했다.

또한 입헌파는 곽중광의 제안에 따라 운남에 군사적 지원을 요청했다. 운남에서는 독립 후 입헌파가 권력을 잡은 상태였다. 황택림 참살 한 달 후, 당계요唐繼堯가 이끄는 운남군은 길을 빌려 사천에 들어가 북벌한다는 명목으로 귀양에 들어와 곧바로 대규모 쿠데타를 실행했다. 그 결과 귀주 군정부에 의지하던 자치학사 인사들뿐만 아니라 그들과 친밀한 사람들까지 모두 퇴출시켰다. 이미 자치학사를 배반했던 조덕전 역시 대행도독의 지위를 잃고 체포되어 죽임을 당했다. 그리고 귀양에는 당계요를 도독으로 하는 정부가 성립되었다. 기로회의 곽중광, 헌정예비회의 임가징 등은 이 정부에서 요직을 맡았다. 귀양과 여러 현 당국은 자치학사 명부를 토대로 회원을 체포했고, 많은 사람들이 살해되고 일부는 귀주성을 탈출했다.

정권을 잡기 전 귀주 자치학회는 활력이 넘치는 조직이었지만 집권 석 달 만에 완전히 패배하여 반혁명 세력의 공격 앞에서 무력하게 무너졌다. 여기에서 자산계급과 소자산계급 혁명파의 약점이 명확히 드러났다. 그렇다면 자산계급 입헌파는 혁명파로부터 빼앗은 권력을 독점했을까? 결코 그렇지도 못했다. 자산계급 입헌파 뒤에는 봉건 지주계급이 있었다. 사실 봉건 지주계급이 입헌파를 이용하여 혁명파의 정권을 찬탈한 것이다. 귀주의 기로회와 입헌파의 관계가 그 단적인 사례이다.

2. 정권을 수호해 내지 못한 자산계급 입헌파

운남과 절강, 사천에서는 자산계급 입헌파뿐만 아니라 자산계급 혁명파 역시 세력을 가지고 있었다. 양자는 호남과 귀주에서처럼 유혈충돌을 일으키지 않고 협력적으로 봉기와 독립운동을 진행했다. 다만 혁명파는 이런 협력 과정에서 주도권을 장악하지는 못했다. 비록 일부 지역에서 혁명파 위주의 정권이 수립되었지만, 성 전체로 보면 입헌파가 주도적인 지위를 점했고, 혁명을 통해 수립된 정권은 입헌파의 손에 넘어갔다. 그러나 입헌파 역시 정권을 유지할 능력이 없었기 때문에, 구세력을 대표하는 일부 세력이 기민하게 기회를 타고 입헌파 대신 권력을 잡았다. 이것이 두 번째 유형이다.

운남에서는 서부의 등월騰越(지금의 騰冲)에서 최초로 혁명이 일어났다. 혁명의 지도자 장문광張文光은 그 지방의 거부로서 미얀마에서 사업을 하던 중 1908년 동맹회에 참가했다. 무창봉기 후 그는 현지 주둔군 중의 대대급 이하 장교들과 연합하여 10월 21일 무장봉기를 일으켜 청나라의 등월진 총병總兵 등 관리를 죽였다. 봉기가 성공한 후 장원광은 정식으로 정권을 수립하고 운남 서군 도독이 되었다. 이는 자산계급 혁명파를 중심으로 한 정권이기는 했지만, 성 전체의 정권은 아니었다. 사흘 뒤인 10월 30일 운남성 성도인 곤명昆明에서도 봉기의 총성이 울렸다.

곤명의 봉기는 신군의 장교들이 일으켰다. 운남에는 신군 제19사단이 주둔했는데, 예하 제37여단은 곤명에, 제38여단은 대리人理와 등월 일대에 주둔하고 있었다. 제37여단장은 양계초의 유명한 학생인 채악蔡鍔(1882~1916)이었으며, 그가 곤명의 봉기를 이끌었다. 그는 소박한 민주사상을 가진 애국자였고 그의 기본적인 정치성향은 스승과 일치했다. 그를 도와 봉기를 조직한 인물들은 대대급 장교들과 운남육군강무당의 교관들이었다. 일본에서 건너온 동맹회 회원들 중 일부가 운남 신군에서 활동했으며, 운남육군강무당 학생 500여 명 사이에는 이미 동맹회의 혁명 선전 서적이 비밀리에 회람되고 있었으며, 동맹회의 비밀 조직도 갖추어져 있었다. 신군의 병사들도 혁명을 요구하는 분위기에 휩싸여 있었다. 그러던 중 무창봉기가 발생하자 동맹회 조직은 지도자로 채악을 지지했다.

곤명 신군의 봉기는 순조롭게 성공했다. 제19사단장 종린동鍾麟同은 혁명에 저항하였으나 실패하고 살해되었다. 운귀 총독 이경희李經羲는 포로로 잡혔다가 나중에 예우를 갖추어 석방했다. 운남 군정부가 수립되고 채악이 도독에 취임했다. 당시 등월의 정권과 곤명의 정권은 대립 양상을 보였고, 대리 부근에서 군사적 충돌까지 빚었다. 양측이 협상을 벌인 끝에 장원광 측은 곤명의 성 정부를 인정하고, 곤명 측은 장원광을 등월 지역의 군정장관으로 임명했다.

일본에 있던 양계초는 일찍이 제자 채악에게 큰 기대를 걸었는데, 그가 운남을 획득한 이상 입헌파의 천하가 열릴 것이라 생각했다. 그래서 채악에게 "운남군을 운용하여 사천과 호북을 겸병하고 장강 상류에 웅거하며 천하의 변화를 살펴라"라고 지시했다. 채악의 군정부는 운남성 내에서 혁명파가 주도한 운남 서군부를 병탄했고, 운남성 밖에서는 귀주에 파병하여 그곳의 혁명파 세력을 소멸시켰으며, 또 사천에 파병하여 사천 서남부에서 하층 민중 중심의 '동지군同志軍'을 소탕했다. 그러나 양계초의 희망은 실현되지 못하였다. 채악은 갈수록 저마다 야심을 품은 부하 군인들을 통제할 수 없게 되었다. 귀주의 당계요가 그의 통제에서 벗어난 것은 물론이고, 운남 내부에서도 두 부하 사단장들의 협박을 받았다. 1913년 5월 장문광은 반동 세력에 의해 암살되었고, 그해 겨울 채악도 운남을 떠나지 않을 수 없었다. 그는 겨우 2년 동안 운남의 도독을 지냈고, 그의 빈자리는 새롭게 일어난 봉건 군벌들이 차지했다.

절강성에서도 혁명을 통해 입헌파를 도독으로 하는 신정부가 탄생했다. 1909년 이후 절강에서는 옛 광복회원들이 활동을 재개했는데, 이들은 회당과 연락을 유지하는 것 외에 군인사들과의 관계도 강화했다. 신군 제21사단 산하 제41여단은 항주에 주둔하고 있었는데, 신해혁명이 임박했을 당시 연대와 대대급 장교들은 모두 혁명에 찬성했다. 무창봉기 20여 일 후인 11월 4일, 이 장교들은 여단 전 병력들을 이끌고 봉기했다. 절강 순무 증온增韞은 포로로 잡혔고, 사단장과 여단장은 모두 도주했다. 봉기 이튿날 지방 유지들은 당시 상해에 있던 탕수잠湯壽潛을 도독으로 추대하고 혁명의 승리와 군정부의 수립을 선포하였다.

탕수잠은 원래 절강성 자의국의 의장이자 건설 중인 호용滬甬철도의 총리였다. 그러나 군권이 없던 탕수잠은 집권 두 달여 만에 스스로 물러났다. 도독의 자리는 주서朱瑞의 손에 넘어갔다. 그는 봉기 전 신군 제41여단 예하 연대장이었는데, 봉기에 가담하여 실력자로 부상했다.

절강성 성도 항주에서의 봉기 이후 성 전체의 11개 부府에서 잇따라 군정분부軍政分府가 설치됐다. 각 군정분부를 장악한 자들 가운데에는 구식 장교(예를 들어 寧波 군정분부는 제41여단장 출신이 장악했다.), 현지의 지주 신분의 유지, 광복회와 연결된 회당 우두머리도 있었다. 그 당시 소흥紹興에 있었던 노신魯迅은 소흥이 광복되었을 때의 상황을 다음과 같이 묘사했다.

> 우리가 거리로 나가 보니 온통 백기뿐이었다. 그러나 겉으로는 그럴 뿐 실상은 그대로였다. 결국 옛 지역 유지들이 만든 군정부이기 때문이다. 무슨 철도 주주는 행정국장이요, 전당포 주인은 병기국장이요,…….[1]

소흥의 경우 먼저 현지의 지역 유지들이 군정부를 수립한 후, 성도에서 왕금발王

---

1) 『노신전집』 제2권("아침 꽃을 저녁에 줍다"[朝花夕拾], 인민문학출판사, 1956년판), 282쪽.

金髮의 군대가 진주해 왔다. 왕금발은 광복회와 연결된 회당 우두머리였기 때문에 노신은 그를 '녹림대학 출신'이라고 풍자했다. 그는 그야말로 '왕도독'이 된 후 혁명파라고 믿을 수 없을 정도로 구세력화되었다. 그러나 그는 항주의 집권 세력과의 불화로 얼마 지나지 않아 주서에게 살해당했다.

사천의 상황은 훨씬 복잡했다. 성도와 각지에 적지 않은 동맹회원들이 흩어져 있었지만, 그들은 조직화된 역량을 구축하지 못하고 있었다. 성도成都의 신군 제17사단에 하지시夏之時라는 소대장이 있었는데, 일본 유학 시절 동맹회에 가입했고 귀국한 뒤에도 동맹회와 연결되어 있었다. 그는 11월 5일 성도 동남쪽으로 약 50리 떨어진 용천역龍泉驛에서 몇 개 소대의 병사들을 선동하여 혁명을 선포하고, 혁명의 총지휘자로 추대되었다. 그들은 동진하여 간양簡陽, 낙지樂至, 안악安岳, 동남潼南을 거쳐 중경重慶으로 향했다. 동맹회에 참가한 일부 지식인들이 중경성에서 활동하고 있었기에, 안팎으로 호응하여 하지시의 부대를 시내로 맞이했다. 그리하여 11월 22일 사천 동부의 핵심 도시인 중경이 광복되었다. 중경에서는 중화민국 촉군정부蜀軍政府가 수립되었는데, 군정부 도독은 동맹회 회원이자 중학당 감독을 역임했던 장배작張培爵이 맡고 부도독은 하지시가 맡았다. 촉군정부의 수립선언문은 전적으로 동맹회의 주장을 반영하여 작성되었다. 촉군정부는 점차적으로 인근 주현으로 통치권을 확장하기는 했지만, 아직 성 전체의 정권이 되지는 못했다.

중경 촉군정부 수립 후 닷새 만에 성도에서도 정권이 교체되었다. 그러나 신정부는 혁명과는 전혀 무관했다. 사천 총독 조이풍趙爾豊은 10월 30일 억류됐던 입헌파 유지들을 석방했다. 이들은 자유를 얻은 뒤 곧바로 「전투를 중지할 것을 전 사천 인민에게 고함」이라는 선언문을 발표했다. 그들은 정치적 국면에 큰 변동이 발생했으므로 외국에서 차관을 들여와 철도를 건설하기로 했던 계약은 당연히 무효이고, 따라서 보로동지회의 목적은 이미 달성되었다고 주장했다. 그러나 민중들의 투쟁이 이미 '보로保路'의 범위를 한참 넘어섰기에, 입헌파 유지들의 이러한 호소가 혁명의 불길을 잠재울 수 있을 리 만무했다. 각지의 보로군이 성도성을 계속 조여 오자, 조이풍은 더 이상 사천의 상황을 통제할 수 없다고 판단하고 입헌파 유지들과 협상하여 정권을 이양했다. 그리하여 11월 27일 '대한사천독립군정부大漢四川獨立軍政府'가 수립되었다. 이 군정부의 포고문은 "세계의 보편적 진리와 인도주의에 입각하여 공화헌법을 조직함으로써 우리 대한연방의 제국을 공고히 한다"2)고 밝혔다. 공화共和니, 제국帝國이니 하는 것은 입헌군주파의 특색이 드러난 말투다. 군정부의 도독은 포전준蒲殿俊이 맡았고, 부도독은 조이풍의 최측근이자 신군 제17사단 사단장인 주경란朱慶瀾이 맡았다. 이는 사실상 입헌파 유지들과 봉건세력의 연립정부였다.

당시 조정의 명을 받아 군대를 이끌고 사천으로 들어온 단방은 이미 중경重慶과 성도成都 사이에 있는 자주資州(지금의 資中)에 이르렀고, 조정은 그에게 성도에 진입하여 조이풍의 직위를 대신하라고 은밀히 명령을 내린 상태였다. 그러나 성도가 독립을 선언한 다음 날 자주에서 쿠데타가 일어나 단방은 병사들에게 죽임을 당했다.

포전준의 도독 재임 기간은 겨우 열흘이었다. 12월 8일 포전준이 순방군을 사열할 때 조이풍의 사주를 받은 병사들이 반란을 일으켜 도시 곳곳을 약탈했다. 그 바람에 성도成都 성내는 온통 난장판이 되었는데 각 현의 '보로동지군保路同志軍'도 그 기회를 틈타 성도로 몰려들었다. 동지군은 원래 입헌파 유지들이 보로운동을 주창하면서 불러들인 것인데 이때는 이미 통제력을 상실했다. 입헌파 유지들뿐만이 아니라 사천의 자산계급 혁명파도 그들을 지도할 수 없었다. 즉 보로동지군에게 명확한 투쟁 목표를 부여하지 못했던 것이다. 자발적으로 나선 민중들은 새총, 창살, 쇠뿔, 쇠스랑, 호미, 갈퀴, 멜대를 들고 성도성 안으로 무질서하게 몰려들었지만 그들 스스로도 도대체 무엇을 하려는 것인지 알지 못했다. 이런 무정부 상태에서 포전준의 정권은 붕괴했고, 주경란은 신군이 지휘불능 상태에 빠지자 도망쳤다. 조이풍은 이 혼란을 틈타 복벽을 시도했지만 역시 실패했다.

성도 지성계의 일부 동맹회원들은 포전준이 정권을 잡았을 때 반대 선언을 했기에, 이러한 상황은 그들이 역할을 할 수 있는 좋은 기회였다. 문제는 그들이

---

2) 『사천보로운동사료』, 489~490쪽.

어떤 힘에 의지하는가였다. 입헌파의 실패는 무력이 반드시 필요하다는 것을 입증했지만, 그렇다고 대중들의 힘을 함부로 소환할 엄두를 내지 못하게 했다. 그래서 이들은 무력을 갖춘 윤창형尹昌衡이라는 권력자에게 전적으로 의지했다. 그는 일본 육군사관학교 6기생으로 당시 육군 소학교 교장이었고 군부에 영향력이 있었다. 곽말약의 말대로 "그는 입헌파도 혁명당도 아니고 군권을 가진 실력자일 뿐"3)이었다. 윤창형은 이 기회를 이용하여 도독의 자리를 탈취하고, 입헌파 유지들의 지도자 중 한 명이자 자의국 부의장이던 나륜羅綸을 부도독으로 삼았다. 동맹회 회원인 동수무董修武와 양신우楊莘友 등은 그의 정부에서 요직을 맡았다. 이 정부는 형식상으로는 실력파 군인과 입헌파, 혁명파의 연립정부인 것 같았지만 사실은 혁명의 조류 속에서 탄생한 반혁명 정권이다. 이 정부에서 입헌파는 더 이상 입헌파가 아니었으며, 혁명파도 더 이상 혁명파가 아니었다. 그들은 하나같이 윤창형이라는 실력자를 떠받들었다. 오직 그만이 질서를 회복하고 지주와 자산계급들을 공포에 떨게 하는 자발적인 민중 세력을 진압할 능력이 있었기 때문이다. 윤창형은 집권 후 조이풍을 처형하는 한편 파괴행위자를 단호히 진압한다는 포고문을 내렸다. 그들은 진압과 재편성이라는 두 가지 방법으로 성도와 각지의 동지군을 평정했다.

이제 남은 문제는 중경 군정부를 어떻게 대할 것인가였다. 다른 성들과 마찬가지로 당시 사천성에서도 군웅이 벌떼처럼 일어나서 수많은 도독이 난립했지만, 성도를 제외하면 중경의 군정부가 가장 중요했다. 성도 측은 군사적 위협과 정치적 담판으로 마침내 중경 군정부의 굴복을 받아냈다. 1912년 3월 중경의 촉군정부 수립이 취소되고, 도독 장배작은 성도에 가서 부도독의 직함을 얻었으며, 부도독 하지시는 퇴임하고 출국했다. 그리하여 사천성은 자산계급 혁명운동의 흐름 끝에 결국 봉건 지주와 매판자본을 대표하는 군인 윤창형의 손에 통일되었다. 얼마 후 윤창형은 또 다른 군인 호경이胡景伊에게 밀려났는데, 이는 무장 세력 간 힘겨루기일 뿐 신해혁명과는 무관했다.

---

3) 「反正前後」, 『말약문집』 제6권(인민문학출판사, 1958년판), 256쪽.

중국의 지주계급은 풍부한 정치 경험을 가지고 있었다. 기나긴 봉건시대를 거치면서 그들은 농민혁명을 탄압하는 경험뿐만 아니라 농민혁명의 열매를 찬탈하는 경험도 축적하였다. 자산계급 입헌파는 지주계급과 밀접한 관련이 있었으며, 그들 중 많은 이들은 지주계급에서 변신한 이들이었다. 그들은 지주계급의 정치적 경험을 계승하는 동시에 이를 서구 자산계급으로부터 학습한 것들과 결합시켰다. 따라서 그들은 신해혁명 상황에서 매우 유리한 위치를 점하고 있었다. 그들은 집권층은 아니었기에 부담 없이 혁명에 찬성할 수 있었고, 또 한편으로 그들은 젊은 자산계급이나 소자산계급 혁명가들과 같은 '풋내기'가 아니었으므로 모든 사회 구세력으로부터 신임을 얻기 쉬웠다. 그들은 바로 이러한 조건을 활용하여 신해혁명에서 중요한 역할을 하였다.

그러나 자산계급 입헌파는 결코 독립적인 정치세력이 될 수 없었다. 사실 봉건 지주계급과 매판자본은 입헌파를 이용하여 혁명파를 기만하고, 그들이 획득한 혁명의 열매를 가로챘다. 봉건 지주계급과 매판자본은 혁명의 불길이 거셀 때는 잠시 물러서서 자산계급 입헌파를 내세워 혁명을 거부하는 역할을 맡겼다. 여러 성에서 정권을 잡았던 일부 자산계급 입헌파 인사들이 비록 큰 꿈을 품었음에도 그들의 정권은 그다지 오래 유지되지 못했는데, 그 이유는 지주계급과 매판자본이 혁명 과정에서 어떠한 손실도 입지 않았기 때문이었다. 그들은 권토중래할 때 더욱 강력한 도구가 필요했기 때문에 자산계급 입헌파의 정권은 그들로부터 버려졌다. 운남의 채악은 군권이 있었음에도 이런 운명을 피할 수 없었으니, 절강의 탕수잠과 사천의 포전준은 더 말할 것도 없었다.

3. 혁명의 탈을 쓴 군벌과 정치 낭인들

섬서陝西와 산서山西의 경우, 혁명 후 앞서 다룬 운남과 귀주의 당계요, 절강의 주서, 사천의 윤창형과 유사한 군인들의 손에 넘어갔다. 혁명 전 그들은 군대에서 일정한 지위를 가지고 있었으며, 혁명당과 잠시 연결되어 혁명의 기회를 타고 출세하여 한 성에 할거하는 권력자가 되었다.

섬서 신군 제39여단의 하급 장교와 사병들은 10월 22일(장사 봉기와 같은 날) 서안에서 봉기했으며, 여단 참모였던 장봉홰張鳳翽가 '대통령'(이후 다른 성과 마찬가지로 '도독'으로 개칭)이 되었다. 그는 일본 육군사관학교 6기생으로 동맹회에 가입했으나 곧바로 이탈해 혁명 활동에는 참여하지 않았다. 도독 취임 후 그는 곽희인郭希仁 전 자의국 부의장을 참모로 기용했다. 일부 동맹회 회원들은 정물막井勿幕을 필두로 섬서 지성계에서 활동했으며, 이들은 신군의 봉기를 촉진하는 역할을 했다. 그러나 새로 출범한 성 정부에서 그들은 어떤 지위도 얻지 못했다. 섬서에서는 가로회哥老會의 영향력이 지대했다. 가로회의 우두머리들은 장봉홰 정권의 실세였기에 혁명파 따위는 안중에도 없었다. 따라서 섬서의 동맹회 회원들은 혁명이 이미 실패했다고 생각했다. 장봉홰는 가로회 세력을 이용했지만, 다시 기회를 노려 고분고분하지 않은 가로회 우두머리 몇 명을 제거하고 점차적으로 가로회의 무력을 7개 여단과 1개 독립 연대로 재편해 섬서를 지배하는 실력자가 됐다.

섬서성이 독립하자 산서 순무 육종기陸鐘琦는 혁명의 불길이 산서로 퍼질 것을 두려워하여 태원太原의 신군 제85연대를 하동河東으로 이동시켜 그곳을 방어하도록 명령했다. 제85연대 제2대대 병사들 대부분이 동맹회 혁명사상의 영향을 받았다. 이들은 탄약을 지급받고 나서 10월 28일 밤 최초 봉기를 일으켜 순무 관아를 점령하고 육종기와 여단장 담진덕譚振德을 총살했다. 도시에는 아직 신군 제86여단이 주둔하고 있었는데, 여단장 염석산閻錫山은 관망하는 태도를 취하면서 그의 부대를 봉기에 참여시키지 않았다. 봉기가 성공하자 군인과 유지들은 자의국에서 회의를 열어 신정부 수립을 논의하였다. 입헌파이자 자의국 의장인 양선제梁善濟의 제안으로 염석산이 도독으로 추대됐다. 그는 장봉홰와 일본 육군사관학교 동기 사이였으며, 동맹회에 이름을 올린 적도 있다. 10월 하순 청나라 관군이 낭자관娘子關으로 쳐들어왔다. 염석산은 청군과 화의를 시도했으나, 실패하자 태원을 버리고 황급히 군대를 이끌고 진북晉北으로 도망쳤다. 청은 산서성의 성도 태원을 탈환했지만 산서 곳곳에서 민중들의 자발적 봉기가 이어졌고, 일부 동맹회 회원들도 투쟁을 계속했다. 이러한 혁명 정세에 힘입어 염석산은 마침내 원세개로부터 산서 도독을 받게 되었고, 1912년 4월 태원으로 복귀했다. 이후 그는 북양군벌시대부터 장개석 국민당시대까지 장장 36년간 산서의 절대 권력자(土皇帝)가 됐다.

자산계급 혁명파의 인적 구성은 매우 복잡했다. 상해, 복주, 광주에서는 지주계급과 매판자본이 혁명의 풍랑 속에서 혁명 간판을 단 정치 낭인을 내세워 권력을 장악했다.

상해라는 이 민감한 도시에서 혁명의 소식은 민중들의 강렬한 반향을 일으켰다. 청의 상해 주둔군은 송호淞滬 지역 순방영 등 소수의 부대뿐이었다. 이 부대의 지휘관들은 대세를 보고서는 감히 공개적으로 혁명에 반대하는 입장을 취하지 못했다. 그러나 그때까지 혁명파는 상해를 전국 각 성으로 진출하기 위한 활동 거점으로 삼았을 뿐 이곳에서 대중을 조직하는 작업을 진행하지는 않았다. 11월 3일 상해에서는 자발적인 비밀결사를 주축으로 한 민중 봉기가 일어나 강남제조국을 공략하면서 광복을 선언했다. 동맹회 회원인 진기미陳其美는 상해 비밀결사 '청방青帮'의 우두머리였는데 그는 재계의 지도자인 이평서李平書(즉 李鐘珏) 등의 지지를 받아 일약 상해 군정부 도독에 올랐다. 진기미는 강소·절강 두 성에 대한 야망을 가지고 있으면서도 혁명의 파도 속에서 두 성을 장악한 구세력과는 싸우지 않고 오히려 광복회의 저명한 지도자 도성장을 눈엣가시로 여겼다. 도성장은 비록 다소 결점이 있기는 했지만 충성스러운 자산계급 혁명가였는데 12월에 상해에서 암살되었다. 암살을 사주한 인물은 진기미였고, 실행에 옮긴 이는 장개석이었다. 당시 장개석은 진기미의 부하였으며, 조계 경찰의 밀정이었던 유명한 건달 황금영黃金榮의 제자이기도 했다.

복건에서도 혁명의 과실은 동맹회에 적을 둔 정치군인에게 돌아갔다. 복주 광복 당시 현지의 신군과 기병(만주군) 간 치열한 전투가 벌어져 만주족 장군 박수朴壽가 전사하고 민절閩浙 총독 송수松壽가 자살했다. 12월 5일 출범한 새 정권은 표면적으로는 동맹회가 장악한 모양새였다. 도독을 맡은 손도인孫道仁은 복건 주둔 신군 제10사단 사단장으로, 봉기 사흘 전 현지 동맹회 조직에 참여했다. 도독부를 구성한 10명의 참사원은 모두 동맹회 회원이었고, 그중 우두머리는 팽수송彭壽松이었다. 그는 경찰 체포국 국장 출신이면서 동맹회 복건지부 간부 중 한 명이었고, 별도로 복건군경동맹회福建軍警同盟會를 조직했다. 복건군경동맹회는 구식 민간결사 조직이다. 팽수송은 이 조직의 우두머리였으며, 도시의 폭력 조직들을 자기 중심으로 세력화했다. 군권을 장악한 손도인이 정권을 잡기 전 서둘러 동맹회에 가입한 것은 혁명적인 척 가장함과 동시에 팽수송과 같은 폭력 조직의 협력을 얻기 위해서였다. 광복 직후 동맹회 복건지부와 복건군경동맹회는 합병을 선언하고 팽수송이 회장을 맡았다. 정부의 참사회는 정무원으로 개편됐으며, 정무원의 총장은 팽수송이 그대로 유임되었다. 손도인과 팽수송을 중심으로 한 신정부는 깃발 외에는 아무 것도 바뀐 것이 없었다. 그래서 이 정부는 수립된 지 얼마 되지 않아 "의심을 품고, 거짓된 말을 퍼뜨리며, 심지어 감히 본 군정부의 처리 방침이 공화정 수립 취지에 부합하지 않는다고 비판하는 자들이 있다"는 것과 같은 포고문을 발표해야 했다.

광주에서는 광주의 유지와 상인들이 중심이 되어 12월 9일 독립을 선포했다. 이때까지는 성도 광주를 제외한 각지에서 혁명을 기치로 내건 군대(당시 民軍이라 통칭)가 권력을 탈취하기 위해 성도에 몰려들고 있었다. 광주의 유지와 상인들은 매우 당황하여 자의국에서 회의를 열어 "공화독립을 선포"할 것을 결정하고 양광총독 장명기張鳴岐에게 도독을 맡아 줄 것을 요청했다. 장명기는 이를 거절하였고, 그를 포함한 주요 관원들은 모두 도망쳤다. 이에 유지와 상인들은 홍콩에 주재하던 동맹회의 유명 인사 호한민胡漢民을 도독으로 추대하기로 결정했다. 호한민은 10일 광주로 건너가 도독에 취임했지만 그에게는 무력이 없었다. 각 민군의 지도자들은 개인적인 야심을 품은 채 예하부대를 이끌고 줄지어 광주로 진입하는 등 호한민의 통제를 전혀 받지 않았다. 그중에서도 진형명陳炯明이 가장 강성했는데, 그는 광동성 자의국 의원이었고, 동맹회에 가입한 뒤 황화강 봉기에 가담했지만 탈주했다.

나중에 그는 혜주惠州 일대에서 회당 조직과 연계하여 군대를 양성했다. 그는 광주에서 다른 민군 우두머리들과 군단협회를 결성하고 회장에 취임했다. 광주의 유지와 상인들은 진형명이 실력자임을 파악하여 그를 광동성 부도독으로 추대했고, 한 달 뒤 그가 도독 직위를 승계했다. 그는 군단협회의 힘을 이용해 호한민을 밀어내고 도독이 된 후 군단협회를 해체했으며, 또한 온갖 권모술수를 동원해 각 민군의 우두머리들을 이간질하여 차츰 해체시켜 나갔다. 진형명 역시 동맹회 소속 혁명파라고 분류될 수 있지만, 사실 그의 정권은 광동의 유지와 상인들이 혁명 정국을 일단락 짓고 기존 사회질서를 회복하기 위한 도구였을 뿐이다.

이상 몇 개 성의 사례들은 혁명파의 탈을 쓴 군벌과 정치 낭인들이 혁명의 물결 속에서 당권파로 부상한 것으로, 이것이 각 성이 맞이한 풍운의 세 번째 유형이다.

4. 새 도독으로 변신한 옛 순무

네 번째 유형은 원래 권력자였던 청나라 지방의 군정장관이 현지 지주와 유지의 추대를 받아 신정권의 수반으로 변신한 것이다.

무창봉기의 영향으로 강서 구강九江의 신군 일부 하급 장교와 병사들은 봉기에 호응하려 했지만 지도자가 없어서 혁명과 아무런 관계가 없던 제53연대 연대장 마육보馬毓寶를 지도자로 추대했다. 호북성의 여원홍의 선례가 있었기에 마육보는 이에 동의했고, 독립을 선언한 구강 군정부의 도독에 취임했다. 무창봉기 보름만인 10월 23일이었다. 강서성 성도 남창南昌의 유지들은 상황이 긴박해지자 혁명을 막기 위해 청나라 순무 풍여규馮汝騤에게 독립선언을 권고했지만 그는 감히 이런 '대역무도'한 일을 하지 못했다. 10월 31일 남창에 주둔한 신군 병사와 육군소학교, 측량학당 학생들이 봉기를 선포했다. 그리하여 지역 유지, 상인, 군부, 학계 등 각계를 대표하는 인사들이 회의를 열어 혁명당과 아무런 관계가 없는 신군 제27여단 여단장 오개장吳介璋을 대도독으로 추대하여 강서 군정부를 수립했다. 군정부는 행정제도, 관료, 사회질서는 모두 예전 그대로라는 포고를 발표했다. 그러나 군부 내부의 알력으로 오개장은 열흘 만에 물러나고, 이어서 측량학당 교관 팽정만彭程萬도 겨우 9일 만에 도독에서 물러났다. 마침내 구강의 마육보가 군사를 이끌고 남창에 진입하여 유지와 상인들의 환영을 받으면서 성 전체의 도독으로 취임했다.

청나라 순무가 현지 지주와 유지의 추대를 받아 신정권의 수반으로 변신한 유형의 가장 대표적인 사례가 강소와 광서 두 성이다. 이 두 성 모두 청나라의 순무이자 성의 최고위 군정장관이 광복을 선언했다.

소주에서는 강소 순무 정덕전程德全이 당시 정세에 밀려 현지 유지와 상인 영수들의 요구를 받아들여 11월 5일 순무 관아 앞에 '민국군정부강소도독부'라는 간판을 내걸었다. 순무를 도독으로 개칭하니 혁명은 완성된 셈이었다. 정덕전은 대세를 포착하는 것에 탁월한 관료였다. 1900년 의화단義和團운동 때 그는 지현知縣 후보 신분으로 흑룡강에서 치치하얼을 점령한 러시아 침략군을 정성스레 접대하여 침략군의 신임을 얻었던 바 있다. 이때부터 관운이 트여 강소성의 순무에 이르게 된 것이다. 그는 신해혁명 때 다시 한번 변신하여 민국 수립의 주요 인물이 되었다.

광서성에서는 회당 세력이 각지에서 세력을 떨치고 있었는데 혁명의 풍파 속에서 그들은 잇달아 무장 활동을 전개하였다. 심병곤沈秉坤 광서 순무는 다른 관리들 및 자의국 유지들과 상의하여 서둘러 독립을 선언하기로 했다. 11월 6일 밤 그들은 계림桂林 성안에 수백 개의 황기를 세우고, 그 위에 "대한 광서 전 성의 국민군은 심 도독께서 독립을 선포할 것을 삼가 청합니다. 광서의 앞날 만세"(大漢廣西全省國民軍恭請沈都督宣佈獨立, 廣西前途萬歲)라는 24자를 적었다. 이튿날 청나라 순무 심병곤은 자의국의 추대로 도독이 되어 "순무 관아를 군정부로, 자의국을 의회로 바꾼다"고 선언했다. 그러나 심병곤은 군권을 장악하지 못했기에 사흘 뒤 도독 자리를 광서 제독 육영정陸榮廷에게 빼앗겼다.

안휘安徽와 산동山東도 기본적으로 이 부류에 속하지만 상황은 다소 복잡하게 전개되었다. 11월 8일 안휘의 성도 안경安慶에서 자의국 유지들이 독립을 선언했다. 안휘의 순무인 주가보朱家寶가 도독이 되고, 자의국 의장이었던 두이각竇以珏이 민정부장이 되었다. 당시 안경의 군부와 지성계에서 활동하던 동맹회의 혁명가들은 이 군정부를 인정하지 않고 일본 육군사관학교 출신 왕천배王天培를 도독으로 내세웠다. 주가보는 겉으로는 물러섰지만 곧 세력을 규합하여 왕천배를 축출했다. 혁명파는 강서에 원조를 청했다. 구강에서 온 군대와 현지 군대가 안경에서 대치하는 상황이 만들어지자 주가보는 도독 자리를 유지할 수 없게 되었다. 이러한 혼란 끝에 지방 유지들은 상해에 있는 손육균孫毓筠을 도독으로 추대하기로 결정했다. 손육균은 안휘 출신이고 청 대학사 손가정孫家鼐의 질손이었는데 일본 유학 중 동맹회에 참가했다가 1906년 귀국 후 남경에서 단방端方에게 체포되자 태도를 바꾸어 관청에 투항했다. 그럼에도 혁명파들은 그를 원로 동맹회원으로 인정했다. 물론 지주와 유지 입장에서도 이런 '혁명가'는 충분히 받아들일 수 있었다. 12월 하순 손육균은 안경에 도착했다. 그를 위시한 정권은 사실 옛 군인과 지주 및 유지들의 정권이었다. 당시 안휘성에서는 성도 외 지역에 여러 개의 군정지부 및 이와 유사한 조직들이 설립되었다. 이들은 모두 무력 기반을 가지고서 각 지역을 분할했다. 그들의 우두머리 중에는 진정한 혁명당원도 있었고, 혁명당을 가장한 자들도 있었다. 구 관료와 유지들의 입장에서 볼 때, 성 전체를 호령하고 통일된 상태를 유지하기 위해서는 성도에 혁명당을 가장한 이를 수반으로 하는 정권이 있는 것이 유리했다.

산동성 제남濟南에서는 11월 5일 유지, 상인, 학계 등 각계각층의 인사들이 자의국에서 회의를 열어 '독립 준비' 문제를 논의하였다. 산동은 몇몇 동맹 회원들이 활동하고 있기는 했지만 조직적인 세력을 형성하지는 못했고, 그들 역시 이 회의에 참석했다. 이 회의에서는 순무 손보기孫寶琦에게 독립선언을 요청하기로 결정했다. 손보기는 '평화당'의 요청을 받아들여 13일 "산동 전 성의 인민은 이제부터 청나라에 대한 모든 관계를 단절하며", "산동성 전체가 중화민국 군정부에 가입한다"고 선언했다. 그러나 동시에 그는 북경 조정에 전보를 보내 그 선언이 부득이한 것임을 변호했다. 당시 원세개는 북경 조정을 장악하고 북경 내 자신의 세력을 유지하기 위해 안간힘을 쓰고 있었다. 그래서 직예와 하남 두 성을 직접 통제하고 산서에 출병하여 태원을 점령하였다. 이런 상황에서 산동성의 독립은 형식에 불과한 것이라 할지라도 달갑지 않았다. 그는 관리를 보내 손보기를 돕게 하였고, 11월 24일 손보기는 독립 취소를 선포했다. 그래서 산동은 다시 청의 깃발 아래로 돌아갔다.

5. '혁명 불허'

광범위한 빈농과 도시빈민은 신해혁명에서 중요한 역할을 하였다. 그들의 혁명역량이 충분히 발휘된 것은 아니었지만, 그들의 힘이 없었다면 각 성의 '광복'이 이렇게 빨리 달성되지는 못했을 것이다. 그러나 그들의 힘이 충분히 발휘되지 못했기 때문에 여러 성이 공화의 승리를 선언하는 가운데 실제 혁명의 과실은 기회주의적 구세력의 손에 넘어갔다.

자산계급 혁명파가 퍼뜨린 혁명사상과 그들이 일으킨 혁명투쟁은 사회의 가장 밑바닥에서 억압받던 민중 속에서 강렬한 반향을 일으키지 않을 수 없었다. 혁명 동란의 시간이 길어질수록 광범위한 기층민중에 축적된 반제국·반봉건적 폭발력이 더욱 분출되어 기존 사회질서를 완전히 전복시킬 수 있었다. 이는 각 지방의 지주와 유지, 상인들이 가장 두려워했던 일이다. 그래서 적지 않은 곳에서는 봉기의 총성이 울리자마자 심지어는 총성이 울리기도 전에 입헌군주제를 지지했던 유지들은 혁명에 찬성한다고 나서고, 지주계급과 매판자본의 대표 인물과 청의 군정 관료들도 순식간에 태도를 바꾸어 민주공화국을 주장하였는데, 그 근본적인 이유는 그들 역시 그렇게 해야만 기층민중들과 전면 대결하는 혁명 상황을 피할 수 있음을 알았기 때문이다. 노신은 신해혁명을 배경으로 쓴 『아큐정전』이라는 소설에서 특별히 '혁명 불허'라는 장을 써서 역사적 사실을 심도 있게 반영하였다. 조영감,

조수재, 가짜 양놈 등은 모두 하층민중 혁명을 불허했으며, 또 그 혁명을 막기 위해 얼른 혁명을 상징하는 '은복숭아' 배지 하나를 구해 앞섶에 달았다.

자산계급 혁명파는 혁명투쟁을 일으키기 위해서는 하층민의 힘을 필요로 했지만, 투쟁이 성공했다고 느껴지면 더 이상 그들의 역량을 거들떠보지도 않았을 뿐만 아니라 심지어 하층민 혁명에 반대하는 입장에 합류했다. 하남성의 경우, 자산계급 혁명파가 하층민들의 혁명 열망은 어느 정도 자극했지만, 그들에 대한 심층적이고 지속적인 조직화 및 동원 작업을 진행하지 않았음을 알 수 있다.

개봉開封과 낙양洛陽 등지의 지성계에는 동맹회 회원들이 적지 않았는데, 이들은 주로 학교를 운영하여 혁명사상을 전파하고 혁명 조직을 발전시켰다. 무창봉기 후 그들 역시 신군 장교들의 힘에 의지하여 봉기하려 했으나 성공하지는 못했다. 11월 하순에 동맹회 하남조직은 낙양을 침공할 계획을 세웠는데, 주로 왕천종王天縱을 우두머리로 하는 숭현嵩縣 양산羊山의 녹림에 의지하려 했다. 숭현의 한 소학당小學堂 교장인 석언石言은 하남 서부 녹림 사이에 명망이 높았던 동맹회 회원이었는데, 동맹회 조직은 그의 인맥을 활용하여 하남부 중학당中學堂 교원이었던 유춘인劉春仁을 양산으로 보냈다. 유춘인은 왕천종과 그의 형제들에게 손문의 혁명론과 무창봉기의 상황, 그리고 낙양 공략 계획을 설파하였고, 동맹회와 협력하여 낙양을 침공하겠다는 동의를 얻어 냈다. 그러나 청 정부가 이미 병력을 증강하여 방비했기 때문에 이번 계획은 실행되지 못했다.

낙양 지역에 '재원在園'이라는 농민 결사가 있었다. 이 조직을 설립한 사람은 낙양 동관東關 하원下園에 살고 있는 남대정南大定이다. 그는 채소 농사를 지으면서 염색을 부업으로 하고 있었다. 그의 거처는 하남부 중학당과 가까웠는데 이 중학당의 교원과 학생들 가운데 동맹회 회원이 적지 않았다. 이로 인해 그는 혁명 사상의 영향을 받았다. 그가 하원에서 세운 이 결사는 점점 확장되어, 낙양성 사관四關뿐만 아니라 낙양 이외의 이천伊川, 맹진孟津 등 현에까지 생겼다. 그 인적 기반은 농민이었는데, 하원의 농민 70% 이상이 이 결사에 참가하였다. 지성계의 몇몇 동맹회 회원들도 그 활동에 참가하였다. 남대정이 이끄는 이 농민 조직은 소자산계급 혁명주의자들의 영향을 받아 청조를 전복하는 것을 투쟁 목표로 확정하였다. 그러나 이 결사의 성격은 기본적으로 여전히 구식 회당이었기 때문에 대도회大刀會나 소도회小刀會라고도 불렸다. 1911년 낙양의 지부知府가 '재원' 결사가 낙양에서 봉기를 일으킬 조짐을 포착하고 즉시 성 정부에 위급함을 알렸다. 이에 개봉에서 군대를 파견하여 재원을 진압하고 남대정은 체포되어 의연하게 죽음을 맞았다. 재원의 열성적 활동가들은 체포되거나 도주했고, 이 바람에 조직은 심각한 손상을 입었다. 이는 무창봉기 직전에 발생한 사건이다.

11월 하순 동맹회 조직은 왕천종의 부대가 낙양을 공격할 때 재원에 참가했던 농민대중도 함께 참가시키기로 약속했다. 그러나 이 공격 계획이 무산된 후, 재원이라는 농민 결사는 소멸했다. 동맹회 회원 중 그 누구도 남대정을 계승하여 이곳의 농민운동을 전개하지 않은 것이다.

왕천종의 부대는 그 후 하남의 서부 일대에서 활동하다가 섬서 군정부에서 파견되어 한때 동관潼關을 넘었던 장방張鈁의 부대와 협력하게 되었다. 청 왕조가 원세개에게 찬탈된 이후 양산에서 흩어진 병력들은 대부분 하남 서부 각지에 주둔하고 있는 지방 무력에 편입되었는데, 이들은 진숭군鎭嵩軍이라고 불렸다. 원래 하남의 동맹회 회원이었던 유진화劉鎭華는 예서豫西 관찰사 겸 진숭군 통령으로 있었다. 그는 이런 무력을 기반으로 원세개에게 빌붙고 충성함으로써 봉건 군벌이 되었다. 왕천종의 형제들 중 몇몇은 이 군벌의 앞잡이가 되었다. 왕천종은 북경에 소환되어 원세개 수하의 관원이 되었다. 이러한 사례는 자산계급과 소자산계급 혁명파가 유민 출신 녹림호걸들을 혁명으로 분기시키기는 했지만, 그들이 계속 혁명의 길을 따라 전진하게 할 수는 없었음을 상징적으로 보여 준다.

하남은 독립을 선포하지 않고 줄곧 원세개의 통제 아래에 남았던 성이다. 독립을 선언한 지역들 역시 혁명의 승리에 환호했지만 하층민들은 '혁명 불허'라는 금지령에 직면하게 되었고 이러한 금지령은 심지어 무력 진압을 동반하기도 하였다. 가장 오랜 기간 동안 그리고 가장 대규모의 혼란을 겪었던 사천에서는 기층민중이 혁명에 가장 뚜렷한 역할을 한 만큼 혁명 후 집권자들에게 가장 심한 탄압을 받았다. 그 밖에 여러 성에서도 농민과 도시빈민들은 혁명 과정에서 다양한 관련 소요를 일으켰다. 이런 소요는 광범위하게 발생했는데, 소규모의 소요까지 일일이 다 서술하는 것은 불가능하므로 여기서는 몇 가지 전형적인 사례만 제시하겠다.

강소성 성도 소주는 평화롭게 광복됐지만 강소성의 여러 지역은 그리 평화롭게 진행되지 못했다. 11월 7일 양주揚州에서는 실직한 수공업 장인 손천생孫天生을 비롯한 도시빈민과 병사들의 무장봉기가 일어났다. 손천생은 양주 군정부 도독의 명의로 3년 동안 세금을 걷지 않고, 기타 잡세를 전액 면제하며, 상인들이 쌀과 고기 가격을 올리는 것을 금지한다고 선포했다. 현지의 악질 대지주와 소금 상인들은 기회주의적으로 혁명에 가담한 전임 청나라 밀수 감시대 대장 서보산徐寶山을 진강鎭江에서 양주로 불러들였다. 그는 부대를 거느리고 양주에 진입하여 봉기에 참가한 군민 70여 명을 죽였다. 손천생도 체포되어 죽임을 당했다. 서보산은 양주 군정분부의 도독이 되었다.

강소성 남부의 무석無錫, 상숙常熟, 강음江陰 3현이 맞닿은 접경 지역에서는 1911년 '천인회千人會' 농민 봉기가 일어났다. 이해 7월 폭우로 재해가 발생하자 굶주린 농민들이 일어나 지주와 상인들이 매점매석한 식량을 탈취했다. 천인회는 이러한 식량 탈취의 분위기 속에서 형성된 비밀결사이다. 무창봉기의 소식이 전해지자 농민들 사이에서는 "황제가 없어졌으니 소작료를 내지 않아도 된다"는 소문이 돌았고, 천인회 역시 점차 공개적으로 활동했다. 3개 현 접경 반경 20리 이내의 가난한 농민들이 대거 이 결사에 참여하여 소작료 문제에 대해 항의했다. 강소성 성도가 평화적으로 광복된 뒤 이들 3개 현에서도 지주와 자본가, 구 관료로 구성된 신정부가 발 빠르게 출범했다. 무석 군정분부의 수반은 관료 지주 집안 출신의 동맹회 회원이었다. 이러한 신정부는 농민들에게 이전과 동일한 임대료를 내라고 재촉했다. 12월 상숙의 군경은 왕장王莊으로 내려가 천인회 지도자 주천보周天寶를 체포했다. 천인회 민중들은 왕장에 집결하여 몇몇 악질 지주들의 집과 그들이 소유한 점포들을 파괴했다. 그리고 왕장의 서낭당에 사령부를 세워 손이孫二와 손삼孫三을 도독으로, 번문도樊文濤를 군사로 추대하는 포고를 게시했다. 손이와 손삼은 재봉일을 부업으로 하는 빈농이었고, 번문도는 가난한 서당 훈장이었다.

이때 강소성에는 도독이라고 자칭한 사람들이 여럿 있었지만 천인회가 배출한 가난한 농민 도독은 인정을 받지 못했다. 무석과 강음, 상숙 3현의 신정부들은 소주와 상해 군정부의 지원을 받아 군대를 파견하여 천인회를 토벌하였고, 호미와 갈퀴, 작살, 새총밖에 가지지 못한 농민들은 패배했다. 민중들의 비호 아래 손이와 손삼, 번문도는 끝내 체포되지 않았지만, 그들은 다시는 세상에 나타나지 않았다.

산서성 남동부의 장치長治, 고평高平의 간초회干草會 역시 대표적인 사례라 할 수 있다. 간초회는 현지 농민들의 자발적인 결사로, 손에 몽둥이와 건초(干草)를 들고 어두운 밤에 횃불을 들고 다녔기 때문에 간초회라고 불렸다. 무창과 태원의 봉기 소식이 전해진 후, 두 현에 속한 각 향의 간초회 회원들은 닭털을 이용한 비밀서신으로 연락하며 군중을 소집하여 토지세 등 각종 세금의 면제를 요구하였으며 여러 대지주의 집을 불태웠다. 이때 두 현은 아직 청나라의 옛 관리들이 다스리고 있었다. 이윽고 민국의 관원이 부임하자 지주들은 현과 성에 간초회를 고소했고, 관공서는 이들의 고소를 받아들여 진압에 나섰다. 여러 향에서는 건초회 우두머리로 지목된 많은 사람들이 체포되어 고문을 받고 벌금형에 처해졌으며 일부는 처형당하기도 했다.

6. 교전과 강화

상술한 바와 같이(제4부 4장 4절 참조) 원세개의 군대가 한구와 한양을 점령한 후, 무창 군정부는 원세개의 휴전 제안을 받아들여 우선 두 차례 3일간의 휴전(12월 3일 아침~9일 아침)을 실시했고, 이어서 전국으로 확장해서 15일간의 휴전(12월 9일~24일)을 실시했다. 당시 무한을 제외한 주요 격전 지역으로는 북쪽의 산서와 섬서, 남쪽의 안휘와 남경이 있었다.

청의 양강兩江 총독은 남경에 주재했다. 강서·강소·안휘 3성이 모두 청으로부터 독립을 선언하자 양강 총독 장인준張人駿에게는 남경 한 개 성만 남게 되었다. 이때 남경성에는 강방영江防營, 밀수감시영, 순찰영 등 총 40여 개 대대의 병력이 있었는데, 그중 강남 제독 장훈張勛이 통솔한 강방병 20개 대대가 가장 중요했다. 장인준은 완고하게 청나라에 충성한 장군이었기 때문에 남경 유지들의 독립선언 요청을 감히 받아들일 수 없었다. 남경에는 원래 서소정徐紹楨이 지휘하는 신군 제9사단이 주둔하고 있었는데, 장인준은 신군 중 장병들의 혁명 성향을 우려하여 무창봉기 후 제9사단을 모두 남경성 밖으로 이동시켰다. 제9사단 사령부도 남경성 남쪽 40여 리의 말릉관秣陵關으로 이전했다. 서소정은 본래 혁명을 지지했던 사람이 아니었으나, 대세를 보고 혁명에 가담하기로 결심했다. 11월 8일 그는 예하 부대를 지휘하여 남경을 공격하였으나 실패하였고, 그의 부대는 진강 일대에 집결하였다. 진강에 주둔하고 있던 제9사단 제35여단의 병사들은 이미 전날(11월 7일)에 봉기를 선포하고 군정부를 수립하였으며 대대장 임술경林述慶이 진강 도독으로 추대되었다. 서소정은 상해로 건너가서 각 방면과 연락하여 강소·절강연합군을 창설하였고, 다시 남경을 공격하기로 결정하였다.

강소·절강연합군의 총사령관은 서소정이 맡았다. 연합군에는 서소정의 부대 외에 진강의 임술경 부대, 소주의 정덕전程德全이 파견한 유지결劉之潔의 부대, 절강에서 온 주서朱瑞의 부대, 그리고 상해의 오송吳淞에서 온 여천재黎天才의 소규모 부대 등이 참가하였다. 각 부대는 작전 중 제대로 협력하지는 못했지만, 남경은 이미 고립된 도시였고, 연합군이 수적으로 우위였기에 승세는 연합군 쪽으로 기울어 갔다. 11월 22일부터 열흘간의 전투 끝에 연합군은 남경성 외곽의 주요 거점들을 점령하였다. 장훈은 부대를 이끌고 남경성을 탈출하여 강을 건너 북쪽으로 도망쳤다. 양강 총독 장인준과 성 안의 다른 주요 관리들도 모두 도망쳤다. 이날은 무창이 휴전을 선언하기 하루 전인 12월 2일이었다.

안휘 북부에는 동맹회의 혁명가들이 이끄는 회상군淮上軍이 있었다. 안휘성 성도 안경에서 독립이 선포되고 며칠 후, 회하淮河 남안의 수주壽州(지금의 壽縣)에서는 동맹회 회원이자 일본에 유학한 적이 있는 장회도張滙滔와 성 자의국 의원 왕경운王慶雲을 지도자로 한 봉기가 일어났다. 그들은 수주를 점령한 후 기존에 편성된 민단과 일부 회당 병력에 더하여 현지의 청군 출신까지 포섭한 회상군을 구성하고, 길을 나누어 안휘 북부 각지로 진군했다. 때마침 남경을 탈출해 북쪽으로 가던 장훈은 회상군의 요격을 받았다. 회상군은 장훈의 부대를 섬멸하려 했으나 성공하지 못했고, 장훈은 서주徐州에 도착하여 그곳에서 원세개의 지원을 받아 대오를 정비하며 웅거했다. 장회도가 이끄는 회상군은 안휘 서북쪽으로 진격했고, 다시 하남성으로 진군하여 호북성 청군의 후방을 교란하려 했다. 이런 상황을 지켜본 원세개는 하남성 포정사 겸 무위군 좌익장인 예사충倪嗣沖에게 안휘 서북쪽을 공격하라고 명령했다. 이때는 이미 무한 측과 원세개가 합의했던 15일 간의 전국적 휴전 기간이었지만, 예사충은 계속 진군하여 회상군으로부터 안휘 북부의 여러 지역을 탈취했다. 1912년 이후 예사충은 안휘를 통치하는 군벌이 되었다. 회상군 지도자 장회도는 상해에서 암살당했는데, 이를 사주한 자가 바로 예사충이다.

　북쪽의 섬서성과 산서성에서는 전국 휴전선언과 무관하게 전투가 이어졌다. 원세개는 전국적 휴전에 섬서와 산서는 포함되지 않는다고 주장했다.

　섬서성의 군정부는 동로군東路軍을 조직했고, 장방張鈁이 이를 통솔하여 11월 중순 하남성 동관潼關을 치고 예서豫西 지역으로 진출했다. 원세개는 조척趙倜을 파견하여 의군毅軍이라는 부대를 이끌고 맞서도록 명령하였고, 조척의 의군은 하남과 섬서 경계에서 장방의 부대와 교전을 거듭한 끝에 1912년 1월 20일 동관을 점령했다. 장방의 섬서군은 괴멸되었고, 이로 인해 서안 동쪽 방면이 무방비 상태가 되었다. 동시에 서안西安은 서쪽의 감숙甘肅으로부터 만주족 출신 관리 승윤升允이 이끄는 정예부대의 위협을 받았다. 1912년 2월 초순 감숙의 청군은 예천을 점령하고 함양으로 진격했다. 동서 양면으로 위협을 받자, 장봉홰를 비롯한 섬서 군정부는 서안을 버리고 섬서 남부로 후퇴할 계획을 세웠다. 그러나 최종적으로 원세개가 중화민국 초대 총통으로 취임하고 섬서성에서의 장봉홰의 지위를 인정함에 따라, 감숙의 군대는 비로소 섬서에서 물러났다.

10월 30일에 산서성 태원에 군정부가 수립되자 청나라 조정은 신군 오록정吳祿貞이 지휘하는 제6사단을 파견하여 석가장石家莊에서 서쪽으로 태원을 공격했다. 오록정은 일본 육군사관학교 제1기 중국인 학생이다. 그는 비록 동맹회에 참가하지는 않았지만, 자산계급 혁명을 지지하는 경향이 있었다. 그는 산서 군정부와 은밀히 연락했고, 11월 4일 염석산閻錫山과 낭자관에서 비밀리에 회동하고 연진燕晉 연합군을 결성했다. 오록정은 하북河北 동부의 난주灤州에 주둔하고 있는 제20사단 사단장 장소증張紹曾과도 연락을 유지하고 있었는데, 그의 계획은 연진연합군과 기동冀東의 군대가 함께 북경으로 진군하는 것이었다. 원세개는 일찍부터 오록정을 경계하고 있었고, 반드시 제거고자 했다. 그래서 오록정의 호위대장을 거액의 뇌물로 매수했다. 11월 6일 밤 오록정은 이 호위대장에게 살해당했다. 이어 난주의 장소증도 청 조정에 의해 면직되었다.

오록정이 죽자 원세개는 다시 북양신군의 제3사단 사단장 조곤曹錕과 예하 제5여단 여단장 노영상盧永祥을 파견하여 산서를 공략했다. 12월 중순 조곤과 노영상의 군대는 낭자관을 함락시키고 태원을 점령했다. 이와 동시에 진북晉北의 대동大同에서도 충돌이 발생했다. 대동에는 동맹회 회원인 속동계續桐溪를 수반으로 한 군정부가 있었다. 청군은 40여 일 동안 대동을 포위 공격한 끝에 마침내 대동을 점령했다. 청나라 군대가 태원과 대동을 점령한 것은 모두 전국 휴전 협정이 성립된 이후이다. 조곤과 노영상의 군대는 태원을 점령한 후 또 북쪽으로 흔현忻縣, 남쪽으로 임분臨汾까지 진출하여 '비적 토벌'이라는 명목으로 각지의 혁명 세력을 진압했다.

이처럼 원세개의 휴전회담 제의는 상대방의 움직임을 마비시키고 손발을 묶기 위한 것이었으며, 자신에게 유리할 때에는 이를 위반하는 일을 서슴지 않았음을 알 수 있다. 당시 이미 독립을 선언하고 공화정을 주장한 남방 12개 성에서는 화의에 반대하고 북벌을 요구하는 목소리가 높았고, 어떤 성에서는 북벌군이 출동하기도 했다. 휴전 및 강화의 분위기를 통해 북벌의 목소리를 약화시킨 것은 원세개에게 매우 유리하게 작용했다.

독립한 각 성에서 집권 세력을 살펴보면, 비록 민주혁명을 철저하게 진행하지는 못했지만 그래도 민주공화의 정체를 견지하는 혁명파를 제외하면, 혁명의 탈을 쓴 입헌군주파 유지, 구식 관료, 봉건 군벌, 정치 낭인들이었다. 그러나 그들은 모두 이미 민주공화국에 모든 도박 밑천을 걸었으므로 청 왕조는 반드시 물러나고 민주공화정이 들어서야 한다고 주장했다. 또 그래야만 자신들이 민국을 세운 공로자이자 원훈으로서 그들의 권력과 지위를 확보할 수 있었다. 그들에게 있어서 혁명과 전쟁의 상황은 가급적 조속히 마무리되는 것이 유리했으며, 전쟁 없이 협상 테이블에서 민주공화국이라는 결과를 얻을 수 있다면 더할 나위 없었다. 따라서 원세개가 던진 휴전회담의 미끼는 그들에게 매우 먹음직스러워 보일 수밖에 없었다.

11월 9일 호북의 여원홍은 각 성에 전보를 보내 대표를 무한에 파견하여 임시중앙정부 조직에 관한 회의를 열자고 요청했다. 곧이어 11월 11일 강소·절강·상해의 세 도독은 공동 명의로 각 성 대표들이 상해로 모일 것을 호소했다. 그 결과 몇몇 성의 대표는 무한에 도착했지만, 더 많은 성의 대표들이 상해에 모였다. 상해에 모인 대표들은 '각 성 도독부 대표연합회'를 결성하였다. 호북 군정부 측에서 최초 봉기의 자격을 내세우며 무한을 중심으로 모일 것을 역설한 결과 상해의 연합회는 23일 무한으로 옮기기로 결정했다. 11월 30일 대표들은 무한에서 회의를 시작했다. 이때 풍국장의 군대는 이미 한구와 한양을 점령하고 무창을 포격하고 있었기 때문에 회의는 한구 영국 조계의 한 양행 건물로 피신하여 열렸다. 회의에서 '중화민국임시정부조직대강中華民國臨時政府組織大綱'을 채택했지만, 이 대강에 근거한 임시대총통 선출이나 임시정부 구성은 이루어지지 않았다. 결국 회의에서는 상해에서 이미 내린 결정만 되풀이하면서 각 성은 '호북 군정부를 중앙 군정부로 공인'하고, 여원홍은 '대도독大都督의 직분으로 중앙정무를 수행할 것'을 요구했다. 이 같은 결정은 실상 원세개의 요구에 따른 것이었다. 원세개는 한구의 영국 영사를 통해 호북 군정부에 3일간의 휴전을 제안하면서 장기 휴전 문제도 운을 띄웠다. 영국 영사는 이 정보를 조계 내의 각 성 도독부 대표 회의에 전하면서, 여원홍이 각 성을 대표할 수 있어야 장기적인 휴전을 논의할 수 있다고 단언했다. 따라서 여원홍이 '중앙정무 수행'의 직분을 가지는 것은 평화협상의 전제 조건이 되었다.

각 성 대표회의는 한구에서 12월 7일까지 계속됐다. 회의에서는 원세개의 15일간 전국적 휴전 제안을 받아들이기로 하였고, 원세개가 파견한 당소의가 여원홍 혹은 그가 위임한 대표들과 '대국적 상황을 논의'하는 것에 동의했다. 그리고 회의 대표들은 또 원세개가 공화정에만 찬성하면 그를 대총통으로 추대할 수 있다는 데에도 동의했다. 따라서 임시정부의 수립은 더욱 서두를 필요가 없었다.

중앙정부 수립의 문제와 관련하여 장강 하류의 강소·상해·절강의 세 도독과 호북 군정부 사이에는 여전히 갈등이 있었다. 12월 2일 강소·절강 연합군의 남경 점령으로 이들 세 도독의 발언권은 크게 강화됐다. 이들은 4일 상해에 남아 있던 각 성 대표들을 불러 회의를 열었다.(당시 각 성 대표들이 무한에 가서 회의를 할 때도 성마다 대표 한두 명이 상해에 잔류하고 있었다.) 정덕전, 탕수잠, 진기미 세 도독도 이 회의에 참여했다. 회의에서는 남경을 임시 중앙정부 소재지로 하고 황흥을 대원수로, 여원홍을 부원수로 추대하기로 결정했다. 이들이 황흥을 내세운 것은 혁명당 지도자로서의 그의 명성을 이용해 '최초 봉기' 자격을 갖춘 여원홍을 압도하기 위해서였다. 사실 황흥은 한양에서 패한 후 상해에 왔으나 휘하 병력이 전혀 없었기에 이를 사양했다.

무창이 상대방의 포격에 노출된 상태였으므로, 여원홍은 남경을 임시정부 소재지로 하는 것에 반대할 수 없었다. 여원홍이 지명하고 각 성에서 만장일치로 동의한 강화 대표는 오정방伍廷芳이었다. 그는 당시 상해에 머물고 있었는데 상해를 떠나고 싶지 않다는 뜻을 밝혔다. 특히 이번 화의를 주선한 영국인들도 상해 조계에서 강화 협상을 할 것을 주장했다. 여원홍도 이에 반대할 수 없었다. 그러나 그는 황흥을 대원수로 하는 것에 대해서만큼은 반발했다.

한구와 상해의 각 성 대표들은 12월 11일 모두 남경에 도착했다. 12월 14일 각 성의 도독부 대표 회의가 남경에서 시작되었다. 회의에서는 한구에서 채택된 임시정부 조직대강에 따라 임시대총통을 선출하기로 했다. 그러나 이때 무창으로부터 소식이 날아들었다. 원세개의 대표인 당소의가 여원홍에게 원세개도 공화정을 지지한다고 알렸으며, 또한 당소의가 곧바로 상해로 가서 오정방과 이 문제를 의논할 수 있다는 것이다. 이에 회의에서는 임시대총통 선거를 연기하고 대원수가 잠시 대총통의 직무를 대행하기로 결정했다. 여원홍 일파들은 황흥이 여원홍 위에 놓이는 것을 반대하고, 황흥 자신도 극력 사양하였으므로, 12월 17일 회의에서 이 두 패를 뒤집어서 여원홍을 대원수로, 황흥을 부원수로 추대했다. 그러나 대원수나 부원수 모두 명분에 불과했다. 각 성의 대표들은 사실상 당소의와 오정방의 회의 결과를 기다리면서 원세개를 위해 대총통직을 비워 두고 있었다. 12월 25일 손문이 상해로 귀국하면서 상황은 새로운 변화를 맞았다.

제6장
손문을 수반으로 한 남경 정부

1. 손문의 임시 대총통 취임

　　1911년(선통 3) 3월의 광주봉기 곧 황화강전투가 실패한 뒤에도 손문은 미국 각지의 화교들을 대상으로 계속 혁명을 선전했다. 그는 미국 콜로라도주를 여행하던 중 신문을 통해 무창이 혁명당에 의해 점령되었다는 소식을 확인했다. 당시 손문은 우선 외교 방면에서 힘써야 하고, 이 방면에서의 관건은 영국이라고 생각했다. 그래서 그는 미국에서 영국으로 건너갔다. 이때 이미 외국 신문들 사이에서는 중국 혁명이 성공하면 공화국의 초대 총통은 손문이 될 것이라는 추측이 나오고 있었다. 그는 영국에서 4국 은행단이 청 정부와 거액 대출에 대해 교섭하는 것을 저지하고, 이 문제는 혁명정부와 협의해야 한다고 주장했다. 영국 측은 더 이상 청 정부에 차관을 제공하지 않을 것이며, 혁명정부가 공식 출범한 뒤에야 차관 문제를 논의하겠다는 뜻을 밝혔다. 손문은 영국에서 프랑스로 갔다가 다시 배에 올라 귀국하였다. 그가 상해에 도착한 12월 25일은 무창봉기 후 두 달 반이 지난 때였다.

　　손문은 귀국 후 열렬한 환영을 받았다. 혁명 세력은 손문의 귀국으로 인해 강력한 중심인물을 갖게 되었으며, 혁명 반대 세력은 경악했다. 혁명당 사람들 중에도 그의 귀국을 반기지 않는 사람은 있었다. 예를 들어 여원홍을 임시 대총통으로 고집하던 동맹회 회원 담인봉譚人鳳은 손문이 국외에서 활동하는 것이 더 낫다고 주장했다. 그는 자서전에서 당시 주장이 "여원홍이 이미 최초 봉기의 공이 있으니 당연히 그가 (새로운 체제로의) 이행을 맡아야 한다"[1)는 것이었다고 밝혔다. 이는 정말 이상한 논리다.

손문이 상해에 막 도착하려고 할 때 많은 신문들은 그가 혁명군을 지원하기 위해 "거액의 자금"을 가져왔다고 보도했다. 손문은 자서전에서 이렇게 말했다.

> 내가 상해에 도착하는 날, 동지들이 나에게 바란 것이 이것이었고, 국내외 신문사들의 질문도 이것이었다. 이에 나는 '내가 가지고 온 것은 혁명의 정신이지 돈이 아니다. 혁명의 목적을 달성하지 못하면 화의和議는 없다고 대답했다.

그러나 화의는 이미 18일 상해에서 시작된 상태였다. 원세개가 파견한 의화議和의 전권대표 당소의는 1870년대 미국 유학생으로 원세개의 밑에서 다년간 재직했으며 1900년 이후 청 외무부와 체신부의 시랑, 봉천 순무, 체신부 상서를 지냈다. 당소의의 협상 상대인 오정방도 1870년대 영국으로 유학해 홍콩에서 변호사로 일했고, 청 수정법률대신, 협판協辦상무대신, 외무부와 형부의 시랑을 지냈으며, 미국 주재 공사를 두 차례 지냈다. 그는 두 번째로 주미공사 임기를 마치고 1910년 초 귀국한 뒤 상해에 있으면서 입헌파인 장건張謇 등과 가까이 지냈으나, 무창봉기 후에는 공화에 찬성한다고 선언했다. 오정방에게는 몇 명의 조력자가 있었는데, 이미 원세개에게 포섭된 왕정위도 그중 한 사람이었다. 그는 당소의를 비롯한 대표단과 함께 상해에 왔다가 다시 남측 대표인 오정방의 조력자로 변신했다. 그는 원세개와 친분이 있는 데다가 동맹회의 혁명가로도 알려져 있어 회담에서

---

1) 담인봉,「石叟牌詞敍錄」,『근대사자료』1956년 제3기, 59쪽 참고.

중요한 역할을 했다.

원세개 측 대리인 당소의는 혁명 측이 장악한 남쪽 성들을 상대로만 휴전 상태의 유지를 요구하는 데 급급했다. 반면 남측 대표들은 휴전을 하려면 예외 지역이 없어야 한다고 주장했다. 양측은 교전 지역의 군부대에 통보하여 일률적으로 휴전하며, 예정된 휴전 기간이 끝난 뒤에도 7일간(1911년 12월 24일~31일) 휴전을 계속하기로 결정했다.

당소의와 오정방 간의 상해 회담에서 강화 문제만이 논의된 것은 아니었다. 청 황실을 유지하는 대신 입헌군주제를 실시하자는 것이 원세개의 공식적인 정치적 입장이었다. 그러나 그의 진정한 속셈은 청을 유지하려는 것이 아니라 대신하려는 것이었다. 그의 대리인인 당소의는 원세개의 속셈을 분명히 파악했기에 회담에서 자신이 공화 및 입헌에 반대하지 않을 뿐만 아니라 원세개 역시 총통만 될 수만 있다면 반대하지 않을 것 같다고 암시했다. 그렇지만 그는 청 조정에서 반대할 수 없는 '평화적인 해결 방법'을 찾아야 한다고도 생각했다. 그래서 그는 12월 20일의 회의에서 남북 각 성 그리고 내외 몽골, 티베트에서 추천한 대표들이 모여서 군주정과 민주정의 문제를 결정할 '국민대회'를 열자고 제안했다. 오정방도 이에 동의했다.

청 조정은 어전회의를 거쳐 12월 28일 상해 회담의 합의안에 동의한다는 조칙을 발표하였다. 그러나 이 합의는 이미 공화정을 선포한 각 성의 당권파와 남경에 집결한 각 성의 도독부 대표들로부터 의구심과 반감을 사고 있었다. 그들은 원세개가 아직 민국 대총통이 될 결심이 서지 않았다면서 이것이 그의 지연책이라고 의심했고, 또한 별도의 회의를 열어 군주정·민주정의 문제를 결정하려 한다면 이미 남경에서 열린 각 성의 대표자회의의 지위를 부정하는 것이라고 여겼다.

바로 이러한 때에 손문이 귀국했다. 그가 상해에 도착한 지 나흘 뒤인 12월 29일 남경의 각 성 대표자 회의에서 임시 대총통 선거가 실시됐다. 17개 성의 대표가 참석했으며, 각 성에서 1표씩 행사했다. 손문은 절강성 대표를 제외한 16개 성의 표를 얻어 당선됐다. 12월 31일 손문은 몇몇 수행원과 함께 상해에서 남경으로 갔다. 다음 날 손문은 임시 대총통에 취임하여 중화민국 성립을 선포하였다. 이날이 바로 1912년 1월 1일(음력 신해년 11월 13일)이다.

각 성 대표들이 중앙정부 수립을 결심한 주된 이유는 두 가지였다. 첫째, 중앙정부가 수립되어야 외국의 '승인'을 받을 수 있다고 판단했기 때문이다. 진정한 혁명파와 기회주의자들 가릴 것 없이 당시 혁명에 참여했던 모든 사람들은 제국주의 열강의 '승인'을 최우선 과제로 여겼다. 둘째, 중앙정부 수립으로 원세개에게 시위를 하고자 한 것이다. 그러나 이것은 원세개와 결별하자는 것이 아니라 어디까지나 그로 하여금 하루 빨리 청을 버릴 결심을 내리게 하자는 것이다. 그래서 그들은 새 정부를 '임시정부'라고 불렀고, 손문도 임시 대총통일 뿐이었다. 손문은 '임시'라는 명칭에 반대했지만, 그의 주장은 받아들여지지 않았다.

손문은 위대한 자산계급 혁명가이다. 그는 그가 대총통으로 취임할 경우 직면할 수 있는 위험을 피하지 않고 남경에 가서 의연하게 취임했다. 그는 취임사에서 "임시정부는 혁명시대의 정부"라고 했다. 그러나 혁명대오는 혁명에 몰두하지 않고 원세개에게 대총통직을 넘겨주려는 분위기로 가득 차 있었고, 손문 역시 그 영향을 받지 않을 수 없었다. 따라서 그는 대총통 취임선서에서 "전제 정부가 무너지고 국내에 변란이 그치며, 민국이 세계에 우뚝 서서 만국으로부터 인정받게 되면 자신은 '임시'직에서 벗어날 것이다"라고 말했다. 그러나 다른 한편으로는 북경의 원세개에게 전보를 보내, 자신은 다만 임시정부를 조직하는 일을 '잠시 맡았을' 뿐이며 "내가 비록 잠시나마 재주 없이 큰 자리를 맡았지만, 자리를 비워 두고 기다리는 마음은 훗날 밝혀질 것이다. 대계大計를 세워 4억 인민의 갈망을 달래 줄 것을 고대한다"[2]고 말했다.

이런 상황은 손문을 수반으로 하는 남경 임시정부의 운명을 결정했다. 남경 임시정부는 혁명을 끝까지 밀고 나가는 정부가 아니라 타협으로 혁명을 마무리하는 과도기적 정부일 수밖에 없었다.

---

2) 『손중산전집』 제1권(중화서국, 1981년판), 576쪽.

2. 남북 강화회의와 원세개의 음모

원세개는 1911년 11월 16일 자신을 수반으로 하는 내각이 구성되자 청의 모든 정권과 군권을 신속하게 장악했다. 섭정왕 재풍(선통제의 생부)은 이미 아무런 역할을 하지 못하고 12월 6일 스스로 물러났다. 이어 군자부軍咨府 대신이자 금위군 훈련대신인 재풍의 동생 재도載濤도 스스로 보직 해임을 요청했다. 원세개는 즉시 측근 서세창徐世昌을 군자부대신으로 임명하고, 또 다른 측근인 풍국장을 내세워 금위군을 통솔하게 했다. 이제 황태후(광서제의 아내, 隆裕太后로 불림)로부터 모든 황족에 이르기까지 원세개에게 청의 운명을 구원할 희망을 걸 수밖에 없게 되었다.

원세개는 당시 가장 훈련되고 강력한 북양군을 거느리고 있었지만 전국 성의 거의 3분의 2가 청에 독립을 선언한 상황에서 군사력에만 의지해서는 혁명의 불길을 잡을 수 없었다. 손문을 수반으로 하는 남경 정부가 수립되었을 때 내몽골과 외몽골, 티베트를 제외한 22개 성 중 직예와 하남, 산동, 감숙, 동북 3성과 신강만이 아직 청의 기치를 내리지 않고 있었다. 게다가 이들 성에서도 전란의 불씨가 남아 있었다.

산동은 비록 독립을 취소했지만, 순무는 더 이상 성 전체를 온전히 통치할 수 없었다. 혁명당은 교동膠東에서 봉기를 일으켜 연대煙臺와 등주登州(蓬萊), 영성榮成, 문등文登 등지를 점령하고 연대에 군정부를 세웠다. 교제철로膠濟鐵路를 따라 동쪽 지역에서도 혁명군이 조직되었다.

원세가가 병력을 대거 투입하여 장악한 하남성도 그리 안정되지 않았다. 동맹회 조직이 11월 하순 낙양 진공 계획이 무산되자(제4부 제5장 5절 참조) 성도인 개봉 학계에서 활동하던 동맹회 회원들은 성내 육군학교 생도 등과 연계하여 봉기를 준비했다. 그러나 정전협정 소식으로 봉기가 늦추어지다 관청에 발각되어 봉기가 무산됐다. 또한 섬서의 혁명군이 각지의 민간 무장 세력의 협조를 얻어 한때 하남성 서부 지역으로 진출하기도 했다. 하남성 남부의 남양南陽과 등주鄧州 일대에서도 많은 민간 무장 세력들이 기회를 엿보며 때를 기다리고 있었다. 호북 서북부에서 출발한 북벌군은 1912년 1월 하남으로 진격하여 신야新野와 등주, 남양 등지를 점령했다. 따라서 전쟁이 길어질 경우 원세개가 하남성을 계속 통제하리란 보장이 전혀 없었다.

감숙의 통치 책임자는 청 정부에 충성을 다하는 섬감陝甘 총독 장경長庚이었는데, 그는 섬서陝西의 혁명군을 견제하는 역할을 할 수밖에 없었다. 신강 순무 원대화袁大化는 여전히 청 측에 서 있었다. 1912년 1월 7일 동맹회 회원인 풍특민馮特民 등은 이리伊犁 지역에서 현지의 신군에 연계하여 봉기를 일으키고 도독부都督府를 설치하였다. 도독으로는 이미 퇴임한 이리장군 광복廣福(몽골족)이 추대됐다. 이로 인해 신강에서는 두 정권이 대립하고 교전하는 형국이 벌어졌다.

동북 3성에도 혁명의 물결이 밀려왔다. 봉천성의 여러 지역에서 혁명당원들이 현지 녹림과 연합하여 봉기하였지만 모두 금방 진압되었다. 다만 요동반도의 장하莊河와 복현復縣 일대에서는 북양군 여단장 출신 남천울藍天蔚을 필두로 한 봉기군이 자리를 잡고 여러 달 유지되었다. 남천울은 관외대도독이라 불렸으나 그의 세력은 넓은 지역으로 확대되지 못했다. 그렇다고 관외 청군이 이에 대처할 뾰족한 수가 있었던 것도 아니었다.

북경 주변과 직예성에도 위기가 도사리고 있었다. 일부 혁명파 지식인들은 무창봉기에 호응하기 위해 천진에서 비밀리에 북방혁명협회를 설립하였다. 1912년 1월 2일 기동冀東의 난주灤州에서는 신군 제79연대 소속 대대장 왕금명王金銘과 풍옥상馮玉祥 등을 필두로 한 하급 장교와 병사들이 봉기를 일으켜 천진으로 진군했다. 원세개는 강대한 병력을 보내 포위 공격했고, 봉기군은 괴멸적인 패배를 당했다. 북방혁명협회는 통주通州와 천진 등에서도 봉기를 모의했으나 성사되지 않았다. 이런 상황들은 원세개가 지배하는 지역들 역시 매우 불안정했음을 보여 준다.

혁명 측 역량의 총합은 원세개보다 우위에 있었다. 전국의 민심 향배 역시 마찬가지였다. 따라서 원세개는 반드시 강화를 통해 혁명을 답보 상태에 빠뜨림으로써 이들이 자신에게 굴복하도록 만들어야 했다. 원세개의 배후 세력인 제국주의

자들은 혁명전쟁이 장기화되는 것을 극력 저지하고 원세개에게 유리한 조건의 강화를 성사시키려 했다. 상해의 강화회의는 영국인들의 주선으로 시작되었으며, 실질적인 감독은 조던 북경 주재 영국 공사였다. 원세개가 열세 속에서 반드시 필요한 휴전을 얻어 낼 수 있었던 것은 제국주의 열강의 뒷받침이 있었기 때문이다.

한 회고록 저자는 "신해 무창봉기 이후 원세개가 혁명에는 찬성하지 않으나 청나라를 전복시키는 것에는 동의하는 입장이었음이 분명했다"고 말했다. 이 관찰은 사실과 부합한다. 즉 원세개는 청조를 뒤엎고 자기가 그 자리를 차지하려 한 것이지 결코 청조의 멸망이 자산계급 민주혁명의 승리로 귀결되도록 한 것이 아니다. 그가 혁명 진영 측 사람들의 요구대로 즉각 청을 무너뜨리지 않은 것은 북방에서 내부 충돌이 발생하는 것을 원치 않았기 때문이다. 만약 이러한 충돌이 발생한다면 가뜩이나 남방에 비해 힘의 열세에 놓인 상황은 더욱 불리해졌을 것이다. 그는 혁명 상황을 통해 청이 스스로 물러날 수밖에 없는 상황을 조성하는 한편, 청의 존망 문제를 혁명 진영과의 협상 카드로 활용했던 것이다. 원세개와 그 일파는 혁명 진영 스스로가 청을 무너뜨릴 힘이 있다고 생각하지 않고 중앙정부 수립도 미룬 채 원세개를 위해 대총통 자리를 비워 둔 것에 크게 고무되었다. 그래서 조금만 더 기다려 원세개가 청을 무너뜨려 주기만 한다면 혁명 진영이 그를 황제로 추대하는 것도 불가능하지 않다고 믿었다. 이러한 까닭에 원세개는 남측이 선물하는 대총통직에 크게 연연해하지 않았다. 그는 휴전을 통해 시간을 벌며 음모를 꾸며 나갔다.

손문의 임시 대총통 선출과 남경 정부 수립은 원세개에게 타격이 됐다. 원세개는 즉각 이에 대해 예민하게 반응했다. 그는 당소의가 월권을 저질러서 도저히 인정할 수 없는 합의를 도출했다고 선언해 버렸다. 원세개의 뜻에 따라 당소의는 손문이 임시 대총통으로 취임한 바로 당일 즉 1912년 1월 1일 대표직에서 물러났다. 1월 3일 원세개 일파인 풍국장과 단기서 등 48명의 고급 장교들은 공동으로 오정방에게 전보를 보내, 공화정에 단호히 반대하고 입헌군주정을 옹호한다고 밝혔다. 물론 공화에 반대한다는 것은 손문을 대총통으로 하는 남경 정부에 반대한다는 것이다.

이는 원세개가 부하들을 동원하여 남경 정부에 1차 경고를 한 것이었다.

원세개는 한구와 한양 점령 이후 무창의 여원홍과 암묵적으로 교감하며 평화를 유지하고 있었다. 남경 중앙정부가 수립된 후인 1월 5일 원세개는 군대를 한구에서 약 100리 떨어진 효감孝感으로 철수시키면서, 영국인을 통하여 무창 측에 한구와 한양에 진출하지 말라고 통보했다. 이에 여원홍은 그대로 하겠다고 답했다. 여원홍은 북벌을 입에 달고 있었지만, 실제로는 점점 더 원세개에게 종속되어 갔다. 원세개는 손문의 남경 정부를 고립시키기 위해 혁명 진영 내부에 대한 이간 공작을 서둘렀다. 한양과 한구에서의 철군은 그 일환이었다. 그 밖에도 원세개는 서주에 주둔하던 장훈의 부대를 남쪽으로 진격시켜 남경을 위협하기도 했다.

원세개는 여전히 주로 전쟁 이외의 수단으로 남경 정부 수립 이후의 상황에 대처하였다. 그는 당소의와 오정방의 회의를 중단시켰지만 휴전회담의 끈을 완전히 놓지는 않았다. 그는 스스로 나서서 오정방과 전보를 주고받으며 협상을 계속했다. 우선 1912년 1월 1일부터 휴전을 계속하기로 합의했다. 원세개와 오정방은 비밀전보를 통해 실질적인 협상을 진행했다. 상해에 계속 머물던 당소의도 오정방과 비밀리에 연락을 취했다. 그들이 논의했던 실제 내용은 청을 어떤 조건으로 종결시킬 것인가, 그와 동시에 어떻게 남경 정부를 없애고 모든 권력을 원세개에게 귀속시킬 것인가에 관한 것이었다. 이러한 담판과 맞물려 원세개의 뒷배인 제국주의 세력 및 원세개에게 포섭된 혁명 진영 내 인사들이 일제히 동원되어 여러 방면에서 남경 정부를 곤란에 빠뜨림으로써 남경 정부로 하여금 원세개가 설계한 함정에 빠질 수밖에 없게 하였다.

원세개는 남경 정부가 독자적으로 무엇인가를 할 수 없다는 것을 확신하고 나서는 역으로 청나라를 압박했다. 그는 1월 16일 내각총리 명의로 상주문을 올려서 기존의 병력과 예산으로는 토벌작전이 불가능하다고 강력히 주장했다. 이날부터 원세개는 병을 핑계로 조회에 참석하지 않고, 내각의 다른 각료들을 내세워 자기 대신 조정과 연락하게 했다.

황태후는 왕공귀족들을 모아 몇 차례 어전회의를 열었지만, 그들은 즉각 자신들의 통치권을 포기하는 결정을 내리길 원하지 않았다. 황족 재택載澤과 부위溥偉 등은 격분하여 원세개가 "혁명과 내통한 첩자"라고 질타했다. 비록 그들의 비분강개한 목소리에 어떤 힘이 있었던 것은 아니지만, 이 문제를 교착 국면으로 끌고 가기는 했다.

1월 26일, 귀족 소장파 영수인 양필良弼이 조정에서 귀가하던 중 폭탄공격에 살해당했다. 이번 암살은 북경과 천진 동맹회 회원들이 조직하고 혁명청년 팽가진彭家珍이 수행했다. 팽가진은 이 일로 장렬하게 희생되었다. 양필은 금위군 소속 여단장이었다. 금위군은 비록 풍국장이 대장으로 있었지만, 장교와 사병 중 많은 수가 만주족이었고, 양필은 그들에게 상당한 영향력을 갖고 있었다. 그래서 원세개와 양필은 갈등 관계에 있었다. 양필의 죽음은 사치스럽고 일신의 안위만 걱정하는 왕공귀족들이 감히 나서서 제정을 수호하고 원세개를 반대할 엄두를 내지 못하게 하였다.

양필이 암살된 바로 그날 원세개의 영향력 아래에 있는 장군들이 연명으로 황제의 즉각 퇴위와 공화정체 확립을 상주했다. 이 상주문에 이름을 올린 이들은 23일 전보로 공화정에 반대 선언을 했던 바로 그 인물들이었다. 다만 풍국장은 금위군 대장 신분으로 이러한 청원에 참여하기 불편했기 때문에 이름을 올리지 않았다. 이때에 이르러 원세개의 태도는 분명해졌다. 이미 원세개를 유일한 버팀목으로 선택했던 청 왕조로서는 퇴위 외에는 길이 없었다.

손문은 임시 대총통으로 취임할 당시 원세개가 청 왕조를 퇴진시키는 조건으로 그를 대총통에 추대한다고 약속했지만, 원세개는 남경 정부의 대총통이 될 생각이 없었다. 그는 청 왕조와 남경 정부를 모두 취소하고 그를 중심으로 남북을 통합하는 전국적 중앙정부를 조직할 것을 요구했다. 1월 16일 그가 조정에서 '제위의 존폐' 문제를 제기할 때 이미 오정방을 통해 남경 정부에 청 황제의 조정이 물러날 때 남경 정부도 즉시 해산해야 한다고 주장했다. 1월 26일 원세개 휘하 장군들은 상주문에서 다음과 같이 말했다.

명백한 조칙을 내려 국내외에 선포하고, 공화정부를 수립하며, 현 내각 및 국무대신 등으로 잠시 정부를 대표하여 조약과 국채 및 교섭이 완료되지 못한 제반 사항을 담당하도록 한 후 국회를 소집하여 공화정부를 조직하도록 해야 한다.[3]

즉 청 황제가 물러난 뒤에도 원세개의 내각이 존속하면서 청의 합법적인 후계자가 되어야 한다는 것이다. 이 구상대로라면 남경 정부는 어떠한 지위도 가지지 못하게 된다.

이에 대해 남경 정부는 격분했다. 1월 27일 손문은 각국 공사에게 전보를 보내 다음과 같이 주장했다.

대총통 본인은 원세개에게 대총통 지위를 양보하고자 했고 원세개도 이미 그렇게 하기로 동의했는데, 지금 원세개는 어찌 갑자기 남경 임시정부를 즉시 해산하라고 하는가? 이는 민국이 절대 따를 수 없는 일이다. 민국의 양보는 공화를 위한 것이지 원세개를 위한 것이 아니다.…… 원세개의 실제 의도는 북경 정부와 민국 정부를 동시에 해산시켜 홀로 대권을 독차지하려는 것이다.

3. 남경 정부의 유약한 태도

각 성의 도독부 대표회의는 한구에서 「중화민국 임시정부 조직대강」을 제정했고, 이 조직대강에 근거하여 남경 정부가 수립되었다. 이 조직대강에는 대총통만 규정하고 부총통은 규정하지 않았다. 손문이 임시 대총통에 취임하고 사흘 후 각 성의 도독부 대표회의는 임시 부총통직을 신설하기로 결정하고 무창의 여원홍을 임시 부총통으로 선출하였다.

---

[3] 『신해혁명자료』 제8책, 174쪽.

이 조직대강에 따르면 임시정부는 대통령 산하에 외교·내무·재정·군무·교통 등 5개 부처를 두고 그 인선은 모두 대총통이 제청하기로 되어 있다. 손문은 정부를 조직할 때 각 파벌 세력을 모두 만족시키기 위해 정부를 9부로 확대했으며, 9명의 총장 중 2명만 자산계급 혁명파로 임명했다. 황흥 육군총장과 채원배蔡元培 교육총장이 그들이다. 외교총장을 지낸 왕총혜王寵惠는 1905년 미국 예일대 졸업생으로 유럽 시절 손문과 가까웠고 동맹회에 참가했지만 정치적 성향은 온건한 입헌파였다. 그 외 6명 총장도 모두 입헌파와 전직 관료 출신들이었다. 강소의 입헌파 대자본가 장건이 실업총장, 절강의 입헌파 유지 탕수잠이 교통총장에 임명됐다. 당초 손문은 동맹회의 송교인宋教仁을 내무총장으로 임명하려 했지만 반발에 부딪쳐 결국 전직 관료 정덕전을 임명하게 되었다. 진금도陳錦濤 재정총장, 황종영黃鍾瑛 해군총장, 오정방 사법총장도 청 관료 출신이었다. 이들 총장과 차장의 명단은 1월 3일에 확정됐다.

여원홍은 부총통직을 흔쾌히 수락했지만 지역 기반인 호북을 떠나 남경으로 가지 않았고, 그 외 총장에 임명된 사회 유명 인사나 전직 관료들도 일체 부임하지 않았다. 남경 임시정부는 마치 비바람에 휘청거리는 것과 같은 상태였기에, 그들은 어려움을 분담하려 하지 않았다. 손문의 핵심 조력자인 육군총장 황흥은 참모총장도 겸하고 있었다. 남경 정부 업무에 참여한 각 부 차장과 다른 관원들 중에는 관직을 추구하는 기회주의적 정치인도 있었지만, 대다수는 자산계급 민주주의 성향의 젊은이들이었다.

또한 임시정부 조직대강은 입법기관으로 참의원을 설치한다고 규정했다. 참의원은 각 성의 도독부가 파견한 참의원으로 구성된다. 참의원이 1월 28일 출범했다. 이로써 임시정부의 기구가 모두 갖추어졌다.

혁명이 일어나기 전 자산계급은 이미 정치적으로 입헌파와 혁명파로 양분되어 있었다. 혁명이 일어나자 입헌파는 줄지어 입헌군주의 기치를 버리고 공화를 주장하며 혁명에 동참했다. 그러나 입헌파의 본질은 그대로였기에, 그들은 지주, 매판자본과 타협하여 공화정을 이루자고 주장했다. 이러한 입헌파의 주장은 혁명이 성공했다고 여기거나 적어도 성공 가능성이 높다고 여기는 자산계급과 소자산계급 혁명파들로부터 긍정적인 호응을 얻었다. 즉 표면적으로는 입헌파가 혁명의 조류에 순응한 것이지만, 실제로는 혁명파가 사상·정치적으로 입헌파에 상당 부분 동화된 것이다. 자산계급이 주체가 된 남경 임시정부의 정권은 자산계급 혁명파와 자산계급 입헌파의 연합정권이라고 할 수 있는데, 이 연합에서 실제 우세한 사상은 도리어 자산계급 입헌파의 사상이었다.

이 시기 동맹회는 더 이상 자산계급 혁명파 조직으로서 지도적 역할을 할 수 없었다. 남경 임시정부에 몸담았던 오옥장吳玉章은 "동맹회는 광주봉기 실패 이후 결속이 약화됐고, 무창봉기 이후에는 사실상 와해 상태에 빠졌다. "혁명군은 일어났는데 혁명당은 사라졌네"라고 한 장병린의 말은 대단히 잘못된 말이지만 당시 상황을 묘사함에 있어서는 오히려 사실에 부합된다.

입헌파에 부화뇌동한 동맹회 회원도 있었다. 일례로 1911년 겨울 상해에서 오정방과 장건을 중심으로 「공화통일회 의견서」가 발표되었는데, 발기인 중 일부는 당시 유명한 동맹회 회원이었다. 이 의견서는 '공화정체'를 주장하고 '즉각 북벌'을 주장하기는 했지만 민주와 자유의 분위기가 만연하여 '질서 회복'이 어려울 것을 우려하기도 했다. 또한 의견서는 전쟁의 장기화는 필연적으로 열강의 간섭을 초래하기에 "열강들의 간섭을 면하려면 빨리 혁명을 성공시키는 것이 이롭다"고 주장했다. 혁명 개시 국면에서부터 벌써 혁명의 과잉을 경계하고, 혁명이 조속히 성공하지 못하면 반드시 큰 재앙이 있을 것이라고 여기는 자체가 혁명을 두려워하고 하루빨리 혁명을 종식시키고자 하는 상층 자산계급의 사고방식을 반영한 것이다.

일부 동맹회 회원들은 따로 정당을 조직하기도 했다. 장병린은 1912년 초 일부 광복회 회원을 주축으로 '중화민국연합회'를 결성했고, 얼마 후 이 조직은 입헌파 명사 장건과 탕수잠, 탕화룡 그리고 전직 관료 정덕전 등과 연합하여 '통일당'을 창설했다. 호북의 동맹회 회원인 손무와 장진무 또한 여원홍을 추대하여 정당 성격의 '민사民社'를 결성했다. 당연하게도 이들이 조직한 정당은 혁명을 목적으로 한 것이 아니었다. 그들은 모두 원세개와의 타협을 주장했다.

와해 상태에 빠진 동맹회는 손문이 귀국하기 전까지 상해에서 동맹회 본부 명의로 선언문만 겨우 발표했다.[4] 이 선언문은 화려하기만 할 뿐 실속 없는 문구들로 가득 차 있었고, 무창봉기 이후의 상황과 동맹회의 역할에 대해서는 어떠한 구체적인 언급도 하지 않았다. 귀국 후 손문은 상해에서 당원회의를 소집하여 선언문을 발표했는데, 이 선언은 앞의 것보다 좀 더 실제적인 내용을 담고 있다. 손문은 선언문에서 당원들 간 "생각이 서로 맞지 않고 의견이 서로 엇갈리며", "선과 악을 가려낼 수 없고, 좋고 나쁨이 뒤섞여 있다"고 지적하면서 혁명의 성공 여부는 아직 판가름 나지 않았으며, 여전히 혁명당원들의 노력과 분투가 필요하다고 주장했다. 또한 그는 "혁명군은 일어났는데 혁명당은 사라졌네"라는 표현에 대해 반박하면서 "우리 당의 책임은 민족주의에서 그치는 것이 아니라 민권주의, 민생주의에서 완성된다"고 했다.

이 글은 동맹회를 '개조改造'하겠다고 선언한 것이지만, 사실 이것은 불가능한 일이었다. 남경 정부 수립 후인 1912년 2월 동맹회는 남경에서 회의를 열고 새로운 회칙에 의거한 선거를 실시하였다. 그 결과 손문이 총리로 선출되었고, 협리로 추대된 두 명 중 한 명은 황흥이었고, 다른 한 명은 스스로 참가 의사를 밝힌 적도 없고 또 이미 별도의 당을 조직한 여원홍이었다. 당시 남경과 무한 간에는 대립 국면이 조성되어 있었기 때문에 동맹회는 여원홍에게 부통령 지위를 부여하는 것에 더하여 그를 당으로 끌어들이는 편이 더 나을 것으로 여겼다. 그러나 이러한 개편은 동맹회 조직을 더 건전하고 견고하게 만들지 못했다. 심지어 지도 기관인 동맹회 본부도 제대로 구축되지 못했다.

여전히 청나라 통치하에 있는 성에서도 그리고 남경을 비롯한 청 치하에서 벗어난 성에서도 동맹회 참가 여부와 상관없이 수많은 지사들이 독립적이고 민주적인 신중국 건설이라는 선한 염원을 품고 분투해 나가며 심지어는 자신의 목숨조차 아깝게 여기지 않았다. 그러나 동맹회 본부는 이러한 진취적인 역량을 지도하고

---

4) 추로, 『중국국민당사고』 제2편, 491~493쪽.

조직하지 못하였다. 그들은 이상과 현실이 어긋나자 점차 의기소침해지거나 수구 세력에 동화되어 갔다. 동맹회의 선언과 규정 어디에도 노동 인민대중, 특히 농민대중에 잠재되어 있는 막강한 혁명 역량을 어떻게 각성시키고 조직할 것인가 하는 문제에 대한 고민이 담겨 있지 않았다.

손문을 수반으로 하는 남경 정부는 그들이 직면한 많은 어려움을 해결할 능력이 없는 지극히 취약한 상태였다. 남경 정부가 휴전회담을 인정하지 않을 수 없었던 것은 군사작전 능력이 없었기 때문이다. 각 성의 군대 지휘권은 모두 각 성 당권파의 수중에 있었다. 강서와 절강, 광동, 광서 등의 일부 부대가 내부 갈등 끝에 성을 빠져나와 북벌의 명목으로 남경 일대로 모여들었지만, 남경 정부에 손을 내밀기만 할 뿐 남경 정부의 지휘를 따르지는 않았다. 육군총장 겸 참모총장인 황흥은 기본적으로 허수아비 사령관이었다. 남경 정부는 6로路 진군계획을 제시했다.

> 호남·호북에서 제1군을 편성하여 경한京漢철도를 따라 전진하고, 영하·안휘에서 제2군을 편성하여 하남으로 전진하여 개봉과 정주 사이에서 제1군과 합류한다. 강소에서 제3군을 편성하고, 연대煙臺에서 제4군을 편성하여 산동으로 전진하여 제남에서 합류한다. 진황도秦皇島에서는 관외關外의 군대와 회합하여 제5군을 편성하고, 산서·섬서에서는 제6군을 편성하여 북경을 향해 전진한다. 1·2·3·4군은 1차 목적을 달성한 뒤 5·6군과 합류하여, 만청滿淸의 소굴을 공격할 것이다.

그러나 강화 국면은 끝까지 이어졌고, 일면 거창해 보이는 이 계획은 탁상공론에 그치게 되었다. 하지만 호북의 여원홍, 호남의 담연개, 복건의 손도인, 광서의 육영정과 심병곤沈秉坤 및 기타 군대를 보유한 지방 당권파들은 남경 정부에 격앙된 전보를 보내 휴전 국면에 단호히 반대하며 즉시 북벌에 착수할 것을 강력히 주장했다. 그러나 이들은 목소리만 클 뿐 전혀 행동하지 않았고, 강화와 정전 및 이로 인해 원세개에게 굴복하는 책임을 모두 남경 임시정부에 전가했다.

남경 정부는 출범에서부터 "중앙 재정 부족"을 호소하지 않을 수 없었다. 그들은 각 성들로부터 어떠한 재정 지원도 받지 못했다. 당시 세관은 외국인이 관리했고 세관 수입 중 외채를 상환하는 데 사용되고 남은 잔액은 청 정부의 중요한 재정 수입이었다. 남방 각 항구 세관의 서양인 세무사들은 자국의 채권을 보호한다는 구실로 모든 세입을 통제했다. 남경 정부는 이들로부터 한 푼도 받을 수 없었다. 남경 정부는 공채를 발행하는 방법으로 재원을 마련하고자 했지만 이 역시 실패했다. 외국으로부터 차관을 들여오려 해도 외국 은행들은 남경 정부가 차관 도입의 자격이 있다고 인정하지 않았다. 결국 남경 정부는 장건 등 상해의 자본가를 통해서 간신히 일본 대창양행大倉洋行으로부터 250만 원을 빌렸다. 1912년 2월 말(이때는 청나라 황제가 물러나고 남경 정부도 해산되기 직전이다.)에 이르러 원세개가 영국·미국·독일·프랑스 4개국 은행단으로부터 500만 냥의 차관을 도입하여 이 중 200만 냥을 남경 정부에 유지비용으로 전달했다. 남경 정부는 재정 문제를 해결하기 위해 장건 등에게 도움을 청할 수밖에 없었고, 심지어 원세개가 외국에서 도입한 차관을 나누어 먹어야 하는 처지였으니 강건한 의지가 생길 리 만무했다.

남경 정부가 존속한 3개월 동안 다양한 개혁 명령이 반포되었다. 고문과 신체형벌, 인신매매를 금지했으며, 청나라 관청의 호칭을 혁파했고, 학교에서는 『대청회전大淸會典』, 『대청율례大淸律例』, 『황조장고皇朝掌故』, 『국조사실國朝事實』 및 "기타 민국 정신을 저해하는" 과목들을 일률적으로 폐지하고 초등학교에서는 '독경과讀經科'를 폐지했다. 그리고 또 '실업 진흥 상품개량'에 관한 일부 통고문도 발표하였다. 남경 임시정부가 발표한 명령 중 농촌과 관련된 것은 "모든 중화민국 원년 이전 체납된 토지세, 정잡전량正雜錢糧, 조량漕糧 등을 모두 면제한다"는 것뿐이다. 앞의 명령들과 마찬가지로 이 명령 역시 실행되지 못하였다. 설사 실행되었다 하더라도 농촌의 봉건적 구조에는 아무런 영향도 주지 못했을 것이다.

손문의 남경 총통부는 원래 양강 총독의 관아에 설치되었는데, 이곳은 태평천국 천왕부의 옛터이다. 태평천국에서 손문의 남경 정부까지 반세기가 흘렀다. 이 기간 동안 단순한 농민혁명에서 자산계급 민주혁명으로 발전하며 중국 역사는 크게 한 걸음 앞으로 나아갔다. 그러나 손문의 남경 정부는 수많은 농민 속에 잠재된 반봉건투쟁의 열정을 각성시키지 못했다는 치명적인 약점이 있다. 반면 태평천국은 제한적으로나마 이를 각성시키고 발휘해 냈었다.

4. 청 왕조의 멸망과 남경 정부의 해산

1912년 2월 12일 청 황제가 퇴위를 선언했다. 이로써 청나라 260여 년의 통치는 물론 2천여 년에 걸친 황제의 전제군주도 종식됐다. 이것은 이번 자산계급 민주혁명의 위대한 승리였다.

사실 이 승리 이면에는 패배가 감추어져 있다. 물론 혁명의 조류가 없었다면 청 왕조의 붕괴는 불가능했겠지만, 혁명 진영은 그것을 자력으로 해내겠다는 자세를 보이지 못했다. 전체 상황을 관리했던 원세개는 혁명 진영이 제시한 중대한 타협과 양보의 대가로 청 황제에게 스스로 퇴위를 선언할 것을 강요했다.

남경의 참의원은 원세개의 제안에 따라 '청 황제 퇴위 후의 우대조건'을 결정했는데, 이는 청 황제가 황제의 존호를 그대로 유지하고 궁궐에 머물며, 민국 정부는 외국 군주의 예를 따라 연간 4백만 원의 비용을 지급하고, 궁내의 각종 집사執事 인원들도 그대로 승계하며, 황제의 사유재산을 특별히 보호한다는 내용이다. 또한 황족에 대한 대우도 규정되어 있어 왕공 등 작위가 그대로 유지되고 그들의 사유재산도 일률적으로 보호된다고 했다.

혁명 진영의 타협과 양보는 청 황실에 대한 우대에 그치지 않았다. 더 큰 것은 원세개의 뜻대로 청 왕조가 퇴진한 이후에 남경 정부도 해산된 것이다. 원세개는 청의 퇴진을 협박할 때부터 이미 오정방을 통해 남경 정부에 청 황제가 퇴위하는 즉시 해산할 것을 요청했다. 오직 손문만이 이 요구에 저항했다.

손문은 1월 18일부터 20일까지 연속 몇 개의 전보를 오정방에게 보내 원세개

측에 다음의 세 가지 항을 제시하라고 요구하였다.

> 첫째, 청 황제가 퇴위하면 정권이 동시에 소멸되는 것이므로 그 신민(臣民)을 사사롭게 주고받을 수 없다. 둘째, 북경에 임시정부를 세울 수 없다. 셋째, 각국이 중화민국을 승인한 후 임시 대총통이 사임하고 참의원에서 원세개를 대총통으로 추대한다.[5]

이 세 가지는 원세개에 대한 일종의 방어선이었다. 이 세 가지 조항에 따르면, 청 황제는 정권을 원세개에게 사사롭게 줄 수 없으며, 원세개는 남경 정부 외에 별도의 정부를 세울 수 없다. 손문은 여기에서 원세개를 대총통으로 추대하겠다는 약속을 재확인했지만, 자신의 대총통직 해임을 '각국이 민국 정부를 승인'한 이후로 연기했다. 그는 남경 정부가 일단 제국주의 열강들로부터 전국을 통일하는 정권으로 승인받으면 원세개는 성실하게 민국의 대총통이 될 수밖에 없고 더 이상 다른 계책을 꾀할 수 없을 것이라고 생각했다.

그러나 원세개 및 북방과 남방의 원세개 지지자들은 손문의 세 가지 조건을 안중에도 두지 않았다. 청의 황태후와 황제 명의로 발표된 퇴위 조서는 원세개가 상해에 있는 장건에게 초안을 의뢰한 것이다. 이 조서에 다음과 같이 적혀 있었다.

> 원세개는 전에 자정원에서 선출한 총리대신으로, 신구 체제가 교체되는 이 시점에 남북을 통일해야 하는 측이 있어야 하기에, 원세개가 전권을 갖고 임시 공화정부를 조직하여 민군과 통일 방법을 협의해야 한다.

원세개는 이 퇴위조서에 근거하여 즉각 자신이 '임시 공화정부를 조직하는 전권을 가진' 수반임을 선포하고, 기존 내각의 각 대신들을 각 부의 수장으로 개칭하였다. 이것은 손문이 제기한 위 세 가지 조건 중 앞의 두 가지를 정면으로

---

[5] 손문이 1912년 1월 20일에 오정방에게 보낸 전보. 『총리전집』, 「文電」, 10쪽을 참고.

위반한 것이었다. 청 황제가 퇴위하면서 원세개에게 사사롭게 정권을 넘겼으며, 북경에 청 정부를 계승한 '임시정부'가 나타나 남경 정부를 병합하려고 시도했기 때문이다.

혁명 진영 내 원세개의 지지자들은 이 청의 내각총리대신 덕분에 혁명이 성공하기라도 한 듯 소란스럽게 원세개를 칭송했다. 그들이 조성한 분위기는 손문에게 즉각 사직함으로써 대총통직을 양보하겠다는 약속을 이행하도록 강요했다. 2월 14일 손문은 이러한 분위기와 형세의 압박 속에 상원에 사직서를 제출했다. 15일 참의원은 원세개를 임시 대총통으로 선출했고, 여원홍은 부총통으로 추대되었다. 원세개에게 전송된 참의원의 통보전문에서는 그를 '세계 제2의 워싱턴, 중화민국 제1의 워싱턴'이라고 불렀다.

남경 정부는 수립 이후 두 차례나 제국주의 열강에게 '승인'해 줄 것을 호소했지만 열강들은 이를 묵살했다. 손문은 열강이 남경 정부를 승인한 후 사임하겠다는 당초 주장을 포기할 수밖에 없었으나, 그는 2월 14일 사임할 때 다음의 세 가지 사항을 명시했다.

1. 임시정부를 남경에 설치한 것은 각 성 대표들이 논의하여 결정한 것으로 변경할 수 없다.
2. 임시 대총통 사임 후 참의원에서 추대한 새 대총통이 직접 남경으로 와서 취임할 때 임시 대총통 및 각급 국무위원을 퇴임시킨다.
3. 임시정부의 약법約法은 참의원이 제정한 것으로 새 대총통은 반드시 모든 법제와 규약을 준수해야 한다.

임시 대총통 손문은 사임했지만, 이 세 가지 사항에 근거하여 아직 '퇴임'하지는 않았다. 새로 선출된 원세개가 남경에서 취임하여 손문과 기존의 국무위원들을 퇴임시키기 전까지 남경 임시정부는 계속 존재했다.

남경 정부는 채원배와 송교인, 왕정위 등 8명의 대표단을 북경에 파견하여 원세개가 남경으로 와서 취임할 것을 요구했다. 원세개는 특사를 성대하게 환영하면서 이 문제를 '진지하게 논의'하는 한편, 그의 측근인 조곤曹錕에게 비밀 명령을 하달하여 예하 부대를 이끌고 북경에서 갑자기 반란을 일으켜 상인과 시민들을 약탈하고 혼란을 조성하도록 함으로써, 그가 북경을 비우면 북방정세를 안정시킬 수 없음을 입증하려 했다. 천진과 보정에서도 군사반란이 이어졌다. 해외 제국주의자들은 곧 이에 대응하여 북경과 천진 일대의 열강 주둔군이 출동하고 일본군도 진황도에 상륙하는 등 북방의 형세가 원세개가 북경을 떠나기만 하면 곧 내우외환이 닥칠 것처럼 보였다. 여원홍을 비롯한 혁명 진영의 원세개 지지자들은 한목소리로 그의 주장대로 처리하라고 남경 정부에 요구했다.

남경 정부는 재차 물러나서 원세개가 북경에서 임시 대총통으로 취임하는 것을 인정했다. 3월 6일 남경 측은 원세개가 남경 참의원에 전보를 보내 취임선서를 하고, 파견할 국무총리와 국무위원 명단을 전보로 참의원에 알려주어 동의를 구한 뒤, 국무총리가 남경에서 임시정부를 접수하면 손문이 해임되는 방안을 제시했다. 원세개가 이것을 반대할 이유는 전혀 없었다. 남경 정부의 주장대로 된 것은 원세개가 입을 대총통의 예복이 청 황제가 하사한 것이 아닌 남경 정부가 수여한 것이어야 한다는 것뿐이었다.

3월 11일 손문은 임시 대총통의 명의로 참의원에서 통과된 「중화민국임시약법」을 공포하였다. 모택동毛澤東은 이에 대해 "민국 원년의 「중화민국임시약법」은 그 시대치고는 상당히 훌륭했다. 물론 불완전하고 결함이 있으며 자산계급적이었지만, 혁명적이고 민주적이었다"고 평가했다. 그의 평가처럼 이 약법은 정식 헌법이 제정되기 전 임시적인 헌법으로 인정되었다. 손문은 이 약법만 있으면 원세개를 통제하고 자산계급의 민주공화국을 수립할 수 있을 것으로 믿었지만, 이것 역시 공허한 이상이었다.

3월 10일 원세개는 북경에서 임시 대총통 취임을 선포하였다. 「임시약법」은 대총통이 국무총리와 각 부의 총장을 임명할 때 반드시 입법기관인 참의원의 동의를 받도록 하는 책임내각제를 규정하고 있다. 3월 13일 원세개는 그의 오랜 친구인 당소의를 국무총리로 임명하였다. 당소의가 남경에 도착하여 각 부처의 총장을 제청한 후, 4월 1일 손문은 대총통직 퇴임을 선포했다.

혁명의 결과로 수립된 남경 임시정부는 3개월의 짧은 생을 마감했다. 이 석 달 내내 남북 두 정부는 대립했다. 4월 2일 참의원은 원세개의 뜻에 따라 북경으로 이전하기로 결정했다. 결국 형식적으로도 완전한 승리를 거둔 것은 원세개였다.

5. 산산이 부서진 제국주의에 대한 환상

남경의 임시정부가 해산되고 손문이 퇴임하여 원세개에게 대총통직이 양위되는 순간 신해혁명은 종말을 고했다. 제국 중국이 민국 중국으로 간판을 바꾸어 달았지만, 자산계급의 민주공화국 건설이라는 목표에서 보면 혁명은 실패로 끝난 것이다. 그로부터 12년 뒤인 1924년 손문은 「중국 국민당 제1차 전국대표대회 선언」에서 신해혁명의 교훈을 되새기면서 다음과 같이 말했다.

> 그 당시에는 상황에 쫓겨 어쩔 수 없이 반혁명적 전제계급과 타협을 도모했다. 사실 이러한 타협은 제국주의와 간접적으로 영합한 것이다. 이것은 혁명이 실패한 가장 근본적인 원인이 됐다.
>
> 원세개라는 자는 북양군벌의 수괴로 당시 열강들과 결탁했고 군벌과 관료 무리 등과 같은 모든 반혁명적 전제계급이 그에 의지하여 생존을 도모했는데, 정작 혁명 당원들은 그에게 정권을 양도하였으니, 혁명이 실패한 이유를 더 말할 것이 무엇이겠는가!

원세개의 배후에는 제국주의가 있었고, 원세개와 타협하는 것은 곧 제국주의와 타협하는 것이라는 결론은 매우 정확하다.

남경 임시정부가 막 수립되었던 1월 5일에 임시 대총통 손문의 명의로 대외 공문을 발표했는데, 그 공문에서는 "세계 각국이 우리 인민들의 선린우호의 뜻을 잘 알지 못할까 염려되어, 아래의 각 조목을 여러 우방들에게 진술하니, 본국과 각 우방들이 잘 살피기를 바란다"고 말했다. 그리고 여덟 가지 항목을 열거했는데, 앞의 세 항목은 다음과 같다.

1. 혁명 이전에 청나라 정부와 각국이 체결한 모든 조약에 대해 민국은 모두 유효하다고 간주하며, 조약의 기간이 만료되어야 종료된다. 그러나 혁명 거사 이후에 체결된 것은 그렇지 않다.
2. 혁명 이전에 청 정부가 빌린 외채와 인정한 배상금도 민국이 상환 책임을 인정하고 조건을 변경하지 않는다. 혁명군이 일어난 후의 것은 그렇지 않다. 혁명에 앞서 차관을 협의하고, 혁명 이후에 빌린 것에 대해서는 역시 인정하지 않는다.
3. 혁명 이전에 청 정부가 각 국가 또는 개인에게 양도한 각종 권리는 중화민국 정부도 그대로 존중한다. 혁명군이 일어난 이후의 것은 그렇지 않다.

이 문서는 제국주의에 대한 자산계급 혁명파의 비현실적인 환상을 잘 보여준다. 그들은 중국을 독립시켜 세계 각국과 대등하게 지내기를 바랐으며, 그들의 혁명이 제국주의의 앞잡이인 청 정부를 무너뜨리는 것이라고 여겼지만, 제국주의자들이 청 정부와 맺은 모든 불평등조약을 무조건적으로 인정했다. 물론 갓 수립된 혁명정부 입장에서 이 모든 것을 즉각 무효화하는 것이 비현실적이기는 하지만, 혁명파는 제국주의자들의 중국 내 기득권만 보장하면 제국주의 열강들이 자산계급 민주국가로 중국이 개조되는 것을 지지할 것이라고 생각했다. 그러나 이것은 환상이었다.

제국주의 국가의 무력간섭에 대한 우려는 남경 정부가 원세개와 타협에 나서게 된 중요한 요소였다. 남북평화회담 과정에서 원세개 계열의 군벌과 관료들은 동분

서주하면서 국사가 위급하고 외국 간섭이 임박했다고 떠들었고, 이를 근거로 남쪽의 양보를 강요하였다. 혁명 진영에도 이런 공포를 확산시키는 데 발 벗고 나선 이들이 많았다.

남경 정부는 외국이 인정하지 않을 수 없도록 국내 입지를 다지는 것이 아니라 제국주의 열강의 승인을 받아냄으로써 북방 정부를 대상으로 협상력을 높이려 했다. 또한 남경 정부는 외국으로부터 차관을 얻어 재정난을 타개하려 하였으나 여러 국가들로부터 거절을 당했다. 남경 정부는 광대한 인민의 자력갱생에 의존할 수 없었고 결국 제국주의는 남경 정부를 승인하지 않음으로써 그들이 더 이상 존속될 수 없게 만들었다.

청 왕조가 퇴진을 선언하고 원세개가 북경 정부를 인수한 후, 영국·프랑스·독일·미국 4개국 은행단은 북경 정부와 막대한 차관을 협상하기 시작했고, 최종 합의가 이루어지기도 전에 차관의 일부를 제공했다. 원세개의 북경 정부가 남경 정부를 합병할 수 있었던 것은 제국주의의 재정 지원에 힘입은 바가 크다.

원세개의 정부는 손문의 남경 정부가 얻어 내려고 애썼지만 얻지 못했던 열강들의 승인을 얻어 냈다. 1913년 5월 2일 미국이 최초로 중화민국을 승인한다고 선포했다. 그해 10월 6일 국회가 원세개를 대총통으로 공식 선출했을 때 다른 열강들도 이를 인정했다. 그들이 손문의 중화민국에 대한 승인은 거부하고 원세개의 중화민국만 승인한 저의는 분명했다.

원세개는 1913년 10월 10일 정식으로 대총통에 취임하면서 발표한 선언문에서 다음과 같이 밝혔다.

이전 청 정부와 중화민국 임시정부가 외국 정부와 맺은 모든 조약, 협약, 공약은 반드시 준수해야 하며, 또한 전 정부가 외국 회사와 인민들과 맺은 정당한 계약도 준수해야 하고, 또한 각국 인민들이 중국에서 국제 계약 및 국내법에 따라 향유하는 권리와 면책특권에 대해서는 친선을 도모하고 평화를 보장하기 위해 확실히 인정할 것이다.

원세개의 이러한 저자세는 그의 '민국 정부'가 청 정부 매국 전통의 계승자임을 보여 주는 것이었으며, 이는 제국주의 열강들을 완전히 안심시켜 주었다.

한 가지 짚고 넘어가야 할 것은 신해혁명 때 제국주의 열강들이 손문이 아닌 원세개를 택했다는 점에 대해 자산계급 혁명파는 자부심을 느껴도 좋다는 것이다. 비록 자산계급 혁명파에게 중국을 진정으로 독립시켜 세계 각국과 대등하게 만들 능력은 없었지만, 그리고 비록 그들이 제국주의에 대한 비현실적인 환상을 가지고 있기는 했지만, 그들이 중국을 이끌어 나가고자 했던 길이 제국주의 열강들의 희망과 상반되었다는 점은 분명했다.

신해혁명은 실패했다. 황제가 대총통으로 바뀌었지만 중국은 여전히 제국주의 열강 치하의 반식민지·반봉건 국가였다. 신해혁명이라는 격렬한 진통을 겪고도 기대했던 독립과 민주를 얻지는 못했지만, 그 진통이 허사가 된 것은 아니었다. 2천 년 넘게 이어져 온 군주제를 무너뜨리고 중국 땅에 민주공화국의 깃발을 세운 것은 결코 작은 일이 아니다. 이때 이후로 민주의 조류를 거스르며 제정을 회복하고 독재 통치를 행하려는 사람과 정치집단은 인민의 반대에 부딪혀 그 누구도 성공하지 못했다.

모택동이 『신민주주의론』에서 지적했듯이 신해혁명은 "보다 완전한 의미에서 제국주의와 봉건세력에 반대해 독립된 민주주의 사회를 만들기 위해 투쟁하기 시작한 혁명"이었다. 태평천국과 무술유신, 의화단운동은 모두 외세와 봉건세력에 반대하는 의미를 담고 있지만, 자산계급과 소자산계급이 이끈 신해혁명은 확실히 더 완전한 혁명을 추구했다.

신해혁명의 실패는 자산계급과 소자산계급의 지도자들이 지닌 치명적인 문제점에서 기인했다. 그들의 문제점은 바로 중국의 광범위한 기층민중 특히 농민들의 혁명역량을 충분히 이끌어낼 정확하고 강력한 지도력을 보여 주지 못했다는 것이다. 인간 특히 앞서가는 인간은 실패로부터 배운다. 신해혁명의 실패는 중국 인민의 반제·반봉건 혁명투쟁이 새로운 단계로 진입하여 더 높은 수준에서 계속 전개될 것임을 예고했다.

제5부

신민주주의 혁명으로의 이행

5·4운동을 거치면서 중국 근대사에 중대한 변화가 일어났고, 중국 무산계급은 하나의 독립된 계급으로 역사에 등장하기 시작했다. 무산계급은 자산계급을 대신하여 중국 민족·민주 혁명의 지도자가 되었다. 5·4운동은 자산계급이 이끄는 구민주주의 혁명의 종식과 무산계급이 이끄는 신민주주의 혁명의 시작을 알렸다. 이때부터 중국 근대사는 새로운 장을 맞이하게 된다.

제1장
원세개의 반동 통치와 반원세개 투쟁

1. 1913년 국민당의 반원세개 운동의 실패

    신해혁명의 과실이 원세개로 대표되는 대지주 및 매판자본에 의해 찬탈되었음에도 자산계급 혁명파는 이 점을 즉각 인식하지 못했다. 1912년 3월 원세개가 임시 대총통에 취임했을 당시의 몇몇 피상적인 지표들은 자산계급 혁명파들에게 그들이 실패하지 않았다는 믿음을 주었다.

    첫째, 원세개는 남경 임시정부의 「임시약법」을 인정할 수밖에 없었고, 이 약법에 따르면 국가 행정 권력은 주로 대총통이 아닌 내각에 있었다. 둘째, 원세개가 임명한 내각총리 당소의는 동맹회에 참여하려고 할 정도로 자산계급 민주주의 사상을 가진 관료였다. 셋째, 당소의 내각의 장관 10명 중 4명이 동맹회 회원이었다. 넷째, 남경에서 북경으로 옮겨 간 임시 참의원(「임시약법」에 따라 의회 성격을 가졌다.)에서 동맹회가 상당한 의석(130석 중 40여 석)을 차지하였다. 그 밖에도 당시 혁명의 풍파를 거친 여러 성들의 당권 실세들 중에는 동맹회 회원이 적지 않았다.

    손문은 퇴임 직후인 1912년 4월 연설을 통해 다음과 같이 강조했다.

우리 중국은 민족혁명, 정치혁명에는 성공했지만 사회혁명은 아직 시작되지도 못했다. 따라서 지금은 사회사업이 매우 중요하다.…… 나는 이번 퇴임으로 인민을 위한 사업의 발기인이 되겠다.[1]

중화가 허약한 것은 백성이 가난하기 때문이다. 보아하니 열강들이 부를 축적할 수 있었던 토대는 바로 산업에 있다. 이제 공화가 막 성취되었으니, 산업을 진흥시키는 것은 가난에 대한 처방전이요, 현재 가장 필요한 정책이다.[2]

손문은 사회사업에 종사하고 산업을 진흥시키는 것이 혁명이 달성된 이후 자신의 임무라고 생각했다. 그러나 현실은 민주공화국이라는 간판 아래 원세개가 차근차근 독재통치를 강화하고 있었다. 「임시약법」도, '책임내각'도, '임시 참의원'도 그에게는 걸림돌이 되지 않았다. 당소의는 원세개의 오랜 친구로 동맹회 가입 역시 원세개가 동의한 것이었다. 그러나 책임내각의 권한을 행사하려다가 원세개에게 용납받지 못했고, 결국 두 달 만에 핍박을 못 이겨 사퇴했다. 그와 함께 동맹회 출신 각료 4명도 함께 사퇴했다. 6월 말 원세개는 신임하는 육정상陸徵祥 전 외교총장을 내각총리에 임명했다. 그리고 다시 9월에는 내무총장이었던 조병균趙秉鈞(원세개의 심복)을 내각총리에 임명했다. 내각의 이런 변동에도 동맹회 지도자들은 불안함을 느끼지 않았다.

동맹회의 지도자 중 한 명인 송교인은 자산계급적 의회 정치에 심취해 있었다. 그는 곧 출범할 정식 국회에서 다수 의석을 차지해 스스로 내각을 구성할 수 있도록 동맹회를 개편하고 조직을 확대해야 한다고 주장했다. 그의 주장은 황흥 등의 후원을 받았다. 1912년 8월 동맹회는 국민당으로 개편되었다. 국민당은 여전히 손문을 지도자로 받들었지만, 실제 핵심 인물은 송교인이었다.

---

1) 『손중산전집』 제2권(중화서국, 1981년판), 335쪽.
2) 「산업을 일으키는 것은 가난을 구하는 양약」(興發實業爲救貧良藥, 민국 원년 4월 17일 손문의 상해 실업연합회 환영회 강연 요지). 『총리전집』, 「演講」 을, 1쪽을 참고하라.

당시 임시 참의원에는 동맹회와 거의 같은 의석수를 지닌 당이 있었는데, 그 당은 공화당이라고 불렸다. 공화당은 여원홍이 대표였으며, 핵심 인물로 장건과 정덕전 등이 있었다. 이 당은 원세개를 옹호하고 동맹회를 반대했다. 그 밖에 통합공화당 등 몇몇 정치단체도 있었는데, 대부분 전직 관료 출신 정치인과 입헌파 인사들 중심으로 구성되어 있었다. 송교인은 국민당을 조직하면서 통합공화당과 몇몇 소규모 정치단체 그리고 그 밖의 전직 정치인과 관료들을 대거 끌어들였다.

당시는 아직 혁명의 열기가 뜨겁던 때였기 때문에 원세개는 손문과 황홍 같은 명망 있는 혁명 지도자를 끌어들여 자신의 위신을 높일 필요가 있었다. 1912년 8월 하순 그는 먼저 손문을 북경으로 초청하여 상빈의 예로 대접하면서 국가대계를 함께 의논하였다. 이 회담을 통해 원세개는 자신이 민국의 훌륭한 원수가 될 것이라는 확실한 믿음을 손문에게 주었다. 손문은 원세개가 10년 동안 대총통직을 맡길 희망하며, 자신은 철도 건설에 매진할 것이라고 밝혔다. 이에 원세개는 손문에게 '전국철도총판'이라는 명의를 주었다. 황홍도 북경에 초청되었는데 그는 정당 내각의 수립을 주장하였다. 손문과 황홍은 원세개와 회담 후 모두 상해로 돌아갔다. 원세개는 겉으로는 손문과 황홍을 매우 높였지만, 뒤로는 그들에 관한 유언비어를 소책자로 인쇄하여 곳곳에 배포하는 등 그들을 비방하였다.

손문의 상대인 원세개는 군벌과 관료들로 이루어진 전제 통치 집단 안에서 산전수전 다 겪으며 올라온 인물이다. 비록 이 집단이 극도로 부패하고 낙후되기는 했지만, 매우 교활하고 악랄하며 음모를 꾸미고 권력을 휘두르는 경험을 풍부하게 축적해 온 까닭에 수많은 약점이 있는 데다 정치 경험도 미미한 자산계급 혁명파를 다루기에 충분했다. 당시 손문이 원세개를 만난 이후 한 말을 읽어 보면 그가 원세개의 함정에 얼마나 깊게 빠져 있었는지를 알 수 있다. 그는 북경 강연에서 다음과 같이 말했다.

나의 짧은 소견으로는, 현재 정치는 이미 원세개 대총통과 국무위원들이 맡고 있다. 나는 이제 더 이상 정치권에 머물지 않고 사회에서 한 가지 사업을

이루는 데 전념하고자 한다.…… 내가 계획하는 것은 다름이 아니라 오직 철도부설 문제이다.[3]

상해로 돌아온 뒤 한 연설에서는 한층 더 나아갔다.

내가 북경에서 원세개 총통을 만나 국가의 큰 정책을 논의해 보니, 그의 생각은 대단히 심오하고 면밀했다. 그러므로 나는 그의 사람됨이 대단히 믿음직스러우면서도 명민하여 세상 모든 일을 아주 명철하게 볼 뿐만 아니라 사고도 매우 새롭다고 신뢰한다. 다만 일처리 방식이 다소 낡기는 하지만, 모든 일을 새로운 방법만으로 할 수는 없다.…… 민국을 다스리려면 새로운 사상과 낡은 경험, 낡은 수법이 다 필요하기에 원 총통이 바로 그 적임자라 본다. 그래서 내가 항성項城(바로 원세개—저자)을 추천한 것은 잘못되지 않았다.[4]

원세개는 국민당의 유명 인사들을 최대한 매수했다. 예컨대 왕정위는 예전부터 지속적으로 원세개에게서 '특별비'를 받아 왔다. 원세개는 매수할 수 없고 또한 용납할 수도 없는 사람에 대해서는 비열한 폭력을 자행했다. 1912년 말 각 성에서 정식 국회의원 선거가 실시되어 국민당은 국회 의석의 대다수를 차지하였다. 송교인은 자신을 수반으로 한 국민당 내각을 세울 수 있을 것으로 생각했다. 그는 호남에서 상해와 남경을 거쳐 북경으로 돌아가면서 정당 내각제를 선전하고 홍보하려고 했다. 그러나 그는 1913년 3월 20일 상해역에서 암살당했다. 암살을 사주한 자가 원세개의 측근이자 내각총리인 조병균이라는 사실이 곧 밝혀졌지만 국민당 전체가 타협의 분위기에 젖어 "차분하게 법적 해결을 기다리는" 데 그쳤다. 그러나 손문은 담대하게 반동 세력과 맞섰던 혁명가였기에 송교인의 암살사건을 기점으로 원세개의 속임수로부터 깨어났다. 그는 병력을 조직하여 원세개를 토벌할 것을

---

[3] 손문의 민국 원년 9월 2일 북경 언론계 환영회 강연. 『총리전집』, 「연강」 을, 4쪽.
[4] 손문의 민국 원년 10월 5일 북경 언론계 환영회 강연. 같은 책, 「연강」 병, 3쪽.

주장하였다. 그러나 황흥과 여타 지도자들은 이 주장에 찬성하지 않았다.

송교인 암살 사건 즈음 원세개는 제국주의 열강의 은행단과 대규모 차관 협상을 벌이고 있었으며, 1913년 4월 차관 도입이 결정됐다. 원세개는 재정적 기반과 제국주의 열강의 지지를 확보하고 병력 배치까지 마친 뒤인 6월 국민당의 세 도독(강서의 李烈鈞, 광동의 胡漢民, 안휘의 柏文蔚)을 차례로 파면하고 군대를 남하시켰다. 그때에서야 국민당은 부랴부랴 응전에 나섰다. 상해의 손문과 황흥은 남방 각 성들에 반원세개 투쟁에 힘을 모아 달라고 호소했다. 이것이 바로 국민당이 말하는 '2차 혁명'이다.

국민당의 '2차 혁명'에서의 반원세개 군사작전은 강서와 남경을 중심으로 이루어졌기 때문에 '감녕贛寧전투'라고도 불린다. 7월 12일 이열균은 강서 호구湖口 포대를 차지하고 독립을 선언했고, 15일 황흥은 남경에서 토원군討袁軍을 결성했다. 안휘와 광동, 복건, 호남, 사천에서도 국민당 세력이 호응했지만, 실은 대부분 허장성세에 불과했다. 압도적인 원세개 군의 남하에 강서와 남경의 반원세개 전력은 급속히 와해됐고, 앞서 호응했던 성들도 스스로 무너졌다. 두 달도 안 되어 '감녕전투'는 원세개의 완승으로 마무리되었다. 원세개는 직속부대를 남경과 호북, 광동에 파견하여 국민당 계열 군인 및 여타 계파의 통제하에 있던 장강 유역과 남방 여러 성들로 세력을 확장했다.

신해혁명 이후 1년 반 동안 국민당은 혁명적 색채를 지워 버렸다. 당시 국민들은 원세개가 신해혁명의 과실을 찬탈한 것을 죄악으로 인식하지 않았다. 따라서 '감녕전투'는 소수 국민당원들의 군사적 행위에 불과할 뿐 조금도 대중적인 혁명이 될 수 없었다는 점에서 신해혁명과는 감히 비교할 수도 없다. 그러나 이 전투는 이후 이어질 반원세개 투쟁의 시작이라는 점에서 역사적 의의를 지닌다.

군사적 승리 후 원세개는 그 본색을 드러내어 자산계급 혁명파를 압박하였다. 1913년 7월 그는 "폭도들이 제멋대로 독립을 선언하고 민국 통일을 해쳤으니, 정부는 약법에 규정된 통치권에 따라 병력을 동원해 변란을 평정할 책임이 있다"고 말했다. 원세개를 옥죄기 위해 입법되었던 임시약법이 오히려 혁명을 탄압할 합법적 근거가 됐다. 손문과 황흥 등은 모두 '폭도'로 지명수배되었고, 어쩔 수 없이 그들이 혁명투쟁을 통해 세운 중화민국을 떠나 다시 한번 국외로 망명하였다.

감녕전투가 발발했을 때 국회는 이미 개원한 상태였다. 원세개는 또다시 이간질과 매수 등을 통해 적지 않은 의원들을 국민당에서 이탈시켜 소규모 정당을 창당하게 하였고, 이로써 국민당은 국회 다수당의 지위도 상실했다.

7월 말 원세개는 웅희령熊希齡을 내각총리로 임명했다. 내각에서 외교·내무·육군·해군·교통 등은 여전히 원세개의 측근이 장악했으며, 나머지 부들의 총장에는 모두 진보당 출신이 임명되었다. 사법총장에 임명된 양계초, 농상총장에 임명된 장건, 내각총리 겸 재정총장에 임명된 웅희령 모두 진보당 출신이다.

진보당은 국회에서 국민당을 압도하고자 원세개의 뜻에 따라 공화당·통일당·민주당 3당이 합당하여 창당한 정당이다. 통일당은 공화당에서 갈라져 나와 장병린을 당수로 했던 소규모 정당이다. 민주당은 양계초가 1912년 10월 일본에서 귀국한 뒤 옛 입헌군주파를 규합해 결성한 정당이다.

양계초로 대표되는 상층 자산계급은 자산계급혁명 시기를 통해 자신들의 정치적 지위를 크게 향상시켰다. 그러나 그들은 자산계급 혁명파와의 협력을 원하지 않았고, 그렇다고 독자적으로 정권을 획득할 능력도 없었다. 그래서 차라리 원세개에게 붙는 것이 정권을 잡는 지름길이라고 여겼다. 실제로 자산계급 혁명파 인물들이 폭도나 반역도당으로 몰려 망명할 때 양계초와 웅희령 등은 원세개의 내각에 초빙되어 고위직을 지냈다.

그러나 원세개가 하고자 한 것은 제국주의를 등에 업고 대지주계급과 매판자본을 대표하는 독재정치였다. 그는 '격렬한' 자산계급 정당뿐만 아니라 '온건한' 자산계급 정당도 원하지 않았다. 감녕전투 직후 원세개의 통제 아래 국회는 공식 대총통 선거를 치렀다. 원세개의 뜻대로 투표하기를 꺼리는 일부 의원들로 인해 하루 사이에 세 차례나 투표를 하고 나서야 원세개가 비로소 법정 정족수를 채울 수 있었다. 여원홍도 부총통으로 선출되었다. 원세개에게 있어 국회는 결코 마음대로 휘두를 수 있는 도구가 아니었기에, 이미 자신을 '합법적으로' 대총통에 올린 이상 그 역할도 끝났다고 보았다. 11월 4일 원세개가 국민당의 해산을 명령하고 국민당 소속 의원들의 자격을 모두 취소해 국회가 열릴 수 없는 상태에 이르렀다. 웅희령의 내각도 곧이어 2014년 2월 12일 해산됐다.

2. 원세개의 독재와 매국 행위

원세개가 해산시킨 국회는 민국 원년에 제정된 「임시약법」에 따라 탄생된 것이었다. 이 국회가 해산되자 원세개는 「임시약법」의 폐지에 착수하고 자신의 입맛에 맞는 약법으로 대체했다.

원세개는 1914년 3월 약법회의를 소집했다. 그리고 이 회의를 위해 「약법증수대강約法增修大綱」 7개 조목을 정했는데 그 주요 내용은 다음과 같다. "외교대권은 절대적으로 대총통에게 있고", "관제관규 제정권 및 관리임면권"도 대통령에게 속하며 의회를 거칠 필요가 없고, 대통령은 의회를 거치지 않고 "법률과 같은 효력을 갖는 시행령을 반포"할 수 있는 권한을 가지며, "임시 재정처분을 명령할 권한"이 있다. 이러한 내용들은 사실상 의회제도를 폐지하는 것이었다. 국무총리를 두지 않고 정부 각부 총장을 대통령 직속으로 두는 내용도 있었다. 이는 내각책임제를 폐지하는 것이었다. 또한 국민의 권리에 대한 박탈과 회복 등은 대통령이 자유롭게 행사한다는 내용도 있었다. 이는 민주 개념을 근본적으로 부정한 것이다. 이러한 원칙에 따라 제정된 약법은 1914년 5월에 공포되었다. 이 약법은 원세개의 독재에 '정당성'을 부여했다. 이제 중화민국은 간판만 유지한 상태가 되었다.

원세개의 약법에는 의회와 비슷한 '입법원立法院'(그러나 대총통의 명령만 따를 뿐 대총통을 감독할 권한은 없다.)과 '참정원參政院'이라는 자문기관을 설립하도록 규정되어 있었다. 실제로는 참정원만 설립되었는데, 전직 청나라 관리, 각지의 지주 유지, 진보당이나 변절한 국민당 출신 인사들로 구성되었다. 참정원은 원세개의 요구에 따라 「대총통선거법」(1915년 1월 1일 공포)을 제정했다. 이 선거법에 따르면, 대총통의 임기는 10년이며, 연임할 수 있다. 대총통 선거는 참정원과 입법원이 각각 50명씩 추천한 선거단에서 실시하되, 참정원은 "정치적으로 필요하다고 판단되면" 선거를 치르지 않고 "현직 대총통의 유임을 의결할" 수 있었다. 후임 대총통 후보 명단은 현직 대총통이 미리 정해 '가화금간嘉華金簡' 위에 적어 '금궤석실金匱石室'에 비밀리에 보관하다가 선거 때 석실을 열어 금간을 꺼내는데, 선거단은 그 명단에 있는 사람들 중에서만 '선거'할 수 있다는 특이한 규정도 있었다. 이로 인해 원세개가 종신 임기를 보장받을 뿐만 아니라 후계자를 지명할 권한까지 있어 아들에게 대권을 물려줄 수 있다는 여론이 일었다.

이때에 이르러 원세개는 간판만 다를 뿐 사실상 황제와 다를 것 없는 권력을 얻었다. 1915년 하반기 원세개와 그의 일당은 민주공화제는 중국에 적합하지 않으므로 반드시 군주제를 실시해야 한다는 여론을 퍼뜨리고 원세개를 황제로 추대해야 한다는 '전국적 여론'이 있다고 조작하기까지 했다. 12월 12일 원세개는 중화민국을 중화제국으로 개칭하고, 역대 황제들이 연호를 반포했듯이 이듬해를 홍헌洪憲 원년으로 규정했다.

원세개는 무력으로 전국을 통일하고자 힘썼다. 북양육진을 기반으로 그의 직계부대의 역량을 대대적으로 확충하였다. '2차 혁명'을 진압한 뒤 장강 유역의 각 성은 북양군벌의 손에 넘어갔다. 남쪽의 운남과 귀주, 사천, 광동, 광서, 절강 등의 성 비북양계 군벌에 대해 원세개는 포섭과 군사적 위협을 통해 복종과 충성을 보이도록 강요했다. 그리하여 형식상으로는 전국 통일을 이룬 것 같았다. 그러나 실상은 비북양계 군벌뿐만 아니라 그의 직계 장군들도 각자 터를 잡은 뒤 서로 다투며 세력 확장에 열중했다. 군벌 할거의 국면은 이미 원세개의 치하에서 형성되기 시작했으며, 진정한 통일은 결코 이루어지지 못했다.

자산계급 혁명파는 당초 혁명을 통해 민국을 수립하면 자본주의가 발전하고 국가가 경제적 번영을 누릴 수 있을 것이라고 구상했지만, 이와 정반대로 원세개를 포함한 여러 군벌들의 치하에서 민족자본주의 경제는 위축되는 경향을 보였다.

1914년 장건은 북경 정부의 농상부 총장이 되어 면방직업과 철강공업의 발전을 주장하는 '면철棉鐵 정책'을 내놓았지만 역시 탁상공론에 불과했다.

원세개가 신해혁명의 과실을 찬탈할 수 있었던 것은 외국 제국주의의 지지에 힘입은 바 크다. 영국· 프랑스·독일·미국 4개국 은행단의 막대한 차입은 제국주의 열강 간의 갈등으로 인해 약간의 우여곡절을 겪었다. 일본과 러시아의 참여와 미국의 중도 탈퇴로 인해 차관이 도입되는 시점에는 4개국 은행단이 5개국 은행단으로 변경되었다. 이 차입금의 총액은 2천5백만 파운드로, 소금세 수입을 담보로 하고 있으며, 47년에 걸쳐 상환해야 할 원리금 총액은 6천7백만 파운드 이상이었다. 차관 협약서에 따르면 5개국 은행단이 직원을 파견하여 소금세 업무와 차관 사용을 감독하도록 규정하고 있다. 이것은 국가를 노예 상태에 예속시키는 정치적 차관이었다. 이 차입을 기반으로 원세개는 1913년 국민당 세력을 압도할 수 있었다.

1914년 유럽에서 제1차 세계대전이 발발했다. 중국을 침략한 제국주의 열강들이 두 진영으로 나뉘어 싸우자 난감했던 원세개 정부는 8월 6일 중립을 선포했다. 독일은 교주만 청도 조차지에 군대를 주둔시키고 있었는데, 영국과 동맹 관계인 일본이 언제든지 참전하여 교주만을 탈취할 가능성이 있었다. 중국 언론에서는 교주만을 일본이 빼앗아 가지 않도록 독일과 반환 문제를 협의해야 한다는 주장도 나왔다. 극동까지 신경 쓸 여력이 없었던 독일도 긍정적 태도를 취했다. 그러나 원세개 정부는 일본의 위협으로 감히 어떤 행동도 취하지 못했다. 8월 23일 일본은 독일에 선전포고를 하고 교주만을 봉쇄했으며, 청도를 침공한다는 명목으로 출병했다. 일본군은 청도와는 멀리 떨어진 산동 북부의 용구龍口에 2만여 명을 상륙시킨 후 황현黃縣과 액현掖縣, 평도平度, 내양萊陽, 즉묵卽墨 등지로 진군해 마치 적국에 침입한 듯이 휩쓸고 다녔다. 원세개 정부는 별다른 이의도 제기하지 못한 채 1904년 러일전쟁의 전례에 따라 용구, 내주萊州, 교주만 및 그 인근 지역을 '교전 지역'으로 선포했다. 그러나 일본군의 군사행동은 이 교전 지역마저 넘어섰다. 11월 7일 일본군은 청도를 점령했는데, 이에 앞서 교제선膠濟線의 유현濰縣 등을 점령하고 철도를 따라 서쪽으로 진격하여 제남濟南까지 들어가 10월 6일 제남역을 점령했다.

일제는 독일로부터 교주만을 빼앗을 뿐만 아니라 교제철도의 전 구간, 나아가 산동성 전체를 장악하려는 의도를 가졌음이 분명했다.

원세개는 주로 영국과 미국의 지지를 받아왔으며, 특히 영국과 밀접한 관계를 맺고 있었다. 일본은 서구 열강들이 모두 전쟁에 휩쓸린 이때야말로 중국을 독차지할 수 있는 좋은 기회라고 여겼다. 그들은 산동에 대한 군사 침략을 감행한 뒤 중·일 간의 '현안'을 해결한다는 명목으로, 1915년 1월 18일 일본 공사를 통해 일련의 야만적이고 무리한 요구를 원세개에게 직접 전달했다. 이 요구들은 다섯 부분으로 나뉘며 총 21개 항목으로 구성되어 있었다.

첫 번째 부분은 산동에서의 일본의 특권에 관한 요구, 두 번째 부분은 동북 3성 남부와 동부 및 내몽골에 있어서의 일본의 특권에 관한 요구, 세 번째 부분은 일본 자본이 침투한 한야평漢冶萍공사의 중일 공동 경영 요구, 네 번째 부분은 "중국 해안의 항만과 도서를 일절 타국에 양보하거나 임대하지 않는다"라고 규정하라는 요구였다. 마지막 다섯 번째 부분에는 일본인을 중국 정부의 정치·재정·군사 등의 고문으로 채용하고, 일부 지방의 경찰서, 무기공장을 공동 운영하며, 일부 지역의 철도건설권과 광산 투자 우선권을 일본에 주는 것 등의 요구가 포함되었다.

일본 측이 마치 패전국에 강요하는 듯한 터무니없는 요구에 대하여 원세개 정부는 어처구니없게도 대표를 파견하여 진지하게 일본 공사와 비밀 협상을 진행했다. 협상에서 원세개 측은 많은 양보를 했지만 여전히 일본을 만족시키지 못했다. 5월 7일 일본은 48시간 이내에 답변하라는 최후통첩을 보냈고, 5월 9일 원세개 정부는 일본이 제시한 조건을 모두 수용했다. 다만 다섯 번째 부분의 몇 조항은 제외되었는데, 그것들에 대해서도 '추후 협의한다'는 단서를 달았다.

원세개의 독재통치는 중국을 더욱 빈약하고 혼란한 상황에 빠뜨렸다. 그는 산동 문제 특히 21개 조 문제에서 일제의 압력에 굴복함으로써 그의 매국적 면모가 전 국민 앞에 남김없이 드러났다. 21개 조 수용 후, 그는 제정운동帝政運動을 서둘렀다. 이는 황제의 권력을 맹목적으로 신봉하는 중국 사회의 전통적 세력을 활용하여 자신의 통치를 안정시키려는 의도였다. 그러나 제정 복귀 선포는 원세개의 지배를 강화하기는커녕 오히려 붕괴를 가속화시켰을 뿐이다.

3. 손문의 중화혁명당

1913년 반원세개 투쟁에 실패한 뒤 망명한 국민당원은 정신적으로 큰 혼란에 직면해 있었다. 훗날 손문은 당시 일본에 망명해 있던 사람들에 대해 다음과 같이 회고했다.

> 대부분 풀이 죽어 있었다.…… 그들은 "매일 혁명을 논하지만 도대체 무슨 세력과 어떤 방법이 있는가"라고 물었다. 그들은 "2년 전에 우리 당은 이미 성공하여 10여 개 성을 가졌으며, 천만 원의 자금도 모았고, 30~40만의 병사를 동원할 수 있었는데도 원세개에게 저항조차 할 수 없었거늘 이미 여지없이 패배한 마당에 무슨 세력이 있어 혁명을 일으키며, 또 어떻게 혁명을 진행할 수 있겠는가"라고 물었다.

손문은 이러한 패배주의의 정서를 단호히 반대했다. 그는 자신의 혁명적 신념에 따라 1914년 7월 8일 일본에서 '중화혁명당'을 창당했다. 중화혁명당 조직 방안을 살펴보면, 그가 신해혁명 후 동맹회가 국민당으로 바뀌면서 겪게 되는 실패의 경험을 진지하게 통찰하고 이로부터 교훈을 얻어 향후 반원세개 투쟁에서 반면교사로 삼으려고 했음을 알 수 있다. 그러나 경험을 정리하고 교훈을 얻었다고 해서 문제가 해결된 것은 아니었다.

국민당의 해이해진 기강을 다잡고자 중화혁명당 창당선언에서는 "이제 반드시 근본에서부터 뜯어고쳐야 한다. 첫째 관료들을 배척하고, 둘째 완전히 통일된 힘을 위해 가짜 혁명당을 도태시켜야 한다. 제1차 혁명(신해혁명—인용자) 때처럼 다른 당이 침투하여 거짓이 진실을 어지럽히게 두어서는 안 된다"고 밝혔다. 이를 위해 중화혁명당은 당원들에게 입당 시 반드시 지장을 찍고 손문 개인에게 복종 맹세를 하도록 요구했다. 손문은 그 이유를 다음과 같이 밝혔다.

> 이번 혁명당 조직 재편은 명령에 복종하는 것이 유일한 요건이다. 무릇 입당하는 사람은 반드시 손문 한 사람에게 기꺼이 복종하겠는지 자문하여 조금도 의심하지 않아야 한다. 표리부동한 자들은 차라리 단념할지언정 절대 억지로 들이지 않는다. 당원 한 사람을 얻으면 반드시 그 한 사람만큼의 쓰임이 있도록 해야 한다. 머릿수만 채워 옥석을 가리지 못해서는 안 된다. 이것은 이번 창당이 이전과 다른 점이다.[5]

혁명당이 신해혁명 과정에서 변질되고 정권이 구세력에 의해 찬탈되었던 경험을 교훈 삼아, 손문은 중화혁명당을 창당하면서 '군정軍政', '훈정訓政', '헌정憲政'의 세 시기를 구분하는 이론을 제기했다. 「중화혁명당 총장」은 군정시기에는 "적극적인 무력으로 모든 장애물을 제거하여 민국의 기초를 다지고", 훈정시기에는 "문명의 법칙과 이치로 국민을 감독하게 이끌어서 지방자치를 구축하며", "지방자치가 완비된 후"에야 헌법을 제정 및 반포하여 헌정시기에 접어든다고 규정하였다. 「총장」은 "헌법이 공포되는 날은 혁명이 성공했을 때"이며, 그전까지는 '혁명 기간'이고, 혁명 기간 동안 "모든 군정 및 국정은 전적으로 본 당에서 완전한 책임을 진다"고 했다. 또한 「총장」에서는 당원을 3등급으로 나누어 그들이 각각 다른 권리를 누린다고 명시했다. 혁명군이 봉기하기 전에 입당한 사람은 '최초 봉기 당원'으로 혁명기에 '원훈공민元勳公民'이라 불리며, '모든 정치 참여와 집권의 우선권'을 획득하고, 혁명군 봉기 후 입당한 사람은 '협조 당원'으로 혁명기에는 '유공공민有功公民'이라 불리며 선거와 피선거권을 가지고, 혁명정부 수립 후 입당한 사람은 '평당원'으로서 '선진공민先進公民'이라 불리며 선거권만 가진다. 비당원의 경우 '혁명 기간에는 공민 자격이 없다'고 했다.

---

5) 「손중산이 남양의 동지에게 보낸 글」, 같은 책, 265쪽을 참고.

손문이 이상의 방법을 제시했던 것은 이후 혁명에서 신해혁명의 전철을 밟지 않도록 하며, 혁명군이 봉기하고 혁명정부가 수립되었을 때 기회주의자들과 구세력에 의해 그 결과물이 찬탈되는 것을 방지하기 위함이었다. 그는 헌법의 공포를 미루고 혁명기의 모든 권력을 혁명군 홍기 이전에 충성을 맹세한 소수의 최초 봉기 당원과 혹은 협조당원들이 장악하면 혁명의 승리를 보장할 수 있을 것이라 본 것이다. 그러나 그는 이것이 실제 실행되었을 때 '최초 봉기 당원'과 '협조당원'이 협소한 파벌을 형성하여, 당과 혁명이 인민대중과 유리될 것이라고는 미처 생각하지 못했다.

손문이 이끄는 혁명당의 최종 목적은 자산계급 민주공화국을 건설하는 것이다. 그러나 신해혁명 이후 3년간의 경험은 서구식 의회민주주의가 중국에서 통하지 않고, 원세개로 대표되는 구세력을 억제하는 역할을 하지 못한다는 것을 뼈저리게 느끼게 했다. 손문이 중화혁명당을 창립할 당시의 사상 역시 이러한 모순을 반영하고 있으며, 그는 이 모순을 해결할 수 없었다. 그가 이 모순을 해결하기 위해 제시한 방법은 '민주'의 정반대편을 향하고 있었다. 그가 창당한 당은 지도자 개인에 대한 절대적 복종을 당원 자격의 유일한 기준으로 삼고, 또한 가장 먼저 복종을 맹세한 당원에게 "참정권과 집권의 우선권"을 주기로 약속했다. 그가 구상한 '혁명 기간'은 소수의 최초 봉기 당원과 협조 당원이 시민 자격조차 없는 전체 인민을 통치하는 시기였던 것이다!

1914년 7월 중화혁명당이 설립되었을 때, 손문은 총재, 황흥은 부총재로 추대되었으나, 황흥은 참가를 거절하였다. 적지 않은 지식인과 군부의 옛 당원들도 지장을 찍는 선서 방식에 반감을 표시하며 불참했다. 제1차 세계대전이 발발하자 일본에 머물던 국민당원 중 중화혁명당에 가입하지 않은 이들(다수는 군인)은 따로 '유럽연구회'라는 조직을 만들었다. 이들은 황흥과 마찬가지로 원세개에 대해서 '급진적인' 혁명보다는 '온건한' 대응을 취해야 한다고 주장했다.

일본이 원세개에게 21조항을 요구한 후, 1915년 2월 황흥과 유럽연구회의 백문울과 이열균(이들은 모두 감녕전투의 중요 인물이었다.) 등 주요 구성원들은 현재 국가가 존립 위기에 처해 있으므로 반원세개 활동을 중단하고 한마음으로 외적에 대응해야 한다는 공동 성명을 발표했다. 손문은 이런 견해에 대해 결연히 반대했다. 그는 거리낌 없이 나라를 팔아먹고 있는 원세개를 상대로 결연히 투쟁해야지, 그런 자와 협력하여 외적에 대응한다는 것은 말도 안 된다고 주장했다.

이 문제에 관한 손문의 관점은 의심의 여지없이 옳았다. 그러나 중화혁명당이 대중과 동떨어진 비밀단체의 조직 형태와 활동 방식을 채택했기 때문에 국내 정치에 큰 영향을 미칠 수 없었다. 그래서 1916년 반원세개 투쟁이 고조되었을 때에도 손문으로 대표되는 자산계급 혁명파는 주도적 지위에 설 수 없었다.

4. 양계초, 친원세개에서 반원세개로

양계초를 필두로 한 진보당과 서남지역 몇몇 성의 군벌들은 원세개가 제국주의에 굴복하고 제정을 실시하여 전 국민적 반대에 부딪힌 형세를 잘 활용하여 원세개를 반대하는 활동의 주도적 지위를 선점했다.

국회가 해산되고 웅희령 내각이 해산된 후 원세개의 독재정치는 점점 심해지고 있었지만 양계초를 비롯한 진보당 인사들은 여전히 원세개를 반대하지 않았다. 원세개가 그의 대총통 선거법을 제정하기 위해 설치한 참정원에 양계초 등 몇몇 진보당 인사들이 초빙되었는데, 그들은 선거법에 대해 어떠한 이의도 나타내지 않았다. 1915년 8월 원세개의 측근들 중심으로 제정으로 전환해야 한다는 목소리가 공공연히 들끓었을 때가 되어서야 양계초는 돌아가는 형세를 살펴보고 원세개를 계속 지지하는 것이 현명하지 못하다고 판단했다. 이때 그는 「소위 국체 논란의 이상한 점」(異哉所謂國體問題者)이라는 글을 발표하여 반원세개의 입장을 선포하기 시작하였다.

양계초의 글은 그가 진정으로 민주공화국을 완성하려는 목적에서 원세개에 반대하는 것이 아님을 잘 보여 준다. 그는 공화의 간판 아래서 독재를 실행하는 것도 용인될 수 있다고 생각했다. 그는 "오늘날 공화국 체제하에서 잠시 독재를 하는 것에는 여러 가지 부득이한 이유가 있기 때문이니, 많은 사람들의 비방을 무릅쓰고 행하여도 천하 사람들이 함께 이해해 줄 수 있다"고 말했다. 그러나 공공연히 공화정을 폐지한다면 천하의 반발을 면치 못할 것이라고 했다. 그래서 그의 글은 원세개가 종신 대총통이 될 수 있고, 자신의 아들을 후계자로 삼을 권리까지 있는 이상, 여기에 만족하고 "공화국의 국체에서 잠시 독재를 행하면" 되는 것이지 굳이 공화국을 폐지하고 황제가 될 필요가 있겠느냐고 묻고 있다. 양계초는 반원세개의 기치를 들면서도 원세개가 스스로 공화의 간판을 버리는 것을 몹시 안타까워했다.

이때 양계초와 강유위 사이에 이견이 발생했다. 강유위도 원세개가 황제가 되는 것을 반대했지만, 그는 공화정 대신 제정을 실시해야 한다고 생각하면서 원세개는 황제가 될 자격이 없기에 청나라를 복위시켜야 한다고 보았다. 양계초는 스승과 달리 공화정이 중국에 얼마나 해로운지를 개탄하면서도 원세개를 반대할 때는 마치 공화정을 수호하는 전사처럼 굴었다.

양계초는 신해혁명의 경험으로부터 반원세개의 깃발을 선점해야 자기 일파에게 가장 유리함을 알고 있었다. 그렇다면 무슨 힘으로 원세개를 반대할 것인가? 양계초가 의지하려는 세력은 운남의 당계요唐繼堯, 귀주의 유현세劉顯世, 광서의 육영정陸榮廷 등 서남 여러 성의 지방 군벌들이었다.

양계초의 학생 채악蔡鍔은 그의 밀접한 협력자이다. 채악은 신해혁명 때 운남봉기를 이끌면서 운남의 도독이 되었지만, 1913년 운남을 떠났다. 그는 군부 내에서 명망이 높았기 때문에, 원세개는 그에게 각종 영예로운 직위를 수여하며 북경에 묶어 두었다. 원래 채악의 부하였던 당계요는 원세개에 의해 귀주에서 운남으로 옮겨져 장군에 임명되었다. 1915년 11월 채악은 양계초와 합의한 행동 계획에 따라 원세개의 감시에서 벗어나 먼저 일본에 갔다가 운남으로 돌아왔다. 거의 동시에 유럽연구회 소속이었던 전 국민당 출신 이열균과 웅극무熊克武 등도 운남으로 돌아왔다. 그들은 당계요를 설득하여 반원세개의 입장을 선포하게 했다. 12월 25일 당계요를 필두로 전국에 원세개를 성토하는 성명이 발표되었고, 운남은 독립을 선포하고 당계요는 운남의 도독으로 취임했다. 운남의 군대는 3개 군으로 구성되어 호국군護國軍이라 불렸으며, 채악은 그중 한 개의 군을 이끌고 사천으로 진군하였다.

귀주의 군벌 유현세는 지방 호족 출신으로, 신해혁명 기간에 입헌파와 혁명파가 경쟁하는 틈을 타 성의 군권을 장악하였다. 그 역시 원세개에게 충성을 바쳤으나 이때에는 운남을 따라 1916년 1월 귀주의 독립을 선포했다.

광서를 통치하던 육영정은 북양 군벌들로부터 소외당할까 봐 늘 걱정했지만 반원세개 대오에 동참하는 데는 주저했다. 그를 설득하기 위해 양계초는 일본인의 크나큰 조력을 받아 원세개가 각지에 심어 놓은 밀정을 피해 상해에서 홍콩과 베트남을 거쳐 광서로 잠입했다. 1916년 3월 15일 육영정과 양계초의 이름으로 발표된 공개 성명에서는 원세개를 성토하고 광서 독립을 선언했으며, 육영정은 광서 도독이 되었다.

채악이 이끌며 사천으로 진입한 호국군의 힘은 미미했다. 그는 사천성 남부에서 사천의 지방 군대를 물리치고 서주敍州(지금의 宜賓)와 노주瀘州, 기강綦江 등지를 점령했지만 원세개가 다른 성으로부터 북양군을 차출하자 작전에 차질을 빚게 되었다. 원세개가 원래 사천에 파견했던 장군 진환陳宦은 원세개의 신임을 받았지만 북양의 직계는 아니었다. 북양군이 사천에 더 많이 진입할 경우 진환은 자신의 입지가 흔들릴 수 있었기 때문에 확전을 원하지 않았다. 사천의 전선은 진환과 채악의 비밀 협정으로 교착 상태가 되었다.

운남과 귀주, 광서 3성이 독립하자 황제가 되려던 원세개의 꿈은 산산이 깨졌다. 운남에서 호국군이라는 명칭을 사용했기 때문에 이번의 반원세개 투쟁은 '호국운동'으로 불렸다. 호국운동은 신해혁명을 완전히 파묻어 버리려던 독재자 원세개에 대한 국민적 저항을 반영했지만, 이 운동에 참여한 입헌파와 지방 군벌은 저마다 계산을 가지고 있었다. 어쨌든 양계초가 자기 일파에게 반원세개 투쟁의 주도권을 쥐어주려던 바람은 이루어졌다. 그러나 그들이 주도권을 쥐게 되는 순간 이 운동의 규모와 성과가 신해혁명에 한참 못 미치게 되는 운명을 피할 수 없게 되었다.

5. 원세개의 몰락

원세개는 1915년 12월 황제 칭호를 사용하기 시작했지만 1916년 설날로 예정된 등극식을 감히 예정대로 치르지 못하고 계속 미루다가 3월 22일 제정 철회를 선언했다.

서남 여러 성의 독립선언은 원세개에게 심각한 타격을 주었다. 제국주의자들도 원세개가 곤경에 처한 것을 보고 계속 제정을 지지하기 꺼려했고, 북양군벌 내부의 분열도 표면화되었다. 이 모두 원세개가 전혀 예상하지 못했던 일들이었다.

원세개가 제정운동을 시작했을 때 기용한 헌법고문은 미국인 굿나우(F. J. Goodnow, 콜롬비아대 교수를 지냈다.)이고, 정치고문은 일본인 아리가 나가오(有賀長雄, 오쿠마 시게노부 일본 총리 측근)였다. 그들은 모두 중국이 공화제를 군주제로 되돌리고 입헌군주제를 실시해야 한다고 주장했다. 반식민지·반봉건 상태에 놓인 중국의 통치자들은 국내 정치의 중대한 변화를 시도할 때마다 항상 먼저 제국주의 열강들의 눈치를 보았다. 유럽에서의 전쟁이 여전히 진행 중이고 극동에서 일본의 지위가 더욱 높아졌기 때문에 원세개는 일본의 태도가 어떠한지 더욱 염려했다. 일본 정부는 아리가 나가오 등 여러 루트를 동원하여 원세개가 21조를 받아들이면 일제가 제정을 지지할 것이라고 믿게 만들었다. 그래서 당시 원세개는 자신이 제정을 실시하면 제국주의 열강들의 승인과 후원을 받을 수 있다고 생각했다.

사실 일본 정부는 원세개에게 표리부동한 태도를 취했다. 원세개는 영국·미국과 깊은 관계를 맺고 있었기 때문에 일본은 원세개의 통치가 안정되길 원하지 않았다. 오히려 제정으로 인해 혼란이 초래되어, 중국에서 일본의 세력을 확장하고 일본이 조종할 수 있는 대리인을 양성하기를 바랐다. 양계초의 반원세개 활동이 일본의 도움을 받을 수 있었던 것도 이 때문이었다. 1916년 1월 일본은 원세개 정부가 운남·귀주의 사태를 진정시킬 수 없다는 불신을 더욱 분명히 드러냈으면서도 청 왕조의 귀족과 유신들을 부추겨 그들의 복벽운동을 지원했다. 원세개는 일본이 자신을 지지하는 것이 아니라 오히려 혼란을 일으키고 있음을 점차 알게 되었다.

원세개의 북양군 내부의 분열은 두 핵심 인물인 단기서와 풍국장을 중심으로 표면화됐다. 단기서는 원세개의 정부에서 줄곧 육군총장을 지냈다. 원세개는 제정 부활을 준비 중이던 1915년 8월에 단기서를 이 중요한 직책에서 해임했다. 단기서가 독자적 야심을 품었다고 보았기 때문이었다. 강소에서 야전부대를 지휘하고 있던 풍국장은 원세개가 제정을 실시하려고 하는 것에 대해 냉담한 태도를 취하면서 반원세개 진영의 입헌당 인사 및 서남 군벌들과 은밀히 왕래하였다. 그는 원세개라는 거목이 쓰러질 것을 내다보고 자신이 중심이 되어 북양군의 전통적 세력을 지키려 했다. 그의 이런 의도는 특히 강서·호북 등지의 북양군벌들로부터 지지를 받았다. 이처럼 북양군 내부의 분열이 표면화되면서 원세개는 더욱 어려운 처지에 놓였다.

원세개는 제정 부활 취소를 선언한 뒤에도 대총통직을 계속 수행하려고 했다. 1916년 4월 21일 그는 단기서를 국무장관에 임명하고 책임내각을 조직하게 하였다. 그는 단기서의 힘을 빌려 난관을 헤쳐 나가려 했으나 단기서는 이를 이용해 신해혁명 때 원세개가 청나라 총리대신 때 했던 것처럼 원세개로부터 정권을 이양받으려 했다. 이때 서남 지역에서 독립을 선언한 성들은 원세개가 더 이상 대총통을 맡을 자격이 없다고 판단했을 뿐만 아니라 풍국장도 원세개가 자진사퇴하는 것이 좋겠다고 전보를 쳤다. 4월과 5월에는 광동과 절강, 섬서에서 원세개에게 충성하던 지방 군벌들도 운남의 호국운동에 호응해 독립을 선언했다. 사천의 진환은 3월 말 채악과 휴전 협상을 하였고, 5월에 이르러서는 사천의 독립을 선포하였다. 이어 호남 장군 탕향명湯鄕銘도 독립을 선언했다. 진환과 탕향명은 원세개의 심복들이었다. 그래서 그들의 배신은 원세개에게 더 큰 충격을 안겨 주었으며, 그의 통치는 더 이상 유지될 수 없게 되었다.

손문의 중화혁명당은 운남 호국운동 이전부터 반원세개 투쟁을 벌였지만 전체 투쟁에서 주도적인 역할을 하지 못했다. 중화혁명당이 운용할 수 있었던 힘은 주로 구식 민간 비밀결사였다. 진기미는 상해의 여러 결사단체들과 깊은 연관이 있어서, 1914년 상해를 중심으로 강소와 절강에서 봉기를 준비했으나 실행되지 못했다. 그들은 운남 호국운동이 일어나기 한 달 전인 1915년 11월에는 원세개의 앞잡이인 상해 진수사鎭守使 정여성鄭汝成을 암살하였는데, 그를 제거하면 상해에서 쉽게 거사할 수 있다고 생각했다. 12월 초 그들은 상해에 정박 중인 군함 조화함肇和艦에서 봉기를 기도했으나 여러 방면에서 협조가 잘 이루어지지 않아 실패했다. 호국운동이 시작된 이후 중화혁명당 당원들은 곳곳에서 몇 차례 용감한 행동을 일으켰다. 1916년 2월 양왕붕楊王鵬(신해혁명 전 무창에서 振武學社 사장을 지냈다.) 등 40여 명이 장사에서 권총 및 폭탄으로 무장하고 호남 장군 탕향명의 관아를 급습했으나 전부 전사했다. 4월과 5월에도 강소, 산동, 광동 각지에서 비슷한 봉기가 있었다. 비교적 성공했던 봉기는 산동의 거정居正을 비롯한 중화혁명당 당원들이 유현濰縣과 고밀高密 등지를 한시적으로 점령했던 것이다.

손문은 1916년 4월 말 일본에서 상해로 돌아왔고, 5월 9일에 원세개 토벌선언을 발표했다. 그는 이번 투쟁이 진정으로 민국을 수호하는 것이어야지 원세개 한 사람을 무너뜨리는 것으로 만족해서는 안 된다고 지적했다. 이는 명백히 양계초가 정신적 영혼으로 있는 호국운동을 겨냥한 말이었다.

반면 양계초는 원세개 한 사람을 무너뜨리는 것이 투쟁의 목적임을 분명히 했다. 그의 구상에 따라 1916년 5월 8일 광동 조경肇慶에서 독립을 선언한 각 성의 합동 조직으로 '군무원軍務院'이 설립되었다. 운남의 당계요가 무군장撫軍長을 맡았지만, 조경의 잠춘훤岑春煊이 무군부장撫軍副長으로 무군장의 직을 대행하고, 양계초가 군무원의 정무위원장을 맡았다. 잠춘훤은 청나라의 전직 관료로 섬서 순무, 사천 총독, 양광兩廣 총독, 운귀雲貴 총독, 체신부 상서를 역임했으며 원세개와 갈등이 있었다. 그는 신해혁명 이후에는 동맹회에서 개편된 국민당에 참가한 적이 있었으며, 유럽연구회의 군인들은 그를 지도자로 추대하려 했다. 그는 양계초를 비롯한 입헌당 인사들과 인맥이 있고, 또 광동과 광서의 군인들과도 오랜 인맥을 갖고 있어 군무원의 영수가 될 수 있었다. 군무원은 원세개의 대총통 자격을 부인하면서 여원홍 부총통이 '법에 따라' 승계해야 한다는 입장을 취했다. 잠춘훤이 북벌을 선포한 「출사포고」는 그들의 목적이 원세개의 퇴위뿐이며 결코 그 범위를 넘지 않을 것이라고 했다. 잠춘훤과 양계초는 한편으로는 북벌에 출병하여 기세를 올리고, 한편으로는 단기서, 풍국장과 연락하여 그들이 원세개가 자진 퇴위하도록 설득하기를 기대했다.

1916년 6월 6일 원세개는 울분 속에 병으로 죽었다. 병권이 없는 여원홍은 단기서의 동의를 얻어 대총통직에 취임했고, 단기서를 내각총리로 임명했다. 얼마 후 풍국장은 부총통이 되었다. 여원홍은 민국 원년의 임시약법을 부활시킬 것을 선포하였다. 7월 14일 광동의 군무원은 스스로 해산했다. 북경 정부는 원세개만 없어졌을 뿐 여전히 북양군벌의 통제하에 있었다.

손문이 중화혁명당을 창립한 것은 반원세개 혁명을 추진하기 위해서였다. 원세개는 실패했지만 기대했던 혁명은 일어나지 않았다. 양계초 일파가 반원세개 운동을 일으켰던 것은 반원세개 투쟁이 민주혁명으로까지 번지는 것을 막기 위해서였다. 그들이 이 투쟁을 신속히 종결하려고 노력한 것 역시 계속되는 동란 속에서 혁명의 위기가 싹트는 것을 막기 위해서였다.

비록 손문이 반원세개 운동의 목적을 '민국의 보존'이라고 주장하기는 했지만, 어떻게 해야 진정으로 민국을 보존할 수 있을까? 그가 제안한 방법은 단지 「중화민국 임시약법」을 존중하는 것뿐이었다. 그런데 북경 정부가 이미 민국 원년의 약법을 부활시켰기에 중화혁명당은 새로운 투쟁 과제를 제시할 수 없었다. 그래서 손문은 국민당의 명의를 회복한다고 선포했으며, 중화혁명당에 참가하지 않았던 수많은 국민당 인사들과 다시 하나의 당으로 합치고자 했다.

제2장
5·4운동

1. 북양군벌의 파벌 투쟁과 남방의 '호법운동'

원세개가 죽은 후 원세개에 의해 폐지된 「임시약법」은 부활되고 원세개에 의해 해산된 국회도 다시 소집되었지만, 이것이 자산계급 민주공화의 승리를 의미하지 않았다. 실제로 신해혁명의 유산이었던 이 두 가지도 곧 폐기되었다.

국회 해산은 여원홍 대총통과 단기서 내각총리의 권력투쟁 과정에서 발생했다. 원세개가 남긴 북양군벌의 두 우두머리인 단기서는 내각총리로 북경 정권을 장악했고, 풍국장은 1916년 10월 국회에서 부총통으로 선출됐지만 자신의 세력 기반을 보존하기 위해 강소 독군督軍(이때 각 성의 군사장관이 '독군'으로 개칭)으로 남아 상경하지 않았다. 여원홍은 풍국장을 이용하여 북경 정부 내 단기서의 세력을 배제하려 하였다. 1917년 제1차 세계대전 참전 여부를 두고 논쟁이 벌어졌다. 단기서는 헌법연구회 계열(이하 연구계)의 진보당 의원들의 지지를 받아 참전을 주장했고, 여원홍은 연구계 이외의 다수 의원들의 지지를 받아 참전을 반대했으며, 남경의 풍국장도 참전에 반대했다. 이 논쟁에는 일본은 중국의 전쟁 참여를 희망하고, 미국은 당분간 중국이 참전을 보류하기를 바랐던 국제적 배경이 있었다.

5월 여원홍은 단기서를 내각총리에서 해임했다. 단기서는 즉시 안휘와 봉천, 산동, 복건 등 8개 성의 군벌들에게 '독립'을 선언하도록 사주하고, 자신은 천진에 가서 반여원홍 활동을 전개했다. 풍국장을 비롯한 강소와 강서, 호북 3성의 군벌들은 단기서의 행동에 동조하지는 않았으며, 여원홍도 적극적으로 지지하지 않았다. 위태로운 처지에 놓인 여원홍은 서주徐州에 주둔하고 있던 군벌 장훈에게 도움을 청했다. 장훈은 북양군의 직계가 아니었으며, 줄곧 청 왕조의 회복을 주장했었는데, 기회가 왔다고 판단하여 여원홍과 단기서를 중재한다는 명목으로 군사를 이끌고 입경하였다. 그는 군대를 이끌고 북경에 도착한 뒤, 즉각 국회를 해산하지 않으면 중재의 역할을 맡을 수 없다고 선언했다. 여원홍은 6월 12일 국회 해산 명령을 내렸다.

　장훈이 원했던 것은 여원홍의 수호자 역할이 아니라 청 왕조의 부활이었다. 같은 주장을 하고 있던 강유위는 곧바로 상해에서 북경으로 달려가 장훈의 긴밀한 협력자가 되었다. 많은 청 귀족들과 전직 관료들도 장훈의 주위로 몰려들었다. 7월 1일 그들은 고궁에 거주하는 청의 마지막 황제 부의溥儀를 초청하여 "대보에 다시 올리고" 중국이 다시 "대청제국"이 되었다고 선포했다.

　장훈이 상경하면서 천진을 경유할 때 단기서와 회담을 하였는데, 단기서는 장훈의 계책을 완전히 알고서도 결코 이에 반대하지 않았다. 그는 장훈을 이용해 국회를 해산시키고 여원홍을 축출한 뒤 자신이 나서 모든 열매를 독식하려 했다. 북경 성내에서 복위극이 벌어지자 단기서는 마창馬廠(天津·滄州 간 철도 노선)에서 장훈張勛 토벌을 선언했다. 7월 12일 단기서의 군대가 북경에 진입하자 장훈과 강유위 등 복위파들은 줄행랑을 쳤다. 보름이 채 지나지 않아 복위극은 촌극으로 막을 내렸고, 단기서는 자신을 '공화정 재수립'의 영웅으로 연출했다. 여원홍은 대총통직 사퇴를 발표할 수밖에 없었다. 풍국장은 부총통 자격으로 대총통직을 승계하여 8월 1일 입경했다. 내각총리는 여전히 단기서가 맡고 있었다.

　사제 간이었던 강유위와 양계초 중 한 사람은 장훈을 도와 복위의 공모자가 되었고, 다른 한 사람은 단기서를 도와 장훈 토벌군의 참모가 되었다. 단기서가 구성한 내각에서 외교·내무·재정·사법·농상·교육 각 부部는 연구계 정치인이 맡았고, 양계초는 재정총장에 임명되었다. 더 나아가 연구계는 단기서를 위해 계략을 제공했다. 그들은 여원홍에 의해 해산된 국회를 복원하지 않고 '임시 참의원'을 소집해 국회를 개조함으로써 북양군벌의 전국적 지배를 위한 유리한 조건을 조성했다.

양계초로 대표되는 연구계는 자산계급 민주정 수립을 추구하지 않았다. 그들이 바란 것은 북양군벌의 무력에 의지하여 '개량'하는 것으로, 양계초가 주장해 온 '개명 전제'나 '공화국체 하의 전제'를 실행함으로써 국가의 안정적 국면을 조성하려는 것이었다. 그러나 이러한 상황은 반식민지·반봉건적 상황일 뿐이었기에 아무리 '개량'한다 해도 안정되는 것은 불가능했다.

북양군벌 내부 파벌 간 갈등과 남방 일부 지역 지방 군벌과 북양군벌 간 갈등으로, 연구계 인사들이 참여했던 단기서 내각은 4개월 만에 퇴진했다. 1918년 3월 단기서는 재기하여 내각총리에 복귀했지만, 그 내각에는 더 이상 연구계의 자리가 없었다. 단기서는 더욱 신뢰하는 관료 정치인들을 중심으로 '안복구락부安福俱樂部'를 결성하고 1918년 8월에는 국회를 구성했다. 이 국회는 안복구락부 회원이 다수였기에 '안복국회'로 불렸다. 그리고 단기서의 압박을 받은 풍국장이 대총통직에서 물러났다. 안복국회는 또 다른 청 왕조 전직 관료이자 원세개의 오랜 동지였던 서세창을 대총통으로 선출했다. 그리하여 북양군벌 내부에서 환계晥系(안휘 출신 단기서를 영수로 함)와 직계直系(직례 출신 풍국장을 영수로 하며 1919년에 풍국장이 죽자, 역시 직예 출신인 曹錕이 영수가 됨)의 대립이 갈수록 첨예해졌고, 결국 1920년 양 계파 군벌 간 대대적인 싸움(直晥전쟁)이 발생했다.

환계와 직계 모두 외국 제국주의 세력이 배후에 있었다. 단기서는 일본 제국주의에 전적으로 의존했고, 풍국장은 1913년 말부터 강소에서 활동하면서 영국, 미국과 깊은 관계를 맺었다. 장훈의 복위 소동을 거쳐 정권을 되찾은 후인 8월 14일, 단기서는 독일을 상대로 선전포고를 했다. 이는 일제의 승리였다. 단기서는 일본의 재정 지원을 이용하여 원정군을 편성한다는 명목 하에 자신의 세력을 대대적으로 확충하여 국내에서의 무력통일을 도모하였고, 일본은 단기서를 이용하여 중국을 독점하고 중국군을 반소反蘇 전쟁에 동원하려 했다. 러시아는 10월 혁명 이후 제국주의 전쟁에서 물러났고, 1918년 상반기 제국주의 열강들은 신생 소비에트에 무력간섭을 개시했다. 그해 5월 단기서는 일본 정부와 비밀리에 '공동방적共同防敵'이라는 군사협정을 맺고 일본군이 공동으로 반소 전쟁을 수행한다는 명분 아래 중국에 진출해 반소 전쟁과 관련된 중국 부대를 통제할 수 있도록 보장했다. 1917년에서 1918년 사이에 단기서는 일본으로부터 5억 원이 넘는 거액의 차관을 도입했는데, 이 차관에는 여러 가지 정치적 조건이 붙어 있었다. 일본은 이러한 거액의 투자에서 원세개와 체결했던 21개 조항보다 더 많은 이익을 얻을 수 있었다.

북양군벌 내부에서 분열이 일어났을 때, 남쪽의 여러 지방 군벌들이 일어나 북양군벌과 맞섰다. 그 중심인물은 반원세개 호국운동의 지도적 인물이었던 육영정과 당계요였다. 광서의 육영정은 당시 이미 광동으로 세력을 뻗치고 있었다. 운남의 당계요는 귀주를 장악했을 뿐만 아니라 사천에도 군사적 개입을 하고 있었다. 장훈의 복고운동이 실패하자 단기서는 무력으로 남방을 통일하려 하였고, 남쪽의 실력자들은 위협을 느꼈다. 이에 육영정과 당계요는 연합하여 북양군벌이 민국 원년의 국회와 약법을 파괴했다고 규탄하면서 단기서 정부의 정당성을 부인했다.

상해에 있던 손문도 북양 군벌정부를 반대한다고 선언했다. 그는 1917년 7월 상해에서 광주로 갔다. 정벽광程璧光 해군 총사령관은 이때 해군을 이끌고 북경 정부에 독립을 선언하고 손문을 따르겠다고 했다. 남쪽의 군소 군벌들도 손문의 명망에 기대려 하였다. 그래서 정벽광의 해군과 육영정, 당계요의 군사력은 손문의 무력 기반이 되었다.

손문이 내세운 구호는 '호법護法'이다. 바로 원세개에 이어 북양군벌이 폐기한 중화민국임시약법을 수호한다는 것이다. 그의 호소에 따라 옛 국회 일부 의원들이 광동으로 건너가 8월 25일 회의를 시작했는데, 인원이 모자라 '비상국회'라고 했다. 비상국회는 광주에 군정부를 설립하기로 결정하고, 손문을 군정부의 수반인 대원수로, 당계요와 육영정을 원수로 추대했다. 손문은 대원수의 이름으로 성명을 발표하여 풍국장과 단기서가 대총통과 국무총리로 있는 북경 정부를 부인하고 북벌을 호소하였다. 북경 정부는 손문 등에 대한 수배령을 내렸다.

이번 호법운동은 형식상 손문이 이끈 것이지만, 그의 처지는 매우 위태로웠다. 1년도 채 안 된 1918년 5월 비상국회는「개정군정부조직법」을 채택하여 대원수제를 폐지하고 손문의 직권을 박탈하려 했다. 이에 손문은 분연히 대원수직을 사임하고 상해로 돌아갔다. 그는 사임 성명에서 "중국에서는 군인들이 패권을 다투는 것보다 더 큰 환난은 없는데 남과 북은 모두 똑같다. '호법'을 내세운 성들도 법률과 민의에 따를 생각이 없다"[1]고 비판했다. 그는 얼마 후 친구에게 보낸 편지에서 광동에서 대원수직을 맡았던 상황을 언급하여 "1년 동안 고립무원으로 힘들게 버텼으나 가까운 이들을 고통에 빠뜨리고 원수들을 기뻐하게 하니 결국 그만둘 수밖에 없었다"고 말했다.

손문의 호법운동이 실패하게 된 이유로 두 가지를 들 수 있다. 첫째, 호법운동이 민국을 찬탈한 북양군벌에 반대하기는 했지만, 민국 원년 약법과 국회 복원만 구호로 내세웠으며, 또한 여원홍을 합법적 대총통으로 복위시킬 것을 주장했는데, 이러한 주장은 인민대중의 호응을 유도하기 어려웠다. 둘째, 군정부는 남쪽의 군벌 세력에 의존했다. 이들 지방 군벌들의 최대 관심사는 세력 유지와 확대뿐이었으며 호법은 허울에 불과했다. 당계요와 육영정은 북벌을 찬성하기는 했지만, 다른 한편으로는 북양 세력과 비밀리에 소통하고 있었고, 언제든지 적절한 조건에 타협할 준비가 되어 있었다. 손문이 남과 북이 한통속이라고 개탄한 것도 이 때문이다.

양계초와 손문은 모두 서남 군벌과 협력했지만, 전자는 반원세개 운동을 통해 단기서의 휘하로 들어갔고, 후자는 '고립무원' 속에서 실패했다. 호법운동의 실패는 손문이 여전히 혁명의 활로를 찾지 못하였음을 보여 주고 있지만, 이것은 그가 군벌들과 한통속이 되지 않았음을 의미한다. 따라서 이것은 자랑스러워해야 할

---

1) 손문이 1918년 5월 4일 비상국회에 보낸 대원수 사직 전보,『중국국민당사고』제3편, 1085쪽.

일이지 치욕스러운 일이 아니었다.

손문이 대원수직을 사임한 후, 광동의 호법 군정부는 7총재 합의제로 전환하여, 비상국회에서 잠춘훤岑春煊과 손문, 당계요, 육영정, 오정방, 당소의, 임보역林葆懌 7명을 총재로 추대하고, 잠춘훤을 주석 총재로 삼았다. 손문은 취임도 하지 않았고 얼마 후 허명뿐인 총재직도 사임했다. 당시 국민당은 사분오열되고, 그중 우익의 이른바 정학계政學系 인사들의 정치 색채는 사실상 북방의 연구학계와 비슷했다. 잠춘훤을 중심으로 한 호법 군정부는 계계桂系(광서계)군벌과 정학계 정치인들에게 완전히 지배되었다.

1920년 진형명陳炯明의 군대는 계계군벌의 병력을 광동성에서 몰아냈다. 손문은 광동으로 돌아와 다시 호법의 기치 아래 '비상정부'를 세우고 '비상대총통'에 취임했다. 진형명의 군대는 손문이 1918년의 대원수 시절 계계군벌에 대항하기 위해 양성했던 것이다. 그러나 손문이 비상대총통에 취임한 지 얼마 안 되어 진형명이 북양군벌 및 제국주의와 결탁하여 쿠데타를 일으켜 손문이 광주에서 더는 발을 붙일 수 없게 되었다. 이것으로 호법운동은 철저히 실패하고 말았다.

오옥장吳玉章(호법운동 때 민주혁명가로서 꿋꿋하게 손문을 지지)의 회고록은 다음과 같이 전한다.

> 신해혁명 때부터 우리는 청나라를 무너뜨리기 위해 원세개와 타협하고, 그 후 북양군벌을 반대하기 위해 서남군벌을 이용하였다가 다시 또 서남군벌을 배척하기 위해 진형명을 양성하였는데, 결국 진형명도 변절하고 말았다. 이에 근거해 볼 때 이전의 낡은 혁명 방법은 반드시 바꾸어야 하고 처음부터 다시 시작해야 했다. 그런데 어떤 힘에 의지해야 하고 또 어떻게 해야 나라를 멸망에서 구할 수 있을까? 이 문제는 항상 우리를 옥죄고 절박하게 만드는 문제로, 이 때문에 나는 항상 번민하고 고뇌했다.[2]

---

2) 『오옥장회억록』(중국청년출판사, 1978년판), 109~110쪽.

이것이 바로 당시 손문을 비롯하여 국가의 운명을 바꾸겠다는 뜻을 품은 혁명가들이 직면한 문제였다.

2. 민족산업의 일시적 호황

제1차 세계대전 기간 중국의 민족산업은 발전의 기회를 얻었다. 전쟁으로 인해 중국에 대한 서양 열강들의 수출 공세는 움츠러들 수밖에 없었다. 대일본 수입은 전쟁의 영향을 받지 않아 오히려 늘어났지만, 전체 수입량은 두드러지게 감소했다. 1912년(민국 원년) 수입액은 4억 7천3백만 냥인데 1913년에는 5억 7천만 냥으로 증가했다. 세계대전이 발발한 해인 1914년은 5억 5천7백만 냥으로 전년보다 약간 감소하였다. 이후 몇 년 동안, 즉 세계대전이 끝난 해인 1918년까지 매년 수입액은 1913년보다 적었고, 그중에서도 가장 적었던 해는 4억 5천4백만 냥을 기록한 1915년으로, 1913년 기준 1억 1천만 냥 이상 감소한 셈이다. 한편 전쟁 기간 중국의 수출액이 거의 감소하지 않는 것은 전쟁 중인 국가들이 중국으로부터 밀가루를 포함한 농산물과 원료 등을 수입했기 때문이다. 그래서 전쟁 전 몇 년 동안은 중국의 연간 적자가 1억 2천에서 2억 2백만 냥에 달하였으나, 전쟁 당시인 1915년부터 1918년 기간에는 2천6백만 냥에서 8천3백만 냥에 머물게 되었다. 이런 상황은 민족산업의 발전에 유리하게 작용했다.

세계대전 기간 동안 가장 급속히 발전한 것은 방직업이다. 전시라는 유리한 조건에서 촉발된 공장 건설의 물결은 1921~1922년에 정점에 이르렀다. 전쟁 전 제분업을 경영하여 집안을 일으킨 영종경榮宗敬은 1916년과 1919년 상해에 2곳의 방직공장을 설립했고, 1921년에는 무석無錫과 한구에 2곳의 방직공장을 설립하여 중국 최대의 방직산업 자본가로 성장했다. 1915년부터 1922년까지 8년 동안 민간 자본의 방직공장은 공장 수 및 방추가 거의 2배 증가하였고, 직조 기계는 2배 이상 증가하였으며, 면방직업 외에도 소사, 견직물, 편직물 및 기타 산업도 같은 기간에 크게 발전했다. 이 때문에 이 기간은 민족 방직업의 '황금시대'로 여겨졌다.

밀가루는 전쟁 전에 소량 수출되었지만 수입은 매우 많았다. 1913년과 1914년의 수출 대비 수입 초과 물량은 모두 10만 톤 이상이었다. 그러나 1915년부터 6년 동안 수출량이 수입량을 초과하였는데, 1918년부터 1921년까지는 수출량이 수입량을 매년 10만~15만 톤 초과했다. 이 기간 전국 각지에 제분공장이 잇달아 설립되었다. 전쟁 전 전국 제분공장 수는 40여 곳이었지만 1920년과 1921년 사이에 120곳 이상(소수 외국 자본 공장도 포함)으로 성장했다. 이처럼 제분산업 역시 세계대전 동안 민족자본이 빠르게 발전한 업종이었다.

방직업과 제분업 외에도 성냥, 시멘트, 담배, 식용유, 제지, 설탕, 비누, 양초 등에 대한 생산이 전쟁을 전후하여 비약적으로 발전했다. 요컨대, 이 시기에 주로 발전한 분야는 경공업과 생필품 제조 산업이다. 민족민간 자본 역시 아직은 비교적 창업과 이윤 창출이 용이한 경공업을 발전시킬 역량밖에 없었다.

민족산업의 호황은 길지 않았다. 1918년 세계대전이 끝나자 중국의 대외무역 수입은 전쟁 전 수준을 뛰어넘어 급증했다. 1919년 수입액은 6억 4천6백만 냥으로 전쟁 전인 1913년 5억 5천7백만 냥보다 높았지만, 그해 수출액이 여전히 컸기 때문에 무역적자는 1천6백만 냥에 불과했다. 그러나 이듬해인 1920년 수입액은 7억 6천2백만 냥으로 증가하였으나 수출액이 감소하여 무역적자가 2억 2천만 냥으로 전쟁 전 최고 기록을 깼다. 외국 상품 수입이 급증하는 동시에 외국 자본도 재차 대거 중국으로 침투했다. 민족산업의 단기적 호황은 단지 제국주의의 중국 침략의 일시적 둔화에 기대었던 것이기에, 제국주의 세력이 다시 밀려들자 민족공업의 성장 추세는 금방 꺾여 버렸다. 그중 가장 큰 타격을 입은 것은 한때 가장 번창했던 방직업과 제분업이었다. 수많은 기업이 외국 자본과의 경쟁에서 밀려 제품 판로가 좁아지고 자금 경색을 겪었다. 그래서 생산과 영업을 중단하는 경우도 있었고, 외국 자본에 합병되거나 그들의 자금을 차입했다가 경영권을 빼앗기기도 했다.

반식민지·반봉건 상태의 중국에서 민족산업은 제1차 세계대전 중 누렸던 호황을 다시는 누리지 못했다. 이러한 반짝 호황은 제국주의의 침략과 억압이 중국 민족자본의 발전을 저해하는 근본적 요인임을 잘 보여 준다. 반식민지·반봉건적 사회관계에서 벗어나지 않고서는 중국 국민경제의 발전은 요원한 일이었다.

당시 정치에 실망한 사람들 중 교육과 산업을 통해 국가를 구해야 한다고 주장하는 사람들이 있었지만, 군벌 치하에서 교육과 산업의 발전은 공상에 불과했다.

3. 5·4신문화운동

신해혁명 이후 몇 년간 중국 사상계는 대단히 혼란스러운 상태였다. 당시의 암울한 사회·정치적 현실로 인해 많은 이들이 자산계급 민주혁명의 이상에 대해 회의하고 동요했다. 비록 중화민국이라는 간판은 얻었지만, 여전히 봉건적 정치·경제가 지배적인 지위에 있었으며, 사상적 영역에서도 봉건적 사상이 지배적 지위를 차지했다. 원세개는 제정 부활을 선포하기 전에 이미 '제천祭天', '제공祭孔' 따위를 제창하고 전국적으로 '존공독경尊孔讀經'을 부활시킬 것을 선언하기도 했다. 사회에서도 공도회孔道會, 공교회孔敎會, 존공회尊孔會 등의 조직이 생겨났고, 청 왕조의 귀족과 전직 관료들이 이런 조직의 핵심 인물들이었다. 강유위가 그 행렬에 가담하여 그들의 가장 중요한 대변인이 되었다. 그들은 봉건적 삼강오상의 인륜을 고취했고, '공자교'를 '국교'로 삼을 것을 제창했으며, 신해혁명 이후의 사람들의 실망감을 이용하여 민주공화 및 자유평등의 이념을 비방했다. 이러한 반동적 사조는 원세개가 황제를 칭하고 장훈이 복벽을 시도한 것과 맥을 같이한다. 원세개와 장훈의 연이은 실패 후에도 공교회나 존공회와 같은 조직은 도처에서 활동했다. 봉건적 삼강오상과 충효절의 설교, 귀신 숭배의 미신, 정신적 퇴행을 유발하는 저급한 문예가 뒤엉켜서 인민의 사상을 속박하고 민족의 생기를 말살하고 오직 봉건

군벌의 통치에만 봉사하는 정신적 굴레가 형성되어 있었다.

1915년 9월 창간된 잡지『신청년』은 이러한 정신적인 굴레를 벗어던지기 위한 투쟁을 전개하였다.『신청년』은 처음에는『청년잡지』라는 이름으로 시작했으나 1916년 9월 제2권 1호가 나오면서『신청년』으로 개칭했다.『신청년』의 발행 부수가 증가함에 따라 그것이 젊은이들에게 미치는 영향력도 점차 확대되었다.『신청년』의 영향으로 역사적 의미가 있는 문화사상운동이 태동했다. 이 문화사상운동이 바로 5·4신문화운동이다. 5·4운동은 1919년 5월 4일 발생한 북경학생애국운동에서 이름을 따온 것이지만, 그로부터 3년 전에 시작된 신문화운동은 사상적으로 5·4애국운동을 촉발하였고 또한 5·4애국운동과 함께 심화, 발전해 나갔다.

『신청년』은 창간 당시 이 잡지의 취지가 '현실 정치 비판'이 아니라고 밝혔다. 그러나 잡지의 발행자들은 그들의 문화사상 작업이 정치와 밀접한 관련이 있음을 분명히 인식하고 있었다. 그들은 당시의 정치 문제를 표면적인 현상만을 놓고 논평하는 대신 근본적인 정치개혁을 추구하려 했고, 정치 문제를 직접 논하는 글도 썼다. 강유위의 경우 민국 수립 이후 6년간의 정치적 혼란을 공화 즉 신해혁명 탓으로 돌렸다. 이를 반박하기 위해 잡지의 편집장이자 주요 기고자인 진독수陳獨秀는 "공화제 건설 초기에 어려움을 겪으며 제대로 실현되지 못하고 종종 독재나 군주제가 반복된 까닭"은 '공화제 자체의 결함' 때문이 아니라 '저항'을 받았기 때문이라고 지적했다. 즉 '북양군벌 장훈 등의 군인들'과 '보황당 당원 강유위 등의 학자들'이 가장 강한 저항 세력이라는 것이다. 그는 이들의 저항으로 초래된 '반동시대의 어둠'은 결국 걷힐 것이라고 주장했다. 개혁을 가로막는 군인과 학자가 아닌 개혁을 시도한 사람들에게 혼란한 현상의 책임을 돌리는 것은 전혀 논리적이지 못한 헛소리다. 진독수와『신청년』의 다른 저자들 역시 신해혁명의 성취에 대해 불만족스러워했지만 반동 세력의 공격 앞에서는 확고하고 용감한 신해혁명의 변호인이 되었다.

초기『신청년』은 자산계급 민주주의를 사상적 무기로 삼았다.『신청년』의 필자들은 중국이 진정한 민주공화국이 되기 위해서는 민주주의의 새로운 사상·도덕·문화를 대대적으로 선전해야 하며, 봉건주의의 낡은 사상·도덕·문화를 철저히 비판해야 한다고 주장했다. 그들은 신해혁명에서 그렇게 하지 못했기 때문에 당시 주장된 민주공화는 거짓 형식에 불과했다고 생각했다. 따라서 『신청년』은 이러한 입장에 근거하여 당시 창궐했던 복고존공復古尊孔의 반동사조에 맞서 용맹한 투쟁을 전개하였다. 그들은 '민주'와 '과학'의 기치를 내걸고 "중국의 정치·도덕·학술·사상적 면에서의 모든 몽매함을 치유하자"고 나섰다. 그들은 삼강오상과 충효절의와 같은 고색창연한 봉건적 교조들은 '노예의 도덕'이며, '현대 사회·국가'와는 근본적으로 양립할 수 없다고 지적했다. 이들은 봉건시대의 성인 공자를 직접 겨냥해 '공가점孔家店 타도'의 운동을 일으켰다. 이는 무술변법 때의 유신파나 신해혁명 때의 혁명파들이 감히 제기하지 않았고, 제기할 수도 없었던 말이다. 5·4신문화운동은 반봉건운동이라는 측면에서는 무술유신과 신해혁명과 연속선에 있었으나, 그 투쟁의 철저함은 앞의 두 운동을 훨씬 뛰어넘었다.

문언문文言文을 백화문白話文으로 대체하고, 또한 '문학혁명'이라는 구호 아래 새로운 문학을 제창한 것 역시 5·4신문화운동의 일부분이며, 이는 『신청년』의 중대한 공적이기도 하다. 『신청년』의 저자들은 이러한 문체 개혁이 문학 분야의 혁명과 함께 낡은 정치와 사상을 반대하고 새로운 정치와 사상을 제창하는 투쟁과 밀접하게 연결되어 있음을 분명히 인식하였다.

『신청년』의 필자들은 개인주의가 그들의 새로운 도덕·사상·신앙의 핵심이라고 말했다. 이것은 비록 그들이 아직 자산계급의 사상적 무기고를 뒤적일 수밖에 없었음을 보여 주지만, 일정한 역사적 조건하에서 이 사상적 무기는 강력한 효용을 발휘했다. 개인이 독립적이고 자주적인 권리를 갖는다는 관점에서 그들은 독립적인 사고를 통해, 옛 사람들에 대한 의존에서 벗어나 봉건적 권위에 맹종하고 관습적 세력의 노예가 되는 것을 거부하고 봉건적 전통으로부터 인간의 개성과 재능을 해방시켜 자유로운 발전을 이룰 것을 요구했다. 이들이 주창한 '문학혁명' 역시 이런 정신을 바탕으로 옛사람들을 따라 '팔고문八股文'을 쓸 것이 아니라 자신의 언어로 글을 써야 한다고 주장했다. 이러한 목소리는 현실적으로나 정신적으로나 봉건적 질곡에 갇혀 있는 청년들의 요구를 반영한 것으로, 청년들의 공감을 불러일으키고 투쟁의 열기를 고취시켰다.

사상혁명을 통해 새 국가의 토대를 다질 수 있다는 『신청년』 필자들의 생각은 비현실적이었다. 그러나 그들이 봉건적이고 낡은 사상·도덕·문학을 겨냥했던 것은 실은 봉건적이고 낡은 정치를 겨냥했던 것이다. 민주주의의 정치투쟁 측면에서 말하자면 『신청년』으로 대표되는 5·4신문화운동은 손문의 국민당이 실행했던 호법운동보다 훨씬 강한 생명력을 가지고 있었다.

5·4신문화운동에 참여했거나 이 운동에 고무된 사람들 중 일부는 결국 정치와 사상적으로 자산계급의 개인주의와 민주주의에 머물렀지만, 일부는 이를 기반으로 새로운 탐구를 시작했다. 그들은 당시 세계의 정세와 중국의 현실에 대한 고찰에 근거하여 자산계급 사상이 중국의 문제를 해결할 수 없다고 생각했다. 선진 지식인들도 운동의 발전 과정에서 자산계급 민주주의의 틀을 깨고 마르크스주의와 무산계급 계급의 사회주의를 발굴했고, 이를 국가의 운명을 관찰하는 도구로 사용하기 시작했다.

1914년 발발한 제국주의 전쟁은 중국의 선진 지식인들로 하여금 자본주의에 더 깊이 회의하게 하였다. 1917년 러시아 10월 사회주의 혁명의 승리는 중국 인민들 사이에서 큰 감동을 주었고, 특히 선진 지식인들은 이로 인해 시야가 확장되었다. 그들은 인류의 운명을 결정하는 것은 이미 자산계급이 아니라 무산계급이며, 자본주의가 아니라 사회주의임을 보았다. 『신청년』의 주요 기고자 중 한 명인 이대교李大釗는 1918년부터 1919년까지 마르크스주의를 선전하는 글을 쓰기 시작했다. 모택동毛澤東과 주은래周恩來, 채화삼蔡和森, 등중하鄧中夏, 운대영惲代英 등 많은 선진 청년 지식인들이 1918년부터 1920년까지 마르크스주의를 접하고 수용하였으며, 각지에 마르크스주의를 연구하고 선전하는 단체를 설립하였다. 5·4신문화운동의 정신적 지주인 진독수는 1920년의 글에서 마르크스주의 사상을 수용한다고 밝히기도 했다.

중국의 선진 지식인들은 주로 러시아 10월 혁명을 거치면서 마르크스주의를 알게 되었는데 당시 그들이 읽을 수 있는 마르크스-레닌주의 서적은 매우 제한적이었다. 그들은 마르크스주의의 기본 관점을 학습하고는 과감하게 실천 투쟁에 뛰어들었다. 그들의 이론적 준비가 충분하지 않았던 점은 약점이지만, 마르크스주의를 받아들이자마자 이를 중국의 반제국주의·반봉건 대중운동과 결합한 것은 중국 마르크스주의 운동의 특징이자 장점이다.

4. 5·4대중애국운동

제1차 세계대전이 끝난 후, 전후 세계 문제를 다루기 위해 1919년 1월 '5강'(영국·미국·프랑스·이탈리아·일본)의 주도하에 파리강화회의가 열렸다. 이때 북경 정부의 대총통은 전직 관료 출신 서세창이었고, 실제 북경 정부를 장악한 사람은 일제의 하수인 단기서였다. 남쪽의 호법 군정부는 손문이 물러난 후 잠춘훤을 비롯한 군벌과 관료가 장악하고 있었다. 남북 양 정부는 1918년 말 휴전을 선언하고 1919년 2월 강화회의를 시작했다. 북경 정부는 파리강화회의에 참석할 대표단을 파견했는데, 이때 남방 호법 군정부의 외교 인력도 참가했다.

파리강화회의에 앞서 미국 대통령 윌슨은 의회 연설을 통해 이번 강화회의의 취지로 '14조'를 제시하였다. 그는 여기에서 모든 식민지의 처분에 관해 각 식민지 주민의 이익을 고려해야 하며, 크고 작은 나라들이 상호 정치적 자유와 영토 보전을 보장해야 한다고 밝혔다. 이 때문에 중국 지식인들은 이번 평화협상을 통해 세계에서 중국의 평등한 독립을 쟁취할 수 있을 것이라는 기대에 부풀었다. 중국 대표단은 인민들의 염원을 반영하지 않을 수 없었기 때문에 이번 평화회의에서 다음과 같이 주장했다.

1. 전쟁 발발 전 산동에서 독일이 누렸던 일체의 특권은 중국이 환수하고, 일본은 그것을 승계할 수 없다.
2. 1915년 원세개 정부가 일본에 승인한 '21조'를 취소한다.

3. 영사재판권, 조계, 임대지, 세력 범위 등을 포함한 외국의 모든 특권을 취소한다.
4. 독일, 오스트리아 등 패전국들이 중국에서 누렸던 정치·경제적 특권을 종식시킨다.

그렇지만 전후 서구 열강들은 중국에 대한 침략을 다시 강화했고, 이들과 전쟁 기간 중 가장 큰 이득을 본 일본 간의 갈등은 불가피했다. 이러한 갈등은 특히 미국과 일본 사이에서 강하게 표출되었다. 중국 대표단이 주로 일본에 불리한 요구들을 제기한 것 역시 미국의 종용과 관련이 있었다. 그러나 파리강화회의는 제국주의 열강들의 장물 나누기에 불과했으며, 따라서 그들은 중국에서의 기득권이 훼손되거나 실추되는 것을 결코 원하지 않았다. 중국 대표단이 제기한 '21조' 폐지와 열강들의 중국 내 영사재판권 취소 등 문제에 대해 프랑스 총리는 '5강'을 대표하여 이런 문제는 이번 회담에서 논의될 수 있는 문제가 아니라고 답변했다. 중국의 교주만 문제는 전쟁 전 독일의 식민지 처리 문제를 논의할 때 함께 다루어지기는 했다. 그러나 이 문제에서도 중국 대표단은 참담한 실패를 겪어야 했다. 교주만은 이미 사실상 일본이 점유하고 있는 데다, 1917년 9월 북경 정부가 산동 문제에 관한 일본 정부와의 교환문서에서 일본의 요구에 대해 "흔쾌히 동의"한다는 의사를 밝혔기 때문에 산동 내에서 독일이 누렸던 모든 특권은 반드시 일본에 양도되어야 한다는 것이 일본 측의 주장이었다. 강화회의는 결국 일본의 주장을 받아들였다.

이 결과는 파리강화회의에 환상을 품었던 사람들에게 중요한 교훈을 주었다. 1918년 12월 창간된 시사평론지 『주간평론』(이대교, 진독수 주필)의 경우 발간사에서 제1차 세계대전 결과를 두고 "보편적 올바름이 강압적 무력을 이겼다"고 평가했다. 그러나 1919년 5월 초에는 "파리강화회의는 참가국들 모두 자국의 권리에만 몰두했다. 공리니, 항구적 평화니, 윌슨 대통령의 14조 선언이니 하는 것들은 다 아무 가치도 없는 빈말이 되고 말았다"고 썼다. 또한 파리강화회의에 대해 "세계의 항구적인 평화, 인류의 진정한 행복과는 전혀 무관하므로, 전 세계 인민들이 모두 일어나서 스스로 해결하지 않으면 안 될 것"이라고 지적했다.

북경의 학생들은 먼저 행동으로 제국주의, 특히 일본 제국주의와 친일파 북경 정부에 대한 대중의 분노를 표출시켰다. 1919년 5월 4일 오후 북경의 각급 학교 학생 3천여 명이 천안문 앞에서 집회와 시위를 벌였다. 이들은 선언문에서 "대외적으로는 주권을 쟁취하고 대내적으로는 매국노를 처단하자"는 구호를 내걸고 즉각 국민대회를 열 것을 주장했다. 시위 행렬은 동교민항東交民巷에 들어가 각국 대사관에 항의하려 했으나 대사관 경비대에게 저지당했다. 그러자 그들은 곧바로 동단東單 조가루趙家樓 지역의 조여림曹汝霖의 저택으로 향했다. 조여림은 당시 북경 정부의 교통총장이었고, 1915년 원세개의 외교차장을 지냈으며 21조 체결 당시 대표 중 한 사람이었다. 그는 장종상章宗祥·육종여陸宗輿와 함께 단기서 정부와 일본 간 차관 및 군사협정을 체결했던 담당자이었기에, 이들 3인의 매국노는 가장 집중적으로 여론의 지탄을 받았다. 학생들이 조여림의 저택을 포위하고 침입했으나 조여림은 찾지 못하고 북경 정부의 일본 주재 공사로 있다가 막 귀국한 장종상을 찾아냈다. 학생들은 조여림의 집에 불을 지르고 장종상을 마구 폭행했다. 군경들이 조여림의 집으로 달려왔고 학생 32명이 체포되었다.

 5월 4일 북경 학생들의 행동은 추위와 어두움만 가득하던 중국에서 우렁찬 봄의 천둥소리를 내며 즉각 전국을 뒤흔들었다. 5월 5일 북경 학생들은 동맹휴학을 선언하고 중등 이상 학교 학생 연합회를 결성하여 체포된 학생들의 석방을 요구하고 애국선전을 진행했다.

 5·4운동이 일어나기 전에 북경의 학생들 사이에서는 여러 학습 조직이 나타났다. 그중에는 『국민잡지』를 발간한 국민사, 『신조잡지新潮雜誌』를 발간한 신조사新潮社, 도시와 농촌 주민들에게 통속적인 애국선전을 하는 평민교육강연단이 있는가 하면, 또 무정부주의 성향의 청년들로 구성된 단체도 있었다. 5·4시위는 바로 이 단체들이 주축이 되어 전개되었다. 천안문에서의 집회 시위와 조가루의 시위는 민중적 자발성도 띠고 있었지만, 이들 단체가 있었기에 전체적으로 조직적인 행동을 할 수 있었고 또한 이날 시위 이후에도 지속성을 유지할 수 있었다. 이들 단체에는 다양한 사상적 성향을 가진 청년들이 가입했는데, 그중에서도 마르크스주의를

수용한 청년들이 중요한 역할을 했다. 당시 북경대학의 교수이자 도서관 관장이었던 이대교는 신문에 글을 기고하여 운동이 발전할 수 있도록 적극적으로 독려했을 뿐만 아니라 많은 진보적인 학생들과 밀접하게 연락하면서 학생연합회 활동에 참가하고, 학교 교직원을 조직하여 학생들의 운동을 지원하였다.

정부는 5·4시위 이틀 만에 체포된 학생들을 석방했지만 학생들의 정치적 요구를 묵살하고 정치 간섭금지 명령을 내렸다. 5월 19일 북경 학생들은 다시 동맹휴학을 선언하고 북경 시내와 인근 철로를 따라 연설회를 열었다. 며칠 뒤 정부의 강력한 금지 명령으로 학생들은 국산품 애용으로 선전문구를 바꿨다. 6월 1일 정부는 국민들이 매국노로 지탄했던 조여림과 육종여, 장종상을 표창하고, 학생들의 애국적 행동을 철저히 단속하라는 두 가지 명령을 내렸다. 이는 학생대중의 분노에 기름을 끼얹는 꼴이 되었다. 학생들은 6월 3일부터 다시 가두연설을 시작했다.

정부는 군경을 동원하여 진압에 나섰다. 6월 3일 학생 170여 명이 체포됐고, 다음 날 700여 명이 추가로 체포됐다. 그러나 사흘째 되는 날 가두 연설하는 학생과 청중이 더욱 늘어나서 5천 명이 넘은 것으로 집계되어 정부가 통제할 수 없는 상태가 되었다. 운동은 전국적으로 급속히 확산되었다. 각지의 학생들이 학교 수업을 거부했을 뿐만 아니라 상인들은 영업을 멈추고 노동자들도 파업하여 제국주의와 매국노 정부에 반대하는 전국적인 운동으로 번져 나갔다.

중국 민족자본의 상공업은 세계대전 이후 제국주의 세력의 재침략 위협에 직면해 있었다. 5·4학생운동은 일본 제품을 배척하고 국산품 애용을 권하는 구호를 내걸었는데, 이는 상공업자에게 매우 유리한 것이었다. 북경의 상인단체는 5·4운동 직후 학생 후원에 나섰고, 이어 천진·상해와 전국 많은 도시의 상인단체들도 호응했다. 6월 3일 북경 학생과 반동정부가 첨예하게 대립하는 가운데 상해의 재계는 학생들의 영향을 받아 6월 5일 정부의 만행에 항의하는 동맹파업을 선언했다. 상해 부근과 전국의 여러 도시들도 따라서 철시를 선포하였다.

노동자들의 궐기는 이 운동의 기세를 더해 주었다. 전국 산업노동자 수는 신해혁명 당시 약 50만~60만 명이었는데 5·4운동 때는 이미 200만 명에 달했다. 6월 3일 이후 상해를 중심으로 노동자들이 투쟁에 앞장섰다. 상해에서는 일본 자본이 투자된 내외면內外棉의 제3, 제4, 제5 공장의 남녀 노동자 5~6천 명이 6월 5일 먼저 파업에 돌입했고, 이어서 일본과 영국 자본이 투자된 일부 공장, 그리고 미국·프랑스·중국 기업이 운영하는 철도의 노동자들도 파업을 선언했다. 상해 이외 지역에서는 호녕滬寧과 호항滬杭 철도, 경봉京奉철도 당산역唐山驛, 경한京漢철도 장신점역長辛店驛의 노동자들이 잇따라 파업을 개시했다. 한구와 장사, 무호, 남경, 제남 등지에서도 노동자들의 파업이 이어졌다.

이처럼 애국운동은 광범위하고 심층적으로 그리고 급속히 확산되었다. 특히 노동자들이 파업의 형식으로 투쟁에 참가하자 정부뿐만 아니라 제국주의 열강들도 경악했다. 노동자 파업으로 상해와 천진 등지의 조계가 마비될 위기에 처했고, 중국에서의 제국주의의 이익이 위협을 받게 되었다. 제국주의의 앞잡이였던 단기서 정부는 어쩔 수 없이 위기를 모면하기 위한 조치를 취했다. 6월 10일 북경 정부는 조여림과 육종여, 장종상의 사임을 '승인'하고 내각개편을 발표했지만, 개편된 내각 역시 단기서의 영향력 아래 있었다. 사회 각계와 여론의 반대로 인해, 파리강화회의 중국 대표단은 산동 문제 등이 포함된 베르사유조약에 서명하지 않았다. 그러나 일본이 산동에서 독일의 모든 특권을 승계한다는 기정사실에 대해 단기서 정부는 감히 반대하지도 못했다.

5·4대중운동을 통해 중국 사상계는 큰 격동을 겪었다. 자산계급의 개인주의적 관점을 고수하던 사람들은 운동이 고조되자 점차 투쟁에서 물러났고, 투쟁에서 가장 단호하고 지도적인 역할을 했던 사람들은 마르크스주의를 받아들이기 시작한 사람들이었다. 5·4운동 이전 신문화운동이 내세운 기치는 자산계급 민주주의와 개인주의였는데 5·4운동 이후 마르크스주의를 소개하고 연구하며 선전하는 것은 거부할 수 없는 흐름이 되었다. 신문화운동은 마르크스주의 사상운동으로 발전해 갔다. 『신청년』 잡지가 점차 마르크스주의를 선전하는 기지로 변모해 간 것 역시 이러한 발전 양상을 잘 보여 준다. 5·4운동 이후 전국 각지의 청년 지식인들은

잇달아 사회단체를 결성하고 간행물을 출판했는데 불과 1년 사이에 출판된 간행물이 400여 종에 이르렀다. 이들 사회단체와 간행물은 명백하게 마르크스주의를 받아들이고 있었으며, 다른 사상적 성향을 가진 이들도 사회주의와 러시아의 사회주의 혁명, 마르크스주의를 논하지 않을 수 없게 되었다.

호법운동에서 실패를 경험한 손문은 5·4운동에서 새로운 희망을 보았다. 그는 1920년 1월 국내외 국민당 당원들에게 보내는 편지에서 다음과 같이 말했다.

> 북경대 학생들이 5·4운동을 일으킨 이후 모든 애국청년들은 혁신사상을 통해 미래의 일에 대비하고 있다. 그들은 왕성한 기세로 새로운 견해를 내놓고 있으며, 국내 각계의 여론도 일제히 이를 제창하고 있다. 현재 열성적인 젊은이들에 의해 각종 새로운 출판물이 잇달아 출판되고 있다. 이들은 저마다 자신의 재능을 만개시키며 사회에 큰 영향을 끼치고 있다. 비록 완고한 가짜 정부일지라 해도 감히 이들의 예봉을 피하지 않을 수 없을 것이다. 이러한 신문화운동은 오늘날 중국 사상계에 전례 없는 큰 변화를 가져왔다. 그 처음에는 출판계의 한둘 깨어 있는 사람들이 그런 일을 제창하고 시도한 것에 불과했지만, 마침내 여론이 크게 일어나서 학생들의 파도가 전국을 뒤덮었으며, 사람들의 양심을 격동시켜 죽음을 무릅쓰고 애국운동을 하기에 이르렀다. 이렇게 계속 발전해 나간다면 장차 그 성과는 의심의 여지없이 위대하고 장구할 것이다.[3]

5·4운동에서 학생들은 선봉의 역할을 맡았다. 중국 인구의 대다수를 차지하는 농민들은 여전히 이 운동에 참가하지 않았다. 이 운동의 두드러진 의미는 노동계급이 역량을 보여 주었다는 것이다. 선진 지식인, 즉 마르크스주의를 받아들이기 시작한 지식인들은 러시아 무산계급의 10월 사회주의 혁명에 영감을 얻었을 뿐만 아니라 5·4운동의 경험에서 중국 무산계급의 역사적 지위를 인식하였다. 그들은 선전 및 조직 작업을 수행하기 위해 노동대중 속으로 들어갔고, 이로써 마르크스주

---

[3] 『손중산선집』(인민출판사, 1981년판), 482쪽.

의 사상운동과 노동운동이 결합되었다. 그 결과 많은 지역에서 공산주의 단체들이 설립되면서 중국 공산당의 창립을 위한 준비가 진행되었다.

 5·4운동 이후 2년 만인 1921년 중국 무산계급 정당인 중국 공산당이 공식 출범했다. 중국은 여전히 제국주의와 봉건주의 치하의 가난하고 낙후된 반식민지·반봉건 국가였지만, 5·4운동을 거치면서 중국 근대사에 중대한 변화가 일어났고, 중국 무산계급은 하나의 독립된 계급으로 역사에 등장하기 시작했다. 무산계급은 자산계급을 대신하여 중국 민족·민주 혁명의 지도자가 되었다.

 5·4운동은 자산계급이 이끄는 구민주주의 혁명의 종식과 무산계급이 이끄는 신민주주의 혁명의 시작을 알렸다. 이때부터 중국 근대사는 새로운 장을 맞이하게 된다.

지은이 **胡繩**

중국 江蘇省 蘇州 출신으로, 본명은 項志逖이다. 중국공산당 중앙당사연구실 주임, 중국사회과학원 원장, 중국역사학회 회장, 중국인민정치협상회의 부주석 및 중국인민대표대회 상무위원 등 직을 역임했으며, 중국의 저명한 역사학자, 근대사 전문가, 마르크스주의 이론가이다. 저서로는 『중국공산당 70년』(편집장), 『2천 년 동안』(二千年間), 『제국주의와 중국정치』 등이 있는데 『호승전서』로 결집되어 깊은 영향을 미쳤다. 특히 『아편전쟁에서 5·4운동에 이르기까지』는 3~400만 부나 발행된 중국 근대사 연구의 권위적인 고전이다.

옮긴이 **임해순林海順**

중국 연변대학에서 정치학과 사상정치교육을 전공하였고, 경북대학교에 파견교수로 재직 중 철학과에서 박사학위를 받았다. 뉴질랜드 캔터베리대학교, 중국인민대학에 방문학자로 다녀왔으며, 현재 연변대학 마르크스주의학원 교수로 재직 중이다. 옮긴 책으로는 『장입문 교수의 화합철학론』(공역), 『공자의 仁, 타자의 윤리로 다시 읽다』(공역), 『정현의 주역』(공역) 등이 있고, 대표 논문으로는 「실사구시와 실용주의─등소평의 '흑묘백묘론'을 중심으로」, 「화합사상연구」 등이 있다.

옮긴이 **홍은洪誾**

숙명여자대학교에서 중문학 전공과 역사문화학 전공을 하였다. 중국 중앙민족대학 소수민족어언학원에서 중국고전문헌학 전공으로 석사학위를 받았고, 동 대학 역사문화학원에서 전문사 전공으로 박사학위를 받았으며, 중국 흑룡강대학 만학연구원에서 박사후과정을 했다. 2024년 6월에 경북대학교 아시아연구소의 학술연구교수로 선정되었고, 만주학을 연구하고 있다. 옮긴 책으로는 『술어術語를 통해서 본 중국 전통법률의 제도와 사상』이 있고, 논문으로는 「額赫里의 檔案으로 보는 청·러 국경분쟁 초기 漢軍八旗軍 상황과 조선을 통한 문제 해결」, 「朝鮮時代多種語言資料─以司譯院文獻爲中心」, 「도니당안으로 본 청─러 국경분쟁 초기 전황과 청 조정의 결정」, 「「爲進貢水牛角事」를 통해 본 水牛角年貢사건과 朝·淸 관계의 변화」가 있다.